고구려 해양사 연구

고구려 해양사 연구

윤명철 지음

사□□계절

책을 내면서

고구려는 우리 민족사에서 다양하고 복합적인 성격을 지니고 있으며, 의미심장한 위치에 있는 나라다. 또한 국가의 성격이 같은 시대의 백제·신라·가야는 물론 후대의 민족 국가들과 다른 자연 환경과 역사 환경 속에서 발생하고 성장했다. 그래서 고대사에 대한 일반적인 인식이 제대로 미치지 못하는 부분이 많다. 뿐만 아니라 역사 연구에 필수적인 사료나 유물·유적 등을 충분히 이용할 수 없는 한계가 있다.

이러한 한계 속에서 필자가 고구려사를 연구한 관점과 방향에 대해 미리 언급해 두고자 한다.

역사학은 사실을 찾아내고, 고증하여 진리를 추구하는 작업이다. 하지만 특정한 사관이나 정치 이념, 배후 세력, 역사학자의 시대적 상황에 의해 왜곡되어서는 곤란하다. 객관과 실증이란 편견이나 통념을 벗어나서 사실 그대로를 보는 것이다.

그리고 역사학은 결국 인간학이 될 수밖에 없다. 사건·제도·사상 등이 기술적으로 나열되어 있으면 인간은 무미건조한, 꼭 필요하지 않은 구조물이 되어 역사의 뒤안길을 쓸쓸히 걸어갈 뿐이다. 역사에 마음을 주고 살을 섞어야 하며, 인간의 신원을 복원하고, 생명을 부여해야 한다. 그래서 역사 연구의 자세로서 체험과 행동주의는 필수적이다.

또 하나 떨쳐버릴 수 없는 생각은, 역사학은 역시 미래학이라는 생각이다. 어떤 면에서 과거나 현재는 미래로부터 빌려 온 것이다. 현재는 문명의 전환기, 세계 질서의 재편기, 민족의 도약기이다. 이 불확정성과 불확실성 속에서 역사학이 예언이나 도그마가 아닌 예측 지표로서의 기능을 하려면 유효한 모델들이 필요하다. 이러한 입장에서 고구려는 내게 특별한 의미를 지니고 있다.

고구려는 강한 자의식과 정체성을 지녔으면서도, 동아시아의 보편성을 지닌 문화를 만들어 냈다. 특히 고조선 및 부여를 계승했다는 의식이 강하였으므로, 오늘날 우리의 정체성(identity)을 찾고 확립하는 데 이를 효율적으로 활용할 수 있다. 또한 고구려는 국제 질서의 한가운데에서 역학 관계를 잘 조정하여 강국이 될 수 있었는데, 필자는 이를 '동아지중해 중핵 조정론(東亞地中海 中核調整論)'으로 설정하고, 현재와 미래 발전의 모델로 삼고 있다.

고구려 역사를 해석하는 데는 몇 가지 새로운 관점이 필요하다. 반도사관(半島史觀)의 굴레를 탈피하여 우리 민족이 대륙과 반도 해양을 역사 활동의 무대로 삼고, 그러한 인식을 토대로 발전했다는 '해륙사관(海陸史觀)'의 입장에서 파악해야 한다. 또한 일국사적인 관점 외에 민족사적인 관점, 문명사적인 관점에서 거시적으로 이해하려는 시도가 필요하다. 그리고 국가시스템과 세계관을 농경·수렵·채취는 물론이고, 해양과 연관시켜 이해해야 한다. 그 외에도 정치 제도·통치 방식·군사 전략·세계관 등을 백제나 신라와 유사한 관점에서 파악하는 방식은 수정되어야 한다.

필자는 1994년에 「고구려 해양교섭사 연구」로 박사학위를 받았다. 해양교섭이라는 전혀 거론되지 않았던 소재와 내용을 다루었기 때문에 연구와 집필 과정은 물론 심사 과정에서도 우여곡절이 많았다. 그 후 몇 년의 세월이 흐른 지금은 '해양사'라는 용어와 개념이 자연스럽게 받아들여지고, 연구성과들도 많이 축적되었다.

필자는 학위 논문을 제출한 이후에도 고구려와 관련된 논문이나 단행본을 포함하여 다양한 글들을 발표하였다. 특히 해양방어체제를 연구한 몇 편의 논문들과 공저서를 발표하였으며 「고구려 발전기의 시대정신탐구 시론」, 「고구려 담론 1-그 미래 모델의 의미」 등 기존의 역사학에서는 접근하지 않았던 주제와 방식의 글들도 발표하였다. 또한 동아지중해 중핵조정 역할 등 미래 모델로서의 가치를 모색하고 알리기 위하여 역사학회 이외의 학회에서 여러 장르의 글들을 발표하기도 하였다.

이 책은 1994년도에 발표한 학위 논문을 수정·보완하여 꼭 10년 만에 출판하는 것이다. 고구려가 계승한 고조선의 해양활동에 대한 연구를 완료하느라 몇 년의 세월이 흘렀고, 또 필자의 게으름과 출판사의 사정 때문에 몇 년이 지연됐다. 따라서 이 책에는 집필 작업이 끝난 이후에 진행된 연구 성과가 제대로 반영되지 않았다. 안타까운 일이다.

고구려 해양사를 연구하면서 많은 분들의 격려와 도움을 받았다. 특히 은사이신 민병하 선생님은 무리한 주제를 허락해 주시고, 격려해 주셨다. 역사학은 과거 및 현장과 살을 섞어야 한다는 주장을 하는 내게 고구려의 옛터에서 인연을 맺은 사람들과 유적·유물들, 고구려를 아끼고 그리워하는 사람들의 격려는 큰 도움이 되었다. 고마울 뿐이다. 사계절출판사와 인문팀의 류형식 팀장, 교정 작업을 도와 준 표영관 선생에게도 감사드린다.

2003년 여름
漢狼孤聲을 들으면서 '聞'에서
윤명철

차례

1 | 고구려 해양 활동의 배경

동아시아의 해양 환경

고구려는 영토·문화·종족 등은 물론, 주변국과 맺는 역학 관계란 측면에서도 초기부터 고조선을 계승한 성격이 강하다. 따라서 고구려의 역사와 해양 활동 등을 보다 근원적으로 이해하기 위해서는 그 토대가 되는 동아시아 해양의 기본적인 성격과 중국 지역 및 고조선의 해양 활동과 문화 등을 살펴보는 것이 필요하다.

이 장에서는 먼저 동아지중해의 해양 환경과 선사 시대 각 지역의 해양 활동 수준을 살펴봄으로써 역사의 초창기부터 해양을 매개로 교류가 활발했고, 특히 황해를 중심으로 공통의 문화권이 형성되어 왔음을 확인하고자 한다. 또한 이 지역에서 고조선인들은 구체적으로 어떠한 해양 활동을 해왔으며, 또한 진(秦)·한(漢)·일본열도 등 각 지역 간의 역학 관계가 재편되는 과정에서 해양 질서가 얼마나 중요한 역할을 했는가를 연구하고자 한다.

동아시아는 지리적으로는 한반도와 일본열도 그리고 대륙의 남부 지역,

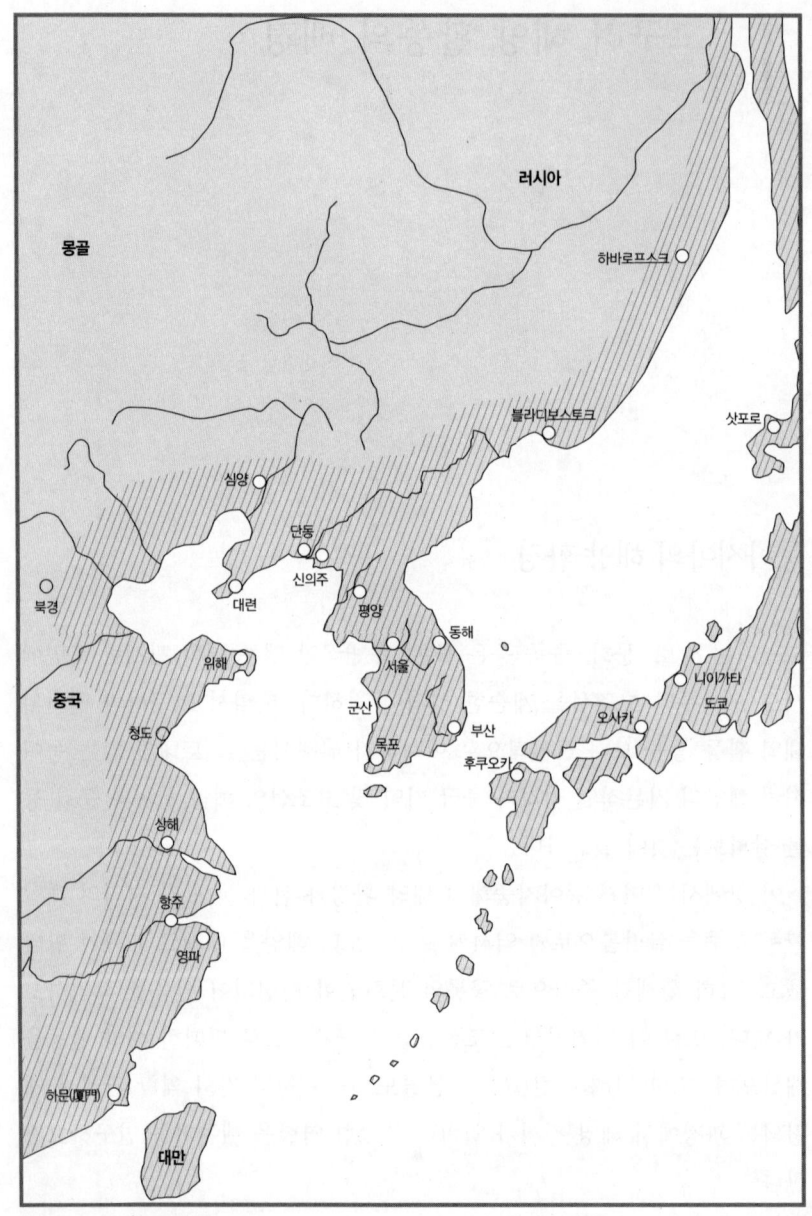

지도 1-1 | 동아지중해 범위도

더 정확하게는 현재 베트남과의 접경 지역, 즉 옛 월남(越南) 지역 위쪽의 중국 남방 지방과 황하(黃河)를 중심으로 한 화북(華北) 지역, 그리고 북방 유목 민족들이 활동하면서 넘나들던 북방 변경 지역을 포함한다. 이 광범 위하고 포괄적인 지역을 중심부와 주변부로 나누어 중심부에 해당하는 지역은 중국 지역, 한반도와 그 북부의 일부 지역, 그리고 일본열도의 서부 지역으로 한정시키고자 한다. 그런데 이 지역은 한반도를 중심축으로 일본 열도와의 사이에는 동해와 남해가 있고, 중국과 한반도 사이에는 황해라는 내해(內海, inland-sea)가 있다. 그리고 한반도의 남부와 일본열도의 서부, 그리고 중국의 남부 지역(양자강 이남을 통상 남부 지역으로 한다)은 이른바 동중국해(東中國海)를 매개로 연결되고 있다. 즉 여러 나라의 육지들에 둘러싸인 이른바 다국간지중해(多國間地中海, multinational mediterranean sea) 의 형태를 띠고 있다. 또한 북방과 중국에서 뻗어 오는 대륙적 질서(유목 문화, 수렵삼림 문화를 공유하고 있다)와 남방에서 치고 올라오는 해양적 질 서(해양적 질서란 해양을 매개로 영위되는 생활과 문화이고, 전파나 경로 역시 해양과 밀접한 관계를 갖고 있다)가 만나는 역사적인 공간이다. 따라서 이러 한 자연 역사적 환경과 해양 질서의 측면을 중시하여 동아지중해(東亞地中 海, East Asian Mediterranean Sea)라는 새 모델을 설정하여 동아시아와 고구 려의 역사를 보다 구체적이고 명확하게 이해하고자 한다. 즉 동아시아에서 중심부는 동아지중해이고, 주변부는 광범위한 범주 속에서 동아지중해의 역사 활동에 직접·간접으로 영향을 주었던 지역을 말한다.

동아지중해는 독특한 자연환경을 지니고 있는데, 특히 해양 환경은 그 지역의 역사가 형성되는 데 매우 중요하고 의미 있는 역할을 했다. 해양 환경은 지형 지리 외에도 바다의 상태와 성격을 결정짓는 해류·조류·바 람 등이 있다.

1. 해류

동아시아의 해양은 쿠로시오〔黑潮〕의 범위대에 속한다. 쿠로시오는 중국연 안에서 한반도 및 일본 전역에 걸쳐 중요한 영향을 미치는 난류계(暖流系) 의 해류다. 규슈 서안의 쿠로시오 분파(分派)가 있고, 또한 쿠로시오에서 갈라져 황해 중앙부를 북상하는 것과, 동계에는 중국 해안을 남하하는 한 류(寒流)가 있다. 한국 서안에는 연안을 남하하는 한류가 있어 한국해협에 서 북상한 쿠로시오 일파와 합류하여 대한난류의 상층수를 형성하고 있 다.[1]

이 난류는 쓰시마를 가운데 두고 분리된 동수도(東水道)와 서수도(西水 道)라는 협수도를 통과하면서 흐름이 빨라지고 파도도 높아진다. 서수도를 통과한 해류는 한반도 남동단을 지나 북북동으로 1km 미만의 속력으로 북 상하다가 원산의 외해와 울릉도 부근에 이른다. 이때 연해주의 연안을 통 과하여 한반도 동안에 접근해 남하하는 리만 해류와 만나 동으로 방향을 바꾸면서 횡단해 올라가다가 노토〔能登〕반도의 외해에서 쓰시마 해류의 주 류와 합류한다.[2] 이 물길을 이용하여 한반도의 동남부를 출발하면 산인〔山 蔭〕 지방의 해안에 도착할 수 있다. 한편 동수도를 통과한 해류는 북동 방 향으로 흐르면서 일본 서안을 끼고 올라간다. 이 해류의 유속은 계절과 지 역에 따라 약간의 차이가 있으나 유속이 평균 1kn 안팎이며, 북동진하는 항류(恒流)이므로 남쪽 해역에서의 항해를 기본적으로 북동진하게 한다.

황해는 해류의 흐름이 남해와 약간 다르다. 중국 연안을 남하하는 해류 는 발해(渤海) 및 황해 북부에서 기원하며 연안을 따라 남하하여 남중국해 방면으로 사라지는데, 겨울철에는 수온이 낮다. 황해·동중국해의 해류는 바람의 영향, 중국 대륙으로부터 하천수의 유입량이 변화하는 데 따라 변

---

1) 荒竹淸光, 「古代 環東シナ海文化圈と對馬海流」, 『東アジアの古代文化』 29號, 大和書房, 1981, p.89 ; 茂在寅南의 『古代日本の航海術』, 小學館, 1981, pp.91~93 참조.
2) 『근해 항로지』, 대한민국 水路局, 1973, p.46.

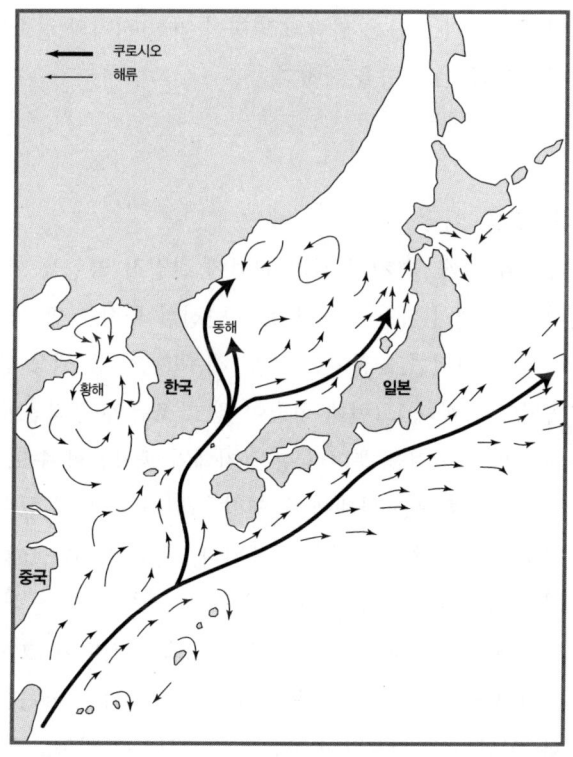

지도 1-2 | 동아시아의 해류도(7월)

화가 많다.[3]

그런데 이 흐름이 7~8월에는 상해만의 바깥 바다에서 동쪽으로 방향을 틀어 한반도 남부 방향으로 간다. 최근에 해양생물학자들은 양자강에 홍수가 나면 그 물살에 의해 상해만 쪽의 물길이 제주도 쪽으로 흐른다는 설을 제기하고 있다. 한편 항주만을 가운데 두고 남쪽에서 올라오던 해류는 동으로 돈 다음에 일본열도의 서부인 고토[五島]열도 방면으로 사라진다. 이

---

3) 增澤讓太朗, 「日本のめぐる海流」, *MUSEUM KYUSU* 14, 博物館等建設推進九州會議에 東中國海 해류 등 다양한 자료가 있다.

1. 고구려 해양 활동의 배경 · 15

러한 해류의 흐름은 바람의 영향이 약한 시기와 장소에는 고대인들의 항해에 적지 않은 영향을 끼쳤다.

2. 조류

해류와 함께 양 지역 간의 교섭에 결정적 영향을 끼친 요소는 조류(潮流)다. 항해에서 가장 중요한 것은 안전한 물길을 발견하고, 수로를 선택하는 일이다. 안전한 물길이란 바람·해무(海霧) 등 해상 상태의 여러 조건이 충족되어야 한다. 그런데 섬들이 많고 조류의 움직임이 복잡하면 항로의 선택이 매우 어려울 뿐더러 항해 자체가 불가능할 수도 있다.

조류의 흐름은 항해에 큰 영향을 끼친다. 특히 협수로나 연안 항해를 할 경우에는 영향력이 더욱 증폭된다. 선사 시대나 고대에는 조류가 항해의 성격·성패·방법 등 모든 면에서 절대적인 역할을 했다. 그래서 황해나 남해안에서는 조류 등 지역 물길에 익숙한 집단이 그 지역의 해상권을 장악하고 세력화될 수 있었다. 항해민들 사이에서 전승되어 온 항해(표류) 신화·설화 등은 한결같이 조류의 중요성을 표현하고 있다.

남해에서는 항상 북동 방향으로 진행하는 평균 1kn 안팎의 대한난류와 함께, 조수(潮水)의 높이에 따라서 남서 방향으로 진행하는 창조류(漲潮流)와 북동 방향으로 진행하는 낙조류(落潮流)가 있다. 한반도 남부(거제도·부산 지역)와 쓰시마 사이에서 해류는 북동 방향으로 진행하며 장조 때에는 조류의 영향으로 해류의 흐름이 정지되거나, 심한 경우에는 역류되는 현상마저 일으킨다. 반면에 낙조 때에는 조류가 항류와 동일한 방향으로 흐르므로 3kn 이상의 빠른 속도로 북동진한다. 남해는 해류와 조류의 이러한 미묘한 흐름을 파악하고 그 속도와 힘의 관계를 활용하면 비교적 안전하고 성공적으로 항해할 수 있다.

한반도의 서남해안과 중국의 동해안 또한 조류가 매우 빠르고 방향도 지역적으로 편차가 심하다.[4] 황해 동부의 맹골수도(孟骨水道) · 흑산제도(黑山諸島) · 고군산군도(古群山群島) · 경기만(京畿灣) 등과 황해 서부의 주산만(舟山灣) · 청도만(靑島灣) 등은 조류가 빠르고 복잡하므로 지역 조류에 익숙한 해양민이 아니면 항해가 불가능하다.[5]

3. 계절풍

바람은 항해에 가장 결정적인 영향을 끼친다. 해류마저 바람의 영향을 받는 일이 때때로 있다. 조건에 따라 차이가 있지만 풍력 8(풍속 34~40m/sec) 이상이 되면 표면수가 반대로 흐르는 경우도 있다. 바다에서 발생한 조난 사고의 대부분은 조류의 흐름을 잘못 관측했거나, 이러한 바람 때문에 표면수의 방향이 바뀌거나 선박이 밀려간 결과다. 이렇게 우연하게 발생한 결과가 결국은 지속적인 접촉을 가져와 문화의 교섭, 역사적인 사건을 발생시킨다.[6]

바람 중에서 특히 해양 문화에 영향을 주는 것은 계절풍이다. 동아시아의 바람은 계절에 따라 일정한 방향성을 가지고 있기 때문에 효과적으로 활용할 수 있다. 황해나 동중국해는 겨울철에는 북서풍에 풍력 3~5이고, 때때로 편북에서 편북동풍이 된다. 여름철에는 편남 또는 편남동풍이 많고 풍력은 3~4이다. 4월 말에서 5월 초 및 9월에는 부정풍(不定風)이 많다. 그

---

4) 이석우 · 김금식 共著, 앞의 책, pp.329~374. 특히 pp.350~356에는 우리나라 조석에 대한 설명이 나와 있다. 이우석, 앞의 책, pp.161~198 참조. 조류의 법칙과 항해에 관한 해석에 관해서는 茂在寅南의『古代日本の航海術』, 小學館, 1981, pp.174~179 참조. 특히 씨는 일본『古事記』의 내용을 조류와 관련시켜서 해석하고 있다.

5) 圓仁의『入唐求法巡禮行記』에 나오는 재당신라인들인 暗海者란 바로 그러한 물길을 아는 항해자들을 말한다.

6) 隋의 戰船이 제주도에 표착한 사실이나, 7명의 조선인이 폭풍으로 오키나와 최남단까지 갔었다는『成宗實錄』권105의 기록, 또 장한철의『표해록』, 최부의『표해록』등은 그러한 우연의 교섭을 기록하고 있다.

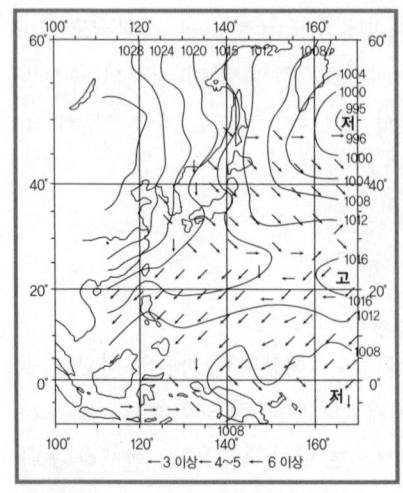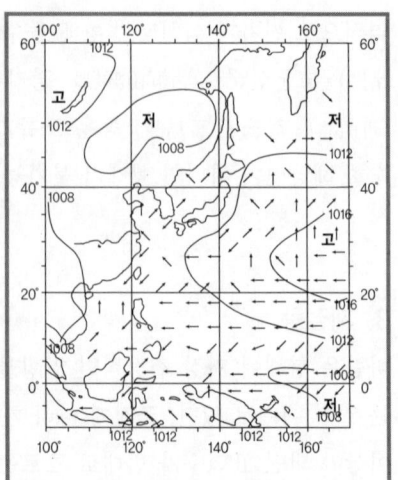

지도 1-3 | 동아시아 계절풍도(왼쪽 1월, 오른쪽 5월)

런데 때에 따라서 다르고 지역에 따라서 다른 것이 바다의 바람이다.

다음의 계절풍도[7]에서 보듯이 여름에는 풍력이 약하고 남풍 계열의 바람이 분다. 동남풍은 4월 중순에 시작하여 8월에 들어서면 제일 강성하며, 9월 이후에는 쇠퇴하기 시작한다. 반면에 서북풍이 주풍인 북풍 계열의 바람은 9월 하순부터 시작하여 11월에 최강이 되고, 다음해 3월까지 계속된다.

동아시아인의 해상(海上) 이동은 바로 이 계절풍의 방향에 따라 상당한 영향을 받는다. 특히 풍력을 이용한 돛을 사용할 경우에 바람은 항해의 성패 여부에 결정적인 요소가 된다. 봄에서 여름에 걸쳐 부는 남풍 계열의 바람은 중국 남부 해안에서 한반도 혹은 일본열도로, 또 일본열도에서 한반도로의 교류를 가능하게 한다. 반면에 가을에서 겨울에 걸쳐 부는 북풍

---

7) 茂在寅男, 「遣唐史槪觀」, 『遣唐史と史料』, 東海大學出版部, 1989, pp.34~39 ; 荒竹淸光, 「古代 環東シナ海 文化圈と對馬海流」, 『東アジアの 古代文化』 29호, 大和書房, 1981, p.91 참조 .

계열의 바람은 중국의 북부 및 중부와 남부 해안과의 교류를 가능하게 한다. 또한 한반도에서 일본열도의 남부 및 서부 해안과 교섭하는 일을 가능하게 한다.

그동안의 연구 성과를 집약한 여러 가지 자료는 삼국 시대의 대외 사행(使行)이 계절풍과 해류의 영향을 받으며 이루어졌음을 알려 준다. 이러한 현상은 백제와 중국, 신라와 왜(倭)의 관계[8]는 물론이고, 신라와 일본, 일본과 당, 특히 발해와 일본의 관계에서도 마찬가지로 나타난다.

위에서 제시한 몇 가지 해양 환경의 특성으로 인하여 동아지중해의 모든 지역은 연결망으로 구성되었고, 고대부터 밀접한 관련을 맺었다. 이외에 항해 방법 또한 해양 활동과 해양 교섭에 영향을 끼치는 중요한 요소다.

4. 항해술

항해의 종류에는 연안 항해, 근해 항해, 원양 항해가 있다. 연안 항해는 인류의 역사 이래 보편적으로 사용돼 온 것으로서 바닷가를 따라 비교적 안전성을 확보하면서 이루어진다. 항해술이나 조선술이 크게 발달하지 않아도 별 지장이 없으므로 동일한 해안선을 따라 멀지 않은 지역과 단순한 교류를 할 때 손쉽게 이용하는 방법이다. 하지만 국가 간에 이루어진 교섭이나 문화교류, 교역 등 대규모 접촉에 널리 사용된 항해 방법은 아니다.

근해 항해는 연안 항해와 달리 육지와 일정하게 떨어져 항해하므로 해안의 환경보다는 해양 자체의 조건에 영향을 받는다. 따라서 복잡한 조류나 육지풍(陸地風)의 영향을 비교적 덜 받으므로 오히려 항해하기에는 안전한 경향이 있다. 특히 지역 물길에 익숙하지 못한 외부인들이 사용하기에 매우 유리한 항해다. 항해 도중에도 육지를 관찰할 수 있어서 선박의 위치와

---

8) 申瀅植, 『新羅史』, 이화여자대학교 출판부, 1988, p.212 도표 참조.

목표는 물론, 보다 효율적인 항로의 선택까지 가능하다. 반면에 육지에 있는 관측자는 먼 거리 바다에 있는 선박을 거의 관측할 수가 없다. 따라서 고대 항해, 특히 안전성을 중요하게 여기는 외교·군사적인 항해에 많이 활용되었다.

원양 항해는 육지나 물표(物標) 등이 없이 대양 한가운데를 항해하는 것을 말한다. 해양민들은 경험과 자연현상에 대한 소박한 관측을 통해서 한계를 극복했거나, 부분적으로 해결할 능력이 있었다고 판단된다. 하지만 천체나 태양의 움직임을 관찰하고, 기구를 사용해서 위치와 항로를 측정하는 천문항법(天文航法)을 일찍부터 사용하기 시작했다. 동중국해와 황해를 직항 횡단하거나 동해를 횡단해서 이루어지는 교섭은 천문항법을 이용한 원양 항해가 아니면 불가능했다. 원양 항해는 초기에는 빈번하지 않았으나 점차 시간이 흐르고 각국 간의 교섭이 상대 국가에 의해 방해를 받으면서 자주 시도되었을 것이다. 동아지중해 지역에서 사람들은 이러한 다양한 항법을 항해 상황과 해역의 조건에 따라 적용하면서 활발하게 접촉했다.

5. 연근해안

먼저 남해 지역에서 항해가 어느 정도 가능했었는지를 살펴보자. 한·일양 지역 간의 전체 거리는 약 280km에 달한다. 먼 거리임에도 불구하고 사이사이에 쓰시마와 이키[壹岐] 섬 등이 있어서 비교적 지문항법(地文航法)을 이용한 항해가 가능하다. 부산에서 쓰시마까지 최단거리는 약 53km이고, 거제도에서는 약 80km다. 한편 쓰시마의 최남단인 쯔쯔[豆酘]에서 이키 섬까지는 53km 정도이고, 이키 섬에서 규슈까지는 약 20km 남짓한데, 중간에 작은 섬들이 있다.[9] 따라서 몇 개의 섬들을 징검다리로 이용할

---

9) 城田吉之, 『對馬·赤米の村』, 葦書房, 1977, pp.9~11.

경우, 항해자들은 양쪽으로 지형 지물을 확인하고 유사시에는 피항(避港)을 하면서 보다 쉽게 항해할 수 있다.

부산이나 거제도에서는 날씨가 맑은 날에 쓰시마가 뚜렷이 보인다. 그 반대의 경우도 물론 가능하다. 한편 쓰시마의 중부인 상견판(上見坂)에서는 날씨가 맑은 날에 동남쪽으로 이키 섬 및 히라도[平戶]의 섬들이 보인다.[10] 심지어는 고토열도 북부의 우구 섬[宇久島], 오지가 섬[小値賀島]에서는 쾌청한 가을날에는 한반도 서남부 해상에 있는 제주도의 한라산도 볼 수 있다고 한다.[11] 이 같은 지문항법의 실현 가능성을 과학적으로 입증하기 위하여 양 지역상의 시인(視認) 거리를 계산해 보았더니 천문항법이 아닌 초보적인 형태의 항법으로도 항해가 가능하다는 결과가 나왔다.

한편 황해는 수심이 평균 44m로 일반적으로 얕고, 해안선이 복잡한데다 발달된 만(灣)과 크고 작은 섬들이 산재한 리아시스식 해안으로 이루어져 있다. 때문에 연안을 따라 먼 거리에 있는 사람들도 비교적 쉽게 접촉할 수 있었다. 더욱이 바깥 바다에 있는 많은 섬들은 약간의 용기로도 바다 멀리까지 진출하게 하여 활동 범위를 넓혀 주었으며, 징검다리로 삼아 바다 반대편의 사람들과 직접 혹은 간접 접촉을 할 수 있게 했다. 즉 근해 항해의 가능성이 많았다.

황해에서 항해자들이 지문항법을 사용해서 항해할 수 있는 범위는 양 지역 간의 거리와 시인 거리[12]를 계산하여 설정할 수 있다. 서해안의 남포·해주·군산, 중국의 산동·절강 지역 등에서 몇 개의 중요하고 높은 지형을 지표로 삼아 계산한 결과와 도표를 종합하면 다음 그림과 같은 결과가 나

---

10) 城田吉之, 앞의 책, p.5.

11) 江坂輝彌, 「朝鮮半島 南部と西九州地方の先史·原史時代における交易と文化交流」, 『松阪大學
紀要』第4號, 1986, p.7.

12) K(해리)＝2.078(√H＋√h), H＝목표물의 최고 높이, h＝관측자의 眼高(7m)
이 방법은 시인 거리를 계산하는 방법이다. Bart J. Bok Frances·W. Wright 지음, 정인태 역,
앞의 책, p.26 및 茂在寅南, 『古代日本の航海術』, 小學館, 1981, p.22 참조.

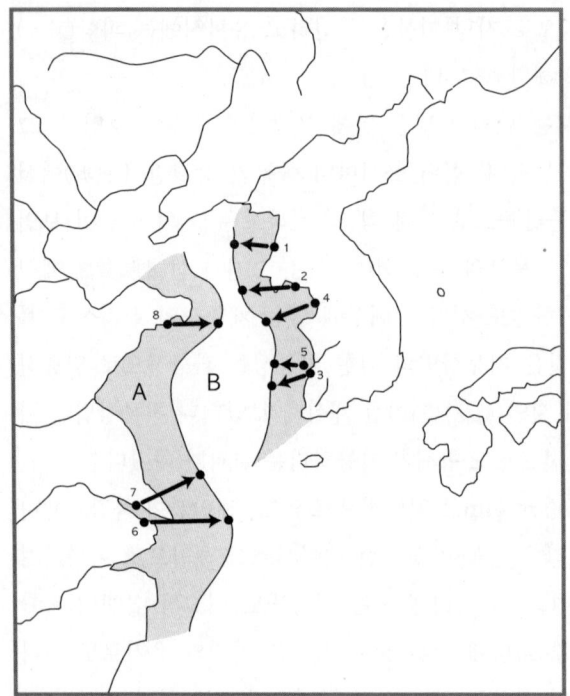

지도 1-4 | 근해 항해 가능 범위도 – 황해[13]

온다.

　즉 황해 내부를 둘러싼 하나의 타원형 선이 나타난다. 이 선의 안쪽인 A 부분은 육지를 보면서 자기 위치를 확인하고 항해를 할 수 있는 해역이고, B 부분은 자기 위치를 정확히 알지 못한 채 망망대해를 항해하는 해역이다. 황해는 대안(對岸) 지역 간의 거리도 먼 편은 아니다. 산동 해안에서 황해도의 육지까지는 직선 거리로 약 250km다. 이처럼 황해는 거리가 짧은 내해·지중해로서의 성격이 있기 때문에 대부분의 경우, 지문항법을 활

---

13) 1 등의 숫자는 물표가 되는 지점. 각 ●은 목표 확인 최대 지점.
　　A 부분 안에서는 일기가 좋을 때 목표를 관측하며 항해할 수 있다.

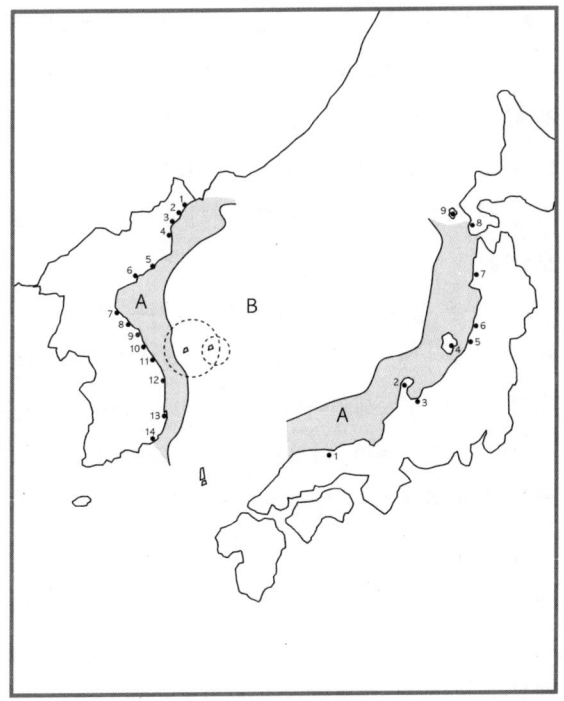

지도 1-5 | 동해 항해 가능 범위도[14]

용하여 근해 항해를 하는 데 큰 난관은 없었다. 더구나 파도가 약하고 리
아스식 해안이 많으므로 유사시 대피할 항구가 많았으며, 항해에 이용되는
계절풍의 편중성도 덜하다. 이러한 해양 환경이 이 지역의 정치 역학 관계
에 영향을 끼쳤음은 물론이다.

한편 동해는 남해나 황해와는 해양 환경이 조금 다르다. 수심이 매우 깊
고 해안선이 단순하여 항구나 인간이 활동할 수 있는 공간이 적다. 더구나
대안인 일본열도와는 원양 항해가 아니면 불가능할 정도로 멀다. 하지만

---

14) 1 등의 숫자는 물표가 되는 지점. 각 ●은 목표 확인 최대 지점.
    A 부분 안에서는 일기가 좋을 때 목표를 관측하며 항해할 수 있다.

동해에서도 해양 활동이 활발하였음을 역사는 기록하고 있다. 동해에서 이루어진 항해의 형태와 가능성을 찾아보기 위하여 다음과 같은 방법을 적용해 보고자 한다. 우선 1차적으로 한반도와 일본, 중국, 러시아, 즉 동해 및 타타르 해협 일대에서 양 지역 간에 항해의 기점이 될 수 있는 몇 개의 지점을 선정했다. 그리고 황해에서와 동일한 방법으로 시인 거리를 계산해 보았다.

A 부분은 동해 어느 해역에서든 육지를 보면서 자기 위치를 확인하고 항해를 할 수 있는 곳이고, B 부분은 자기 위치를 정확히 알지 못한 채 망망대해를 항해하는 해역이다. 그런데 B 부분이 차지하는 범위는 황해에 비하여 매우 광범위하다. 따라서 동해는 황해와는 달리 지문 항법을 활용한 근해 항해와 함께 원양 항해를 병행해야 한다.

황해·남해·동해의 해양 환경과 항해 방법의 연구를 통해서 동아지중해에서는 모든 지역이 통시적으로, 범공간적으로 상호 교류를 했을 가능성이 많다는 결론을 얻었다. 최소한 자연조건의 충분한 완비는 해양 교통, 해양 생활에 대한 경험이나 지식 등이 불충분하다 해도 상호 교류를 가능하게 한다. 심지어 이 지역에 갖추어진 자연환경은 인간의 의지에 반하면서까지 각 지역들 간의 교류를 가능케 한다.

역사적 배경

1. 선사 시대의 해양 활동

동아지중해의 독특한 해양 환경 속에서 인간의 역사적 환경은 어떻게 발전하였을까? 동아시아 각 지역들 간에 이루어진 해상 활동과 해양 교류의 증거는 적지 않게 발견되고 있으나 이를 근거로 역사상을 구축하려면 몇 가지 이해가 필요하다.

첫째, 선사 · 고대의 해양 교류란 해류 · 조류 · 계절풍 등 자연조건에 직접적으로 영향을 받는다. 따라서 동력을 사용하는 능력이 미약한 선사 시대 및 고대의 항해는 반드시 일정한 장소에서 일정한 시기에 일정한 형태로 이루어질 수밖에 없다. 그리고 지역 및 시기 등 항해 환경에 따라 문화의 형성과 특성이 영향을 받는다. 즉 바다를 이용한 문화의 교류 · 교섭은 자연조건의 영향력이 강하므로 이루어지는 일정한 길, 즉 항로가 있다.[15] 역사 시대에도 '교통로의 확보'를 위한 갈등이 일어나는 것은 이러한 해양 교통의 특수성 때문이다.

둘째, 고대의 해양 활동은 가까운 지역에서 점차 먼 곳으로 확대되고, 그 과정에서 활동 공간의 완전한 전이(轉移)가 이루어지기도 한다. 해안가에서의 활동에서 연안 항해로, 다시 근해 항해와 원양 항해로 확대하는 것을 의미한다. 여러 지역 간의 교섭은 이러한 해양의 메커니즘 속에서 이해되어야 한다.

셋째, 해양에서 이루어진 교섭과 인간의 활동은 기술적인 한계로 인하여 상대적으로 육지에서보다는 비조직적이며 연속적이지 못하다. 특히 대규모 이동이 불가능하다. 이러한 특징은 고대 문화의 교류 혹은 고대 국가의 형성 과정에 강한 영향을 끼쳤다.

넷째, 해양을 통해서는 정치 · 문화적인 교섭 외에도 상업 교류가 오히려 더 많을 수 있다. 하지만 활동 기록이나 구체적인 증거가 많지 않다. 한편 해양 문화의 전파와 수용은 우발적인 경우도 적지 않다. 때문에 해양 역사상은 불보존성(不保存性)이라는 특성을 지니게 된다.

이상과 같은 몇 가지 전제를 충분히 인식하지 못하거나 경시할 경우에는 고대의 해양 역사상을 구축하는 일은 물론이고, 문화를 해석하는 데에도

---

15) 일본 고대 국가의 형성에서 항로가 중요했던 구체적인 실례는 졸저, 『동아지중해와 고대 일본』, 청노루, 1986 참조.

상당한 혼란을 초래한다.

그러면 신석기 시대에는 동아지중해의 이러한 해양 환경과 전제조건을 토대로 교섭이 어떻게 이루어졌을까?

모든 지역 간의 교섭은 1차적으로 토기의 전파와 수용으로 나타난다. 융기문토기(隆起文土器)는 대한해협을 건너 쓰시마까지 전파되었다. 동일한 시기의 것인 쓰시마의 융기문토기들은 양 지역을 오고 가는 생활인들이 있었음을 알려 준다.[16] 한편 한반도 남해 동부와 동해 남부 일부에서 발견되는 일본열도계 조오몽 토기의 존재 또한 양 지역의 교류가 활발했음을 보여준다.[17] 제주도에서는 신석기 시대의 유물이 다수 발견되고 있다.[18] 그런데 선사 시대에 남해안을 통해서 이루어진 토기의 전파와 수용 과정을 보면 철저히 자연환경, 즉 해류와 바람에 의존했음을 알 수 있다. 일본열도계의 유물이 한반도 남해 서부, 즉 부산의 동삼동(東三洞)이나 조도 패총(貝塚), 그리고 동해 남부인 울산의 서생포(西生浦) 등에서 발견된 것은 일본열도 혹은 쓰시마에서 흘러오는 해류의 흐름을 자연스럽게 이용한 것을 입증한다.[19]

그러면 신석기 시대에 황해를 내해로 삼은 신석기인들의 움직임은 어떤

---

16) 鄭澄元, 「南海岸地方 隆起文土器에 대한 硏究」, 『釜大史學』 9, 1985, p.3.
崔夢龍, 『日本 對馬·壹岐島 綜合學術調査報告書』, 서울신문사, 1985.
永留久惠, 『對馬の文化財』, 杉屋書店, 1978.
_____, 『古代史の鍵』, 大和書房, 1975.
17) 林墩, 「朝島의 史的考察」, 『해양대 논문집』 11, 1976, p.380에서 朝島를 선사 시대의 중요한 거점으로 보고 있다.
임효재, 「신석기 시대의 한·일 문화교류」, 『한국사론』 16, 국사편찬위원회, 1986, p.5 등에는 울산 서생포에서 발견된 조오몽 토기에 대해 나오고 있다.
江坂輝彌, 「朝鮮半島南部と西九州地方の先史原史時代について交易と文化交流」, 『松阪大學紀要』 第4, 1986.
18) 全海宗, 「탐라의 上古史 論考」, 『논문집』 10, 인문사회, 1979.
19) 조류에 흐름에 대해서는 많은 논문이 있으나 가장 정확하게 길을 제시한 논문은 市田惠司·高山久明, 「古代人の航海術對馬海峽渡海 시뮤레이션」, 『考古學 저널』 12, 通卷 212號, 뉴사이언스사, 1982에 컴퓨터 분석에 의한 각종 도표가 있다. 尹明喆, 「海路를 통한 선사 시대 한·일 양 지역의 문화 접촉 가능성 검토」, 『한국상고사학보』 2, 1989.

모습이었을까? 절강성(浙江省)의 남쪽인 여요(余姚)의 하모도(河姆渡) 유적지에서 발견된 노는 B.P.7960±100쯤에 제작된 것으로 추정된다. 산동반도의 대장산도(大長山島) 유적지에서는 6600년 전의 것으로보이는 선박 유물이 발견되었으며, 근처인 장도(長島) 대호촌(大浩村) 출토의 용산문화(龍山文化) 유적지(4000여 년 전)에서는 선미(船尾)의 잔적(殘跡)이 발견되었다. 또 근처의 북경(北慶) 유적지에서는 석망추(石網墜)가, 바다 가운데에서는 돌닻[石錨]이 발견되었다. 이는 이곳에서 항해 사업이 활발했음을 입증하는 증거다. 요동반도에서는 5000년 전에 해운업이 발달하기 시작했으며, 아마도 6000~7000년 전 신석기 중기에는 산동반도와 요동반도의 연해를 오고 가는 항해가 있었던 것으로 보여진다. 요동반도 남단인 장산(長山)군도의 장해현(長海縣) 광록도(廣鹿島) 오가촌(吳家村) 유적지에서 주형 도기(舟形陶器)가 발견된 것을 비롯해, 대련시 여순구구(旅順口區) 곽가촌(郭家村) 신석기 유적지에서도(상층 4870±100년, 하층 5015±100년) 주형 도기가 발견되었다. 또 압록강 하구인 동구현(東溝縣) 마가점향(馬家店鄕) 삼가자촌(三家子村) 후와(後洼) 유적지 아래층(6000년 이상 된 곳)에서 주형 도기 세 개가 발견되었다.[20] 대문구(大汶口) 문화의 석기들 가운데에는 통나무배[獨木舟]를 가공하는 공구들이 있어서 일찍부터 조선술이 발달했음을 알 수 있다.[21] 황해 북부의 주변 해안에서는 이러한 오래된 해양 문화의 흔적들이 다수 발견되고 있다.

　신석기인들의 이러한 해양적 전통은 청동기인들에게 그대로 전해졌다. 서해안 지역에서는 특히 청동기 문화의 흔적이 많이 발견되고 있다. 압록

---

20) 汶江, 『古代中國與亞非地區的海上交通』, 四川省 社會科學院 出版社, 1989, pp.5~6. 內藤雋輔 역시 濱田 박사의 고고학적 해석을 수용하고 있다. 『朝鮮史研究』, 東洋史研究會, 1962, pp.378~378.
　　孫光圻 著, 『中國古代海洋史』, 海洋出版社, 1989, pp.34~36에는 중국 지역에서 발견된 선사 시대 통나무[獨木舟] 배 유적지 일람표가 상세히 적혀 있다.
21) 彭德淸, 『中國航海史』, 人民交通出版社, 1988, pp.5~6.

강 하구, 대동강 유역, 한강 유역, 금강 유역, 영산강 유역, 보성강 유역 등이 각각 특색을 가진 청동기 문화권으로 분류되었다. 이러한 전파는 육로와 해안뿐만 아니라, 항해를 통해서도 이루어졌을 것이다. 유물이 강의 상류 지역에 집중적으로 분포된 경우가 아니라면 후자의 경로를 택했을 가능성이 높다.

황해에서는 서안 지역과 동안 지역이 오래전부터 교섭을 가졌다. 최근에 제기되는 것이 쌀농사의 전파 과정이다. 일반적으로 동아시아의 벼농사는 단립미(短粒米)가 화북 지방에서 육로 혹은 연안을 따라서 한반도의 북부를 경유하여 남부 지방으로 전파된 것으로 이해되어 왔다. 그러나 최근 들어 강화도와 경기도의 김포·일산·고양 등 한강 하구 유역에서 장립미가 잇따라 발견되고 있다. 방사능 탄소 측정법으로 시대를 측정한 결과 4000년을 웃도는 것으로 나타났다. 그런데 장립미의 본산인 양자강 유역의 하모도 유적지는 6000년을 상회하고 있다. 해류의 흐름, 계절풍 등을 감안할 때 양자강 유역과 한반도 서해안 사이에 교류가 있었을 가능성은 충분하고.[22] 이 교류의 길에 벼농사가 전파되었을 가능성이 있다. 특히 발견지가 해안가와 한강의 하구 지역이라는 것은 신빙성을 더해 준다.

선사 시대부터 황해 문화권이 설정되었을 가능성은 고인돌의 전파와 분포에서도 부분적으로 입증되고 있다. 고인돌은 황해 연안을 따라서 환상형(環狀形)으로 분포된 것으로 나타났다. 해양을 매개로 하나의 문화권이 형성되어 가는 현상은 일본열도와 중국 지역과의 교섭에서도 확인되고 있다.[23] 위에서 살펴본 바와 같이 동아시아의 각 지역은 선사 시대부터 해양을 매개로 문화적으로 관련을 맺고, 역사 활동을 해왔다. 그리고 점차 보

---

22) 필자는 이러한 가능성을 입증하기 위하여 1997년 황해 학술 탐험을 시도한 결과 성공했다. 황해의 해양 조건과 당시의 실제 항로는 졸고, 「황해의 지중해적 성격 연구 1」, 『한중문화교류와 남방 해로』, 국학자료원, 1997 참조.

23) 安志敏,「先史時代における海上の中日交流」, 『古代日本海文化の源流と發達』, 森浩一 外, 大和書房, 1985.

다 관련성이 깊은 문화권을 형성해 왔다.

2. 고조선의 해양 활동과 동아지중해권의 형성

선사 시대에 있었던 해양 교류는 시대가 내려오면서 더 많아졌을 것이다. 해양 문화는 '불보존성'이라는 특성이 있다. 때문에 고조선 시기에 발전한 해양 문화의 실상을 파악하기는 어렵다. 그런데 중국 지역은 유물과 기록이 비교적 남아 있다.『좌전(左傳)』·『논어(論語)』·『죽서기년(竹書紀年)』등에는 하인(夏人)들이 해양 활동을 했음을 보여주는 내용들이 있다.[24] 은 (殷) 시대에는 해양 문화가 더욱 발달하여 갑골문자 등에는 선박과 관련된 글자들이 여러 종류가 있고(舟 : ﹏﹏, 帆 : ﹏﹏), 솥[鼎]에는 돛[帆]이 그려져 있다.[25] 해양 활동이 활발했고 범선 등 배의 종류가 다양했던 상황을 반증하는 것이라 할 수 있다.[26] 주(周) 시대에도 해상 활동은 활발했다. 춘추전국 시대에는 산동의 제(齊)와 양자강 및 회하 유역의 오(吳)·월(越) 등이 매우 뛰어난 해양 활동을 했으며, 수군이 수전(水戰)을 벌이는 단계에 이르렀다. 이 시대의 항해술과 조선 능력은 대단한 수준에 이른 것으로 평가된다. 춘추전국 시대에는 6개월 정도 장기 항해를 할 수 있을 정도의 대형 선박을 제조할 수 있었다. 그리고 전국 시대에는 계절풍을 항해에 이용하기에 이르렀다.『주례(周禮)』를 보면 12풍(風)에 대한 분류와 기록이 있는데, 이것을 항해에 이용한 것이다.[27]

---

24) 孫光圻,『中國古代航海史』, 海洋出版社, 1989.
　　中國航海學會,『中國航海史』, 人民交通出版社, 1988 참고.
25) 許進雄, 洪熹 역,『中國古代社會』, 東文選, 1991, p.336 및 p.354 참조.
26) 殷墟에서 발굴된 청동기의 원료인 銅·錫 등은 중원에서 채굴된 것만은 아니고 華南·인도지나 원산도 있다. 그리고 화폐로서 사용된 貝安貝 역시 남방이 원산이다. 이러한 사실들은 황해 연안을 따라서 항해가 이루어졌을 입증한다. 國分直一,「古代東海の海上交通と船」,『東アジアの古代文化』29號, 大和書房, 1981, p.39 참조.
27) 李永采·王春良·盖莉·魏峰,『海洋開拓爭覇簡史』, 中國海洋出版社, 1990, p.52～57 참조.

중국에서 해양 문화와 항해술이 발전한 것은 1차적으로 자연조건의 혜택을 받은 결과라 할 수 있다. 황하나 양자강 등 큰 강에서 안전하게 해양 활동 능력을 키울 수 있었던 것이다. 또한 황해는 비교적 안전하고 수심이 얕으며, 기상이 안정되고, 좋은 조건의 천연 항구 시설이 있어서 해양 문화가 발달했다. 그러나 2차적으로는 황해의 해양 활동이 주는 이점과 이익을 얻으려는 인간의 욕구가 상승 작용한 결과 발달한 것이다. 그러면 황해를 내해로 삼아 해양 활동을 할 경우, 구체적으로 어떠한 이익을 얻게 될까?

황해에는 정치·군사적인 목적 외에 경제적으로 이익을 가져다 주는 교역권이 일찍부터 형성되었을 가능성이 있다. 중국 지역에서는 일찍부터 무역이 국가의 부강을 도모하는 요소 중 하나가 되어, 상인들은 군주의 예우를 받았다. 춘추전국 시대에는 상인들의 원격지 왕래와 물산의 교류가 신속히 이루어지면서 원격지 무역이 발달했다.[28] 또한 해양을 이용한 교역이 본격적으로 이루어졌으며 교역 범위 또한 확대되었다.[29] 이 무렵 월인들은 한반도까지 진출했을 가능성이 높다. 이 탁월한 해양민들은 산동반도의 밑부분을 타고 올라가 산동의 제(齊), 하북(河北)의 연(燕)과 무역이 가능하다. 그 지역에서 점점이 이어진 묘도군도의 섬을 따라 북상하면 요동반도를 거쳐 서한만에 도달하고, 결국은 연근해 항해를 통해서 대동강구까지 갈 수 있다. 따라서 그들이 황해 북부의 교역에 종사했을 가능성은 매우 많다.[30]

해양 활동은 진(秦) 시대에 들어와 더욱 빈번해지고 규모 또한 커진다. 진나라는 6국의 신흥 상인들과 지주의 지지를 받으면서 통일을 이룩했다.

---

28) 李春植, 앞의 책, pp.79~82 참조.
29) 전국 시대 상업 도시의 번성에 대한 구체적인 기록과 상황은 許進雄, 앞의 책, pp.446~447에 나와 있다.
30) 岡田英弘, 「倭人とシルクロード」, 『東アジアの古代文化』 26號, 大和書房, 1978, p.7.

그 당시에 이미 남방과의 교역이 성행해서 무소뿔(犀角)·상아(象齒)·비취 (翡翠)·주기(珠璣) 등의 상품을 수송하기도 했다. 진시황은 왕 26년(기원전 221년)에 통일한 이후부터 왕 37년(기원전 210년)에 죽을 때까지 12년간 4 차에 걸쳐 산동 해안인 낭야(瑯琊), 발해의 북안(北岸)인 갈석항(碣石港), 항주 지역인 전당 등의 연해를 순시(巡視)했다. 진시황의 이러한 순해(巡海)는 국가의 정책에서 해양을 중시하였기 때문이다.[31]

그런데 황해 지역에서 교역권이 성립되고, 해양 활동이 활발하게 이루어 질 때 그러한 역할을 담당하던 사람들은 누구였을까? 진이 중국 대륙을 통 일하면서 정치적인 변동과 함께 동이족(東夷族)의 대거 동천이 이루어지 고, 진과 한이 동쪽에 관심을 갖는 모습이 기록에 나타난다. 동이인(東夷 人)의 종족적인 성격이나 분포 범위, 문화적인 특성, 특히 한민족과의 관련 에 대해서는 다양한 설이 있다.[32] 그런데 진이 성립하기 전까지는 황해 연 안, 즉 산동·강소·절강 지역, 특히 회하와 산동 유역에는 동이계 주민이 살았다.[33] 앞에서 언급한 대로 그 무렵에 이 지역의 해양 문화는 매우 번성 했으므로 그것을 담당했던 세력은 당연히 동이인이었다.[34] 그러면 동이인 과 깊은 관련을 맺고 있었던 고조선의 해양 활동은 어떠했을까?

고조선의 영토와 위치 등에 대해서는 아직 여러 가지 설이 있으며, 지역 적·시기적인 편차가 많다. 대체로 영토는 요동반도에서 서한만을 거쳐 남 으로 내려와 대동강 유역에까지 이르며, 유적은 대체로 해안 지방과 큰 강

31) 『中國航海史—古代航海史』, 中國航海學會 人民交通出版社, 1988, p.36~38 참조.
32) 金庠基, 「韓穢貊 移動考」, 『史海』 창간호, 1948 ; 「東夷와 淮夷·西戎에 대하여」, 『東方學誌』 1·2, 1954, 1955 ; 『東方史論叢』, 1984에 있다. 何光岳, 『東夷源流史』, 江西教育出版社, 1990(中國)은 최근에 집대성된 중국의 연구 성과다.
33) 金庠基의 「東夷와 淮夷 西戎에 대하여」에 상세히 언급되어 있다. 金載元, 『檀君神話의 新研 究』, 탐구당, 1977에는 山東 지방의 東夷 진출에 대해 논하고 있다.
34) 孫光圻는 『中國古代海洋史』 3장, p.69에서 夏代의 황해에서 東夷를 그 담당자로 하고 있다. 殷의 갑골문자에 선박과 관련된 글자가 많은 것은 동이의 해양 활동을 증명한다. 해양 활동과 관련한 최근의 연구 업적으로는 尹乃鉉, 「중국 동부 해안 지역과 한반도—만주 지역의 상호관계」, 『張保皐, 해양 경영사 연구』, 李鎭 출판사, 1993, pp.61~75 참조.

주변에 분포되어 있다. 이 지역은 동아시아에서도 가장 오래된 선박 관계 유적지들이 발견되는 곳이다. 여순 유가당의 돌곽무덤, 요동 남부의 강상(崗上)무덤·누상(樓上)무덤 등은 고조선의 유적이다. 특히 여대시(旅大市) 감정자구(甘井子區) 후목성역(后牧城驛) 근처에 있는 강상무덤은 기원전 1000년기 전반기의 대표적인 무덤으로,[35] 현재는 바닷가에서 불과 몇백 미터밖에 떨어져 있지 않다. 서한만에서 연안 항해를 해서 요동만을 거쳐 산동반도로 남진하거나, 또는 발해만으로 들어가는 교통로를 장악할 수 있는 전략적인 거점으로 파악된다. 따라서 그곳은 해양 능력을 바탕으로 정치력과 경제력을 갖춘 해상 호족들의 거점이었을 것이며, 무덤의 피장자들은 그와 관련 있는 사람들이었을 것이다.

고조선의 해양 활동은 후대의 위만조선(衛滿朝鮮)에 관한 기록과 관련하여 추정할 수 있다. 『사기(史記)』에는 위만조선에 관한 기사가 몇 가지 있다. 즉, 위만은 국경 밖의 오랑캐를 지켜 변경을 노략질하지 못하게 하고, 여러 만이(蠻夷)의 군장들이 들어와 천자를 보고자 할 때 이를 막지 않도록 했다.[36] 그런데 그때의 입조가 반드시 육로만을 이용하지는 않았을 것이다. 특히 한반도에 있는 세력들은 황해를 직항하거나 연안 항해 내지 근해 항해를 이용해서 서한만과 요동만을 통과하는 해로로 교섭할 수밖에 없다. 그렇다면 그 이전 시대에도 당연히 고조선의 영역 혹은 해역 내를 통과해야 한다.

이러한 복잡한 정치·외교적인 환경 속에서 고조선이 정치력을 행사할 의지가 있는 국가라면 일정한 정도의 수군력(水軍力)을 갖추고 있어야만

---

35) 조중공동고고학발굴대, 「강상」, 『중국 동북 지방의 유적 발굴 보고』, 1966. 고조선의 왕검성을 遼陽 부근의 蓋平으로 보고 있는 이지린은 「고조선의 위치에 대하여」, 『고조선에 관한 토론 론문집』, 1963, p.77 및 『고조선 연구』, 1963 등에서 이 강상무덤이 있는 요동반도 남단을 고조선의 중심지가 아니라 변방이라 보고 있다.

36) 『史記』朝鮮列傳 第55, "……遼東太守卽約滿爲外臣, 保塞外蠻夷, 無使盜邊, 諸蠻夷君長欲入見天子, 勿得禁止. 以聞, 上許之……."

그림 1-1 | 중국 대련시 외곽에 있는 강상무덤

한다. 그런데 『관자(管子)』를 보면 고조선은 기원전 7세기경에 산동 지방의 제(齊)나라와 교류를 하여 문피(文皮) 등을 수입했다. 물론 이는 해양력을 바탕으로 하였을 것이다. 그렇다면 고조선인들은 한반도의 남부 지역과도 교류했을 것이다. 이러한 교류의 가능성은 남부 지역의 여러 곳에서 발견된 명도전(明刀錢)·오수전(五銖錢) 같은 중국 지역 화폐의 분포를 보더라도 확인된다.[37)

고조선의 해양 활동을 추측할 수 있는 또 하나의 사실이 있다. 고조선의 마지막 임금인 준왕(準王)은 지지 세력을 거느리고 남쪽으로 이주하여 한왕(韓王)이 되었다. 준왕의 남천과 남쪽 지역에서의 국가적 성장은 일정한

---

37) 화폐 분포는 崔夢龍, 「고대 국가 성장과 무역」, 『한국 고대의 국가와 사회』, 역사학회, 1985, pp.71~73 참조. 기원전 2~3세기의 유적인 평안북도 영변군 세죽리 유적에서는 명도전 2000 여 장이 발견되기도 했다.

해양 세력의 토대가 없이는 불가능한 일이다. 『삼국지』 동이전 한전(韓傳)에는 준왕과 관련하여 "좌우의 신하들과 궁인들을 거느리고 도망하여 바다로 들어와 한의 땅에 머물면서 스스로 한왕이라고 했다〔將其左右宮人走入海 居韓地 自號韓王〕"는 기사가 나온다. 이로 보아 당시 남쪽에는 이미 한(韓)이라고 불리던 토착 세력이 존재하고 있었고 그들은 나름대로 정치 단위를 구축하고 있었음을 알 수 있다.[38] 그럼에도 준왕과 그의 세력은 바다를 통해서 남천에 성공하고, 마침내 한왕이 된다. 이것은 해양적인 관점에서 두 가지 사실을 말해 준다. 하나는 남천을 성공시킨 항해술과 선박의 규모 등 해양 문화의 문제이고, 다른 하나는 당시 해양 활동의 일반적 상황에 대한 문제다.

준왕의 출발지가 어디였는지는 알 수 없다. 이들은 서해 연안을 따라서 항진한 후에 한반도 남부의 어떤 지역으로 들어갔다.[39] 그런데 서해안은 지형과 물길이 복잡하여 초행자들에게는 결코 용이한 지역이 아니다. 고도의 항해 지식과 숙련된 경험이 절대적으로 필요하다. 더구나 일정한 정치 세력이 진출하는 경우라면 그 지역의 해양 환경에 능통해야 가능하다. 준왕이 해로를 통해서 들어왔다면 남쪽 지역이 이미 고조선의 영향력 아래 있었기 때문에 가능했을 것이다. 뿐만 아니라 준왕이 사용한 항로는 일상적으로 이용되었을 가능성이 크다.

청동기 문화의 분포권에서 확인되듯이 남부 해안 지역은 고조선 지역과 해양을 매개로 연관성이 강했고, 문화적 낙차로 보아 일찍부터 그 영향권 아래에 있었을 가능성이 크다. 물론 중국 지역에서 황해를 직항 도해하여

---

38) 『史記』 朝鮮列傳에도 "又未嘗入見眞番旁衆國欲上書見天子, 又擁閼不通……"이라는 기사가 나온다. 眞番의 위치 문제, 衆國에 대한 해석상의 문제가 있다. 그러나 이들이 고조선의 이남 지역에 있었다는 것은 일반적인 견해다.

39) 準王의 도착 지점에 대해서는 그동안 여러 견해가 나왔다. 그런데 전영래는 錦江文化圈이라는 청동기 문화권을 설정하여 준왕의 도착 지점이 금강 유역이라고 강하게 시사하고 있다. 한편 이기동은 「마한 영역에서의 백제의 성장」, 『마한 백제 문화』 10, 원광대 마한백제문화연구소, 1987에서 내포 연안을 주장하고 있다.

서해 남부 해안과의 교역이 이루어졌을 가능성도 많다. 왜냐하면 삼한 사회의 구성원들 가운데 적지 않은 수가 황해를 건너온 사람들이기 때문이다.[40]『삼국지』위서(魏書) 동이전 한(韓)조에는『위략(魏略)』을 인용하여 진시황제가 6국을 병합하였을 때, 그리고 준왕이 섰을 때 연(燕)·제(齊)·조(趙) 등의 백성이 바다를 건너와서 조선으로 도망쳐 준왕에게 망명했다는 기록이 나온다.[41] 이들은 육지나 연근해를 따라 오기보다는 황해를 직접 건넜을 것이다. 또『후한서(後漢書)』동이전 한조에 기록된 동이인의 이동과 관련한 기사[42]는 시사하는 바가 크다.[43]

고조선이 서해 남부 지역과 해양 교류를 했을 가능성은 문헌 사료를 통해서도 추정할 수 있다.『삼국지』한전(韓傳)에는 항해 관련 기사가 있다. 삼한이 철을 매매하고 있었으며, 교역의 범위는 바다 건너 주호(州胡)와 왜(倭)에 이르렀다는 사실이다.[44] 물론 이 기록이 준왕이 남천한 시기를 반영한다는 확증은 없다. 그러나 기본적으로는 이 지역의 일반적인 상황을 반영한다. 일본 야요이[彌生] 문화의 성립 과정에서 나타나듯이, 이미 한반도 지역과 일본열도의 해상 교류는 활발했기 때문이다. 특히 준왕이 남천한 이후에 위만조선이 한(漢)과 삼한 지역 사이의 통교를 방해했다고 한 사실은 이미 그전부터 황해 연안 항로, 혹은 근해 항로를 통해서 인문(人文)의 이동이 활발했었다는 사실을 증명한다.

이러한 고조선의 해양 활동은 동이인들의 대량 이동으로 자극받고 더욱 활발해졌을 것이다. 진나라 이후에 동이인들의 분포가 점차 산동 이북, 요

---

40) 이러한 견해는「金哲俊, 魏志東夷傳에 나타난 韓國古代社會의 性格」,『한국문화사론』, 지식산업사, 1976, p.108 참조.
41) "二十餘年陳項起, 天下亂燕齊民愁苦, 稍稍亡往準 準乃置之於西方."
42) "辰韓, 耆老自言秦之亡人, 避苦役……."
43) 藤田豊八 遺著, 池內宏 編,「支那港灣小史」,『東西交涉史の硏究』, 荻原星文館, 1943, p.631 참조.
44)『三國志』魏書 東夷傳 韓傳, "……又有州胡在馬韓之西海中大島上……乘船往來, 市買韓中……"(李丙燾,「州胡考」,『韓國古代史硏究』, 박영사, 1976).

동 지역, 그리고 한반도와 일본열도에까지 이르렀다는 사실을 주목할 필요가 있다. 그들은 해양 문화를 황해 연안 전체, 나아가 동북아시아 전체에 전파했을 것이다. 전 시대부터 비조직적이나마 환황해교역권(環黃海交易圈)이 형성되었으므로 영향력과 파급 효과는 더 컸을 것이다.[45] 황해 동쪽 연안으로 재포진한 동이인들은 황해 서안의 해양 문화를 전파하면서 기존의 고조선인들을 비롯한 토착 세력과 연합하여 새로운 문화와 정치 세력을 결성했을 것이다. 그들은 경제력의 토대를 해양 활동과 교역에서 구했을 가능성이 있다. 따라서 이미 확대되고 있었던 황해 서부 연안의 활동권은 정치적인 성격을 띠면서 황해 전체와 남해를 거쳐 일본열도로 이어지는 거대한 활동권, 해양 교역권이 형성되는 단초를 열어 놓았다.

3. 위만조선의 해양 활동과 조한전쟁

1) 위만조선과 한의 전쟁

진나라에 이어 한나라가 성립하면서, 특히 무제(武帝)의 통치 시기에는 해양 활동이 더욱 활발해졌다. 한나라 때는 사회경제가 매우 발달하여 특히 상공업 등 민영 수공업이 발달했다. 한나라는 해로를 통하여 인도·동남아시아 등과 다양한 교역을 했으며,[46] 방직 제품 등을 로마에까지 수출했다. 대외 상업 활동을 위하여 군사적인 진출을 시도할 정도였다. 그런데 황해를 매개로 삼는 동아지중해의 교역권이 확대되면서 한의 깊은 관심을 불러일으켰을 것이다. 한은 해양을 통해서 요동 지역을 경영하려고 했다.[47]

---

45) 江上波夫는 앞 논문, p.57에서 吳越 등 長江 유역의 벼농사인들을 非漢人系라는 용어로 지칭하고 이들이 4세기 이후 동중국해·황해·발해 방면에서 화북의 한인 제국들을 상대로 항해교역을 했다면서 오히려 이들을 4세기경의 교역 주체로 보고 있다.

46) 藤田豊八 著, 池內宏 編, 『東西交涉史の硏究』 남해편, 1943 ; 大林太良, 앞의 책, pp.83~88 참조. 특히 당시의 무역 루트 및 정치상의 거점과 무역 진흥에 대해서 논하고 있다.

47) 『史記』 권30 平準書, "東至滄海郡 …… 築衛朔方轉漕遼遠 …… 費數十萬巨萬 ……."

하지만 초기에는 군사적인 능력의 결핍과 낮은 경제적 가치로 인하여 위만조선에게 교역 활동의 일정 지분을 양보한 것으로 보인다. 그러나 시간이 흐르면서 교역권의 범위가 점차 확대되고 빈번한 교섭에서 발생하는 이익도 더욱 많아져, 적잖이 새로운 인식을 하였을 것이다.

한편 동아지중해의 반대편에서는 위만조선, 삼한 소국들, 그리고 일본열도의 소국들이 활발하게 교역하면서 중국 지역과도 교섭을 했다. 삼한 각국과 중국 지역의 관계는 『후한서』·『삼국지』 등의 기록에서 확인된다.[48] 삼한 각국의 정황을 설명하면서 특산물을 소개하고, 교역의 산물인 듯한 구슬과 금·보화·비단·모직물 등을 귀하게 여기지 않는다는 사실도 기록하고 있다.[49] 그런데 전남 강진(일설에는 무안)에서 명도전 두 매가 발견된 것을 비롯해,[50] 전국 시대부터 전한(前漢) 시대까지 이용한 반량전(半兩錢)이 남해안의 사천 근처인 늑도(勒島)에서 발견되었다. 또 제주도의 산지항에서도 전한 시대의 오수전(五銖錢), 신(新)의 화천(貨泉)·대천오십(大泉五十)·화포(貨布) 등의 화폐가 발견되었다. 이는 물론 입조(入朝)와 입견(入見)을 통한 교역의 가능성도 충분히 있으나, 해양 상인들의 활동일 가능성이 더욱 크다.

삼한 각국들은 왜와 교섭했으며, 주호국은 배를 타고 왕래하면서 한의 국내에서 물건을 사고 팔았다. 그리고 진한이 생산한 철을 교역하고 철을 화폐로 사용하는 무역, 소금을 매매한 사실 등 활발한 상업 활동을 했던 것으로 보인다. 더구나 한(漢) 계열의 유물들이 다량으로 발견되는 것은 민간인들의 사무역이 이루어졌음을 보여준다. 『후한서』에서는 논(論)을 통

---

48) 『後漢書』 卷80 東夷列傳 韓, "……其後遂通接商賈, 漸交上國 ……."
49) 全海宗, 「古代中國人의 韓國觀」, 『진단학보』 46·47(김재원 박사 고희 기념 특집호), 1979, p.71에는 朝貢 관계 기사를 분류하고 있고, p.75에는 지리 산물에 대한 기사가 나와 있다.
50) 李基東, 「馬韓史 序章」, 『馬韓文化硏究의 諸問題』 10, 마한백제문화학술회의, 1987, p.113에서는 명도전이 일본 備後·備前 지방을 비롯하여 오키나와의 那霸 등지에서 출토된 것을 중시하여 康津의 명도전 발견을 한반도 서남해안의 산물로 이해하고 있다.

지도 1-6 | 기원 전후 동아지중해 교역권

해서 삼한 소국들이 "통상을 하게 되고 상국(上國)과 교역하더니 풍속도 나빠졌다"고 하여 사회가 혼란한 원인을 교역 행위에서 찾고 있다. 당시 삼한 사회가 중국 지역과 교역을 활발히 했음을 보여주는 증거다.

이 시기를 전후해서 해양을 매개로 한 교역 활동이 활발했다는 증거와 중요성은 일본열도의 위치 변화에서도 나타난다. 왜라는 정치 단위가 등장하고, 중국·삼한 각국과의 교섭 과정이 중국 문헌과 일본의 고고학적 유물들을 통해서 그 전모가 드러나고 있다. 『삼국지』나 『후한서』의 기록을 보면 한(漢)과 통하고자 한 나라가 30여 국에 달했다. 물론 이러한 교섭은 한반도 남부를 통한 간접 형태도 있었고 직접 교섭도 있었던 것 같다. 이러한 문헌 자료와 고고학적 유물을 볼 때 양 지역 간의 교류는 활발했던 것으로 보인다.

이러한 상황들을 고려할 때 결국 이 시대에 동아지중해의 모든 지역은 서로간에 직·간접 교섭을 통해서 교역을 했으며, 교역권이 보다 분명한 형태로 형성되었다고 말할 수 있다. 명도전 등 화폐의 광범위한 분포로 보아 동아지중해권에서 원거리 무역이 이루어졌고, 위만조선은 그 물류 체계의 중간 거점을 활용하여 국부를 축적하고 정치적인 성장을 했던 것이다.

전한 시대에 들어오면서 이미 한반도나 일본열도와 교역을 원하는 수준에 이르렀고, 이들 지역 역시 정치적·경제적으로 중국 지역과 교섭을 원하는 단계로 상승했다. 그런데 당시의 항해 능력이나 사회 발전 단계로 보아 한반도 남부 또는 일본열도에서 황해 중부를 직접 건너다니면서 활발하게 중국 지역과 교섭할 정도의 수준에는 못 미쳤다. 따라서 교섭은 반드시 서해 연안을 따라서 해로로 북상한 다음 서한만 등 위만조선의 영향권을 통과해야만 했다. 조금 후대의 상황으로 『위서(魏書)』 왜인전(倭人傳)에 기록된 그 당시 왜로 가는 수행길을 보면 한반도의 서해안을 경유하여 가는 것을 볼 수 있다.[51]

위만조선은 교통로의 물목에 있다는 지정학적인 위치를 활용하여, 중국 지역의 세력과 한반도 중부 이남 세력 간의 교섭에 해양 가교 역할을 했을 것이다. 이러한 역할의 가능성은 전한과 위만조선의 교섭 태도에서도 확인된다.

위만조선은 한(漢)의 외신(外臣)이 되기 위한 조건으로서 국경 밖의 오랑캐를 지켜 변경을 노략질하지 못하게 하고, 모든 만이의 군장이 들어와 천자를 알현하고자 하면 막지 않도록 해야 했는데,[52] 이것은 위만조선에게 관리자와 중계자의 역할을 부여하는 것이다. 통일된 한은 주변 세계를 편입시키는 책봉 체제를 구성하면서 국경을 접하고 군사적으로 능력 있는 위만조선으로 하여금 변방에서 군사적인 방파제 역할을 하게 하고, 그 주변 세계에 대해 일종의 관리자 역할을 부여했다. 그리고 그에 대한 보상으로 양 지역을 연결하는 과정에서 생기는 경제적 이익을 갖도록 했을 것이다. 일종의 정치적 타협이었으나 위만조선의 승복을 전제로 하는 관계였다. 이는 비단 정치·군사적인 것뿐만 아니라 교역에 대한 권리도 포함되었을 것이다.

---

51) 『三國志』魏志 東夷 倭人傳에는 한반도 서해안을 떠나 남해안을 거쳐 일본열도에 닿아 야마대국까지 가는 길과 거리수, 그리고 거쳐야 되는 소국들을 명시해 놓았다. 왜인전에 나타난 行程에 대해서는 松永章生, 「魏志倭人傳行程」, 『東アジアの古代文化』 53, 秋, 大和書房, 1987 참조.
52) 『史記』 卷115 朝鮮列傳 第55, "…… 遼東太守卽約滿爲外臣, 保塞外蠻夷, 無使盜邊, 諸蠻夷君長欲入見天子, 勿得禁止. 以聞, 上許之, ……."

이렇게 해서 위만조선의 성장 속도와 내용이 일정한 한계를 넘어서고 활동권의 범위가 간접 관리의 범위를 넘어서자 이제 한에 위협을 가하는 존재가 되었다.[53] 즉 위만조선은 천자에게 입견치 않았을 뿐만 아니라 진번 주변의 여러 나라들이 천자에게 글을 올려 알현하고자 하는 것도 통하지 못하게 했다.[54] 하지만 한이 교역상의 이익을 확대하고자 할 때 위만조선은 복속시켜야 할 전략적인 위치에 있었다. 한의 본격적인 동방 진출과 경제권의 확대는 위만조선의 성장과 충돌하면서 양 지역 간의 갈등을 증폭시켰다. 따라서 양국 간의 전쟁 발생은 필연적인 상황이었다. 결국은 위만조선이 교통로를 확보하고 교역 이익을 독점한 일은 조한전쟁을 야기시켰다. 즉 위만조선이 성장하고, 자국 중심의 질서 구축이 균열되는 데 대한 한의 우려, 그리고 새롭게 형성되는 교역권의 이익을 둘러싼 양국 간의 갈등이 전쟁으로 나타난 것이다. 결과적으로 조한전쟁은 황해의 주도권을 둘러싼 질서의 대결이란 측면과 함께, 한민족 세력과 한족 세력이 벌인 군사적 대결이란 측면이 있었다. 또한 경제적 이익을 둘러싸고 벌어진 본격적인 국제전의 성격도 띠었다. 양국 간에 1년에 걸쳐 치열하게 진행된 전쟁은 향후 동아시아의 역사 전개에 적지 않은 영향을 끼쳤다.

2) 위만조선의 해양 활동

그렇다면 당시 해양 능력이 뛰어난 한나라와 전면전을 벌인 위만조선의 해양 능력, 즉 군사 능력은 어느 정도였을까?

이 전쟁은 수륙양면작전으로 전개되었으며 해양전의 양상을 띠었다. 그것은 우선 전투 상황을 보면 잘 알 수 있다. 『사기』 조선열전(朝鮮列傳)에는

---

53) "以故滿得兵威財物侵降其旁小邑……"라는 기사는 위만의 군사적·경제적인 성장이 漢과의 관계에서 비롯된 것이고, 전쟁의 원인이었음을 명확하게 밝히고 있다.
54) 『史記』 卷115. 朝鮮列傳 第55, "…… 又未嘗入見 眞番旁衆國欲上書見天子 又擁閼不通……."

"……원봉(元封) 2년 가을 누선장군(樓船將軍) 양복을 파견하여 제로부터 발해를 건너게 하고, 군사 5만으로 좌장군 순체(荀彘)는 요동에 출격하여 우거(右渠)를 토벌하게 했다. ……조선은 누선과 화평을 유지하고 항복 교섭도 누선과 하려고 했다."

는 기록이 있다.

한은 위만조선을 치기 위해 해양 활동에 능숙하고 수전에 뛰어난 군사들로 침략군을 구성했다. 양복은 한 무제가 10만의 병력으로 남월을 공격할 때 수군을 이끌고 참여했던 수군 장군이었다. 양복의 수군은 수군 활동이 제일 활발한 제나라의 산동병(山東兵) 7천으로 구성되어 있었다. 이들은 침공로인 발해만과 요동만의 해양 환경에 익숙한 병사들이었다.[55]

수군은 누선을 거느리고 수도인 왕검성을 공격했다.[56] 이로 보아 왕검성의 위치는 해안 근처에 있었으며, 위만조선은 수군을 보유함은 물론 해양전을 수행할 능력이 있었다. 당시의 전황 기록에 따르면, 한의 수군이 왕검성을 공격할 때 왕검성 내부의 군사와 누선군의 접촉은 지극히 짧은 거리에서 이루어졌다.[57] 또 누선이 간 곳은 열구(洌口)[58]에 이르고, 다시 독자적으로 왕검성을 공격했다고 했을 때 역시 왕검성은 바다와 강이 만나는 지점에 위치해 있음을 알 수 있다. 그것도 해상 교통을 통제하기 가장 효율적인 곳에 있었을 것이다.

---

55) 唐代의 賈耽이 지은 『道理記』 혹은 『唐書』 卷43 地理志의 기사를 인용하여 이때 老鐵山 항로를 이용했음을 주장하고 있다. 그러나 당시 漢의 해양 능력으로 보아 반드시 그 항로를 택했다고 볼 수는 없다. 이 문제는 위만조선의 영토와 왕검성의 위치에 따라서 조정될 수 있다.

56) 『史記』 朝鮮列傳 第55 元封2年秋, "遣樓船將軍楊僕從齊浮渤海, 兵五萬人, 左將軍荀彘出遼東, …… 樓船將軍將齊兵七千人先至王險……".

57) 『漢書』 西南夷兩奧朝鮮傳 第65 朝鮮 元封 2年.

58) 口는 강과 해안이 마주치는 곳이다. 누선을 齊로부터 발해를 건너게 했다는 것은 洌口의 위치가 최소한 요하 이서일 가능성이 있다. 대동강이었다면 大海 혹은 다른 명칭으로 표현했을 것이다.

고대의 수도나 상업 도시들이 해안에서 가까운 거리에 있고, 바다를 건너온 침공군과 전투를 벌이는 예는 너무나 많다. 때문에 만약 수군의 활동이 허약하거나 해양 활동 능력이 부족할 경우에 수도를 해안가에 두는 것은 매우 위험했다.

그런데 위만조선이 서해 북부 항로를 장악하고 남쪽의 국가들과 한나라의 교섭을 방해했다면 그것은 일정한 수군력의 뒷받침이 없고서는 불가능하다. 군사적인 목적이나 경제적인 목적으로 해상권을 장악하려면 해상 교통의 길목에 통제 거점을 만들어 놓아야 한다. 그러므로 위만조선의 수군력은 일정 정도의 수준을 갖추고 있었을 것이다.

그러면 당시 위만조선의 해양 활동 능력은 어느 정도였을까?

양복은 제나라 병사를 이끌고 바다로 출병을 하였으나, 이미 여러 번 싸움에 패하고 군사를 잃었다. 앞서 우거왕과의 싸움에서 곤욕을 치른 패잔한 군사들이라 모두 싸움을 두려워하고 장군은 부끄러워하여 우거왕을 포위하고도 항상 화평을 유지했다.[59] 이러한 전황을 볼 때 위만조선의 수군은 한나라의 수군에 대응할 정도였다고 판단된다. 더구나 1년 동안 대등하게 공방전을 벌였다면 위만조선의 군사·경제적인 능력과 해양 활동 능력이 결코 허약하지 않았음을 알 수 있다.

당시에 위만조선이 동원한 선박의 크기나 규모에 대해서는 알 수 없다. 다만 한나라 군선을 통해서 추정할 수 있을 뿐이다. 『태평어람(太平御覽)』의 한궁전소(漢宮殿疏)에는 무제 때 건조된 대선이 나온다. 전선에는 선등(先登 : 충봉함[沖鋒艦]), 두함척후(斗艦斥候 : 정찰함), 몽충(蒙沖 : 주요 전함), 주가(走舸), 적마(赤馬 : 쾌선)가 있다. 물론 이러한 전선들을 건조하는 조선소도 여러 곳에 있었다.[60] 대표적인 군선인 누선은 몸체가 길고 폭이 좁아서 기동력이 빠른 소규모의 배가 아니다. 갑판에 몇 층의 루를 세우고, 그

59) 『史記』; 『漢書』 西南夷兩奧朝鮮傳 第65 朝鮮 元封 2年條.
60) 李永采·王春良·盖莉·魏峰, 『海洋開拓爭覇簡史』, 해양출판사, 1990, pp.52~57 참조.

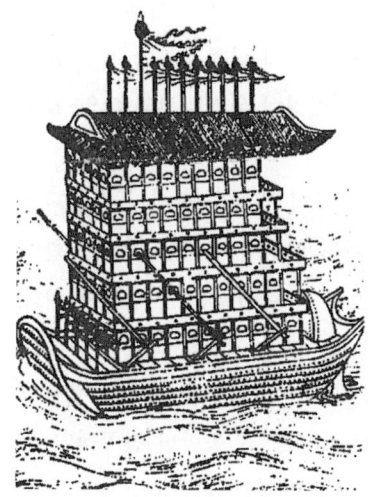

그림 1-2 | 한나라 시대의 누선(왼쪽)과 고대의 누선(오른쪽)

안에 많은 병사와 물자를 실을 수 있는 대규모의 선박이다.[61] 이 누선은 전국 시대에 사용된 것으로 보아, 이미 한나라 이전부터 전투에 많이 참여했음을 알 수 있다.[62]

한나라는 해전 능력과 조선술은 물론이고 항해술도 뛰어났다. 『한서예문지(漢書藝文志)』에는 『해중성점험(海中星占驗)』 12권, 『해중오성경잡사(海中五星經雜事)』 22권, 『해중일월혜홍잡점(海中日月彗虹雜占)』 18권 등의 책들이 그 이름만 전해지고 있다.[63] 이 책들의 이름으로 보아 그때는 천

---

61) 송나라때 曾公亮이 쓴 『武經總要』에는 樓船에 대해 이렇게 설명하고 있다. "樓舡은 船上에 삼중으로 樓를 세우고 전사와 격군을 현장 뒤에 두고……마치 그 모양이 城樓와 같고 그 길이는 가히 車를 달리고 말을 뛰게 할 만하다." 여기서 그 전체적인 모양을 짐작할 수 있다(김재근, 『우리 배의 역사』, 서울대 출판부, 1989).
62) 당시 선박의 종류와 규모 등에 대해서는 보론 참조. 최광남, 「중국의 조선술 발달」, 『한국상고사학보』 2집, 1989, pp.167~180에 상세히 언급되어 있다. 진시황은 기원전 219년 樓船으로 越國을 공격했다. 汝江, 『古代中國與亞非地區的海上交通』, 四川省 社會科學院出版社, 1989.

문학이 발달했으며, 항해민들은 천문 항법을 활용해서 원양 항해를 했음을 추측할 수 있다. 이처럼 한나라는 최고의 해양 능력을 동원하여 전쟁을 치렀다. 따라서 그들과 장기간 전쟁을 벌일 수 있었던 위만조선의 해양 활동 능력 또한 당연히 뛰어났을 것이다.

조한전쟁이 끝나고 나서 동아시아에는 하나의 새로운 질서가 수립되었다. 한나라의 지배 지역과 영향권이 광범위하게 성립되면서, 황해는 한나라의 내해적인 성격이 보다 강해졌다. 주변의 각 나라들은 한 세력에 의해 정치적·경제적인 교섭이 영향을 받게 되었다. 그러는 한편 모든 나라들은 서로 활발한 교섭 관계를 가졌다. 이전 시대까지는 교역을 매개로 비조직적으로 맺어졌던 황해 문화권이 본격적으로 군사력을 동반한 정치적인 성격으로 확대되었다. 그러나 한나라는 조선이 차지했던 정치적 공간을 끝내 채우지 못했다. 그 결과 남만주 일대에는 다시 새로운 군소 세력들이 활동을 시작하게 되었다.

해양 환경과 역사적 배경 등의 분석을 통해 동아시아에서는 해양 활동이 발달했고, 점차 그 범위가 확대되어 황해를 중심으로 커다란 원(circle)이 형성되었음을 살펴보았다. 이미 신석기 시대부터 해양을 매개로 문화교류와 초보적인 형태의 교역이 이루어졌고, 역사 시대에 들어와서는 조직적으로 지역 간·국가 단위 간의 교류가 있었다. 특히 상업이 발달하고 그 중요성이 인식되면서 황해는 교역권과 관련되어 정치·군사적으로는 물론 문화적으로도 매우 중요한 곳이 되었다.

해양 활동을 담당한 주역들은 황해 연안에 포진해 있던 동이인들이었다. 이들은 점차 황해 전역으로 퍼져 나가면서 해양 문화를 발전시켰으며, 지역들을 연결하여 교역을 주도했다. 이 과정에서 고조선의 해양 활동은 더욱 발전했으며, 동아지중해권이 그 형태를 드러내기 시작했다.

---

63) 內田吟風, 앞의 책, p.549 참조.

그러다가 한(漢) 시대를 전후로 동아시아의 해양 활동권 혹은 교역권이 형성되었다. 위만조선과 한은 이곳의 정치적인 주도권과 교역권을 둘러싸고 장기전을 벌였고, 이 전쟁에서 수군이 본격적으로 동원됐다. 황해 문화권의 본격적인 형성과 함께 그 패권을 놓고 벌어진 질서의 대결에서 한은 승리를 거두었다. 이후 황해는 더욱 활발한 국제교류의 장이 되었으며, 이를 둘러싸고 각국 간에 벌어진 정치·군사적인 대결 또한 첨예화되었다. 동아지중해는 내부적이건, 대외 관계에서건 역사 발전에서 해양적 역할이 매우 컸다. 이 지역에서 명멸했던 모든 종족과 국가는 해양의 영향을 어떠한 형태로든 받았던 것이다.

　특히 고조선·위만조선의 영역은 동아시아 해양(동아지중해)의 북부 중핵(core)에서 환황해권의 단절된 부분을 이어 주는 연결고리 역할을 했다. 그 후 일정한 시간의 공백을 거친 후에 고조선의 이러한 해양 활동은 고구려와 백제로 계승되었다.

2. 고구려 전기[1]의 해양 활동
신해양 세력 고구려의 등장

동아시아는 한반도를 가운데 축으로 황해·동해·남해·동중국해 등을 연결시켜 주는 하나의 활동권을 이루어 지중해적 성격을 가졌다. 앞에서 살펴본 것처럼 신석기·청동기 시대에도 동아시아에는 해양 문화가 발달했으며, 그것은 역사 시대로 전승되면서 한층 질적으로 비약했다. 고조선(조선 및 위만조선)이 중국 세력과 정치·군사적인 갈등을 빚는 과정에서 해양력의 대결이 있었으나, 결과적으로 고조선은 패배했다. 고조선이 멸망한 이후에 일시적으로 흩어졌던 유민들은 한족 세력의 후퇴로 생긴 정치적인 공간에서 점차 소국들을 형성하면서 발전을 도모하고 있었다.

고구려는 이러한 역사적 환경과 시대적인 당위 속에서 탄생했다. 비록 내륙 국가로 출발했지만 내부적인 발전은 물론, 대외 관계 속에서 자기 위치 확보를 목적으로 한 해양 활동을 활발히 진행시켜야만 하는 처지에 있

---

1) 고구려사의 시대 구분에 대한 논의는 다양하다. 본고는 해양 활동과 해양 교류사 속에서 나타난 고구려의 성장과 발전을 이해하려는 목적을 가지고 있으므로 해양 활동의 성장 수준과 국가 발전 형태에 기준을 두어 전기, 발전기, 후기 등 세 시기로 구분했다. 전기는 4세기 초까지를 대상으로 삼았다.

었다. 특히 황해 북부를 활동 범위로 하면서 대결의 주요 대상인 중국세력[2] 과 바다를 사이에 두고 대치하고 있는 상태였다. 따라서 고구려의 해양 활동은 활발해야만 했다.

고구려 지역은 황해의 중부 이북과 만주 일대, 그리고 요하 주변이 하나의 역사 활동 단위로 구성됐기 때문에 동아시아 문화의 모든 힘이 모이는 곳이었다. 또한 고구려 북방 및 중국 세력은 황해 북부를 공동의 장(field)으로 활동했기 때문에 역학 관계상 정치·경제·군사·문화적으로 해양적인 갈등이 필연적으로 발생했다. 따라서 고구려의 해양 활동과 정치·군사적인 측면의 관련성이 매우 강했다.

그럼에도 고구려의 성장을 해양 활동과 관련시키는 것에는 인식이 못 미치고 있다. 특히 왜나 남중국 및 요서(遼西) 지방 등과 활발한 교류를 가졌던 백제에 비해 상대적으로 해양 활동이 미미한 것으로 인식되고 있다. 이것은 자료의 부족과 사료 해석의 편향성이 한 이유가 되겠지만, 그보다는 고대사에 대한 일국사적(一國史的) 시각, 무엇보다도 해양적 질서(marine order)에 대한 인식 부족으로 인하여 그 전모가 분명하게 드러나지 못한 때문으로 여겨진다.

따라서 이 장에서는 고구려 전기의 역사 발전에 해양 활동이 작용한 과정을 시대별·사건별로 추출하고 분석하며, 아울러 해양 활동의 구체적 사례를 통해서 그 타당성 여부를 검증하고자 한다. 또한 이러한 구체적 사례를 토대로 하여 고구려 역사를 각각 중국 및 삼국과의 관계뿐만 아니라 국제 관계 속에서 파악하면서, 동시에 고구려가 동아시아의 종속된 한 부분이 아니라 능동적인 국제적 성격의 국가였음을 찾고자 한다.

전기 고구려 역사에 대한 연구 중에서 수군 활동이나 해양과 관련된 연구 성과는 아직 나오고 있지 않다. 수군 활동이 발생할 수 있는 고구려의

---

2) 이 용어는 현재 우리가 인식하고 있는 중국 영토 가운데 주로 화북 이하부터 양자강 유역까지 걸친 지역에서 활동했던 세력으로서 반드시 漢族을 의미하지는 않는다.

지리적 조건과 정치·군사적 배경, 고고학적 유물 등에 대한 분석 등이 이루어지지 못했기 때문이다. 또한 국제 관계와 해양 활동의 발생 가능성에 대한 연구도 없었다. 따라서 1절에서는 고구려의 수군 활동이 발전할 수 있는 지정학적인 조건과 해양 활동의 토대인 역사적인 배경을 살펴봄으로써 발전 가능성을 타진해 보고, 실제로 어떠한 역할을 했는지를 검증하고자 한다. 2절에서는 해양 활동의 계기와 성장 과정을 대중국 관계에서, 특히 남방의 오(吳)나라와 교섭하는 데서 찾고, 3절에서는 위(魏)·공손씨(公孫氏)와 투쟁하는 과정은 물론, 낙랑·대방 양군을 축출하고 질서 재편을 구축하는 데 미친 해양 활동의 영향을 추적해 보고자 한다.

해양 활동의 지정학적 배경

1. 지리적 특성

고구려의 기원 연대와 위치, 종족 구성에 대해서는 여러 가지 견해가 있다. 고구려의 기원은 일반적으로는 『삼국사기』의 기록을 중시하여 '기원전 37년설'을 따르고 있다. 그러나 건국 연대를 더 올려 보는 견해도 있다. 북한에서는 기원전 5세기경에 고구려의 전신인 구려국이 있었다고 말한다. 즉 주몽의 졸본부여 이전에 천제가 세웠다는 나라의 존재, 고구려 성립 이전의 5부는 국가가 이미 있었음을 반증한다는 것이다. 이 나라는 구려라고 불리었는데, 주(周)의 무왕이 상(商)을 멸망시킨 후에는 주와 통했다. 또한 중국 사서에는 한(漢) 시대의 지명으로 고구려현(高句麗縣)의 존재가 나오는데, 이것이 바로 옛 구려(句驪)였다고 한다. 따라서 고구려는 선행 국가인 "구려에 고(高)자를 붙인 것이다"[3]라고 하여 고구려의 계승성을 주장하고 있다.

그림 2-1 | 고구려의 첫 수도로 알려진 환인의 오녀산성과 오녀산성 연못

    한편 고주몽이 건국한 연대를 기원전 277년으로 보기도 한다. 이는 『신당서(新唐書)』 고려전(高驪傳) 및 『삼국사기』·『삼국유사』의 일부 기록에 의거한 것이다.[4]

    그동안의 발굴 성과로 보면 고구려족은 이미 기원전 3~2세기경에 요동 지방 압록강 중류 지역, 한반도 북부 지역에서 철기를 사용하면서 농업 경제가 매우 발전한 국가 단계로 진입했다고 한다. 그리고 주몽이 건국하기 이전에 이미 두 개의 고구려 국가가 있었다고 주장하고 있다.[5]

---

3) 강인숙, 「구려국에 대하여」, p.24.
4) 손영종, 「고구려 봉건국가의 형성 과정과 그 초기 발전」, 『조선 고대 및 중세 초기사 연구』, 교육도서출판사, 1992.
   사회과학원 력사연구소, 『고구려사』(조선전사 개정판) 3, 1981에서도 동일한 견해를 보인다.
   중국에서는 丁謙이나 金毓黻이 주장한 이래 최근 강맹산이 역시 유사한 주장을 하고 있다. 『삼국지』 고구려전이나 『후한서』 고구려전에는 대수가에 건국한 구려국과 소수가에 건국한 소수맥을 구분하고 있다.
5) 강맹산, 「최초의 高句麗 國家」, 『백산학보』 40, 1992, pp.78~79. 그런데 고구려가 건국한 위치가 현재의 환인이 아니라고 주장하는 견해도 있다.

NO	기년	서 력	내 용
1	기원14년	유리왕 33년	8월 한나라의 현도군, 고구려현을 습격하여 탈취
2	49년	모본왕 2년	봄에 한나라의 북평·어양·상곡·태원 등 지대를 습격
3	55년	태조대왕 3년	2월 요서에 10개 성을 쌓아 한나라 침략군을 방비
4	105년	태조대왕 53년	요동군의 6개 현을 공격
5	118년	태조대왕 66년	6월 한나라 현도군을 습격하고 화려성을 공격
6	121년	태조대왕 69년	봄에 한나라 유주 군사들이 침공. 고구려는 침략군을 막는 한편 군사 3000명을 보내 요동군·현도군을 공격
7	121년	태조대왕 69년	4월에 선비 군사 8000명을 거느리고 한나라 요동군 요대현을 공격. 신창에서 요동태수군을 전멸
8	121년	태조대왕 69년	12월 마한·예맥의 기병 1만여 기를 거느리고 현도성을 포위
9	122년	태조대왕 70년	마한·예맥의 군사를 거느리고 요동군을 공격
10	146년	태조대왕 94년	8월 한나라 요동군 서안평현을 습격하고 대방현령을 살해, 낙랑군 태수의 처자를 포로로 삼음

도표 2-1 | 고구려 초기 소국가 정복 과정 일람표

『삼국지』고구려전과『후한서』고구려전에 따르면,[6] 고구려의 초기 발생
지역은 현재의 압록강인 대수(大水)와 그 북쪽 지류인 소수(小水)인 혼강
(渾江) 유역의 홀승골(紇升骨)이라고 한다.[7] 소수와 대수의 위치 비정에 대
해서는 소수가 혼강이 아니라는 견해도 있으나 현재의 환인(桓仁) 부근이
라는 것에는 일치한다.[8] 고구려는 이미 동명성왕(東明聖王) 때부터 비류(沸
流)·행인(荇人)·북옥저(北沃沮)[9] 등을 정복하기 시작했다. 1세기 초에 국
내성으로 도읍을 옮기면서 더욱 활발하게 정복 활동을 벌여 유리왕은 양맥
(梁貊)[10], 대무신왕은 개마·구다(句茶)[11]를, 태조대왕은 동옥저(東沃沮)·갈

---

6) 『三國志』卷30 魏書 30 東夷傳 高句麗. "又有小水貊 句麗作國 依大水而居 西安平縣北有小水, 南
流入海, 句麗別種依小水作國, 因名之爲小水貊."
『後漢書』卷85 東夷列傳 75 句驪, "句驪一名貊 有別種 依小水爲居 因名小水貊."
7) 이와 달리 李龍範은 桂婁部가 철 산지인 두만강 유역에서 佟佳江 유역으로 팽창했다고 주장했
다. 「高句麗의 成長과 鐵」,『韓滿交流史』, 동화출판공사, 1989, p.106.
8) 필자는 사료 검토와 여러 차례에 걸친 현지 조사 결과, 고구려의 첫 수도는 지금의 환인 지역
이 아니고 더 북쪽에 있었을 것으로 생각한다.
9) 『삼국사기』 권13 고구려본기 동명성왕 2년, 6년, 10년.

사(曷思) · 조나(藻那) · 주나(朱那)[12] 등 주변의 여러 소국들을 병합하여 갔다. 이러한 정복 활동은 국가의 발전과 영역 확대라는 목적도 있지만, 그와 함께 그 지역에서 소국가로 발전하고 있었던 고조선 갈래의 유민들과 그 밖의 정치적 집단을 병합시키는 목적도 있었다.

이렇게 고구려가 발생한 지역은 고조선이 활동하고 있었던 지역과 일치한다. 고구려가 고조선을 계승한 국가였음은 여러 기록을 통해서도 알 수 있다. 『삼국유사』의 '고조선' 조에는 단군신화가 기록되어 있는데, 끝 부분에서 다음의 사실이 기록되어 있다. 즉 고려는 본래 고죽국(孤竹國)이고, 주(周)가 기자를 봉해서 조선에 삼았다는 것이다. 고죽국은 동이의 국가로서 유물이 발견되고 있다. 또 『제왕운기』에는 신라 · 고려 · 동부여 · 북부여 등이 모두 단군의 자손이라는 기록도 있다.[13] 같은 책 다른 부분에서도 마찬가지로 모든 나라들이 단군을 이어받았다고 했다. 이러한 생각은 중국의 『후한서』에서도 똑같아서 구려는 본래 다 조선의 땅이었다고 기록하고 있다.[14]

그런데 압록강 중류 유역인 길림성의 집안시 근처인 오도령구문(五道嶺溝門)과 역시 압록강 하류 유역인 요녕성의 관전현(寬佃縣) 태평초공사(太平哨公社) 포자연대대(泡子沿大隊), 장전공사(長佃公社) 사평가대대(四平街大隊), 봉성현(鳳城縣) 제형산공사(弟兄山公社) 삼가자대대(三家子大隊) 등에서는 기원전 3세기의 청동기들이 출토되는 무기단 돌각담 무덤 등이 발

---

10) 『삼국사기』 권13 고구려본기 유리왕 33년.
11) 『삼국사기』 권14 고구려본기 대무신왕 9년.
12) 『삼국사기』 권15 고구려본기 태조대왕 4년, 16년, 20년, 22년.
13) 『帝王韻紀』卷 下.
　　唐 裵矩傳云 高麗本孤竹國(今海州), 周以封箕子爲朝鮮, 漢分置三國, 謂玄菟樂浪帶方(北帶方),
　　"故尸羅 高禮 南北沃沮 東北扶餘 穢與貊皆檀君之壽也", "漢四郡及列國紀"―三韓各有幾州縣―
　　數餘七十何足徵, 於中何者是大國, 先以扶餘沸流稱, 次有尸羅與高禮 南北沃沮穢貊―世系亦自
　　檀君承."
14) 『후한서』 卷85 동이열전 濊傳. "濊及沃沮 句驪本皆朝鮮之地也."

견되었는데, 이것들은 기원전 8~5세기에 걸친 고조선의 강상무덤·누상무덤의 전통을 잇는 것들이다.

이로 미루어 고구려는 고조선을 계승하였음을 알 수 있다. 고조선(위만조선 포함)이 멸망했다는 것은 그 중심 지역이 정치적으로 진공 상태가 되었다는 의미이지, 주민이 다 소멸되고 문화가 낙후해서 야만 상태에 이르렀다는 것은 아니다. 옛 국가 내에 남아 있던 주민들은 일정한 시간이 흐른 후에는 한군현에 대하여 저항했을 것이다. 그 저항 세력들은 통제력이 약한 지역을 기반으로 부흥 운동을 펼치면서, 다시 자기 지역에 소규모의 정치 형태를 갖추어 나갔다. 특히 토착민들의 저항을 못 이겨 한군현이 서쪽으로 피해 가고, 또는 멸망해 가는 과정에서 통제력이 약화된 틈을 타서 점차 소국화했다. 북부여·동부여 등에서 성장한 고구려는 이러한 주변의 소국들을 하나하나 정복하면서 통일 전쟁을 벌였다. 물론 이러한 소국들의 통일 과정과 영토 확장은 발달된 교통로를 확보하고 경제력이 확대되지 않으면 불가능하다.

고구려는 더욱더 왕성한 정복 전쟁을 펼쳐 영토를 확장했다. 3대 대무신왕(大武神王)은 5년에 부여국 남쪽으로 진격하여 전쟁을 벌였다. 초기 부여의 위치에 대해서는 '장춘설'·'농안설'·'길림설' 등 여러 견해가 있으나, 최근에는 이건재(李健才) 등에 의하여 현재 흥안령 근처인 치치하얼 부근이라는 설이 제기되고 있다. 이밖에 북류 송화강과 눈강이 만나 동류 송화강이 되는 대안 지역이라는 설도 제기되고 있다. 그런데 당시에 벌어진 전쟁 상황을 보면 땅에 진흙이 많았고,[15] 신마(神馬) 등 명마의 산지와 가까운 것으로 보아 고구려는 현재 길림은 물론 장춘 이북으로 진격했을 가능성이 높다.[16] 5대 모본왕은 즉위한 2년(기원 49년) 봄에 한나라의 북평(北

---

15) 『삼국사기』 권14 고구려본기 대무신왕 5년, "王進軍於扶餘國南 其地多泥塗王使擇平地爲營."
16) 현지 답사 결과 이러한 지형은 역시 길림 이북에서만 볼 수 있다. 윤명철, 『말 타고 고구려 가다』, 청노루, 1997, pp.76~78 참조.

그림 2-2 | 눈강 유역의 유목민 거주지

平)·어양(漁陽)·상곡(上谷)·태원(太原) 등 현재 북경 근처인 화북 일대를 공격했다.[17] 또한 태조대왕은 3년(기원 55년)에 요서에 10성을 쌓았다. 그리고 재위 연간에 한나라와 요동에서 여러 차례에 걸쳐 전쟁을 벌였다.[18]

이렇게 왕성하고 의욕적으로 정복 전쟁을 펼치면서 1세기 중엽에는 동쪽으로 창해(滄海, 동해), 남쪽으로는 살수(薩水),[19] 서쪽으로는 고조선 영역이었던 요동 지방 가까이까지 영역을 확장했다. 이제는 활동 무대가 동가강(佟佳江) 유역의 산간 지방에서 탈피하여 남만주 일대에 이르게 된 것이다.[20] 이러한 활동 범위로 볼 때, 남만주가 갖고 있는 지리적인 환경은

---

17) 『삼국사기』 권14 고구려본기 모본왕 2년.
18) 『삼국사기』 권15 고구려본기 태조대왕 3년.
19) 『삼국사기』 권15 고구려본기 태조대왕 4년. 그런데 손영종은 앞의 책, pp.100~103에서 살수를 청천강이 아니라 대동강이라고 보고 있다.

고구려가 초기에 성장하는 과정과 발달을 이해하는 데 중요하다.

지리는 정치·경제·문화에 영향을 끼친다. 특히 교통로의 발달에 상당한 영향을 끼친다. 남만주가 가진 지리적 특성 중 하나는 큰 강이 여럿 있다는 것이다. 이 특징은 본고의 주제와 관련하여 주목된다. 고구려는 해양 활동을 하는 첫 단계로 강에서의 활동 능력을 키워야 하고, 해양 활동은 강과의 연결 속에서 이루어지기 때문이다. 이 지역의 강들은 몇 가지 특성을 갖고 있다. 내륙의 산간부와 평야 지대, 그리고 해안 지대를 연결시켜주면서 바다로 흘러들어간다는 것이다.

백두산을 중심으로 한 지역들은 압록강·두만강·송화강과 조그만 강들이 실처럼 분포되어 지역과 지역, 산과 산을 연결하고 있다. 그리고 각각 동서로 흘러 황해와 동해로 흘러들어간다. 압록강은 혼강과 만나는데, 중류 이하에선 수심이 깊고 수로가 길다. 또한 강 하류에는 많은 하상도서(河上島嶼)가 있고 끝나는 곳에는 만이 발달되어 황해로 접어든다.[21] 따라서 통항 거리가 길고(750km) 큰 규모의 선박이 항행할 수 있으며, 많은 선박들이 동시에 운행할 수 있다. 또한 경제 생활에 많은 이점을 제공한다.

송화강은 유하(柳河)·휘발하(輝發河) 등과 만나면서 북으로 흘러들다가 대안(大安)에서 흥안령을 떠나 흘러 내려온 눈강(嫩江)과 만난 후에, 다시 동북류하여(東流松花江) 흐르다가(통항 거리가 1890km, 물론 겨울에는 운항할 수 없다) 흑룡강(1892km)과 만난다. 그리고는 다시 북만주를 휘감고 돌다가 동해 이북으로 빠져 나온다. 이 두 강은 주변의 지류 등을 포함하면서 초기 부여를 비롯해 북방 종족들의 성장과 깊은 관련을 맺었다. 요동반도에는 대양하(大洋河)·벽류하(碧流河) 등이 황해 북부로 흘러들어가고,

---

20) 李玉, 앞의 책, p.82 참조.
21) 『漢書地理志』卷28 地理志 玄兎郡에서는 西盖馬縣을 설명하면서 "馬訾水, 西北入監難水, 西南至西安平 入海, 過郡二, 行二千一百里"라 하여 압록강에 대하여 상세하게 설명하고 있다. 그 당시 서안평이던 단동 지역에는 靉河 등의 강이 흘러들고, 위화도 등 섬들이 있다.

혼하(渾河)·태자하(太子河) 등이 모이는 요하(325km)를 비롯하여 난하(灤河)·대릉하(大凌河) 등의 큰 강이 요동만·발해만 등으로 흘러들어간다.[22]

이 지역의 큰 강들은 깊고 길어서 수상 활동이 가능하고,[23] 국가 간의 경계선 구실을 했으며, 도시가 발달하고 적을 방어하는 요새지의 역할도 했다. 그러한 조건은 이 지역의 역사 발전에 영향을 미쳤다. 특히 초기 고구려의 활동 무대였던 동가강(현 혼강)은 많은 지류와 깊은 계곡으로 둘러싸여 있으며 평야도 발달해 있다.[24]

한편 압록강은 한반도와 만주 사이를 흘러 경계를 짓고 있는데, 고대부터 경계의 역할을 하기도 했고, 소규모 국가들이 발원하고 발전한 지역이기도 했다. 고구려가 초기에 복속하여 부(部)로 편입되었던 소국가들은 특히 압록강과 혼강 유역에서 발원한 경우가 많다. 예맥(濊貊)은 송화강과 압록강 유역, 함경·강원 양도에 걸쳐 활동했다.[25] 압록강은 중류 이하에선 수심이 깊어서 비교적 큰 규모의 선박이 항행할 수 있고 많은 선박들이 동시에 운행할 수가 있다. 하류에 이르면 수로가 깊고 길어서 수운(水運)과

---

22) 이 지역의 지리적 특성에 대해서는 주로 梁泰鎭의 『韓國邊境史硏究』, 법경출판사, 1990, pp.94~100 및 『韓國의 國境硏究』, 동화출판사, 1981 등을 참조.
　　尹乃鉉의 「古朝鮮의 西邊境界考」, 『藍史鄭在覺博士 古稀記念東洋學論叢』, 동양학논집편집위, 1984. 편집위에는 고조선의 경계를 이루는 각 강들의 위치를 중국 문헌을 통해서 입증하고 있는데, 당시 강들이 국가 경계에 중요한 영향을 끼친 것을 대변하고 있다.
23) 송화강은 1890km, 눈강은 707km, 압록강은 750km, 요하는 325km가 통항이 가능한 거리다. 모두 겨울철을 빼곤 배가 충분히 다닐 수 있다. 『中國地圖集』, 中國地圖出版社, 1994, p.6.
　　필자가 답사해 본 결과 눈강 및 송화강은 지금도 중요한 내륙 운송로의 구실을 하고 있었다. 요하는 얼마 전까지도 營口에서 배를 타고 요동성이 있었던 요양까지 올라갔었다고 한다.
24) 동가강은 현재의 渾江이며, 길이는 445km이다. 상류에는 비류수인 富爾江을 비롯하여 여섯 개의 지류가 흘러들어오고 하류에선 압록강과 합류한다. 수심은 2.76m이고 최대 수심은 4.4m이다. 李金榮 主編, 『桓因之最』, 桓因縣 蠻族自治縣地方志辦公室, 1992.
　　1994년 8월 필자가 답사한 바에 따르면, 인삼 농사 등으로 인하여 산에 나무가 거의 없는 실정임에도 불구하고 현재 혼강은 흘수가 낮은 선박들은 충분히 활동할 수 있을 정도의 수심이다. 고대에는 수심이 더욱 깊었을 가능성이 크다.
25) 李丙燾, 『韓國史』 古代編, 乙酉文化社, 1981, p.10.
　　三品彰英, 「高句麗の五部族について」, 『朝鮮學報』 6, pp.32~39에서 고구려의 那를 水邊溪谷의 집단이라고 한 것으로 보아 압록강 지류의 물가와 깊은 관련이 있음을 시사하고 있다.

경제 생활에 많은 이점을 가지고 있으며, 강의 하구에는 많은 하상도서가
있고, 하구가 끝나는 곳에는 만이 발달되어 황해로 접어든다.[26]

남만주 지역이 가진 지정학적 특성 가운데 중요한 또 다른 하나는 바다
와 해안의 존재다.

백두대간에서 뻗어 나온 멸악산맥, 마식령산맥, 차령산맥, 노령산맥 등
이 황해 쪽으로 나 있기 때문에 1차적으로 복잡하다. 그리고 청천강, 대동
강, 예성강, 한강, 금강, 만경강, 동진강 등이 황해로 흘러들어가고 있다.
이들 하천의 하구는 대체로 나팔 모양을 유지하면서 바다 쪽으로 개방되어
있기 때문에 해안선이 매우 복잡하다. 또한 연안에는 크고 작은 만과 섬이
많다.[27]

---

26) 梁泰鎭,『韓國邊境史研究』, 법경출판사, 1990, pp.94~100 ;『韓國의 國境研究』, 동화출판공
　　사, 1981 참조.

만주와 관련을 맺고 있는 서한만·요동반도·발해만 등이 있는 황해 북부 해안은 한반도 서해 중부,[28] 남부 해안과 마찬가지로 매우 복잡한 리아스식 해안으로 되어 있고 만이 발달했으며 많은 섬들이 산재해 있다. 특히 요동반도 해안 남쪽에는 대장산군도가 있는데, 섬들이 많으며 해안선이 복잡하다. 요동반도와 산동반도 사이는 섬들이 이어진 묘도군도다. 당 태종 연간에는 그곳에 오호도(烏呼島), 대사도(大謝島), 구흠도(龜歆島), 유도(游島) 등이 있었던 것을 알 수가 있다. 가탐(賈耽)의 『도리기(道里記)』에는 '입사이지로(入四夷之路)'가 있는데 제2인 등주해행입고려발해도(登州海行入高麗渤海道)에는 당시 가장 빈번하게 사용되던 항로와 함께 중간에 있던 이 지역의 섬들을 기재하고 있다.[29]

황해는 동아지중해 가운데서도 핵이 되는 바다이고 내해적인 성격을 가지고 있으므로 해양 활동이 비교적 용이하다. 특히 황해 북쪽에 위치한 만인 서한만이나 요동만 등은 남만주 지역의 여러 강 하구와 만나는 지점이므로 소규모 해양 활동을 하기에 안전하고 적합한 지형이다. 이러한 복잡한 리아스식 해안과 섬들은 한반도의 서북부 연안과 중국의 산동 등 화북지방을 연결할 경우 반드시 통과해야 하는 해양의 길목으로서, 중앙 정치권력의 영향을 벗어난 독자적인 해양 세력이 존재했을 것이다.

2. 경제적 측면

강과 바다가 가진 해양 활동의 필요성은 경제적 측면에서도 컸다. 수산 자원을 획득할 수 있고, 물자의 교환과 교역의 주요 운송로가 되기 때문이다.

---

27) 權赫在,「韓國의 海岸地形과 海岸分類의 諸問題」,『高大教育大學院』3, 1975, p.80 참조.
28) 일반적으로는 黃海라는 용어를 사용하고 있으나 논지의 필요상 반드시 한반도 해안만을 가리키는 경우에는 西海란 용어를 사용하고 있다.
29) 『唐書』卷43 志 第33下 地理志 7下.

고구려는 고대 국가로서의 성장과 안정된 경제 상태를 이루기 위해 여러 가지 다양한 물자의 획득과 생산이 필요했다. 정복 전쟁을 수행하는 데 필요한 전쟁 물자의 보급도 중요했고, 국가로서의 정치적 안정을 유지하기 위한 기구의 설치와 운영에도 상당한 경제적 능력이 뒷받침되어야 했다. 따라서 경제력의 질적인 비약을 위한 정책의 수행을 여러 각도에서 실천해야만 했다.

고구려는 정복 국가의 성격을 가지고 있는 만큼 대외적으로는 영토를 팽창했고, 약탈을 필요한 물자 획득의 중요한 수단으로 삼았다. 심지어는 노예를 획득하기 위하여 정복 전쟁을 벌이기도 했다.[30] 한편 대내적으로는 생산력을 확대하기 위해 자체 성장을 이룩해야만 했다.

고구려는 농업경제를 상당히 중요시하고 있었다. 건국 신화에 따르면 해모수의 부인인 유화(柳花)는 동부여를 탈출하여 남천(南遷)하는 고주몽에게 오곡(五穀)의 종자를 주었다. 또 동맹(東盟) 등 농작물 수확을 위한 제천의식이 국가적으로 행해졌다.[31] 또한 초기에 활동한 중심지인 집안 일대에서 상당히 많은 철제 농업 생산 도구가 발견되고 있다.[32] 이것은 고구려가 이미 초기부터 농업의 중요성을 인식하고 있었으며, 농업이 고구려 경제에서 상당히 중요한 역할을 하였음을 알려 준다.

그런데 큰 강 주변에는 평지가 발달하여 농경에 적합한 토지를 쉽게 확

---

30) 정찬영, 「고구려의 사회경제적 성격에 대하여」, 『삼국 시기의 사회경제 구성에 관한 토론집』, 김광진·도유호 외, 일송정, 1989, pp.207~210에서 고구려가 수행한 전쟁을 노예 획득을 위한 전쟁으로 파악하고 있다.
31) 崔光植, 「韓國古代祭儀에 대한 硏究史的 檢討」, 『韓國傳統文化硏究』 6, 1990 ; 李玉, 앞의 책, p.143 참조.
32) 『高句麗簡史』, p.165를 중심으로 상세히 설명.
   기원전 3세기부터 고구려 지역인 한반도 북부 및 압록강 유역, 그리고 요동 지방에서 곡괭이·삽·호미 등 철제 농업 도구들이 광범위하게 사용됐음이 발굴을 통해서 밝혀졌다(강맹산, 앞 논문, pp.75~76에는 인용한 발굴 보고서 등이 있다). 朴性鳳은 「發展期 高句麗의 南進過程」, 『美源 趙永植博士 華甲記念論文集』, 1981, p.142에서 고주몽의 남진을 우수한 농경 조건을 찾아 시도한 것으로 보고 있다.

보할 수 있으며, 하구로 내려갈수록 그 면적은 더없이 넓어진다. 그러므로 강을 따라 국가가 발원하고 점차 영토를 확보해 가는 양상을 보인다. 송화강 유역인 길림 주변과 남으로 내려오면서 매하구(梅河口)·유하(柳河) 등에는 평지가 있다. 첫 수도라고 알려진 환인은 동가강변에 있는 분지이지만 농경에 적합한 지역이다. 특히 압록강변에 있는 집안은 동서 10km, 남북 5km인 분지로서 따뜻하고 사람이 살기에 적합하며 농사짓기에 좋은 지역이다. 그러나 대체로 고구려의 농업 경영 조건은 그리 좋은 편이 못 됐다. 압록강 중류 지역 일대는 산간 지대로서 하천 연변에 좁은 평야가 있는데다, 토질 또한 척박하여 농경에는 그다지 적합하지 못했던 것이다.

이러한 사정은 중국인들의 눈에도 동일하게 비추어져 다음처럼 기록하고 있다.

"……큰 산과 골짜기가 많고, 들과 물이 부족하여, 산과 골짜기에 의지하여 살면서 산골 물로 식수를 한다. 좋은 밭이 없어서 비록 부지런해도 충분히 배를 채울 수가 없다. 그래서 습속에 음식을 아끼고……"[33]

이러한 어려운 경제 상황으로 인해 고구려는 부여나 그 밖의 선점한 소국가들과는 달리 잉여생산물의 생산도, 축적도 있을 수가 없었다.[34] 따라서 농업의 필요성을 만족시켜 주면서 동시에 생산물의 부족분을 대체시켜야 할 다른 경제 영역의 개발이 필요했다. 여기서 강과 바다의 존재란 매우 유용했다.

강은 인간이 최초로 어로를 행했던 장소다. 신석기·청동기 시대 유적지

33) 『三國志』 卷30 魏書 第30 東夷傳 高句麗, "……多大山深谷 無原澤 隨山谷以爲居 食澗水 無良田 雖力佃作 不足以實口腹 其俗節食……"
   이하 본고에서 인용한 중국 사서 가운데서 東夷傳에 해당하는 부분은 『中國正史朝鮮傳』(國史編纂委員會 刊, 1987)을 참조하여 인용했다.
34) 정찬영, 앞 논문, p.205.

가 강이나 해안가에 위치해 있다는 사실은 인간 생활의 초창기부터 강이 생활품의 중요한 공급원 구실을 했다는 것을 보여준다. 예인(濊人)들은 지금의 송화강과 눈강 초원 지구에 거주하던 어렵(漁獵) 부락 사람들이었다.[35] 만주 지역 강가에 선사 시대와 고대의 유적지들이 분포되어 있는 사실[36]은 그 시대 사람들이 강이 가진 경제적 가치를 활용하고 있었음을 간접적으로 입증한다.

후대에도 이 지역 사람들에게 어렵은 매우 중요했다.[37] 거란(契丹)·실위(室爲) 등은 담비 사냥과 교역에서 보이듯 수렵 어로 경제를 영위하고 있었다. 현재도 송화강과 흑룡강 등에서는 어로를 주업으로 하는 종족들이 살고 있다. 이러한 지리경제적인(geo-economy) 배경 속에서 고구려는 초창기부터 강이 가진 경제적인 이점을 충분히 활용했다. 2대 유리왕 22년(AD 3)에는 국내성으로 도읍을 옮기고 위나암성(尉那巖城)을 축조했는데, 그전 해에 설지(薛支)가 천도를 간한 글에는 다음과 같은 구절이 있다.

"산수가 깊고 험하며 땅이 농사짓기에 적합하고 또 사슴과 물고기와 자라의 생

---

35) 송화강변에 있는 西團山文化 역시 초기에는 古肅愼族과 관련이 있는 것으로 보았으나(東北考古發掘團, 「吉林西團山 石棺墓發掘報告」, 『考古學報』, 1964, 第1期) 최근에는 예맥인의 유지로 보고 있으며(李健才·孫進己, 『東北各民族文化交流史』, 春風文藝出版社, 1992, p.43 등), 백금보 문화 등과 관련이 있다고 주장한다.
특히 북한의 황기덕 등은 동명의 출자로 알려진 槀離國을 조동 조원 지방으로 비정하고 있다. 황기덕, 「묘서 지방의 비파형 단검 문화와 그 주민」, 『비파형 단검 문화에 대한 연구』, 과학백과사전출판사, 1987, pp.146~147.
36) 李殿福·孫玉良 著, 앞의 책, p.18 참조.
丹化沙, 「黑龍江肇源望海屯新石器時代遺址」, 『考古』(61~10).
黑龍江省博物館, 「嫩江沿岸細石器文化遺址調査」, 『考古』(61~10).
丹化沙, 「略論 嫩江細石器文化」, 『考古』(61~10).
白金寶 문화·漢書 문화·望海屯(肇東·肇源) 문화 등 눈강 및 송화강 유역의 청동기 문화에 대해서는 譚英杰·孫秀仁·賂越虹江·干志耿, 『黑龍江區域考古學』, 中國社會科學出版社, pp.34~46 참조.
37) 필자가 답사해 본 결과 현재도 눈강과 송화강 유역의 사람들에게 어렵은 매우 중요한 경제 형태다.

산이 충분하니, 왕께서 만약 도읍을 옮기시면 백성의 이익이 무궁하며 또 전쟁의 환난을 면하기에 가합니다."[38]

이 글은 강의 중요성과 함께 경제적 이점 중에는 물고기의 획득이 중요하다는 사실을 반증하고 있다.[39] 태조대왕 7년조에는 왕이 연못에서 고기를 보고 적시(赤翅)와 백어(白魚)를 낚았다는 기사가 있다. 이 또한 어렵이 가지는 사회경제적인 중요성을 반영한 것이다.

이와 같은 사료상의 기록들을 입증하는 유물들도 발견된다. 국내성 지역의 통구묘(通溝墓)군 우산하묘구(禹山下墓區) 3283호 적석묘(積石墓)에서는 일련의 물고기잡이 도구와 흙그물추 등이 출토된 것을 비롯해, 철낚시고리〔鐵漁釣〕 등도 출토되었다.[40] 이로 보아 고구려인들은 압록강에서 활발한 어로 활동을 벌였으며, 생산의 중요한 수단으로 삼았음을 알 수 있다.[41]

강과 바다가 가진 또 다른 경제적 가치는 운반하기 편리하고 수송량이 많기 때문에 물자의 유통에 매우 유용하다는 점이다. 고구려는 초기부터 상업과 교역 활동을 활발히 했다. 고구려 땅은 최소한 네 개 이상의 서로 다른 자연환경 속에서 생산된 산물이 만나는 장소로서 지중해적 특성을 가지고 있다. 북동쪽에서는 삼림 문화, 서북방에서는 유목 문화와 서쪽의 화북 농경 문화, 그리고 남쪽의 한반도 북부에서 생산된 여러 물품들이 올라왔다. 고구려가 초기부터 상업과 교역 활동을 활발히 한 데는 이러한 지리

---

38) 『삼국사기』 권13 고구려본기 유리왕 21년(이하 『삼국사기』 원본과 역주 인용은 李丙燾, 『原本삼국사기』, 『國譯 삼국사기』, 을유문화사. 1977 인용).
  "……見其山水深險 地宜五穀 又多麋鹿魚鼈之産 王若移都 卽不唯民利之無窮 又可免兵革之患也."
39) 현재도 압록강에서 잡히는 물고기는 이 지역 사람들에게 중요한 식량원이 되고 있다.
40) 이 부분에 대해서는 耿鐵華, 「高句麗 漁獵經濟初探」, 『博物館研究』 3期, 1986 참조.
  심지어는 금으로 만든 낚시고리 등도 있었다.
41) 李殿福·孫玉良 著, 앞의 책, pp.188~189.
  현재도 압록강이나 동가강에서 잡히는 물고기는 지역의 경제 생활에 많은 도움을 준다.

경제적인 특성이 중요하게 작용했다.

국내성에서는 한대의 오수전[42]과 반량전, 동기(銅器), 남조(南朝)의 청자, 신강(新疆)의 화전옥(和田玉) 귀걸이와 강남의 칠기 등이 발견된다. 이 지역이 초기부터 후기까지 내내 중원(中原) 지구 및 북방, 남방과 교섭이 밀접했음을 알려 준다.[43] 초기에는 중간에 있는 현도군 등을 중간 거점으로 하여 한족과 거래가 이루어졌다.[44] 또한 내륙의 유목민·수렵민들과 낙타·담비·말 등의 교역을 했다.[45] 고구려는 후한과 초피·명마 등을 교역했다고 하는데,[46] 물산의 종류와 지리적 위치로 보아 이것은 중간 교역일 가능성도 있다.[47]

고구려는 물산들의 집하 장소, 교환과 매매의 장소가 되고, 다시 배급하는 공급처의 역할을 했다. 따라서 초기부터 상업 활동이 중요함을 깨달았고, 실제로 행상 등을 통해 물품 교역이 이루어졌을 것이다. 중국과의 공교역도 활발하여 대무신왕(大武神王) 때부터 시작하여[48] 태조대왕,[49] 신대

---

42) 집안에서는 五銖錢 외에 明刀錢·布錢·半兩·貨泉 등이 발견됐다.
　　古兵,「吉林輯安歷年出土의 古代錢幣」,『考古』64-2 참조. 국내 지역에서 발견된 화폐의 종류와 유적 설명이 있다.
　　M195호분에선 오수전이 32매 발견됐다(최무장,『고구려 고고학』1, 민음사, 1995, p.334에서 재인용).
43) 吉林省博物館,「吉林輯安高句麗建築遺址의 淸理」,『考古』60-1기에는 걸어서 이 지역이 위 남북조 등의 문화를 흡수하여 독자적인 문화를 발전시켰다고 한다.
44) 김정배·유재신 엮음, 앞의 책, p.79.
　　손영종은 앞의 책, pp.280~281에서 고구려가 초기부터 상업과 대외 교역이 발달했고 화폐를 사용했다고 쓰고 있다.
　　金基興,「고구려의 성장과 대외 교역」,『한국사론』16, 서울대 출판부, 1987에서 고구려의 초기 대외 교역에 관해서 상세하게 언급하고 있다.
45)『後漢書』卷20 祭遵 列傳 第10에 "……其異種滿離 高句麗之屬 逯駱驛款塞 上貂裘好馬 帝輒倍其賞賜"라고 하여 고구려가 변경에서 낙타·담비·말 등을 가지고 후한과 교역했음을 알려 준다.
46) 손영종, 앞의 책, p.96 채동열전에서 인용.
47) 李鍾旭, 앞의 논문, pp.69~70에서 고구려는 초기부터 현도군을 중간 매개로 漢과 교역을 하면서 성장했다는 견해를 밝혔다.
48)『後漢書』卷85 東夷列傳 第75 高句麗 光武 建武 8年.
49)『後漢書』卷85 東夷列傳 第75 句麗 安帝 永初 5年.

왕(新大王)으로 이어졌다. 초기에 국가가 발달하는 과정에서 주변 나라들, 특히 한과의 교역은 상당한 영향을 끼쳤을 것이다.

그런데 강은 내륙 교통이 발달하지 못했던 고대 남만주 지역에서 내륙 산간 지방과 평원, 그리고 바다를 하나로 연결하고 생산물을 유통시키는 데 아주 적합한 역할을 했다. 한나라의 철제 농기구들이나 장식품 외에도 중국 사서에 나오는 동이의 토산품들 가운데 상당 부분이 강을 통해서 공급되고 교역되었다.

명도전·화천 등의 화폐는 대릉하, 요하 하류, 요동반도 해안, 압록강 중류 등 강가를 중심으로 발견된다.[50] 안시성으로 비정되고 있는 영성자산성(英城子山城)에서 명도전·오수전·개원통보(開元通寶) 등의 화폐가 발견되는데, 이곳은 요하와 연결되어 요동만으로 나가는 길이다.[51] 이는 모두 강과 해양이 가진 이러한 교통과 상업적 측면 때문이다.

특히 백두산에서 서남 방향으로 흐르다 안평성(安平城)에 이르러 바다로 들어가는[52] 압록강은 중류 지역에서 명도전이 다량으로 발견됨으로써[53]상업 교역의 중요한 통로였음을 알려 준다.

고구려의 경제 생활에 영향을 끼치는 또 하나의 중요한 요소는 바다다. 이 시기에 동아시아 국가들에게 해산물의 획득과 공급, 그리고 소금의 확보는 매우 중대한 문제였다.[54] 미천왕이 도피하던 시절에 압록강에서 배를 타고 소금 장사를 했다는 『삼국사기』의 기록은 고구려인들이 압록강을 이

---

50) 崔夢龍의 「古代國家의 成長과 貿易」, 『韓國古代의 國家와 社會』, 일조각, 1990, p.72에 『조선전사』 卷2, 1977, p.65에서 인용한 명도전의 분포도가 실려 있다.
51) 李殿福 著, 車勇杰·金仁經 譯, 『中國內의 高句麗 遺蹟』, 학연문화사, 1994, p.81.
52) 『通典』 卷186 邊防 二 東夷 下 高句麗傳, "……馬訾水一名鴨綠水東北水源出靺鞨白頭……西南至安平城入海……所經津濟皆貯大船……."
53) 李殿福·孫玉良, 앞의 책, p.187.
   현 단동시 振安區 九連城鎭 靉河上尖村인 서안평성에서 오수전 등이 발견됐다.
54) 이 시기 동아시아 지역에서 소금의 확보가 중요한 의미를 가지고 있었음은 西嶋定生 著, 卞麟錫 譯, 『中國古代社會經濟史』, 學文社, 1983, pp.124~128 참조.

용해서 소금 운송과 판매를 하고 있었음을 알려 준다. 미천왕은 단순히 피난 생활을 한 것이 아니라 중국과 교역할 수 있고 경제적 이점이 많은 소금 운송업을 하면서, 해양 세력 및 상인들을 규합하여 경제적 토대를 굳건히 하고 재기의 기회를 엿본 것이다.

이 기록은 또한 소금이 황해 북부 해안, 즉 압록강 유역이나 요동반도 해안 지대에서 생산됐을 가능성을 말해 준다.[55] 당시 동아시아 지역에서 소금의 확보는 정치적·경제적으로 중요한 의미가 있었다. 한은 여러 지역에 염관(鹽官)과 철관(鐵官)을 두었는데, 실제로 요동반도의 평곽(平郭)은 소금 생산의 중요한 산지이므로 염관과 철관을 두었다.[56]

『삼국지』 동이전에 기록된 하호(下戶)가 쌀·물고기·소금 등을 멀리서 지어 날랐다는 내용[57]은 지배층의 생활에 해산물이 공급되었다는 증거라 할 수 있다. 해산물 확보의 중요성은 고구려가 자국 내부뿐만 아니라 동해안의 동옥저로 하여금 소금과 해산물을 공급하도록 했다는 사실에서도 확인할 수 있다.[58]

민중왕(閔中王) 때에는 동해 사람 고주리(高朱利)가 고래 눈을 바쳤으며,[59] 서천왕(西川王) 때에도 역시 해곡태수(海谷太守)가 고래 눈을 바쳤다.[60] 이는 고구려 전기부터 해양 어로가 행해졌고, 고래를 잡을 정도의 어로 수준을 지녔음을 보여주는 것이다. 물론 서포항 유적지에서 발견된 고래뼈로 만든 노로 보아 고래잡이는 이미 선사 시대부터 이루어졌으므로, 이 시기에는 매우 발달했을 것이다. 고주리는 고씨 성인 것으로 보아 평민은 아닌 듯하다. 고주리가 신분이 높고 어로 작업을 담당한 중요한 위치에

---

55) 요동반도의 瓦房店市·普蘭店市 등은 지금도 대규모 염전이 발달해 있다.
56) 『漢書』 卷28 地理志 第8 下1 遼東郡. 平郭은 漢이 염관과 철관을 둔 곳으로서 소금이 생산되던 곳이다.
57) 『三國志』 卷30 魏書 第30 東夷傳 高句麗傳, "……下戶 遠擔米糧魚鹽供給之."
58) 『三國志』 卷30 魏書 第30 東夷傳 東沃沮.
59) 『삼국사기』 권14 고구려본기 민중왕 4년, "……東海人高朱利 獻鯨魚 目夜有光."
60) 『삼국사기』 권17 고구려본기 서천왕 19년, "夏四月 …… 海谷太守 獻鯨魚 目夜有光 ……."

있는 인물이었다면, 어로 활동은 조직적으로 이루어졌고 국가 경제에도 중요한 역할을 하였을 것이다.

당시 고구려와 인접한 지역에서도 어로 활동이 활발했다. 『후한서』나 『삼국지』에 따르면 동해 북부의 읍루는 배를 타고 다니면서 노략질을 했다.[61] 이른바 해적이었다. 또한 동옥저는 바다 멀리까지 나가서 고기잡이를 했다.[62] 이러한 기록들은 당시 그 지역의 바다에서 어로 활동 능력이 있었고, 또 중요했음을 보여준다. 동예에서는 순전히 상업을 위한 특산물로서 반어피(班魚皮)가 생산되었다.[63] 이는 해산물이 중요한 교역 품목으로서 상업 어업이 실시되었을 가능성을 보여준다.

이처럼 강이 많고 바다를 끼고 있는 만주와 한반도 북부 지역(한반도)의 지리적인 조건은 경제적인 측면에서도 고구려의 해양 활동을 활발하게 했다. 그런데 소금의 확보와 해산물의 채취는 해안 지리적인 조건상 간석지가 발달되고 바다가 얕은 곳이 유리하다. 또한 당시의 조선술이나 어로 능력으로 보아 동해안보다 황해안이 해양 경제적인 측면에서는 훨씬 효용성이 있었다.

3. 군사적 측면

남만주와 한반도의 강과 황해 북부의 바다는 군사적인 측면에서도 중요한 의미가 있다.

사방으로 뻗은 강과 바다를 끼고 있는 만주의 지리적 특성은 고구려의 군사적인 면에도 강한 영향을 미쳤다. 정복 국가로서 출발한 고구려는 주변 세력을 정복하고 병합해 갔으며, 북방의 유목 종족들, 요동 지방의 중

---

61) 『後漢書』 卷85 東夷列傳 第75 挹婁 ; 『三國志』 卷30 魏書 30 東夷傳 第30 東沃沮 및 挹婁.
62) 『三國志』 卷30 魏書 第30 東夷傳 東沃沮, "國人嘗乘船捕漁 遭風見吹數十日 東得一島."
63) 『三國志』 卷30 魏書 第30 東夷傳 濊.

국 세력과 끊임없이 갈등을 빚었다. 군사적 가치에 절대적인 비중을 두는 고구려에게 사방을 연결해 주는 강과 황해, 동해는 군사적으로 절대적인 의미가 있었다. 강은 기병이 이동하는 데 없어서는 안 되고, 강상 수군이 활동할 수 있는 공간이기도 하다. 바다에서는 물론 대규모의 수군이 활약할 수 있다.

남만주 지역은 강들이 마치 실처럼 전 지역을 연결하고 있으므로 불편한 육로 교통을 대신해서 수상 교통이 발달했다. 고구려의 건국 초기나 그 이전에 만주 지역에 있었던 소국가들은 강을 중심으로 발달했다. 산이 없거나 낮으므로 강이 지역과 지역을 가르고, 종족과 종족의 거주 지역을 구분했다. 여러 강들의 흐름과 위치는 국가의 성장과 국가 간의 경계 확정에 상당한 영향을 미쳤다.

예를 들면 대수맥(大水貊)과 소수맥(小水貊)은 각각 다른 강 주변에 거주한 종족이고, 비류국과 양맥국 등도 그러하며, 고구려와 중국 세력도 요하나 대릉하 등을 경계로 국경이 생겼다. 따라서 대외적인 발전과 외적의 방어를 위해서는 강을 활용해야 하고, 수상 활동에 관심을 기울여야만 했다.

고구려는 태동기부터 수상 활동과 밀접한 관련이 있었다. 시조 신화에 따르면 태양신인 해모수와 하백(河伯)의 딸 유화부인의 결합으로 주몽이 탄생한다. 해모수는 태양을 숭배한 신흥 이주민 집단인 반면에 하백은 물에 세력 기반을 둔 토착 세력이다. 이규보(李奎報)의 『동국이상국집(東國李相國集)』 권3 동명왕편에 따르면 해모수는 유화부인을 아내로 얻기 위하여 물의 신인 하백과 여러 차례 힘겨루기를 한다. 그 가운데에는 물에서 능력을 겨루는 것도 있다. 이 신화는 양대 세력의 통합 과정에서 나타난 혼인 동맹을 반영한 것이다. 즉 이주 세력인 해모수가 물가에 살고 있었던 토착 세력 혹은 수상 활동의 능력을 보유한 세력과 갈등을 벌이고 통합해 가는 과정을 표현한 것이다.[64]

그런데 주몽의 난생 신화적인 요소를 가야·신라 등의 건국 신화와 함께 해양 남방계로 보는 견해도 있다. 한륙도의 난생 신화는 김해에서 동해 연안을 타고 올라가면서 분포하고 있는데, 이는 해류의 흐름과 일치한다. 따라서 난생 신화는 남방에서 해류를 타고 북상한 남방계 신화라고 보는 견해도 있었다.[65]

물과의 깊은 관련성은 주몽이 국가를 건국하는 과정에서도 나타난다. 주몽 일행이 부여의 왕성(王城)을 빠져 나와 남으로 가다가 엄체수(淹遞水)에 이르렀다. 뒤에서 추격군이 쫓아오는 다급한 상황 속에서 주몽은 물에다 대고

"나는 천제의 아들이며 하백의 외손이다……"[66]

라고 선언했다. 그러자 물고기와 자라가 떠올라서, 일행은 순조롭게 건널 수 있었다. 신화가 일정하게 역사성을 반영한다고 할 때, 위의 사실은 엄체수를 가운데 두고 서로 다른 집단의 경계가 정해져 있었으며, 주몽의 선언은 강 건너 이웃 집단의 국경수비대나 수군 활동에 의해 위기를 극복한 것으로 해석할 수 있다. 즉 강 너머의 수군들이 주몽의 탈출을 도왔음을 알려 준다. 이규보는 이 부분의 소주에서 "속치주교(速致舟橋)"라 하여 물고기와 자라가 부교(浮橋)임을 표시하고 있다.[67]

남천 후에 주몽은 비류수가에다 모옥을 지어 거처로 정하고, 졸본부여 정권의 건립을 선포했다. 그리고 곧 비류수(현재 혼강) 상류에 있는 송양의

---

64) 金哲埈, 「部族移動과 鐵器文化의 普及」, 『한국사』 2, 국사편찬위원회, 1977, pp.95~98에서 고구려는 先住한 예맥족과 부여계로서 後次로 내려온 朱蒙族과의 연합에서 성립되었다면서 주몽의 건국 전설을 해석하고 있다.

65) 金在鵬, 「古代南海貿易ルートと朝鮮」, 『東アジアの古代文化』 41, 1980, p.25 ; 「卵生神話의 分布圈」, 『文化人類學』 4, 한국문화인류학회, 1971, p.40.

66) 『삼국사기』 권13 고구려본기 始祖 東明聖王 원년, "…… 天帝之子河伯之外孫……." 「廣開土大王陵碑」에서는 "天帝之子 母河伯女郎"이라고 되어 있다.

67) 李奎報, 『東國李相國集』 卷3 東明王篇.

비류국을 정복했다. 신화에 따르면 이때 수상전이 벌어졌을 가능성도 있다. 고구려의 토대를 이룬 연나부(涓那府) 등 나(那) 집단이 동가강 유역에 산재하는 여러 소정치체를 의미하는 것으로 보아, 토착 세력들은 수상 활동 능력을 일정하게 갖춘 집단임을 알 수 있다.[68] 이러한 물과 관련된 신화가 고구려 계통에서 계속해서 나타나는 것은 역사적으로 의미심장하다. 즉 강이 군사적인 측면에서 상당히 중요했음을 알려 준다.

강을 경계로 국경이 있었다는 사실은 전쟁이 발발할 때 강을 도하하고 방어하는 것이 전쟁 수행의 1차적인 과제임을 반증한다. 강의 이러한 군사적인 측면은 구체적인 전투에서도 확인된다.

고조선과 연, 위만조선과 한군이 전투를 벌일 때 패수(浿水)는[69] 양측이 공방전을 편 중요한 거점이었다. 그 밖에 고구려 역사에서도 강을 배경으로 방어전을 편 전투는 수없이 많고, 그 규모와 의미도 크다. 강의 방어와 공방전이 고구려의 운명에 심각한 영향을 끼친 사례도 있다. 위나라와 전투를 벌일 때 양군은 비류수를 사이에 두고 치열한 공방전을 벌였으나 결국은 고구려의 방어진이 무너지고, 그로 인하여 환도성마저 함락되었다. 그 후에도 고구려는 북방 종족들의 남하를 저지하기 위하여 송화강가에 용담산성 · 동단산성 등 방어 체제를 구축했다. 한편 수 · 당과의 전쟁에서 요하를 사이에 둔 공방전은 대단한 격전이었다. 결과적으로는 고구려의 승리로 끝이 났지만 요하의 저지선은 한때 무너지기도 했다.[70]

강이 가진 군사적인 측면은 공격과 방어라는 직접적인 충돌에만 적용되는 것이 아니다. 또 하나 중요한 것은 군수물자의 운송 통로로서 중요한

---

68) 李龍範은 앞의 논문, pp.81~82에서 고구려의 那 집단을 동가강 유역에 산재하는 여러 소정치체를 의미하는 것으로 보아 이들 집단이 수상 활동 능력을 갖춘 집단임을 시사하고 있다.

69) 浿水의 위치에 대해서는 여러 가지 설이 있다. 尹乃鉉, 「古朝鮮의 位置와 疆域」, 『韓國古代史新論』, 1986. 尹乃鉉의 「古朝鮮의 西邊國境考」, 『남사 정재각 박사 고희 논총 기념 동양학논총』, 1984에는 각 강들의 위치를 중국 문헌을 통해서 입증하고 있다.

70) 李龍範은 「高句麗의 遼西進出企圖와 突厥」, 『史學硏究』 4, 1959, p.58에서 고구려의 방비 체제가 扶餘川 부근을 중심으로 축조된 요충에 집중했다고 했다.

역할을 한다는 것이다. 삼국 시대에 강을 통해서 군수물자를 운송했다는 기록은 나타나지 않고 있다. 그러나 만주 지역에 있는 강들은 내륙 깊은 곳까지 연결이 된다. 압록강은 혼강과 연결되고 송화강은 북으로 흘러가며 여러 강들과 만나다가 대안(大安)에서 남류하는 눈강(嫩江)과 만나 길게 동류(東流)하면서 흑룡강과 이어진다. 압록강은 백두산을 사이에 두고 두만강과 연결되고, 다시 압록강과 두만강은 한반도 서북을 흐르는 강들과 연결된다. 이러한 강들이 가진 지역의 연결성은 군수물자의 운송에 매우 유효적절하게 이용될 수 있다. 초원에서도 군마가 이동할 때는 식수원을 염두에 두면서 강이나 냇가를 이용하는 경우가 많다. 더구나 강 연안에는 인구가 많이 분포되어 있으므로 강은 실질적인 생산 장소에서 사용 장소로 이동하는 가장 안전하고 빠른 지름길이 된다.

고구려 산성은 강을 끼고 있는 경우가 많다. 그런데 산성을 쌓을 때에 소요되는 물자는 보통 강을 이용하여 운반된다. 물론 성벽들은 화강암·석회암 등 주변 지역에서 생산되는 석재를 이용했다. 고인돌이나 무덤을 축조할 때 거대한 돌은 강을 통해서 운반하는 방법을 썼다. 그와 마찬가지로 물건이나 비축할 군량미 등을 운반할 때는 수로를 효과적으로 이용했을 것이다. 강으로 군수물자를 운송한 사실은 중국의 예에서 확인된다. 수나라는 대고구려전을 위해 전쟁 준비의 일환으로서 기존의 강물을 이용했으며, 나아가 대운하를 건설하여 남방의 물자와 인력을 북으로 운반했다.

이렇게 강이 가진 정치·경제·군사적인 효율성과 이용의 다양성을 고려할 때, 강을 지키는 군사나 강을 작전 범위로 삼는 부대의 존재는 필연적인 것이다. 대체로 수상 활동은 처음에는 큰 강에서 시작되었고, 그곳에서의 익숙한 활동과 경험을 바탕으로 자신감을 지닌 채 서서히 대양으로 나간다. 특히 단순한 경제 활동이 아닌 수군 등의 군사 작전인 경우에는 전략에 걸맞은 선박의 건조 능력과 정교한 항해술, 그리고 숙련된 선박의 운용자들이 필요하다. 또한 대양 작전에 걸맞은 훈련과 경험이 축적되지 않으면 안 된다. 따라서 처음에는 비교적 안정적이고 물결의 흐름이 규칙적인 큰 강이나 호수, 또는 내해에서 수군 활동을 시작하고, 다음에 점차 활동 영역을 확대하여 대양으로 나가는 단계를 밟고 있다.[71]

중국은 해양 문화가 고대부터 매우 발달했는데, 이는 황하나 양자강이라는 거대한 강이 있었기 때문에 가능했다. 실상 고대 전투의 상당 부분은 강을 이용했다. 그리하여 수로군(水路軍)·강상군(江上軍) 등의 용어가 중국에서 일찍부터 사용되었다. 춘추전국 시대 강남 지방에 있었던 오나라·월나라 등의 수전은 주로 강에서 많이 벌어졌다.[72]

한반도 내에는 압록강·두만강·대동강을 필두로 하여 비교적 커다란 배들이 항행할 수 있는 강들이 18개나 된다. 이들 강은 폭이 좁고 수심이 얕기 때문에 큰 강의 하구 외에는 대규모 군사 활동을 본격적으로 펼치기에는 미흡하다.

그러나 만주 지역에서는 강을 작전 반경으로 하는 군사적인 활동이 가능한 강이 몇 개 있다. 그러한 강은 수심이 깊고, 폭이 넓으며, 길이가 길어야 한다. 또한 전략적인 요충지를 통과하거나, 그 자체가 요충지인 경우에는 내륙의 깊은 곳까지 연결시켜 주어야 한다. 압록강·흑룡강·송화강·요하 등은 이러한 조건에 적합하다. 특히 압록강과 요하는 황해로 연결되므로 강과 바다를 유기적으로 활용하는 군사 작전이 용이하다.

고구려가 강의 전략적인 이점을 활용하고, 강을 이용하여 영토 팽창 전략을 구사한다면, 수군의 양성과 활동은 필연적이었다. 건국 초기에 미약

---

71) 宮本常一·川添登, 『日本の海洋民』, 未來社, 1989, p.28에는 퉁구스 水軍說에 대해서 논하고 있다. 본고의 이 부분은 퉁구스 수군설의 논리를 수용한 것이다.
    孫權의 吳가 대표적인 경우인데 鄱陽湖·洞庭湖 등에서 선박을 건조하고 훈련을 했다. 汶江 著, 『古代中國與亞非地屬的海上交通』, 四川省 社會科學院出版社, 1989, p.48.
72) 李永采 編, 『海洋開拓爭霸簡史』, 海洋出版社, 1990.
    孫光圻, 『中國古代航海史』, 海洋出版社, 1987.
    彭德清, 『中國航海史(古代航海史)』, 中國航海學會 編, 人民交通出版社, 1988.
    위의 책에는 『左傳』·『越 絶書』 등을 인용하여 吳·越 간의 水戰 사실들을 소개하고 있다.

한 형태로 시작했던 수상 활동은 이후 고구려 역사에서 강을 활용하는 방어전과 방어 체제의 구축을 가능케 했다. 그 후에 구축된 고구려의 방어 체제는 압록강 좌우 연안[73] 및 송화강, 부여천(扶餘川) 부근, 요하 등을 중심으로 집중되었다. 이러한 일련의 사실들은 강이 군사적인 측면에서 중요한 역할을 했음을 보여준다.[74]

고구려는 압록강 하구로 진출하여 서한만의 황해를 접하게 되면서, 활동 범위를 해양으로 확대시키는 전기를 맞는다.

만주의 지정학적 환경이 지닌 군사적 측면은 해양 활동에서도 나타난다. 황해 북부 해상에서 만주와 만나는 지점은 압록강 하구, 요하 그리고 대릉하이다. 중국의 화북 지방과 남만주 일대 사이에는 요동반도가 있다. 요동반도는 황해 북부 해상으로 길게 돌출되어 뻗어 있으면서 동쪽으로는 한반도 북부 해상이 있고, 서쪽으로는 발해를 사이에 두고 중국의 화북 지방과 만나고 있다. 따라서 한반도 북부 지역과 남만주 지역, 그리고 화북 지역은 강 또는 바다를 통해 배를 이용하여 서로 왕래할 수 있었다. 요동반도 남부 해안에는 장산(長山)군도가 있고, 요동반도의 끝은 오호도(烏呼島)·대사도(大謝島)·구흠도(龜歆島)·유도(游島) 등 점점이 흩어진 묘도군도의 섬들을 징검다리로 하여 산동반도와 마주 보고 있는데, 이 길은 선사 시대부터 이용되었다. 따라서 고구려 세력이 압록강 하구나 황해 북부를 출발하여 요동반도로 가려 할 때 해상을 이용하는 것은 비교적 용이하고 기동성도 있었다.

또한 중국 세력이 요동반도를 공격할 때에도 해양 활동은 거의 필수적이다. 그것은 첫째, 요동반도의 자연조건 때문이다. 대릉하 유역과 요하 유

---

73) 손영종, 앞의 책, pp.84~85.
74) 『三國志』 卷28 魏書 第28 列傳 毌丘儉.
   손영종, 앞의 책, pp.84~85.
   李龍範, 「高句麗의 遼西進出企圖와 突厥」, 『史學硏究』 4, 1959, p.58 참조.

역은 많은 강들의 지류가 한 번에 만나는 곳이므로 요택(遼澤)이라는 습지대가 형성되어 있다. 따라서 여름처럼 비가 많이 오는 계절에는 군사가 이동하거나 군수물자를 운송하는 데 매우 불편하다. 한편 겨울에는 날씨가 추워서 이 지역을 통과하여 이동하기가 불편하다. 이러한 자연조건 속에서 효과적인 전쟁을 수행하기 위해서는 바다를 이용한 운송 체계의 개발이 필수적이다.[75] 둘째는 전술적인 측면 때문이다. 만약 육군의 공격이 상대방으로부터 저항을 받을 경우, 중국 세력은 해상을 통해서 요동반도 남부에 상륙하거나, 황해를 건너가 한반도 북부 지역으로 상륙하여 배후를 공격할 수 있다.[76] 방어측의 병력을 분산시키고 배후를 찌르기 위해선 항상 수군을 통한 공격이 뒤따르게 마련이다.

한편 고구려의 수도는 압록강 중류에 위치하므로 수로를 통해서 해양진출을 적극적으로 할 가능성이 많다. 반면에 해양을 통해서 침입했을 경우, 압록강 수로를 방비하지 못한다면 적군의 수도 접근과 공격이 용이하여 후방을 기습당할 우려가 다분히 있다. 그러므로 서쪽에서 항진해 오는 적의 수군을 막기 위해서는 방어 체제의 구축[77]은 물론이고 수군력 또한 양성해야 했다.

이처럼 황해 북부 해상과 접하는 동쪽의 고구려, 서쪽의 중국 세력, 또 중간 세력들은 각기 세력을 팽창하거나 방어할 목적으로 육상 활동과 해양 활동을 겸하는 것이 효과적이었다. 특히 후한과 낙랑 등에 의해 양쪽으로

---

75) 고수전쟁 과정과 당 태종의 1차 침입시 퇴각 도중에 遼澤에 걸려 고전을 했다. 고구려와의 전쟁 때 겨울을 피하려는 중국측의 전술은 이러한 사정을 반영한 것이다.
76) 魏가 낙랑·대방을 평정한 사실, 612년 수나라가 평양 지역으로 공격해 들어간 사실, 614년 수로군이 비사성 앞으로 공격해 들어간 사실, 645년 당 태종의 수로군이 萊州에서 요동반도 남단으로 항진한 사실 등.
77) 집안 서남 약 50km 지점인 심수향의 해관 외차구 두 지점에는 압록강변의 험한 지세를 이용하여 강변의 길목을 막은 석성이 있다. 『文物』 1期, 1984, pp.39~40. 손영종, 앞의 책, pp.84~85에서 재인용. 손영종, 앞의 책, pp.192~193에는 압록강 하구에서 국내성으로 가는 도중의 대중국 방어 체제에 대해서 기술하고 있다.

포위된 고구려가 역으로 길목을 장악하고자 할 때 수군의 요동반도 혹은 황해안 진출은 전략적으로 중요한 의미를 갖는다. 그 밖에 두만강 하구를 통한 동해로의 진출 역시 수군력을 강화시키고 영토 확장에 중요한 역할을 했을 것이다. 이러한 지정학적인 조건과 전기 국가 팽창에 필요한 수군 활동의 개연성은 국제 환경의 변화로 더욱 의미를 가질 수밖에 없었다. 동아지중해는 조한전쟁 이후에는 한반도 북부가 이미 중국의 해상 작전 구역이 됨으로써 교역의 측면뿐만 아니라 군사적 활동의 범주로도 확대되었다.

고대 국가 성장과 해양 활동의 전기

본절에서는 고구려 해양 활동의 성장 과정을 탐색하고 동시에 해양 활동이 국가 발전에 어떠한 작용을 하였는지를 밝히고자 한다. 그런데 이에 관한 문자 기록이 빈약한 현실을 감안하여 고구려 성장의 현실적인 토대를 주목하면서 해양 활동의 실상을 추정, 복원하고자 한다.

1. 3세기 동아시아의 역학 관계(국제 환경)와 해양 활동의 계기

고구려는 건국한 초기부터 수상 활동 능력이 있었지만, 2세기 초까지는 활발했던 것 같지는 않다. 그럼에도 황해 진출의 출구인 압록강 하구의 서안평(西安平)을 점령하려는 시도를 계속했다.[78]

고구려는 12년에 왕망(王莽)의 신(新)과 신경전을 폈고, 14년에는 한의 고구려 현을 쳐서 빼앗았다.[79] 그런데 해양 활동과 관련된 사건으로서, 대

---

78) 『삼국사기』 권15 고구려본기 태조대왕 94년.

무신왕(大武神王) 15년(32)에 후한과 긴장된 상태 속에서 호동(好童)은 낙랑국을 쳐서 항복시켰다.[80] 이 사건은 후한과의 관계에 결정적인 악영향을 미쳤다. 그런데 공교롭게도 고구려에서 내분이 일어나 호동 왕자가 죽는 사건이 일어났다. 기록에 따르면 호동 왕자의 죽음은 왕위 계승과 관련된 정쟁으로 파악된다. 그러나 다른 요인이 있을 수도 있다. 후한과 팽팽해진 긴장을 해소하고, 왕호를 다시 사용하면서 중국 중심의 질서에 편입되기를 원한다면 낙랑 정벌 사건에 대해서 후한을 납득시켜야 했을 것이다. 공교롭게도 호동의 죽음 직후에 해우(解憂)가 태자가 되고 후한에 조공을 하면서 고구려는 왕호를 다시 쓸 수 있게 되었다.[81] 한 해에 일어난 일련의 사건들은 최리(崔理)의 낙랑국과 후한과의 관계가 결코 가볍지 않았음을 보여준다.

그런데 다시 5년 후인 왕 20년(37)에 대무신왕은 낙랑을 습격하여 멸망시켰다. 이 사실은 이때의 낙랑이 최리의 낙랑국과 다르거나 아니면 동일할 경우, 낙랑이 여전히 존속해 있었음을 알려 준다. 여기서 당시 최리는 항복했을 뿐이지 낙랑국이 멸망했다는 기사는 없음을 상기할 필요가 있다.[82] 최리가 항복한 이후 고구려는 후한과의 관계 정상화를 위해서 호동을 제거하고 낙랑을 잔존시켰을 가능성이 있다. 그리고 5년이 지난 후에 낙랑을 완전히 멸망시킨 것이다. 이후 이 지역에 대한 고구려의 영향력은 강화되었다. 특히 낙랑이 가졌던 해양 활동 능력을 토대로 더욱 발전했고, 상대적으로 후한의 영향력은 약해졌을 것이다.

그런데 7년 후인 동왕 27년(44)에는 후한 광무제(光武帝)가 군사를 보내 바다를 건너 낙랑을 벌(伐)하고 그 땅을 취(取)하여 군현으로 삼았다.[83] 그

---

79) 『삼국사기』 권13 고구려본기 유리왕 31년. 33년.
80) 『삼국사기』 권14 고구려본기 대무신왕조.
81) 『삼국사기』 권14 고구려본기 대무신왕 15년.
82) 『삼국사기』 권14 고구려본기 대무신왕 15년조, "遂殺女子出降".

래서 살수 남쪽 한에 속하게 되었다는 기사가 나온다. 이것은 고구려가 낙랑 지역을 점령하고 있었으며, 후한으로서는 해양 작전의 사용이 불가피했었음을 반증한다. 해양 작전을 실시한 것은 후한의 해양 활동 능력이 뛰어났기 때문이다. 또 중간에 방해하는 세력, 즉 고구려가 있었기 때문이다. 이로 보아 고구려는 황해 북부에서 수군 활동을 했거나, 최소한 압록강 하구 지역에 진출해 있었음을 알 수 있다.

고구려는 계속해서 49년에 북평(北平)·어양(漁陽)·상곡(上谷)·태원(太原) 등 북경 주변을 습격하고,[84] 55년에는 요서 지방에 10성을 축성하여[85] 그 일대를 장악했다. 이어 상당한 시간이 흐른 후인 105년(태조대왕 53년)에 후한의 요동 6현을 공격했다.[86] 그리고 118년에는 한의 현도군과 화려성을 공격했으며,[87] 121년에는 요수현(遼遂縣)과 현도성, 122년에 다시 요동 공격을 지속적으로 했고[88] 146년에는 서안평 공격을 단행했다.[89]

이렇듯 줄기차고 적극적인 공격은 서북 방면으로 팽창하기 위한 전진기지를 구축하고 중국 세력의 침략을 방어하기 위해서이다. 태조대왕은 선비족 8천 명을 동원하거나 마한이나 예맥의 기병 1만 기를 동원하는 등 주변 종족과의 연합 작전 내지 광범위한 대한 전쟁을 시도했다. 이것은 고구려의 강성과 함께 한족에 대한 이러한 전략적 이해가 주변 종족들에게 공감대를 형성했기 때문이다.

고구려의 집요한 공격은 요동과 북방, 중원, 그리고 낙랑 등 남쪽에 있었던 각 중국 세력들의 연결고리를 끊음으로써 협공 위협과 압력을 감소시

---

83) 『삼국사기』 권14 고구려본기 대무신왕 20년, 27년, "二十七年 秋九月, 漢光武帝遣兵 渡海伐樂浪 取其地爲郡縣."
84) 『삼국사기』 권14 고구려본기 모본왕 2년 ; 『後漢書』 卷1 光武帝紀 第1 下.
85) 『삼국사기』 권15 고구려본기 태조대왕 3년.
86) 『삼국사기』 권15 고구려본기 태조대왕 55년.
87) 『삼국사기』 권15 고구려본기 태조대왕 66년.
88) 『삼국사기』 권15 고구려본기 태조대왕 69년, 70년.
89) 『삼국사기』 권15 고구려본기 태조대왕 94년.

키고, 나아가서는 낙랑 세력을 구축하기 위해서였다. 특히 서안평을 공격한 행위는 해양 전략의 입장에서 볼 때 고구려의 황해 연안 진출을 위하거나 중국 세력의 해양 활동을 방해하기 위한 거점 확보라는 목적이 강했다.[90)]

중국측 역시 낙랑 등 한군현과의 관계를 생각할 때, 그 중간에 있는 고구려의 존재를 염두에 두지 않을 수 없었다. 더구나 고구려의 황해 연안 진출은 현실적으로 해로[91)] 혹은 서안평 연안 지대를 이용하는 양 지역 간의 교통에 상당한 위협을 주기 때문이었다. 왕망의 신이 고구려에 영향력을 행사하려고 한 사실,[92)] 광무제의 낙랑 정벌,[93)] 168년과 172년에 있은 후한의 고구려 침입,[94)] 뒤를 이은 공손씨 정권의 고구려 침략 등은 바로 이러한 복잡한 국제 역학 관계의 실체를 보여주는 사건이었다.

후한은 2세기 말부터 붕괴의 조짐을 보였다. 184년에는 장각을 수령으로 하는 황건적의 난이 일어나 혼란해졌으며, 후한의 왕실은 형태만 남아 있었다. 한편 북방에서는 흉노 이후에 선비족들이 대거 국경을 넘어 후한을 위협했으며, 이 과정에서 고구려가 지속적으로 공격했다. 한편 고구려와 영토가 직접 맞닿은 요동 지방에서는 189년 공손씨가 정권을 장악했다.

---

90) 李丙燾는 고구려가 "서안평을 맹렬히 공격하고 대방현령을 살해하며 낙랑태수의 妻子를 掠得한 것은 進出口를 이곳에 열려고 함이다"라고 하여 서안평이 고구려의 서해안 출로임을 암시하고 있다. 『韓國史—古代篇』, 震檀學會 編, 乙酉文化社, 1981, p.239 참조.
　　李萬烈, 「高句麗와 隋·唐과의 戰爭」, 『한국사』 2, 국사편찬위원회, 1977, p.489 참조.
91) 후한대 중국과 요동 지역 간의 교통로로 해로가 자주 사용되었음은 다음의 사료로 알 수가 있다(權五重, 『樂浪郡 研究』, 일조각, 1992, p.38에서 재인용).
　　(王莽時) 將家屬浮海 客於遼東(『後漢書』83 逸民傳).
　　(安帝時) 賊復驚恐 遁走遼東 止海島上(『後漢書』 卷38 法雄傳).
　　(獻帝時) 故河內太守李民 郡中知名 惡度所爲 恐爲所害 乃將家屬入于海(『三國志』 卷8 公孫度傳).
92) 『삼국사기』 권13 고구려본기 유리왕 31년 ; 『漢書』 卷99 王莽傳 第69.
93) 『삼국사기』 권14 고구려본기 대무신왕 27년, "……秋九月漢光武帝遣兵渡海伐樂浪 取其地爲郡縣."
94) 『삼국사기』 권16 고구려본기 신대왕 4년, 8년.

공손도(公孫度)는 중원에서 피난 온 유이민들을 받아들이고, 주변의 역학 관계를 잘 이용하여 점차 강국이 되었다. 초기에 고구려는 공손도가 부산적(富山敵)을 공격하는 데 군사를 보내 도움을 주었으나,[95] 곧 공손도가 고구려를 침략하면서 적대 관계로 변했다. 한편 공손도는 선비와 고구려의 압박을 받는 부여의 처지를 이용하여 혼인동맹을 맺기도 했다.

고구려 역시 고국천왕 이후에 왕위계승전이 일어나 국내 정세가 어지러웠다. 산상왕의 등극에 불만을 품은 발기(發岐)는 공손도의 도움을 요청했고, 공손도는 이를 고구려에 대한 영향력을 강화시킬 호기로 인식했다. 이어 발기는 공손도의 군대 3만을 거느리고 고구려를 공격했으나 결국 실패하고 말았다.[96] 이후 공손강(公孫康)이 다시 고구려를 공격하여 상당한 피해를 입혔다. 고구려는 이후에 국내성 서북 방면의 길목과 중요한 지역에 패왕조산성(覇王朝山城)·흑구산성(黑溝山城)·오녀산성(五女山城) 등 성곽 방어 시설을 쌓고 보강했다.[97] 198년에는 국내성 서북 방면에 환도성(丸都城)을 쌓았으며[98] 209년에는 수도를 환도성으로 옮겼다.[99]

3세기에 들어서면서 한이 멸망하고 삼국이 대립하면서 중국은 일대 정치적 혼란기로 접어든다. 중원을 중심으로 거대한 중화 질서를 만들어 내고 제국을 경영했던 한 제국의 종말은 주변 질서의 구축에 즉각적으로 영향을 미쳤다. 기존 질서가 깨져 나가고 새로운 질서의 편성을 모색하는 대변화의 시기였다. 따라서 자기 발전을 이루려는 각 종족들과 정치 세력들의 활력적이고 역동적이고 민족적인 성격이 강해졌다.

후한이 멸망한 이후 삼국의 대립으로 복잡한 역학 관계가 성립되었고, 요동 지방에서는 공손씨가 자립하여 강력한 정권을 세웠다. 이에 위의 조

---

95) 『삼국사기』 권16 고구려본기 신대왕 5년.
96) 『삼국사기』 권16 고구려본기 산상왕 원년.
97) 손영종, 앞의 책, pp.134~135 참조.
98) 『삼국사기』 권16 고구려본기 산상왕 2년.
99) 『삼국사기』 권16 고구려본기 산상왕 13년.

그림 2-4 | 환도산성에서 본 고분군

비(曹조)는 공손강에게 양평후(襄平侯)·좌장군을 봉작(封爵)하여 자기 세력권으로 편입시켰다. 반면에 공손강은 낙랑군의 일부를 분리해 대방군(帶方郡)을 설치했다.[100] 삼국의 대립 관계를 이용해서 독자적인 세력을 확보하려는 시도였다.

이렇듯 급박하게 변모하는 국제 현실 속에서 자국의 성장을 전제로 한 새 질서를 수립하기 위해 고구려는 능동적으로 다양한 정책을 수립하고 집행했다. 산상왕을 거쳐 동천왕에 이르면서 내정이 안정되고 국방을 강화하는 등 더욱 세력을 확대해 나갔다. 또한 군사적인 행동은 물론, 외교전을 통해서 국제 질서의 중심부로의 편입을 시도했다. 그리고 우연히 잡은 오와의 교섭 기회를 통해 해양 활동을 발전시킬 수 있는 계기로 삼았다.

---

100)『三國志』卷30 魏書 第30 東夷傳 韓, "……建安中 公孫康 分屯有以南荒地 爲帶方郡."

이 무렵 남방의 오는 후한이 멸망한 이후 위·촉과 함께 삼국 시대를 이루면서 중국 질서의 패자전에 뛰어들었다. 그런데 오의 근거지는 회하 이남 지방으로서 춘추전국 시대부터 월과 함께 수전에 뛰어난 능력을 갖고 있는 지역이었다.

오의 손권(孫權)은 황제로 즉위한 229년(黃龍 元年)에 교위(校尉)인 장강(張剛)과 관독(管篤)을 요동에 파견했다.[101] 또한 3년 후인 232년(嘉禾 원년, 魏의 太和 6년) 3월에 장군 주하(周賀)와 교위 배잠(裴潛) 등을 사자로 파견했다.[102] 이는 공손씨 정권으로 하여금 적대 관계에 있는 위를 배후에서 압박토록 함으로써 전황과 정치적인 입지를 유리하게 이끌려는 원교근공(遠交近攻)의 외교 정책이었다. 이밖에 교역을 통하여 경제적 이익을 확대하려는 목적도 있었을 것이다. 오는 발달된 해양 능력을 이용하여 바다로 거슬러 올라가 요동반도 남단의 답진(沓津 : 현재 요녕성 대련시)에 닿았다.

공손씨는 이미 위로부터 요동태수라는 관직을 받았다. 하지만 독자성을 강화하고, 군사적인 압력을 분산시키며, 경제적 이점을 취하려면 남방 국가인 오와 교섭하는 일이 필요했다. 이렇게 해서 양국 사이에 벌어진 해양 외교는 성공하여, 오의 사신은 요동에서 구입한 말을 1백 척의 배에 싣고 귀로에 올랐다. 이때 공손연은 사신들과 함께 말과 초피(貂皮) 등을 보냈다.[103]

그러나 오와 공손연의 의도를 간파한 위는 9월에 바다와 육지를 통해 공손씨를 공격했다. 위의 평주자사 전예(田豫)는 선박을 동원하여 바다를 건너 유주(幽州)로 해서 요동을 공격했으나 이기지 못했다. 그러나 오나라

---

101) 『三國志』 卷47 吳書 第2 吳主傳.
102) 『三國志』 卷47 吳書 第2 吳主傳.
103) 西嶋定生, 『日本歷史の 國際環境』, 東京大, 1985, p.38.
　　『三國志』 魏書 公孫淵傳에 인용된 『魏略』 등에는 吳와 요동반도 공손연 정권과의 사이에 풍력을 이용한 배로 발해를 종단해서 군사동맹·馬匹交易 등이 빈번하고 신속하게 행해졌음을 보여준다(內田吟風, 「東アジア古代海上交通史凡論」, 內田吟風博士頌壽紀念會, 同朋社, 1978, p.548 참조).

선대가 돌아오다 폭풍을 맞아 산동반도 동단 성산(成山) 근처에 머물고 있는 것을 습격하여 주하를 비롯한 오나라 병사를 다수 참했다.[104] 그러나 사신단의 일부는 그해 10월에 황해를 내려가 오에 성공적으로 귀환했다. 이때 공손연은 오에게 내속되어 외번(外藩)이 되겠다는 뜻을 전달했다.[105] 한편 233년 3월 공손씨의 사신들이 돌아갈 때 손권은 태상(太常) 장미(張彌) 등에게 병사 1만 명과 금은 보석을 주어 요동에 가서 말을 구입하게 했으며, 공손연에게 왕을 나타내는 각종 부(符)를 주면서 연왕(燕王)에 책봉했다.

오나라 사신들은 요동에 들어갔으나 공손연은 위로부터 압력을 받아 결국 오의 책봉 사자인 장미·허안(許晏) 등을 주살(誅殺)하는 한편, 오가 보내 온 물품을 위에 바쳤다. 이때 중사(中使)인 진단(秦旦) 등 사신들의 일부가 도망가 산 속을 수십 일간 방황하다 고구려에 이르렀다. 이들은 고구려 왕에게 오주(吳主)인 손권이 물건을 보냈는데, 중간에 공손연에게 모두 탈취당했다고 거짓말을 했다.[106] 이렇게 해서 바다 때문에 교류할 수 없었던 고구려와 양자강 유역의 오는 극적으로 외교 관계를 맺게 된다.

오에게 고구려는 외교 관계를 맺을 필요가 있는 대상국이었다. 공손씨에게서 얻고자 했던 위의 배후 견제라는 외교적 이점을 똑같이 얻을 수 있었던 것이다. 더구나 공손씨의 배반이 확인된 그 시점에서, 위 및 공손씨와 갈등 관계에 있는 고구려의 외교적 가치는 대단했다. 한편 고구려에게도 오는 역시 효용성이 있는 교섭의 대상국이었다. 고구려는 서쪽으로는 공손씨 정권과 위로부터, 북으로는 선비족 등 유목 종족으로부터 군사적인 압력을 받았으며, 남으로는 낙랑·대방군에 의해 배후를 위협당하고 있었다.

---

104) 『三國志』 卷26 魏書 第26 田豫傳.
105) 『三國志』 卷47 吳書 第2 吳主傳, "……冬十月, 魏遼東太守公孫淵遣校尉宿舒閬中令孫綜 稱藩於權 幷獻貂馬 權大悅 加淵爵位."
106) 『三國志』 卷47 吳書 第2 吳主傳.

이러한 고립적인 상황 속에서 오와 외교 관계를 맺는다면 국제적 지위를 올릴 수 있을 뿐만 아니라 위의 위협을 분산시키는 외교적 이점이 있었다. 그래서 양국의 교섭은 한 번으로 끝나지 않았다. 오의 손권은 고구려 사신을 우호적으로 맞이하고 고구려와의 교섭을 희망했다. 그리하여 235년에는 사자 사굉(謝宏), 중서 진순(陳恂) 등을 다시 고구려에 파견하여 동천왕을 단우(單于)로 책봉하고, 의복과 진귀한 보물을 선사했다.[107]

이처럼 고구려와 오의 교섭은 중국 내부의 복잡한 역학 관계와 변화무쌍한 외교 질서 속에서 우연의 산물로 이루어졌지만, 뜻밖에도 고구려의 대외 관계에 큰 영향을 미쳤다. 고구려는 비로소 내륙 국가의 한계에서 탈피하여 해양 활동을 겸하게 된 것이다. 이는 고구려가 해양을 매개로 다국 간의 이해가 격돌하는 동아지중해의 역학 관계에 직접 개입하기 시작했음을 의미한다.

고구려와 오의 교류는 단지 정치·외교상의 이익에만 한정되지 않았다. 고구려로서는 남방의 특산물을 획득할 수 있는 경제적 이점을 얻는 동시에 남조의 해양 문화 등을 받아들일 수 있는 절호의 기회가 되었다. 오나라 역시 남방에 없는 북방 물자는 물론, 말을 수입할 수 있는 가능성이 높아졌다. 고구려와 오는 상대방에게 필요한 물품들을 서로 교환했다. 고구려는 첫 교섭에서 오에게 담비 가죽 1천 매와 할계피 10구 등 북방 토산물과 함께,[108] 각궁(角弓) 등 고구려 특유의 군수물자를 보냈다.[109] 한편 손권은 사굉을 다시 고구려에 파견할 때 의복진보(衣服珍寶) 등 사치품을 보냈다.[110] 당시 오는 남방 지역을 점령했으며,[111] 주변 지역들과 교역을 활발

---

107)『三國志』卷47 吳書 2 吳主傳, "…… 遣使者史宏 中書陳恂 拜宮爲單于 加賜衣服珍寶 恂等安坪口……."

108)『三國志』卷47 吳書 第2 吳主傳, "…… 貢貂皮千枚 鶡鷄皮十具."

109)『海東歷史』卷33 交聘誌 1에서는 각궁을 보냈다고 기록하고 있는데, 그 전거는 알 수 없다.

110)『三國志』卷47 吳書 第2 吳主傳.

111)『三國志』卷47 吳書 第2 吳主傳 ; 內田吟風, 앞의 책, p.549 참조.

히 했다. 심지어 일본열도에서 위경(魏鏡)과 함께 오경(吳鏡) 등이 발견되는 것으로 미루어 양 지역 간의 교역 가능성을 점치기도 한다. 물론 이들이 직교역을 했을 가능성도 있으나, 상황으로 보아 한반도를 경유했을 가능성이 더욱 크다. 오의 활발한 교역 활동 사실로 미루어 보아 이 가운데에는 남방 물품도 많이 있었을 것이다.

이러한 조공품의 교환은 피차 상대적이었으므로[112] 많은 물건들이 고구려로 왔을 것이다. 고구려는 이후 재차 교섭 때 말 수백 필을 주었으나, 오의 사신은 타고 온 배가 적어 80필만 싣고 갔다.[113] 그런데 오가 말을 필요로 해서 공손씨와 마필(馬匹) 교역을 한 사실은 고구려와 오의 교섭이 교역의 성격을 동반하고 있었음을 반증한다.[114] 말은 북방 세력과 싸우는 데 절대 필요한 군수물자였던 것이다.

고구려에게 대오 교섭이 중요한 것은 동아지중해에서 해양 문화가 가장 발달하고 수군 활동 능력이 뛰어난 오와 관계를 맺음으로써, 자국의 해양 능력을 발전시키는 전기를 마련했다는 점이다. 고구려가 오와 교섭을 시작할 즈음에는 이미 수상 활동 능력을 어느 정도 갖추고 있었다. 그것은 오와 관련된 다음과 같은 사실에서 나타난다.

공손연에게서 도망친 진단 등 오의 사신들이 귀국할 때 고구려의 사신들과 함께 갔다는 점이 주목된다. 그들이 위의 영토를 통과할 수가 없으니, 올 때처럼 해로를 택했으리라는 것은 자명한 일이다. 공손연에게서 도망쳐 산중을 헤매고 다녔으니[115] 적대적인 공손연의 영토인 요동 지방에서 출발

---

112) 조공의 경제적 성격에 대해서는 다음의 논문을 참조했다.
   金庠基,「朝貢의 經濟的 意義」,『古代 韓中關係史의 硏究』, 三知院, 1987.
   全海宗,「韓中朝貢關係槪觀」,『古代 韓中關係史의 硏究』, 三知院, 1987.
   金鍾完,「南北朝時代의 朝貢關係 槪觀」,『震檀學報』61, 1986, pp.77~82.
113)『三國志』卷47 吳書 第2 吳主傳.
114) 彭德淸 主編,『中國航海史』古代篇, p.65에서 오와 고구려 사이의 이러한 교역 가능성을 언급하고 있다.
115)『三國志』卷47 吳書 第2 吳主傳.

할 수도 없고, 더욱이 그들에게 선박을 빌릴 수도 없었을 것이다. 사신들이 오를 출발한 때가 233년 3월이고, 그들이 공손연 세력을 피해 산중을 헤맸을 때가 8월의 일이다. 그러다가 마지막으로 고구려의 도움을 받아 다시 오로 돌아온 것 역시 233년이다. 그렇다면 오의 사신들이 조선 능력이 전혀 없는 고구려인들을 동원하여 불과 몇 개월 만에 원거리용 배를 만들었을 가능성은 없다. 그렇다면 상황은 분명하게 드러난다.

오의 사신과 고구려 사신 일행은 고구려의 배를 이용하여 조의(皂衣) 등 고구려인들의 인도로,[116] 고구려 영토 내의 어떤 항구를 출발하여 오로 갔을 것이다. 물론 황해를 남하하는 항로와 항법은 동행한 오인들의 도움을 받았을 것으로 추정된다. 이러한 일련의 사실들은 고구려가 이미 초보적이나마 해양 활동을 하고 있었고, 선박을 보유했거나 제조할 능력이 있었다는 것을 입증한다. 강상에서 수군 활동을 해왔거나, 아니면 서안평에 이미 진출했을 가능성이 높다는 것이다.

당시 오는 중국에서도 수군 능력이 가장 뛰어난 나라였다. 226년에는 교주자사가 병사 3천을 거느리고 현재 베트남 북부 지방을 오의 지배 하에 넣었으며, 이때 부하 관리를 동남아시아에 파견하여 문물을 관찰하게 했다. 그리고 230년에는 병사 1만을 거느리고 바다를 건너 현재의 대만, 필리핀의 루손 등을 공격했다.[117]

오의 요동 교섭은 이러한 해양 활동 능력을 바탕으로 한 것이었다. 양자강 하구에서 요동반도 남단까지, 현재의 항로로도 약 550해리(약 1천 km)라는 장거리의 해로를 지나왔다. 그것도 연안 항해가 아닌 근해 항해를 시도한 것이다. 그것은 산동 지방을 장악한 위의 수군을 피하기 위해서였다. 더군다나 단순한 사신선의 왕래가 아니라 232년에는 말을 구입할 목적으

---

116) 『三國志』 卷47 吳書 第2 吳主傳, "…… 其年 宮遣 皂衣 二十五人 送旦等還 奉表稱臣 貢貂皮千枚……" ; 『資治通鑑』 卷72 魏紀 4 列祖 中之上.

117) 『三國志』 卷47 吳書 第2 吳主傳 ; 內田吟風, 앞의 책, p.549 참조.

로 선단을 이끌고 항해를 했으며, 돌아올 때에는 구입한 말을 1백 척의 배에다 싣고 왔다. 233년 공손연에게 사신을 보낼 때에는 바다로 1만여 명의 군사를 보냈다. 이것은 대규모의 선단이 근해 항해를, 그것도 장거리로 했다는 것을 의미한다.

고구려가 오의 뛰어난 해상 능력을 간과했을 리 없다. 이미 언급한 바와 같이 고구려는 3세기의 긴박한 국제 관계 속에서 자국의 입지를 강화하고 대외적인 발전을 도모하기 위해 황해에서 해양 활동 능력을 강화해야 할 처지에 있었다. 이러한 상황 속에서 오에 갔다 돌아온 고구려인들은 당연히 오의 수군 활동을 견학하고, 발달된 원거리 항해 경험과 기술을 습득했을 것이다. 또한 양국 간의 항로와 사용 경험 등을 축적했을 뿐만 아니라 선박을 건조하는 조선 능력도 배웠을 것이다.

기술이란 예술과 달리 모방성과 신속성을 특징으로 한다. 한 사회 혹은 국가를 구성하는 데 반드시 필요한 기술적 토대가 있다. 각종 축성술과 건축술, 무덤에서 나온 부장품, 그리고 무기·마구·농기구 등은 이미 고구려의 공업 기술이 발달했으며, 조선 능력을 충분히 발달시킬 토대를 갖추고 있었음을 알려 준다. 기본적인 기술이 축적되어 있고 일정한 장인 집단이 존재한다면, 기회가 주어졌을 경우 기술의 모방은 신속하게 이루어진다. 더구나 군사적인 목적이나 경제적인 목적이 있다면 더욱 가능성이 많다. 특히 군사동원 체제에 있는 국가의 경우, 군사 목적의 기술 개발은 집단의 존망과 관련되므로 필사적일 수밖에 없다. 선박은 건축 구조와 동일하고 건축 능력은 전선 제조 능력과 비슷한 사실을 볼 때, 이 시기에 조선술이 발달했음은 필연적이다.

이와 같이 3세기 동아시아에서 발생한 복잡한 국제 관계는 고구려와 오의 우발적인 교섭을 낳았고, 이러한 교섭은 고구려 해양 활동이 발전하는 중요한 계기가 되었다. 한편 고구려가 해양 활동의 극적인 전기를 맞으며 능력을 확대하고 있을 때 남해에서도 해양을 통한 정치 진출, 문화교류가 이루어지고 있었다. 동아시아의 역사적인 흐름이 해양 문화의 발달을 필요로 하였기 때문이다.

2. 고구려와 오의 교섭 항로

그러면 오의 사신과 고구려 사신 일행은 어떤 항로를 택해서 오로 갔을까? 즉 양국 간의 교섭 항로는 어떤 것이었을까?

당시 공손씨는 고구려와 적대 관계에 있었고, 역시 오를 배반하여 적대시하고 있었다. 때문에 고구려와 오의 사신들은 요동반도의 동쪽 이남 어느 한쪽에서 출발하였을 것이다. 요동반도에는 공손씨의 세력이 버티고 있어, 일반적으로 알려져 있고 항해가 용이한 노철산(老鐵山) 항로를 이용하기 어려웠다. 그렇다고 발해를 횡단하거나 발해만 연안을 따라 남쪽으로 항해했을 리도 만무하다. 왜냐하면 적대 국가인 위의 세력권 안으로 들어가 위험을 자초할 이유가 없기 때문이다. 실제로 그 전해(232)에는 산동반도의 끝 부분인 성산에서 공손씨에게 갔다 돌아오던 오의 사신 일행이 위의 공격을 받아 장군인 주하가 죽는 사건이 일어났다.

오의 손권은 고구려 사신을 맞이하고는 대북위 전략을 바꿔 공손씨 대신 고구려를 동반자로 삼고자 했다. 그리하여 235년 사자 사굉, 중서 진순 등을 재차 고구려에 파견하여 동천왕을 단우로 책봉하고 의복과 진귀한 보물을 보냈다.[118] 이들이 귀환할 때 고구려 사신들과 고구려 수군 내지 뱃사람도 동행했다가 귀국했다. 물론 양국이 서로 왕래할 때 이용한 길 역시 해로였다. 그때 사용했던 항로에 대해서 우리는 관심을 가질 필요가 있다. 왜냐하면 손권이 고구려와 더불어 요동을 습격하고자 하는 등[119] 양국 간

---

118) 『三國志』卷47 吳書 2 吳主傳, "…… 遣使者史宏 中書陳恂 拜宮爲單于 加賜衣服珍寶 恂等安坪口……."
119) 『三國志』卷3 魏書 3 明帝紀, "景初元年 秋七月 初權遣使浮海與高句麗通 欲襲遼東……."

의 교섭으로 인근 세력이 긴장하여 항해 조건이 매우 나빴기 때문이다.

『오서(吳書)』는 사신들이 도착한 항구를 압록강 하구에 있는 안평구(安平口)라고 기록했다. 『한서(漢書)』에는 서안평을 설명하면서 안평구와 서안평이 동일한 지명임을 말하고 있다.[120] 즉 『한서』 지리지(下)에서는 "서안평은 북안평(北安平)이라고도 불리우는 지역이며, 이 북안평은 『오서』에서 말하는 소위 안평구로서 남쪽으로는 압록강에 접해 있다"고 하여 서안평이 역시 압록강 하구임을 분명히 밝히고 있다. 한편 『후한서』에는 오의 사신이 도착한 안평구가 북현해구(北縣海口)라고 되어 있다. 모든 기록은 서안평이 양국 간에 활용된 항구였음을 알려 준다. 따라서 당시의 상황으로 보아 출발 항구도 이곳이었을 것이다. 고구려의 수도인 국내성과 가깝고 위나 요동의 공손씨 정권으로부터 공격받을 가능성도 없었기 때문이다.

그러면 위와 공손씨의 해상 저지와 공격을 피하기에 적합한 항로는 어떤 것이었을까? 고구려 초기의 남중국 항로는 양자강 하구로부터 해안을 북상하여 산동반도의 성산각(城山角)을 돌아서 요동을 건넌 다음, 다시 나아가 압록강구에 도달하는 것이라는 견해가 있다.[121] 이러한 주장은 순수한 항해 조건상으로 판단할 경우, 나름대로 설득력이 있다. 그러나 이미 232년에 이 항로를 이용하다가 오의 사신 일행이 위의 습격을 받고 참살당한 사건이 있었음을 간과해서는 안 된다. 따라서 그 후에도 양국이 이러한 위험부담을 가지고 그 항로를 계속 이용했으리라는 것은 생각하기 어렵다. 더구나 오는 공손씨의 위협에도 대처해야 했다. 공손도는 190년 요동에서 자립한 이후 바다를 건너서 산동의 여러 현을 점령한 적이 있었다. 이는 항해 능력을 갖추고 있었다는 훌륭한 증거이다. 물론 이 무렵에는 위로 인

---

120) 『漢書』 卷28 地理志 下, "……案卽吳志所謂安平口也."
　　같은 책에서도 현도군을 설명하면서 "馬訾水西北入鹽水 西南至西安平入海……"라고 하면서
　　서안평이 압록강 하구임을 밝히고 있다.
121) 內藤雋輔, 앞의 책, p.421 참조.

해 발해만 아래로 내려올 가능성은 없었지만, 요동반도 끝에서 묘도군도를 연결하는 항로 주변은 공손씨의 세력권 안에 있었다고 보는 것이 타당할 듯하다.

이러한 국제 관계 속에서 고구려와 오의 사신들은 위와 공손씨의 위협을 피하기 위하여 다른 항로를 선택하지 않을 수 없었다. 항해 능력만 뒷받침된다면 연안보다는 가능한 한 먼 바다로 항해하는 것이 안전했다. 근해 항해의 위험성 때문이다. 실제로 233년(嘉禾 2년)에는 공손씨의 배반을 안 손권이 크게 화를 내고 친정하려다 주변의 만류로 그만두었다.[122] 이것은 근해 항로의 이용이 어려운데다 공격 과정에서 위·공손씨 양국에 의해 협공을 당하거나 배후 기습을 받아 퇴로를 차단당할 우려가 있었기 때문이다.

이러한 정치적 조건 속에서 가장 적합한 교섭 항로는 요동반도 동쪽에서 출발하여 요동만을 오른쪽으로 보면서 남하하고, 역시 산동반도의 끝 부분에서 먼 바다 쪽으로 항진하여 위의 세력권을 벗어난 다음, 회하 이남인 오의 제해권 영역으로 들어가는 것이다. 반대로 귀환할 때에는 양자강 하구를 출발하여 근해로 북상하다가 황해 중북부를 사단(斜斷)하여 한반도 서안 남쪽에 다다른 다음, 다시 근해를 북상하여 안평구에 도달해야 한다. 물론 진국(辰國) 등 삼한의 세력, 대방과 낙랑의 해상 견제도 가능했기 때문에 용이한 것은 아니나, 당시 국제 관계의 여건으로 보아 가장 합당하다. 이 길은 황해 중부 사단 항로이며 거의 원양 항해에 가까운 길로서 장거리 항해였지만, 고구려와 오의 교통에는 가장 안전한 길이었다. 이처럼 고구려는 오와의 교섭을 통해서 공손씨와 위를 견제하며 해양 활동 능력을 확대할 수 있는 기회를 가졌다.

그런데 양국 간의 관계에 변화가 왔다. 고구려와 오의 교섭을 우려하던

---

122) 『三國志』卷47 吳書 第2 吳主傳.

위가 234년 고구려에 화친을 요청하면서 공동의 적이었던 공손씨에 대한 공격을 제기한 것이다. 고구려는 위의 압력과 공손씨의 정벌이라는 현실적 이익을 뿌리치지 못하여 오와의 관계를 청산하려고 오의 사신을 국도에 받아들일 수 없었다. 이에 항의하는 오의 사신을 달래기 위하여 고구려는 수백 필의 말을 증여한다. 이때(235) 사굉이 타고 온 오의 배는 규모가 적어서 80여 필만을 싣고 돌아갔다.[123] 당시 외교에 사용된 선박의 규모와 항해 능력을 짐작할 수가 있다.

동천왕은 236년에 고구려에 온 오의 사신을 참수하여 위로 보냈다.[124] 그 후 손권은 237년에 주연(朱然) 등 군사 2만을 파견하여 위를 공격하다 실패했고, 바다로 사신을 보내 고구려와 통하여 습격하고자 한 일이 있었다.[125] 239년에도 사자와 장군 등을 보내어 요동을 공격하고 남녀 포로들을 얻었다.[126] 이것을 보면 오는 계속 요동 지역에 관심을 기울였으며, 오와 고구려의 양국 관계는 불편한 상태로나마 지속되었고, 해양 활동 능력의 교류도 있었을 가능성이 크다.

이와 같이 3세기에 이르러 동아시아, 특히 황해를 둘러싼 역학 관계가 위와 오, 그리고 공손씨 세력에 의해 복잡하게 전개될 때, 이미 압록강 하구 및 요동으로 진출을 시도했던 고구려는 위와 공손씨로부터의 위협을 방비하고, 교역상의 이익을 얻기 위해서 해양 활동 능력을 강화해야 했다. 이러한 시대적 배경 하에서 고구려는 우연히 수상 및 해양 활동이 활발한 남방의 오와 교섭을 함으로써 발달된 해양 문화를 받아들여 본격적으로 해양 활동을 할 수 있는 계기를 마련하게 되었다.

---

123) 『三國志』卷47 吳書 第2 吳主傳.
124) 『삼국사기』권17 고구려본기 동천왕 10년, "春二月 吳王孫權 遣使者胡衛通化 王留其使 至秋七月 斬之 傳首於魏."
　　　『三國志』卷3 魏書 第3 明帝紀 靑龍 4年條에도 이러한 기사가 있다.
125) 『三國志』卷3 魏書 第3 明帝紀 景初 元年.
126) 『三國志』卷47 吳書 第2 吳主傳.

3. 낙랑·대방의 축출과 해양 활동의 성장

1) 위·공손씨와의 역학 관계

우리는 앞 글에서 고구려가 초기에 성장하는 데에는 수상 및 해양 활동이 필요했다는 당위성을 부분적으로 언급하고 그 성장의 계기를 살펴보았다. 이제 다음 단계로 낙랑·대방 세력의 구축과 해양 활동의 관련성, 수군의 역할을 보다 구체적으로 살펴보고자 한다..

고구려의 해양 활동은 3세기에 접어들어 국가적인 성장과 함께 동아시아의 질서 변화라는 측면에서 새로운 전기를 맞이하게 된다. 이러한 격동의 질서 재편 과정에서 이미 성장의 토대를 마련하고 있었던 고구려가 수동적일 수는 없었다. 고구려의 능동적인 정책은 주위의 여러 종족과의 격렬한 무장 투쟁을 통해서 나타난다. 영토 확장을 위해 북방의 숙신·선비 등의 침입을 막아내면서, 한편으로는 중국 세력과 투쟁을 벌였다. 하나는 요동에 위치한 공손씨 정권과 화북에서 일어난 위 등과의 전투이고, 또 다른 하나는 한 세력의 잔재로서 남쪽에 위치한 낙랑·대방 세력을 구축하기 위한 싸움이었다.

고구려가 계속해서 요동으로 진출하기 위해 애썼던 것은 그 지역이 지정학적으로 만주와 화북 지방, 그리고 한반도 북부를 연결하는 길목으로서 육로 교통의 요지일 뿐만 아니라 해양 교통, 즉 항해에 중요한 길목의 역할을 하기 때문이었다. 고조선과 위만조선이 성장하고 멸망하는 과정에서 보여지듯 이 지역의 해양 전략적 가치는 매우 크다. 따라서 요동 지방의 진출과 지배권을 놓고 화북의 한족, 북방의 여러 종족, 그리고 고구려는 교류와 공존을 하면서도 항상 갈등을 일으켰던 것이다.

고구려의 성장과 영토의 확장은 한군현의 잔재 세력에게 상당한 압력을 가하게 되었다. 중국 세력, 특히 요동 지방의 할거 세력이었던 공손강은 고구려와의 연이은 전쟁으로 낙랑군을 유지하는 일에 어려움을 느끼자, 그 타개책으로 206년에 낙랑군의 일부 지역을 나누어 대방군을 세웠다.[127] 이 것은 남쪽에 있는 마한 등의 세력과 연합하여 고구려의 남진을 견제하면서 팽창하고자 했던 공손씨 정권의 정치적·군사적 의도의 소산이었다. 공손 강은 대방군을 설치한 후 한의 유민을 모아 한·예를 정벌했다. 그리고 왜 와 한을 대방에 복속시켰다.[128]

그런데 한반도 남부의 소국들 및 일본열도의 일부 세력이 중국과 교섭할 때 낙랑을 중간 거점으로 삼았음을 유의할 필요가 있다.[129] 고구려의 성장

---

127) 『三國志』 卷30 魏書 第30 東夷傳 韓.
　　　李基東, 「黃海를 통한 古代 韓中交涉史의 展開」, 『제2회 環黃海 韓中交涉史 研究 심포지움』, 震壇學會, 백제문화개발연구원, 1989, p.5.
128) 公孫康은 대방군을 설치한 후 漢의 유민을 모아 韓·濊를 정벌했다. 그리고 倭와 韓이 대방에 복속하게 했다. 朴性鳳, 앞 논문, p.153

과 서해 연안으로의 진출은 연안 항로 혹은 근해 항로를 이용하는 이들 여러 세력에게 상당한 부담과 압력이 되었을 것이다. 즉 서한만과 요동반도로 가는 항로 지역에 대한 고구려의 영향력이 강해지면서 낙랑보다는 아래인 대방을 중간 거점으로 삼아 황해를 건너 요동으로 가는 것이 훨씬 안전을 보장할 수 있었다. 따라서 대방군을 설치한 목적 중의 하나는 고구려의 해상 봉쇄와 저지를 피해 요동 지방과 교통을 원활하기 위한 것이었다.[130]

한편 대방군이 조계지의 역할을 했다는 지적[131]은 양군의 교역을 관할하는 경제적인 기능을 가지고 있었음을 시사한다. 대방군을 설치한 목적 중의 하나가 경제적이었을 것이라는 증거는 한군현을 설치한 이후의 교역 환경에서 나타난다. 한군현에는 중국 상인으로 보이는 내군가인(內郡賈人)들이 있었다.[132] 그런데 이들은 당시 위나 요동 지방의 한인일 가능성도 있지만, 황해 북부 해안을 무대로 교역에 종사하는 여러 종족이 섞여 있었을 것이다. 육지 상인들과 달리, 해상들은 국가와 인종의 구분이 모호한데다 하북의 연인이나 요동·고구려 지역의 상인들은 그 이전 시대부터 황해 북부에서 상업 활동을 해왔기 때문이다. 물론 한군현의 설치로 한(漢) 상인들은 정치적·경제적으로 보다 유리해졌을 것이다. 김해 패총에서 나왔던 한의 오수전이나 경주 조양동(朝陽洞)에서 발굴된 한의 일광경(日光鏡)·동탁(銅鐸) 등의 유물로 보아 낙랑에 와 있던 내군가인들은 배를 타고 삼한(三韓) 지역을 다니며 교역을 한 것으로 생각된다.[133]

---

129) 金元龍, 「三國時代의 開始에 관한 一考察」, 『東亞文化』 7, 서울대 동아문화연구소, 1967, p.10.

130) 李基東, 앞 논문, p.5에서 김원룡의 견해를 수용하여 "대방군을 설치한 원인을 고구려의 압력으로 인하여 육로 교통이 어려워지자 서해상을 통해서 요동 지방과 교통을 충실히 하려는 조치에서 나온 것일지도 모른다"고 하고 있다.

131) 金元龍, 앞 논문, p.10.

132) 『漢書』 卷28 地理志 8 下 樂浪郡條.
李鍾旭, 「新羅를 비롯한 韓·倭의 政治勢力과 中國郡縣과의 關係」, 『新羅와 周邊諸國의 文化交流』, 新羅文化祭 學術會議 제9집, 書景文化社, 1991, p.147.

삼한의 여러 소국들도 한의 군현과 활발히 교역을 전개했으며, 일본열도의 소국들과도 상업을 했다. 한반도 남부와 규슈 지역은 해양을 매개로 선사 시대부터 긴밀한 관련을 맺고 역사 활동을 해왔다. 해양과의 관련성은 일본열도 내부에서 소국이 형성되는 과정에도 강한 영향을 끼쳤다.

소국들에 대한 최초의 기록은 『한서』 지리지에서 왜(倭)란 명칭으로 나타난 이후 『후한서』 동이전에 나온다. "왜는 한의 동남쪽 큰 바다 가운데 있다. 산을 의지한 섬에 사는데 무릇 100여 국이다. 무제가 조선을 멸한 후부터 역관을 보내서 한과 통하고자 한 것이 30여 국이나 된다. 나라는 다 왕을 칭하고 대대로 계통을 잇는다. 그중 가장 큰 왕은 야마대국(邪馬臺國)에 산다"고 기재되어 있다.[134] 즉 이들 100여 개의 나라들은 규슈를 중심으로 한 일부 지역에 한정된 조그만 규모의 정치 단위이며, 그 가운데 야마대국이 가장 크다.

한편 『삼국지』 동이전에는 한반도 남해안을 떠나 일본열도에 닿아 야마대국까지 가는 길과 거리, 그리고 거쳐야 되는 소국들을 명시해 놓았다. 대마국(對馬國)·일지국(一支國)·말로국(末盧國)·이도국(伊都國)·노국(奴國)·불미국(不彌國)·투마국(投馬國)·야마대국 등의 나라들은 모두 규슈 지역에 위치했다. 『후한서』나 『삼국지』 위지 등에 나오는 이도국·말로국 등 입구국의 위치는 지금의 이토시마 반도, 마쓰우라 등 북부 해안 지대다.

이들 소국은 외국과 교역을 했다. 『삼국지』 변진전과 『통전(通典)』 진한전에는 왜와 한반도 남부 간에 교역한 사실을 기록하고 있다. 한반도 남부를 통한 간접교역 혹은 직접교역의 형태로 중국과 교역했던 것으로 판단된다. 당시의 수입품 중에는 전한경(前漢鏡)·후한경(後漢鏡, 전한경이 출토된 것은 북규슈에 16개소, 후한경은 14개소)·위경·오경 등이 있었으며, 관옥·

---

133) 李鍾旭, 앞 논문, p.147 참조.
134) "倭在韓東南大海中 依山島爲居凡百餘國 自武帝滅朝鮮 使譯通於漢者三十許國 國皆稱王 世世傳統 其大倭王居邪馬臺國."

곡옥 등이 적지 않은 것으로 보아 교역의 질과 양을 짐작할 수 있다. 특히 오경은 양자강 유역에 있었던 오와 일본열도가 직접 교섭했을 가능성을 보여준다.[135] 당시에 교역을 한 증거와 품목은 고고학적 유물뿐만 아니라 기록에서도 나타나고 있다. 즉 위에게 남녀 노예를 비롯하여 반포(斑布) 등을 주고, 위로부터는 백견직(白絹織) 등 옷감이나 동경·칼·진주 등을 받았다. 이들 소국은 후한·위·대방 등과 정치적 교섭을 하기도 했다.

이들 소국은 정치·경제적인 발전을 위해 주변의 소국이나 외국과 교섭을 해야 하므로 반드시 항구를 갖춘 해안가 가까이에 있어야 한다. 그런 까닭으로 소국들은 필연적으로 해양 문화가 발달했으며, 교역을 통해서 성장한 해안 도시국가의 성격을 지니고 있었다.[136] 소국들의 위치 선정이 해양과 관련이 있음을 각국 간의 거리를 계산해서 추정한 연구가 있다. 일본의 소국들은 해류 등 자연환경의 작용으로 한반도와 연결이 용이한 규슈의 전 지역을 필두로 경상남도의 해안 지방과 접촉이 용이한 이즈모[出雲] 지방, 그 위의 쓰루가[敦賀] 지역, 그리고 점차 서부 일본 전역으로 확산되어 갔다.

이 시기에 한반도 내의 각국들이 벌인 교역 활동에 대해서는 『삼국지』 위서 동이전 한전(漢傳) 등에 기술되어 있다. 진국은 한강 이남에서 대중국 교역의 주도적 역할을 했던 집단의 일부로,[137] 진왕은 서해안 지역의 세력으로서 삼한의 여러 나라로부터 중국 군현과의 교역 임무를 위임받은 실력자[138]일 가능성도 있다. 또한 일본열도에서 성장하고 있었던 소국들과의 교섭과 교역에도 상당한 영향력을 행사했을 것이다. 이러한 견해들은 한반도 해안 지역과 중국 지역과의 교역이 조직적으로 이루어졌으며, 동아지중해 세계에서 정치력을 동반한 교역 형태가 본격적으로 이루어졌음을 반영

---

135) 王仲殊,「古代の日中關係」,『古代日本の國際化』, 朝日新聞社, 1990, p.20.
136) 松枝正根,『古代日本の軍事航海史』上, pp.191~192.
137) 權五榮, 앞 논문, p.182.

한다.

이러한 관점에서 대방군을 설치한 중요한 목적 중의 하나는 경제적 이익을 얻고, 그것을 가능케 한 황해 연안 교역로를 보다 안정시키고 항로를 수정하기 위한 것이었다. 따라서 고구려와 중국 세력, 특히 낙랑·대방군과의 갈등은 영토의 팽창이나 군사력의 대결이란 육지 질서적 측면과 함께, 교역이나 교통로의 확보 등 해양 질서라는 측면을 동시에 수용하고 이해해야 한다.

이와 같은 정치·경제적인 의도에 의한 주변 정세의 변화로 인하여 고구려는 남북으로 정치·군사적인 압력을 받게 되었다. 요동에 공손씨 정권이 있었으므로 고구려는 위의 직접적인 압력을 받지 않은 반면에 요동의 공손씨와는 수시로 싸움을 벌였으며, 낙랑과도·전쟁을 했다.

한편 공손씨는 남방에 있는 오에 칭신(稱臣)을 하고 구원을 요청했으나, 오는 이에 응하지 않았다.[139] 지난날 공손씨가 오를 배반했던 적이 있기 때문이다. 이에 오는 해로로 요동을 공격하여 주민들을 잡아가기도 했다. 수군 활동의 중요성과 함께 외교와 군사 작전에서 수군의 역할이 심대했음을 보여준 사건이다.

위는 238년 청(靑)·연(兗)·유(幽)·기(冀) 4주에 해선(海船)의 건조를 명했고, 사마의(司馬懿)는 4만 명의 군병을 이끌고 공손씨 정권을 공격했다. 수륙양면작전임을 알 수 있다. 이때 대방태수 유흔(劉昕)과 낙랑태수 선우사(鮮于嗣)는 바다를 건너가 양군을 평정했다.[140] 고구려 역시 위와 연합하여 수도인 양평성 전투 때에는 주부(主簿)·대가(大加) 등이 군사 1천여 명을 이끌고 참여했다.[141] 공손씨 세력이 멸망함에 따라 낙랑·대방 등은 위

---

138) 李基東, 앞 논문, p.6.
139) 『三國志』卷8 魏志 公孫度傳 注引『漢晋春秋』, "聞魏人將 復于吳 乞兵北伐 以自救."
140) 『三國志』魏志 東夷傳 序 및 韓條.
141) 『삼국사기』권17 고구려본기 東川王 12년 ; 『梁書』卷54 高句麗傳.

의 세력으로 편입되었고,[142] 고구려는 결과적으로 강대해진 위와 남과 서양 방향으로 국경을 마주하게 되었다.

당시 국가 간의 대결은 영토 분쟁적 성격, 인접 국가 간의 대결 양상보다는 동아지중해 질서 전체의 구도를 둘러싼 질서 재편의 측면이 있었다. 따라서 여러 국가가 상호 연관성을 가지고 있었다.

고구려로서는 주적이자 시급한 격퇴 대상인 공손씨를 공격하는 것이 적절한 선택이었는지 모른다. 그러나 공손씨는 전력적으로 고구려가 맞대응할 만한 상대가 되었고, 지정학적으로 화북의 통일 정권인 위 사이에서 완충 역할을 할 수 있었다. 반면에 위의 입장에서는 공손씨를 멸망시킬 경우, 2차적 과제는 당연히 고구려의 제압이었다. 즉 공손씨가 망한 이후에는 고구려와 국경을 접하게 되고, 낙랑과 대방군은 고립되어 고구려의 압력을 받고 있었으므로 두 나라 간의 전면적인 대결은 불가피했다.

이러한 국제 환경으로 보아 고구려로서는 공손씨를 존속시키면서 위와의 갈등을 유도하는 것이 더 바람직했다. 즉 공손씨를 군사적으로 지원하거나 오와의 우호 관계를 주선하면서 대위 연합전선을 구축하는 적극적인 태도로 임했어야 했다. 그럼에도 고구려는 위를 도와 공손씨의 배후를 쳐 멸망시킴으로써 강대한 적과 국경을 마주하게 되었다. 공손씨가 멸망한 이후에 위는 낙랑·대방을 중개로 고구려 및 그 남부 한의 소국들에 대하여 정치적인 간섭을 했다. 관구검(毌丘儉)이 고구려를 침입할 때 낙랑·대방이 공동으로 참여하여 고구려를 공격한 사실은 고구려와 중국 세력과의 역학 관계를 단적으로 알려 준다.[143] 상대적으로 고구려는 위의 압박을 북과 남, 그리고 서쪽 해양을 통해서 동시에 받게 되었다.

한편 공손씨가 멸망한 다음해인 경초(景初) 3년(239)에 왜의 사자인 난

---

142) 『三國志』卷8 魏書 第8 公孫度傳.
143) 『삼국사기』 권24 백제본기 古爾王 13년 秋8月條에는 관구검이 고구려를 침입할 때 낙랑과 대방이 공동으로 참여하여 고구려를 공격한 기사가 있다.

승미(難升米)가 낙양으로 오는데, 이때 위제는 비미호(卑彌乎)에게 '친위왜왕(親委倭王)'이란 금인(金印)과 동경 백 개(枚) 등을 준다. 이후부터 247년까지 불과 8년 만에 야마대국의 사자가 낙양에 간 것이 3회, 대방군 방문이 1회, 위가 대방군에서 야마대국으로 관리를 파견한 것이 2회나 된다. 그런데 이 모든 것이 대방군을 경유해서 이루어졌다. 이는 교역권을 남부 지역에서 일본열도에 이르기까지 확대하고, 남방에 있는 오를 외교적으로 견제하려는 의도에서였다. 결국 위의 해양 활동 범위를 남부까지 확대하는 것이었다.

『삼국지』에는 대방군에서 야마대국까지 간 여정이 기록되어 있어[144] 대방군이 위와 왜의 교섭에 교통상으로도 중간 거점 역할을 했음을 알려 준다. 또한 정시(正始) 8년 야마대국이 구노국(狗奴國)과 싸움을 벌였을 때 대방태수 왕흔(王欣)은 역인인 장정(張政)을 보내 조정을 하게 했고, 비미호의 사후에는 일여(壹與)를 왕으로 삼는 데 결정적인 역할을 했다.[145] 이러한 사실들은 대방군이 계속해서 조계지(租界地)의 성격을 가졌고,[146] 동시에 위가 대방군을 통해서 동아지중해의 동쪽 주변부에서 정치적인 목적과 교역 기능을 수행했음을 보여준다.

다음의 기록은 위가 수군 활동 능력을 바탕으로 낙랑·대방을 평정하면서 한반도 지역에 강한 영향력을 미친 사실을 보여주고 있다.

경초(위 명제의 연호, 237~239) 연간에 명제가 몰래 대방태수 유흔과 낙랑태수 선우사를 파견하여 바다를 건너가서 (대방·낙랑) 두 군을 평정했다. 그리고 여러 한국의 신지(臣智)에게는 읍군의 인수(印綬)를 더해 주고, 그 다음 사람에

---

144) 『三國志』卷30 魏書 第30 東夷傳 倭人傳.
145) 『三國志』卷30 魏書 第30 東夷傳 倭人傳.
146) 金元龍, 앞 논문, pp.2~11에서 대방군이 租界地만이 아니라 일정한 정치력을 갖춘 소국가의 형태였을 것이라고 했다.

게는 읍장을 주었다.[147]

이 기사에 따르면 위의 관리 파견과 평정은 바다를 건너서 이루어졌으며, 그것은 성공적으로 수행되었다. 낙랑과 대방은 고구려 남쪽에 있었으므로 위의 관리 파견은 해로를 통할 수밖에 없었는데, 요동만과 서한만을 경유하는 항로는 위와 고구려의 방해로 용이하지 않았을 것이다. 그럼에도 많은 군대를 이동시켰다는 사실은 위가 새로운 항로를 사용했을 가능성을 알려 준다.

또한 당시 위의 외교 정책이 한군현의 잔재 세력은 물론, 한반도 남부에 있는 여러 정치 세력에게도 그 영향력을 행사하고자 하는 형태였음을 알려 준다. 특히 인수를 더해 주고 읍장의 벼슬을 수여한 것 등은 한의 책봉 체제를 모방한 것으로서 국제적 위치 상승을 기대한 의도가 다분히 있었다. 그 밖에 성장해 가는 고구려를 낙랑·대방 및 토착 세력 등으로 하여금 광범위하게 포위하여 외교적인 압력을 가하는 한편, 양 지역 간의 교역 가능성에 대해서도 일정한 제지를 가하려는 의도가 있었다. 사실상 위는 수군 활동 능력을 바탕으로 중간의 고구려를 포위한 형국으로서 황해 북부 항로를 장악하고 일본열도를 연결하는 광범위한 영향권을 형성한 것이다.

이렇게 고구려를 사이에 두고 남과 서의 양 방면에서 중국 세력이 압박을 가할 경우, 고구려는 성장이 방해받음은 물론 존립에 심각한 위협이 될 수밖에 없다. 따라서 고구려로서는 중국 세력의 힘을 제압할 필요가 있었다. 이를 위해서는 1차적으로 자신을 둘러싼 광범위한 포위를 깨뜨리고, 그 연결고리를 차단하는 전략을 사용해야만 했다. 그러려면 자국의 남쪽에 있는 한군현의 잔재 세력과 북쪽에 있는 위를 연결시켜 주는 육로와 해로를 중간에서 장악함으로써 상호 교통을 막아야만 했다.

---

147) 『三國志』 卷30 魏書 第30 東夷傳 韓, "…… 景初中 明帝密遣帶方太守劉昕 樂浪太守鮮于嗣越海定二郡 諸韓國臣智加賜邑君印綬 其次與邑長……."

따라서 고구려가 당면한 외교·군사적 목표는 요동 연안 혹은 근해 항로의 해상권을 장악하는 것이었다. 특히 낙랑 등 남쪽의 세력을 고사시키려면 황해 북부의 해상권을 장악하는 것이 반드시 필요했다. 이렇게 볼 때 고구려로서는 국방은 물론 국가적 팽창을 위해서, 그리고 그 토대가 되는 경제력의 성장을 위한 교역로를 확보하기 위해서 좀더 활발하게 해양 활동을 해야만 했다. 바로 이러한 상황 하에서 고구려가 주목한 곳이 압록강 하구 유역으로 비정되는 서안평이었다.[148]

2) 서안평 진출과 낙랑·대방의 축출

고구려는 건국한 이래 한군현 세력의 축출을 중대한 목표로 삼았다. 그러나 고구려 남부에 있던 중국의 군현 세력은 항상 배후를 위협했다. 이처럼 북서쪽과 남쪽 양 방향으로부터 압박을 받아 온 고구려는 이를 타개하기 위해 양 세력의 연결고리를 끊어야만 했다. 이를 위해서는 압록강 하구로 진출하여 육로 연결을 차단하는 동시에 압록강 하구 앞의 서한만 일대, 즉 황해 북부 항로의 해상권을 장악하여 해로 연결도 차단해야 했다. 이는 고구려의 국가 발전을 위해서도 반드시 필요한 일이었다. 이를 위한 전략적 요충지가 바로 압록강 하구 북부에 위치한 서안평이었다.

일반적으로 고구려의 서안평 공격은 요동 진출의 측면에서 다루어져 왔다. 그러나 이것은 남진 정책과도 관련되고,[149] 농경지 확보와 함께 해양 활동이라는 측면이 강하게 있다. 특히 서안평이 해양 세력을 통제할 수 있는 전략적 성격을 가지고 있다고 할 때, 고구려의 지속적인 서안평 공격은

---

148) 李丙燾는 『韓國史』 古代篇, 을유문화사, 1981, p.239에서 서안평을 압록강 하류의 북지류인 長匈河口로 보고 있다.
  『三國志』 卷30 魏書 第30 東夷傳 高句麗의 西安平 細註에는 "丁謙曰 西安平 ……乃今九連城 東北……"이라고 되어 있다.
149) 朴性鳳은 앞 논문, p.143, p.151에서 남진 정책과 관련하여 많은 자료를 제시하며 해석을 시도하고 있다.

바로 이러한 해양 전략적인 입장이 고려되었을 것이다.

고구려의 첫 서안평 공격은 태조대왕 94년(146)에 나타난다. 이때 왕은 요동군에 침입하여 신안거향(新安居鄕)과 서안평을 공격하여 대방령을 죽이고 낙랑태수의 처자를 잡아 왔다.[150] 고구려의 이러한 공격은 육로 진출로를 확보하고 중국 세력들 간의 연결고리를 끊는다는 차원 외에도, 해로의 중요성을 인식하여 황해로 진출하려는 출구를 확보하려는 전략적 목적이 있었다.[151]

서안평은 이 사건 이후에 한동안 고구려 역사에서 사라졌다가 동천왕 16년(242)에 이르러 공격의 대상으로 나타난다.[152] 태조대왕이 공격을 시작한 이후 서안평의 귀속 상태에 대해서는 알 수 없다. 그러나 적어도 233년 이후에 손권과 교섭할 즈음 서안평 유역은 고구려의 세력 아래에 있었다. 그런데 237년에도 오와 고구려는 서로 통하고 있었으므로, 그 기간에 서안평을 항구로 사용하고 있었다고 판단하는 것은 무리가 없다.

238년에 위는 고구려의 도움을 받아 공손씨 정권을 무너뜨렸다. 이 사실은 이때 양국 간에 우호 관계가 유지되었음을 반영한다. 그런데 그해 언제인가 위는 몰래 바다를 건너 낙랑과 대방을 점령, 접수했다. 이때 위가 육로를 놓아 두고 몰래 해로를 사용한 사실은 양국의 관계가 긴장 상태에 돌입했거나, 아니면 고구려에게 낙랑·대방 공격 사실을 숨기기 위한 전략을 구사한 것이었음을 알려 준다. 이러한 사실 등은 239년에도 고구려가 서안평 지역을 아직 세력권 하에 두고 있었음을 반영한다.

그런데 낙랑·대방 양군이 위의 관할로 된 것은 고구려에게 전략적으로 매우 불리한 일이었다. 고구려는 위와 양군에 의해 양쪽에서 포위되고 있

---

150) 『삼국사기』 권13 고구려본기 태조대왕 94년.
151) 李萬烈, 앞 논문, p.489에서 "서안평 공격은 숙원인 해양 진출을 단행하고……"라고 하여 보다 적극적인 표현을 사용하고 있다.
152) 『삼국사기』 권17 고구려본기 동천왕 16년.

는 형국인 반면에, 위는 고구려에 의해 양군과의 교섭이 방해받고 있는 형국인 것이다. 위가 양군을 계속 통제 하에 두고 고구려를 위협하는 정치적·군사적 배후 세력으로 삼기 위해서는 긴밀한 연결 관계가 필요했다. 그러나 공손씨 정권이 무너졌어도 서안평 등을 확보하지 않고서는 바다를 통해서 연결되어야만 한다. 그것도 고구려의 영향권을 벗어나 멀리 돌아서 연결될 수밖에 없었다. 이러한 상황에서 양국의 대대적인 충돌은 필연적이었다.

242년에 동천왕이 서안평을 공격했다는 기사가 나온다. 이는 238년까지는 고구려 세력권이었던 서안평에서, 그 사이 4년이라는 기간 동안 모종의 군사적인 변화가 일어났음을 강력하게 시사한다. 물론 전투 기록은 없다. 한편 239년에 오의 손권이 요동을 공격하고 남녀 포로들을 얻은 사건이 있었다.[153] 이는 서안평이 최소한 239년까지는 고구려의 세력권이었음을 반증한다. 왜냐하면 위에게는 적대적인 집단이, 오에게는 우호적인 집단이 있지 않으면 오의 요동 공격은 실현 가능성이 없는 사건이기 때문이다. 237년에도 공동 보조를 취했던[154] 고구려와 오가 다시 공동의 적인 위를 압박했을 가능성은 많다. 그런데 서안평은 양국의 교섭이 이루어지던 항구였으므로 위를 가운데 두고 양국이 압력을 가하고자 할 때, 고구려의 서안평 확보는 필수적이었다.

239년 이후부터 오가 멸망하는 280년까지 고구려와 오의 교섭이 다시는 나타나지 않았다. 이 사실은 국제 관계의 변화된 추이와 함께 서안평이 양국의 교섭 창구로서 역할을 하지 못했음을 간접적으로 시사하고 있다. 따라서 242년의 고구려 공격은 239년 이후 언제부터인가, 적어도 그 당시는 서안평이 위의 세력 하에 있었음을 알려 준다. 이 시기에 고구려와 위의 대결은 『삼국사기』, 『위서』고구려전·관구검전(毌丘儉傳) 등 여러 사료에

---

153) 『三國志』 卷47 吳書 第2 吳主傳.
154) 『三國志』 卷3 魏書 第3 明帝紀 景初 元年.

나와 있는데, 시기나 내용에서 약간의 차이를 보이고 있다.

위의 관구검은 242년 고구려에 반격을 가했으나 실패했다. 그 후 244년에 고구려군은 다시 요동군을 공격했다. 245년에 위는 고구려를 포위하기 위해 현도태수인 왕기(王頎)를 부여에 보내 협공을 제의했다. 부여는 군량을 공급하는 등 우호적이었다. 245년 여름에 관구검군은 다시 고구려를 공격했으나 패퇴했다.[155] 다시 246년 2월에 위군은 유주의 병력과 오환의 추장인 선우가 거느린 대군을 거느리고 공격했고, 남에서는 낙랑태수인 유무(劉茂), 대방태수인 궁준(宮遵)으로 하여금 예 등을 공격하고 포위 전략을 구사하게 했다.

동천왕은 보병과 기병 2만을 동원하여 비류수에서 3천 명을 죽이고, 다시 양맥곡에서 3천 명을 죽이거나 잡았다. 그러나 철기 5천으로 공격하다가 크게 패하여 1만 8천 명이 죽고, 1천여 기를 거느린 채 압록원으로 달아났다. 관구검은 계속 진격하여 수도인 국내성과 임시 수도인 환도성을 점령하여 파괴했다. 동천왕은 심각한 피해를 입었으나[156] 결국은 반격을 가해 퇴각시켰다. 관구검비[157]에는 243년에 군사를 모으고 정시 5년인 244년에 출병했고, 245년 6월에 철군한 것으로 되어 있다. 이 전쟁이 끝난 이후인 259년, 위가 멸망하기 직전에도 양국 간에는 전투가 있었으나 결국은 고구려의 승리로 끝이 났다.[158]

242년부터 일관되게 지속된 양국 간의 전쟁 원인이 무엇인지는 정확히 알 수 없다. 그런데 『삼국지』 위지 고구려전에는 고구려가 자주 침략하고 배반하므로 이를 토벌한다고 되어 있다. 그렇다면 고구려는 왜, 어디를 공

---

155) 『三國志』 卷30 위서 고구려전.
156) 『삼국사기』 권17 고구려본기 동천왕 20년.
157) '毌丘儉紀功碑'는 淸나라 光緖 32년(1906) 集安市 서북쪽 17km 지점의 松盆嶺에 도로를 건설하다가 발견되어 현재는 요녕성 박물관에 소장되어 있다. 『三國志』 卷28 魏書 毌丘儉傳에는 관구검비를 세웠다는 기록이 있다. 그런데 발견된 이 비가 진짜 관구검비인지에 대해서는 논란이 있다.
158) 『삼국사기』 권17 고구려본기 중천왕 12년.

격했을까?

『삼국사기』 동천왕 20년조 세주에는 『양서(梁書)』를 인용하여 사마의가 공손연을 토벌할 때 왕이 서안평을 습격하여 관구검의 침입이 있었다고 함으로써[159] 관구검의 침입을 고구려의 서안평 공격과 관련시키고 있다. 반면에 『삼국사기』 동천왕 12년조(238)에는 왕이 군사를 파견하여 공손연의 토벌을 도왔다고 기록되어 있어 양쪽의 기록이 서로 다르다.

그런데 당시의 대세로 보아 동천왕이 이중적 태도를 취했을 가능성이 많다. 여하튼 242년 전투에서 동천왕의 서안평 공격은 성공을 거두어 고구려의 세력권으로 확보한 것으로 판단된다.

이렇게 볼 때 244년부터 245년 혹은 246년까지 지속된 관구검의 침입은 기본적으로 성장한 고구려와 위 간에 벌어진 패권 쟁탈전적인 성격을 지니고 있었다. 그러나 구체적으로는 서안평 지역을 탈환하고, 낙랑·대방 지역에 대한 지배력을 강화하는 것이 주목적이었다고 할 수 있다. 이후 수십 개의 한 토착 소국들이 항복했다는 기사는[160] 이 전쟁의 성격을 명확히 보여준다.

이 전쟁에서 위와 낙랑·대방 양군이 공동으로 참여했고, 더욱이 동천왕의 반격으로 위군이 퇴각할 때 낙랑으로부터 갔다는 기사는[161] 낙랑의 전략적 역할이 높았음을 알 수 있다. 즉 낙랑 지역과 요동 지역, 혹은 낙랑 지역과 화북 지역이 군사 교통로로서 사용되었을 가능성을 보여준다. 낙랑 지역을 출발하여 육로를 택했을 경우에는 서안평 지역을 거쳤을 것이고, 해로를 택했을 경우에는 황해 북부를 직항했거나 아니면 북부 연안을 거쳐 서한만을 경유하여 요동으로 퇴각했을 것이다.

---

159) 『삼국사기』 권17 고구려본기 동천왕 20년, "…… 梁書 以司馬懿討公孫淵 王遣將襲西安平 毌丘儉來侵."
160) 『三國志』 卷4 魏書 三小帝紀 第4, "…… 七年春二月 幽州刺史毌丘儉討高句麗 夏五月 討穢貊皆破之 韓那奚等數十國各率種落降."
161) 『삼국사기』 권17 고구려본기 동천왕 20년, "…… 魏軍擾亂不能陳 逢自樂浪而退 ……."

이처럼 서안평을 놓고 고구려는 위 및 낙랑·대방 등 중국 세력과 지속적으로 대결을 벌였다. 그런데 3세기 말에서 4세기 초에 걸쳐 국제 관계에 커다란 변화가 일어났다. 위의 멸망에 이어 발흥한 진(晉)은 초기의 안정기를 맞으면서 부여·마한·진한 등과 외교 관계를 맺었다.[162] 고구려의 이름은 등장하지 않지만 당시의 국제 정황으로 보아 고구려와 진도 교섭하였을 것이다. 물론 교역을 겸했고, 유주·평주를 통했다.[163]

진은 혜제(惠帝) 연간(290~306)에 '팔왕(八王)의 난'이 발생하는 등 일대 혼란에 빠졌다. 중원의 혼란은 상대적으로 주변의 다른 종족들이 성장하는 계기가 되었다. 고구려 역시 국제 정세를 적절히 활용하여 숙신(肅愼)을 정벌하는[164] 등 동북 지방으로 진출하는 정책을 취했다.[165] 한편 북방에선 선비의 단씨(段氏)·우문씨(宇文氏)·모용씨(慕容氏) 등이 등장하여 쟁패전을 벌였으며, 고구려와 진 사이에서 복잡한 역학 관계를 연출했다. 특히 모용씨의 요동 점령과 평주자사 겸 동이교위인 최비(崔毖)가 고구려로 망명한 사건은[166] 당시의 국제적인 혼란상을 보여주고 있다. 이처럼 3세기 말에서 4세기 초에는 중국 세력이 요동 지방을 중심으로 한 행정권을 상실할 정도가 되었다.[167] 이렇게 복잡하게 전개되는 국제 관계 속에서 고구려와 낙랑·대방 양군의 갈등은 새로운 국면을 맞게 되었다.

낙랑·대방군이 약화하게 된 요인에는 위의 멸망과 진의 혼란 등 여러 가지가 있을 수 있다. 그렇게 된 구체적인 요인 가운데 하나가 고구려로 인하여 육로와 해로가 막혀 중국과의 교섭과 이동이 부자유스러웠던 점을 들 수 있다. 특히 고구려가 서한만 해안으로 진출하여 황해 북부 항로와

---

162) 『晋書』 卷97 列傳 第67 四夷.
163) 손영종, 앞의 책, p.156.
164) 『삼국사기』 권17 고구려본기 서천왕 11년.
165) 손영종, 앞의 책, p.157.
166) 『資治通鑑』 卷91 晋紀 13 中宗中 元帝 太興 2년.
167) 공석구, 앞 논문, p.129.

요동 항로를 견제한 것은 치명적이었다. 낙랑·대방군의 약화와 멸망이 해양 활동 혹은 항로 확보 문제와 밀접한 관련이 있었다는 사실은 고구려의 해양 활동과 관련하여 주목된다.

낙랑·대방 세력은 정치·외교적인 고립 상황을 타개하고 교역과 문화 교류를 위해서 새로운 교통로와 항로의 개발을 시도했을 것이다. 그것은 한편으로는 정치 세력에 의해서도 추진되었지만, 또한 교역을 추진하던 사람들에 의하여 추진되었을 가능성도 있다.

먼저 대방군의 설치 과정을 통해서 양군과 고구려의 관계가 해양 활동과 밀접한 관련이 있음을 살펴볼 필요가 있다. 대방군을 설치한 정치적·경제적 동기는 이미 앞에서 언급했다. 그런데 보다 직접적이고 기술적인 측면에서 살펴본다면 그것은 해양 활동, 즉 항로의 확보 문제와 불가분의 관련을 맺고 있다. 위와 야마대국이 낙랑을 대신해서 대방을 매개로, 혹은 경유해서 매우 빈번한 공적 교섭을 가진 것은 대방 지역이 위와 교섭하는 데 가장 적합한 교통조건을 갖추고 있기 때문이다.

그러면 이때 활용한 항로는 구체적으로 어떤 것이었을까?

대방군의 위치는 예성강 유역으로 추정하고 있다. 위치에 대해서도 이론이 많다. 요하 서쪽의 난하 유역 등 한반도 밖에서 찾는가 하면, 한반도 내부에서 구하는 경우도 있다. 특히 천관우(千寬宇)는 낙랑·대방군을 대릉하 방면에서 구하는 견해를 표명했다.[168] 그러나 추후에 계속해서 언급하겠지만 적어도 당시의 대방군은 황해도 연안에 있었다.

황해 중부 해안에 위치하고 있는 예성강 유역은 교통의 요지다. 육로 교통은 물론 강상 수운을 통해서 중부 지역의 길이 모두 연결되고 있다. 예성 강구는 경기만으로 연결되어 있는데, 경기만은 한반도 서해안에 있는 가장

---

168) 千寬宇, 「灤河下流의 朝鮮」, 『史叢』 21·22合, 1977.

큰 만으로서 예성강·한강·임진강 등이 흘러들고 하계망(河系網)이 가장 발달되어 있다. 또한 경기만은 해주만을 포함하고 있고 남쪽으로는 인천·남양만·아산만까지 포함하고 있어서 서해안 연안 교통에도 더할 나위 없이 좋은 조건을 갖추고 있다. 뿐만 아니라 중국의 산동 지역과 해상 교통을 하고자 할 때 가장 가깝고 적합한 조건을 갖추고 있는 지역이다.

고구려가 요동반도 이서 지역과 한반도 중부를 해안으로 연결하는 중간 길목을 장악하고 북상하여 근해 항해를 방해할 경우, 위의 새로운 항로 개발은 필수적이었다. 당시 새로운 항로는 아마도 황해 중부를 직항해서 산동반도로 들어가는 길로 추정된다. 이미 전국 시대부터 해양 활동에 뛰어난 월의 상인들이 산동으로 진출하여 제와 해상 활동을 했으며, 왜와도 교섭을 했다. 한편 『해내북경(海內北經)』에 따르면 화북의 연도 발해로 나가 왜와 교섭을 했다.[169] 오 사신은 양자강 유역에서 황해 중부를 횡단한 후에 서한만으로 들어왔다. 이러한 여러 사실들로 보아 당시에는 항해 조건이 상대적으로 좋은 황해 중부 횡단 항로를 활용했을 것이다.[170]

직항 해로를 개척할 경우, 산동 지방과 한반도 중부 지역을 연결하며 쉽게 항해할 수 있는 거점으로는 예성강 유역이 제일 적당하다. 산동반도에서 황해를 직항할 경우, 가장 가깝고 항해상 조건이 좋은 지역은 황해도 장연군 지역이다. 또한 요동반도에서 한반도 북부 해안을 거쳐 연안 항해를 하면서 남진을 할 경우에도 장산곶과 경기만 지역은 반드시 통과해야만 한다. 따라서 예성강구는 대중국 교통에 중요한 요충지다. 여기서 낙랑을 존속시키면서 대방군을 설치해야 하는 또 하나의 이유가 생기는 것이다.[171]

---

169) 李永采 主編, 『海洋開拓爭覇簡史』, 海洋出版社, 1990, pp.52~57 참조.
   이러한 논점은 岡田英弘, 「倭人とシルクロード」, 『東アジアの古代文化』 17號, 大和書房, 1978, p.7에도 피력되어 있다.
170) 낙랑과 대방의 위치를 일반적인 견해대로 한반도 서부, 즉 평양 지방으로 비정했을 경우에는 대동강구나 예성강구에서 출발하여 등주나 내주까지 항해했을 것이다.
171) 李明揆는 「百濟 對外關係에 關한 一試論」, 『史學研究』 37호, 1983, p.82에서 "대방군은 해상 기지로 설치된 것이다"라고 하여 성격을 분명히 하고 있다.

그러나 개척된 신항로는 황해를 직항해야 하기 때문에 그전의 연안·근해 항로보다는 기술적으로 어렵고 안전성이 덜했다. 따라서 교섭의 양과 질의 저하는 필연적이었을 것이고, 이것은 낙랑·대방 등의 약화에 강한 영향을 끼쳤을 것이다. 왜와 위의 교섭이 본격화되면서는 서한만과 요동만을 거쳐 가는 연근해 항로의 확보가 매우 중요했다.

이러한 지정학적 배경과 당시의 역학 관계 속에서 서안평이 가진 해양적인 측면은 매우 중요했다. 대방현령과 낙랑태수의 왕래가 서안평현을 통해서 이루어졌듯이, 이 지역은 해로를 이용하건 육로를 이용하건 요동의 중국 세력과 고구려 이남의 낙랑·대방을 연결해 주는 유일한 통로였던 것이다.[172] 따라서 앞에서 살펴본 바와 같이 고구려의 서안평 공격은 여러 번 시도되었으며, 빼앗고 빼앗김을 반복했다.

고구려의 강한 압력에 직면한 낙랑·대방은 정치적 위치가 점점 더 위태롭게 되었다. 그런데 286년 고구려가 대방을 공격했을 때 백제의 책계왕(責稽王)이 대방국을 군사적으로 지원했다. 대방의 왕녀 보과(寶菓)를 맞이하는 등 혼인동맹을 맺었기 때문이다. 한편 이 무렵인 287년에 낙랑·대방 양군의 사람들은 신라로 대규모 망명을 했다. 300년에도 낙랑·대방인들이 집단적으로 신라에 망명하여 양군의 운명이 다했음을 알려 준다. 백제는 9대 분서왕(汾西王)이 304년 겨울에 낙랑군의 서현을 공격하여 탈취하였으나,[173] 그해 10월 낙랑태수가 보낸 자객에게 죽임을 당했다.[174]

이러한 일련의 사건들은 백제가 양군의 전략적 가치를 인식하고 취한 다목적 포석의 일환이다. 이때 백제가 해상 진출의 욕구를 가지고 있었음을 유의할 필요가 있다. 마한을 완전히 병합하고, 한반도의 서부 해안 지방을

---

172) 『三國志』卷30 魏書 東夷傳 高句麗. 西安平의 細註에는 "丁謙曰 …… 因中國往高句麗 道必經此"라고 하여 이 지역이 육로·해로의 길목임을 말하고 있다.
173) 『삼국사기』 권24 백제본기 분서왕 7년. "春二月. 潛師襲取樂浪西縣."
174) 『삼국사기』 권24 백제본기 분서왕 7년. "七年 冬十月. 王爲樂浪太守所 遣刺客賊害夢."

장악하려면 수군력을 사용해야만 했다. 또한 서진과 교섭했던 마한의 외교
능력을 유지하기 위해서도 해양 활동이 뒷받침되어야 했다. 따라서 백제와
양군 사이에 벌어진 이러한 충돌은 해양 진출을 위한 교두보의 확보라는
측면이 있었다.

낙랑과 대방은 이처럼 가중되는 고구려의 압력과 백제의 성장, 그리고
후견이었던 중국 세력의 약화로 인하여 입지가 몹시 불안정하게 되었다.
신지와 한인들은 대방군을 공격하여 대방태수·낙랑태수와 싸움을 했다.
이 싸움에서 대방태수 궁준(弓遵)이 전사하고 한인의 공격은 실패했으
나,[175] 이는 삼한 사회가 동요하기 시작함을 의미했다. 304년에는 백제가
낙랑군의 서현을 공격하여 탈취했다.[176] 고구려는 미천왕 3년(302)에 3만
명의 군사로 현도군을 공격하고, 이때 사로잡은 8천 명을 평양으로 옮겼
다.[177]

이러한 일련의 사실들은 낙랑군 등의 정치적 입지가 약화되고 군사적으
로 무능해졌음을 보여준다. 고구려는 마침내 미천왕 12년(311)에 서안평을
점령한 후, 완전히 서해안에 진출한다.[178] 그리고 미천왕 14년(313)에 낙랑
을 완전히 구축하고, 2천여 명을 포로로 삼았다. 나아가 그 다음해인 314
년에는 대방을 멸망시켰다.[179]

낙랑·대방이 멸망한 데에는 고구려의 계속된 공격, 진의 혼란, 토착민
들의 거센 저항 등 여러 가지 요인이 있었다. 그러나 전술적으로는 고구려
가 중간 교통로를 장악한 것이 주요하게 작용했다. 특히 고구려가 311년에
서안평 지역을 수복한 것은 낙랑·대방과의 관계에서 주목을 요한다. 서안

---

175) 『三國志』卷30 魏書 第30 東夷傳 韓.
176) 『삼국사기』 권24 백제본기 분서왕 7년.
177) 『삼국사기』 권17 고구려본기 미천왕 3년.
178) 『삼국사기』 권17 고구려본기 미천왕 12년.
　　　고구려는 서안평을 점령하고 서해안에 진출한다(李萬烈, 『三國時代史』, 知識産業社, 1976,
　　　p.128 참조).
179) 『삼국사기』 권17 고구려본기 미천왕 14년, 15년.

평을 점령함으로써 고구려는 서한만과 황해 북부에서 비교적 자유로운 해상 활동을 할 수 있게 된 것이다. 이러한 해양 상황의 변화가 낙랑·대방의 대중 통로를 막았다.

이상에서 살펴본 바와 같이 고구려 전기의 해양 활동은 지정학적 조건에 의해 기본 조건이 마련되었다. 그리고 대중국과의 관계, 즉 오나라와 교섭하면서 발전의 계기를 마련하고, 위나라의 등장과 낙랑·대방의 압력을 능동적으로 극복하는 과정에서 발전의 토대를 마련했다. 이때 서안평은 해양 활동의 전략적인 요충지 역할을 했으며, 고구려와 중국 세력 간에는 서안평 확보를 놓고 싸움이 자주 벌어졌다. 낙랑·대방을 둘러싼 양 세력 간의 대결은 한반도뿐만 아니라 왜까지 연결한 동아지중해 동방의 이익을 고수하려는 중국 세력과, 그것을 탈취하여 중국 세력의 협공에서 벗어나고 교역상의 이익은 물론 남부 지방에 대한 영향력을 증대시키고자 하는 고구려 간의 싸움이었다. 따라서 조한전쟁의 연장선상에 있었으며, 영토 팽창전보다는 교역권의 싸움, 그리고 해양 질서의 대결이란 성격이 강했다.

낙랑과 대방을 축출한 이후에 고구려의 해양 활동 능력은 더욱 성장했다. 요동반도 이남의 해상권을 장악하고 낙랑과 대방이 가졌던 해양 능력과 교역상의 이익을 흡수했으며,[180] 배후를 위협하는 해상 세력을 제거했기 때문이다. 또한 황해 중부 이북의 연근해 항로와 북부의 연근해 항로를 모두 장악했다. 이렇게 성장해 간 고구려의 남진은 백제의 성장 및 북진과 서로 부딪쳐 일대 격전을 벌이게 된다. 백제 근초고왕의 북진에 의한 대방군 고지 장악, 그리고 그 후의 수군을 이용한 광개토대왕의 대백제 대공격 작전 등이 바로 그것이다.

---

180) 李明揆는 앞 논문, p.82에서 "백제가 대방군의 지역을 차지하였기 때문에 대방의 유민과 함께 그들의 해상 무역 활동에 관한 시설이나 기술 등도 획득하게 되었음을 의미한다"고 하여 이러한 해양 문화의 계승성을 주장하고 있다. 고구려 역시 동일한 조건에서 이러한 계승이 가능했다고 판단된다.

3 | 고구려 발전기의 해양 활동(Ⅰ)
광개토대왕의 대외 정책과 해양 활동

광개토대왕(廣開土大王)은 19대 왕으로 등극하여 22년간 정치·군사·문화적으로 뛰어난 역할을 하여 고구려가 발전하는 토대를 마련했다. 그가 이룩한 최대의 업적은 국제 질서의 재편기를 맞아 군사적인 진출을 토대로 일시적이었지만 위축되었던 고구려의 국력과 영토를 팽창시킨 일이다. 대왕의 정책과 군사적인 업적, 그로 인한 동아(東亞)의 질서 재편에 대해서는 여러 각도에서 연구가 이루어져 왔다.

한 국가의 대외 정책에 대한 평가는 단기간에 일어난 사건이나 특정 대상을 상대로 펼쳐진 활동을 편향적으로 선택해서는 무리가 있다. 1차적으로는 당시의 전반적인 상황과 그에 대한 대응의 총체적인 평가를 기본 전제로 해야 한다. 그 다음에는 각론으로 들어가 사건의 구체적인 인식 태도, 전략, 전술, 작전 반경 등을 참고로 보완하고 분석해야 한다. 또한 역학 관계론의 입장에서 파악할 경우에는 정치적·경제적·군사적 힘의 목적에 대한 분류가 필요하며, 힘의 방향을 분석하는 절차 또한 필요하다.

고구려는 화북 지방의 중국 세력과 북방의 유목 종족들, 한반도 중부 이남의 백제와 신라 및 왜의 세력이 마주치는 힘의 접점에 있었다. 또한 대

륙과 해양을 공유했고, 중국 지역 및 요동 지역 등과는 황해 북부를, 백제
와는 황해 중부 이북을 경계로, 왜와는 동해를 가운데 두고 있어서 해양
질서의 영향도 적지 않았다. 이 같은 몇 가지 지리적이고 역사적인 특성을
감안할 경우에, 고구려의 대외 정책은 각 국가 간의 개별 교섭 혹은 자국
을 중심으로 한 주변 국가들의 반응만으로 해석해서는 무리가 있으며, 더
욱이 육지 위주의 질서로만 해석해서는 상황의 본질적인 이해에 도달할 수
없다.

　따라서 본장에서는 광개토대왕의 대외 정책과 군사적 행동을 당시 동아
질서의 재편 과정과 주변국 간의 역학 관계라는 보다 거시적인 틀 속에서
파악하고자 한다. 또한 지정학적 특성을 보다 명확히 하고 대외 정책의 본
질을 정확히 이해하기 위하여 동아지중해 개념을 하나의 모델로 설정하고,
해양 질서와의 관련성 내지 영향을 살펴보고자 한다. 아울러 구체적인 수
군 활동을 통해서 해양 활동 능력이 동아시아 및 고구려의 질서 재편에 중
요한 요인이 되었음도 밝히고자 한다.

동아 질서의 변동과 역학 관계의 변화

이 장에서는 분석 대상인 고구려 발전기의 역사 활동을 국내적인 관점 혹
은 일국사적(一國史的)인 관점이 아니라 국제 역학 관계의 변화와 질서 재

---

1) 국내에서는 盧泰敦이 「5~6世紀 東아시아의 國際政勢와 高句麗의 對外關係」(『東方學誌』 44,
1984)에서 주로 북방과의 관계를 중심으로 하여 거시적인 관점에서 해석하고 있다. 특히 씨의
연구는 李龍範의 「高句麗의 遼西進出企圖와 突厥」, 『韓滿交流史研究』, 동화출판공사, 1989에서
제기되었던 문제들을 보다 심화시키고 있다. 필자는 본장에서 동아시아의 범주는 더욱 확대시
키되 본장의 주제와 직접 관련 있는 지역은 집약시켜 지중해적 질서를 적용하고 육상 위주의
질서뿐만 아니라 해양 활동 역시 강한 영향을 끼친 것으로 논지를 전개했다.

편의 관점[1]에서 이해하고자 한다. 그리고 정책 배경과 집행 과정을 이해하기 위하여 1절에서는 고구려를 둘러싼 국제 정세, 특히 영향을 강하게 끼쳤던 중국을 중심으로 해서 살펴보고자 한다.

1. 고구려의 해양 활동과 5호16국 시대

4세기에 접어들자 동아시아에는 정치적 변동이 생겼다. 특히 북중국에서는 304년부터 439년까지, 즉 서진(西晉)이 멸망하고 북위가 북중국을 통일하기 이전까지 북방의 여러 종족들이 부침을 했던 '5호16국 시대'다. 한(漢)·위(魏) 통치자들은 변경을 방어하고 경제적인 필요성 때문에 유목 종족들을 불러들였으나 이로 인하여 북방 관계가 매우 복잡해졌다.[2] 316년에 서진이 멸망하고 강남으로 도망가자, 중국의 서북방에서 거주하던 호족들은 정치적으로 혼란한 틈을 타서 원래 거주자였던 한족을 몰아내고 화북을 대신 차지했다. 그리고 국가를 세우고 그들 간에 각축전을 벌였다. 이렇게 하여 북중국은 유목 문화의 특색을 지닌 호한 체제(胡漢體制)의 특징을 가지게 된다.[3]

이러한 중국 지역의 남북 분열과 호한 체제의 성립은 동아시아 전체에 분열과 질서의 변동을 야기시켰으며, 역학 관계에 몇 가지 중요한 의미를 남겼다.

첫째, 중국 지역이 남북으로 이원화되고, 남조(南朝)와 북조(北朝) 사이에는 종족적·문화적·역사적 성격의 차이로 인하여 심각한 갈등이 발생했다. 문명의 땅인 중원을 차지한 유목 종족들의 북조와, 만이(蠻夷)의 땅이었던 강남을 근거로 농경을 발전시킨 한족의 남조가 대립하는 형세를 보였

---

2) 翦伯贊 編, 이진복·김진옥 譯, 『中國全史』 上, p.249 참조.
3) 胡漢體制에 대해서는 朴漢濟, 「胡漢體制의 展開와 그 構造」, 『講座 中國史』 2, 서울대 동양사학 연구실 편, 1989, 지식산업사, p.64 참조.

다. 문화적으로나 역사적으로 매우 복잡하게 되어 서로를 비하하고 배척하며, 급기야는 국가 간의 정윤(正閏) 문제까지 대두되는 사태로 발전했다.[4] 북방에서의 정치적인 혼란은 더욱 심했다. 흉노족이 세운 전조(前趙)를 거쳐 갈인(羯人)이 세운 후조(後趙)가 일어났다. 이들은 남조와는 물론이고, 심지어는 요동 지방의 다른 종족들과도 싸움을 했다. 여기에 북부 지역의 각국들이 남부의 동진(東晉)과 서로 외교 교섭을 맺는 경우까지 가세하여 동아시아의 정치·외교 질서는 그야말로 매우 복잡하고 혼란스럽게 진행되었다.

둘째, 동아시아 정치·외교의 형태가 변화되었다. 전한(前漢)·후한(後漢) 시대에는 남북 지역이 하나의 역사 활동권으로서 긴밀한 연관 관계에 있었고, 농경과 해양 활동을 겸했다. 삼국 시대에는 황하의 이북을 위와 서진이 번갈아 차지하고 있었고, 서쪽은 내륙 분지에서 촉(蜀)이 통치하고 있었다. 오(吳)는 양자강 유역에 근거지를 확보하여 농경과 함께 해양 활동이 매우 활발했다. 위(魏)와 서진(西晉) 또한 산동 지방을 근거지로 하였으므로 해양 활동이 활발했다. 특히 위는 해양 능력이 뛰어난 오와 패권을 다투었으므로 수군을 양성하고 해양 활동을 활성화시키는 일은 군사적인 측면에서도 필수적이었다. 또한 요동 지방에 위치한 공손씨 정권과 낙랑·대방 등도 황해 북부에 연해 있는 만큼 해양 활동을 전개했다.

그러나 이 시대에 화북 지방과 요동 지방을 번갈아 가며 차지한 선비(鮮卑)·흉노(匈奴)·갈(羯)·저(氐)·강(羌) 등 호한 체제 속에 있는 유목 종족들의 생활 양식과 대외 관계 방식은 달랐다. 해양 활동을 한 경험도 없었고, 능력 또한 부족했을 것이다. 하물며 국가로서 존속한 기간들이 짧았으므로 수군을 양성할 기회도 부족했을뿐더러, 싸움의 대상과 전장(戰場)이 화북과 요동 지방에 한정되었으므로 해양전을 펼칠 기회가 상대적으로 적

---

4) 朴漢濟, 「南北朝時代의 南北關係」, 『韓國學論叢』 4호, 국민대, 1981, p.156 참조.

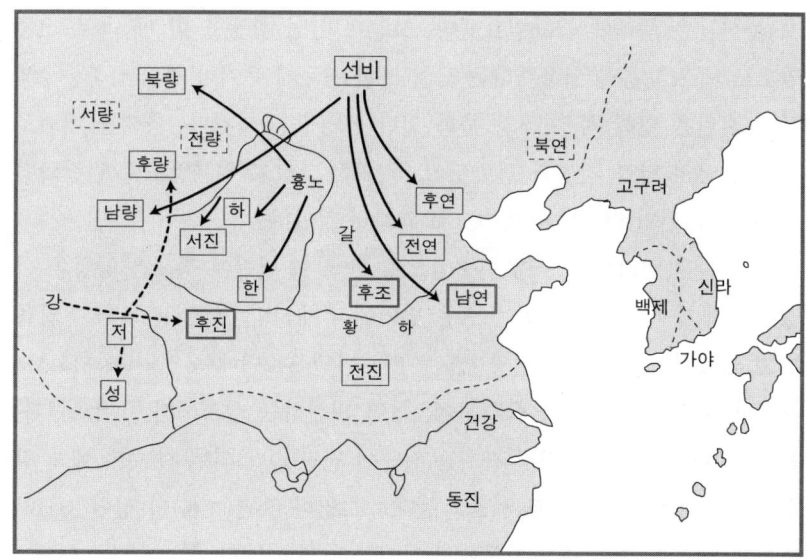

지도 3-1 | 5호16국 정세도[5)]

었다.

한편 이러한 정치 질서의 변화는 경제적 측면에서도 변화를 낳았다. 일반적으로 이 당시의 사회경제적인 토대를 유목 문화와 농경 문화로 구분하고 있다. 그리고 이질적인 두 문화 집단을 운영하기 위하여 이중 조직 체제를 만들었다고 한다.[6)] 하지만 앞장에서 살펴본 바와 같이 중국에서 상업은 사회경제를 이해하는 데 매우 중요하다.

남북조 간에는 긴장과 갈등이 계속되었으며 전쟁도 여러 번 일어났다. 그럼에도 역사적으로나 경제적으로 두 지역은 서로 불가피하게 관계를 맺지 않으면 안 되었다. 특히 생산물과 생활 양식의 차이로 인하여 경제적으로 상호 보완 관계를 유지해야만 했다. 종래 해로를 통해서 들어오던 남방

5) 신채식,『동양사 개론』, 삼영사, 1996, p.229에서 참조 재작성.
6) 金浩東, 앞의 논문, p.286 참조.

계 물산들은 북쪽에서도 필요했다. 그런데 상업 활동을 할 때 육로 교통 말고도 해로 교통을 활용했다는 사실 또한 염두에 두어야 한다.[7] 북중국에서의 혼란은 황해 북부 해양 문화 전반에 영향을 끼쳤다. 황해를 내해로 삼고 중국의 남북 지방과 한반도의 국가들, 그리고 일본열도로 연결되던 동아지중해권의 역할이 상대적으로 약화된 것이다.

이와 같은 변화는 고구려를 중심으로 한 질서 전반에 적잖은 영향을 끼쳤다. 4세기 이후의 고구려는 요동 방면에서 새외민족(塞外民族)의 침입을 받고 있었다.[8] 특히 고국원왕(故國原王) 2년인 342년에는 전연(前燕)의 모용황(慕容皝)이 환도성을 습격하여, 왕이 피신하는 상황에까지 이르렀다. 북방과 빚어진 심각한 긴장 관계는 전연이 전진(前秦)의 부견(符堅)에게 망함(390)으로써 일시적으로 해소되었다.[9] 그러나 후연(後燕)이 성립(384)하면서 고구려는 다시 북방 전선에서 위기를 맞게 되었다. 특히 요동·현도 2성을 쟁탈하는 문제로 후연과 여러 차례에 걸쳐 전쟁을 벌였다.

고국양왕(故國壤王)이 즉위 2년에 요동을 습격하자,[10] 다시 후연이 반격을 가해 왔다.[11] 남쪽에 있었던 한군현의 잔재 세력들을 완전히 구축한 고구려는 연 등 중국 북방 세력들에 대한 대응 체제를 갖추어야만 했다. 따라서 중국의 북부 지방과 요동 지방, 한반도 북부 지방은 육상전을 위주로 하는 군사 작전권이 설정되었고, 고구려는 주전선을 북방에 둔 채 주로 육상전으로 대응했다. 고구려는 '원거리 기동 습격 전술'을 눈부시게 활용했

---

7) 宮崎市定은「中國經濟開發史の槪要」,『アジア史 硏究』, 東洋史 硏究叢刊 4, 東朋舍 刊, 1975에 서 4기의 시기 구분을 하면서 3의 運河經濟時代, 4의 海岸經濟時代를 설정하고 있다.
8) 『삼국사기』 권18 고구려본기 故國原王條.
9) 前秦과 前燕의 싸움에서 고구려로 망명해 온 太傅 慕容評을 잡아 전진에 압송함으로써 전진과 의 관계가 우호적으로 되었다.
10) 『삼국사기』 권18 고구려본기 故國壤王條 2년, "夏 六月 王出兵四萬襲遼東……遂陷遼東 玄兎. 虜男女一萬而環."
11) 『삼국사기』 권18 고구려본기 故國壤王條 2년, "冬 十一月 燕慕容農將兵來侵. 復遼東玄兎二 郡."

으므로 말을 사용하는 일이 필수적이었다. 그때의 정치·군사적인 상황을 나타내는 고분벽화나 고분에서 발견되는 다양하고 효율적인 무기들은 고구려가 주로 육상전에 의존했음을 보여주고 있다.

그렇다면 이 시대에 동아시아와 고구려의 해양 활동은 위축되었거나 발달하지 못했을까?

5호16국 시대라는 국제 환경 속에서도 해양 활동은 지속적으로 있었고, 역학 관계의 중요한 변수로 작용했던 사례도 여러 차례 보인다. 남북이 분단되고 대치 상태에 들어갔을 때 해로는 오히려 외교 교섭에서 중요한 비중을 차지했다. 화북에 위치한 서진은 위를 이어 나라를 세우자마자 왕준(王浚)에게 명을 내려 272년에 거함(巨艦)을 만들게 했다.[12] 이 사실은 화북의 국가들에게도 해양 활동이 매우 중요했음을 시사한다.

이 시기 동아지중해에서 해양을 매개로 복잡한 역학 관계를 연출한 사례들이 있다.

317년 동진(東晋)의 원제(元帝)가 건강(建康 : 현재의 南京)에서 즉위하자, 요동반도의 남부에 있었던 연의 모용외(慕容廆)는 319년(원제 태흥 2년)에 사자들을 파견했다. 이들은 당연히 해상을 통하여 건강에 도착했다. 그 다음해에 원제는 사신을 파견하여 모용외를 안북장군 평주자사로 임명했는데,[13] 이때 역시 해로를 이용했다. 이 관계는 모용외가 죽고 모용황이 들어서도 계속되었다. 이는 양국의 중간에 있었던 후조를 견제하고, 연으로서는 국제적인 지위를 상승시키려는 고도의 외교적 행위였다.

동진은 334년(成帝 咸和 9년)에 모용황을 요동공(遼東公)으로 봉할 목적으로 연에 사신을 파견했다. 이때 배는 건강을 출발하여 양자강 하구에서 황해를 종단하여 북상한 다음 마석진(馬石津), 즉 현재의 여순구(旅順口)

---

12) 『資治通鑑』 卷80 晋紀 2 世祖 上之下 晋 泰始 8年.
　　이 배는 길이가 각 120척이며 2천여 명을 태울 수 있었다(李永采 編, 앞의 책, p.56).
13) 『晋書』 卷108 載記 第8 및 『資治通鑑』 卷90 晋紀 13.

부근에 머물렀다.[14] 중간에 후조가 있었으므로 양국의 교섭은 최소한 산동 반도를 우회하여 해로를 통해서만이 가능했다.

한편 고구려와 후조 또한 이에 대응하는 외교·군사 관계를 맺고 있었다. 즉 고구려는 330년 연에 대한 견제책으로 후조에 사신을 보내고[15] 다시 같은 해에 사신과 함께 호시(楛矢)를 보내어 양국이 군수물자를 교환했다.[16] 이때 중간의 연을 피해 해로를 이용해 신속하고 안전하게 산동 지방으로 잠입했다.[17] 336년 3월에는 고구려가 해로를 이용하여 동진에 사신과 공물을 보냈다.[18] 위에서 열거한 몇 가지 상황은 당시 해양을 이용하여 각 국들이 사신 왕래를 빈번하게 했음을 알려 준다. 해양은 적대 국가의 국경을 통과하지 않고도 교섭할 수 있는 장점이 있기 때문이다.

338년 후조의 석호(石虎)는 고구려에 선박 300척을 동원해서 30만 곡의 곡식을 보급하는 한편, 중랑장(中郞將) 왕전(王典)으로 하여금 1만여 명을 거느리게 하여 청주(靑州)에서 선박 1000소(艘)를 만들어 연을 공격하자고 모의했다.[19] 이것은 해양 포위 공격의 의도로 판단된다. 하지만 이때 후조가 보낸 군수물자와 병력들이 고구려에 도달했는지 여부는 확인할 수 없다. 그런데 바로 그 해에 모용황은 동진으로부터 요동공을 제수받는다. 물

---

14) 『資治通鑑』 卷95 晋紀 17 顯宗 中의 다음 기록은 당시 이루어진 항로에 대해서 명확하게 밝히고 있다.
    "……自建康出大江 至于海轉料角 至登州大洋 東北海行過大謝島龜歆島末島烏胡島三百里 北度烏胡海 至馬石山東之都里鎭 馬石津卽此地也."
15) 『晋書』 卷105 載記 5 石勒 下 建平 元年條.
16) 『삼국사기』 권17 고구려본기 미천왕 31년.
17) 李龍範은 「大陸關係史」 고대편 상, 『白山學報』 18, 1975, p.21에서 遼東과 遼西를 연결하는 길 가운데서 산해관으로 나와 해안선을 따라 가는 길이 개척된 것은 遼代 이후부터라고 하는데, 『魏志』 卷1 武帝紀에는 조조가 오환을 정벌하기에 앞서 無終(현 薊縣)에서 바다로 나와 해로를 통하여 대릉하 유역의 오환을 정벌하려는 계획을 세운 기사가 나와 있다. 따라서 이미 당시에 해로를 통하여 요동에 이를 수 있는 교통로가 이미 발달되어 있음을 추측할 수 있다. 孔錫龜, 「高句麗의 遼東進出史硏究」, 충남대 석사학위 논문, 1983, pp.5~6.
18) 『삼국사기』 권18 고구려본기 고국원왕 6년 및 『晋書』 卷7 帝紀 第7 成帝 咸康 2年條.
19) 『晋書』 卷106 載記 第6 石季龍 上 ; 『資治通鑑』 卷96 晋紀 18 顯宗 中之下.

론 이때 연이 고구려와 후조에 대한 공격을 위해 외교적인 조처를 취했을 가능성이 높다. 연은 다음해인 339년에 고구려의 신성(新城)을 공격하고, 이에 고구려는 화의를 청한다.[20] 그 후 연은 다시 342년(고국원왕 12년)에 고구려를 침입하여 환도산성을 점령하는 등 치명적인 타격을 입혔다.[21] 계속되는 연의 군사적인 행동은 후조와 고구려의 연합에 대한 보복으로서 후조의 군수물자가 해상을 통해서 도착했을 가능성을 시사한다.[22]

위에서 살펴본 바와 같이 4세기 전반 각국 간의 역학 관계는 매우 복잡했다. 즉 동진과 연은 중간의 후조를 피하여 바다를 통해 우호 관계를 맺고, 중간의 후조는 그 가운데에 있는 연을 피해 바다로 고구려와 군사동맹 관계를 맺었다. 반면에 고구려는 연을 적대시하는 후조와 긴밀한 관계를 맺는 한편 바다를 통하여 동진과도 교섭을 가졌다. 더구나 후조와 연, 연과 고구려는 각각 군사적인 충돌을 벌이고 군사적 지원을 하는 등 삼각 관계는 더욱 복잡하게 진전되었다. 이러한 사실들은 동아시아 각국이 해양을 매개로 역학 관계를 조정했고, 고구려 역시 충분히 활용하고 있었다는 훌륭한 증거다.[23]

이 시기에 고구려가 연과 대결하면서 패한 주요한 외교적 원인 중 하나는 후조·동진 등 연의 배후 세력과 원활한 동맹 관계를 맺는 데 실패했기 때문으로 판단된다. 고구려는 해양을 적극적으로 활용하지 못했다. 물론 전쟁의 직접적인 패인은 전략에 있었던 것으로 보인다. 양국이 치밀한 작전 계획을 세우고 시작한 전투였으나 고구려의 작전 오판으로 패한 것이다.[24] 고구려는 나름대로 방어책을 마련했다.

---

20) 『삼국사기』 권18 고구려본기 고국원왕 9년, "……燕王皝來侵 兵及新城 王乞盟 乃還."
21) 『삼국사기』 권18 고구려본기 고국원왕 12년.
22) 內藤雋輔, 『朝鮮史研究』, 東洋史研究會, 1961, p.388.
23) 盧泰敦은 「三國의 成立과 發展」, 『한국사』 2, 국사편찬위원회, 1978에서 고구려가 후조와 연합한 것은 모용씨를 상대로 한 宇文氏·段氏 및 晉의 평주자사 최비와의 연합전선이 여의치 못했기 때문이라고 해석을 하고 있다. 이러한 견해는 타당성이 있다고 여겨진다. 그러나 앞에서 살펴본 바와 같이 고구려는 해양을 매개로 해서 효과적인 외교·군사 관계를 맺을 수 있었다.

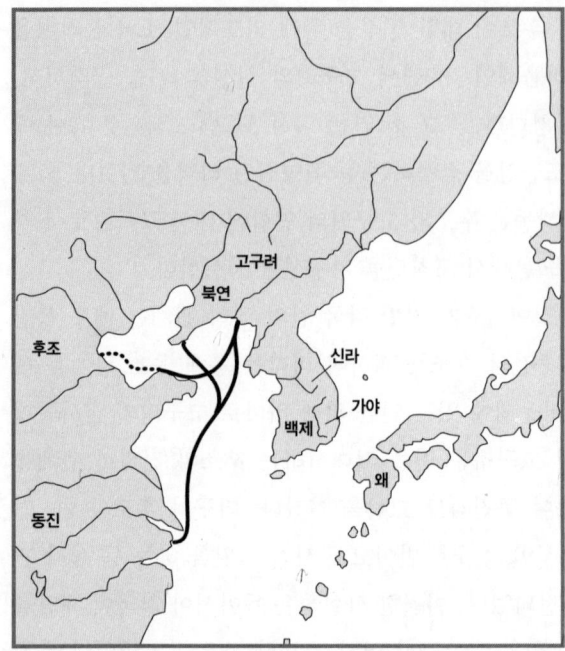

지도 3-2 | 4세기 전반 고구려·연·후조·동진을 둘러싼 해양 외교

압록강 하구에서 국내성으로 가는 도중에는 성곽 시설이 여러 개 있었다. 특히 압록강을 거슬러 올라오는 적을 막기 위해서 집안 서남쪽의 해관(海關), 외차구 차단성(遮斷城), 청수·고제령·유곡령 계선의 토성 등과 함께 옥강(玉江, 朔州郡)이나 가원령(의주군) 산줄기의 성 유적들과 대안(對岸)의 대포석하 동쪽의 성 유적 등 압록강 방어 시설을 구축했다. 대체로 4세기 후반으로 추정된다.[25] 그 밖에도 축조한 시대를 알 수는 없으나 압록강 하구 유역에는 치밀한 방어 체제가 있었다. 서안평성은 초기 연간부터

24) 孔錫龜, 「高句麗의 領域擴張에 대한 硏究」, 『한국상고사학보』 6, 1991, pp.139~140 ; 『삼국사기』 권18 고구려본기 고국원왕 12년 참조.
25) 손영종, 『고구려사』, 과학백과사전 종합출판사, 1990, pp.192~193.

보이고, 후기 사료에 등장하는 대행성(大行城)·박작성(泊灼城) 등이 현재 단동 외곽의 압록강과 애하(靉河)가 만나는 지역을 중심으로 방어 체제를 이루고 있다.

압록강에 구축한 방어 시설은 당시 해양적인 군사 외교의 예로 보아 해상 침투를 통해서 강으로 거슬러 오는 적을 방비하려는 목적으로 구축한 것이다. 고구려는 대연(對燕) 전쟁의 실패로 인하여 해양 활동의 중요성을 실감했을 것이다. 이후에 연·동진과 동시에 교섭한 사실은[26] 해양 외교에 대한 인식의 변화를 보여준다. 이밖에도 각국 간에는 해양 활동을 통한 외교와 군사전이 있었던 사례가 나타나고 있다.

한편 해양을 매개로 동진과 관계를 맺음으로써 고구려는 동진과 문화적인 교류를 하게 되었다. 안악(安岳) 3호분은 비록 묘실이 복잡하나, 방제(榜題)에 먹으로 영화(永和) 13년이라고 씌어 있다. 영화는 동진 목제(穆帝)의 연호로서 345년부터 361년까지이며, 13년은 357년에 해당한다.[27] 고분군에서 보여지는 묘장 구조, 벽화 내용, 회화 기법을 보면 당시 대외 상업 교통의 빈번함과 그로 인한 외부의 선진적인 생산 기술을 수입하는 상황 등을 반영한다.[28] 집안의 우산묘(禹山墓) 3319호분에서 발견된 반구청자호(盤口青磁壺)와 흑회색(黑灰色) 권운문(卷雲紋) 명문와당(銘文瓦當)은 동진의 것이다.

이보다는 약간 후대의 것이지만 고구려가 남조와 문화적으로 교섭한 사실을 보여주는 흔적이 있다. 오회분(五盔墳) 4호묘와 5호묘의 벽화에는 모두 연화를 머리에 쓴 기악선인이 있는데, 이러한 연화관식은 진에서 시작된 것으로, 진 이전에는 볼 수 없다. 5호묘 들보 바닥의 인동문 도안은 장

---

26) 『삼국사기』 권18 고구려본기 故國原王 13년.
　　徐榮洙, 「三國時代 韓中外交의 展開와 性格」, 『古代韓中關係史의 硏究』, 韓國史硏究會, 三知院, 1987, p.122.
27) 그런데 영화 연간은 12년까지이며, 영화 13년은 升平 1년이다.
28) 李殿福·孫玉良 著, 앞의 책, p.243.

사(長沙) 난니(爛泥) 중의 제(齊) 영원(永元) 원년의 명문전 위에 조각된 인동문과 같다.[29]

한편 법천리 등 한강 유역과 수계에서 발견된 동진계의 도자기로 보아, 백제 또한 동진과 교섭 및 교역을 했음을 알 수 있다.[30] 이처럼 4세기 전반에 북방에서 전개된 역학 관계는 각국이 해양을 매개로 복잡하게 전개되었다. 이밖에도 각국 간에 해양 활동을 통한 교역이 있었으리라는 것은 필지의 사실이다. 이처럼 동아지중해에서는 5호16국 시대에도 중국 북부의 각국들과 남조의 동진, 그리고 고구려와 백제가 육로는 물론 해양 활동을 통해서 외교·군사 및 문화적인 교섭을 가졌다.

2. 고구려의 해양 활동과 평양성 공방전

고구려의 해양 활동은 한반도 내부에서 생겨난 요인, 즉 대백제 관계에 의해서도 촉진되었다. 313년 낙랑군이 멸망한 이후에 잔존한 토착 세력들은 동진 등 남조 세력들과 교섭하면서 세력을 유지하고 있었다.[31] 또한 대방군 고지인 황해도 지역에서도 왕(王)씨가 여전히 낙랑·대방군 당시의 묘제였던 전축분(塼築墳)을 축조하면서 동진의 연호인 원흥(元興, 402~404)을 사용하고 있었다. 당연히 해양 능력을 가지고 있었던 이들은 대외 교역과[32] 정치적 활동에 어느 정도의 독자성을 가지고 있었다.[33]

---

29) 李殿福·孫玉良, 앞의 책, p.245.

30) 崔夢龍, 「上古史의 西海交涉史 研究」, 『國史館論叢』 3집, 1989, pp.23~25 도표.
    權五榮, 「고고학적 자료를 통해서 본 백제와 중국의 문물교류」, 『제1회 環黃海韓中交涉史研究 심포지움』, 震檀學會, 1988.

31) 金元龍, 「高句麗 壁畵古墳의 起源에 관한 연구」, 『진단학보』 21, 1960, p.100.

32) 孔錫龜, 앞 논문, p.181에서 이른바 대방태수 張撫夷의 무덤 출토품을 근거로 하여 중국인 장씨가 양군 고지에 들어와 독자 세력을 형성했으며 동진과 교섭했을 가능성이 있었을 것이라는 견해를 표방하고 있다.

33) 金元龍은 「三國初期의 考古學的 研究」, 『논문집』 19, 서울대학교, 1974, p.28에서 "낙랑 멸망

고구려는 이 지역의 정치적 공백을 메우고, 대외 교섭에서 발생하는 정치·외교·경제적 이점을 확보하기 위하여 진출을 시도했다. 한편 백제는 마한을 병합한 이후 서남부 해안에 영향력을 행사하면서 일본열도로 진출, 근초고왕 20년(366)에는 왜와 처음으로 교섭하기에 이르렀다.[34] 이 또한 해양 능력과 수군 활동이 뒷받침되지 않으면 불가능한 일이다.

동진과 교류하는 데는 백제의 국제적인 지위를 향상시키는 등 외교 관계와 정치적인 욕구도 있었지만 교역망의 확충과 독점을 목적으로 하는 경제적인 욕구가 강했다. 그러기 위해서는 황해 중부의 해상권을 확보하고, 북방 진출을 꾀해야 했다. 즉 낙랑·대방이 멸망함으로써 진공 상태가 된 중서부 해안 지대를 장악하기 위해서는 한수 북방으로 진출해야 했다. 대방 지역을 확보할 경우에는 위가 대방을 중간 거점으로 화북 지방에서 일본열도까지 구축해 놓은 황해 연안 교역권을 차지할 수 있기 때문이었다. 이렇게 해서 고구려의 남방 진출 의도와 북방 진출을 통해서 고대 국가로 팽창하려는 백제 근초고왕의 의도는 정면으로 충돌했다.

고구려는 한강 북부의 치양(雉壤) 지방(배천 雉岳山城)을 선제 공격했으나 패하고, 오히려 평양성 전투에서 고국원왕의 전사라는 참패를 당했다. 이후에도 양국의 공방전은 계속되었다.

그런데 평양성은 왜 그토록 중요했으며, 어디에 있었던 것일까? 이 문제는 해양과 깊은 관련이 있다.

371년 전투와 377년 전투가 벌어진 평양성이 동일한 성임은 사료의 문맥이나 당시의 전황으로 보아 틀림없다. 그런데 고구려의 역사에는 평양이라는 지명이 여러 번 나올 뿐 아니라, 그 위치도 분명히 다른 경우가 있다.

후 고구려의 평양 남하까지 일종의 자치령을 이룬 것 같다"고 하여 이 지역에 낙랑과 관련 있는 세력이 잔존하고 있음을 시사하고 있다.
34) 『日本書紀』 卷9 神功紀 攝政 46年, "春 三月……遣于百濟國 慰勞其王. 時百濟肖古王 深之歡喜 而厚遇焉……."

특히 고구려가 현 평양 지역으로 남천하기 이전에 나타나는 평양은 그 위치를 두고 논란이 많았다.[35] 그런데 장수대왕 때 남천한 현재의 평양성과 이 시기에 고구려와 백제가 공방전을 벌였던 평양성을 동일한 지점으로 보기에는 몇 가지 무리가 따른다.

먼저 당시의 국내 정세와 전투 상황 등에서 납득하기 어려운 점들이 발견된다. 이 싸움은 369년 고국원왕의 치양 공격으로 시작된 것이다. 고국원왕은 다시 371년에 패하(浿河) 이남을 공격했지만 복병에 걸려 실패하고 만다. 그리하여 전선은 현재의 예성강인 패하선(線)에 교착된다. 그런데 바로 371년에 근초고왕의 친정군이 후방 깊숙이 있는 평양성을 공격했다는 것은 설득력이 약하다. 예성강을 넘고 해서(海西) 정맥을 넘어 중간 지대에 있는 성들을 공파하거나[36] 통과하면서 평양성까지 진격하는 것은 불가능에 가깝다. 만약 중간 지대를 통과했다면 대단한 전과로서 기록되어야 하는데도 그러한 흔적이 없다. 이 전투를 승리로 끝내고 나서 근초고왕은 수도를 한산(漢山)으로 옮기는 한편, 373년에 청목령에 성을 쌓아 방어 체제를 재정비했다. 즉 백제의 국경은 북상하여 동쪽은 수곡성(水谷城, 新溪), 중간은 청목령(青木嶺, 開城) 위쪽인 예성강, 그리고 서쪽은 경기만에 접해 있는 황해도 남부 지역으로 이어졌다.

이어 고구려가 375년에 수곡성을 점령했다. 백제는 곧바로 반격을 가했지만 탈환하지 못했다. 그런데 371년 전투에서 고국원왕이 방어전을 펴다가 유시(流矢)에 맞았음을 유의할 필요가 있다. 고구려는 다시 376년에 백제의 북변을 침공했는데, 아마도 수곡성 아래이면서 청목령 위쪽 지역으로 판단된다. 전략적으로 열세에 놓여 있고, 국경선이 다시 남으로 후퇴한

---

35) 徐永大의 앞 논문 pp.86~87 참조. 이때의 평양 東皇城에 대해서 李丙燾는 『韓國古代史硏究』, 박영사, 1976, p.373에서 동천왕 때의 평양성과 고국원왕 때의 천도지인 평양 동황성은 같은 곳으로서 압록강 동안인 江界라고 비정하고 있다.
36) 손영종은 앞의 책, p.298에서 이 시기 황해도 일대에 있었던 성, 즉 장수산성·대현산성·휴류산성·태백산성 등은 그 이전에 축조된 것으로 보고 있다.

377년의 상황에서 백제가 고구려의 후방 깊숙이 있는 평양성을 공격할 수는 없다. 또한 이 전투 이후에 양국이 전투를 벌인 기록은 10년간 나와 있지 않다. 그러다가 386년 광개토대왕이 공격한 8월 이전인 봄에 백제의 진사왕(辰斯王)이 청목령에서 팔곤성(八坤城),[37] 그리고 서쪽으로는 바다에 이르는 곳에 장성을 축조한다. 이러한 사실들은 이미 376년경에 예성강을 중심으로 국경이 설정되었으며, 386년의 축성 사업은 그것을 보다 확고히 하려는 시도였음을 입증한다.

만약 현재의 평양성이 당시 양국의 공방전이 벌어졌던 지역이라면, 고구려는 그 전투에 패배한 이후에 상당한 전력의 손실을 입었어야 한다. 그럼에도 불구하고 막바로 반격을 개시하고, 오히려 전력적 우위를 보여주고 있는 사실은 설명하기가 힘이 든다. 따라서 371년, 377년 전투가 벌어지던 평양성은 현재의 평양 지역과는 관계가 없으며 더 남쪽, 즉 고구려의 대백제 전진기지 역할을 하면서 백제군의 공격이 가능한 위치에 있어야 합리적이라 할 수 있다.

평양성의 위치를 찾는 데 손영종이 내세운 '남평양설'은 사실 여부를 떠나 당시의 상황을 이해하는 데 중요한 시사점을 제공하고 있다. 『삼국사기』 지리지 백제조에는 『고전기(古典記)』를 인용하여 백제가 당시 공파한 성은 남평양임을 밝히고 있다.[38] 또한 『삼국유사』 권2 남부여 전(前)백제 북부여전에서도 『고전기』를 인용하여 당시에 빼앗은 성이 남평양임을 말하고 있다.[39] 손영종은 이 기록을 근거로 남평양의 존재를 설정하고 4세기 중반의 산성 분포도 작성과 각 지역에서 발견된 유물 등을 토대로 신원군 장수산성(長壽山城)을 당시의 평양성으로 추정하고 있다.[40]

---

37) 李丙燾는 『國譯 삼국사기』에서 위치 미상으로 파악하고 있는데, 손영종은 앞의 책, p.294에서 백계현 고성으로 추정하고 있다.
38) 『삼국사기』 권37 地理志 百濟條, "按古典記—歷三百八十九年 至十三世近肖古王 取高句麗南平壤 都漢城."
39) "按古典記—至十三世近肖古王, 咸安元年 取高句麗南平壤 移都北漢城〈今楊州〉."

그림 3-1 | 장수산성 전경(왼쪽)과 남문지(오른쪽)[41]

　장수산성이 평양성 혹은 남평양이라는 사료는 없고, 또 지표 유물이 발견된 것도 아니다. 그런데 장수산성이 있는 신원군은 재령평야 등이 주위에 있어서 생산력을 확대하고 상승시키는 데 유리한 경제적 전략 지구다. 또한 황해도 한가운데 있어 주변의 어떤 지역과도 편리하게 연결되는 교통의 중심지다. 따라서 낙랑·대방의 잔재 세력을 제압하여 집권 체제 속에 편입시키고, 백제전을 수행하기 위한 남진 거점으로는 알맞은 지역이다.

　이러한 이점말고도 이 지역은 고구려나 백제 등 한반도 중부 세력의 해양 활동과 밀접한 관련이 있다. 먼저 지리적 조건을 보면, 장수산성에서 나와 남쪽으로 내려오면 해주만과 연결된다. 해주만은 경기만의 일부로서

---

40) 손영종, 앞의 책, pp.175~179 ; 손영종, 『역사과학 논문집』 14, 과학백과사전 종합출판사, 1969, p.270.
41) 사진은 연변대 역사계 서일범 교수의 도판을 인용했음.

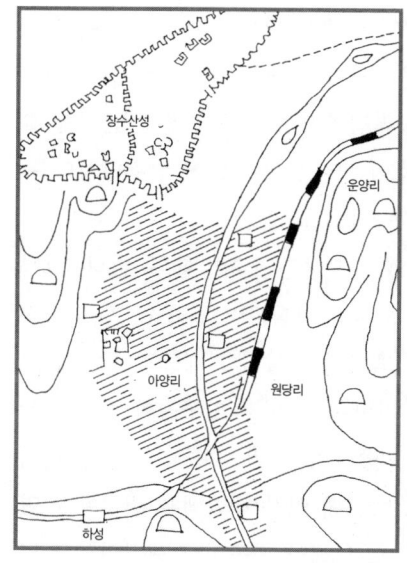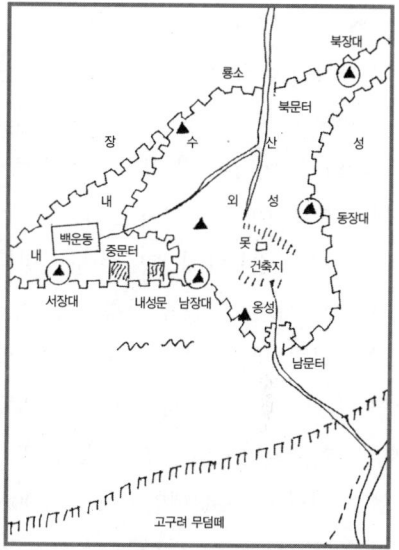

지도 3-3 | 장수산 일대의 유적 분포도 · 평면도[42]

한강·임진강·예성강 등 황해 중부의 큰 강이 모여드는 곳으로서, 어떤 지역으로도 접근과 상륙이 가능하다. 뿐만 아니라 강령만, 옹진반도의 옹진만, 장연군과 옹진군 사이의 대동만과도 아주 가까운 거리로 연결된다. 더욱이 재령천을 거쳐서는 남포만으로 연결되어 대동강과 만나고, 그 수로를 이용할 경우에는 평양까지도 쉽게 물길로 연결된다. 또한 이 지역들의 만(灣)은 모두가 해양 교통의 요지임은 물론, 깊숙한 만과 만을 감추어 주는 섬들이 앞을 막아 주고 있어 해양 군사 활동에 적합한 조건을 갖추고 있다.[43]

결국 장수산성은 황해도 중부의 한복판에 있으면서 경기만과 황해도 연

---

42) 『조선유적유물도감』 3, 고구려편 1 ; 채희국·전제헌, 「신원 장수산성을 찾아서」, 『고고민속』, 1966-1.

43) 이 지역들이 가진 해양적 특성들은 『增補文獻備考』 34卷 輿地考 22 황해도, 경기편 참조.

안의 모든 만들을 연결시키면서 이 지역의 해상 활동권을 하나로 이어 주고 동시에 장악할 수 있는 전략적 요충지인 셈이다. 더구나 장수산은 해발 747m로서 주변은 물론 해안 지대의 움직임까지 포착할 수 있는 군사상 요충지이다. 이러한 몇 가지 조건으로 보아 장수산성이 일단 남평양성의 유력한 후보지일 가능성이 높다.

371년의 전투에서 평양성이 점령되었는지 여부는 확인할 수 없다. 그러나 『삼국사기』의 양측 기록에는 점령 사실이 기록되어 있지 않고, 고구려의 반격이 계속될 뿐 아니라 377년에 백제가 평양성을 재공격한 것을 보면, 371년에 점령당하지 않은 것으로 판단된다. 이후 고구려와 백제의 충돌은 계속되면서 공방전이 벌어졌다.[44] 당시 두 나라는 수곡 등 일부 지역을 제외하고 주로 해안선에서 100km 이내에 있는 내륙에서 전투를 벌였다. 이로 볼 때 두 나라는 군사 전략상으로 해안 활동이나 해상권의 장악에 힘을 기울인 것 같다.

한편 백제는 평양성 전투에 승리함으로써 옛 대방군 지역의 일부를 탈취했다. 이때 그들의 사회·경제적인 능력과 함께 해양 활동 능력을 상당 부분 흡수했을 가능성이 크다.[45] 특히 경기만은 중부의 모든 강이 몰려드는 곳으로서 하계망과 내륙 수로를 통해서 중부 지방을 통합하는 계기를 마련할 수 있다. 이곳을 장악하면 중부 해상권의 제어력은 물론 그 주변, 즉 옹진반도 장연군의 장산곶 등 이북 지역에도 영향을 끼칠 수 있다. 백제는 이후 비약적인 발전을 하여 해양 활동권 역시 황해 중부 이북으로 확대되었을 것이다.

따라서 백제와 고구려는 경기만 유역 북부를 놓고 당연히 싸웠을 것이

---

44) 『삼국사기』 권18 고구려본기 小獸林王 6년, 7년.
45) 李明揆는 「百濟 對外關係에 關한 一試論」, 『史學研究』 37, p.82에서 이 지역의 점령은 대방의 유민들과 함께 그들의 해상 무역 활동에 관한 시설이나 기술 등도 획득하게 되었음을 의미한다고 했다.

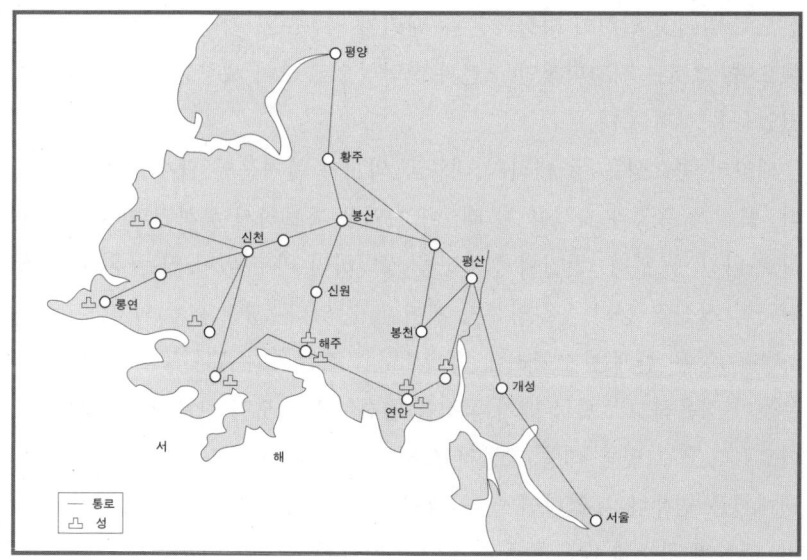

지도 3-4 | 황해도의 해안 방어성[46]

다. 백제는 386년에 대대적인 관방 시설을 설치하여 청목령에서 북으로는
팔곤성, 서로는 바다에 이르렀다. 그 후 고구려가 394년(광개토대왕 3년)에
국남(國南) 7성을 축성[47]한 것은 황해도 남부 해안 지대를 강화할 목적인
것으로 추측된다. 이 지방에는 배천 치악산성, 연안 봉세산성, 해주 수양
산성, 옹진 고성 등 고구려 산성들을 비롯해 그 밖에 시대를 알 수 없는 산
성들이 많이 있다.[48] 최창빈은 이 성들을 당시에 쌓은 것으로 보고 있다.[49]
그런데 그가 비정한 국남 7성의 위치를 보면 모두 해양 방어 시설의 성격
을 겸하고 있다. 평양성 공방전과 두 나라의 격돌이 중부 해안 지대를 중

---

46) 김경찬, 「황해남도 해안 방어성에 대하여」, 『조선고고연구』 85호, 사회과학원 고고학연구소,
   1992. 4, p.30.
47) 『삼국사기』 권18 고구려본기 廣開土王 3년.
48) 손영종, 앞의 책, pp.282~289.
49) 최창빈, 「4세기 말~5세기 초 고구려 국남 7성과 국동 6성에 대하여」, pp.52~53.

심으로 벌어진 일련의 사실들은 두 나라가 남북으로 각각 진출하면서 격돌했으며, 그것은 지정학적인 조건과 전략상으로 보아 해상권 쟁탈의 성격도 있었음을 알려 준다.

해양의 중요성은 두 나라의 대중국 외교와 불가분의 관계를 맺고 있었다. 백제가 중국과 교섭을 할 때, 이 지역을 확보하지 못하면 자유롭게 바다로 나갈 수 없다. 반면에 경기만을 장악하면 바로 위에 있는 옹진군, 장연군의 장산곶 등의 움직임까지 제어할 수 있다. 장연(長淵)의 혹도(鵠島, 白翎鎭) 등은 한때는 고구려에 속했으나[50] 조선 시대에는 등주(登州)의 어부들이 경유하고[51] 중국 배가 국경을 범하여 들어오면 반드시 먼저 이곳에 이르렀다.[52] 그만큼 대중 교통의 요지였다는 것이다. 따라서 고구려가 대백제전을 염두에 두었다면 이 지역의 해안 방위에 무관심할 이유가 없으며, 해상권 확보에 많은 힘을 기울이지 않을 수 없었을 것이다.

평양성 전투가 가진 국제 관계와 해양적인 의미는 371년 전투 이후부터 백제가 동진 등 중국과 외교 관계를 맺으면서 국제 무대에 등장하는 데서 확실하게 나타난다. 즉 평양성을 공격한 다음해인 372년 정월에 진으로 사신을 파견했고, 같은 해 6월에 동진이 사신을 보내 근초고왕을 진동장군령(鎭東將軍領) 낙랑태수로 책봉한 것이다.[53] 백제는 이때에 비로소 중국과 통교를 하고, 그 질서 속으로의 진입을 시도했다.[54]

이후에도 두 나라의 관계는 지속되었다. 420년에 동진이 멸망할 때까지 백제는 동진에 사신을 다섯 번 파견하고, 동진은 백제에 사신을 두 번 파견하는 등 비교적 빈번한 관계를 유지했던 것이다. 이러한 관계를 "고구려

---

50) 『增補文獻備考』 18卷 郡縣沿革 4.
51) 『增補文獻備考』 35卷 關防 11.
52) 『增補文獻備考』 34卷 關防 10.
53) 『삼국사기』 권24 백제본기 근초고왕 27년.
54) 『晉書』 卷97 東夷列傳 馬韓傳 기사를 토대로 하여 이전에 이미 晉과 통교했다고 주장하는 견해도 있다(徐榮洙, 앞 논문, pp.117~118).

는 전진과, 동남으로 신라와 연맹하고, 이에 대응하여 백제는 전진과 대립한 동진과, 그리고 동으로는 일본과 연결했다"고 표현했다.[55] 이러한 연결의 실효성 여부는 해양을 전제로 해야 가능하다. 고구려는 동진과 해로로 연결되었으며, 백제 등의 남부 지역 또한 해양을 매개로 연결되는 관계였기 때문이다. 이처럼 백제는 고대 국가로 성장하면서 고구려를 군사적으로 압박하는 한편 외교적으로 중국과 교섭을 하기 위해 해양 활동을 확대하고 있었다. 이렇게 한반도 내부에서 변화된 상황은 고구려로 하여금 백제, 특히 그의 해양 활동 능력을 제압할 필요성을 강하게 인식시켰다.

살펴본 바와 같이 4세기 후반의 동아시아 국제질서는 5호16국 등 북방 유목 문화가 영향을 많이 끼쳤음에도 불구하고, 해양 질서적인 성격을 가지고 있었다. 특히 고구려 등 한반도 국가들은 해양 질서의 영향을 적지 않게 받았다. 5세기 이전까지 각국 사이에 전개된 정치적 교섭과 군사적인 충돌은 개별적으로 단기적인 이해 관계에 의해 주위의 국가들과 점에서 점으로 이어지는 관계였다. 즉 한두 개의 중심부가 확고하게 자리를 잡고, 그곳을 반경으로 정치 · 군사 · 경제적 능력에 따라 반주변부, 주변부, 그리고 변방으로 편성이 되었다. 동아의 질서와 역학 관계는 중국을 핵(core)으로 국가적인 능력 외에도 거리나 자연조건 등 교섭의 교통조건에 따라 영향을 받는 형태였다. 그런데 일부 북방 국가들 간의 교섭을 제외하고, 동아시아 각국 사이의 외교는 대체로 해양을 전제로 해야 가능하다. 이러한 시대적 특성과 배경을 바탕으로 형성된 새로운 동아시아의 질서는 4세기 말에 들어서면서 좀더 복잡하고 성숙한 시대로 넘어간다.

---

55) 李丙燾, 『韓國史』 古代編, 震檀學會, 乙酉文化社, 1981, p.407.

광개토대왕의 정책 배경과 해양 활동

광개토대왕은 19대 왕으로 즉위하여 22년이라는 재위 기간에 정치·군사·
외교를 중심으로 비약적인 발전을 했다. 그는 남과 북으로 군사적인 진출
을 하여 일시적으로 위축되었던 고구려의 국력과 영토를 확대시켰으며, 동
아시아의 질서 재편 과정에 능동적으로 대처하면서 고구려의 국제적 위치
를 크게 향상시켰다. 이 글에서는 광개토대왕의 정책들을 동아시아의 질서
재편에 대한 새로운 해석 속에서 살펴보고, 특히 남진 정책이 가지는 의미
를 해양 활동과 관련시켜 해석하고자 한다.

1. 정책 수립과 집행의 배경

고구려의 해양 활동과 광개토대왕의 정책을 구체적으로 이해하려면 우선
당시의 변화된 국제 환경과 해양 질서의 측면을 살펴보아야 하고, 다음에
는 한반도 내부의 질서 변화를 살펴보는 단계를 밟는 것이 필요하다.

앞에서 언급한 것처럼 당시의 동아시아는 각 지역이 분열하고 여러 종족
이 부침하면서 국가적 성장을 했다. 이들은 각각 자국의 이해에 따라서 외
교·군사 전략을 수립했다. 4세기 초 동아시아 국가 간에 형성되었던 역학
관계는 4세기 말에 들어오면서 변동을 일으키고, 그에 따라서 해양 활동의
질에도 변화가 왔다. 5세기는 4세기의 변화를 기조로 하면서도 새로운 상
황과 변화의 실체가 분명히 드러난 시대였다. 고구려는 이러한 시대적 상
황과 지정학적 위치를 최대한 활용하여 동북아의 패자로 등장해야 했다.

이러한 질서 재편의 중심에 있으면서 변화를 주도한 광개토대왕은 구체
적으로 어떠한 정책을 입안하고 집행했을까?

광개토대왕의 정책에 대해서는 남진 정책의 입장과 북진 및 서진의 입장
에서 이해하는 경우가 있다. 특히 고구려가 차지한 한반도와 만주 일대를

포함한 지정학적 특성으로 인하여 한국사에서는 물론 중국사와 일본사에서도 각각 다른 해석을 내리고 있다.[56] 이러한 복합성과 미묘함 때문에 고구려의 대외 정책에 대한 평가는 단기간에 일어난 몇몇 사건이나 선택된 특정 대상을 상대로 펼쳐진 활동을 편향적으로 취해서 해석하는 것은 무리를 범할 수가 있다.

이 글은 국제 질서와 해양 활동을 기본 축으로 하여 해석하고자 한다. 그러나 당시의 전반적인 국제 관계의 상황에 대해서는 앞 글에서 서술한 내용으로 대신하고 주로 한반도 내에서 전개된 상황과 군사 활동 등 구체적인 사건의 전개 속에서 정책의 내용을 살펴보도록 한다.

첫째, 광개토대왕은 군사적 우위를 활용한 강공책을 구사하면서 동서남북의 전방위 정복 활동을 감행했다.

대왕은 재위 기간에 거의 끊임없이 정복 활동을 펼쳤다. 따라서 군사 활동의 사례 분석을 통해서 그의 활동 반경을 설정하고, 공격 목표 및 정책의 기본 방향이 무엇인가를 알 수 있다. 고구려는 소수림왕·고국양왕 등을 거쳐 내치에 주력하는 한편[57] 백제를 계속 공략하고, 백제의 평양성 공격에 맞대응하는 등 영토 팽창을 준비하고 있었다.[58] 그러다가 대왕이 즉위한 첫해에 남쪽으로 백제를 정벌한 데 이어 곧 북으로 거란을 정벌했다.[59] 즉위하자마자 약간의 시차를 두고 거의 동시에 남과 북으로 각기 다

---

56) 朴性鳳,「廣開土好太王期 高句麗 南進의 性格」,『한국사 연구』29, 1979, p.1.
57) 朴性鳳,「廣開土好太王期의 內政整備에 대하여」, pp.194~195 참조. 특히 소수림왕의 정책에 대해서는 pp.194~197 참조.
盧泰敦,「三國의 成立과 發展」,『한국사』2, 1978, p.163에서 "중국과 백제에 대처하여 생존하기 위해 새로운 수취 체계와 지배 질서의 창출이 시급히 요청되었으며 이러한 일련의 정책들이 광개토왕 및 장수대왕대의 웅비를 가져왔다"라고 하여 광개토대왕의 군사적 활동을 정책의 연속선상에서 보고 있다.
58)『삼국사기』권18 고구려본기 小獸林王 5년, 6년, 7년 및 권24 백제본기 近肖古王 近仇首王 원년, 2년, 3년.
59)『삼국사기』권18 고구려본기 廣開土王 元年條, "…… 秋 七月 南伐百濟拔十城 九月 北伐契丹."

른 국가를 상대로 전쟁을 벌였다는 것은 고구려가 전쟁 수행 능력, 혹은 군사 작전 능력을 이미 충분히 갖추고 있었음을 반증하는 것이다. 또한 고구려의 정책 방향 또는 정복 대상이 남·북·서를 동시에 지향하는, 즉 전방위 정복 활동이었을 개연성을 보여준다.

군사전 위주의 이러한 대외 정책은 재위 연간 내내 지속되었다. 먼저 북방을 중심으로 살펴보자.

고구려는 385년에 요동과 현도를 점령하였으나, 곧 후연에게 요동 지역을 침략당한다.[60] 그러나 402년 광개토대왕의 숙군성(宿軍城) 공격을 맞아 후연의 평주자사인 모용귀는 성을 버리고 도망친다. 광개토대왕은 404년에 다시 육로 또는 수군을 동원하여 후연을 공격하여 정벌했다. 그리고 405년 요동성을 공격해 온 모용희를 물리친 데 이어, 406년에 3천여 리를 행군해 와 목저성(木底城)을 침입한 후연을 물리침으로써 요하 이동 지역을 완전히 장악했다. 이것은 고구려가 드디어 요동반도와 서한만, 대동강 하구, 그리고 경기만을 잇는 황해 중부 이북의 연근해 해상로를 확보했다는 또 다른 의미가 있다. 요동만을 장악함으로써 산동 등 아래 지역과 교섭하는 등 해양 활동이 유리해졌을 것이다.

『삼국사기』에는 대왕이 즉위한 초기에 거란을 정벌하여 500여 명을 포로로 잡아왔다고 되어 있다. 반면에 「광개토대왕릉비문(廣開土大王陵碑文)」(이하 「릉비문」)에는 비려(碑麗)를 토벌하고 3부락 6700영을 공파한 후에 수없이 많은 우마군양(牛馬群羊)을 노획했다고 음각되어 있다. 비려와 거란이 동일한 존재인지에 대하여는 문제가 있고, 비려의 위치도 요하 이동

「광개토왕릉비문」에는 두 나라 간의 격전이 396년에 처음 일어난 것으로 기록되어 있는 데 반해 『삼국사기』에는 392~395년 사이에 몇 차례 교전을 벌인 것으로 되어 있다. 『삼국사기』와 「광개토왕비문」 간에 연도의 차이가 있는 것은 잘 알려진 사실이다. 본고에서는 전개하는 내용에 따라서 인용 자료를 선택하는 것을 원칙으로 하되 碑文에 비중을 더 많이 두고자 한다.

60) 『삼국사기』 권18 고구려본기 廣開土王 9년 춘정월, "…… 王遣使入燕朝貢 二月 燕王盛以我王 禮慢 自將兵三萬襲之 以驃騎."

으로 보는 견해가 있다. 그러나 이때 요동과 동몽골 지역을 가로지르는 시라무렌 지역까지 원정했음을 알 수 있다.[61]

장수대왕 때 고구려는 몽골 지방의 유연과 강남의 송을 연결시켜 북위를 압박하는 역할을 했다. 479년에는 유연과 더불어 지두우(地豆于)의 주지(住地)인 동몽골 지방의 과분(瓜分)을 단행했다.[62] 이러한 사실들은 광개토대왕 때 시라무렌 유역에 대한 영향권을 확보했기 때문에 가능했을 것이다. 한편 대왕은 8년(398)에 식신(息愼)을 정벌했는데, 이것이 숙신(肅愼)인지에 대해서는 다른 견해들이 있지만[63] 대체로 한국학계에서는 숙신설을 따르면서 동만주 연해주 방면으로 이해하고 있다.

이러한 북방 진출은 새로운 지배 방식의 차용, 다양한 문화의 수용 등 고구려 사회의 질적 변화를 가져왔다. 그리고 무엇보다도 동아시아의 국제질서가 재편되는 과정에서 고구려의 전략적 위치를 매우 유리하게 했다.

광개토대왕은 410년에 동부여를 친정하여 복속시켰다. 동부여가 초기에 발원한 지역이 동류 송화강인 하얼빈 주변의 현재 아성(阿城) 지역이란 견해[64]도 있으나, 일반적으로는 농안(農安) · 장춘(長春) · 길림(吉林) 등이 있는 송료(松遼) 평원 지역으로 보고 있다. 이 당시의 동부여 위치는 영흥만 또는 두만강 하류라는 설이 있으나,[65] 계루부의 고지(故地)일 경우에는 두만강 유역으로 보는 것이 보다 타당하다.[66] 집안시 외곽에서 발견된 모두

---

61) 徐榮洙, 「廣開土大王碑文의 征服記事 再檢討」上, 역사학회, 『歷史學報』 96, 1982. pp.95~102. 『唐書』 고구려전에는 "西北渡遼水,至于營州一"라 하여 요하 이서까지 진출했음을 알려준다.

62) 이 부분에 대해서는 盧泰敦, 「5~6世紀 東아시아의 國際政勢와 高句麗의 對外關係」, 『東方學志』 44, 1984에서 상세하게 다루고 있다.

63) 千寬宇, 「廣開土王碑再論」, 『全海宗華甲紀念論叢』, 1979, p.537.

64) 池內宏, 「扶餘考」, 『滿鮮史硏究』 上世篇, 吉川弘文館, 1944, pp.446~454.

65) 申采浩는 琿春說, 李丙燾는 文川說. 千寬宇는 농안 방면으로 비정했다가 두만강 하류로 수정했다. 공석구는 함경도 일대설을 주장한다.

66) 손영종, 「광개토왕릉비를 통하여 본 고구려의 영역」, 『력사과학』, 1986-2: p.25.
   오늘날의 牧丹江 유역 일대에서 연해주에 걸쳐 있었다는 견해를 나타내고 있다.

루묘지(牟頭婁墓誌)에는 "염모를 북부여 수사로 명하여 보냈다(……敎遣 令 北夫餘守事)"라는 글자가 보인다. 이로 보아 북부여의 고지인 농안·장춘 일 대는 이미 광개토대왕대에 고구려의 영토가 되었음을 알 수 있다. 따라서 영락(榮樂) 5년에 있었던 대왕의 순수는 고구려의 구토(舊土)로 인식하는 행위였다.[67]

초기 북부여의 위치는 흥안령가에서 발원한 눈강(嫩江) 상류 지역인 치 치하얼[齊齊哈爾], 혹은 눈강 하류와 북류 송화강이 만나는 대안(大安)을 중심으로 한 송눈평원(松嫩平原) 지역으로 추정되고 있다.[68] 대왕 당시의 북부여 위치에 대해서는 개원(開原) 일대 등 여러 설이 있지만, 최소한 장 춘·농안 지역으로 보고 있다. 그러나 필자는 현지를 답사한 결과를 토대 로 새로운 인식을 갖게 되었다. 즉 장춘·농안 이북에서부터 눈강 유역까 지는 드넓은 초원 지대로서 농경민이 갖고 있는 국경 개념을 설정하기가 어렵다. 지금도 '출명마(出名馬)'하여 기동성을 발휘하는 이 지역이 그 시 대에 농안 이남과 국경을 이루면서 별개의 정치권을 이루었을 가능성은 희 박하다. 광개토대왕은 기동성을 바탕으로 한 소수의 정예 부대로 습격하는 전술을 구사했다. 전투에 필요한 말의 수급을 위해서도 광개토대왕은 이 지역을 차지해야 할 현실적인 필요성이 강했을 것이다.

이 시기에 고구려는 요하-개원-영안(추정)-혼춘 이남의 남만주에서 임진강 이북까지 영토화했으며, 군사 행동은 요하를 넘어 시라무렌 강의 거란과 임진강을 넘어 고령·김해의 임나가라(任那伽羅)까지 미쳤다.[69] 고 구려가 영토를 지배하는 방식은 직접 점령하는 것 말고도 간접 지배나 영 향력을 확대하는 방식도 채택한 듯하다. 간접 지배 방식이 가능한 유목 지

---

67) 徐榮洙, 앞 논문, p.124.
68) 池內宏도 유사한 견해를 표명했고, 중국 학자들은 동명이 건넌 엄체수를 눈강 하류로 보는 견 해가 많다. 傅朗云·楊暘, 『東北民族史略』, 吉林人民出版社, 1989, p.37.
69) 千寬宇, 앞 논문, p.566. 그런데 徐榮洙는 앞 논문, p.124에서 광개토왕이 대릉하선까지 영역 을 확장한 것으로 보고 있다.

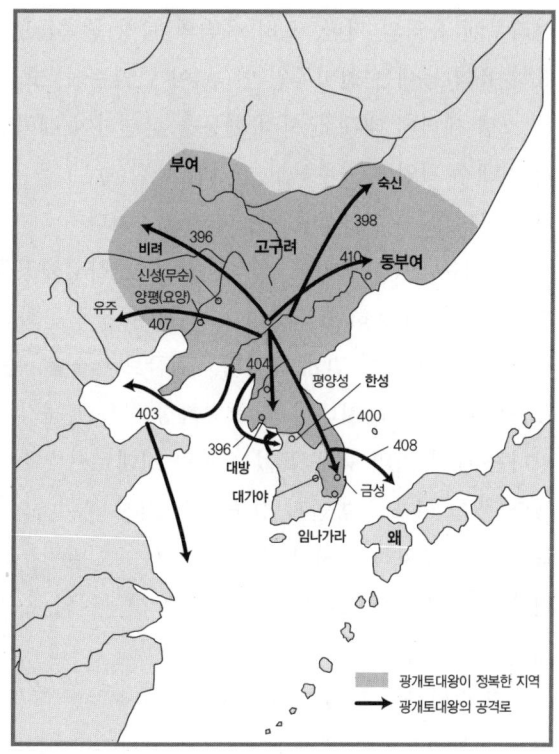

부여

숙신

398

비려 396 고구려

신성(무순) 410 동부여

양평(요양)

유주

407

404

평양성 한성

403 400

396 408

대방

대가야 금성

임나가라 왜

▨ 광개토대왕이 정복한 지역

➡ 광개토대왕의 공격로

지도 3-5 | 광개토대왕의 정복 활동과 점령 지역

역의 특성으로 보아 영향권은 더 확대되었을 가능성도 있다. 아마 군사 작전 지역이나 영향력을 행사할 수 있는 지역은 더 광범위했을 것이다.

이렇게 광대한 영토를 확보한 것은 고구려 사회에 질적인 변화를 가져왔다. 1차적으로 다양한 종족이 고구려의 정치체제 안에 흡수되었다. 백제·신라·가야 및 동부여·북부여, 그리고 한(韓)·예(濊) 등은 각각 다른 국가체제를 이루고 있었을지언정, 언어와 종족은 동일했다. 그런데 이 무렵에는 화북의 한족들이 유이민으로 들어왔으며[70] 낙랑·대방 옛 땅의 주민들도 완전히 고구려에 흡수되었다. 또한 광개토대왕의 정복 활동으로 인하여 시라무렌 유역의 거란, 요하 유역의 북방 종족들도 자국민으로 흡수했다. 요하 유역 등에는 선비족인 연(燕)이 있었는데, 고구려는 일찍부터 선비족 등 스텝 세력에 대해 군사적 행동을 감행하여 세력권 아래에 넣었다.[71] 또한 연해주 지역에 거주하고 있었던 물길(勿吉) 등은 동부여에 속했다고 하나 고구려의 주된 구성원과는 다른 종족이다.

고구려는 신(新)국가에 소속된 종족이 다양해졌을 뿐만 아니라 성격이 다른 문화를 수용하게 되었다. 그리하여 유목 문화의 영향을 그 전보다 더 광범위하고 강하게 받게 되었다. '백금보(白金寶) 문화', '한서(漢書) 문화', '조원(肇原) 문화' 지대인 북류 송화강 하류와 눈강 하류 및 동류 송화강이 만나는 대안 지역 등은 끝없는 초원 지대로서 일찍부터 유목 문화가 발달했다.[72] 그 아래인 농안과 장춘 지역 역시 부여족의 거주지로서 서쪽의 유목 지역과 교차하는 지역이다. 고구려는 그 발원부터 유목 문화와 깊은 관련을 맺고 있었으므로 영토의 북상은 고구려의 유목적 성격에 더 강한 의미를 부여했다.

한편 수렵삼림 문화도 발전시켰다. 고구려는 동부여를 병합하고 물길 지역을 정복함으로써 두만강 하구 및 연해주의 일부 지방을 자기 영역으로 만들었다. 지금의 동만주 일대 및 연해주 지역은 긴 강과 우거진 삼림이 많은 지역으로서 수렵과 어렵이 중요한 경제 형태였다. 그런데 고구려는 이 시기에 수렵·삼림 지역을 광범위하게 포함함으로써 자연스럽게 이러한 문화적 특성도 갖게 되었다.

이처럼 북방으로 진출한 일은 단순히 영토의 팽창이라든가 주변의 종족들을 복속시키는 일말고도 보다 복합적이고 거시적인 관점에서 추진된 것

---

70) 『삼국사기』 권18 고구려본기 고국양왕 2년, "……流移民多來投……."
71) 朴京哲, 「高句麗 軍事力量의 再檢討」, 『白山學報』 35, 1988, p.150.
72) 潭英杰·孫秀仁·趙虹光·千知耿, 『黑龍江區域考古學』, 中國社會科學出版社, 1991, pp.34~37. 부여와의 관련성은 孫進己, 『東北各民族文化交流史』, 春風文藝出版社, 1992, pp.43~45 참조.

으로 판단된다. 즉 동아 질서를 전면적으로 재편하기 위한 정지 작업의 일환이었다. 뿐만 아니라 광대한 지역과 다양한 종족을 지배하고 이질적인 문화를 발전시키려면 새로운 정치체제 및 문화의 방향을 조절하고, 무엇보다도 국제 사회에서 자기의 위치를 분명히 할 필요가 있었다.[73] 특히 동부여와 북부여 지역을 복속하고 점령한 것은 영토 팽창 및 전략적인 목적 외에도 종족적·문화적인 통일과 관련이 있었다.[74]

다음은 남방을 중심으로 살펴볼 필요가 있다. 광개토대왕은 원년(392) 7월에 4만의 군사를 거느리고 백제를 공격하여 석현(石峴) 등 10현을 함락하고, 10월에는 관미성(關彌城)을 함락시켰다.[75] 또 대왕 2년, 3년, 4년에도 백제와 여러 차례 전투를 벌이는 등 초기에는 주로 백제와 전투하는 일에 비중을 두었다. 물론 이는 고국원왕 말년에 상실한 예성강 유역에 대한 지배권을 탈환하기 위한 조치다.

대왕은 활동 영역을 점차 넓혀 재위 6년(396)에는 다시 수군을 투입하여 백제를 쳐서 58성 700여 촌을 빼앗는 전과를 올렸다. 그리고 8년에는 백신(帛愼)을 치고, 또 신라와 연합하여 백제·왜 연합군을 격파했다. 물론 이때 고구려군이 동아지중해의 역학 관계상 일본열도로 진출했을 가능성도 있다. 그 후 대왕 20년(410)에는 동부여를 정벌하여 마침내 항복을 받았다.

이러한 엄청난 정복 활동('東討西略 南征北伐')을 통하여 고구려의 영토는 동서남북으로 팽창되어 마침내 대제국을 건설했다.[76] 『위서』 고구려전에

---

73) 윤명철, 「高句麗人의 時代精神에 대한 探究試論」, 『韓國思想史學』 7집, 1995, p.212 참조.
74) 盧泰敦, 「5세기 金石文에 보이는 高句麗의 天下觀」, 『韓國史論』 19, 1988, pp.39~40에서 계루부 왕실뿐만 아니라 고구려족 전체 神, 超種族的 神으로 되었다고 했다.
   朴京哲, 「扶餘史 展開에 關한 再認識試論」, 『白山學報』 49, pp.49~50에서 "주몽 집단이 고구려 국가 지배의 정당성을 강조하고자 동명 설화와 상사성이 있는 자기들의 건국 과정을 주몽 신화화, 지배 이데올로기로서 활용하고자 했다"고 했다.
75) 『삼국사기』 권18 고구려본기 광개토왕 원년.
76) 朴性鳳, 「廣開土好太王期 高句麗南進의 性格」, 『한국사 연구』 27, 한국사연구회, 1979, p.4.

는 북위의 사신인 이오(李敖)가 장수대왕대에 평양에 왔다가 돌아가서 보고한 기록이 있다.

"요동에서 남쪽으로 1천여 리 떨어진 곳으로서, 동쪽으로는 책성(柵城), 남쪽으로는 소해(小海)에 이르고, 북쪽은 예전의 부여에 이른다. 민호(民戶)의 수는 전 위나라 때보다 3배가 많았다. 그 나라는 동서가 2천여 리이며 남북은 1천여 리가 된다."[77]

이처럼 전 시대와 영토의 크기를 비교해 보아도 광개토대왕의 정복 활동은 특정 방향이 아니라 전방위로 행해졌고 영토가 확대되었다는 사실을 보여준다. 전투의 횟수나 「릉비문」에 기록한 전투의 비중 및 의미 등으로 보아 남진책에 더욱 비중을 두었다는 견해도 있으나,[78] 연이나 거란 등 실제적으로 군사력이 뛰어난 북방 세력과의 대결이 더욱 현실적이었을 것이다.

광개토대왕이 전방위 정책을 폈음은 외교 면에서도 확인할 수 있다. 대왕은 외교 정책에도 비중을 두고, 대상을 다양하게 넓혀 북방 세력들과도 외교 관계를 맺었다. 대왕 9년(400)에는 그동안 적대 관계에 있던 연에 사신을 보냈으나 교섭 태도가 거만하다는 이유로 오히려 연으로부터 요동 지역을 침략당했다.[79] 이에 402년과 404년 계속해서 연을 공격하는데, 405년

千寬宇, 「廣開土王代의 高句麗 領城에 대하여」, 『영토 문제 연구』, 고려대 민족문제연구소, 1981, p.147에서 씨는 "고구려가 당시 북아시아와 동아시아에 걸쳐 북위에게서 제2위로 평가된 것 같다"고 했다.

77) 『魏書』卷100 列傳 88 高句麗, "……敖至所居平壤城 訪其方事 云 遼東南一千餘里 東至柵城 南至小海 北至舊夫餘 民戶參倍於前 魏時 其地東西二千里 南北一千餘里……."

78) 朴性鳳, 앞 논문, pp.7~15 및 金錫亨, 앞의 책, p.371 참조.
王健群은 『廣開土王碑 研究』, 林東錫 譯, 역민사, 1985, p.224에서 陵碑文의 해석을 통해서 "남진 정책을 실현하기 위해서는 필수적으로 그 뒤쪽의 근심을 해결해야 하기 때문에 첫 싸움으로 碑麗를 선택한 것이다"라고 하여 남진 정책이 기조인 것으로 파악하고 있다. 또 같은 책, p.229에서 일생 동안 好太王이 빼앗은 성은 모두 64개인데 모두 백제의 것이라고 하여 남진의 입장에서 보고 있다. 반면에 남한 학계에서는 일반적으로 북진의 입장에서 보고 있다. 특히 千寬宇는 앞 논문, pp.159~160 및 「廣開土王碑文再論」, pp.561~566, 「廣開土王의 征服活動」, 『韓國史市民講座』13집, 일조각, 1988 등에서 사신 李敖의 보고 등을 토대로 당시 고구려의 영토는 동서가 길고 남북이 짧다는 것에 유의하여 北進과 西進에 의미를 두고 있다.

79) 『삼국사기』권18 고구려본기 광개토왕 9년 春正月, "…… 王遣使入燕朝貢 二月 燕王盛以我王

과 406년에는 다시 연의 공격을 받는다. 그런가 하면 대왕 17년인 408년에는 연을 뒤이은 북연에 사신을 보낸다. 또 대왕 20년인 410년에는 남연에 사신과 공물을 보내고, 그 대가로 남연의 왕이 답례품을 보내면서 양국은 공존하는 관계가 된다.[80] 고구려가 이같이 명멸하는 북방 국가들을 대상으로 다양한 화전(和戰) 양면 정책을 구사한 것은 비자주적이지 않고, 필요에 따라서 탄력성을 가진 외교 정책을 폈기 때문이다.

한편 광개토대왕은 남부의 국가들과도 적극적으로 외교 관계를 맺었다. 실성왕자(實聖王子)를 인질로 삼는 불평등 외교를 통해서 신라에 대한 지배력을 확대하는 한편, 신라와 연합하여 백제·가야·왜 연합군을 공동 작전으로 물리쳤다.[81] 이것은 백제의 세력을 약화시킨다는 목적 외에도 신라에 대한 종주권을 강하게 하려는 목적이 작용했다.[82]

그 이전인 377년(光武帝 太元 2년)에 고구려는 신라와 같이 동진에 가고[83] 전진에도 같이 갔다.[84] 신라가 일찍부터 고구려에 의존하여 국제 사회에 편입했고, 고구려는 이를 통하여 신라에 대한 영향력을 강화했음을 알 수 있다. 그러나 고구려의 더 근본적인 목적은 해양을 연결고리로 삼아 새롭게 부상하는 백제와 왜의 남부 중심의 외교를 신라를 이용하여 제어하는 데 있었다. 천관우는 당시 동북아시아의 정세를 고구려 - 신라 - 전진(북중국)과 백제 - 가야 - 왜(北九州) - 동진(남중국)의 계열적 동맹과 대립의 형세가 정립되었다고 보기도 했다.[85]

禮慢 自將兵三萬襲之 以驍騎."
80) 『太平御覽』卷359 兵部 90 障泥 ; 李殿福·孫玉良, 『高句麗簡史』, p.111.
81) 陵碑文 永樂 10年條(400).
82) 梁起錫, 앞 논문, p.43 ; 盧泰敦, 「5世紀 高句麗人의 天下觀」, 『한국사 시민 강좌』 3, 1988, pp.72~73.
83) 『삼국사기』 권18 고구려본기 소수림왕 7년조에는 신라와 같이 간 기사가 안 보이며, 같은 책 신라본기에는 그러한 기사 자체가 나오지 않고 있다.
84) 『삼국사기』 권3 신라본기 내물왕 26년. 그런데 고구려본기에는 이 기사가 나오지 않는다.
85) 千寬宇, 「韓國史의 潮流」, 『신동아』, 1972, p.129.

이처럼 대왕이 재위 22년간에 걸쳐 실현한 대외적인 군사·외교 활동을 분석하면, 광개토대왕은 특정 지역뿐만 아니라 군사적으로 전방위 공략을, 외교적으로는 전방위 외교를 펼쳤음을 알 수 있다. 즉 당시 복잡하게 전개된 국제질서와 자국 내부의 조건을 정확히 파악하여 시의적절하게 능동적이고 적극적인 정책을 펴면서 고구려의 팽창에 주력한 것이 광개토대왕의 정책 기조였다.

당시 고구려가 처한 상황과 동아시아 각국 간에 형성된 질서의 내용, 군사 작전 능력, 그리고 고구려에 대한 실질적인 위협 정도, 선대 이래의 목표 등을 고려한다면 역시 고구려에게는 북방이 주된 갈등의 대상이었다. 그럼에도 불구하고 남진 정책으로 이해될 만큼 남쪽을 향한 외교 활동과 군사 작전이 빈번하게 이루어진 이유는 무엇일까? 남진 정책이 가진 구체적인 의미를 찾아보면서 해양 활동이라는 본고의 논지에 접근해 보고자 한다.

2. 남진 정책과 해양 활동

남진 정책의 구체적인 의미나 실천 배경 등은 여러 각도에서 찾을 수 있다. 사실 큰 국가의 기본 정책은 몇 가지 요인에 의해서 계획되고 추진되지 않는다. 주요한 요인 외에 부차적인 요인도 있다. 또한 추진한 목적이나 의도와는 관계없는 다른 결과가 생길 수 있다. 특히 역사의 격변기나 국제 질서의 재편기에는 다양한 요인과 조건을 토대로 정책을 수립한다. 당시는 국제 질서의 재편기였고, 동시에 한민족 내부로서도 역동적인 발전기였다. 따라서 광개토대왕의 남진 정책은 국제적인 상황과 연결되는 국내적인 정치·군사적 관점과 함께 경제적인 측면 또한 중요하다.

남진 정책을 수립한 배경 가운데 하나로 농경지를 확보함으로써 생산력을 증대시키는 것을 들고 있다. 그런가 하면 한반도 중부 지역의 철 생산지에 대한 분석을 통해서 철 생산과도 관련시키고 있다. 이러한 주장들은 대내적인 측면에서 나름대로 설득력이 있다. 한편 대외 관계의 측면에서 접근하는 견해도 있으나, 대체로 육지의 영토 확대나 전략적인 거점의 확보라는 미시적인 차원에서 이해하고 있다.

그러나 동아시아 세계는 이미 질서란 측면에서 '장기 지속성'을 가진 외교 전략을 토대로 정책을 추진하고 있었다. 또한 해양이 중요한 활동 무대로 등장했고, 중국 지역에서 남북조가 분립한 상황은 주변의 각국들로 하여금 외교 활동의 통로로서 해양의 필요성을 강하게 인식시켰다. 따라서 광개토대왕이 취한 남진 정책의 배경을 대외 관계의 측면, 특히 본고의 목적상 해양 활동이라는 측면에서 살펴보고자 한다.

남진을 추진한 중요한 이유 가운데 하나는 남부 전선을 상대적으로 안정시키고, 백제를 제압하는 것이다. 고구려로서는 끊임없이 전쟁이 일어나는 북방 전선을 안정적으로 도모하고 유목 종족의 거친 위협을 총력으로 제거하려면 군사적으로 비교적 어렵지 않은 상대이고, 외교 정책으로 힘을 분산시킬 수 있는 남부 전선을 안정시키는 일이 선차적으로 요구되었을 것이다.

백제는 근초고왕이 팽창 정책을 추진한 이후 근구수왕을 거쳐 아신왕(阿莘王)에 이르기까지 속도감 있게 발전을 거듭해 왔다. 그리하여 광개토대왕이 즉위하기 직전인 389·390년에도 계속해서 고구려의 남변(南邊)을 침입했다. 이러한 양측의 공방전은 백제에게 북진 의도가 있었고, 군사적인 능력 또한 갖추었기 때문에 가능한 일이었다.[86] 더구나 백제는 대왕의 공격을 받아 석현 등 10여 성이 함락당하고, 전방 기지인 관미성을 빼앗겼음에도 불구하고 막바로 반격을 시도했다. 그리고 396년에 아신왕이 항복할 때까지 고구려와 계속해서 접전을 벌였다.[87] 이러한 사실들은 백제의

---

86) 盧重國, 앞 논문, pp.56~57.

그림 3-2 | 고구려의 육군이 공격할 때 돌파한 임진강. 고구려의 호로고루성에서 바라다본 모습.

군사적 능력이 결코 허약하지 않았으며, 저항 의지 또한 매우 강했음을 보여준다. 그리고 패인 중 하나가 전술상에서 비롯되었을 수 있음도 간접적으로 시사한다.

광개토대왕의 전술 능력은 대단히 탁월했다. 그는 기동성을 발휘하여 소수의 부대로 불시에 습격하는 전술을 능숙하게 구사했다. 이러한 전술은 기본적으로 해양 활동과도 깊은 관련이 있다. 「릉비문」영락(永樂) 6년 병신조에는 대왕이 직접 수군을 거느리고 백제를 공격한 기사가 나온다.[88] 수륙양면작전이란 기본적인 기동성을 바탕으로 불시에 배후를 선제 공격하는 전술이다.

이런 패배에도 불구하고 백제의 능력은 건재했다. 동진과 교섭을 지속하

87)『삼국사기』권25 백제본기 辰斯王 및 阿莘王條.
88)「릉비문」, "以六年丙申 王躬率水軍 討伐殘國軍……."

고 있었으며, 다시 왜와 외교 관계를 맺어 마침내는 왜의 전쟁 개입을 초래했던 것이다.[89] 이것은 동아시아의 외교 질서에 더 큰 변동이 생기고, 고구려의 안정과 팽창에 적지 않은 장애가 생겨남을 의미한다. 따라서 고구려는 백제의 대외 교섭을 통제하고 세력을 약화시키는 일련의 정책들을 지속적으로 취해야 했다. 그것은 다름아닌 힘의 방향이 남쪽을 향하는 것을 뜻한다.

광개토대왕의 남진 정책을 보다 구체적으로 이해하기 위해서 백제에 대한 몇 가지 정책을 분석할 필요가 있다.

첫째, 고구려는 백제에 대해 지속적이고 전면적인 공격을 단행했다.

양측의 운명을 건 싸움은 백제의 끈질긴 반격에도 불구하고 결국은 고구려의 화려한 승리로 끝을 맺었다. 대왕이 즉위한 해부터 본격적으로 시작된 대백제 공격은 대왕 17년(407)의 정벌 때까지 계속되면서 예성강 및 한강 유역의 백제 활동 영역을 완전히 점령했다. 특히 원년에 한수(漢水) 이북을 점령하고 관미성을 공함(攻陷)한 일, 그리고 대왕 6년(396)에 수군을 거느리고 백제의 50여 성 700여 촌을 함락하여 백제 왕의 항복을 받는 등 대승한 일은 특기할 만하다.[90]

이 해에 점령한 성들의 위치와 남방한계선이 어디인가에 대해서는 여러 가지 견해가 있다. 「릉비문」 영락 6년조의 기사에 따르면 당시에 공파된 성은 경기도를 중심으로 황해도와 충청도 일부 지역으로 보인다. 특히 남양·서산·당진 등 해안 지대를 중심으로 상당한 기간 점령 상태가 지속된 것으로 보인다.[91] 이들 50여 성은 산성 내지 치소(治所) 등 지역 중심이었

---

89) 『삼국사기』 권25 백제본기 아신왕 6년.
90) 「陵碑文」 6年 丙申條의 기록과 달리("以六年丙申 王躬率水軍 討伐殘國…… 五十八城 村七百……"), 『삼국사기』 권25 백제본기 辰斯王 8년에는 漢水 이북의 모든 부락이 많이 함몰되었다고 기록되어 있다("秋七月 高句麗王談德帥兵四萬 來攻北鄙 陷石峴等十餘城 王聞談德能用兵 不得出拒 漢水北諸部落多沒焉 冬十月 高句麗攻拔關彌城").
91) 朴性鳳, 앞 논문, pp.630~631에는 永樂 6年條에 공파된 성들의 명칭과 위치 비정 도표가 있

그림 3-3 | 고구려의 수군이 상륙한 남양반도의 중심에 있는 당성. 후에 고구려의 당성군이 되었다.

을 것이고, 700여 촌은 주변의 영농 생산지였을 것이다. 그런데 이들 지역
은 농업 생산지이면서 동시에 해안의 요충지다.[92] 따라서 고구려가 해안
지역의 농업 생산력을 탈취하는 것은 전쟁의 목적으로 보아 필수적이다.

이 지역들은 또 다른 이점이 있다. 강화만, 인천만, 안산만, 특히 남양만
은 해류 교통의 요지이므로[93] 백제는 대중국 교역과 해안을 활용한 교섭에

다. 손영종은 앞의 책, p.303에서 예성강 하류, 임진강 중하류와 경기도 동북부, 충북 일부 지
역으로 보고 있다. 한편 李丙燾는『韓國古代史硏究』, 박영사, 1976, pp.381~382에서 "이 성
과 촌은 주로 한강 및 임진강 유역에 불과하였던 것으로 대부분 다시 돌려주고 아마 방위상
필요한 임진 이북의 성읍만을 소유한 것 같다"고 했다. 그러나 당시의 전황으로 보아 한강 이
북 지역은 이미 대왕 원년 전투에서 확보했고, 이때는 한강 이남 지역은 물론 경기만 이남까
지 정복한 것으로 판단된다.

92) 朴性鳳, 앞 논문, p.622.
93) 李俊善,「新羅 唐項城의 역사지리적 고찰」,『관대논문집』8, 1980에는 대중 교역의 시기 구분
과 교역 루트를 비정하고(pp.2~6) 당항성-남양 비정설을 검토하고 있다(pp.6~10). 李完宰,
「安山地域의 歷史的 考察」,『한국학 논집』16, 1989, p.271에는 남양만 지역의 교통에 대한 사

서 경제적·정치적 이점을 얻을 수 있다. 그러므로 백제의 주요 군사적인 해양 활동 또한 지형적·정치적·경제적 조건으로 보아 이 지역일 가능성이 크다.

광개토대왕의 공격은 수도인 한성(漢城)의 공멸(攻滅)과 더불어 서해 연안의 요충지들을 점령하고 파괴하는 것이다. 그리하여 백제의 수군 활동을 마비시켜 대중국 교통로를 탈취하려는 의도가 강했다. 이미 종주권 의식이 강해진 고구려가 외교권을 독점하기 위해서는 교섭의 통로 자체를 차단해야 했고, 그것이야말로 백제를 고립시키고 정치·경제적인 힘을 약화시키는 데 결정적이기 때문이다. 이러한 대외적인 배경 속에서 추진된 광개토대왕의 황해 서부 해안 지대 공격은 두 가지 요소, 즉 국내적이고 경제적인 측면과 국제적이면서 정치·외교적인 측면을 동시에 가지고 있었다.

다음에는 이 지역의 정치·군사적 측면에 초점을 맞추어 공격 목적을 이해하고자 한다.

백제는 한수 이북으로 진출하고 한강 유역을 개발할 목적으로 서해안의 관방 시설을 확충했다.[94] 따라서 고구려에 의해 공파된 50여 성이 군사적·정치적 요충지라고 할 경우, 해안 근처의 성들은 필시 해양 방어와 관련된 시설들이었을 것이다. 고구려가 강화도 북부 혹은 한강 수계 하류 지역의 한 지점으로 비정되는 관미성과 통진으로 추정되는 비성(沸城), 인천 지역으로 비정되는 미추성(彌鄒城), 남양만(南陽灣) 지역 등을 점령한 사실은 서해안의 해상권 장악과 깊은 관련이 있음을 보여준다.[95] 또한 위치가

적 고찰이 있다.

94) 申瀅植, 「삼국사기에 나타난 百濟社會의 性格」, 『한·중·일 백제 사료에 대한 검토』, 충남대 백제연구소, 제3회 백제연구 국제학술대회, 1986, p.16.

95) 李道學은 「永樂 6年 廣開土王의 南征과 國原城」, 『손보기 박사 정년 기념 한국사학논총』, 1988, p.102에서 고구려 수군이 인천 지역을 공취하게 된 배경을, 배후를 위해 인천 지역에 있었던 백제 선단의 발을 묶기 위해서였다는 견해를 보였다. 그러한 추정은 미추홀이 비류 집단이 정착한 곳이고(盧重國, 『百濟政治史研究』, 일조각, 1990, p.59) 비류 집단은 초기부터 해상적 성격을 가지고 있었기(千寬宇, 「目支國研究」, 『한국사 연구』 24, pp.26~27) 때문에 가

밝혀진 성들의 다수가 해안 가까이에 위치한 사실과 고구려가 수군을 이용해 공격한 사실은 해양 활동과 관련하여 강한 시사점을 제공한다.

그런데 398년에 아신왕이 반격을 가하고 한산북책(漢山北柵)에 도달했다는 기사는[96] 396년의 전투 때 내륙 지방은 한강선을 경계로 했을 가능성을 암시한다.

특히 대왕 원년에 벌어진 관미성 전투는 양국 간에 벌어진 해상권 쟁탈적인 성격을 보여준다. 사료의 내용과 전황으로 보아 관미성은 한성의 입구인 동시에 백제의 해양 요충지가 될 수 있었다. 이 성은 대외 교섭을 하는 발진 기지의 역할을 하고, 적이 수로로 침입하는 것을 방어하는 1차 관문의 역할을 했을 것이다. 강력한 파괴력과 기동력을 주전술로 하는 광개토대왕이 20일 동안 총공격을 해서 겨우 함락시킨 상황은[97] 이 성의 역할과 기능이 백제에게 얼마나 중대했었는가를 알려 준다. 이러한 관점에서 볼 때 대왕 원년(『삼국사기』)과 6년 병신조(丙申條, 「릉비문」)의 백제 공격은 백제의 해상 세력을 약화 또는 궤멸시키는 결과를 가져왔으며, 해양 활동을 둘러싸고 양국 간에 벌어진 치열한 접전이었다는 중대한 의미를 지니고 있다. 고구려는 수군을 동원하여 황해 중부 연안의 해상권 장악을 본격적으로 시도한 것이다.

둘째, 광개토대왕은 신라를 불평등 외교라는 틀 속에 편입시켜 놓고 백제의 배후를 교란케 함으로써 운신의 폭을 제한했다.

대왕은 즉위한 다음 연도인 392년 정월에 신라로 사신을 보내서, 이찬(伊飡) 대서지(大西知)의 아들인 실성을 인질로 데리고 온다.[98] 또 실성왕 11년에는 신라가 내물왕의 아들인 복호(卜好)를 인질로 보냈다. 신라에게

능하다.
96) 『삼국사기』 권25 백제본기 아신왕 7년.
97) 『삼국사기』 권18 고구려본기 광개토왕 원년.
98) 『삼국사기』 권3 신라본기 奈勿尼師今 35년조. 그러나 『삼국사기』 고구려본기에 의하면 391년이다.

그림 3-4 | 고구려의 영향을 받은 것으로 보이는 일본의 고분벽화. 말을 배에서 끌어내리고 있는 모습(죽원총)은 기마 집단과 관계가 있음을 보여준다.

불평등 외교를 요구하며, 내정에도 강한 영향력을 행사한 것이다. 즉 신라를 동맹 세력으로 삼아 동남방에서 백제의 후방을 견제하도록 하는 고도의 측방 외교 전략의 일환이다.

백제의 견제 세력으로서 신라에 얼마나 가치를 부여했는가는 다음 사실에서도 알 수 있다. 399년 연의 대군이 요동의 신성(新城)과 남소성(南蘇城)을 함락시키고, 7백 리에 달하는 땅을 빼앗았다. 한편 남부 전선에선 약간의 시차를 두고 백제가 왜와 연합하여 신라를 침략했다. 이때 고구려는 북부 전선의 긴장이 심화되고 심대한 타격을 받고 있는 상황임에도 불구하고 보병·기병 5만을 전격적으로 파견하여 신라를 구원했다.[99] 이것은 신

---

99) 延敏洙는 「廣開土王碑文에 보이는 倭關係 記事의 檢討」, 『동국사학』 21, 1987, p.13 주 20에서 『資治通鑑』 晉紀 安帝 隆安 4年과 『삼국사기』의 기록을 대비하고 당시 항해 환경에 대한 비교를 통해서 후연의 고구려 침입이 왜의 신라 침입보다 앞섰다는 사실을 논증했다.

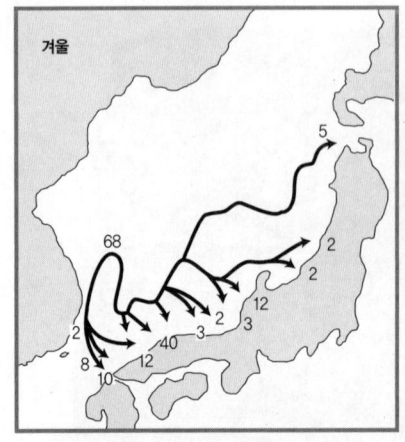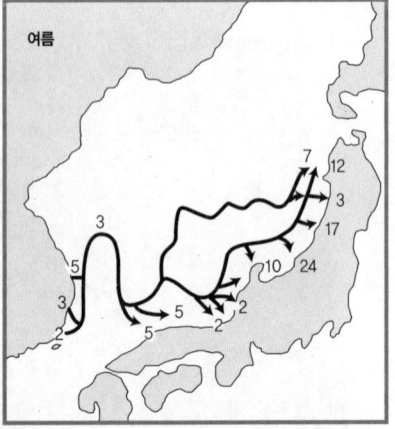

지도 3-6 | 대한해협에서 투입한 표류병의 도착 상황도. 겨울에는 40% 가량이 이즈모에 도착했다(『日本全國沿岸海洋誌』, 東海大學 出版社, pp.25~26).

라에 대한 영향력을 강력하게 행사하고, 가야까지 세력권 하에 넣으려는 기도다.

계속된 고구려의 신라·가야 지방에 대한 영향력 확대는 경주의 호우총(壺杅塚)에서 '국강상토지호태왕(國岡上土地好太王)'의 명문이 있는 청동호가 발견된 것을 비롯해, 고령의 지산동(池山洞) 고분, 동래의 복천동(福泉洞) 고분에서 고구려계의 마구·무구 등이 발견되고,[100] 시대가 뒤떨어지지만 영일군(迎日郡)의 냉수리(冷水里) 고분군의 존재 등에서 드러나고 있다. 이 전쟁을 계기로 삼아 왜의 세력을 약화시킴은 물론 백제의 배후를 위협할 수 있는 전략적 이점을 확보한 것이다.

그런데 이때 남진한 고구려는 동해 남부나 남해 동부 해안을 통해서 일본열도로 진출했을 가능성이 있다. 특히 「릉비문」 14년조에 기록된 왜의

---

100)『東萊 福泉洞 古墳群』 1, 부산대학교 유적조사보고 제5집, 1983, pp.146~172 ;「東萊 福泉洞 古墳群의 調査內容과 그 性格」, 『韓國文化硏究』 4, 1991, 부산대학교 한국문화연구소, pp.25~27.

대방계 침입과 이때 대왕이 친정군(王幢)을 보내 격퇴한 사실은 동아지중해의 역학 관계를 고려할 때, 그 무렵에 고구려군이 도왜(渡倭)했을 가능성을 높여 준다. 최근에 제기되고 있는 전방후원분(前方後圓墳)의 고구려 기원설[101]이나 장식 고분의 분포가 규슈 일대에 집중되어 있는 사실들(왕총·죽원총)은 고구려의 해양 활동 범위에 대해 의미있는 시사를 하고 있다. 또한 시마네[島根縣] 지역의 이즈모 등에 고구려 문화의 흔적이 있는 사실,[102] 해류의 흐름 등을 감안하면 동해 남부 해역도 일찍부터 고구려의 해양 활동 범위였을 가능성이 크다.

고구려는 신라의 대외 정책까지 간섭하여 내물왕(奈勿王)이 전진에 사절을 보내도록 했다.[103] 일반적으로 이 시기에 신라가 사행(使行)하는 데 고구려가 깊이 간여한 것으로 보고 있다.[104] 이러한 정책들은 명분상으로는 한반도의 종주권을 확립하고, 전진에게는 한반도의 패자임을 인식시키려는 의도에서 비롯된 것이다. 그러나 실질적으로는 신라를 강력한 보호 아래 성장시킴으로써 1차적으로는 백제의 성장을 견제토록 하고, 2차적으로는 한반도 질서에 참여하려는 왜의 진출을 저지하려는 외교 전략의 일환이었다.

고구려의 이러한 외교 전략은 신라의 이익과도 부합됐다. 신라는 백제·가야 등의 공격을 받았고, 왜는 계속 침입을 했다. 특히 실성왕 7년(408)에

---

101) 全浩天, 『前方後圓墳の源流』, 未來社, 1991, pp.87~90 ; 森浩一 · NHK 取材班, 『騎馬民族の道はるか』, 日本放送出版協會, 1994, p.120.
    이 설에 대해서는 많은 논란이 있을 수 있고, 비교적 최신의 설이라 검증이 필요하다. 그러나 필자는 동아시아의 역학 관계와 문화 전파의 一進性, 그리고 고구려의 해양 활동상을 추적하는 본고의 논지에 따라 그 가능성에 대해 진지하게 생각하고 있으며, 일단 수용하고자 한다.
102) 조희승, 『초기 조일 관계사』 하, 사회과학출판사, 1989, pp.303~304.
103) 『資治通鑑』 卷102 晋記 太元 2年條(377) ; 『太平御覽』 卷781 四夷部 二東夷 新羅.
    『삼국사기』 권3 신라본기 내물왕 26년조에는 前秦에 사신을 보내고 방물을 바쳤다는 기록이 나온다.
104) 李丙燾, 『韓國史-古代篇』, 을유문화사, 1979, pp.401~402 ; 徐榮洙, 「三國과 南北朝 交涉의 性格」, 『東洋學』 11, 1981, p.21 ; 盧重國, 앞 논문, p.59 참조.

는 왜인들이 쓰시마에 군영을 설치한 채 위협하고 있었다. 이러한 심각한 외부의 위협들에 적절하게 대응하기 위해서는 고구려와의 동맹이 불가피했다. 또한 고립적인 위치를 벗어나 국제 질서에 편입하기 위해서는 중국의 남북조와 교섭을 해야 했다. 그런데 신라는 반도의 동남부라는 지정학적 위치로 인하여 가야·백제 그리고 고구려의 해양 활동 영역을 통과하지 않으면 안 되었다. 자체 능력으로서는 불가능한 현실이었다. 이러한 조건 속에서 고구려는 교섭하고 우호 관계를 맺을 상대로서 가장 적합했다.

셋째, 고구려는 백제를 약화시킬 목적으로 왜와의 연결고리를 차단하는 정책을 취해야 했다.

백제와 왜는 긴밀한 관계를 유지했다. 문화를 교류하고 경제적으로 이익을 취하려는 목적도 있었지만, 당시의 동아시아 정세는 정치적인 면에서 양국으로 하여금 서로를 필요로 하게 했다. 백제는 근초고왕과 근구수왕대의 평양성 공격으로 전선의 주도권을 장악하고 황해 중부 해상권을 강화했다. 이 과정에서 바다를 건너 동진이나 왜와 통교한 사실은 국제 사회에서 백제의 입지를 더욱 강화시켰다.[105] 그런데 백제와 왜국의 공식적인 통교 기록은 아신왕 연간에는 도리어 백제에게 불평등한 관계로 나타난다. 결국은 국력이나 국제 사회에서의 비중, 일본열도의 정치적 현실 등을 고려할 때 백제를 우위로 하는 관계였을 것이다.

백제는 점차 변화하는 국제 정세 속에서 고구려의 남진에 대응하고, 동쪽으로는 신라의 성장을 억제해야만 했다. 또한 동진과의 외교 관계가 힘들어짐에 따라 고립에서 벗어나기 위하여 왜와 적극적인 동맹을 맺어야 했다. 이때 왜가 가진 군사력은 신라의 배후를 잠재적으로 위협하거나, 직접적으로 괴롭힘으로써 동부 전선의 병력을 분산시킬 가능성을 제공한다.

한편 일본열도에 고립된 왜로서는 한반도에 진출하고, 국제 사회에 편입

---

105) 『삼국사기』 권24 백제본기 근초고왕 27년조, 근구수왕 5년조, 권25 아신왕 6년조.

되기 위해서는 한반도 내의 국가와 일정한 관계를 맺어야만 했다. 그런데 지정학적인 조건상 신라와는 초창기부터 적대 관계였다.[106] 반면에 고구려와 교섭하기 위해서는 동해를 가로질러 동해 북부 연안에 접근하거나 동해 연안을 타고 올라가는 방법밖에 없다. 그러나 당시의 항해술로는 동해 직항이 쉽지 않았을 것이고[107] 동해 연안 항로를 사용하려면 신라의 차단이 문제가 되었을 것이다. 한편 서부 해안으로 접근하는 데도 조건은 동일하다. 특히 발달된 백제의 해상 세력을 피해서 서해를 북상한다는 것은 매우 위험한 일이다. 따라서 왜로서는 신라와 공동으로 대응하고, 국제 사회로 편입하는 조건을 만들어 주는 백제와 연합하는 것이 가장 수월하고, 또 필요했을 것이다.

이처럼 당시의 정치적인 상황은 왜 정권이 백제와 연합하도록 조성되었다. 따라서 한반도의 역학 관계는 고구려와 신라를 한편으로 하고, 백제와 왜·가야를 다른 한편으로 하는 힘의 축이 형성되었다. 그리고 이 관계는 중국 등 다른 지역에서 형성된 국제 질서와 복잡하게 얽혀 버렸다. 이러한 역학 관계 속에서 고구려는 백제의 힘을 약화시키기 위하여 왜와 대결을 해야만 했다. 특히 동맹 관계인 신라가 왜의 공격을 받은 사실은 고구려의 대왜전에 명분을 제공했다.

고구려의 이러한 대왜 태도는 「릉비문」 영락 9년(399) 기해조(己亥條)에 "9년 기해년에 백잔은 맹서를 깨고, 왜와 통했다. 왕은 남으로 평양을 순행했다. 신라 왕은 사신을 보내어 아뢰기를 '왜인들이 국경 안에 가득 차고, 성과 연못들은 파괴되었으며, 노객은 백성이 되었습니다. 태왕에게 귀부하

---

106) 해류의 기본 움직임과 바람의 영향을 고려할 때 신라의 동해 남부 해안은 규슈나 쓰시마에서 출발한 왜인이 도착하는 지점이다.

107) 7세기 이후 발해 사신들이 동해 직항로를 사용하다가 실패하는 경우가 많았던 것은 5세기 초 고구려와 동해 직항로를 통한 유기적인 교섭이 쉽지 않았으리라는 추정을 하게 한다. 그런데 李龍範은 曹佐鎬, 「魏志東夷傳의 사료적 가치」, 『대동문화연구』 13, 1979의 『魏志 東夷傳의 諸問題』 주제 토론에서 두만강 하류 유역은 5~6세기에 걸쳐 고구려의 일본 내왕도 있었다고 하여 교류 가능성을 제시하고 있다.

여 영을 청하나이다' "[108]라는 기사가 나온다. 이어 영락 10년인 경자(400)에 백제·가야·왜의 연합군이 공격함으로써 위기에 처한 신라를 구하기 위해 보기(步騎) 5만의 병력을 보낸 것으로 나타난다. 연의 침입으로 북방 전선이 불안정한 시기임에도 불구하고 행해진 모험적 조치다. 반면에 백제와 왜는 404년에 서해를 북상하여 대방계의 침입을 시도했으나 광개토대왕은 친정군인 왕당을 보내 왜·백제군을 궤멸시킨다. 그러나 그 다음해에는 왜국에서 전지가 귀국했고, 왜는 신라를 공격했다.

넷째, 백제를 한반도 안에 가두어 놓고 포위 전략을 구사하려면 중국과의 연결고리를 적극적으로 차단해야 했다.

백제는 근초고왕 연간에 황해 중부 해상권을 확보함으로써 대중 교통이 활발해졌다. 왕권을 확립하고, 중앙집권화된 체제 정비를 계기로 서해 남부 해안의 해양 세력 등을 흡수했을 것이다. 또한 근초고왕 때는 낙동강 이서 지역에 거점을 둔 가야 세력이 일부 편입된 것을 계기로 남해 서부의 해상권도 확보했을 것이다.[109] 이렇게 해서 백제와 왜의 통교가 이루어졌는데, 백제는 이러한 해양 능력을 기반으로 새로운 형태의 외교 질서를 구축하고자 했다. 동진과 교섭을 한 후에 책봉을 받아 동아시아의 국제 질서에 정식으로 진입한 것이다.

이러한 상황 속에서 고구려는 일시적이나마 백제를 외교적인 고립 상태에 빠뜨린다. 해양 활동과 백제의 외교 관계가 불가분의 관련성이 있고, 고구려의 해양 봉쇄를 통한 연결고리 차단 전략이 현실성 있다는 또 다른 증거는 광개토대왕의 공격 이후 나타난 백제의 대외 정책 변화에서도 나타

---

108) 「릉비문」, "九年 己亥 百殘違誓 與倭囗通 王巡下平壤 而新羅遣使白王云 倭人滿其國境 潰破城池 以奴客爲民 歸王請命."

109) 李基東, 「百濟의 對倭關係의 成立」, 『古代韓日文化交流硏究』, 정신문화연구원 2회 학술세미나, 1989, pp.105~106에서 『日本書紀』 神功紀의 백제 관계 기사를 수정 검토하면 백제사, 곧 마한 정복 사실을 복원할 수 있다면서 神功 49年條 '近肖古王 24年條'의 기사를 통해 백제의 마한 병합과 남해안 지역 진출을 이해하고 있다.

난다.

1차적으로 백제의 대중국 관계에 변화가 생겼다. 전지왕(腆支王) 2년인 406년 2월에 진에 사신을 파견했을 뿐, 더 이상 교섭은 나타나지 않는다. 반면에 동진은 멸망 전인 416년에 사신을 보내 전지왕을 '사지절도독 백제제군사 진동장군 백제왕(使持節都督百濟諸軍事鎭東將軍百濟王)'으로 책봉한다.[110] 이때 동진과 교섭을 한 것은 필시 항로의 변경과 발달에 힘입은 것이다. 물론 공적 교섭에 사용되는 항로 외에도 상인들이 사용하는 황해 직항로가 있었을 가능성이 크다. 그런데 전지왕 이후에는 남으로 내려간 송과 다시 교섭이 시작되고, 구이신왕(久爾辛王)대에 들어오면 남조와 교섭이 활발해진다.[111]

백제가 대외 교섭을 재개한 사실은 왜와 교섭한 데서도 나타난다. 동진과 교통이 두절되면서 대왜 관계가 공식적으로 시작되었다.[112] 대중 항로의 일시적인 폐쇄라는 당시의 상황은 남쪽 항로의 개발을 이용한 신외교의 전개를 필요로 했기 때문이다. 물론 이전에도 백제의 진출은 있었다. 그런데 아신왕 6년 5월에 왕은 왜국과 더불어 수호를 맺고, 태자인 전지를 볼모로 삼았다.[113] 이 기록은 백제가 불평등을 감수한 형태로 나타나는데, 당시 백제가 처한 정치적 상황을 짐작케 한다.[114] 이후에도 백제와 왜는 교섭

---

110) 徐榮洙는 「三國時代 韓中外交의 展開와 性格」, 『古代韓中關係史의 研究』, 한국사연구회, 삼지원, 1987, p.129에서 근초고왕 27년(372)에 동진과 책봉 관계를 맺은 것은 고구려에 대한 외교적 억지력을 얻기 위하여 중국 세력을 이용한 것이라고 보았다.
111) 『宋書』卷4 本紀 第4 少帝 景平 2年條 및 卷5 本紀 第5 文帝 元嘉 2年條 ; 『南史』卷1 宋本紀 上 第1 少帝 景平 2年條, 卷2 宋 本紀 中 第 2文帝 元嘉 2年條.
112) 『삼국사기』 권25 백제본기 아신왕 6년(397).
    『日本書紀』에서는 卷10 應神 年間의 사건인데 내용에는 차이가 있다.
113) 『삼국사기』 권25 백제본기 아신왕 6년 夏五月조에는 "……王與倭國結好 以太子腆支爲 質……"기사가 나온다.
114) 한편 『日本書紀』에는 아신왕이 왜의 정치적 후원에 힘입어 즉위한 것으로 기술하고 있다. 이 시기를 전후로 백제와 왜의 본격적인 교섭이 일어났음은 양국의 기록에서 공통으로 지적하고 있다. 대왜 관계에서 質이 가진 의미에 대해서는 재고해야 한다(井上秀雄의 『變動期의 東

을 계속한다.

백제는 고구려의 강한 압박과 신라의 동조, 동진과의 외교 관계가 힘들어지자 고립에서 벗어날 목적으로 왜와 동맹을 맺는다. 물론 남해를 사용하는 양국 간의 항로는 이미 오래전부터 개발되었다. 『일본서기(日本書紀)』에 따르면 오진왕〔應神王〕 때 삼국인들이 일본열도로 진출하는 일이 활발해지고 문화에도 상당한 영향을 미쳤다.[115] 특히 오진왕 8년조에 나오는 기사는 당시 백제의 정치적 상황을 소상하게 전하고 있다.[116] 이 시기에 아직기가 건너가고, 박사 왕인이 『논어』와 『천자문』을 전한 것[117] 등은 이러한 국제 관계의 소산이었고 해양 활동이 뒷받침된 것이다.

위에서 주장한 것처럼 고구려가 취해야 할 대백제 정책의 네 가지 요건은 적극적으로 남진책을 시도하고, 성공하는 데 달려 있었다. 광개토대왕이 남진 정책을 조직적으로 추진했고, 대백제전에 커다란 비중을 두었음은 「릉비문」에 기록된 공파한 성의 다수가 백제 성인 사실에서도 알 수 있다.[118] 그러나 이러한 남진책은 대백제전만을 목적으로 삼거나 정책의 주된 기조였음을 의미하지는 않는다. 영토의 확장과 비옥한 농경지의 확보라는 기본적인 동기와 함께 좀더 복합적이고 거시적인 관점에서 추진된 것이다.

고구려는 육지로는 대륙의 남부와 한반도 북부, 해양으로는 황해 중부 이북과 동해 중부 이북의 해양에 걸쳐 있는 나라였다. 이러한 지정학적인

アジアと日本』, 日本書籍, 1983, p.149 참조). 朴性鳳의 앞 논문, p.11에서는 千寬宇·金錫亨의 說을 수용하면서 백제계 分國이었던 북규슈의 倭國에 병력을 끌어모으려고 전지를 보낸 것으로 피력하고 있다.

115) 『日本書紀』 卷10 應神 7年條.
116) 『日本書紀』 卷10 應神 8年條, "八年春三月 百濟人來朝(百濟記云 阿花王立无禮於貴國 故奪我枕彌多禮 及峴南支侵谷那東韓之地 是以 遣王子 直支于天朝 以脩先王之好也)."
117) 『日本書紀』 應神 15·16년.
118) 당시 왕은 64개의 성과 1400개의 촌락을 탈취했다. 이것은 모두 백제의 토지다(王健群, 앞의 책, p.229). 그런데 손영종은 앞의 책, pp.313~314에서 당시 전투의 상황과 「陵碑文」상의 攻破·攻取 등은 각각 다른 개념이라고 하여 영락 20년조에 기록된 64성 1400개 촌은 동부여와의 전역에서 파괴·점령하였던 城·村의 숫자들이라는 견해를 제시하고 있다.

조건으로 인하여 대륙 중심의 질서와 해양 중심의 질서를 동시에 집행하고, 영향받을 수가 있었다. 광개토대왕은 빠르게 변모하는 동아시아 질서 속에서 이러한 지정학적 위치를 최대한 활용하여 동아시아 각국을 연결함으로써 자국을 중심으로 하는 거대한 망(net)을 구성하는 정책을 취했다. 즉 전통적인 육지 위주의 질서를 기본으로, 새롭게 성장하는 해양적 질서를 수용하는 복합적인 신정책을 구사한 것이다. 그리하여 변혁기를 맞아 주도권을 장악할 목적으로 군사적인 우위성을 활용한 강공책을 구사하면서 동서남북을 향한 전방위 동시 군사 공략 정책을 썼고, 이를 바탕으로 남북에 뻗치는 영토 팽창 정책을 추진했다. 또한 한반도의 패자 지위를 확고히 하고, 동아시아 질서의 주역을 목표로 백제의 힘을 약화시켰다. 그러한 과정에서 남진 정책은 선결해야 할 과제였으며, 이는 해양 활동 능력의 확대, 황해 해상권 확보 등과 불가분의 관계를 가졌다.

광개토대왕의 수군 활동과 군사 작전

앞에서 언급한 바와 같이 광개토대왕의 남진 정책은 전술적으로는 경기만 일대의 영토를 획득하고 해양 활동을 통한 황해 해상권의 확보를 주요한 목적으로 삼고 있다. 고국원왕과 백제의 근초고왕, 근구수왕이 몇 차에 걸쳐서 벌인 평양성 공방전이 가진 해양적 배경은 앞에서 이미 설명한 그대로이다. 또한 광개토대왕이 활동한 시기에 동아시아 외교와 국제 관계에서 해양 활동이 매우 중대한 의미와 비중을 가지고 있었다는 것은 앞에서 다각도로 살펴보았다.

이제 그러한 정치·외교·군사적인 배경을 전제로 하고 각국 간에 벌어진 해양 활동의 실상을 통해서 그것이 구체적으로 어떻게 진행되었고, 능력은 어느 정도의 수준이었는가를 살펴보고자 한다. 이 각축장에서는 북방의 여러 종족을 제외한 동북아시아의 각국이 참여하고 있었으므로 모두가 검토의 대상이 된다. 그러나 본고에서는 한반도에서 전개된 질서를 기본 축으로 하고, 활동의 주체를 고구려로 인식하면서 논지를 전개시키고자 한다.

1. 초기의 수군 활동과 관미성 전투

고구려는 평양성 전투의 패배로 생겨난 심리적인 위축을 극복하고 백제의 급격한 팽창을 억제하기 위하여 내부적으로는 체제를 정비하는 한편 외부적으로는 군사적인 충돌을 시도했다. 이러한 양국의 경쟁과 충돌 과정에서 해양 활동이 차지하는 의미는 적지 않았다. 서해의 중부 연안이 가진 지정학(geo-politics)적·지경학(geo-economics)적 조건은 필연적으로 해양 활동을 매개로 한 양국의 발전을 가져왔으며, 이러한 조건을 획득하기 위한 해양 경쟁을 야기시켰다.

　광개토대왕이 즉위한 당시에 백제는 이미 수군 활동 능력을 가지고 있었다. 근초고왕은 평양성을 공격함으로써 황해 중부의 해상권을 확보, 해양 활동이 더욱 발달했다. 고구려는 황해 직항로를 개발하여 바다를 건너 양자강 하구인 건강(현 남경)에 수도를 둔 동진과 교섭했다. 평양성을 공격한 다음해인 372년부터 동진과 상호 교섭을 했는데, 『삼국사기』에 따르면 근구수왕·침류왕(枕流王) 때까지 동진과 사신 교류가 있었다.[119] 교섭 과정에서 백제가 동진의 발달된 해양 활동 능력을 수용했으리라는 것은 자명하다. 외국과 빈번하게 교류를 하면서 백제는 국제적 지위와 경제적 능력이 더욱 향상되었다. 이때 강화도는 백제가 해양으로 진출하는 전진기지로서, 또는 수군의 함대 사령부가 있었을 가능성이 높다. 원주의 법천리(法川里)

---

119) 『삼국사기』 卷24 백제본기 근구수왕 5년조, 침류왕 원년조.

등 한강 유역과 그 수계에서 발견된 동진계 도자기의 존재는 한강 유역의 백제 세력이 동진과 교섭하고, 교역을 한 사실을 알려주고 있다.[120] 황해도의 황주 지역에서는 백제 토기가 출토되고 있다.[121]

그런데 백제의 해양 활동을 가늠해 볼 수 있는 자료가 『송서(宋書)』(488) 등을 비롯한 중국의 정사에 아래와 같은 구절로 남아 있다. "백제는 본래 고구려와 더불어 요동의 동쪽 1천여 리에 있다. 그 후 고구려가 요동을 침략하여 점령하니, 백제 또한 요서를 침략하여 점령했다. 백제가 다스린 지역을 진평군(晋平郡) 진평현(晋平縣)이라 했다(백제국은 본래 고구려와 더불어 요동의 동쪽 1천여 리에 있었다. 그후 고구려가 요동을 침략했고, 백제는 요서를 침략하여 백제의 치소를 진평군 진평현이라고 일컬었다)".[122] 이와 유사한 기록은 『남제서(南齊書)』(6세기 전반)·『양서(梁書)』(7세기 전반)에도 있다. "백제국은 본래 고구려와 더불어 요동의 동쪽 1천여 리에 있었다. 진나라 시대에 고구려가 요동을 침략했고, 백제 또한 요서·진평 2군을 차지한 후 스스로 백제군을 두었다"[123]고 씌어 있는 것이다. 『남사(南史)』(7세기 전반) 등 남조의 사서들에도 유사한 내용이 나타나고 있다. 특히 『통전(通典)』(801)에는 더 구체적으로 그곳이 유성과 북평 사이(今柳城北平之間)라고 지리적 위치까지 밝히고 있다. 이러한 기록들을 정리하면 대체로 백제가 4세기경부터 요서와 진평이라는 양군을 설치하고 수백 년 동안 다스렸다는 것이다.

---

120) 崔夢龍,「上古史의 西海交涉史 硏究」,『國史館論叢』3집, 1989, pp.23~25 도표 ; 崔夢龍,「考古學的 資料를 통해서 본 黃海交涉史 硏究序說」,『제1회 環黃海韓中交涉史硏究 심포지움』, 震檀學會, 1988, pp.178~180 ; 權五榮,「고고학적 자료를 통해서 본 백제와 중국의 문물교류」, 위의 자료 ; 尹龍二,「百濟遺跡發見의 中國陶磁」,『馬韓 百濟文化硏究 成果와 課題』, 제9회 마한 백제문화 국제학술회의 발표 요지, 1987.

121) 최종택,「황주 출토 백제 토기 예」,『한국상고사학보』4, 1990, pp.329~340 참조.

122) 『宋書』卷97 百濟傳, "百濟國本與高驪俱 在遼東之東千餘里 其後高驪略有遼東 百濟略有遼西. 百濟治所謂之晋平郡晋平縣."

123) 『梁書』卷54 百濟傳, "其國本與句驪在遼東之東 晋世句驪旣略有遼東 百濟亦據有遼西晋平二郡之矣 自置百濟郡."

그런데 정작 『삼국사기』에는 물론이고, 중국에서도 북조 계통의 사서에는 이러한 사실들이 기록되어 있지 않다. 때문에 실학자인 신경준부터 신채호를 거쳐 김상기, 김철준, 북한의 김세익에 이르기까지 이들 기록을 사실로 받아들이는 학자와 역시 조선 후기의 한진서(韓鎭書)부터 일본인들, 이홍직·이기백 등 기사의 내용을 오류로 보는 학자들이 상반된 주장들을 팽팽하게 펴고 있다. 이러한 주장들을 보면 양군의 존재 여부와 존속 기간, 양군의 위치 등은 물론이고, 성격 등에도 차이가 있다.

이 시기의 근초고왕은 북진 정책을 취하면서 평양성을 공격하여 남진해 오는 고국원왕을 전사시켰다. 그 결과 경기만을 완전히 내해(內海)화하고, 그 배후인 황해도 지방을 장악했다. 이 시대 백제의 해양 활동 능력은 왜와 관계를 맺는 과정에서도 나타난다. 『일본서기』 신공기(神功紀) 기사에 따르면 백제와 왜의 교섭은 근초고왕 20년(366)에 처음으로 나타난다.[124] 이러한 변화는 백제의 한강 유역 세력이 비로소 서해 남부 해안에 거점을 둔 마한 세력에게 상당한 영향력을 행사했음을 입증하고 있다. 해안 지방에 거점을 둔 마한은 해양 세력을 보유하고 있었을 것이다. 따라서 그것의 완전한 제압 내지 협조가 없고서는 중간을 경유하여 왜와 교섭하는 것이 기술적으로 곤란하다. 따라서 마한을 제압하고 왜와 교섭을 했다는 것은 백제의 해양 활동 능력, 그것도 중부 해상에 근거지를 둔 해양 활동 능력이 매우 뛰어났음을 반증하고 있다. 더욱이 마한 지역에 진출한 다음에는 남부 지역의 해양 능력을 보강하여 더욱 강해졌을 것이다.

이러한 과정을 거쳐 백제는 황해를 중심으로 한 국제 사회의 중심부에 놓이게 되었다. 즉 일본열도에서 제주도, 한반도의 남부를 거쳐 북부까지 항로로 이어지는 물류 체계를 장악했으며, 외교적으로 고구려를 압박했고, 여러 나라들과 동시에 교섭을 했다. 특히 동진과 교섭을 했다.

---

124) 『日本書紀』 卷9 神功紀 攝政 46年, "春 三月……遣于百濟國 慰勞其王, 時百濟肖古王 深之歡喜 而厚遇焉……."

이 시대의 대륙은 이른바 '5호16국 시대'로서 고구려, 북방 종족, 한족이 뒤엉켜서 국제 질서를 전면적으로 재편하고 있었다. 고구려는 요동의 연과 싸우면서 한편으로는 해양을 통해서 화북의 후조와 연합했다. 연은 바다 건너 남쪽의 동진과 교섭했고, 백제는 고구려와 경기만의 쟁탈전을 벌이면서 황해를 건너 동진과 교섭했다. 한마디로 모든 나라들은 군사력과 외교력을 총동원했다. 특히 해양은 모든 나라들을 연결시켜 주는 유일한 네트워크였으므로 해양력 쟁탈전이 치열했다.

이러한 상황이 바로 백제의 '요서 진출설'이 제기되는 배경이다. 물론 당시의 정치적인 상황 속에서는 사서의 기록처럼 요동을 차지한 고구려를 견제하고 남진을 저지하기 위하여 요서를 공략하는 일이 필요했다. 특히 해양을 이용하여 배후를 압박하는 일은 전략적으로 매우 효율적이다. 다만 지리적인 위치를 감안할 때 백제 본국과 거리가 비교적 멀고, 과연 바다를 통해서 그 많은 병력을 운송하고 장기간 주둔시키는 일이 가능했겠느냐 하는 점이 문제로 남는다.

그런데 동아지중해에서는 그 이전부터도 근해 항해나 황해를 횡단 항해하면서 활발하게 교역과 외교 교섭을 하고, 심지어는 대규모 군사 행동을 하는 일이 종종 있었다. 위만조선을 공격할 때 한 무제군은 당시 최대의 능력을 보유한 제나라의 산동병을 중심으로 해군이 전투에 참여했다. 후한의 광무제는 바다를 건너 낙랑을 평정했다(44). 오나라와 위나라는 황해 북부에서 해전을 벌였으며, 고구려와 오나라는 황해를 종단해서 군마 등 교역을 했다. 위가 일본열도로 가는 중간 거점인 대방까지의 항로는 황해 중부 횡단 항로였다. 고구려와 후조는 요동의 연을 중간에 두고 해양군사동맹을 맺어 배로 곡식과 화살 등을 교환하기도 했다. 기록에 남아 있는 중국 지역의 조선술과 항해술을 보면, 매우 뛰어났다는 것을 알 수 있다. 그런데 해양 문화의 특성으로 보아 동일한 해역을 공유하는 경기만과 산동반도 및 발해만은 해양 문화의 수준이나 해양 능력에 큰 차이가 없었을 것이다.

그러므로 이 무렵에 백제가 황해를 횡단하고, 발해만에 진입하여 항해하는 일은 별로 어려운 일은 아니다. 이전에 이미 완전히 장악한 경기만(강화도 지역)을 출발하여 먼 바다로 나가다가 산동반도와의 중간 못 미쳐서 북상하면서 요동반도와 산동반도 사이의 묘도열도 사이로 접어들었을 것이다.

그런데 이곳은 섬들이 점점이 이어진 좁은 군도 지역이라 수로가 협소하고 물길이 복잡해서 항해하는 데 어려움이 많다. 더구나 오호도·장도(長島)·대흠도(大欽島) 등 큰 섬에서 오랫동안 성장해 온 해상 세력들의 저항도 만만찮았을 것이다. 만약 이러한 여러 가지 악조건을 극복하면서 백제가 요서 지방에 식민 정권을 장기간 설치했다면, 백제의 국력은 물론이고 해양력 또한 고구려와 마찬가지로 강했을 것이다. 백제의 요서 진출설은 사료에 기록이 남아 있고, 개연성은 있지만 아직 해결해야 할 문제가 적지 않다. 다만 해양 질서 속에서는 지리상의 거리나 국력, 역학 관계 등이 육지 질서와는 다른 특성이 있다는 점을 고려할 필요가 있다.

이렇게 상황이 복잡하게 전개되는 국제 환경 속에서 양국 간에 벌어진 해양 질서의 우위를 확보하려는 과정과 수군 활동 등을 아는 일은 결코 간단하지 않다. 경기만의 해상권, 서해 중부·한강·예성강 유역을 둘러싼 전투 상황, 그리고 구체적으로는 광개토대왕의 대백제전 및 경기만의 해양 지리적인 특성을 종합해서 파악해야 한다.

앞에서 언급한 것처럼 고구려는 한강 북부의 치양 지방(배천의 치악산성)을 선제공격했으나 도리어 패했다. 고국원왕은 371년에 패하 이남을 공격했지만 역시 복병에 걸려 실패했고, 급기야는 평양성 전투에서 전사했다. 평양성이 371년 전투에서 점령되었는지 여부는 알 수 없다. 물론 『삼국사기』의 고구려본기와 백제본기에는 점령 사실이 기록되어 있지 않다. 뿐만 아니라 곧 고구려의 반격이 계속되고, 377년에 백제가 평양성을 재공격한 것을 보면, 그때는 함락당하지 않은 것으로 판단된다.

평양성 전투에서 승리한 이후에 근초고왕은 수도를 한산으로 옮기고, 373년에는 청목령에 성을 쌓아 방어 체제를 재정비했다. 즉 백제의 국경은 동쪽은 북으로 수곡성(新溪), 중간은 청목령(開城) 위쪽인 예성강이었으며, 서쪽은 경기만에 접해 있는 황해도 남부 지역으로 추정된다.

그런데 386년 광개토대왕이 공격한 8월이 되기 이전인 봄에 백제의 진사왕은 청목령을 거쳐 서쪽으로 바다까지 장성을 축조했다.[125] 이러한 양국에서 일어난 일련의 사실들은 376년경 예성강을 중심으로 국경이 설정되었고, 386년에 백제가 추진한 축성 사업은 그것을 보다 확고히 하려는 시도였음을 알려 준다. 황해도 지역, 특히 해안 일대에 방어 체제를 구축한 것이다.

그 무렵 양국 간에 벌어진 싸움은 대체로 해안선에서 100km 이내의 내륙에서 이루어졌다. 따라서 군사 전략상 해안 활동이나 해상권을 장악하는 일에 힘을 기울였을 것이다. 더구나 이 지역은 경제적으로 이점을 얻는 데 중요하고, 양국의 대외 교통과도 밀접한 관련이 있다. 결국 해양전이 발발하리란 것은 충분히 예상할 수 있어, 양국은 해양 방어 체제를 구축하면서 사실상의 전쟁 준비를 하고 있었다.

이렇게 황해 중부 해상과 대중국 교통로를 공유하면서 대치 상태에 있는 상황에서 백제의 수군 활동은 상시 체제로 운영되는 것이 순리다. 만약 일시적인 체제이거나 외곽 보조 수단의 수준이었다면 고구려와 대결하는 데 매우 불리했을 것이다.

그러면 백제의 해양 활동 혹은 수군 활동의 본거지는 어디였을까? 그곳은 해양 활동의 전진기지 역할을 하는 동시에 수도를 방비하고, 외교와 교역을 보호하는 전략적 가치를 지니고 있어야 한다. 또한 고구려의 해양 위협에 효과적으로 대처하기 위해서는 서해 중부의 선대 등이 포진하고 있어

---

125) 『삼국사기』 권25 백제본기 진사왕 2년.

야 한다.

이러한 몇 가지 조건을 고려한다면 백제의 북변(北邊) 요충지이며, 고구려의 1차 공격 목표가 되었고, 백제가 심혈을 기울여서 탈환하고자 했던 관미성이 주목의 대상이 되지 않을 수 없다.[126)]

386년에 진사왕이 추진한 장성 축조 사업은 북방에 강력한 방어선을 구축하고, 아울러 해안 방어 및 원활한 해양 활동을 목적으로 삼았다. 예성강을 좌우로 국경이 형성되었고, 백제군은 때때로 그 이북까지 공격하였으므로 예성강 하구 유역이 백제의 해안 북변일 가능성이 높다. 이러한 전략적인 고려에 따라 축조된 성이라면, 관미성은 1차적으로는 예성강구를 잘 조망할 수 있어야 하고, 그 다음에는 경기만 이북에서 한강 수계로 진입해 오는 고구려군의 동향을 잘 관측하고 어느 정도 제어할 수 있어야 한다. 그러려면 장성들 가운데 가장 서쪽에 축조한 성으로서 최소한 해안가나 바다 가운데 있어야 타당하다.

그런데 관미성의 성격과 위치를 이해하는 데 도움을 주는 기록이 있다. 광개토대왕은 즉위한 직후인 7월에 남쪽을 정벌하여 백제의 석현 등 10성을 빼앗았다. 그리고 9월에 거란을 정벌하고 난 후에 막바로 10월에 다시 백제를 공격하여 관미성을 함락시켰다. 관미성 전투가 벌어진 양상과 그 성에 대한 지형 묘사, 그리고 양국 간의 쟁탈전이 벌어진 것을 볼 때 관미성 전투는 해양과 깊은 관련이 있음을 짐작할 수 있다.

대왕의 1차 공격에는 관미성이 포함되어 있지 않았다. 이것은 관미성이 석현 등 10여 성의 더 남쪽 혹은 다른 위치에 있거나, 아니면 성격을 달리하는 성이라는 가정을 하게 한다. 그런데 관미성을 설명하는 글 중에 이런 부분이 있다.

---

126) 關彌城(『삼국사기』)과 閣彌城(「陵碑」)의 두 가지로 나타나고 있다는 견해가 제기되고 있다 (王健群, 앞의 책, p.187 참조). 그러나 본고에서는 논지 전개에 지장이 없으므로 한시적으로 關彌城이란 명칭을 사용한다.

"……그 성은 사방이 험절하고 바닷물이 둘러 있었는데, 왕은 군사를 일곱 길로 나누어 20일 동안이나 공격을 하여 함락시켰다."[127]

이 기록에 따르면 관미성은 바닷가에 있으며, 공격한 시기는 당시 석현 등 한수 이북의 성이 이미 고구려의 수중에 들어가고 난 3개월 후였다. 그럼에도 불구하고 대왕의 친정군을 상대하여 20일 동안이나 항전을 할 수 있었던 사실은 같은 북변 전선에 있으면서도 전투 지구가 전혀 다른 곳임을 시사한다.

관미성을 빼앗겼던 진사왕이 의문의 죽음을 당한 이후에 아신왕은 즉위 2년 8월에 비장한 조서를 내렸다. 거기에서 관미성은 백제의 북변 요충지임을 밝히고 있으며, 또한 출전의 중요한 목표가 관미성을 탈환하는 일임을 밝히고 있다.[128] 즉 왕의 명을 받은 진무(眞武)는 고구려의 남변을 정벌코자 하면서 첫 번째 공격 대상을 관미성으로 삼았다. 이것은 관미성의 전략적 가치와 함께 한수 이북의 땅을 회복하고자 할 경우 관미성의 탈환이야말로 선결 과제임을 뜻한다. 이것은 또 관미성을 놓아 둔 채 북쪽으로 진격하는 행동은 전략적으로 위험을 초래할 수 있기 때문이라는 해석이 가능하다. 그런데 『삼국사기』의 백제본기는 관미성의 탈환 작전이 실패한 원인을 두 가지로 압축해서 말하고 있다. 하나는 고구려의 수성 능력이 뛰어났다는 것이고, 또 하나는 백제의 양도(糧道) 보급이 안 되었다는 것이다. 즉, 백제의 후방과 직접 연결이 잘 안 된 것이다. 그런데 그 후 관미성이 고구려의 수중에 떨어졌음에도 불구하고 양군은 북쪽인 수곡성과 패수가에서 격전을 벌였다.[129]

이러한 몇 가지 기록들을 종합하여 상황을 재구성해 볼 때 한수 이북과

---

127) 『삼국사기』 권18 고구려본기 광개토왕 원년.
128) 『삼국사기』 권25 백제본기 아신왕 2년.
129) 『삼국사기』 권25 백제본기 아신왕 3년, 4년, 같은 책 권18 고구려본기 광개토왕 4년.

패수 사이에는 전선이 아직은 불안정했으며, 관미성은 지리적으로 백제의 제일 북변에 있지 않다는 것을 알 수 있다. 만약 북변에 있다면 관미성의 탈환 작전이 실패한 이듬해에 수곡성과 패수 전투가 벌어질 수 없었기 때문이다. 결론적으로 성에 대한 상황 묘사와 당시의 전황 등을 종합해 볼 때 관미성은 내륙이 아니라 강 하구의 해안가나 섬 가운데 있었을 가능성이 다분하다.

한편 관미성은 백제가 대외 교섭을 추진하는 발진 기지와 적군의 수로 침입을 방어하는 1차 관문의 역할을 했을 가능성이 많다. 관미성은 한강 수계와 직접 연관되고 고구려의 해양 접근을 광범위하게 차단하기에 적합한 요충지에 있어야 한다. 그러기 위해서는 가능한 한 수계가 끝나거나 육지와 근접한 도서(島嶼)가 되어야 타당하다.

관미성의 위치가 어디인가에 대해서는 여러 가지 설이 있다. 한강 수계와 이어진다는 조건에는 견해가 대부분 일치하고 있으나, 구체적인 지역에 관해서는 약간씩 차이가 있다. 근래에 들어 주목받은 견해는 김윤우·윤일녕이 제기한 오두산성설(烏[鰲]頭山城說)이다.[130] 윤일녕은 관미성의 위치를 고구려 수군이 기동한 예성강-서해(교동도 연안 및 강화 일대를 포함)-조강(祖江)-임진강 한강 교회 지점-한강-마포 등을 잇는 수로상에 있다고 하면서 오두산성의 주위 지역을 치밀하게 답사하여 그곳이 『삼국사기』의 기록에 합당한 부분이 많다고 했다.[131]

필자는 오두산성 지역을 여러 차례 조사했다. 이곳은 전략적으로 매우 가치가 있고, 고구려계로 추정되는 기와 조각들이 다수 발견되는 등 고구려 산성이었던 것이 확실하다. 오두산성은 임진강 하구를 이용하는 적을 방어하는 데 적합한 지형인 반면, 예성강 하구를 통해서 내려오거나, 수군을 이용하여 경기만 이북 지역에서 내려와 남진할 경우에는 전방의 방어선

130)『新增東國興地勝覽』군 11 交河縣 산천조에는 烏島城山으로 되어 있다.
131) 尹日寧, 앞 논문, 1990, p.124.

으로서의 주요 기능을 상실한다. 이미 적은 강화 수로를 이용하여 진입하다가 도중에 상륙하여 강화도와 김포반도의 상당 지역을 점령한 후에 한성을 직접 공격할 수 있다. 뿐만 아니라 강화도에서 안정적으로 교두보를 구축한 다음, 여러 방면에서 포위망을 좁혀 가면서 전면적으로 한성을 공격할 수도 있다.

또한 예성강 이남과 임진강 사이의 내륙 지역과 해안 지방을 유기적으로 활용하는 방어망을 구축하기가 힘들다. 더구나 관미성 전투가 일어날 무렵에 국경선은 임진강이 아닌 예성강을 중심으로 형성되어 있었다. 결국 오두산성이 관미성일 가능성은 없다. 손영종은 관미성을 개풍군의 백마산 부근으로 설정하고 있다.[132] 그런데 이 지역은 강화도 북부인 양사면의 대안(對岸)으로서 오두산과 마찬가지로 전략적 요충지에 있으나 강화도 내륙의 움직임과 강화도 바깥쪽 해상의 움직임에 대해서는 거의 탐지할 수 없다는 한계가 있다.

한편 경기만의 해양 지리적 조건, 관미성이 가져야 하는 황해 중부 해상 기지로서의 기능 등을 고려한다면 김포반도와 강화도, 개풍군이 마주하고 있는 김포반도의 동북쪽이 훨씬 가능성이 있다. 특히 통진현(通津縣)은 고구려 때 동자홀현(童子忽縣)으로서 비사성(比史城)이 있었던 곳으로서, 현재는 동성산성이 있다. 개풍군의 조강도(祖江渡)와는 좁은 수로로 마주 보고 있어서 하안 방어 시설이 있을 만한 곳이다. 그런데 통진은 너무 한강 하류의 육지 안으로 깊숙이 들어와 있어 강화 아래로 내려가는 선단은 관측할 수 없고, 막을 수도 없는 치명적인 한계가 있다. 이 지역은 이미 한강 수로로 진입해 온 선단을 저지하고, 대안인 개풍군 지역의 활동을 감시하는 기능을 한 것으로 추정된다.

한편 이병도는 교동도(喬桐島)의 자연지리를 약술하면서, 그곳을 관미성

---

132) 손영종, 앞의 책, p.297.

으로 비정하고 있다. 이는 양국의 수군 활동을 전제로 하는 설로서 타당성이 있으나, 관미성이 백제의 북변 방어 진지로 구축된 것임을 유의할 필요가 있다. 교동은 본디 백제의 고목근(高木根), 일명 대운도(戴雲島), 혹은 고림(高林), 달을신(達乙新)이었다가 757년(신라 경덕왕 16년) 교동이라 고쳐서 해구군(海口郡)의 영현으로 삼았다. 한강 수로로 진입하거나 강화도 북부 지역, 예성강 하구를 거쳐 개성으로 진입하려면 교동도를 통과해야 한다. 또한 연안 지역으로 들어가려 해도 교동도 북서부 지역을 통과해야만 한다. 연안군에는 황해와 만나는 지점에 나진포(羅津浦)가 있는데, 이 역시 교동도에서 물길로 이어지는 곳이다.

교동도와 강화도의 북부, 개풍군, 배천군, 연안군이 만나는 지역은 3개 방향으로 좁은 물길이 있을 뿐 사방이 막힌 일종의 호수와 같은 지역이다. 만약에 이곳의 물길을 정확하게 아는 집단이 있다면 대규모 선단을 정박시켜 놓고 작전을 수행하거나 준비하기에 매우 적합한 지형이다. 필자가 이 지역을 답사한 바에 따르면 바다와 같이 넓은 호수 같은 형태로 되어 있는 이곳은 사방으로 둘러싸인 육지에 의하여 유사시에는 보호를 받을 수 있고, 육지로 퇴각이 가능하며, 진입한 적을 수륙 양면으로 포위 공격할 수 있는 전술적인 이점이 있다. 『증보문헌비고』를 살펴보면 교동도의 해양 군사적 가치는 조선 시대에 경기·황해·충청도의 삼군주사통어영(三軍舟師統禦營)을 설치하고 황당선(荒唐船)의 감시 역할을 한 것으로도 나타난다. 교동도에서 방어할 경우에는 경기만 전체, 예성강구나 해주만으로 진입해 들어가는 선단을 바다에서 봉쇄할 수 있다.

또한 바로 건너에 있는, 그 당시에도 해양 방어 시설이 있었을 가능성이 높은 연안의 봉세산성, 배천의 치악산성, 옹진의 옹진성, 태탄의 오누이산성, 강화도 북부의 하음(河陰, 봉천)산성 등과 긴밀한 전략적 제휴 관계를 맺고 있었을 것이다. 특기할 만한 사실은 연안군의 창동리 바로 위에 환성리(環城里)가 있고, 그 북쪽에 봉화리가 있다는 것이다. 교동도의 화개산성과 바로 마주 보는 지역이다. 이 지역에 대한 조사와 고찰도 필요할 것이다.

이러한 해양 전략적인 이점을 갖추고 있으므로 백제의 관미성이 이곳에 있다는 주장은 어느 정도 타당성이 있다. 그러나 최전선의 방어 시설은 있어야 할 장소지만 경기만 전체를 군사적으로 총괄하고, 수군까지도 관리해야 하는 사령부를 설치할 조건으로서는 불리하다. 또한 예성강 하구 남쪽 지역에서 강화도와 교동도 사이로 들어오는 선단, 강화도와 황해도 사이의 수로로 들어오는 적을 방어하기에도 부적합하다. 그리고 강화수로와 한강 하류를 따라서 해안 방어 시설이 미비할 경우에는 오히려 배후에서 공격받을 가능성이 아주 높은 곳이다.

한편 강화도를 관미성으로 보는 설도 있다. 이 설은 강화도라는 지역을 선정한 데서 1차적으로 타당성을 가진다. 강화는 본래 백제의 '갑비고차(甲比古次)'였다. 고구려가 점령한 후 혈구군(穴口郡)으로 불렸으며, 수지현(首知縣)·동나음현(冬奈音縣)·고목근현(高木根縣)이 있었다. 그 후 신라의 경덕왕이 해구(海口)라 고쳤으며, 원성왕이 혈구진(穴口鎭)을 설치했다. 강화는 그만큼 해양 방어에 중요한 위치를 차지하고 있었다.

강화도는 한강과 예성강이 바다와 만나는 거대한 만의 한가운데를 막고 있는 섬이다. 북동쪽에 김포반도와의 사이에 강화수로라는 매우 좁고 조수의 흐름이 불규칙한 협수로가 있어 육지나 다름없음에도 섬이 되었다. 그러면서 경기도 서쪽 지역과 옛 경기도의 일부인 개성 남쪽의 풍덕과 옹진, 해주 등 황해도 남부 해안 일대와 마주치는 북부 경기만 입구를 꽉 채우고 있다.

강화도는 경기만 가운데 최대의 만이고 핵심 지역으로서, 해양 환경으로 볼 때 두 가지 점에서 매우 중요한 의미가 있다.

첫째, 한반도 서안의 연근해 항로를 이용하고자 할 때 반드시 거쳐가거나, 그 영향권을 통과할 수밖에 없다. 고대에는 연안 항해와 근해 항해의

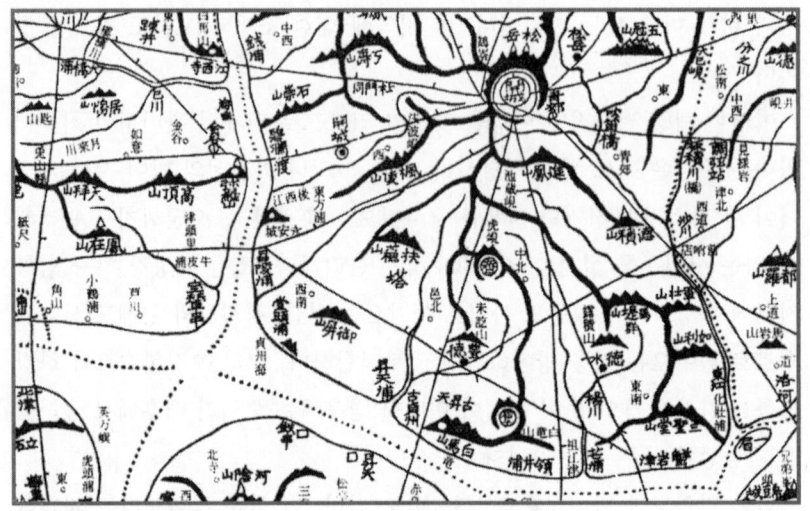

지도 3-7 | 예성강 하구(대동여지도)

범위를 크게 벗어나지 못했으므로 한반도 남부의 세력들과 제주도, 일본열
도를 오고 가는 경우에는 반드시 경기만을 통과해야 했다. 그 때문에 정치
적 교섭, 교역, 군사 작전을 막론하고 모든 해양 교통의 길목이었다. 한반
도 북부를 통해서 내려오는 길과 중국의 강남에서 들어오는 길, 제주도에
서 올라오는 길, 한반도 남부 동안에서 오는 길, 그리고 일본열도에서 오
는 길 등 모든 물길이 상호 교차하면서 반드시 거쳐야만 했던 것이다.

　강화도는 바로 그 경기만 북부에 있어서, 고대 정치사에서도 육지 질서
나 해양 질서 모두 힘이 부딪치는 격전장이었다. 대방이 황해도 서부 지역
에 있었다는 사실은 강화도가 해양 전략적으로 얼마나 중요한 곳인가를 알
려 준다. 한·위 시대에 일본열도와 교섭을 할 때 반드시 거쳐가야 했던 곳
도 바로 경기만, 그 가운데에서도 강화도 지역이다. 3세기 중반경에 시도
된 위와 대방, 한반도 남부, 일본열도의 규슈 지역을 연결하는 해상 네트
워크가 형성되었을 때 경기만 한가운데에 있는 강화도는 그야말로 핵심 거

점이었다.

둘째, 최대의 만인 경기만 가운데에서도 가장 넓은 곳이 바로 강화도로 이어지는 곳이다. 한강이 최종적으로 흘러들어가고, 연천·파주 등 경기 이북을 흐르는 임진강이 김포반도에서 한강과 만나 다시 내려오다가 바다와 만나는 곳도 강화도다. 특히 황해도 지역을 아우르며, 개성과 이어진 예성강이 한강과 만나는 곳도 강화도 북부다. 이 모든 물길들이 최종적으로 만나, 다시 서해와 만나는 곳이 강화도다. 강화는 예성강뿐만 아니라 연안군 등을 통하면 재령강과 연결되고, 대동강과도 이어질 수 있다. 이렇게 직접·간접으로 이어진 하계망을 활용하면 한반도 중부 지역 전체에 강한 영향력을 행사할 수 있다. 이들 세력이 대외 교섭을 하고자 할 때 출해구(出海口)로 사용할 수 있는 곳이 바로 강화도다. 이러한 중요성 때문에 고대부터 혈구·해구 등으로 불리었다.

셋째, 곳곳에 해양 세력이 발호하고 성장할 수 있는 자연환경이 조성되어 있다. 해양 세력은 기본적으로 '무정부성'과 '호족성'을 지니고 있다. 즉 중앙정부의 통제와 간섭을 받으려 하지 않고, 현실적으로 중앙정부가 통제하기도 힘든 것이 해상 호족들이다. 그들이 발호하려면 든든한 배후지와 자립할 수 있는 경작 공간, 해상로를 통제할 수 있는 물목을 장악할 수 있고, 외부 세력 혹은 중앙정부의 군사력을 방어하기에 유리한 전술적인 이점이 있어야 한다. 그런데 강화도는 이러한 이점을 충분히 갖추고 있다. 거기다가 적당하게 크고 핵심 지역을 통제할 수 있으므로 단순한 해상 세력이 아니라 국가에 결정적인 영향을 끼칠 수 있을 정도의 세력이 성장할 수 있다.

강화도는 이러한 해양 지리적인 이점 때문에 소외된 변방이 아니라 일찍부터 역사의 중심 무대에 있었다. 또한 동서 횡단 항로와 남북 종단 항로가 교차하는 해양 교통의 결절점에 있다. 이러한 환경을 지닌 강화도는 그야말로 백제의 수도인 한성이나 대방을 드나드는 해양 세력을 감시하고 통제하는 검문소의 구실을 할 만한 지역이다. 때문에 강화도는 역사의 초창기부터 중요한 위치에 있었으며, 고구려와 백제가 충돌할 만한 지역이었다. 강화도 가운데에서도 북부 지역은 한강 수로와 깊은 관련이 있다. 또한 고구려와 백제가 국경선을 설정하고 있는 관계로 보아 관미성과 매우 깊은 관련이 있다.

먼저 당시 전개된 상황을 살펴보면서 관미성의 위치를 살펴보도록 하자. 강화도 북부 지역은 강화도와 김포반도 사이의 협수로는 물론 김포반도로 진입하는 모든 지역에 대한 통제가 가능하다. 그리고 무엇보다도 가장 설득력 있는 이유는 당시의 전황이다. 백제의 10성과 관미성은 광개토대왕 원년에 고구려에게 넘어갔으며, 다음해에 시도된 백제의 '관미성 탈환 작전'은 실패했다. 그럼에도 불구하고 전선의 내륙에선 백제의 공격이 패하선까지 올라갔다. 이러한 사실들은 광개토대왕의 초년 공격이 해안선 일대와 해안 지대에서 이루어졌음을 뜻한다.

대왕 6년에 이르러 비로소 고구려의 수군은 대대적으로 백제를 공격하여 50여 성을 취하고 수도를 공략한다. 그때 인천 지역으로 비정되는 미추성[133] 등이 공함된 것은 그 이전까지, 즉 원년과 2년 전투에선 고구려의 공격 대상이 아니었음을 반증한다. 따라서 관미성은 병신조(丙申條)에 공취된 성 이외의 성이고, 해안 지역이면서 방어적 성격을 지녀야 한다. 이러한 조건을 갖춘 곳으로는 강화도의 해안 북부가 가장 적합하다.

필자는 강화도 북부의 봉천대가 있는 하음산성을 주목한다. 하음산성(봉천산성)은 강화군 하점면(河岾面)의 장정리와 신봉리의 봉천산(봉두산, 해발 약 290m)에 있다. 강화도 서북단, 한강과 예성강 황해가 만나는 지점에 있고, 행정구역상으로는 양사면·송해면·하점면이 만나는 산군 지역에 있다. 고구려 때는 동음나현(冬音奈縣)이었고, 또 다른 이름은 아음(芽音)이었다.

---

133) 『삼국사기』 卷35 地理志 ; 『新增東國輿地勝覽』 卷9 仁川都護府.

그런데 후에 신라에서 호음(㳂陰)으로 고쳐 해구군의 영현으로 삼았다.

산성은 강화읍의 서쪽 혹은 서북쪽으로 16~20리 떨어진 바로 봉천산 (봉두산) 위에 있다. 때문에 봉두(鳳頭)산성·봉천(奉天, 鳳千)산성 등으로 불린다. 『대동지지(大東地志)』에는 이미 고성으로 다루어졌다. 주변에는 토성이 있다.[134)]

이 지역은 강화도에서 해양 전략적인 가치가 가장 큰 곳 가운데 하나다. 당시의 역사적 상황을 살펴보고, 지형과 지리적인 조건을 분석하면서 관미 성과 이 지역이 어떻게 관련이 있는가를 탐색하고자 한다.

경기만의 핵심 거점이고 길목으로서 해양 전략적으로 중요한 역할을 하

---

134) 『朝鮮寶物古蹟調査資料』, p.23.
   『文化遺蹟總攬』 上, p.326에는 "하점면 봉천산 서북에 성터의 흔적이 있으며, 고려 때 쌓은 성으로 하음현이 폐지되는 것과 동시에 성도 폐지되었다"고 했다.

는 강화도의 특성과 역할을 압축적으로 표현하고 실질적으로 잘 발휘할 수 있는 곳이 바로 이 지역이다. 강화도의 최북단이면서 제일 서쪽에 있고, 실질적으로 강화도와 황해도가 만나는 해역으로서 한강 입구에 해당하며, 동시에 바다로 나가는 해구다. 뿐만 아니라 황해도의 예성강과 경기도의 한강이 만나는 지점이다. 이 해역과 그 주변, 즉 교동도와 강화 북부, 건너편의 황해도 연백군 일대의 해안만 장악하면 한강·예성강·황강 등의 하계망을 이용해서 한성·김포·파주·고양·한성과 황해도의 연백군 일대 및 개경 지역까지 들어갈 수 있다. 이른바 해륙 교통의 결절점이다. 이러한 조건 때문에 4세기 후반 내내 고구려와 백제 사이에 벌어진 전쟁에서 이 지역이 중요한 의미를 지녔던 것이다.

봉천산 주변 지역은 이처럼 전략적으로 유리할 뿐만 아니라 전술적으로도 매우 유리하다. 지형상으로 보아 방어 거점을 설정하기에 매우 유리한 조건을 갖추고 있기 때문이다. 또한 관측과 초계 장소로서도 매우 좋은 조건을 갖추고 있다. 주변에 포진한 백마산 고성 등 보조 방어 체제와 유기적인 작전을 수행할 수 있다. 이러한 전략적·전술적인 유리함 때문에 이 지역과 교동도만 장악하면 경기도와 황해도, 즉 경기만 북부 전체를 장악할 수 있다. 나아가 경기만 북부 지역을 감싸고 있는 황해도의 개풍군·연백군·해주군 등까지도 영향권 아래에 둘 수 있다.

따라서 고구려와 백제 사이에 예성강과 개성 등을 잇는 선에서 국경 분쟁이 일어나고, 해양 진출이 필요한 시대적인 상황에서는 이 지점에 진출거점이며 해양 방어의 요새로서 전력이 강한 산성을 구축하는 것이 필요하다.

봉천산(하음산성)이 관미성일 가능성은 앞에서 언급한 해양 지리적인 측면 외에 몇 가지 지리적인 위치에서도 입증된다. 물론 이 성이 삼국 시대의 성이고, 더욱이 관미성이라고 단정지을 만한 증거는 아직 없다. 다만 당시의 국제 정치와 전쟁 국면, 전투 상황에 대한 기록 등을 검토하고 이 지역의 해양 전략적 기능 등을 고려했을 때, 관미성일 가능성이 크다는 것이다.

고구려는 백제의 해양 활동을 분쇄하고 경기만 등 한수 이북의 해상권을 장악하기 위해서 관미성 함락과 필사적인 수성이 반드시 필요했을 것이다. 이 전투 이후인 병신년에 백제 후방을 공격하는 일이 가능했고, 그것이 해안 지대에 국한되어 있었음은 관미성의 전략적 기능을 잘 알려 주고 있다. 때문에 육군 외에 수군도 병력의 이동이란 차원을 넘어 관미성 공격에 참여했을 것이다. 더욱이 관미성이 수군 활동의 본거지였고 백제의 수군이 전투에 참여했다면 양국 간에 해전이 일어났을 가능성도 있다.

그러면 이 전투에 고구려의 수군이 참여했을 경우에 수군의 발진 기지는 어디였을까?

관미성을 함락시키기 이전의 발진 기지는 황해 북부 해역의 본거지이므로 일단 현 평양성 이남 지역은 제외된다. 평양 지역은 남포만 등의 양항이 있고, 대동강 수계로 인해 보급로 등 내륙과의 연결이 원활하다. 그러나 고구려의 수군이 활동하기에는 위험성이 많았다. 고국원왕이 평양성 전투에서 전사한 것을 보면(평양성이 남평양 지역이라 해도 마찬가지다) 평양 지역은 백제의 영향력이 미칠 수 있는 지역이었고, 남포만과 대동만·강령만·옹진만·해주만 등의 황해도 지역은 취약 지구였다. 소수림왕 7년인 377년에 백제가 평양을 공격하고, 고국양왕 6년인 389년에 있었던 백제의 공격 등은 평양 지역을 둘러싼 공방전이 계속됐고 전선이 불안정했음을 반증한다. 따라서 대규모 수군 함대가 대동강 유역이나 그 이남에서 발진할 가능성은 비교적 낮다.[135]

그렇다면 그 이북의 청천강 하구와 압록강 하구가 발진 기지였을 가능성이 크다. 압록강 유역은 수도인 국내성과 비교적 가까워서 병력의 이동과

---

135) 酒井改造는 평양에서 출발한 것으로 보고 있다(「好太王碑文の地名に就いて」, 『朝鮮學報』 8, 1955, p60).

관리가 자유롭고, 중국과 교섭하기에도 유리하다. 더욱이 하구인 서한만에는 큰 섬들이 있어 선박의 정박과 수리, 그리고 조선(造船)에도 매우 유리하다. 반면 주전선인 경기만과는 너무 떨어져 있어서 군사 작전의 신속성과 효율성이 떨어진다.[136]

한편 청천강 유역은 서한만을 가로막는 섬들이 여러 개 있고, 만 밖에는 신미도(身彌島)가 있어 방파제 구실을 한다. 또한 고구려가 반드시 확보해야 할 전략 지구인 평양 지구에서 가까우면서도 안전한 지역이므로 전략 거점으로서 호조건을 갖추고 있다. 또한 전략적으로 백제 북변과의 거리가 압록강 지역에 비해 상대적으로 짧다는 장점이 있다.

고구려가 기습 공격을 감행할 경우, 장거리 이동을 해야 한다는 것은 전략상의 차질을 가져올 수밖에 없다. 관미성 전투가 20일이나 걸렸던 경험을 통해 이미 전략을 수립하는 과정에서 그 같은 난이성이 충분히 반영됐을 것이다. 그리고 수륙양면작전을 감행할 경우에 육군과 수군의 이동 속도에 차질이 생길 가능성을 최대한 배제해야 하므로 수군의 발진 기지는 가능한 한 전선과 가까운 곳이어야 합리적이다. 따라서 관미성을 공격하기 위한 발진 기지는 청천강 유역이었을 것이다. 이때 중간 거점으로서 비교적 안전성이 확보된 대동강 수계의 한 만을 선택했을 가능성이 크다.

관미성의 위치를 알기 위해서 「릉비문」의 병신 6년조를 검토해 볼 필요가 있다. "왕은 6년인 병신년에 몸소 수군을 이끌고 잔국군을 토벌하여, 군대가 소굴의 남쪽을 공격하여 58성 700호 등을 취했다"[137]는 기사에 따르면 광개토대왕은 그해에 대규모의 수군을 투입하여 백제의 58성과 700여 촌을 탈취했다.

---

136) 천관우는 396년 전투에서 수군의 발진 기지를 압록강 유역으로 보고 있다(「廣開土王의 征服活動」, 『한국사 시민 강좌』 3, 일조각, 1983, p.53).

137) 「릉비문」, "……以六年丙申王躬率水軍討伐殘國軍至窠南首攻取壹八城--於是得五十八城村七百……"

그렇다면 광개토대왕이 이 시기에 백제를 공격한 수군의 발진 기지는 어느 곳에 있었을까? 「릉비문」 6년조의 기사는 해양 활동과 관련해 몇 가지 사실을 알려 주고 있다. 첫째, 광개토대왕은 수군을 동원하여 백제를 공략했으나 다른 해의 기사와 달리 보기(步騎)의 사용과, 해전 발생에 관한 사실을 빠뜨리고 있다. 그러나 수륙양면작전으로 공격을 했건, 군사를 운송했건 수군을 동반한 작전임에는 틀림없다. 그런데 50여 성을 공파하고 그것을 점령하기 위해서는 병력과 운송선이 상당히 많거나, 한 척당 승선 인원이 많은 큰 배가 있어야 한다. 따라서 6년조의 기사는 고구려의 해양 활동 능력이 뛰어났으며, 본격적인 수전과 대규모 군사 작전을 감행할 수 있는 능력을 갖고 있음을 알려 준다. 둘째, 이 작전은 한강 유역의 서부 해안 지대에서 벌어졌다. 당시 공취한 50여 개의 성들이 한강 이북 지역에 있다는 견해도 있으나,[138] 성의 위치 비정에서 나타나듯 주로 한강 이남 지역에 공격이 가해졌다. 그것은 당시의 전략과 전황으로 보아 당연하다. 한강 이남을 공격하지 않고서는 백제의 해양 능력을 약화시킬 수 없으며, 백제의 해안 공격에 서부 해안 지대가 노출될 우려가 있기 때문이다. 394년 고구려가 축성한 국남 7성은 바로 이러한 고구려의 우려를 반영하고 있다. 또한 한강 이남을 공취하지 못하고 수군을 이용해 한강 수계와 수도만을 점령하였을 경우에 백제 수군의 공격으로 퇴로가 끊길 가능성이 많았다.

그러면 이 작전을 성공적으로 수행한 대규모의 병선과 군사가 집결되었던 장소는 어디였을까? 다시 말해 관미성을 점령한 이후에 발진 기지의 역할을 했고 해양 활동의 근거지였던 곳은 어디였을까?

기본적으로는 다수의 병력을 운송시키고, 전투에 필요한 군수품을 보급하고 적재하는 데 알맞은 장소여야 한다. 또한 양항의 조건을 갖추고 있고, 많은 선박들이 안전하게 정박하는 만이 있으며, 목적지까지 최단시간

---

138) 李丙燾, 「廣開土王의 雄略」, 『韓國古代史研究』, 박영사, 1976, pp.378~383.

안에 도달할 수 있어야 한다. 한수 이북에서 이러한 조건을 비교적 갖춘 곳은 해주만과 예성강 하구 및 대동강 하구다.

광개토대왕 원년의 전투로 인하여 한수 이북의 10여 성을 점령하고 북변의 전략적 요충지인 관미성을 함락했다면, 이 시기에는 이미 예성강 이북 및 북부 경기만의 안전성이 확보되었을 것이다. 결론적으로 광개토대왕 초기에 고구려의 수군 작전은 남포만 이북이나 압록강 하구인 서한만을 주요 발진 기지로 했고, 대왕 6년(丙申)조에는 옹진, 해주만, 혹은 예성강구를 최종 발진 기지로 하여 경기만에 집결한 다음에 그전에 탈취한 관미성을 중간 거점으로 삼는 형태였다.

그렇다면 어떤 방향으로 병선과 군대를 이동시켰을까?

당시 고구려는 기병과 수군을 활용한 선제공격 및 협공을 하는 수륙양면 작전을 활용했다. 「릉비문」을 보면 점령된 성 가운데에는 위치를 알 수 있는 비성(沸城, 통진), 아단성(아차산성), 미추성(인천), 모로성(牟盧城, 용인) 등이 있었다. 이 성들의 위치로 보아 당시 대왕의 군대는 임진강을 도하한 육군 외에 수군이 세 개 방향으로 동시에 상륙했던 것 같다.

제1로는 대동강 유역에서 출발하여 예성강 하구와 한강이 만나는 강화 북부에서 한강 하류를 거슬러 오면서 김포반도와 수도를 직공하는 것이다. 가장 효율적이고 기동성 또한 발휘할 수 있다. 물론 백제군은 한강 수로변에 일련의 방어 체제를 구축했다. 김포의 동성산성·북성산성 등이 그러하고, 한강 건너편의 오두산성, 일산의 심학산성, 송포면의 멱절산 등 몇 군데에서 그러한 흔적이 발견되고 있다.

제2로는 김포의 수안산 지역이나 인천의 여러 지역, 특히 공촌동·한진·제물포·소래 등의 해안을 통해서 상륙 작전을 감행한 다음, 부평의 계양산성이나 문학산성으로 추정되는 인천의 미추성을 점령하는 것이다. 그러고 나서 현재의 서울 서부 지역으로 진입했을 것이다. 인천의 문학산성은 백제가 쌓은 미추성이라고 하는데, 결국 이들 지역은 장수대왕대에 들

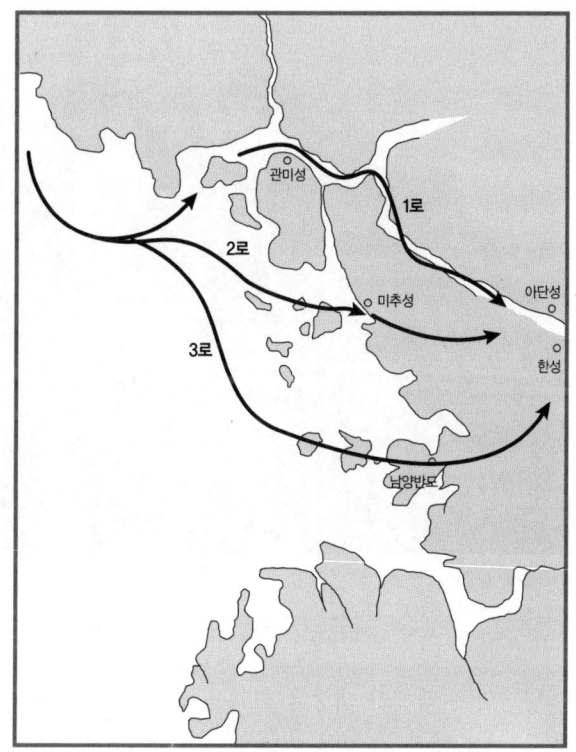

지도 3-8 | 광개토대왕 수군의 한성 공격로

어와 완전하게 고구려의 영토가 되었다.[139]

제3로는 안산만과 남양만 등으로 상륙하여 현재의 수원·용인·과천 등을 거쳐 한성의 배후를 기습하는 것이다. 옛 남양 땅은 백제의 당항성(黨項城)이었으나 『고려사』에서 고구려의 당성군이라고 언급한 이후에 『세종실록지리지』·『동국여지승람』에서 당성을 고구려의 영토로 기록하고 있다. 명칭도 당성현(唐城縣)·당성군(唐城郡)으로 되어 있다.

---

139) 『삼국사기』 지리지 卷6 고구려에는 齊次巴衣縣·買召忽縣을 각각 "一云 彌鄒忽"이라고 했다는 기록이 있다.

그림 3-6 | 당성 성벽 전면

　남양만은 백제가 대중국 교역을 하고 연안 교통을 통해서 경제적·정치적 이점을 얻을 수 있으므로 백제의 중요한 군사적 거점이었을 가능성이 크다. 광개토대왕의 수군은 필연적으로 이 지역을 공격해야 했다.

　이곳에는 많은 산성이 있는데, 특히 당성은 전략적으로 남양반도 전체, 안산 등의 지역, 남양 치소와 그 멀리까지도 작전 반경 속에 편입시켜 놓고 경기만 하단부의 해양 방어 체제의 중심을 이루고 있다.

　광개토대왕군이 병신 6년에 공격했던 이 지역 역시 장수대왕 때 완전히 고구려의 영토가 되었다. 남양만을 빼앗긴 백제는 해양 활동이 약화되고 대중국 교통로를 잃어버림으로써 정치·외교적으로 타격을 입었다. 뿐만 아니라 경제적으로도 심각한 손실을 입었을 것이다.

　이렇게 전개된 상황으로 볼 때 이보다 5년 전에 벌어진 관미성 전투는 성 자체의 함락과 함께, 백제가 가진 황해 중부의 수군 활동을 무력화시킨 의미를 갖고 있다. 만약 관미성을 함락시키지 못했더라면 6년에 발진한 고구려의 수군은 백제의 해양 방어망과 수군을 배후에 둔 상태에서 후방 깊숙한 해안으로 상륙할 수가 없었을 것이다.

고구려가 수군을 활용하여 해안을 공격한 것은 경기만을 쟁탈하고 서해안 해상권을 장악하는 것을 목표로 하였기 때문이다. 경기만은 해상 교통 및 한반도 중부 지역을 통합시키는 내륙 수로 교통의 요충지였으며, 백제의 해양 활동 근거지였다. 광개토대왕은 한성을 공멸하고 강화·인천·남양 지역 등 서해 연안의 요충지들을 점령함으로써 백제의 수군 활동을 마비시키고, 황해 중부 연안의 해상권을 장악하려는 의도가 강했을 것이다. 그것은 그 후에 전개된 과정에서도 확인된다.

2. 백제전과 「광개토대왕릉비」 14년조의 검토

「릉비문」에는 고구려 수군의 활동과 그로 인한 동아지중해 질서의 근본적인 변화를 보여주는 기사가 있다. 특히 왜의 해양 활동과 밀접한 관련이 있다는 사실이 「릉비문」 14년(甲辰)조의 기사에서 나타난다. 비문은 마모가 많이 되어 그 전모를 정확히 알 수 없다는 한계가 있다. 이 14년조도 예외는 아니어서 판독이 불가능하여 문맥이 안 통하는 부분이 있다. 그러나 신묘년조(辛卯年條)와는 달리 내용의 해석은 거의 일치되고 있다.

비교적 최근에 알려진 아래의 왕건군 석문은 종전에는 판독할 수 없었던 글자들을 많이 복원한 것으로 알려지고 있다.

十四年 甲辰而 倭不軌 侵入帶方界 和通殘兵 口石城口連船, 口口口, 王躬率往討 從平壤 口 口 口鋒相遇 王幢要截盪刺 倭寇潰敗 斬殺無數.[140]

---

140) 王健群, 앞의 책, p.273에서 재인용.

당시의 대세와 관련해 이 석문(釋文)을 해석할 경우에는 일단 기본적인 두 가지 사실을 알 수 있다. 첫째는 "왕당(王幢)", "왕궁솔왕토(王躬率往討)"란 문구를 통해 왕이 친정을 했다는 사실이며,[141] 둘째는 이 공격에 백제가 왜와 함께 공동 작전을 폈다는 사실이다. 이러한 기본적인 골격을 가지고 다시 문장을 검토해 보도록 하자.

"□[142]石城"의 주체는 일단 왜임이 분명하다. 그런데 판독이 가능한 문자 중에서 중간의 "연선(連船)"이란 두 글자를 주목할 필요가 있다. 석성과 연선 사이에 글자가 마모되었기 때문에 정확한 내용은 알 수가 없지만, 문법상 고구려가 주체가 될 가능성도 있다. 그런데 "連船□□□" 다음에 왕이 주체가 되는 "王躬率往討"라는 문장이 다시 시작되는 것을 보면 연선의 주체는 왜와 백제가 되는 것이 합당하다. 연선의 주체가 왕일 경우, 다시 "王躬率……"이라는 문장이 나올 이유가 별로 없기 때문이다. 그렇다면 왜와 백제는 선을 이용해서 대방계를 습격한 것이 된다.[143] 이때 왜와 백제 둘 중 누가 주도권을 가졌는지는 불분명하지만, 문장의 주어가 왜인 것으로 보아 적어도 비문 작성자는 왜를 주체로 인식하고 있다.[144]

그런데 일반적으로 왜의 대방계 공격을 중대한 의미가 있다고 지적한 반면, 왜군의 경로와 해양 활동의 관계에 대해서는 비교적 소홀히 다루고 있다. 천관우는 낙동강 방면에서 싸우던 왜가 서울의 강동 방면을 거쳐 북상

---

141) 王健群, 앞의 책, p.275에서 王幢을 지명으로 보는 것이 불가능할 것 같지는 않다고 하여 종전의 견해에 수정을 시도하고 있다. 박성봉, 「廣開土好太王期의 內政整備에 대하여」, 『千寬宇先生還曆紀念韓國史學論叢』, 1985, p.203 등 대부분의 경우 王幢은 왕의 직속 군대로 파악하고 있다.

142) 安春培는 앞 논문, p.316에서 從자로 해석하고 있다.

143) 千寬宇는 「廣開土王陵碑文再論」, p.544에서 "최소한 선박을 동원한 수륙양면작전인 것으로 보인다"고 했다.

144) 王健群도 앞의 책, p.275에서 동일한 견해를 표명하고 있다. 명분상으로도 왜의 침입과 역할을 강조했고, 수군을 동원한 대방계 습격이기 때문에 당시의 상황으로 보아 역할상으로는 왜가 주체가 된 것으로 본다. 그러나 당시의 역학 구도와 전황으로 보아 기본적으로는 고구려와 백제의 대결로 보는 것이 합리적이다.

그림 3-7 | 광개토대왕비

했으며, 백제의 영역을 왜가 독자적으로 통과할 수는 없으므로 백제가 주
가 되고 왜를 종으로 하는 연합군이었다고 파악하고 있다.[145] 그러나 당시
왜는 수군을 이용하여 대방계를 습격했다고 해석하는 것이 타당할 듯하다.
그것이 위에서 예시한 당시의 해양 질서 상황과 전략적 이점을 고려할 때
용이하고 전략적으로도 유리했기 때문이다.

「릉비문」의 자구 해석을 통해서 당시 왜의 해양 활동이 고구려에 직접
영향을 끼쳤음을 살펴보았다. 이제 다음 단계로 한반도 내부의 전략적인

---

145) 千寬宇,「廣開土王의 征服活動」,『韓國史市民講座』3, 일조각, 1983, p.52. 그러나 이러한 해
    석은 당시의 해양 활동 전반에 대한 이해를 감안하지 않은 결과로 생각된다.

관점에서 이 조항이 고구려의 해양 활동과 어떠한 의미를 갖고 있는가를 살펴보고자 한다.

「릉비문」에 나타난 대로 고구려와 백제·신라·가야·왜는 수년간에 걸쳐서 전쟁을 벌이고 있었다. 그런데 전쟁의 대세는 이미 고구려로 기울어져서, 백제와 왜는 이것을 만회해야만 하는 상황에 처해 있었다. 영락 14년에 백제·왜·가야 연합군이 전쟁에서 불리해진 데에는 여러 가지 이유가 있다.

첫째, 백제·왜의 연합군이 영락 10년에 광개토대왕이 이끄는 보기(步騎)의 병력과 신라의 연합군에 의해 궤멸된 것이다. 따라서 갑진년 전투에서 승리하려면 고구려와 신라의 병력을 분산시키거나, 연합군이 아닌 단독군과 싸움을 해야만 했다. 물론 당시 백제·왜의 1차 주공격 목표는 신라였다. 하지만 고구려의 연결고리를 차단하지 않으면 10년조의 상황처럼 복잡하게 되므로 일단 고구려의 남변을 공격해야만 했다. 그런 데다가 백제·왜는 기병을 동원한 고구려의 전투 능력에 대응할 능력이 부족하고,[146] 또한 육로를 통해서 고구려의 남변을 공격할 경우 신라의 원군이 참여할 가능성이 있었다.

둘째, 고구려의 공격으로 백제 수군이 궤멸되었고, 서해 중부의 해상 작전권을 상실했다. 이미 한수 이남의 성들도 고구려의 작전 영역 안에 흡수되어 백제의 해상 작전 능력은 현저히 약화되었다. 더구나 고구려가 상승세를 타고 수륙양면작전을 시도하면서 백제 남부 지역으로 밀고 들어올 가능성도 있었다. 이러한 형국에서 고구려의 수군 능력을 약화시키지 않으면 전세를 되돌이키기가 매우 어려웠다.

---

146) 당시 해양 활동 수준으로 보아 고구려와 정면전을 펼칠 정도로 대규모의 군사 운송은 불가능했으리라고 판단된다. 千寬宇는 「廣開土王碑文 再論」, p.534에서 辛卯年 조항의 來渡海 부분을 해석하면서 『삼국사기』와 『일본서기』 欽明紀의 기사를 예로 들면서 당시 왜의 병력이 소규모가 아닌가라고 논지를 전개하고 있다.

위에서 말한 두 가지 불리한 요소들을 제거하면서 백제·왜 연합군이 전쟁에서 승기를 잡을 수 있는 전략은, 육로 공격을 피하고 수군을 동원하여 일단 적의 배후를 기습 공격함으로써 아군의 활동에 결정적 장애가 되는 수군 능력을 무력화시키는 것이다. 이는 성공 가능성이 많은 작전이다.

해양 작전은 보병을 동원하여 면과 선 위에서 한정된 작전을 펼 수밖에 없는 육지전과는 다른 특성이 있다. 첫째, 수군 작전은 잠행성이 있다. 적군의 관측 범위나 방어 체제와 무관하게 아군의 작전 능력과 의도에 따라서 잠행한 다음, 적의 배후에 치명타를 가할 수 있다. 선단은 전방 지대 멀리 우회한 다음에 후방 깊숙이에 상륙할 수 있다. 특히 야간 작전을 즐겨 구사하면서 이른바 '점의 작전'을 구사할 수 있다. 둘째, 기동성이 있다. 선단은 대규모의 병력을 거느리고 빠른 속도로 이동할 수 있다. 기마군단보다도 유리한 점은 야간에도 계속 움직일 수 있고, 전투의 주력인 병사들의 동력을 온전하게 보존할 수 있다는 것이다. 보병의 기동성과는 전혀 비교조차 안 될 정도이다. 셋째, 반전성을 갖고 있다. 즉 전투의 일반적인 흐름과 전세에 강한 변화 내지는 극적인 반전을 가져올 수 있다. 특히 원거리 이동 후방 상륙 작전은 수군 작전의 백미로서 전세를 일거에 반전시킬 수 있는 최고의 전략다. 이것은 광개토대왕 6년의 수군 작전에서 탁월한 효용성이 입증되었다. 이후 6세기 말부터 시작된 고구려와 통일 중국 간에 벌어진 동아지중해 국제 대전에선 이러한 전략이 결정적인 역할을 했다.

백제는 전세도 매우 불리한데다 반격의 여력이 없으며, 육지에서의 주도권도 이미 상실한 상태였다. 이때 백제와 왜가 함께 고구려 수군의 남진 기지 자체를 공격하거나, 배후를 습격하여 수군 활동에 치명타를 주는 전략은 효율적이다. 고구려가 구사했던 기습 상륙 작전을 역으로 시도하는 것이다. 이상과 같은 논리에 따르면 결국 당시에 전개되었던 군사적인 상황과 비문의 해석은 일치된다.

그러면 백제·왜의 연합군이 수군 작전을 감행했다고 할 때, 과연 그러한 조건을 구비하고 있었을까? 그 타당성 여부를 검증하려면 몇 가지를 검토해 볼 필요성이 있다.

첫째, 대왕 14년 당시에 왜는 수군 능력을 보유하고 있었다. 최소한 군사를 운송할 군선만은 건재했다. 왜의 한반도 진입 시기와 병력의 규모에 대해서는 여러 가지 설이 있다. 「릉비문」 9년조·10년조를 볼 때, 당시 왜의 병력이 적지 않았음을 추정할 수 있다. 물론 고구려와 전투를 하면서 많은 병력을 상실한 것은 분명하지만, 그것은 해상 전투가 아니었으므로 군선 등 해양 활동 능력은 어느 정도 보존했을 것이다. 따라서 해양 활동 능력이 건재하고 원양 항해 능력과 여러 번의 상륙 작전 경험을 갖고 있는 왜로서는 병선을 이동하여 고구려 영내로 진입하는 것이 육로 공격보다 오히려 부담이 적었을 것이다.

한편 이 전투의 주체가 왜일 가능성을 살펴볼 필요가 있다. 천관우는 「릉비문」의 영락 14년조(404)와 『삼국사기』 4년조(395) 사건이 동일한 내용이라고 전제하고 있다. 따라서 『삼국사기』의 기록에 백제만 나온 것을 위주로 해석하여, 당시의 작전이 백제를 주로 하고 왜를 종으로 하는 연합군이편 것으로 파악하고 있다.[147] 그러나 「릉비문」의 내용이 사실을 반영한 것이라면, 그 주체는 왜일 것이다. 당시의 전황을 감안해도 「릉비문」 6년조와 10년조의 전투에서 백제 세력, 특히 한강 유역의 해상 세력이 심대한 타격을 입었다면 최소한 수군 활동에서는 왜가 주체였을 가능성이 높다.

둘째, 대방계로 진입하기 위하여 왜와 백제가 합동 작전을 폈을 가능성이 크다. 서해안은 백제가 기존에 활동하던 구역이다. 서해안은 지형이 복잡해서 물길에 익숙하지 못한 집단은 해양 활동을 하기가 어렵다. 그런데 왜군은 고구려가 점령하고 있는 한강 유역의 해상을 통과해서 북상해야만

---

147) 千寬宇, 「廣開土王陵碑文 再論」, p.545 ; 「廣開土王의 征服活動」, 『韓國史市民講座』 3, 일조각, 1983, pp.51~52. 朴性鳳 역시 앞 논문, p.12에서 당시의 능력으로 미루어 왜의 병력이 빈약한 것으로 보고 있다.

한다. 이것은 물길에 능한 백제의 도움 없이는 거의 불가능한 일이다. 백제의 수군이 해상 작전을 주도하거나 수행할 수 있을 정도의 경험과 지식을 보유했고, 더구나 남부 지역의 해상 능력을 보존했던 것은 잘 아는 사실이다. 왜의 수군은 이러한 지형적 조건과 복잡한 물길을 백제의 도움을 받아 가며 용이하게 항진(航進)했을 것이다. 이러한 제반 조건을 고려할 때, 결국 「릉비문」 14년조의 대방계 공격은 백제와 왜의 연합군이 수군을 동원하여 했음을 알 수 있다.

그러면 백제·왜의 수군이 상륙한 대방계란 구체적으로 어디를 가리키는 것일까?

그 정확한 위치에 대해서는 여러 주장이 있으나 통상 현재의 황해도 지역으로 추정된다.[148] 황해도는 강화도를 가운데 두고 남양반도와 함께 남과 북에서 경기만을 감싸고 있다. 동시에 평양 지역 등 대동강 하구로 진입하는 턱의 역할을 하기도 한다.

지리적으로도 황해도는 한반도와 북부를 가르면서 완충 지대에 있다. 또한 해양 질서의 관점에서 본다면 황해 동안(東岸)의 남북을 종단하는 연근해 항로가 반드시 거쳐가고 통제를 받아야만 하는 곳이다. 그리고 산동반도와 가장 가까운 거리(약 250km)에 있으므로 황해 중부 횡단 항로를 이용한 세력들이 늘 이용하는 해양 통로에 있다. 황해도 앞바다에서 남행하면 경기만의 영향권으로 들어가고, 북행하면 바로 대동강 하구로 들어간다. 이러한 해양 전략적 위치에 있으므로 황해도는 일찍부터 주목의 대상이 되었으며, 북진하는 세력과 남진하는 세력 간에 교섭과 충돌이 빚어지곤 했다.

천관우는 『삼국사기』의 기록과 비교하여 이때의 전투가 패수에서 이루어졌고, 그 패수는 현재의 예성강이며 대방계는 사리원 일대라고 주장한

---

148) 千寬宇, 「廣開土王代의 高句麗 領域에 대하여」, 『領土問題硏究』 1, 고려대 민족문제연구소, 1981, pp.150~151.

다. 예성강 지역은 백제의 영역이었으므로 백제의 잔존 세력이 남아 있을 가능성이 있다. 따라서 백제군과 왜군이 상륙한 지점일 개연성이 다분하다. 그러나 여기에는 몇 가지 문제점이 따른다.

그때 고구려는 경기만을 장악했고, 백제는 패수 공방전에서 패한 후이므로 이미 예성강은 물론 임진강마저 고구려의 수중에 들어가 있었다. 따라서 왜군이 강을 건너서 직접 공격하는 강상 전투를 시도했을 리 만무하다. 당시 왜군과 백제군은 바다를 통해서 강 하구로 들어왔거나 직접 해안 지대로 상륙했을 것이다. 그렇지만 예성강 하구로 들어왔을 확률은 낮다. 고구려는 396년에는 이미 경기만 일대를 장악했고, 394년(광개토왕 3년)에는 국남 7성을 축성[149]했다. 이는 황해도 남부 해안 지대를 강화할 목적이었다. 그 밖에 시대를 알 수 없는 산성들도 많이 있다.[150] 최창빈은 이 성들을 당시에 쌓은 것으로 보고 있다.[151] 그런데 그가 비정한 국남 7성의 위치를 보면 모두 해안 방어 시설의 성격을 겸하고 있다. 물론 이것말고도 해양 방어와 관련된 성들은 많이 있다.

해주는 고구려 때의 내미홀군(內未忽郡)으로, 지성(池城)·장지(長池)라고도 했다. 그러다가 신라 경덕왕이 폭지(瀑池)라고 이름을 바꾸었다.[152] 이곳의 수양산성(首陽山城)은 원래 지방산성이라고 불렸는데, 고구려 당시에는 내미홀군의 방위성이다. 이를 국남 7성의 하나로 보는 견해도 있다.[153] 치악산성은 치양산성이라고도 하며, 고구려 때 도랍현(刀臘縣)인 배천에 있다.[154] 고구려와 백제가 예성강을 경계로 하고 있었다면 가장 전방에 위치한 해안 방어성이 바로 배천의 치악성이다. 한성으로 빨리 진공할

---

149) 『삼국사기』 권18 고구려본기 광개토왕 3년.
150) 손영종, 앞의 책, p.289.
151) 최창빈, 「4세기 말~5세기 초 고구려 국남 7성과 국동 6성에 대하여」, pp.52~53.
152) 『世宗實錄地理志』 해주부.
153) 『력사과학』 1990년 3호, p.52.
154) 『世宗實錄地理志』 배천군.

수 있고, 특히 해로를 이용할 경우에 매우 중요한 성이다.

연안(延安)은 고구려의 동음홀(冬音忽)로, 시염성(豉鹽城, 동청)이라고도 불렸다. 연안은 황해도 남부 지역의 중심지로서 그곳의 봉세산성 역시 고구려가 쌓은 국남 7성의 하나로 본다. 4세기 중엽부터 이 일대는 고구려와 백제의 기본 전선으로 되었다. 당시의 기본 전투 형식이 공성전·수성전이었다는 점으로 미루어 보아 전략적으로 중요한 이곳에 고구려가 성을 쌓지 않을 수 없었을 것이다.

재령군(현재는 신원군에 속해 있다)은 고구려의 식성군(息城郡)·한성군이라고도 하며, 내홀(乃忽)·한홀(漢忽)이라고 한다. 낙랑·대방의 잔재 세력을 제압하여 집권 체제 속에 편입시키고 백제전을 수행하기 위한 남진 거점으로 알맞은 곳이다. 고구려·백제 등 한반도 중부 세력들의 해양 활동과 밀접한 관련이 있다. 그곳의 장수산성은 황해도 중부 한복판에 있으면서 경기만은 물론 황해도 연안의 모든 만들을 연결시키면서 이 지역의 해상 활동권을 하나로 연결하고 동시에 장악할 수 있는 전략적 요충지다. 손영종은 이곳을 남평양이라고 했는데, 축조 시기가 4~5세기[155]인 것으로 미루어 당시 14년조의 전투와 직접·간접으로 관련이 있을 것이다.

태백산성이 있는 평산(平山)은 고구려의 대곡군(大谷郡)·다지홀(多知忽)이라고 했다. 내륙과 해안을 이어 주는 교통의 요충지이며, 일종의 중심성이다. 태백산성은 신라 경덕왕 21년에 쌓았으며, 후에 성황산성이라고도 했으나 발견된 기와 조각 등이 고구려 것으로서 역시 4세기에서 5세기 초에 축조되었다고 본다.[156]

한편 대왕 14년 전투를 이해하는 데 중요한 지역이 바로 옹진이다. 옹진현(甕津縣)은 고구려의 옹천(甕遷)으로, 장산곶 등은 항로상에서 매우 중요한 곳이다. 장연의 혹도(백령진) 등은 고구려 땅이었다.[157] 바다와 가까운

155) 『조선고고학 전서』 중세편 1, pp.158~159.
156) 『조선고고학 전서』 중세편 1, pp.159~161.

옹천성은 특히 황해 먼 바다를 직접 관측할 수 있는 곳에 있다. 많은 유적과 유품들이 조사되었는데[158] 화강암을 고구려의 전형적 성돌 양식인 사각추 형태로 가공한 것이 많으며, 성쌓기 양식도 고구려와 유사하다.[159] 고구려 당시에 해양 방어 체제의 일환으로 쌓았을 가능성이 크다. 태탄(苔灘)의 오누이산성 또한 해양 방어 체제의 일환으로 축성되었을 것이다.

이처럼 이 지역에는 이밖에도 많은 성들이 유기적인 관계를 맺으면서 치밀한 방어 체제를 구축하고 있다. 더구나 대부분의 성들은 해안가나 해안을 방비할 정도의 거리에 위치해 있다. 이들 성은 4세기 후반 고구려 또는 백제에 의해 축조된 것으로 보인다. 이는 해안을 통해서 양국 간에 공방전이 벌어졌음을 강하게 시사한다. 특히 당시 백제·왜군의 침공로가 되었을 가능성이 크다. 물론 백제·왜군은 선단을 활용하여 고구려의 더 후방 지역을 기습했을 수도 있다. 그러나 고구려의 방어 전략 또한 육군과 수군의 공동 작전이었으므로 대동강 하구로 진입할 수는 없었을 것이다. 백제·왜군이 해안을 통해서 상륙을 한 후 평양에서 내려오는 고구려의 군대와 마주치는 지점이라면 실제 전투 지점은 해주만이나 강령만, 장연군과 옹진군 사이의 대동만 등일 가능성이 많다.

지금까지 「릉비문」의 문구 해석과 당시의 전략적인 입장을 토대로 수군 활동의 가능성과 백제·왜의 대방계 침입이 해양을 통해서 이루어졌음을 살펴보았다.

이러한 논리를 근거로 한다면 양국의 군대가 대방계를 침입한 목적과 과정이 분명해진다. 이 작전은 백제·왜가 불리하게 전개된 전세를 역전시키기 위하여 배후를 기습 공격함으로써 고구려의 해양 활동 능력을 파괴하고, 백제의 해양 능력을 회복하여 협공 체제를 갖추려는 목적으로 시도된

---

157) 『增補文獻備考』 18卷 郡縣沿革 4.
158) 『력사과학』 1986년 2호, pp.30~43.
159) 최창빈, 「옹진고성(고구려의 옹천성)에 대하여」, 『력사과학』 86-2, pp.39~43.

것이다. 그리고 거시적인 관점에서 본다면 백제·왜·가야가 연합한 남부 세력이 황해 중부의 해상권을 다시 장악함으로써 한반도의 주도권은 물론 동아시아 질서 재편 과정에서 유리한 고지를 점령하려는 정치·외교적인 전략에서 감행된 것이다.

「릉비문」 14년조의 전투는 결과적으로 동아시아의 외교·군사상에서 몇 가지 중요한 의미를 가지게 되었다. 첫째, 한반도 질서 재편 과정에 새로운 전략이 도입되었다. 백제와 왜의 수군 연합 작전이 이루어졌으며, 그것은 한반도 중부를 넘어서 고구려 중심부의 중요한 지점에까지 확대되었다. 특히 「릉비문」 14년조 뒷문장의 "14년 갑진년에 왜는 뜻밖에 대방계를 침입하여 백잔병과 서로 통하여 석성을……배가 연이어서……, 왕은 몸소 군사를 거느리고 토벌했다. 평양을 떠나서 앞의 부대가 서로 만났다. 왕의 친정군이 요로를 끊고, 찌르고, 공격하여 왜구들은 무너지고 패하여 죽은 자가 무수히 많았다"[160]는 문맥으로 보아 평양이 전투 지역과 관련 있을 가능성이 크다. 14년조에 나타난 이러한 공격 시도는 작전의 성패 여부를 떠나서 동아 질서의 구축 과정과 한반도의 세력 재편에 해양 활동이라는 군사 전략이 본격적으로 도입된 선례를 남겼다.

둘째, 이 전투의 결과 고구려는 황해 중부의 해상권을 완전히 장악했다. 백제 세력은 남쪽으로 완전히 후퇴하고, 국제 질서도 백제·왜·남조 등을 연결하는 선에서 그치게 되었으며, 결속력도 약해졌다. 다시 말해서 동아시아의 해양적 질서가 구축되는 과정에서 고구려가 주도권을 차지한 것이다. 「릉비문」 17년(丁未)조의 기사에서 백제와 전투한 기록이 나오지만 「릉비문」 14년조와 같은 격렬함도 없고, 왜나 수군을 동원한 기록도 보이지 않는다는 사실은 당시의 변화된 군사적 상황을 반영하는 것이다. 그런데 「릉비문」 17년조에는 "17년 정미년에 보병과 기병 5만을 파견하여……

---

160) "十四年 甲辰而 倭不軌 侵入帶方界 和通殘兵□石城□連船, □□□. 王躬率往討 卒平壤 □□ □ 鋒相遇 王幢要截盪刺 倭寇潰敗 斬殺無數."

사방을 포위하고 싸움을 벌여 적을 참살하여 전멸시키고, 개갑 1만여를 노획했으며, 군수물자와 병기들은 헤아릴 수 없었다"[161]는 문장이 있다. 당시 요동 지역의 군사적인 상황과 후연의 위치, 광개토대왕의 전략을 고려한다면 이 전투는 대후연 작전이며, 수군을 동원했을 가능성이 크다.

결국 광개토대왕 시대에 해양 활동은 외교 관계와 군사력의 우위 여부를 결정짓는 중요한 요소였으며, 그 능력에 따라 국가의 성장이 영향받았다는 사실을 알 수 있다. 또한 동아시아의 역학 관계에 해양 활동이 본격적으로 작용한 상황을 반영한다.『삼국사기』에서 기록이 빠진 것과 관련없이「릉비문」을 근거로 역사를 이해한다면 삼국은 이미 해양 활동 능력을 상당히 갖추었고, 이를 국제 질서 재편에 활용하는 단계에 이르렀던 것이다.

---

161)「릉비문」17년조에는 "十七年 丁未 敎遣步騎五萬, ……王師四方合戰 斬煞蕩盡 所穫鎧鉀一萬餘 軍資器械 不可稱數……"라는 문장이 있다.

4 고구려 발전기의 해양 활동(II)
장수대왕의 남진 정책과 해양 활동

한 국가가 수립하고 집행하는 중요한 정책은 국내적·국외적 요인을 기본으로 하고, 대외 관계의 측면과 국제 질서에서 나타나는 역학 관계를 종합적으로 분석해서 수립하는 것이다. 특히 고구려처럼 국제 질서의 중심부에 있는 국가는 주변국과의 관계 설정이 중요하므로 대외 정책을 수립할 때에는 국제적인 요인이 더 강하게 작용하기도 한다. 그러므로 대외 정책은 단기적으로는 가변성이 많으며, 때로는 비자발적으로 추진되는 경우도 많다. 고구려는 영토적·민족사적 국제 질서의 측면을 고려할 때 기본적으로 전기부터 전방위 정책을 수행했다. 그러다가 5세기 중반에 가까워지면서 대백제전을 개시로 군사 정책의 공격 방향이 남쪽으로 향하기 시작했다.

광개토대왕은 영토 팽창 정책을 강력하게 추진하고 기마전과 수군 활동을 바탕으로 한 정복 전쟁을 벌이면서 동아시아의 질서 개편을 주도했다. 특히 남부 전선을 안정시키고 신해양 질서에 적응하기 위하여 해양 활동 능력을 강화시켰다. 그런데 장수대왕 시대로 오면서 고구려가 직면한 국내외의 상황이 현저히 달라졌다. 이러한 국제 환경 속에서 동아시아의 각국들은 숨가쁘게 활발한 외교전을 벌이며 자기의 생존권을 확보하는 동시에 팽창의 호기를 노리고 있었다.

장수대왕은 광개토대왕이 추진했던 대외 정책의 기조에 변화를 모색하면서 대외적으로는 백제전을 강화하고, 중국 세력과 등거리 외교를 하는 한편, 대내적으로는 수도의 남천으로 나타나는 남진 정책을 본격적으로 실시했다.[1] 이 장에서는 아래의 두 가지 관점을 가지고 남진 정책에 대한 새로운 해석을 하고자 한다.

첫째, 장수대왕이 취한 남진 정책의 큰 줄기는 단기적 관점, 혹은 한민족 내의 4국 관계에서 추진된 것이 아니라, 장기적인 관점과 변화된 동아시아 질서의 역학 관계를 유리하게 조절하기 위해 추진한 대외 발전 전략으로 파악하고자 한다. 그런데 동아시아라는 개념은 너무 광범위하고 포괄적이어서 바다와 섬과 반도 대륙을 공유하고 있는 역사 환경 속에서 일부 국가들의 정책을 추상적이고 관념적으로 평가할 위험이 있다. 따라서 이를 극복하기 위한 시도로서 앞에서 이미 언급한 '동아지중해'란 모델을 적극적으로 차용하여, 그 역학 관계의 특성을 전제로 장수대왕의 정책들을 해석하고자 한다. 즉 고구려와 직접 관련을 맺고 질서 재편에 참여한 나라들의 성격과 활동을 해양 질서와 관련하여 구체적으로 살펴보고, 장수대왕의 정책을 분석하는 것이다.

둘째, 남진 정책과 수도를 남천하려고 했던 구체적인 동기를 해양과의 관련성 속에서 찾아보고자 한다. 앞에서 광개토대왕 당시의 남진 정책을 비롯한 여러 정책이 동아시아의 질서를 재편하려는 의도에서 추진되었고, 효과적인 전략과 전술을 위해 해양 활동이 활용되었음을 주장한 바 있다. 필자는 장수대왕이 정책을 계승하고, 국제 질서의 재편이 추진되는 상황에서 남진 정책과 해양 활동의 비중과 필요성이 더욱 높아졌다고 판단한

---

1) 朴性鳳은 「韓國史上 南進·北進의 性格問題 —高句麗의 南進發展史論」, 『경희대 論文集』 9, 1979에서 광개토대왕의 정책을 南進으로 보고, 다시 평양 천도 시기를 기준으로 하여 그 이전은 준비와 실현 시기로, 평양 천도 이후는 정착 및 발전의 시기로 보았다.

다. 대중국 등거리 외교 및 국제 질서의 중핵 조정 역할을 효율적으로 집행하고 신속하게 대외 정책을 추진하기 위해서는 해양 활동의 굳건한 토대가 마련되어야 하고, 남진 정책의 실시는 해양 활동이 발달하는 데 호조건으로 작용하기 때문이다.

본고의 목적과 위에 제시한 해석의 관점을 적용시키기 위하여 1절에서 고구려의 대외 정책을 해양적인 측면과 국제적 측면, 주로 중국과의 관계 속에서 살펴본다. 2절에서는 남진 정책을 구체적으로 집행하는 수도 남천의 정치·군사적 배경을 해양과의 관련성에서 분석하고, 3절에서는 수도의 일반적인 기능을 검토한 후, 그것을 토대로 국내성과 평양성의 조건을 검토하고자 한다.

국제 환경의 변화와 대외 정책

1. 5세기의 국제 환경과 대남북조 등거리 외교

5세기 동아시아의 국제 환경을 살펴보자. 중국에서 발생한 남북조의 대립은 또 다른 형태의 혼란을 야기시켰다. 4세기 들어 316년에 흉노족이었던 유요(劉曜)가 장안에 입성하여 서진을 멸망시켰다. 그러자 낭야(瑯琊) 왕이었던 사마예(司馬睿)가 남쪽으로 피신하여 317년에 동진을 건국했다. 이때부터 화북은 1백여 년 동안 흉노(匈奴)·갈(羯)·저(氐)·강(羌)·선비(鮮卑) 등 숱한 유목 종족들이 들어와 서로 정복하고 새로운 국가를 세우는 이른바 '5호16국 시대'가 되었다.

남쪽으로 쫓겨간 동진은 화북을 되찾기 위해 건국한 지 얼마 지나지 않아서 북벌을 시도했는데, 이것이 의외로 군사적인 성공을 거두었다. 이에 고무되어 그 후로도 몇 차례 더 시도했지만 군사적으로 북방 종족들을 이

길 수는 없었다. 이때 고구려는 이러한 격동과 혼란스러운 분열을 이용하여 전쟁과 외교 등을 병행하면서 국가를 발전시키는 호기로 삼았다. 407년에는 후연을 멸망시키고 고구려계인 고운(高雲)을 북연 왕으로 삼기도 했다. 이 북연을 다시 436년에 북위가 멸망시키면서 고구려와의 대립이 시작되었다.

5호16국 시대부터 이미 남과 북은 정치·군사적으로 대립하고 있었다. 그러나 본격적으로 남북조의 분단 체제가 시작된 것은 남쪽에서는 420년에 유유(劉裕)가 송을 건국하고, 북쪽에서 북위가 흉노계의 왕조로서 하서 지방을 중심으로 발전한 북량(北涼)을 멸망시킴으로써 5호16국 시대가 끝나고 화북이 통일된 439년 이후부터이다.

이후 동아시아의 역사는 다시 한 번 질적으로 달라지기 시작했다. 동아시아에는 중국의 북위와 남조(宋·齊), 우리의 고구려·백제·신라·가야·왜, 북방의 유연(柔然)·거란·고막해(庫莫奚), 서쪽의 토욕혼(吐谷渾)·고차(庫車), 남쪽의 임읍(林邑) 등 숱한 나라들이 명멸하고 있었다. 이 가운데 남북조와 유연 그리고 고구려가 실질적으로 동아 질서를 끌어가는 사각의[2] 주축국이었다. 그리고 더욱 좁혀서 해양을 매개로 하고 실질적인 역사의 주역인 동아지중해에서는 고구려와 남북조가 삼각축을 이루고 있었다.

남북조의 양국들 중 북조인 북위는 선비족의 한 갈래인 탁발씨(拓跋氏)가 세운 나라였다. 북위는 처음부터 호한융합(胡漢融合)의 보편적인 국가 체제를 지향하는 국가 정책을 강력하게 추진했으나[3] 기본적으로는 유목적 성격을 가진 농경, 즉 농목적 성격을 가지고 있었다. 그에 반하여 송으로

---

2) 丁仲煥,「고대 사상의 대륙 관계」,『백산학보』 4, 1968, p.153에서 고조선을 A각, 북방족을 B각, 漢族을 C각으로 분류하고 이들 사이에 'balance of power'가 있으며 불가피한 관계라고 했다. 이러한 'balance of power' 관계는 지정학적 조건상 고구려에도 해당된다고 하겠다. 다만 고구려는 남쪽으로 더 진출하여 해양 활동 영역이 확대되었고, 역사의 발전에 따라 해양 질서의 역할이 커지면서 고구려가 해양을 축으로 하여 또 하나의 관계를 형성한 것이다.

3) 朴漢濟, 앞 논문, p.162 참조.

시작되어 제(齊, 479)·양(梁, 502)·진(陳, 557)으로 끝난 남조의 국가들은 한족이 기반이 된 농경적·정주적(定住的, stability) 성격을 가지고 있었다.[4] 이렇게 문화적·종족적·정치적으로 차이가 심했기 때문에 중국 내부에서는 물론 동아시아의 전체 질서 속에서도 갈등 관계를 가지고 있었다.

남조 국가들은 인구나 군사력에서 북위에 대응할 수가 없었다. 그럼에도 양국 사이에는 군사적 충돌이 빈번하게 있었다.[5] 북위가 공격하면서 시작된 이 대결은 송나라의 문제가 원가(元嘉) 7년(430)에 북위에 영유권을 주장한 후 전쟁을 선언하면서 본격화되었다. 송은 479년 멸망하기 직전까지도 유연과 사신을 상호 교환하면서 북위를 공동으로 공격하려는 기도를 했다. 총력전을 펼쳤던 양국 간의 대결은 비록 양자강은 넘지 못했으나 북위의 승리로 끝이 났다.

이후 송을 대신하여 제나라가 뒤를 이었으나 이러한 구도는 변함이 없었다. 남제는 건국하자마자 479년에 사신을 파견하여 유연과 결탁하면서 북위를 압박했고, 유연은 이를 계기로 다시 북위를 대규모 병력을 동원하여 공격했다. 남제 또한 480년에 북위를 공격했다. 북위는 또한 복수전과 남조 전역에 대한 정복욕을 불사르며 다시 공격을 개시했다.[6] 이러한 상황은 양나라에 이르러서도 마찬가지였다.

남조와 북조는 내부에서의 대결뿐만 아니라 주변의 여러 나라들과 맺어온 대외 관계에서도 갈등을 빚고 있었다. 그들은 중화적 명분론에 입각한 종주권을 확립하기 위해 주변의 여러 나라들을 자신들의 책봉 체제 안에 편입시키려고 치열한 외교전을 벌였다. 반면에 고구려 등 주변의 여러 나라들은 이러한 관계 속에서 남북조의 성립과 중국 질서의 분열을 이용하여

---

4) 朴漢濟, 「胡漢體制의 展開와 그 構造」, 『講座 中國史』 2, 서울대 동양사학연구실 편, 1989, 지식산업사, p.99 참조.
5) 『宋書』 卷5 本紀 第5 宋文帝 元嘉 7년(430), 元嘉 27(450)의 전투가 대표적이다.
6) 盧泰敦, 「5~6世紀 東아시아의 國際情勢와 高句麗의 對外關係」, 『東方學志』 44, 1984, p.26 참조.

이익을 얻음으로써 성장을 촉진시키는 계기로 삼았다. 즉 주변의 여러 나라들은 다른 나라들의 정치적인 압력과 역학 관계를 조정해 가면서 남북조를 대상으로 등거리 외교를 전개했다.

유연은 북방의 강국으로서 이 지역의 역학 관계에 상당한 영향을 미쳤다. 유연은 흉노의 옛 땅인 현재 몽골 지역에 거주하고 있었는데, 『남제서(南齊書)』·『양서(梁書)』·『남사(南史)』 등에 흉노의 별종이라고 되어 있다. 목골려자(木骨閭子) 이후에는 스스로 유연이라고 불렸는데, 북위는 이들을 매우 싫어하고 두려워하여 태무제(太武帝)는 그들이 마치 벌레 같다고 하여 혐오스러운 의미의 연연(蠕蠕)으로 바꿔 불렀다. 이들은 예예(芮芮)라고도 불렸다.

유연은 중국의 북방에 있으면서 강한 군사력을 바탕으로 북위와 오랫동안 대결을 했다. 411년에는 북연에 사신을 파견하여 말을 3천 필이나 바쳤다. 이는 물론 북연과 대립 관계에 있는 북위를 견제하기 위해서였다. 424년(송 元嘉 元年) 북위에서 태무제가 즉위하자, 유연의 대단(大檀)은 6만 기를 거느리고 쳐들어왔다. 그러자 그 다음해에는 북위가 대군을 거느리고 유연에게 반격을 가했다. 이후 계속해서 양국 간에는 대규모의 전쟁이 있었다. 이렇게 북위와 극심한 적대 관계가 계속되는 과정에서 다른 나라들이 그러하듯 유연은 남북조로 분할된 중국 지역의 상태를 적절하게 활용했다.

유연은 송나라 등 남조의 각 나라들에게 사신을 파견하기도 했는데, 이것은 남조의 국가들과 우호 관계를 맺어 북위의 배후를 압박하려는 외교 정책의 소산이다. 심지어는 공동의 군사 작전까지도 도모했다. 예를 들어 한참 후의 일이기는 하지만 478년(太和 2년)에는 송나라에 사신을 파견했다. 그즈음 유연과 북위 사이에 전쟁이 있었고, 송과 북위의 교전이 있는 사실로 보아, 그 사신의 방문 목적이 군사 외교였을 가능성을 보여준다. 송과 유연은 각각 상대방에게 북위를 협공하자고 하는 제의를 하기도 한다. 유연의 북위에 대한 이러한 태도는 고구려와도 이익이 일치되어 공동으로 북위를 견제하는 상태에 이르게 된다.

한편 토욕혼(吐谷渾)은 중국 서부 지역에서 일어나 성장하면서 남북조 간의 역학 관계를 더욱 복잡하게 만들었다. 이미 진(晉)대 말부터 시작된 것으로 보이는 중국 지역과의 교섭[7]은 남북조 시대에 이르러 더욱 활발해졌다. 특히 송의 문제(文帝) 시대에는 문제가 책봉을 하고 이에 답례의 사신을 보내는가 하면, 공물을 바치는 등 교섭이 매우 잦았다.[8] 뿐만 아니라 토욕혼은 북위와도 관계를 맺고 있었다. 특히 송나라 문제 시대에는 북위와 빈번한 교류가 있었다.

송은 원가 29년(452)에 토욕혼 습인(拾寅)을 안서장군(安西將軍) 및 진하 이주자사(秦河二州刺史)로 봉했다. 이와 동시에 토욕혼은 북위로부터도 작명을 받고 있었다. 토욕혼 역시 남북조를 대상으로 등거리 외교를 하면서 국익을 취하고 있었던 것이다. 이처럼 토욕혼은 북위와 남조인 송에게서 책봉을 받았으나 북위와의 상대적인 역학 관계로 인하여 송과 더 긴밀한 관계를 유지했다. 훗날 토욕혼은 북위로부터 공격을 당하여 서쪽으로 쫓겨가면서 송과 더 친밀해졌다.[9]

그 밖에 거란·고막해 등도 이 지역의 국제 환경에 적지 않은 영향을 미쳤다. 이들 역시 기본적으로 남북조를 대상으로 등거리 외교를 추진했다. 물론 이것은 뒤에서 상세히 말하게 되는 '다핵방사상 외교' 형태의 한 축으로 이루어진 변화였다. 5세기라는 시대적 상황 속에서 모든 나라들이 성장한 것이 1차적 요인이지만, 역시 중심부에 해당하는 중국 지역이 남북으로 분단되었기 때문에 더욱 촉진되었다고 말할 수 있다.

---

7) 池倍善, 「吐谷渾의 遊牧期」, 『東國史學』 15·16, 1981, pp.313~314.
8) 『宋書』 卷5 文帝紀의 元嘉 7年, 9年, 15年, 16年, 17年條 등 및 卷96 「鮮卑 吐谷渾列傳」의 元嘉 연대 참고.
9) 池倍善, 「吐谷渾과 南朝와의 交涉에 대하여」, 『論文集』 6, 한성대, 1980, pp.220~221.

남조와 북조의 대결은 세월이 흐르면서 군사적 대결 양상에서 점차 외교전과 교류에 비중을 많이 두는 양상으로 변화되었다. 동아시아의 외교 형태는 질적으로 더 복잡해지고 정치적 갈등 또한 심해졌다. 이러한 극심한 변화의 과정 속에서 고구려가 고정되지도 않은 신질서에 수동적으로 편입될 이유는 없었다.

이미 강국으로 성장한 고구려는 국제 질서를 자발적으로 구축하고 능동적으로 참여하는 일을 목표로 하면서, 동시에 주변 국가, 특히 한반도 남쪽의 국가들로부터 인정을 받고자 했다. 즉 독자적인 질서를 구축하고자 했으며, 그를 바탕으로 동아지중해의 중핵 국가를 건설하고자 했다. 이를 위해 장수대왕은 군사력을 바탕으로 남진 정책과 안정 정책을 취하면서, 급변하는 동아시아의 정치 구도에 능동적으로 대응하기 위하여 활발하고 세련된 고도의 외교전을 벌였다.

이 시기 고구려 대외 정책의 전반적인 기조는 주변 세력과의 화친과 안정을 도모하는 것이었다. 이를 위해 북으로는 북방 종족들과의 군사적 대결을 지양하고, 남북조와는 효율적인 등거리 외교를 추진했다. 고구려는 백제 · 신라와는 한편으로는 대결을, 다른 한편으로는 화친하면서 절대 우위의 공존을 모색했다. 다만 현재까지 알려진 사료를 근거로 한다면 변방에 있었던 왜에 대해서는 일정한 정책이 없었던 것으로 보인다. 그런데 『일본서기』에는 장수대왕 75년에 왜인들이 고구려와 내통했다는 기록이 있다.[10]

고구려는 지정학적으로나 현실적으로 남북조 및 북방 세력과 함께 동아 질서의 사각축을 이루고 있어서 국제 역학 관계를 조정할 수 있는 조건을 가지고 있었다. 또한 해양을 매개로 교류하면서 정치 · 외교 · 경제 · 문화적으로 역동적이고 규모와 영향력이 큰 동아지중해권의 삼각축을 이루고 있

---

10) 『日本書紀』卷15 顯宗 3年條.

었다. 따라서 이러한 큰 사각축과 작은 삼각축의 역할을 절묘하게 수행하기 위해서 실효성 있는 정책을 구체적으로 입안하고, 성공적으로 집행해야만 했다.

그를 위해서는 첫째 중국과의 등거리 외교를 적극적으로 추진하고, 둘째 북방 종족과의 외교 관계를 대중 등거리 외교에 활용하며, 셋째 백제계 세력을 외교적·군사적으로 제압, 특히 해양 활동 능력을 봉쇄하는 것이 중요했다. 이 세 가지는 서로 함수 관계에 있다. 즉 외교전의 과정에서 각 나라가 지닌 해양 활동 능력은 그 내용과 형식을 결정하는 요인으로서 국제 외교의 장(field)에 중요 인자(因子)로서 등장한 것이다.

2. 등거리 외교 정책

고구려는 어떻게 등거리 외교를 추진했을까?

고구려는 당시 국제 관계의 현실적인 배경으로 인하여 군사적 대결을 유발시키는 갈등과 긴장보다는 화친을 전제로 한 외교 관계에 비중을 더 많이 둘 수밖에 없었다. 물론 전기에는 다른 나라와 마찬가지로 군사적인 활동이 있었다. 436년 북연 문제로 인해 북위와 충돌했을 때는 문제가 자못 심각했다. 북위와 적대 관계에 있었던 연은 북위와 충돌하기에 이르자 고구려에게 보고하고, 도움을 요청했다. 마침내 북위가 연의 백랑성(白狼城)을 공격했다. 이에 장수대왕은 장군인 갈로(葛盧)와 맹광(孟光), 그리고 군사들 수만 명을 보내 위기에 처한 연을 구원했다. 당시 전쟁은 화려하고 긴박하게 벌어졌다. 이때 북위에서는 산기상시(散騎常侍)인 봉발(封撥)을 파견하여 연 왕을 보내라고 했지만 고구려는 이를 거절하는 상황으로 몰고 갔다.[11] 당시의 복잡했고 긴박했던 상황과 고구려의 군사적 위용, 사건의

---

11) 『삼국사기』 권18 고구려본기 장수왕 24년.

전개 과정을 고려할 때 고구려의 국세는 대단하여 연을 제압하는 것은 물론 북위와도 대등한 관계였던 것으로 보인다.

한편 평곽(平郭)과 북풍(北豊) 등에서 고구려의 보호를 받던 연 왕인 풍홍(馮弘)은 고구려 몰래 송나라에 사자를 보내 자신의 위치를 극복하고자 했다. 이 사실을 안 장수대왕은 북위를 의식하고 국제 관계를 고려하여 송의 요구를 거절했다. 뿐만 아니라 장군인 손수(孫漱)·고구(高仇) 등을 파견하여 풍홍과 그의 부하들을 죽였다. 이때 송의 태조가 보낸 왕백구(王白駒)는 군사 7천 명을 거느리고 손수 등이 거느리는 고구려를 공격하여 고구 등을 죽였다.[12] 이때 송군은 물론 함선을 동원하여 해로를 통해 요동반도에 상륙한 다음 내륙으로 진격했을 것이다. 그런데 고구려는 송과 북위가 충돌할 때인 원가 16년(439)에 송에게 일종의 군수물자인 말 800필을 보냈다.[13] 이때 도착지가 산동반도 이남인지, 양자강 유역인지 확인할 수는 없지만 역시 해로로 선박을 이용해서 말을 운반할 수밖에 없었을 것이다.

한편 고구려는 479년(태화 3년)에 유연과 모의를 하여 지두우를 분할하고자[高句麗竊與蠕蠕謀欲取地豆于以分之] 했다.[14] 그 과정에서 고구려는 시라무렌 유역의 거란을 공격했다.[15] 이 무렵 고구려는 물길 문제로 인하여 북위와의 관계가 몹시 악화되어 있었으나 군사적인 충돌은 역시 없었다.

위에서 살펴보았듯이 고구려는 중국 지역과 군사적인 접촉과 갈등은 그다지 없었다. 그에 반해 외교는 매우 활발해서 장수대왕 시대에만(413~491) 송나라와는 23회, 제와는 2회의 교섭이 있었다.[16] 이처럼 고구려의 대

---

12) 『삼국사기』 권18 고구려본기 장수왕 26년.
13) 『宋書』 蠻夷列傳 高句麗傳 元嘉 16年.
14) 『魏書』 卷100 契丹傳. 『北史』에도 동일한 기록이 있다.
15) 李在成, 앞의 책, p.149.
16) 통계는 徐榮洙, 「三國時代 韓中外交의 展開와 性格」, 『古代韓中關係史의 研究』, 韓國史研究會 編, 三知院, 1987, p.121 자료 인용. 金秉柱도 「羅濟同盟에 관한 研究」, 『한국사 연구』 46, 1984, p.40에서 고구려의 대중 교섭 도표를 작성하고 있으나 서영수의 통계와는 약간의 차이가 있다.

외 정책이 군사전에서 외교전으로 전환되면서 대중국 관계가 중요해졌다.

제국 지향적 국가였던 고구려가 내부적으로도 더욱더 발전하기 위해서는 문화적으로 발전하는 것과 함께, 중국의 다양한 문물을 수용할 필요성이 있었다. 고대에 국가가 대외 관계를 이용해서 내부적으로 성장하는 방법으로는 전쟁을 통해 영토를 확장하거나, 포로와 노예의 획득을 통해 노동력을 탈취하거나, 경제적인 약탈을 자행하는 것 등이 있다. 그러나 외국과 무역을 하면서 경제력을 높이는 방법도 많이 사용했다.

동아시아 세계에서 무역이 얼마나 중요한가는 역사의 초창기부터 계속해서 발생한 교역권 쟁탈전 등에서도 잘 나타난다. 또한 무역이란 물자를 교환하고 이익을 발생시키는 순수 경제적인 측면이 있으나, 한편으론 인적 교류가 이루어지고, 선진 기술 즉 생산력을 확대하는 방법을 배우고, 상부구조인 문화도 수입하는 계기를 마련해 준다.

국가의 문화가 성숙하면 정치 질서를 안정적으로 확립하는 데도 도움을 준다. 주변 민족들의 지배 계급은 중국 문화를 차용함으로써 계급적 지배를 정당화하는 한편, 피지배 계급의 생활을 윤택하게 하고 의식을 고양시켜 다른 상대 국가에 대하여 우월감을 고취시켜 준다. 그러므로 중국 문화에 대한 욕구는 중국 주변에 사는 모든 종족에게 필수적이고 공통적인 현상이었다.

고구려는 한족의 정치력과 군사력은 단호하게 배척했지만, 고대 국가로 발전하고 동아시아의 영향력 있는 국가로 군림하기 위해서는 외국 문화, 특히 중국 문화를 적극적으로 수용하는 일이 필요했다. 정치·경제·문화적으로 실리를 추구하는 일과 함께 중국 왕조로부터 인정과 작위를 받아 명분을 획득해야 하기 때문이다.[17] 이러한 국내외적인 상황 속에서 중국과

---

17) 당시 고구려의 對中朝貢이 臣屬關係的 차원이 아니고 자주성이 컸던 것은 많은 논자들이 이미 지적하고 있다. 한국사연구회 편,『古代韓中關係史의 硏究』, 삼지원, 1987에 실린 全海宗,「韓中朝貢關係槪論」; 徐榮洙,「三國時代 韓中外交의 展開와 性格」; 金瑛河,「新羅中古期의 中

교섭하는 일은 필수불가결한 것이었으며, 남북조와 동시 등거리 외교를 추진하는 일은 최선책이었다.

남북조가 시작된 동진 시대에서(317) 수나라에 의해 통일(589)이 되고, 다시 과도기적 국가로서의 성격을 지닌 수가 멸망(618)할 때까지 약 300년간 고구려와 중국 제국이 벌인 정치적인 교섭은 187회에 달한다. 물론 고구려에서 보낸 경우가 대부분을 차지하고 중국측에서 고구려로 보낸 것은 많지 않다(15회, 약 14%). 이 통계에 따르면 양 지역 간의 교섭은 평균 2년에 한 번 꼴로 이루어졌다.[18] 그러나 이것은 공식 사절에 국한된 것으로 민간인들의 사적인 교류나 특히 정부의 통제를 받지 않는 민간 무역까지 합하면 그 교류의 성격은 매우 다양하며, 빈도수 또한 상당했다.

그러면 남북조는 고구려에게 각각 어떠한 가치와 의미를 지니고 있었을까? 그에 대한 평가는 등거리 외교의 질과 형태를 결정하고 해양 활동에도 영향을 미치기 때문이다.

고구려와 직접적인 관련을 맺고, 고구려의 이익에 강한 영향력을 행사할 수 있는 것은 북조였다. 지리적으로 가깝고, 문화적으로 유사성이 많을 뿐 아니라, 경제적·정치적·군사적으로 실질적인 도움을 얻을 수가 있기 때문이다. 반면에 항상 이익이 상충할 소지가 있는 지정학적 조건으로 인하여 잠재적인 가상 적국이기도 했으며, 적대 관계로 발전할 가능성이 내재해 있었다. 이러한 미묘한 이중 구조 속에서 고구려는 북조와 원활하고 긴밀한 관계를 맺는 것이 유리했다.

남조 역시 비록 거리가 멀고 직접 마주치는 관계는 아니었지만 5세기의 고구려에게는 중요한 의미를 가지고 있었다. 무엇보다 가상 적국인 북조를 견제하는 배후로서 이점이 있었다. 남조는 북조와 종족적으로나 문화적으

國認識」; 金鍾完, 「南北朝時代의 朝貢關係 槪觀」; 盧泰敦의 「5~6 世紀 東아시아의 國際政勢와 高句麗의 對外關係」 참조.
18) 서영수, 「三國과 南北朝의 性格」, 『東洋學』 11집, 1981, p.154 자료 인용.

로 이질적인데다 중화 세계의 종주권과 패권의 향방을 놓고 정치적으로 적대적 관계이기 때문이다. 더구나 남조는 지리적으로 남쪽에 있는 까닭에 북조를 견제하는 전략적 가치가 충분한 반면에 고구려와 군사적인 충돌이 빚어질 우려는 별로 없었다.[19] 이러한 중국 내부의 사정은 고구려의 대중 외교가 자국의 이익을 중시하는 등거리 외교의 성격으로 진행될 호조건을 마련하고 있었다.

정치적인 측면말고도 문화나 경제적으로도 남조와 교섭하는 일은 매우 유용했다. 남조의 문화는 북조에 비하여 귀족적이고 화려하며 문화와 실생활에 도움을 줄 수가 있었다. 동진 시대에 이루어졌던 고구려와 남조 지역의 문화적 교섭은 이후 계속되었던 것으로 보인다. 특히 현재 집안시에 있는 고분들 가운데 우산묘 3319호 방단 계단 석실묘 중에서 반구청자호가 출토되었다. 전형적인 동진의 자기다. 이 묘에서는 흑회색 권운문 명문와당이 출토되었는데, "丁巳 □□□□ 歲□□□□ 萬世太歲在丁巳五月日"이라고 명문이 쓰여 있다. 여기서 정사년은 동진의 목제(穆帝) 승평(升平) 원년(357)이다. 안악 3호묘는 묘실 방제에 먹으로 영화 13년이라고 쓰어 있는데, 영화는 동진 목제의 연호다.[20] 동진과 깊은 관련이 있음을 알 수 있다. 집안시 외곽에 있는 오회분 4·5호묘에는 모두 연화를 쓴 기악선인이 있는데, 이러한 연화식 관도 진에서 시작된 것이다. 5호묘 들보 바닥의 인동문 도안은 또한 장사(長沙)의 난니(爛泥) 중의 제(齊) 영원(永元) 원년(499)의 명문전 위에 조각된 인동문과 같다.[21] 통구(通溝) 12호묘와 마선구(麻線溝) 1호 벽화에는 고상식(高床式) 주거 형태의 건물이 있는데, 이는 동북 지방에서 널리 볼 수 있는 건물 형식이다.[22] 그런데 고상식 주거의 전형

---

19) 宋은 산동반도까지 차지하고 있었기 때문에 해양을 통해서 충돌할 가능성이 있었다. 실제로 장수왕 26년의 사건은 충돌을 일으켰다(『삼국사기』 권18 고구려본기 장수왕 26년).
20) 李殿福·孫玉良, 앞의 책, p.193, p.242 참조.
21) 李殿福·孫玉良, 『高句麗簡史』, 삼성출판사, 1990, p.245 참조.

적인 형태는 장강 이남 지방에서 발견되고 있다. 당시 고구려와 남조 사이의 활발한 교류 관계로 보아 남조의 영향을 받았을 가능성 역시 생각해 볼 수 있다.

이렇게 고구려와 남조의 교섭은 여러 가지 형태로 나타나 계속되었음을 알 수 있다. 『송서』·『남제서』·『양서』 등의 고구려전에는 배로 바다를 건너오는 사신의 왕래가 항상 있었다고 하여[23] 당시 고구려 사신들의 왕래와 공물의 교환이 아주 빈번했음을 암시하고 있다. 고구려와 남조 사이에 이루어진 교섭 가운데에는 기록이 안 된 경우도 적지 않았다. 그 밖에 불교 승려와 민간인들의 교류도 있었을 것이며,[24] 『남사』의 기록처럼 불교와 관련된 교섭을 한 예들도 많다.[25] 그런데 고구려와 남북조 사이에 벌어진 교섭은 경제적인 목적이 매우 강했다.

예를 들면 장수대왕이 송에게 군사적으로 필요한 말 800필을 준 사실은 단순한 정치적 사건이 아니라 실제적인 교역의 성격을 띠었음을 유추할 수 있다. 사신들은 물론이고 민간인들에 의해서도 경제적인 교역이 이루어졌다. 고구려와 남북조 간의 등거리 교섭이 경제적인 목적을 강하게 띠었음을 확인하기 위해서는 당시 동아시아에서 전개된 교역 활동의 성격과 형태를 구체적으로 살펴보아야 한다.

남북조는 군사적으로 대치 상태에 있었음에도 불구하고 상호 의존성을 외면할 수가 없었다. 남방에서는 말·초피·문피 등 북방의 물산이, 북방에서는 칠(漆)·보석 등 남방의 물산이 현실적으로 필요했기 때문이다. 이러한 물자의 교류는 이미 진·한 시대부터 있어 왔다. 남방 정벌의 중요한 배

---

22) 李殿福·孫玉良, 위의 책, p.234. 그런데 신영훈·신형식 등은 이것을 고구려의 桴京으로 보고 있다.
23) 『南齊書』 卷58 列傳 第39 東南夷傳 高麗國 建元 3年條.
24) 『南史』 卷45 列傳 第35 王敬則.
　　互市가 형성되어 교역이 이루어졌는데, 남북조 말기에 가면 호시가 금절된다. 이에 따라 민간인들의 밀무역 행위가 빈번하게 이루어졌다(朴漢濟, 앞 논문, p.183).
25) 『南史』 卷76 列傳 第66 隱逸 下 陶弘景候.

경 가운데 하나가 바로 이것이었다. 이 시대에 이르면 국가의 규모가 커지고, 문화가 발달했으며, 경제 규모도 확대되었으므로 물자 교류의 필요성이 더욱 강해졌다. 특히 강남의 경우는 조선술과 항해술이 발달하여 원거리 상업이 활발했다. 남방 물품은 물론 동아시아 각국의 상품들이 집결되어 상업이 발달했다. 때문에 북방에선 더욱 적극적으로 교역을 요구했다.[26]

한편 남조측에서는 군사용 말의 수요가 대단했다. 말은 중요한 군수물자의 하나이므로 매우 귀한 교역품이었다. 이미 3세기 전반에 이 지역의 오나라가 요동의 공손씨 및 고구려와 마필 교역을 한 일이 있었다. 북위는 말을 자체로 공급하기도 했지만 북방으로부터도 공급받았다. 429년에는 유연과 전쟁을 통해서 노획한 것이 많았다. 그래서 때때로 말을 남조와 교역하곤 했는데, 한번은 북위 사신인 송변(宋弁)이 가져온 말이 쓸모없는 노태(駑駘)라 하여 남제의 무제가 화를 낸 일도 있었다.[27] 이는 말이 양국 간에 이루어진 교역에서 중요한 물품이었다는 사실을 반증한다.

이러한 교역은 너무나 활발하게 진행되어 사신들이 정치·외교 행위보다도 물건 구입에 오히려 더 정신을 쏟을 정도였다.[28] 적대 국가였던 남북조가 서로 사신을 파견하고, 북방에 호시(互市)를 열어[29] 민간인들 간의 교역을 활발하게 했다면 주변국들과의 관계 또한 이러한 형태에서 크게 벗어나지는 않았을 것이다.

북방의 유연은 남조와 정치적인 교류는 물론, 교역 또한 했다. 송과의 활발했던 교류는 뒤를 이은 제나 양나라에도 이어져 사신과 방물을 보냈

---

26) 朴漢濟, 「南北朝時代의 南北關係」, 『韓國學論叢』 4, 국민대, 1981, p.179.
27) 『南齊書』 卷47 王融傳.
28) 朴漢濟, 앞 논문, p.181.
29) 朴漢濟, 앞 논문, pp.181~182.
   互市를 설치한 목적에 대해서 『冊府元龜』 卷999, 外臣部-請求門 互市條에 주변 종족들과 和를 유지하는 하나의 術이라고 했다. 그러나 역시 자신들의 경제적 이익을 취하는 것이 중요한 목적이었다.

다.[30] 이것은 물론 당시의 군사적인 능력으로 보아 저자세의 외교가 아니었다.

한편 북방의 소수 종족이었던 고막해는 북위와 활발한 교역을 했다. 고막해는 이른바 송막(松漠 : 현재의 북만주 서부 일대와 동몽골 일대) 지역에 거주하면서 목축을 주업으로 삼고 농경과 수렵을 부업으로 하던 종족이었다.[31] 이들은 4세기 말부터 역사상에 등장하기 시작하는데, 『진서(晉書)』에 따르면 고막해는 북연에게 말 1천 필을 헌사한 것을 계기로 북연이 개설한 교시(交市)에서 교역을 시작했다. 이때 북연은 이들에게 곡물과 수공업 제품 등을 수출했다. 그러나 북연은 388년부터 북위에게 공격을 당하기 시작해서 결국 436년에 멸망하고 만다. 북위가 북연 멸망 후 그 지역에 진출, 화룡(和龍)에 진(鎭)을 설치하면서 고막해와 북위는 긴밀한 관계를 맺을 수밖에 없었다. 『위서』 열전 고막해전에 따르면 고막해는 5세기 무렵부터 북위에게 매년 명마와 문피(문피는 호랑이나 표범의 가죽을 말한다)를 보내는 등 교역을 했다.

『위서』 거란전에도 해마다 명마와 문피 등을 북위에 보냈다고 되어 있다. 물론 이러한 교류와 교역이 중국측 사서에는 항상 "견사조공(遣使朝貢)", "견사조헌(遣使朝獻)"으로 표현되어 있어 마치 북위의 신속국이라는 입장에서 일방적으로 공물을 바친 것처럼 보이지만, 실질적으로는 조공 형식을 빈 일종의 관영 무역이라고 할 수 있다.[32] 물론 북방 종족들이 더 적극적이었다. 토욕혼은 남조의 송과, 뒤를 이은 제·양 등과도 교역을 활발히 했다. 450년(송 원가 27년)에는 사신을 보내면서 오환모(烏丸帽), 여국(女國)의 금주기(金酒器) 및 호왕(胡王)의 금천(金釧) 등을 바치는 등 조공

---

30) 『梁書』 卷2 武帝紀 天監 15년 秋 8月.
31) 李在成, 「初期 庫莫奚의 成長과 周邊諸族」, 『東洋史學硏究』 28집, 1988, pp.6~10 참조.
32) 李在成, 『古代 東蒙古史硏究』, 법인출판사, 1996, pp.133~139.
　　특히 고막해 및 거란이 북위와 교역을 한 과정과 성격에 대해서는 위의 책, pp.134~149 참조.

무역 체제 속에서 문물의 교류가 있었다. 하지만 동시에 북위에게도 방물을 바치는 등 자유로운 교역을 했다.[33]

당시 동아시아 각국 간에 오고 간 조공이 공적 무역의 한 형태였음은[34] 이미 널리 알려져 있거니와 사행(使行)이 교역의 성격을 띠고 있었다는 증거는 조공사에게 내리는 상사로도 확인된다. 『위서』고구려전에는 장수대왕이 한번에 황금 1백 근, 백은 4백 근을 조공했다고 씌어 있으며, 고조 때는 전보다 두 배로 조공을 하여 답례품이 증가했다는 기록이 있다. 이로 보아 공물의 품목과 수량이 어느 정도 정해졌던 것으로 짐작된다. 이는 교역의 성격을 지니고 있었기 때문이다.[35]

교역은 그 이전에 이미 고조선 시기부터 있어 왔다. 『후한서』에는 고구려가 초기에 초피(貂皮)·호마(好馬) 등을 주고, 그 배상을 한의 황제로부터 받았음을 기록하고 있다. 그 밖에 북위와 고구려, 기타 국가 간의 교역에 관한 기록이 많이 있다. 특히 후대의 일이지만 실위(室韋)가 철이 없어서 고구려에게 구했다는 기록[36]은 매우 흥미있고, 교역이 필수적이었음을 알려 주는 일이다.

동아시아는 이 시대에 이르러 인구가 증가하고, 국가가 발달했으며, 신흥 국가들도 탄생했다. 각 국가들 간에는 국부를 신장시키는 일이 무엇보다도 다급하고 중요한 목표였다. 이러한 동아시아의 국제 환경 속에서 대소 각국들은 정치적·경제적인 목적을 위해서 각각 자주성을 유지하면서 서로 충돌과 교섭 및 교역을 병행했다. 특히 남북조가 분단되어 있으므로 주변 각국들은 이러한 분단을 효과적으로 활용했다.

---

33) 池倍善, 앞 논문, p.221.
34) 金庠基, 「古代의 貿易形態와 羅末의 海上發展에 대하여」, 『東方文化交流史論攷』, 乙酉文化社, 1954, p.4.
35) 金鍾完, 앞 논문, p.78.
   申瀅植은 「三國의 對中關係」, 『韓國古代史의 新研究』, 一潮閣, 1984, p.307에서 이 시기의 조공 관계는 공무역적인 면이 있다는 견해를 보이고 있다.
36) 『北史』 卷94 室韋傳, "其國無鐵 取給於高麗."

고구려에게 대남북조 유화 정책이 다양한 목적에서 필요한 것과 마찬가지로 남북조에게 고구려 역시 상대국을 위협할 수 있는 배후 세력으로서 전략적 가치가 충분하며, 교역의 대상이 될 만한 존재였다.[37] 상호간의 필요에 의하여 고구려와 남북조 간에 맺어진 등거리 외교의 양면성은 다음의 사실에서 확인된다.

장수대왕대에 고구려가 송에 사신을 보낸 것은 『송서』 본기에는 소제(少帝) 경평(景平) 원년(423) 3월부터 순제(順帝) 승명(昇明) 2년(478) 12월까지 18건이 기록되어 있다. 그에 반하여 『삼국사기』 고구려본기에는 장수대왕 43년(455)과 66년(478)의 단 2건밖에 기록되어 있지 않다. 이것은 당시 양국 관계를 보는 인식의 차이를 명확하게 보여주며, 고구려가 남조와 교섭하는 실상과 국제 관계의 미묘성을 반영하고 있다. 즉 양국이 교섭을 하는 과정에서 고구려보다는 오히려 남조의 필요성이 강했다는 사실을 감지할 수 있는 부분이다.

고구려를 둘러싼 두 나라의 예민한 반응은 여러 군데에서 나타나고 있다. 예를 들면 『남제서』 고려국조에는

"……태조 건원 3년 사신을 보내와 공물을 바쳤고, 배로 바다를 건너오는 사신의 왕래가 항상 있었다. 그들은 위 오랑캐에게도 사신을 보냈다."[38]

라는 기사가 있어 고구려와 북위 간의 교섭 정보를 확인하고 있고, 동시에 북위에 대한 적대감을 표현하고 있다. 이러한 갈등은 반사적으로 고구려 등 주변 국가에게 이익을 가져다 주었다.

남·북 양조는 주변 국가들에게 계속해서 더 높은 작위를 수여하거나 물건들을 줌으로써 자신의 세력권으로 편입시키고자 했다. 『송서』에는 무제

---

37) 宋은 배후 세력으로서 가치를 인정하고 토욕혼 등과도 관계를 맺었다.
38) 『南齊書』 卷58 列傳 第39 東南夷傳 高麗國條.

(武帝) 영초(永初) 3년(422)에 장수대왕에게 산기상시와 독평주제군사(督平州諸軍事)라는 벼슬을 더해 준 것이 보이고[39] 『남제서』에는 태조 건원 원년(479)에 호를 높여 표기대장군(驃騎大將軍)으로 삼은 기록이 보인다.[40]

한편 교섭 사실과 교섭 횟수뿐만 아니라 고구려의 위치와 역할에 대해 민감한 반응을 보이곤 해서 고구려의 등거리 외교가 성공을 거두고 있음을 알려 준다. 『남제서』 고구려전에 의하면

"그들은 (위)오랑캐에게도 사신을 보냈지만 세력이 강성하여 남제(南齊)의 제어를 받지 않았다. (위)오랑캐는 여러 나라의 사신 관저를 두었는데, 제나라 사신의 관저를 제일 큰 관저로 하고 고(구)려는 그 다음으로 가게 했다."[41]

라고 하여 당시 고구려와 남조의 역학 관계가 거의 대등했거나 아니면 고구려의 독자성에 의하여 이루어지고 있음을 밝히고 있다.

또한 영명 7년(489, 장수왕 77년)에도

"평남참관(平南參官) 언유명(顏幼明)과 용종복야(冗從僕射) 유사효(劉思斅)가 (위)오랑캐에 사신으로 갔더니, 오랑캐의 원회(元會)에서 고구려의 사신과 나란히 앉게 했다. 이에 유명(幼明)이 위조(僞朝, 北魏)의 주객랑(主客郎) 배숙령(裴叔令)에게 말하기를 ......"[42]

등의 기사가 있다. 이 기록들은 당시 이루어진 외교 관계의 두 가지 실상

---

39) 『宋書』 卷97 列傳 第57 東夷 高句麗國.
40) 『南齊書』 卷58 列傳 第39 東南夷 高麗國. 그런데 『南齊書』의 高帝紀와 『삼국사기』에는 모두 建元 2년 480년의 사건으로 기록되어 있다.
41) 『南齊書』 卷58 列傳 第39 東南夷 高麗國.
  『삼국사기』 권18 고구려본기 장수왕 69년(481)에도 동일한 기사가 나와 있다.
42) 『南齊書』 卷58 列傳 39 蠻東南夷傳 高麗國 永明 7年條.

을 알려 주고 있다. 고구려가 등거리 외교에서 성공을 거둔 결과, 책봉 관계라는 틀 속에서 통교하고 있음에도 불구하고 북조에서 상당한 위치를 점하고 있으며, 남조와 대등하게 여겨지고 있다는 사실이다.

한편 북위가 북방 유목 종족과 군사적인 갈등을 벌이는 상황 또한 고구려의 등거리 외교를 성공적으로 이끌어 주었다. 유목 국가적 성격을 가지고 있었던 북위는 유사한 군사적 성격을 가진 유연·거란·고막해 등과 일대 접전을 벌였다. 특히 유연은 송과 함께 북위를 정벌하고자 공모했다. 또한 남제와 연합하여 479년(太和 3년) 8월에 북위를 공격한 데 이어 그 다음해 정월에는 남제가 북위를 공격하는 등 양쪽에서 압박을 가했다. 492년 북위가 대규모 군대로 유연을 정벌할 때까지 양국 간에 전쟁이 그친 적이 없을 정도였다.[43] 유연의 정벌이 끝난 이후에 고구려가 이전의 남조 편향에서 친북위 노선으로 고정된 것은[44] 고구려의 등거리 외교가 북위의 대북방 정책과 과정에 일정한 영향을 받았음을 반증한다.

이처럼 남북조는 영토를 둘러싼 정치·군사적 대결은 물론이고, 화이관(華夷觀)에 입각한 중화 세계의 종주권을 서로 주장하고 주변 세계를 자국의 책봉 체제 안에 끌어들이기 위해 외교적으로 서로 경쟁하는 관계였다. 무엇보다도 교역을 둘러싼 갈등이 적지 않았다. 남북조를 사이에 둔 이러한 역학 관계 속에서 고구려는 명분과 실리의 측면, 즉 정책의 주도권, 교역의 이익, 문화의 흡수 등을 모두 만족시키기 위한 조건을 마련하는 한편, 다핵다중방사상 외교의 토대로서 대중국 등거리 외교를 추진했다. 거기에는 해양 활동 능력이 매우 중요한 역할을 했다.

---

43) 『魏書』卷103 柔柔傳 ;『北史』卷98 柔柔傳 참조.
44) 朴漢濟, 『中國中世胡漢體制研究』, 일조각, 1988, pp.221~213.

3. 다핵다중방사상 외교와 해양 활동

고구려의 대중국 등거리 외교 추진은 주변의 북방 국가들과 한반도의 남쪽 세력들에게는 어떠한 관계로 작용했을까? 즉, 동아시아 속에서의 고구려의 외교 정책은? 그리고 그 작용과 해양 활동과의 관련성은 없었을까?

당시는 국제 질서의 형태가 바뀌는 것과 함께 질적 상승이 이루어졌다. 5세기 이전까지 각국 간의 정치적 교섭과 군사적 충돌은 점(點)에서 점(點)으로 이어지는 관계였다. 각 나라는 개별적으로 단기적인 이해 관계에 따라 주위의 국가들과 외교 관계를 맺었다. 그리고 주변에 산재해 있는 나라들은 강력한 국가가 된 중국의 여러 나라, 고구려 등의 중심권과 직접 관계를 맺기보다는 각각 인접 국가를 통해서 간접적인 외교 관계를 맺었다.

특히 삼한 소국들과 왜 소국들의 중국 교섭은 그것의 전형적인 형태라 할 수 있다. 78개의 소국 가운데 몇 개 국가는 교역상의 이점과 함께 대중국 교섭에서 대리인 역할을 했다. 후에 신라는 고구려를 매개로 하여 전진과 교섭을 했다. 이러한 관계는 형식적이고 명분적인 성격이 강했으나, 교역의 이익 혹은 내부의 질서 유지를 위한 정통성을 확보하는 수단으로도 사용되었다. 또한 군사적 충돌도 이해가 상충되는 당사자인 인접 국가들 간에 이루어졌다. 다시 말해서 여러 국가의 이익 혹은 동아시아 전체의 이익을 놓고 발생하는 복합적인 군사적 충돌은 일어나지 않았다.

즉 당시의 질서는 한두 개의 중심부가 확고하게 자리를 잡고 있고, 그것을 반경으로 하여 정치·군사·경제적 능력에 따라 반주변부, 주변부, 그리고 변방으로 편성이 되었다. 동아시아의 질서와 역학 관계는 중국을 핵(核)으로 하여 국가적인 능력 외에도 서로간의 거리나 자연조건 등 교섭의 교통조건에 따라 영향을 받는 형태였다.

그런데 5세기에 들어와 동아시아 외교 질서의 형태에 변화가 생겼다. 즉 점과 점을 연결하는 선의 외교가 아니라, 주변부에서 중심부를 향하여 다수의 선으로 연결되는 방사상 형태로 바뀐 것이다. 그것도 하나의 중심부

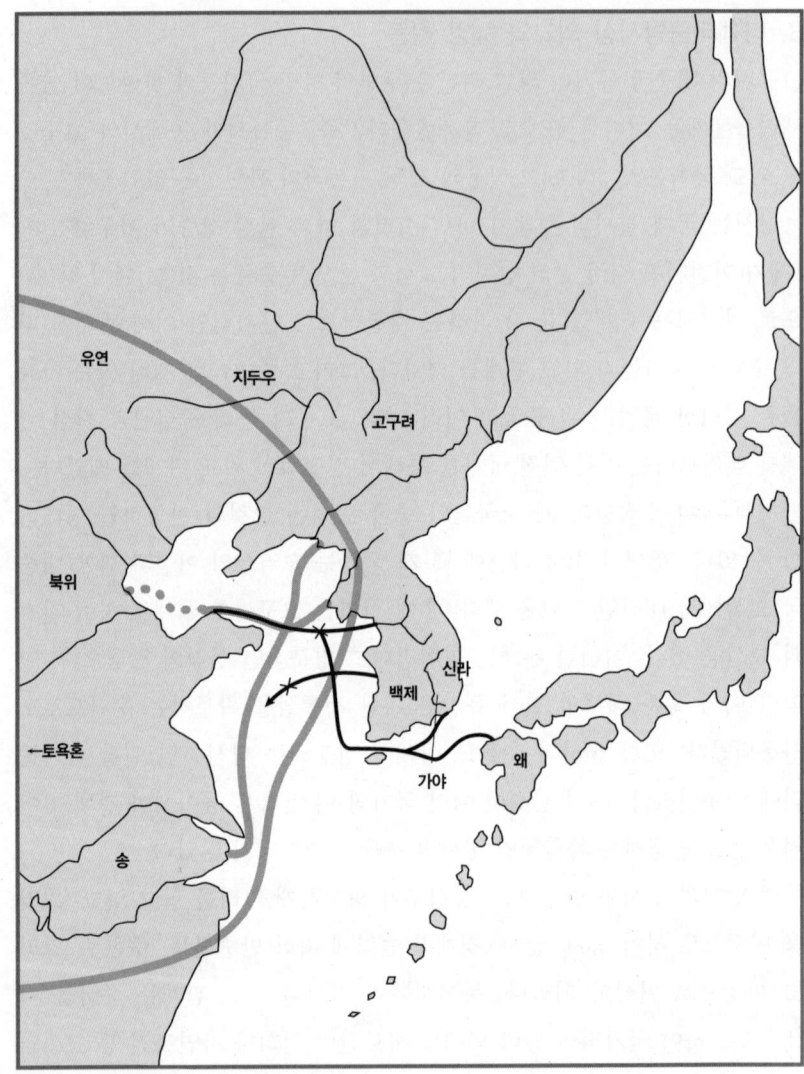

지도 4-1 | 장수대왕 시대 동아지중해 중핵조정 외교도

• 분단된 중국을 대상으로 동시 등거리 외교 · 교역.

• 백제 · 신라 등 세력이 북위와 교섭하는 항로를 차단. 동성왕 때 남조와 교섭하는 것도 차단.

• 유연과 송을 해상으로 연결시켜 북위 포위 전선 구축.

가 아니라 서너 개의 핵을 중심으로 동시에 전개하는 '다핵다중(多核多重) 방사상 외교' 형태였다. 예컨대 중국의 남북조와 고구려 그리고 북방의 유연을 핵으로 삼아 고막해·거란·서방의 토욕혼, 남방의 임읍을 비롯하여 물길·백제·신라·가야·왜 등 주변에 포진해 있는 동아시아의 각국은 중간 혹은 매개 국가를 거치지 않고 동시에 여러 국가와 직접 관계를 맺기 시작한 것이다. 또 중심국들 사이에도 복합적인 외교 관계가 형성되고 주변국들 간에도 인접국이 아님에도 불구하고 서로간에 직접 교섭을 맺었다.

이러한 외교 형태의 변화는 특히 동아지중해 지역에서 두드러지게 나타났는데, 그것은 해양 문화가 빠른 속도로 발달한 데 기인한다. 그전 시대에는 해양 교통의 한계로 인하여 직접 교섭할 수 없었던 국가들이 이제는 직접, 그것도 빈번하게 교섭할 수 있게 된 때문이다.

따라서 당시 외교는 자국을 축으로 한 일방적이고 평면적인 관계가 아니라 광범위하고 복합적인 관계, 즉 동아시아 다핵방사상 외교의 한 부분으로 이루어졌다. 다핵다중방사상 외교는 동아시아 전체와 관련된 것으로, 외교의 전개 과정도 다수의 나라들이 동시에 참여하고 있었다. 이러한 질서 속에서 주도적인 역할을 하기 위해서는 각국 간의 관계를 조정하는 중핵의 위치를 차지해야 한다. 고구려가 전개한 대중국 외교는 그 한 부분으로서 등거리 외교 형태였으며, 그 관계 속에서 해양 활동이 비중 있는 역할을 하고 있었다. 그것은 먼저 한반도의 정세와 외교 관계에서 나타난다.

고구려가 대중국 등거리 외교를 추진하는 또 다른 목적은 대중국 관계를 원활하게 하는 일 외에도 또 하나가 있다. 북과 서로부터 가해지는 군사적인 위협을 약화시킨 후에, 그 힘을 남쪽으로 돌려 급속하게 성장하는 백제·신라의 힘을 무력화시키려는 것이다. 구체적으로는 남부 배후가 되는 백제와 왜의 연계를 견제하는 것이고, 궁극적으로는 한민족의 신질서를 수립하고, 동아지중해의 중핵 국가가 되고자 하는 것이다.

그러면 그 과정을 살펴보기로 하자. 백제는 광개토대왕이 남진한 후로 국세가 점차 위축되어 갔다. 그러나 한편으로는 왜국과 사신을 빈번하게 교환했으며, 동진과 송에도 사신을 보냈다. 개로왕은 힘들게 나라를 부흥시켜 국력을 강하게 했으며, 북위에 사신을 보내 적극적인 외교 정책을 폈다. 그러나 475년 장수대왕의 급습으로 개로왕이 죽고 한성이 점령당하면서 국세가 다시 기울게 되었다. 웅진으로 천도한 이후에는 나름대로 국력을 강화하려는 노력을 했다. 그 가운데 중요한 하나가 고구려에게 반격을 가하는 일이었고, 나제동맹을 체결하는 일이었다.

신라는 광개토대왕이 신라를 공격한 백제·가야·왜군을 물리치고 난 이후로 고구려에 복속되어 있었다. 고구려는 군대를 경주에 상주시키고, 신라의 왕위 계승에도 일정한 영향력을 미쳤다. 이러한 불평등한 관계를 어쩔 수 없이 받아들였던 신라는 나제동맹을 계기로 고구려에 저항하기 시작했다. 450년 눌지왕 34년에 신라의 북변인 하슬라성(何瑟羅城)의 성주가 고구려의 변장(邊將)을 살해한 사건[45]을 계기로 두 나라의 갈등은 시작되었다. 일시적으로 해소되는 듯하였으나 더욱 심해져, 비록 『일본서기』에만 나와 있는 기록이지만, 이때 신라는 경주에 상주하고 있었던 고구려 병사들을 진살(盡殺)했다.[46] 당시의 양국 관계가 어떻게 급변하였는가를 짐작할 수 있는 기록이다. 이러한 긴장 관계 속에서 신라는 자구책으로 동해안에 방어성들을 축조하기 시작했다.

이렇게 자국의 영향권 아래 있었던 남부 세력이 급속하게 성장을 하고 군사적인 반격을 가해 오자, 고구려는 나제동맹 체제에 대한 공격을 개시했다. 고구려는 제1차 나제동맹을 부담스러운 세력으로 인식한 것으로 보인다. 그중에서도 특히 백제에 대한 압박과 견제는 중요한 목적이었다. 개로왕이 고구려를 탓하면서 북위에게 보낸 국서(國書)[47]에는 고구려의 남진

---

45) 『삼국사기』 권3 신라본기 눌지왕 34년.
46) 『日本書紀』 卷14 雄略 8年條.
47) 『魏書』 卷100 列傳 88 百濟國.

혹은 백제에 대한 압박이 풍씨의 북연이 멸망한 이후에 더욱 심해졌다는 것이 나타난다. 백제 또한 고구려의 압력에 부담감을 느끼고 고구려를 공격하고자 하는 의도가 있었는데, 국서의 내용은 이러한 사정을 확연하게 표현하고 있다.[48]

이러한 한류도의 역학 관계 속에서 당시 동아시아의 역사적 환경에는 커다란 변화가 일어나고 있었다. 북방에서는 앞에서 살펴본 것처럼 북연·유연·고막해·거란·토욕혼·북위 등이 복합적으로 갈등을 일으키고 있어서 동아시아의 국제 관계를 더욱 복잡하게 만들었다. 한편 황해를 활동 무대로 하는 해양 세력이 확대되면서 국제 질서 형성에 일정한 요인으로 등장했다. 이제 해양 세력의 활동은 역사 발전의 변수가 아니라 국제 역학 구도 결정에 영향을 끼칠 수 있는 주요 요인으로 떠올랐다.

즉 백제는 남쪽에서 부상하면서 고구려의 배후를 압박하고 동시에 해양을 활용한 외교전을 펼침으로써 고구려의 독점적인 대중국 외교에 반발하기 시작했다. 근초고왕 이후에 백제의 대북조 교섭은 한 번 사신을 보낸 것밖에는 없는데, 이는 고구려의 황해 중부 해상권 장악으로 인하여 북조와의 교통이 막혔기 때문이다.[49] 한편 백제는 수도를 웅진으로 옮겼다. 이것은 물론 장수대왕이 한성을 점령하고 개로왕이 전사했으므로 전선은 물론 영토와 나라의 중핵을 옮기지 않으면 안 되기 때문이었다. 물론 국가 정책의 변경과 국제 질서에 대한 새로운 인식과 구조를 반영하고자 하는 목적도 있었을 것이다.

백제는 남조와 교섭함으로써 국제적인 지위를 높여 고구려 중심의 한류도 질서에 도전하는 것은 물론, 남조를 통해서 고구려에 정치적인 압력을 가할 수 있게 되었다. 따라서 고구려는 성장하는 백제 세력을 견제하고 북

---

48) 국서의 내용은 백제가 고구려의 내부 사정을 파악하고 있었다는 것을 입증한다. 盧重國, 「高句麗·百濟·新羅 사이의 力學關係에 대한 一考察」, 『동방학지』 28, 1981, p.72.

49) 『삼국사기』 권25 백제본기 蓋鹵王 18년조 ; 『魏書』 卷100 列傳 88 百濟 延興 2年條.

조의 압력을 약화시키려면 남조와의 관계를 긴밀히 해야 했다. 그런데 백제와 고구려 가운데서 남조와 교섭을 더욱 활발하게 했던 쪽은, 적어도 공적 사행인 경우에는 고구려가 월등하게 많았다.[50]

그런데 이 시기의 국제 질서에 이른바 백제의 '양자강 유역 진출설'로 말해지는 복잡하고 풀기 어려운 상황이 생겼다. 중흥 군주인 동성왕(東城王)은 외교적인 고립에서 벗어나기 위해 양자강 이남의 남제와 교섭을 시도했다. 그런 가운데 7월에는 다시 내법좌평(內法佐平)인 사약사(沙若思)를 남제에 파견했으나 사신선이 서해 한가운데에서 고구려 수군에 의해 저지당했다.[51] 그러나 백제는 곧 해양력(sea-power)을 회복하고 황해 남부의 신항로를 개척하여 양(梁)·진(陳)에 이르기까지 외교·교역·문화교류 등을 활발히 했다. 그래서 『수서』에는 백제에 왜와 중국 사람들도 많이 있었다고 기록하고 있다. 백제는 해양 교류를 통해서 국제화되고, 수준 높은 다양한 문화를 발전시켰다.

그런데 『삼국사기』와 『자치통감』에는 바로 이 시대에 북위가 백제를 쳤으나 패했다는 기록이 있다.[52] 『남제서』에는 영명(永明) 8년인 490년에 위나라가 기병 수십만으로 백제를 공격했다가 크게 패했으며, 그때 동성왕은 공훈을 세운 백제의 장군들에게 왕이나 후 등 관작을 줄 것을 요구했다는 기록이 있다.[53] 특히 목간나(木干那)는 성과 배〔舫〕를 부순 공이 있다고 하여[54] 대규모 해전이 있었음을 시사하고 있다.

물론 당시에 북위는 화북 지방에 있었다. 더군다나 그때 태수직을 요구한 지역이 광양(廣陽)·광릉(廣陵)·청하(淸河) 등 중국으로 추정되는 곳으

---

50) 徐榮洙, 「三國時代 韓中外交의 전개와 성격」, 『고대 한중 관계사의 연구』, 삼지원, 1987, p.121의 〈표 1〉과 p.128의 〈표 2〉 비교.
51) 『삼국사기』 권26 백제본기 동성왕 6년.
52) 『삼국사기』 권26 백제본기 동성왕 10년, "魏遣兵來伐 爲我所敗."; 『資治通鑑』 永明 6年, "魏遣兵擊百濟 爲百濟所敗."
53) 『南齊書』 卷58 東南夷 列傳 百濟.
54) "木干那前有軍功 又拔臺舫 爲廣威將軍 面中侯—."

로 되어 있어 역상을 해석하는 데 당황스럽게 하고 있다.

그렇다면 백제의 위치는? 백제의 해양 능력은 어떠했을까? 『주서(周書)』 백제전에는 "진 이래로 송·제·양 시대에는 현재 양자강의 왼쪽에 있었다"[55]고 되어 있고, 『북사(北史)』 백제전에도 역시 "진 이래로 강의 좌(우)에 거하고 있었다"[56]고 기록되어 있다. 그 후 신라인 최치원이 당에서 벼슬을 하면서 태사시중에게 상소한 글에도 유사한 내용이 있다. "즉 고구려와 백제가 전성했을 때에는 강병이 100만이며, 남으로 오와 월을 침범하고, 북으로 유연제노(幽燕齊魯)를 흔들어 중국의 커다란 좀이 되었다"[57]는 것이다. 물론 이 기록의 타당성 여부에 대해서는 좀더 연구가 필요하지만 백제가 당시에 해양을 무대로 상당한 영향력을 미쳤던 국가임은 분명하다.

백제의 남중국 항로는 고구려의 해상권 통제와 북위의 견제 때문에 전 시대보다는 난이도가 높은 항로였다. 금강 하구와 영산강 하구 해역 등에서 출발하여 먼 거리인 황해 남부를 횡단하다가 회하(淮河) 해역의 먼 바다에서 남항하거나, 아니면 시기에 따라 북풍 계열의 바람을 활용하여 곧장 사단으로 남진한 다음 양자강 하구로 진입했다. 이른바 황해 남부 사단 항로였다. 백제는 웅진으로 천도한 이후 송과 7회, 남제와 3회, 양과 7회, 진과 4회에 달하는 활발한 교섭을 했다.

한편 동성왕은 498년 탐라국(제주도)을 정벌하러 남진하다가 광주(영산강 지역)에서 중지했다.[58] 이는 해상 작전 능력이 뛰어났고, 이미 전부터 탐라를 복속시켰기 때문이었다. 제주도는 황해와 남해·동중국해를 연결하는 해상 네트워크의 접점으로서 남중국·한반도·일본열도로 이루어진 삼각형의 중핵에 있다. 백제는 이곳을 장악함으로써 광범위한 해양 활동망

---

55) 『周書』 卷49 백제전, "自晉宋齊梁據江左."
56) 『北史』 卷94 백제전, "自晉宋齊梁據江左." 그런데 다른 본에서는 右로 되어 있는 것도 있다.
57) 『삼국사기』 권46 열전 崔致遠傳 '上大師侍中狀', "高麗百濟全盛時强兵百萬南侵吳越北境幽燕齊魯爲中國巨蠹."
58) 『삼국사기』 권26 백제본기 동성왕 20년.

을 구축했고, 일본열도로 본격적으로 진출했다. 일본 항로는 전라도 해남을 포함한 남해 서부, 서해 남부를 출발하여 규슈 서북부에 도착하는 것이다. 제주도를 오른쪽으로 바라보면서 고토열도에 도착한 다음 규슈 서쪽 지방으로 상륙했다. 아리아케 해〔有明海〕 근처로 들어와 나가사키, 구마모토, 사가현 서부 등에 정착한 다음 여러 강들을 거슬러 내륙으로 진입해 들어갔다. 그래서 규슈 서부 지역에 후나야마 고분 같은 백제계 유적들이 있는 것이다.[59]

이렇게 해양력을 바탕으로 대외로 진출하면서 다시 강국이 된 백제는 점점 더 일본의 고대 국가에 강한 영향력을 행사했다. 특히 수도를 사비(부여)로 천도했는데, 이는 금강을 통하여 해양으로 쉽게 진출할 수 있기 때문이다. 사비는 해구와 가까운 하항(河港) 도시이므로 수륙 교통의 요지이고, 남쪽 해양 세력에 대한 제어가 보다 유리하다. 또한 백제는 외교 대상이 북조에서 탈피하여 남조 국가들로 변화했는데, 이는 일본열도로의 진출과 활발한 교섭이 요구되었기 때문이다.

백제는 수도의 남천으로 대중국 등거리 외교를 펼치는 데 불리해져, 상대적으로 남조와 편향된 교섭을 진행할 수밖에 없었다. 구이신왕(久爾辛王) 연간에 송과는 교섭이 네 차례 있었고, 그 다음 왕인 비유왕(毗有王)대에는 여섯 번 있었다.[60] 그리고 개로왕대에는 전사할 때까지 네 번 교섭하는 등 비교적 활발했다.[61] 남조와는 공적인 교섭말고도 교역·문화교류 등 실질적인 관계도 이루어졌으며, 민간 교역도 활발했다.

양(梁) 보통(普通) 2年(521) 고조(高祖)가 내린 조서(詔書)에는

---

59) 윤명철, 『동아지중해와 고대 일본』, 청노루, 1997, pp.131~135.

60) 『삼국사기』 권25 백제본기 비유왕 3년(429) 가을 및 왕 4년 시기 미상에 宋에 사신을 보냈는데, 이에 송은 사신을 보내 작호를 주었다. 또 왕 14년(447) 10월에 사신을 송에 보냈다.

61) 『宋書』 卷6 本紀 第6 高祖 孝武帝 大明 元年(457), 2年(458) ; 『宋書』 卷8 本紀 第8 太宗 明帝 泰始 7年(471).

"……백제인의 키는 크며 의복은 깨끗하다. 그 나라 가까이에 왜가 있어서 문신한 사람들도 꽤 있다. ……그 나라 말에는 중국의 말이 뒤섞여 있으니, ……또한 중대통(中大通) 6년(541, 聖王 12년)과 대동(大同) 7년(541, 聖王 19년)에 거푸 사신을 보내어 방물을 바치는 한편, 열반경(涅般經) 등에 대한 의소(義疏)와 모시박사(毛詩博士) 및 공장(工匠)·화사(畵師) 등을 구하므로 모두 공급하여 주도록 조치했다."[62]

라고 하여 문화 교류가 활발히 이루어졌음을 확인할 수 있다.

백제가 지리적인 조건으로 볼 때 민간인들 사이에 교섭이 활발하고,[63] 남조 문화의 영향을 받았다는 것은 여러 가지 점에서 나타난다. 육조의 청자를 비롯해 백자·흑유 등이 들어왔다.[64] 또 몽촌토성에서 동진의 청자편들이 출토되었는가 하면, 백제의 유적지들에서는 3~6세기의 중국계 도자기들이 발견되었다. 원주의 법천리에서는 4세기경 동진계의 토기들이 발견되었다. 이로 보아 본격적인 남북조 시대 이전부터도 백제는 남조 지역과 교섭했음을 알 수 있다.

불교를 매개로 한 승려들의 교섭은 보다 자유롭고 빈번하게 이루어졌다. 동진의 승려 마라난타 역시 바다를 건너 백제에 들어왔다. 백제의 승려 겸익(謙益)은 성왕 4년(526)에 인도에서 직접 오부율(五部律) 범본(梵本)을 가지고 들어왔다. 성왕(聖王)은 왕 19년(541)에 양에 사신을 보내 열반경 등을 구하게 했다. 이 모두 해양을 통해서 이루어졌다.

한편 이 시기에 변모된 특징 가운데 하나는 동아시아 국제 질서에서 왜가 본격적으로 등장하고, 국제 사회에 편입된 일이다. 왜는 한국사와 중국

---

62) 『梁書』 卷54 列傳 第48 諸夷 百濟.
63) 『北史』 卷94 列傳 第82 百濟에도 "…… 주민은 신라·고려·왜 등이 섞여 있고, 또 중국 사람도 있다"고 하여 동일한 기사가 나타나고 있다.
64) 『도자기 발달사』, 문화재관리국, 1977, p.7.

사에서 2세기 말 정치적으로 처음 등장했는데, 그것은 교역이나 형식적인 외교를 목적으로 한 관계였다. 특히 중국과의 관계는 직접 교섭이 아니라 한반도 세력을 중간 매개로 삼아서 이루어졌다.

한류도와 일본열도 사이의 문화·경제적인 관계는 역사의 초창기부터 매우 밀접했다. 최소한 기록에 나타난 정치적인 관계는 삼국 초기 신라와 군사적으로 충돌하면서 시작되었는데,[65] 점차 가야·고구려·백제 등과 정치적·문화적으로 교섭을 가졌다. 하지만 이것은 동아시아의 전체 질서 속에서가 아니라 단지 일본열도 내의 각각 다른 세력과 한반도 내의 각국과의 개별적인 관계였다.[66] 형태 또한 능동적이거나 대등한 정도는 아니었다.

그런데 5세기로 오면서 왜는 수동적인 태도를 탈피하여 보다 적극적으로 동아시아 질서에 참여한다. 야마도 조정의 지배 계급은 내부적으로는 지방 호족과 인민을 효과적으로 지배하기 위해, 그리고 외부적으로는 국제적인 고립과 일방적인 종속성에서 탈피하기 위해 백제 및 중국과 교섭하기를 원했다. 따라서 왜는 백제와 정치·외교·문화적인 교섭을 활발하게 벌였다.[67] 이른바『송서』에 나타나는 왜 5왕 시대에 해양 능력을 바탕으로 남조 중심의 책봉 체제에 편입되면서 국제 사회의 중심부로 편입된 것이다.[68]

---

65)『삼국사기』권1 신라본기 朴赫居世 8년.
　　초기 신라와 왜의 관계는 申瀅植의「三國時代 戰爭의 政治的 意味」,『韓國史研究』43, 한국사연구회, 1983, pp.10~11에서『삼국사기』에 의거해 倭의 침입을 월별 분석하고 있다. 그 외에 金澤均의「삼국사기 新羅의 對倭關係分析」,『강원사학』6, 1990 참조.

66) 이러한 논지의 대표적인 견해로는 김석형의 앞의 책과 김석형·조희승의 공저인『초기 조일 관계사』, 사회과학출판사, 1988에서 논한 통칭 '일본열도 내 삼한 분국설'이 있다. 또한 필자의 졸저『동아지중해와 고대 일본』은 이러한 양 지역 간의 관계와 성격을 해양 질서와 관련시켜 해석하고 있다.

67)『日本書紀』卷10 應神條에 부분적으로 열거되어 있고,『삼국사기』권25 백제본기 阿莘王·腆支王·毗有王 연간에도 있다.

68) 西嶋定生은『日本歷史의 國際環境』, 東京大學出版會, 1985, p.64에서 이러한 관계를 자국 내에서의 왜왕의 권위를 강화시키기 위한 것보다는 오히려 한반도에서의 왜국의 지위를 강화시키고자 하는 데 있는 것이 명확하다고 말하고 있다.

왜왕 산(讚)은 동진[69]과 송에 사신을 보냈으며,[70] 이후 6세기 초에 양 무제가 왜왕을 정동대장군(征東大將軍)에 봉할 때까지 이른바 왜5왕이 있었다.[71] 특히 왜왕 부(武)가 바친 상표문(上表文)의 기록은[72] 당시 야마도 조정의 대외관과 함께 고구려와의 관계를 알 수 있다. 특히 왜가 백제의 선박을 이용했고, 고구려가 그 교섭을 방해했다는 사실은 해양과 관련하여 매우 중대한 시사를 한다. 이렇게 왜는 국제 질서, 특히 한류도의 질서 재편 작업에 능동적인 태도를 취하기 시작했다.[73]

왜의 등장으로 인해 국제 환경이 변화했다. 황해 남부를 무대로 남조·왜·백제를 연결하는 해양 세력이 성장했으며, 그 결과 한류도의 질서가 구축되는 과정에서 해양 활동이 차지하는 비중이 높아졌다. 이러한 세력의 등장은 고구려 등을 겨냥한 대북 압력을 야기시켰을 것이다. 황해 남부를 매개로 한 남조와 백제, 그리고 왜를 연결하는 세력이 형성되고, 그것이 현실적인 힘을 가질 경우에는 백제가 고구려에 도전하고, 왜가 한반도에 진출할 가능성이 커진다. 「릉비문」의 영락 14년조에 있는 백제와 왜의 연합군이 고구려를 공격한 사건처럼 고구려에 대한 재도전으로 비화될 가능성도 있었다.

이러한 국제 정세의 질적 변화에 대응해서 고구려는 남쪽 세력을 제어하고, 그들을 끌어들이는 능동적인 질서를 구축하는 일이 필요했다. 이를 위해 다핵다중방사상 외교의 완벽하고 치밀한 실천과 함께, 성장하는 백제를 꾸준히 경계해야만 했다. 고구려의 그와 같은 견제 활동은 백제의 외교에

---

69) 『晋書』卷10 帝紀 第10 安帝紀 義熙 9年;『南史』卷79 列傳 第69 夷貊傳 倭國.
70) 『宋書』卷3 本紀 第3 武帝紀;『宋書』卷95 列傳 第57 夷蠻傳 倭國 高祖 永初 2年條;『宋書』卷3 本紀 第3 文帝紀 元嘉 7年;『宋書』卷95 列傳 第57 夷蠻傳 倭國에는 元嘉 2年條.
71) 『梁書』卷2 本紀 第2 武帝 中 天監元年夏四月條.
72) 『宋書』卷95 列傳 第57 夷蠻傳 倭國, "…… 道遙 百濟裝治船舫 而高麗無道 圖欲見呑掠抄邊隸 虔劉不已."
73) 井上秀雄 他 譯注, 『東アジア民族史』1, 東洋文庫, 平凡社, 1992 ; 平野邦雄, 「ヤマト王權と朝鮮」, 『日本歷史』1, 岩波書店, 1975.

큰 영향을 미치게 되었다.[74] 지금까지 고구려의 다핵다중방사상 외교의 배경을 남북조 · 백제 · 왜와의 관계에서 각각 살펴보았다.

한편 한반도를 중심으로 한 이러한 역학 관계는 남북조 및 동아시아 전체 국가들과 상관 관계를 맺으면서 더욱 복잡한 형태로 전개되었다. 당시 송은 고구려가 백제에 적용하고자 한 외교 전략을 북위 정권에게도 적용하고 있었다. 즉 북위를 가운데 두고 주변 국가들과 연합하여 포위하려는 전략을 구사했던 것이다. 이에 따라 430년(元嘉 7년)에 대북위 정벌전을 펴면서 북위와 적대 관계에 있는 북연 · 하 · 유연 등을 동참시켜 환상적인 포위망을 구축하려고 했다.[75] 송은 북연의 풍홍과 연합하여 북위를 압박하고자 했다. 또한 7천의 군사를 해로로 요동에 파견했다.[76] 그런데 바로 이 해부터 토욕혼과 송의 관계가 아주 친밀해진다.[77] 특히 토욕혼이 북위에게 쫓겨 서방으로 분주(奔走)하게 되자, 송조의 도움을 받으면서 양국 간의 관계는 긴밀해진다.[78]

이처럼 복합적으로 전개된 동아시아의 관계는 송의 대북위 정책, 나아가 중국 및 주변 세계의 외교 정책을 보여준다. 송은 북위와 적대 관계인 유연을 끌어들여 육지로 포위하는 전략을 구사한 것이다. 그러나 이때 송의 정책이 비단 북방 유목 종족과의 연합만을 모색한 것은 아니다. 고구려가 북위를 견제하기 위하여 송이 필요했던 것처럼 송 또한 고구려가 필요했을 것이다. 그러한 관계의 연장선상에서 송이 대북위 포위망을 광범위하게 추진할 경우, 동아시아의 나라들은 모두 그 정책의 대상이 되었을 것이다.

---

74) 왜가 북조 정권과 교섭을 가지지 못한 것은 고구려가 황해 해상권을 장악했기 때문으로 보인다. 교섭이 이루어졌다면 왜는 국제적 지위가 신장되는 반면, 고구려는 상대적으로 하락하였을 것이다.
75) 『魏書』卷35 崔浩傳.
　　 朴漢濟, 앞 논문, p.108에는 그 과정과 사례가 있다.
76) 『삼국사기』 권18 고구려본기 장수왕 26년(438).
77) 『宋書』卷5 本紀 第5 文帝紀 元嘉 7年條.
78) 池培善,「吐谷渾과 南朝와의 交涉에 대하여」,『漢城大學論文集』6, 1982, pp.221~222.

군사 외교의 다변화가 필요한 절박한 상황이었다.

그런데 여기서 백제가 송나라와 교섭을 활발히 하는 과정을 유의할 필요가 있다. 백제는 송에 사신을 빈번하게 파견하여 작위를 받았다.[79] 『송서』 이만열전(夷蠻列傳)을 보면 원가 2년에 태조가 백제가 작은 배를 타고 송조에 조공을 바친다고 치하하는 내용이 있다. 그런데 그 원가 7년(430)에 비유왕이 사신을 보냈을 때, 송 문제는 비유왕에게 선왕인 영(映)의 작호를 책봉해 주었다.[80] 원가 2년에 송이 항해상의 어려움을 안타까워하고 있음에도 불구하고[81] 사신이 직접 와서 책봉을 받아 간 사실은 특별한 의미를 부여해도 좋을 것 같다. 백제와 송의 교섭은 57년간 지속되었는데, 이 기간에 송의 사신이 직접 온 것은 단 2건뿐이었다. 더욱이 이 430년에 왜국에서도 산(贊)이 5년 만에 사신을 보낸 사실은[82] 송의 대북위 정책, 또는 동아시아 질서의 구도와 성격을 이해하는 데 상당한 시사점을 준다.

송은 이후에도 고구려와 공동으로 군사 행동을 하여 북위를 견제하고 공격하고자 시도했다. 예컨대 439년(元嘉 16년)에 송 태조는 북위를 공격할 때 고구려로 하여금 말 800필을 보내게 하여[83] 공동 군사 작전의 가능성을 보였다. 그런데 고구려는 이후 439년부터 462년까지 북위에 사신을 보내지 않았고, 남조 및 유연 등과 교섭을 했다.

이러한 일련의 사실들은 송이 대북위 포위 전략을 세우면서 북방 질서뿐만 아니라 고구려와 백제·왜까지 이어지는 해양 질서 역시 연합전선의 범주로 끌어들이려고 했음을 나타낸다. 송은 북위의 거대한 군사적 압력에 저항하기 위해서는 주변 제국은 물론 변방의 왜국까지 포함한 해동 제국과

---

79) 구이신왕 연간부터 개로왕까지 교섭이 14차례 있었다.
80) 『삼국사기』 권25 백제본기 비유왕 4년.
81) 『宋書』 卷97 夷蠻列傳 元嘉 2年條.
82) 『宋書』 卷97 夷蠻列傳 倭國傳.
83) 『宋書』 卷97 夷蠻列傳 高句麗國, "元嘉 ……十六年 太祖欲北討 詔璉送馬 獻八百匹."
『南史』 卷79 列傳 69 夷貊 下 高句麗.
그런데 『삼국사기』에는 이러한 기사가 없다.

관계를 원활하게 하는 것이 필요했으며[84] 그 과정에서 해양적 형태가 필요한 조건이었다.

이처럼 당시의 국제 질서는 단순한 등거리 외교가 아니라 복합적이었으며, 국제적인 측면과 국내적인 측면을 동시에 지니고 있었다. 그러면 비록 지정학적인 조건상 다핵방사상 외교의 한 중심축이었지만 기술적으로 난이도가 높은 등거리 외교를 추진하고, 성공시킨 배경은 어디에 있었을까? 여기에는 정치 역학적인 관계말고도 고구려와 남북조 양 지역 간의 자연환경이 크게 작용했다.

고구려와 북조 주위에는 다른 북방 종족의 나라가 있어서 육로 교섭이 원활하지 못했다. 따라서 양국 간에는 해로를 통한 교섭이 자주 있었다. 그 가능성은 다음 조건에서 알 수 있다. 북위와 고구려 사이에는 북연이 있었는데, 북연과 위는 서로 매우 적대적이었다. 이러한 관계는 고구려와 위 사이에도 적지 않은 영향을 끼쳤다.

북연이 멸망한 것은 436년 5월이고, 북연의 풍홍은 438년에 장수대왕에게 살해되었다.[85] 그렇다면 436년 혹은 438년 이전까지 고구려와 북위 양국간의 교섭은 육로를 통해서는 불가능했다는 결론이 나온다. 그럼에도 불구하고 425년(장수왕 13년)에 첫 사신을 파견한 이래, 434년에 2회 파견했으며 위의 세조에게 책봉을 받았다.[86] 그렇다면 이때의 교섭은 해로를 통해서 했을 것이다. 특히 434년의 교섭은 이미 수도를 평양성으로 천도한 후이기 때문에 해로를 이용했을 가능성이 더욱 높다.

해로로 교섭을 했다면 자연조건의 영향을 받았을 것이다. 황해 동안을 타고 남하하는 해류와 함께 겨울에 부는 북풍 계열의 바람을 이용했을 가능성이 있다. 백제도 사신을 1·2·3월에 가장 많이 보내고 있는데, 이 역

---

84) 王仲殊, 「古代の日中關係」, 『古代日本の國際化』, 江上波夫 等, 朝日新聞社, 1990, p.22 참조.
85) 『魏書』 卷4 帝紀 第4 世祖 太延 4年條 ; 『삼국사기』 권18 고구려본기 장수왕 26년조.
86) 『삼국사기』 권18 고구려본기 장수왕 22년조 ; 『魏書』 卷100 列傳 第88 高句麗.

시 고구려와 동일한 조건으로 북동풍을 이용한 항해를 하였기 때문이다. 물론 7월에도 많이 했는데, 이는 바람이 없고 항해에 가장 안전한 계절인 탓이다.

한편 남조 국가들 가운데는 송이 한때 산동반도까지 차지하고 있었을 뿐, 대부분은 회하 혹은 장강 이남에 위치해 있었기 때문에 해로가 아니고 서는 교섭이 불가능했다. 아래의 자료는 해로의 사용이 필수적이었음을 입증해 주고 있다. 즉, 소제(少帝) 경평(景平) 2년(424, 장수왕 12년)에 연(璉)이 장사(長史)·마루(馬婁) 등을 송의 왕궁으로 보내 방물을 바쳤다. 이에 (송의 황제는) 사신을 파견하여 그 수고를 다음과 같이 치사했다.

"황제는 고하오. 사지절 산기상시 도독 영평 이주제군사 정동대장군 고구려왕 낙랑공(使持節 散騎常侍 都督 營平 二州諸軍事 征東大將軍 高句麗王 樂浪公). 그대는 왕위를 동방에서 이어 선인의 공적을 계승하였소. 순종하는 마음은 이미 뚜렷하고 충성 또한 드러나 요하를 넘고 바다를 건너 공물을 본조에 바쳤소."[87]

해로를 이용한 고구려와 남조의 교섭은 남제와 양을 이어 계속 진행됐다.

그런데 해양 교섭은 비밀리에 전개되는 외교 상황에 대하여 신속한 정보를 입수하는 일이 어려운 반면, 정보 유출 가능성이 오히려 적다는 유리함도 있다. 해상 교통을 통제하는 일은 매우 어려운 작업이므로, 인접국 혹은 상대국을 피해서 비밀 외교를 전개할 수 있다는 유리한 이점이 있다. 고구려가 북위를 견제하기 위하여 북방의 유연을 남조 국가들과 연결시킨 것은 육로로는 지난한 비밀 외교를 해양을 통해서 성공시킨 예라 할 수 있다.[88]

그 당시 등거리 외교와 해양 능력의 상관성은 삼국의 대중국 교섭 상황

---

87) 『宋書』 卷97 列傳 57 夷蠻列傳 高句麗國.
88) 朴漢濟, 「北魏의 對外政策과 胡漢體制 ─統一體制指向과 관련하여」, 『역사학보』 116, 1987, p.33 및 앞의 책, p.212.

을 비교해 보면 분명하게 나타난다. 고구려의 대중국 교섭은 동진(317) 시대로부터 수가 멸망할 때(618)까지 172(15)회다. 반면에 백제의 경우는 동일한 기간에 44(7)회에 불과하다.[89] 대중국 교섭의 시기가 늦은 신라의 경우는 양(502) 시대부터 수의 멸망까지 22(4)회로서 비교의 대상이 되지 못할 정도다.[90] 삼국이 전개한 대중국 외교의 빈도 편차는 이렇게 심하다. 더욱이 교섭의 초기 단계에 고구려의 외교권 독점 현상이 더욱 분명히 나타난다. 이것은 국가의 발전 정도, 외교 정책, 지리적 이점 등 여러 가지 원인이 있지만 고구려의 뛰어난 해양 활동 능력이 뒷받침되지 않고서는 절대적 우위를 지키기가 어렵다.

고구려와 북조의 교섭은 남북조의 시작, 즉 후조의 성립(고구려 미천왕)부터 시작되어 장수대왕이 즉위하기 전까지 13회가 넘었을 정도로 비교적 활발한 편이었다. 그에 반해 남조와의 교섭은 고국원왕 연간에 동진과 2회 이루어진 이후에[91] 장수대왕이 등극할 때까지 중단되었다. 교섭 빈도에 차이가 있는 것은 국제 정치 관계와 고구려의 내부 상황이 중요한 요인으로 작용한 탓도 있지만 항해 환경, 즉 항해술의 발달, 항로의 확보 등 항해 조건의 좋고 나쁨에 따라 영향을 받은 결과도 있다. 장수대왕 이후에 특히 송과 교섭이 활발해진 이유는 송이 산동반도 아래까지 차지함으로써 항해 환경이 달라지고, 교섭 조건이 양호해진 때문이다.

해양 활동 능력이 외교와 직접 관련이 있다는 사실을 뒷받침하는 증거는 다음의 기록에서도 나타난다.

『위서』 백제전에는 백제가 북위의 효문제에게 472년(개로왕 18년)에 사신을 보낸 기록이 있다. 즉 백제가 사신을 보내고자 하나 "승냥이와 이리

---

89) 가로 안의 숫자는 중국측에서 파견한 횟수를 나타낸다.
90) 徐榮洙, 「三國時代 韓中外交의 전개와 성격」, 『고대 한중 관계사의 연구』, 삼지원, 1987, p.121, p.128, p.133의 도표 참고.
91) 『삼국사기』 권18 고구려본기 고국원왕 6년, 13년.

같은 것들이 길을 막고 있어서……"교통로가 차단되고 있음을 알리면서, 군사를 파견하여 달라고 요청하고 있다. 또 이어서 "고구려가 때로는 남으로 유씨(이때 유씨는 劉宋을 말한다)와 통하고, 때로는 북으로 연연과 맹약하여 순치(脣齒) 관계에 있어……"[92]라는 글이 있어 고구려의 해상 외교가 백제에게 심각한 문제임을 반증하고 있다. 같은 책에는 현조(顯祖, 북위 獻文帝, 465~471)가 백제에 사신을 보내려다 고구려의 방해로 뜻을 이루지 못하고, 다시 "연흥(延興) 5년(475, 蓋鹵王 21년)에 (소, 邵)안(安)으로 하여금 동래로부터 바다를 건너가 여경(餘慶)에게 새서(璽書)를 내려 그의 정성을 포상하게 했다. 그러나 안 등은 바닷가에 이르러 바람을 만나 표류하다 끝내 도착하지 못하고 돌아왔다"[93]고 되어 있다. 이 문장은 고구려가 위와 백제의 교섭을 강하게 막고 있어서 위나라 사신이 해로를 통해서 백제와 교섭한 사실을 알려 주고 있다.[94] 나아가 고구려가 위에 종속적인 태도를 취하지 않았고, 대북위 외교가 자주성을 띤 사실을 입증한다.[95] 또한 백제와 위의 교섭이 황해 직항로를 이용해서 이루어졌음을 알려 준다. 결국 북위의 기록은 고구려의 해상 활동으로 인하여 양국의 교섭이 실패했다는 역사적 상황을 말해 주고 있다.

이 당시에 벌어진 해양 외교는 백제에서도 절박하게 이루어졌다.

물길이 이 무렵 북위에 사신을 보냈는데, "스스로 말하기를 그 나라가 먼저 고구려의 10락을 공파하고, 몰래 백제와 공모하여 수로(水路)를 따라 힘을 모아 고구려를 취하고자 한다. 을력지(乙力支)를 보내 대국에 사신을 받들게 하여 그 가부를 청한다"는 글을 보냈다.[96] 이로 보아 물길과 백제가

---

92) 『魏書』, 卷100 列傳, 百濟傳.

93) 『삼국사기』 권25 백제본기 개로왕 ; 『魏書』, 卷100 列傳88, 百濟 延興 5年條.

94) 『魏書』, 卷100 列傳 88, 百濟 延興 5年條.

95) 徐榮洙는 앞 논문, p.159에서 남북조의 대립을 교묘히 이용해서 남진의 방파제로 삼았다고 했다.

96) 『魏書』 卷100 勿吉傳. "自云其國先破高句麗十落 密攻百濟謀從水道兵力取高句麗, 遣乙力支奉使大國, 請其可否."

고구려 몰래 교섭을 했으며 그러할 경우 수로, 즉 해로를 이용했을 가능성이 매우 높다는 것을 알 수 있다. 더구나 그들은 해양 공동 작전을 구사하려 하고 있다. 성사되었는지는 알 길이 없지만 고구려가 황해 중부 이북의 해상권을 장악하고 있음에도 백제의 해양 외교는 어렵게 전개되고 있음을 알 수 있다.

위에서 살펴본 것처럼 고구려는 활발한 해양 활동을 펼침으로써 한동안은 대중국 교통로의 독점과 통제에 성공하고 정치·경제·문화적으로 이익을 얻으면서 한반도의 패자로 자리를 굳혔다. 그리하여 육로로 통하는 북방 세력들과는 무력 대결을 통한 생존을 모색한 데 반하여 중국 세력과는 공존의 관계를 유지했다.

결론적으로 5세기에 일어난 국제 관계와 외교상의 질적인 변모에는 몇 가지 요인이 있다. 동아시아의 역사 발전에 따른 내부적인 성장과 이에 따른 대외 교섭의 필요성이 강하게 요구된 것이며, 이에 따라 황해의 역할이 증대하고, 항해술과 조선술 등 교통조건이 발달한 것이다. 이 두 가지 요인에 의해 각국 간에는 해양적 질서를 바탕으로 '동시 등거리'와 '다핵다중방사상' 형태를 특징으로 하는 전방위 외교가 시작되고 그것을 뒷받침하기 위한 군사력의 개발과 해양 문화의 발달, 해양 활동 영역의 확보가 필연적으로 요구되었다.

수도 남천의 해양적 배경과 조건

광개토대왕의 거시적이고 폭넓은 정책을 계승한 장수대왕은 대외적으로 다핵다중방사상 외교를 전개하면서 국제 질서에 능동적으로 대처했다. 따라서 대외 관계의 원활한 집행은 물론 내부적인 성장을 위하여 여러 정책을 수립하고 집행했다. 그 가운데에서 가장 중요한 것은 남진 정책을 추진한 일로서, 그것은 427년에 시행한 수도의 남천[97]으로 표면화된다. 한 국가, 그것도 규모가 큰 정복 국가가 수도를 이전한다는 사실은 단순한 몇 가지 요인이나 단기적인 이익을 위하여 결정되는 것은 아니다. 당시 고구려를 중심으로 한 국제 정세와 고구려에서 일어나고 있는 내부 사정을 감안할 경우, 수도의 의미는 국가의 정책 혹은 미래의 지향점과 직결된다고 보는 것이 순리이다.

고대의 수도는 기능이 분산되어 있지 않고 정치·군사·경제·문화의 중심지나, 집결지 혹은 관리지로서 매우 중대한 역할을 했다. 그러므로 수도의 천도 과정과 배경에 대한 분석을 통해서 당시 국가의 전반적인 정책 방향과 의미를 이해할 수가 있다. 이 글에서는 남천의 배경과 의의를 내부적 요인 및 국제적 요인, 즉 국제 질서의 재편 과정에 대한 능동적인 대응 정책으로 보고자 한다.

1. 정치·외교적 측면

수도를 남천하는 정치·외교적인 배경에 대해서는 앞 글에서 언급했으므로, 여기에서는 논리의 전개상 필요한 부분만 언급하면서 천도의 배경을 해명하고자 한다.

4세기에 들어 고구려는 체제의 변동과 중앙집권화를 실천하기 위해 여러 가지 정책을 취했다. 소수림왕 때는 새로운 수취 체계와 지배 질서의 창출을 꾀했다. 이러한 중앙집권적인 지배 체제를 정비하는 일은 5세기에 이르러서도 계승되고, 더욱더 보완되면서 확충되어 갔다. 이러한 국가 정책 속에서 생산력을 확대하고 국가 재정을 확보하는 일이 필연적으로 요구

---

97) 『삼국사기』 권18 고구려본기 장수왕 15년.

되었고, 이를 실천하기 위한 구체적인 시도들 또한 있었다. 국내성을 중심으로 한 남만주 지역은 고구려 사회를 지탱하기에는 부족했다. 국내성의 주변 지역은 농사를 짓기에 좋은 자연환경이 아니었던 것이다.

그래서 약탈을 통해서 전리품을 확보하는 일이 중요한 몫이었다. 대무신왕 때는 부여를 공격하여 말을 구했다. 태조대왕 때는 요서 지역 점령은 물론 압록강 하구를 공격하여 바다로 진출을 시도했다. 동천왕 때는 오나라에 초피·말 등을 수출하고, 보물·의복 등을 수입하는 등 활발한 교역을 했다. 그러나 이것은 점차 한계를 가질 수밖에 없었다. 속민(屬民) 집단을 통한 조공품의 수취가 비교적 안정된 수입원이었으나, 그것 역시 고국원왕 대에 벌어진 남과 북에서의 군사적인 패배로 인하여 한계를 드러내고 있었다. 광개토대왕의 영토 팽창 지역과 남진, 수도의 남천은 이러한 경제적 기반의 취약점을 근본적으로 해결할 수 있는 방안으로 모색되었다.[98]

평양 등 평안도 남부와 황해도 지방은 고구려의 발전에 더없이 유리한 조건을 가지고 있었다. 이 지역은 내륙 및 수상을 활용한 교통의 요충지인 데다 농업 생산의 호조건을 갖추고 있었기 때문이다.[99] 뿐만 아니라 해안 지대와 가깝고 대동강·예성강 등의 강을 통해 내륙 깊숙이 연결되므로 해산물과 소금 산지 등을 확보할 수 있고 공급할 수도 있었다.[100] 하호(下戶)를 동원해서 동예의 소금을 공급받았던 고구려가 이 지역의 소금 생산 등을 외면할 이유는 없었을 것이다. 이 지역은 이러한 1차 생산물을 통한 이점 외에도 여러 가지 경제적 이점이 있었다.

이 시기까지 평양과 그 이남 지방은 경제발전이 더욱 촉진되어 재정 원천의 대부분을 이곳에서 담당했다는 견해도 있다.[101] 물론 농경이 발전하

---

98) 徐永大, 앞 논문, pp.121~124.
99) 朴性鳳,「廣開土好太王期 高句麗 南進의 性格」,『한국사 연구』27, 1979, pp.1~27.
100)『新增東國輿地勝覽』卷42·卷43의 황해도편. 卷51·卷52 평안도편 참조.
101) 손영종, 앞의 책, p.318. 필자의 견해는 다르다.

고 대외 교역 등이 활발하게 이루어져 국가의 재정 수입을 올리는 데 상당한 도움을 주었을 것이다. 그러나 북쪽에서도 교역 등 활발한 경제 활동이 있었다. 특히 고구려는 일찍부터 금속 화폐를 사용하고 있었으며, 북방·요서·화북·강남 등 여러 지역과 무역을 하고 있었다.[102] 그리고 부여와 마찬가지로 책구루(幘溝漊)를 설치한 데서 보이듯, 이미 3세기에 대외무역권을 중앙에 점차 귀속시키고 있었다.[103]

그러나 고대 국가로 팽창하고 줄기차게 대외 전쟁을 벌여야 했던 고구려는 재정 수입을 확충하고, 경제력을 높이는 일이 절대적으로 필요했다. 당시 축조된 방어 시설들과 거대하고 기술적으로 뛰어난 고분군들은 고구려의 경제력이 대단하고, 소비 규모 또한 엄청났음을 알려 준다. 현재 집안 지역에는 평양성으로 수도를 천도하기 전후에 축조된 유적들이 있다. 천추릉·광개토대왕릉·서대묘·장군총 등은 그 크기와 규모에서 그 후 만들어진 평양 지역의 것들보다 규모가 훨씬 크다.

한편 소수림왕 이후에 꾸준하게 왕권의 강화와 중앙집권화를 추구하는 정책은 남쪽 지역에 있었던 토착 세력들, 특히 낙랑·대방 고지에 대한 지배권을 확립하기 위해 적극적으로 남진 정책을 추진하게 했다. 이 지역은 낙랑과 대방이 경제·문화적으로 발전을 했고, 민(民)에 의존한 주거 형태를 유지했던[104] 특성상 정치 집단이 멸망한 이후에도 잔재 세력은 여전히 남아 있었다.

405년(永樂 14년)에도 황해도 지역의 토착 호족 세력인 왕씨가 여전히 낙랑·대방군 당시의 묘제였던 전축분을 축조하면서 원흥(元興)이란 동진의 연호를 사용하고 있었다.[105] 뿐만 아니라 4세기 이후 한동안 고구려와 백

---

102) 손영종, 앞의 책, pp.280~281 ; 李殿福·孫玉良, 앞의 책, pp.192~193 ; 金基興,「고구려의 성장과 대외교역」,『韓國史論』16, 서울대, 1987 참조.

103) 盧重國,『百濟政治史研究』, 일조각, 1990, p.95.

104) 權五重은『樂浪郡研究』, 일조각, 1992. p.90에서 낙랑군이 장기화할 수 있었던 것은 漢人系民을 토대로 한 주거 집단의 성격을 가지고 있었기 때문이라고 했다.

제가 이 지역을 중심으로 공방전을 벌였다. 이러한 일련의 사실들은 양국 간에 국경선이 불분명했고, 중앙의 통제력이 덜 미쳤으며, 상대적으로 지방 토호 세력들이 이곳에서 어느 정도의 독자성을 가진 채 성장했음을 알려 준다.[106]

따라서 고구려는 양군을 멸망시킨 이후에 종래의 간접적인 이민족 지배 방식을 적용하여 행정 통치를 실시하지 않고 세력권을 확대했던 것으로 보인다. 광개토대왕대에 이르러 고구려의 행정 통치력이 낙랑·대방 고지(故地)에 실현되었다고 판단된다. 그러나 왕씨 등이 여전히 존재한 것은, 연호 사용이 정치적 능력과는 전혀 무관한 허구화한 것이며, 자칭(自稱)이라고 해도[107] 역시 고구려의 중앙집권화가 덜 완성되었다는 것을 반증한다.

광개토대왕 이후 본격적으로 대왕 질서와 제국을 지향했던 고구려가 낙랑·대방 지역이 가진 특수한 경제적 이점, 대외 교역의 이점을 염두에 두었을 것은 필지의 사실이다. 이 지역은 더구나 고구려가 남조와 대외 교섭을 통한 경제적 이익을 추구할 경우, 영역 내에서 가장 적합한 조건을 갖추고 있었다. 특히 중앙집권화와 강력한 대국가 건설을 추진하는 장수대왕에게 남진 정책의 필요성을 제공하였을 것이다.

위에서 열거한 요인들 외에도 남진 정책을 추진한 목적과 동기가 있었다. 예를 들어 고구려가 남진 정책을 추진한 동기 가운데 민족통일 의지를 실천하기 위한 목적도 있었다고 보는 견해도 있다.[108] 그 무렵에 세워진 광개토대왕릉비나 중원고구려비에서 보여지는 용어나 세계관 등을 볼 때, 통일을 추진할 의지는 확인할 수 없으나 최소한 고구려를 종주국으로 하는

---

105) 孔錫龜의 앞 논문, pp.165~166에는 양군의 멸망 이후 이 지역에서 발견된 塼築墳의 벽돌에 새겨진 중국 연호에 대한 자료 일람표가 있다.
106) 孔錫龜는 앞 논문에서 이 지역에서 발견된 무덤 양식과 유물의 紀年을 토대로 분석한 결과, p.172에서 낙랑 대방군 고지에서 紀年銘 塼築墳을 조영한 집단은 고구려의 직접적인 행정통치를 받지 않았던 별도의 집단임을 의미한다고 했다.
107) 孔錫龜, 앞 논문, p.182, pp.234~236.
108) 徐榮洙, 앞의 책, p.124 및 손영종의 앞의 책, p.335.

그림 4-1 | 충청북도 충주시 중원고구려비

인식을 가졌던 것은 틀림없다.

한편 수도를 남쪽으로 옮긴 배경에는 이러한 국내적인 요인들말고도 국제적 요인이 있었다. 5세기에 들어와 고구려는 이미 국제 질서의 중심부로 진입했고, 주변 국가들에게 강한 영향력을 끼치는 대국으로 성장해 있었다. 광개토대왕은 남진 정책을 성공시켜 한강 중부 유역에 대한 영향력을 강화했고, 백제와 가야·신라 등에 대해서도 우월한 위치를 확보했다. 나

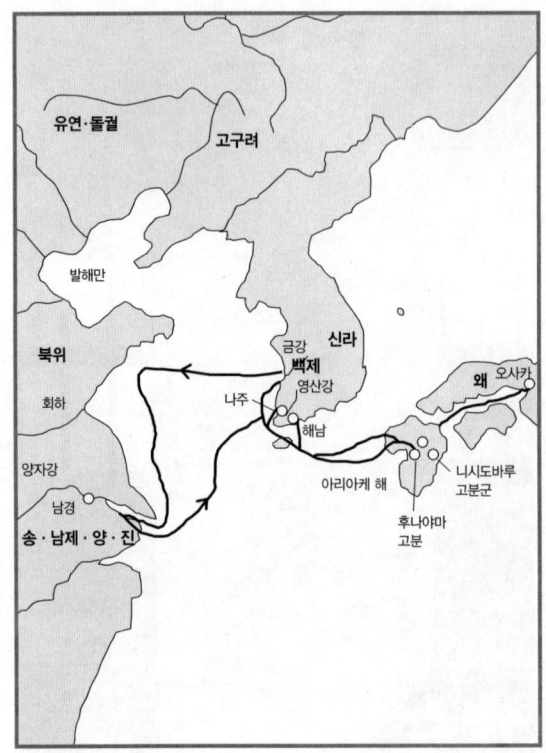

지도 4-2 | 5~6세기 백제의 대외 항로

아가 장수대왕은 이를 더욱 확대했다. 그러나 앞에서 언급한 바와 같이 국제 정세는 질적으로 심각하고 양적으로 매우 복잡한 변화를 일으키고 있었다. 특히 국제 질서의 재편을 둘러싸고 각 나라 사이에 전개된 외교 활동의 구도는 다핵다중방사상 구조로 변모되었고, 군사 활동 영역 역시 다핵다중 구조로 변화되었다.

이러한 조건 속에서 신속하고 능동적인 외교 교섭과 활발한 해양 활동을 하고자 할 때 고구려로서는 그에 상응하는 정책 수립의 검토와 함께 수도남천을 고려했을 것이다. 특히 남조와 교섭할 때 해양 활동은 필수적이며, 그럴 경우에 옛 낙랑·대방 지역은 이미 교섭의 경험이 풍부하고, 남방 항로를 이용하는 항해상의 이점이 있으므로 효율적인 활용이 가능했을 것이다.

또한 백제의 외교 활동을 염두에 둘 때 황해 해상권을 장악하고, 대중국 외교를 독점하고 통제하는 일은 필수적이었다. 백제는 계속해서 남조와 활발한 교섭을 하고 있었다. 그런데 백제와 남조 지역은 교섭 과정에서 오고 가는 항로가 달랐다. 갈 때에는 황해 중부에서 직접 횡단하다가 중국 근해에 접근한 다음, 다시 남진하는 항로를 취했을 것이다. 한편 남조에서 백제로 올 경우에는 해류의 흐름이 양자강 바깥 바다에서 한반도의 서남부 해역으로 이동하므로 봄에서 초여름에 걸쳐 부는 남서풍 계열의 바람을 이용해서 양자강 이남에서 황해 남부로 사단 직항(斜斷直航)한 다음, 한반도 서해 남부 해안으로 진입하는 항로를 택했다. 그런 까닭에 황해 중부는 백제의 대남조 교섭에서 매우 중요한 의미가 있었다.

따라서 고구려는 백제의 대중국 교섭 거점과 교통로가 이동한 데 따른 현실 속에서 단순히 황해 중부의 해상권을 장악하는 일뿐만 아니라 정치·외교의 중심을 점차 남쪽으로 이동하지 않으면 안 되었다. 5세기 이후에 고구려는 교통상의 이점을 독점하면서 상당 기간 동방 세계의 관리자 역할을 하는 팽창 정책을 취했는데, 이러한 등거리 외교 정책의 성공과 활발한 해양 활동은 남진과 수도 남천에 따른 중심의 이동이 큰 역할을 한 결과다.

2. 군사적 측면

수도의 선정과 이동은 군사적 측면, 즉 전략적 가치에 의해서도 판단된다. 장수대왕 시대에 들어와서 변모한 군사적 환경과 전선 개념의 변동을 주목할 필요가 있다. 잘 알다시피 고대의 수도는 군사 도시로서의 성격을 가지고 있다. 더구나 고구려의 전 역사 과정은 군사동원 체제의 성격을 가지고 있는데다 끊임없는 대외 긴장 관계 속에서 이루어져 온 만큼 수도의 군사적 기능은 매우 중대한 의미를 내포하고 있다.

압록강 유역에서 발원한 고구려는 주변의 여러 소국가들을 정복하면서 성장했다. 동명성왕은 비류(沸流)·행인(荇人)·북옥저(北沃沮) 등을 정복했다. 행인국은 강원도 북동부 지역과 함경북도 남도의 일부 해안 지방으로 추정되며, 북옥저는 두만강 하류 지역으로 추정된다.[109] 따라서 정복의 이동 거리가 길었음을 알 수 있다.

주몽은 '기마선사(騎馬善射)'에 능한 사람이다. 그는 오이·마리·협보 등으로 상징되는 기마 집단을 거느리고 이주해 왔다. 출발지에 대해선 명확히 알 수가 없으나, 1세기 초에 국내성으로 도읍을 옮겼다.[110] 이후 더욱 활발히 정복 활동을 벌여 주변의 여러 소국들을 병합해 나갔다. 즉 북방에 있는 선비를 쳐서 항복시키는 한편, 양맥(梁貊)·개마(盖馬)·구다(句茶)·동옥저(東沃沮)·갈사(曷思)·조나(藻那)·주나(朱那) 등 정치적 집단을 정복하여 병합시키는 통일전쟁을 수행했다.

고구려는 초기부터 활동 범위가 넓었다. 기원 1세기 중엽에는 동쪽으로 창해(滄海, 東海), 남쪽으로는 살수(薩水), 서쪽으로는 고조선 영역이었던 요동 지방 가까이까지 영역을 확장했다. 이후 고구려는 요동 지방의 진출과 지배권을 놓고 화북의 한족, 북방의 여러 종족과 교류와 공존을 하면서도 항상 갈등을 일으켰다. 12년에 왕망(王莽)이 세운 신(新)과 신경전을 폈는가 하면, 14년에는 한의 고구려 현을 쳐서 빼앗았다. 계속해서 모본왕 때인 49년에는 북평(北平)·어양(漁陽)·상곡(上谷)·태원(太原) 등 요하 지역을 습격했다.

그러나 초기 단계를 벗어나 초기 국가로서 성장을 하고 영토가 확대되면서 군사적인 환경이 점차 변화되었다. 그리하여 태조대왕대에 이르면 적극

---

109) 손영종, 『고구려사』, 과학백과사전출판사, 1990, p.68.
110) 『삼국사기』 권13 고구려본기 유리왕 22년.

적으로 서진 정책을 취한다. 55년에는 요서 지방에 10성을 축성하여 일시적이나마 이 지역을 고구려가 장악했던 것으로 보인다. 이어 105년에 후한의 요동 6현, 118년 한의 현도군, 121년 요수현(遼遂縣)과 현도성(玄菟城), 122년에 다시 요동을 공격했다. 이 무렵 고구려의 대외 정책에서 주 전장은 남쪽이나 북방이 아니라 요하 유역이었음을 알 수 있다. 한편 146년에는 압록강 하구인 서안평 공격을 단행했다.

이러한 전투 행위들은 서북 방면으로 팽창하기 위한 전진기지를 구축하고, 중국 세력의 침략을 방어하면서, 동시에 교역의 이점을 확보하려는 목적이 있었다. 결국 고구려는 초기부터 요동 지방에 진출하려는 욕구를 가지고 있었고, 그것을 실현하기 위해 지속적으로 시도했다. 이때 요동 지방은 지정학적으로 육로 교통의 요지일 뿐만 아니라 해양 교통, 즉 항해에 중요한 길목의 역할을 했다. 따라서 고구려는 요동 연안 혹은 근해 항로의 해상권을 장악하고, 압록강 하구로 진출하여 육로 연결을 차단해야만 했다. 또한 서한만 일대, 즉 황해 북부 연근해 항로의 해상권을 장악하여 해로 연결도 차단해야만 했다. 그러기 위해선 압록강 하구 유역으로 비정되는 서안평을 확보해야 했다.

한편 중국측 역시 낙랑 등 한군현과의 관계를 생각할 때 그 중간에 위치하고 있는 고구려의 존재를 염두에 두지 않을 수 없었다. 더구나 고구려의 황해 연안 진출은 현실적으로 해로 혹은 서안평 연안 지대를 이용하는 양지역 간의 교통에 상당한 위협을 주었다. 왕망의 신(新)이 고구려에 영향력을 행사하려고 한 사실, 광무제의 낙랑 정벌, 168·172년에 있었던 후한의 고구려 침입, 뒤를 이은 공손씨 정권의 고구려 침략 등은 바로 이러한 복잡한 국제 역학 관계의 실체를 보여주는 사건이었다. 요동 지방의 할거세력이었던 공손강(公孫康)은 고구려와의 연이은 전쟁으로 낙랑군 유지에 어려움을 느끼자, 그 타개책으로 206년 낙랑군의 일부 지역을 나누어 대방군을 세웠다. 물론 여기에는 다른 요인도 작용했다. 이렇게 해서 고구려는 능동적으로 국제전을 전개했고, 전장 범위는 더욱 확대되었다. 물론 이에 상응하여 외부 세력의 군사적인 압박 또한 매우 강해졌다.

여기서 발발한 것이 관구검의 침입으로 알려진 고구려와 위 세력 간의 길고 긴 전쟁이다. 이 전쟁의 배경은 3장에서 상세하게 언급한 바와 같이 국지전이나 소국 간의 대결이 아니라 질서의 측면에서, 고구려가 공손씨 및 위와 대결한 국제전의 일환이었다. 결국 245년과 246년에는 관구검이 주변 세력을 동원한 대대적인 침입을 하여 수도권을 공략하고 수도를 일시적으로 점령했다. 이로 인해 동천왕은 심각한 피해를 입었다.[111] 고구려 역사상 처음으로 수도가 적의 공격 앞에 노출된 것이다. 고구려는 방어 전선과 수도의 위치에 대해 심각하게 생각하지 않을 수 없었다.

그런데 위나라가 멸망한 이후에 북방에선 선비의 단씨(段氏)·우문씨(宇文氏)·모용씨(慕容氏) 등이 등장하여 쟁패전을 벌였으며, 고구려와 진 사이에서 복잡한 역학 관계를 연출했다. 특히 모용씨의 요동 점령과 평주자사 겸 동이교위인 최비의 고구려 망명 사건은[112] 당시의 국제적인 혼란상을 보여주고 있다. 이제 고구려는 유목 종족들과도 전쟁을 벌이는 단계가 되었으며, 이에 따라 방어 전략을 근본적으로 검토하지 않으면 안 되었다.

고구려의 발전기에는 지정학적 위치를 고려하고 당시의 역사적 환경을 감안할 때 크게 3개 전선으로 구성되었다. 1차적으로는 북부에 거대한 전선을 형성하고 있었다. 북방의 유목 종족들은 자체의 성장을 이룩한 다음에는 국가적인 팽창 혹은 경제적인 이점을 얻기 위해 반드시 남진을 했다. 그 공격의 대상이 화북의 중국인 경우도 있으나, 때로는 고구려의 국경을 위협하곤 했다. 또한 일단 중국 지역으로 진격해 들어가 화북이나 요하 일대를 장악한 경우에도 역시 예봉을 돌려 고구려로 침입하곤 했다.

서부 전선의 경우에도 상황은 유사했다. 화북 지방과 요하를 중심으로

---

111) 『삼국사기』 권17 고구려본기 동천왕 20년.
112) 『資治通鑑』 卷91 晉紀 13 中宗中 元帝 太興 2年.

성의 명칭	왕	현 지역(비정)	연 도	
졸본	시조왕	환인(桓仁)	시조 동명성왕 1년	BC 37
국내	유리왕	집안	2대 유리왕 22년	AD 3
환도	산상왕	통구 집안현성	10대 산상왕 13년	AD 209
평양성	동천왕	(?)	11대 동천왕 21년	AD 247
황성	고국원왕	(?)	16대 고국원왕 13년	AD 343
평양	장수왕	안학궁(대성산 아래)	20대 장수왕 15년	AD 427
장안성	평원왕	평양시	25대 평원왕 28년	AD 586

도표 4-1 | 고구려 도성의 변화

발흥한 국가들은 정치적인 목적이나 군사적인 팽창을 위해 고구려의 국경을 침범하곤 했다. 또한 대외 관계의 측면에서 고구려의 배후가 될 위험성을 방지하기 위해 군사적인 침략을 감행했다. 특히 중국의 북부가 통일될 경우, 그 다음의 공격 대상은 거의 예외없이 고구려 지역이었다. 그런데 이 북부와 서부 전선은 때때로 혼동을 일으키는가 하면, 그 전선이 하나로 겹쳐지는 경우도 있었다. 그것은 고구려의 영토인 만주 지역이 가진 지정학적인 위치로 인해 야기되는 혼란이었다.

고구려는 이렇게 북과 서쪽으로 전선을 둔 채 군사적 충돌을 끊임없이 하고 있었다. 군사적인 압력이나 군사력 정도, 작전 범위 등이 남부 전선과는 비교가 되지 않을 때가 많았다. 당시에 전개된 모든 군사 행동은 지형적인 특성상 신속해야 하고 원거리 이동을 해야 하므로 말[馬]이 없으면 불가능했다. 말은 북방 종족의 특산물이다. 따라서 북방 전선에서의 전쟁은 대규모의 파괴력을 가진 기마군단을 주력으로 하고 보병이 동원된 형태였다. 그리하여 고구려가 공격을 당했을 때에는 수도권까지 위협당했거나 점령당했던 것이다.

정주적(stability) 성격을 가진 농경민의 사고로 유목민들의 행동 양식(mobility)과 사고를 이해해서는 문제가 생긴다. 또한 보병적인 전략·전술로 기마군단의 전략·전술을 판단하고 평가해서도 안 된다. 기병의 이동

속도와 이동 과정 및 전략·전술은 보병의 그것과 전혀 다르기 때문이다. 당시 고구려가 벌였던 전장의 범위는 요동 지방 전체는 물론 현재 길림성의 북부 지역 및 한반도 북부 지역까지 아우르는 광대한 것이었다.

당시 이들의 전장이 얼마나 광범위하고, 파괴력이 있었는가를 알려 주는 예는 매우 많다. 고구려는 이미 초기에 모본왕이 요하를 훨씬 넘어 북경 이북 지역까지 공격했다. 광개토대왕 9년에는 모용성(慕容盛)이 신성(新城)·남소성(南蘇城)을 함락하고 700여 리를 개척했다. 대왕 15년에 후연의 모용희(慕容熙)는 3000리[113]를 행군해 와서 목저성(木氐城)을 공격했다가 패하고 돌아갔다. 이는 국경에서 고구려 내부까지의 이동 거리가 매우 멀고, 이동은 기마군단에 의해서만 가능하다는 것을 입증한다.

결국 이 시대에 북방과 서방 전선에서 벌어진 전쟁은 기마군단의 활동이 주가 되었다. 때문에 고구려로서는 한 번의 전쟁이나 대규모 기동 습격 전투에서 국가의 존망이 직접 영향을 받은 경우도 몇 번 있었으며, 수도가 위협당하거나 점령당하는 사례까지 있었다. 전선에 노출되어 있고 방어 종심이 짧은 수도란 국가 발전에 결코 긍정적으로 작용하지 않는다. 이러한 군사적인 상황 때문에 고구려는 수도권 방어 체제에 많은 비중을 두고 구축했다. 그리고 보다 적극적인 방법으로서 수도를 천도하려는 논의와 시도가 여러 번 있었다. 재차 수도 이전이라는 현실적인 필요성이 조성되고 있는 상황에서 장수대왕대의 5세기가 되었다. 물론 장수대왕이 군사적인 측면에서만 수도 천도를 고려한 것은 아니었다.

광개토대왕의 팽창 정책은 장수대왕의 군사 정책에 직접적으로 영향을 주었다. 이러한 국제 정세의 변동과 영토의 팽창은 고구려의 비약적인 발전이라는 긍정적인 측면과 함께 전선의 광범위한 확대와 주변국과의 긴장 유발이라는 부담스러운 측면을 낳았다. 특히 남쪽으로의 진출은 나제동맹

---

113) 당시 1척은 24.3cm, 1리는 1800척, 437m. 3000리는 1311km. 小泉袈勝 編著, 『單位の歷史辭典』, 柏書房, 1990 참조.

군과의 대결과 함께 고구려의 해양 활동 범위, 즉 해양 작전권의 범위가 확대되었음을 의미한다.

장수대왕대에 들어와 북부 전선은 비록 소강 상태에 접어들었으나, 그렇다고 해도 수도가 전선에 노출되어 있는 것은 안정 기조의 정책을 수행하는 데 장애가 되었다. 더구나 북부 전선은 말을 사용한 기동성을 전술적인 특징으로 삼는 유목 종족들과의 전투이므로 국경의 방어나 고수가 용이하지 않았다. 더욱이 국경이 돌파될 경우, 방어 종심이 짧아 수도가 단기간에 적의 침략에 쉽게 노출되었다.[114] 그 때문에 장수대왕은 기존의 전선 개념을 변동시켰다. 북서부 전선은 그 압박을 가하는 힘이 강하므로 일단은 전선을 후퇴시키면서 예봉을 무디게 하고, 수도의 남천을 통해서 전선과 수도와의 거리를 넓힌 것이다. 공격전이 아니라 방어전으로 전선의 성격을 변화시킨 것이다.

서부 전선의 변동을 가져온 또 다른 요인 중 하나는 송·북위 등 중국과의 관계다. 고구려는 송·북위와는 외교를 통한 우호적인 관계를 유지하여 양쪽으로부터 동시에 책봉을 받기도 했다.[115] 그렇다고 침략이나 군사적 압력의 가능성을 배제할 수는 없었다. 436년(장수왕 24년)에는 북연의 왕인 풍홍의 문제로 인하여 고구려와 북위는 군사를 동원하여 결전 일보 직전까지 갔었으며, 고구려와 송은 군사적인 충돌을 벌였다. 그런가 하면 438~439년에는 송나라의 문제와 대북위 전선을 폈으며, 송나라에 군사용으로 말 800필을 보냈다. 또한 459년에는 숙신씨(肅愼氏)의 화살과 석노(石砮) 등을 보냈다.[116] 이때 북위로부터 공격받을 가능성은 언제든지 상존해 있었다.

---

114)『삼국사기』권17 고구려본기 동천왕 20·21년조. 동천왕은 관구검의 침입에 환도성을 점령 당했고, 다음해(247)에 평양성으로 종묘와 사직을 옮겼다.
115) 특히 北魏 太延 元年(435)과 宋 元嘉 16년에 1년의 시차를 두고 양쪽에서 작위를 받았다.
116)『宋書』卷97 列傳 57 夷蠻 高句麗國, "…… 大明 三年 又獻肅愼氏楛矢石砮 ……";『南史』卷 79 列傳 69 夷貊 下 高句麗.

고구려는 중국과 긴장 관계를 염두에 둘 경우, 육상전뿐만 아니라 해상전의 가능성을 고려하지 않을 수 없었을 것이다. 황해 북부가 중국 세력의 해상 작전권 안에 들어간 것은 이미 한과 위만조선과의 싸움에서 비롯된다. 후한 광무제의 낙랑 정벌과 위 명제(明帝)의 낙랑·대방 정벌이 해양을 통해서 이루어졌고, 고구려가 낙랑·대방 세력을 구축할 때도 해양 활동이 상당한 역할을 했다.

이러한 지정학적 요인말고도 해상전이 발발할 가능성을 우려하게 하는 요인이 또 하나 있다. 다름 아닌 중국 세력의 해양 능력이 확대된 일이다. 전쟁에서 해상전이 가진 전략적인 유효성은 앞에서 언급한 바와 같이 후조와 연합을 했던 고구려의 활동에서 입증된 바 있다.

만약 중국 세력이 해양을 통하여 압록강 유역으로 공격을 시도할 경우, 국내성은 방어하기에 불리한 위치에 있다. 압록강 하구는 중국에서 한반도로 오기에 가장 적합한 노철산항로(老鐵山航路)의 종착점적인 성격을 가지고 있다. 요동반도 남부에서 장산군도를 거쳐 연안 항해를 하면서 압록강 유역으로 공격해 올 경우, 국내성은 매우 위험하다. 해상으로 이동 거리가 짧고, 일단 상륙한 다음에도 수도까지 거리가 짧은데다 육군과 협공 작전이 용이하기 때문이다. 고구려는 이러한 방어상의 취약점을 보완하기 위하여 압록강 좌·우안에 성 등 방어 진지를 구축했다.[117] 이러한 우려는 후에 발생한 고구려와 수·당군과의 전쟁에서 분명하게 입증되었다. 만약 고구려가 해양전을 염두에 둔다면 공격과 방어가 동시에 용이한 지점을 수도의 한 조건으로 삼아야 한다.

남부 전선은 백제·신라는 물론 왜와도 관련을 맺으며 형성되었다. 왜는 군사력으로 고구려를 위협할 수준은 못 되었으며, 신라 또한 장수대왕 연간에 몇 차례의 충돌이 있었으나[118] 경쟁 상대가 되지 못했다. 반면에 백제

---

117) 손영종, 앞의 책, p.85, p.193 참조.

는 끊임없이 고구려의 남변을 위협하면서[119] 국가의 안위를 심각하게 위협했다. 475년(장수왕 63년)에 이루어진 한성 공격[120]과 그로 인한 나제동맹의 신속한 결성은 이러한 상황을 반영한 것이다. 이처럼 남부 전선은 북방이나 서부 전선에 비하여 상대적으로 규모는 작으나 잦은 충돌로 인하여 항상 긴장된 상태에 있었다.

이러한 상황 속에서 장수대왕은 남쪽으로 수도를 전진 배치함으로써 오히려 두 나라에 대한 압박을 더욱 강화하는 정책을 썼다. 평양성으로 천도한 이후에[121] 백제는 막바로 왜와 교섭을 갖고,[122] 송과 빈번한 교섭을 시도하며,[123] 신라와 우호적인 관계를 수립했다.[124] 한마디로 평양성 천도로 인한 고구려의 군사적인 실질적 압박에 대응하기 위해서였다.

사실 고구려는 그 이전부터 평양 지역을 중시했으며, 고국원왕은 결국 그곳에서 371년 백제의 군대와 접전을 벌이던 도중 유시를 맞고 전사했다. 백제는 377년에도 평양성을 공격했다. 광개토대왕은 백제와 전쟁을 하는 와중인 393년에 평양에 9사를 세웠으며, 399년에는 평양에서 신라의 사신을 만났다. 평양 지역은 그만큼 전략적으로 중요한 곳이었다.

그런데 남부 전선을 전진 배치하는 전략은 해양 활동과도 깊은 관련이 있다. 해양 활동 능력이 한반도 내의 군사 작전에서 상당한 유용성을 발휘한다는 것은 광개토대왕 때 이미 각 나라가 경험했다. 백제의 해상 작전 능력은 광개토대왕의 공격에 의해 치명적인 타격을 입었지만, 서해 남부 지역에 보존된 해양 세력을 토대로 복구를 시도했을 것이다. 따라서 고구

---

118) 『삼국사기』 권18 고구려본기 장수왕 38년, 42년, 56년, 69년, 72년, 77년조. 특히 왕 56년, 69년은 말갈과 함께 신라를 공격했다.
119) 『삼국사기』 권18 고구려본기 장수왕 57년 ; 『삼국사기』 권25 백제본기 개로왕 15년.
120) 『삼국사기』 권18 고구려본기 장수왕 63년.
121) 『삼국사기』 권18 고구려본기 장수왕 15년.
122) 『삼국사기』 권25 백제본기 비유왕 2년.
123) 『삼국사기』 권25 백제본기 비유왕 3 · 4년.
124) 『삼국사기』 권25 백제본기 비유왕 8년.

려로서는 백제 해상 작전 능력을 제어하기 위한 해양 작전 반경의 확대가 필요했다. 천도한 이후에 고구려가 재공격을 시도하고, 영토의 확장 작업이 서부 해안의 아산만 유역까지 남하한 사실은 평양성의 천도 배경과 해양 활동이 불가분의 관계가 있음을 반증한다.[125]

지금까지 수도 남천의 배경을 정치·외교·군사적인 측면에 국한해서 살펴보았다. 고구려가 황해 해상권을 확보하기 위해서는 남진책을 시도해야 하고, 그것이 성공하려면 해상 활동 능력을 키워야만 한다. 그러나 남진정책은 백제전을 수행하고 영토를 확장한다는 기본적인 동기 외에 좀더 복합적이고 거시적인 관점에서 추진되었다.

당시 동아시아는 전 시대와는 달리 대륙 중심의 질서와 새롭게 부상하는 해양 질서의 두 축이 만나면서 격렬한 재편 과정을 거치고 있었다. 특히 고구려는 중간에 위치한 지정학적인 조건으로 인하여 양 질서가 공존하는 동시에 양 질서 사이의 역학 관계를 조정할 수 있는 위치에 있었다. 이 변화의 과정에서 동아시아의 각국은 종래의 국가와 국가를 단선적으로 연결하는 외교를 지양했다. 즉 모든 국가와 종족들이 고구려와 남북조 그리고 북방 세력 등 네 개의 중심축을 향해 동시에 직접 교섭을 갖는 '다핵다중방사상 외교' 형태로 변화한 것이다.

따라서 남진 정책은 고구려가 능동적으로 국제 질서를 구축하기 위해서 선결해야 할 과제였다. 광개토대왕 시대에는 이러한 시대적 요구에 부응해서 1차적으로 남진과 수도 천도를 위한 정지 작업을 했고, 장수대왕대에는 남진과 수도 천도를 위한 분위기가 더욱 본격적으로 조성되어 적절한 시기에 남천을 단행했다. 이러한 제반 목적을 고려할 때 장수대왕의 수도 남천과 남진 정책은 기존에 제기되었던 목적 외에도 해양 활동 능력의 확대, 황해의 해상권 확보 등과 불가분의 관계가 있었다.

---

125) 李萬烈,「三國의 抗爭」,『한국사』 2, 국사편찬위원회, 1978, p.469.

수도의 기능과 조건 검토

1.국내성의 수도 조건 검토

수도는 통치의 중심지이며 정치권력의 집중지다. 따라서 수도가 한 나라의 정치·군사·문화 등 모든 분야에 끼치는 영향은 실로 지대하다. 어디를 수도로 택하느냐에 따라 국가의 운명이 달라질 수 있다. 그러므로 수도의 평가와 선택에는 수도의 기능과 역할에 대한 이해가 밑바탕되어야 한다.

수도는 첫 번째로 정치·외교의 중심지여야 한다.[126] 정부 각 기관으로부터 전국 도처에 명령이 전달되고, 그 조치 결과가 집결되어야 한다. 또한 교통 통신망이 방사되고, 외국으로부터 정보가 신속하게 입수되어야 한다. 그러기 위해서는 가능한 한 지리적으로 중앙에 위치해야 하고(중앙적 수도, central capital), 교통의 이점이 최대한 있는 곳이어야 한다. 중앙적 수도는 중앙과 주변 지역 간에 가장 짧은 거리를 유지함으로써 가장 광대한 영토를 통치할 수 있다. 따라서 중앙집권화된 수도로서 적당하다.[127]

고구려는 수도 천도가 몇 번 이루어졌고, 수도가 파괴되었으며, 또 중심 수도 외에 부수도도 있었다. 고구려의 첫 수도는 흘승골성(訖升骨城)이다.[128] 『삼국사기』 고구려본기에는 주몽이 비류수가에 집을 짓고 살았으며, 고구려를 세웠다고 되어 있다. 「광개토왕릉비문」에는 "비류곡 홀본 서쪽 성산 위에 도읍을 세웠다〔於沸流谷忽本西城山上而建都〕"고 하여 비류수 였음을 알려 주고 있다. 그런가 하면 『삼국지』 고구려전과 『후한서』 고구려전[129]에서는 현재의 압록강인 대수(大水)와 그 북 지류인 소수(小水)인

---

126) 수도는 中核地가 된다. 한 장소가 중핵지가 되려면 많은 인구와 풍부한 자원, 집중된 정치권력, 교통상의 結節點(nodal point) 및 비농민을 부양할 수 있는 토지 등을 갖추어야 한다. 중핵지의 개념에 대해서는 任德淳, 『政治地理學原論』, 일지사, 1988, p.249 참조.
127) 任德淳, 앞의 책, p.251, p.253 참조.
128) 『삼국사기』 권13 고구려본기 始祖 東明聖王 ; 『魏書』 卷100 列傳 第88 高句麗.
129) 『三國志』 卷30 魏書 30 東夷傳 高句麗, "又有小水貊 句麗作國 依大水而居 西安平縣北有小水,

혼강 유역의 흘승골에서 건국했다고 한다. 소수와 대수의 위치가 어디인가에 대해서는 여러 가지 견해가 있으나 소수가 혼강 중류인 환인 지역이라고 보통 이해하고 있다.[130]

이곳에는 특이한 지형인 오녀산의 산꼭대기에 오녀산성(五女山城)이 있는데, 그곳이 첫 수도인 흘승골성[忽本]으로 알려져 있다. 오녀산성 아래인 환인분지 내의 고력묘자촌(高力墓子村) 남쪽에는 대규모 무덤군이 있다. 이 무덤들은 고구려 초기의 것들이다. 환인시 외곽을 흐르는 혼강가에는 하고성자고성(下古城子古城) 유적이 있어, 이 토성을 오녀산성과 짝을 이룬 평지성으로 보기도 한다. 환인현에는 고력묘자촌의 고분군을 비롯해 716기의 적석총이 남아 있다. 이 고분들은 고조선의 적석총을 계승한 것이다. 이 지역은 동가강(현 渾江)이 많은 지류와 깊은 계곡으로 둘러싸여 있으며 평야도 발달해 있다. 또한 혼강을 따라가면 압록강 중류와 만나면서 황해로 진출할 수 있는 이점이 있다. 그러나 이 지역이 가진 한계도 많다. 무엇보다도 교통이 불편하여 주변의 소국들을 병합하는 데 매우 불리하다.

고구려는 2대인 유리왕이 들어서면서 국내성으로 천도했다. 국내성이 자리잡은 집안 지역은 교통이 편리하고 만주와 한반도 북부를 이어 주는 이점이 있다. 외계와 연결되는 통로는 압록강 수로를 포함하여 크게 세 갈래가 있다.[131] 그러므로 전기에는 중앙 도시로서의 역할을 충분히 했을 것이다. 하지만 5세기 동아시아의 정세로 볼 때, 당시 고구려는 내륙의 북쪽과 동쪽을 경영하는 데 그 목적이 있지 않았다. 고구려는 한편으로는 북방

南流入海, 句麗別種依小水作國, 因名之爲小水貊."

『後漢書』卷85 東夷列傳 75 句驪, "句驪一名貊 有別種 依小水爲居 因名小水貊."

130) 그동안의 발굴 성과로 보면 고구려족은 기원전 3~2세기경에 요동 지방 압록강 중류 지역과 한반도 북부 지역에서 철기를 사용하면서 농업경제가 매우 발전한 국가 단계로 진입했다고 한다. 뿐만 아니라 주몽이 건국하기 이전에 이미 두 개의 고구려 국가가 있었다고 주장하고 있다(「최초의 高句麗 國家」, 『백산학보』 40, pp.78~79). 그런데 고구려가 건국한 위치가 현재의 환인이 아니라고 주장하는 견해도 있다.

131) 林至德·張雪岩, 앞 논문, p.78.

그림 4-2 | 하고성자고성

의 유목 종족들과 경쟁해야 하고, 다른 한편으로는 대중국 외교를 추진하면서 국제 질서의 중심부로 편입해야 할 단계에 이르렀다.

국내성은 외교전을 펴기에 비교적 불리한 환경이다. 당시 외교의 주된 대상은 중국이었는데, 북방은 기본적으로 진출과 침략이라는 적대적인 관계였다. 따라서 외교 관계를 수립하려면 육로 교통의 열악한 조건으로 인하여 해로를 이용하는 경우가 적지 않았는데, 국내성은 그에 부적합했다.

북위와 교섭할 때 요동반도 등 중간 지역의 정치적 상황이 불안정할 경우에는 해로 교통을 이용하는 것이 불가피했다. 더구나 남조와의 교섭은 중간에서 북위가 방해를 하므로 항상 해로를 이용해야만 했다. 따라서 국내성을 출발하여 압록강 하구까지는 육로나 수로를 이용하고, 다시 서안평 근처에서 출발하여 압록강 하구 유역으로 나온다. 그 다음에는 북위의 간섭을 피할 수 있도록 일단 남으로 방향을 잡아 내려간 다음, 다시 서남진

(西南進)해야 한다. 그러나 이러한 항로는 효용성이 적고 그만큼 위험부담이 크다.

이처럼 변화된 국제 환경 속에서는 해양 활동이 활발해야 하므로 수도는 중앙 도시의 성격이 충분히 있으면서, 대외 교통에 적합한 곳에 설치해야 했다. 교통과 통신이 원활하지 않은 고대 세계에서 수도란 국내 및 국제 관계의 정보가 가장 신속히 전달되고, 그것을 막바로 정책 결정에 반영할 수 있어야 한다.

고구려는 313년에 낙랑과 대방을 멸망시키고 평양 이남 지역을 영역 안으로 편입시켰다. 그러나 이 지역에서는 왕씨 등 기존의 토착 세력들이 남아 어느 정도의 자치령을 이루었을 가능성이 높다.[132] 따라서 북쪽에 위치한 국내성은 정치적으로 불안정한 국토의 남부 지역을 적극적으로 안정시키기에는 부적합했다. 한편 고구려는 4세기 말이 되면서 남쪽에 있는 신라와 백제의 경영에도 관심을 기울이기 시작했다. 한반도 내의 패자 위치를 확보하려면 백제·신라에 대하여 꾸준한 압력을 가하고 군사적으로 신속한 대응 체제를 갖추어야 했다. 그러나 남방 진출의 거점이나 전진기지를 국내성이나 국토 북부에 두어서는 효과적으로 진출할 수가 없었다.

고대의 수도는 단순한 정치의 중심지만이 아니라 경제의·중심지 역할을 해야 한다. 일반적으로 고대에서 인간의 이동이 자유롭고 물자의 집결이 용이한 곳은 도시다. 그리고 자급자족 품목 외에 일상 생활용품과 사치품 등을 필요로 하는 곳은 대도시 내지 수도이기 때문에 수도는 경제 중심지의 역할을 해야 한다.

고구려는 발전기에 들어서자 생산 면에서도 새로운 단계에 돌입했다. 초기의 약탈 경제적인 성격에서 점차 탈피하여 농업경제의 성격을 가지게 된 것이다. 그러나 전반적으로 고구려의 농업 경영 조건은 열악한 편이었다.

---

132) 金元龍,「三國初期의 考古學的 研究」,『논문집』19, 서울대학교, 1974, p.28.

압록강 중류 지역 일대는 산간 지대로서 하천 연변에 좁은 평야가 있는데다 토질 또한 척박하여 농경에는 그다지 적합하지 못했다. 이러한 사정은 중국인들의 눈에도 동일하게 비추어져, '고구려에는 큰 산과 깊은 골이 많고 양전이 없어서 먹을 것이 부족하여 음식을 적게 먹는 풍속이 있다'〔……多大山深谷 無原澤 隨山谷以爲居 食澗水 無良田 雖力佃作 不足以實口腹 其俗節食……〕[133]고 기록하고 있다.

그래도 압록강 지역은 토지가 그중 나은 편이었고, 수상 운수 발전에 비교적 좋은 조건을 갖추고 있었다. 전기 수도였던 국내성이 있었던 집안일대는 동서 10km, 남북 5km인 분지로서 따뜻하고 사람이 살기에 적합하며 농사짓기에 좋은 지역이다.

국내성은 궁성의 남쪽 벽이 압록강과 거의 만나는 지점에 있다. 그런데 그곳에는 돌로 쌓은 부두 시설이 있었다고 한다. 현재 남아 있는 부분은 대략 30m 정도인데, 쌓은 수법에서 국내성의 성벽과 동일하다고 한다. 참고로 1920년대에 압록강 하류의 북부인 단동시에서도 부두 석축 시설이 드러났다.[134] 국내성은 이렇게 육로나 수로를 통해서 외부 세계와의 교류가 활발했고, 교역을 함으로써 국가 발전에 도움을 받았다. 그 흔적으로서 명화(明化)·반량(半兩)·오수전(五銖錢)·대천오십(大泉五十)·화천(貨泉) 등의 다양한 화폐가 출토되었다.[135]

그런데 5세기 들어 팽창하고 조직화된 국가 체제와 이를 뒷받침할 생산력의 확대를 필요로 하는 단계에서, 국내성은 몇 가지 한계가 있었다.[136]

---

133) 『三國志』 卷30 魏書 第30 東夷傳 高句麗.
　　　이하 본고에서 인용한 중국 사서 가운데서 東夷傳에 해당하는 부분은 『中國正史朝鮮傳』, 國史編纂委員會 刊, 1987을 참조하여 인용했다.
134) 손영종, 『고구려사』 2, 과학백과사전종합출판사, 1997, p.39.
135) 李殿福, 「集安高句麗墓硏究」, 『考古學報』 1980-2, 1980, pp.171~172.
136) 『三國志』 卷30 魏書 30 東夷傳 高句麗, "…… 多大山深谷 無原澤 隨山谷以爲居 食澗水 無良田 雖力佃作 不足以實口腹 其俗節食 ……."

필자는 현지 답사 결과 국내성이 도성(都城)이 아닌 궁성(宮城)으로 이해하게 되었다. 그럴 경우, 고구려의 수도는 국내성뿐만 아니라 현재 집안 시내의 주변 지역 및 압록강의 남북천변도 해당한다. 그러므로 초기 단계에선 충분한 생산 경작지를 확보한 것으로 보인다. 고구려는 점차 영토를 확대하여 요동 지역, 송요(松遼) 평원 등 광활한 평야를 확보했으므로 벼농사엔 부적합할지언정 밭농사에는 충분한 환경을 갖추고 있었다. 하지만 역시 제국을 지향하는 대국이 된 고구려에게 국내성 중심의 생산 체계는 나름대로 한계가 있었다. 더구나 경제 형태와 생산양식의 변화로 인하여 교역·상업·광업·수산업 등의 발전이 절실히 필요해졌다. 따라서 지배계급은 새로운 물적 토대를 확보하기 위하여 농업생산력 및 경제적 생산 기반이 양호한 곳으로 그 기반을 옮길 필요가 있었다.

수도는 또한 문화의 집결지와 개화지의 기능을 해야 한다. 특히 고대에는 문화의 담당자들이 수도에 집중되어 있었으므로, 지방에 대해서는 문화의 보급지 역할을 해야 한다. 따라서 외국에서 문화를 수입할 필요가 있는 경우에 수도는 외국과 직접 교통하기 편한 위치에 있어야 한다. 만약 수도 이외의 다른 도시가 교통의 이점을 활용하여 문화를 성장시킨다면 수도와 정치적인 갈등이 발생할 가능성이 많다.

4세기 초 미천왕이 낙랑·대방을 멸망시키면서 평양과 그 이남 지역은 고구려의 영역으로 편입되었다. 5세기에 와서는 광개토대왕의 남진으로 황해도 지역은 물론 경기 이북까지 영토가 확대되었다. 이들 지역은 외국 문화가 유입되는 지리적인 조건을 갖추고 있었고, 중국 문화를 일찍부터 수입했던 곳이다. 그런 까닭에 이들 지역의 왕씨 등 토착 집단에게는 중국 문화의 특성이 남아 있었다. 또한 백제 문화의 전통이 자리잡았으므로 고구려와는 다른 문화적인 토대를 가지고 있었다.

徐永大는 「高句麗 平壤遷都의 動機」, p.116에서 국내성은 "부족연맹 단계의 고구려 사회를 지탱하기도 부족한 것이었다"고 말하고 있다.

그림 4-3 | 부경

그런데 지리적으로 떨어져 있고, 정치적 기반에 차이가 있으며, 이질적인 문화 집단들이 한 국가 내부에 상존한다는 것은 국가의 성장에 장애 요소가 될 수밖에 없다. 더구나 문화를 교류하는 주요 대상국이 변화하고 교류 방식이 달라진 현실 속에서 국내성은 문화의 집결지와 보급지 역할을 수행하는 데 한계가 있었다.

수도는 또한 국방상의 요충지, 즉 국방을 하기에 적합한 지형을 택해야 한다. 유리왕 21년에 국내성을 보고 온 이후에 수도를 옮기는 이유를 "산수가 깊고 험하며, 땅이 오곡을 심기에 좋고……"라고 하여 방어 조건이 1차적임을 알려 준다. 도시나 군사적인 거점은 국방상 요충지에 있어야 한다. 특히 수도는 왕성을 비롯하여 정부의 각 기관과 시설들이 집중되어 있기 때문에 적국에 노출되어 방어에 취약점이 있어서는 곤란하다.

고구려는 주변국을 정복하면서 성장한 정복 국가적인 성격을 지니고 있는데다 지정학적 위치상 항상 다른 나라와 군사적인 갈등 관계에 있을 수밖에 없었다. 때문에 국가 간의 경쟁이 군사력을 통해서 이루어지고, 전시 체제적인 성격이 있으므로 자연히 군사 도시로서의 성격이 있을 수밖에 없다.

국내성은 초기의 군사 도시로서는 더할 나위 없이 좋은 조건을 가지고 있다. 만주 지역에 힘의 중심을 두기에 적합한 팽창 거점 도시이고, 주변의 소국가들을 병합하는 초기 성장 과정에서 정복 국가로서의 기능을 수행하기에 조건이 좋은 것이다. 소집단의 공격을 방어하기가 쉽고, 반대로 공격할 때는 주변의 강을 이용해서 효율적으로 군사 행동을 할 수가 있다. 그러나 활동 반경이 넓어지고 대상 적국이 군사력과 기동력을 갖춘 집단이라면, 방어전을 펴기에는 지형적으로나 준비 기간으로 보아 불리한 환경이다.

국내성은 초기부터 북방의 침입이 있을 때마다 수도의 위치가 항상 위험스러웠으므로 군사 수비성으로서 바로 뒤편에(2.5km 거리) 환도산성을 두었다. 대무신왕대에 한의 요동 군대와 격전을 벌였을 때 고구려군은 이 산성에서 장기 농성전을 벌여 방어에 성공했다.[137] 고구려 초기의 수준에서는 방어 능력이 있었다고 보여진다. 그 후 군사적인 환경이 변하면서 수도권 방어 체제를 강력하게 구축했는데, 전방 방어 체제는 후술하겠지만 1차적으로 자연 지형을 활용하고, 2차적으로는 산성·차단성·초소 등을 배치했다. 적군의 침입로를 예상하면서 요소요소에 배치한 것이다. 그러나 국내성의 방어성이며 임시 수도의 역할을 하였던 환도산성은 관구검이 침입했을 때와, 342년 고국원왕 연간에 전연의 침입을 받고 함락되었다.[138] 초기의 소국가 병합 단계를 벗어나 위·북방 세력과의 대규모 전쟁으로 변화

---

137) 『삼국사기』 권14 고구려본기 대무신왕 12년.
138) 『삼국사기』 권18 고구려본기 고국원왕 12년.

된 단계에서는 방어 조건이 부적합했기 때문이다.[139]

342년 연나라의 모용황이 국내성을 공격하고, 환도산성이 함락당하는 과정에서 고구려의 군사도로 혹은 방어 체제를 파악할 수 있는 유일한 단서가 기록되어 있다. 『삼국사기』 및 『자치통감』에 따르면 전연의 모용황이 침입할 당시 적의 진입로는 두 길이 있는데, 북도는 평탄하고 넓으며 남도는 험하고 좁다("高句麗有二道 其北道平闊 南道險狹 衆欲從北道")고 한다.

연은 고구려 방어 체제의 허점을 찌를 목적으로 기마군단이 이동하기 좋은 북도 길로는 1만 5천 명을 보냈다. 고구려는 이에 속아 왕의 동생 무(武)가 5만을 거느리고 방어망을 구축했다. 한편 대규모 기마군단이 이동하기 어려운 남도로는 4만의 연군이 진격한 반면 고구려는 소수의 친정군이 방어했다. 결과는 고구려의 처참한 패배였다.

이 남도·북도를 보통은 국내성을 둘러싼 방어 체제의 일환으로 여기고 있다. 물론 이러한 추정은 동천왕 20년(246)에 있었던 관구검의 공격과 동천왕의 전투 과정 및 관구검의 환도성 점령 등의 사건들을 모용황 당시의 이 남도·북도와 같이 연관시키고 있기 때문이다.

하지만 모용황이 침입할 때 이용한 것으로 기록된 남·북도는 적어도 지금 알려진 것처럼 수도권에 있었던 것은 아니다. 하지만 남북도로 알려진 망파령(望波嶺) 관애와 관마장(關馬墻) 관애는 수도권 방어 체제로서 대단히 효과적이고 유용한 방어 체제다. 기마군단의 기동성을 약화시켜 소규모 군사의 기습 작전만을 허용한 반면 방어군에게는 유리한 군도였을 것이다. 필자는 여러 차례에 걸친 조사를 통하여 그 군도들은 하나가 아닌 복수였을 가능성이 높다는 것을 확인했다.

집안 분지는 동서 10km, 남북 5km의 분지로서 노령산맥의 준봉들에 둘러싸여 서·동·북쪽의 방어가 용이하다. 반면에 남쪽은 한강 개념인 압록

---

139) 북연이 멸망하고 북위와 국경을 맞대게 되자 장수대왕은 미리 대비하기 위하여 평양으로 천도했다는 견해가 있다(李殿福·孫玉良, 앞의 책, p.73).

그림 4-4 | 국내성 북벽

강을 활용하여 대피가 가능한 천혜의 요새지다. 이 안에 있는 국내성은 동벽 555m, 서벽 665m, 남벽 750m, 북벽 715m, 총둘레 2700m인 궁성이다. 수도권 방어 체제는 이 궁성과 수도를 중심으로 노령산맥과 혼강 등 자연지세를 최대한 활용하면서 단선적이 아니라 산성·관애·초소 등을 네트워크화한 축차방어(築次防禦) 체제였다. 따라서 곳곳에서 새로운 산성·초소 등이 발견될 가능성이 높다.

광개토대왕 이후인 5세기에 들어오면 영토가 사방으로 확대되고, 군사전의 질도 현격하게 달라진다. 해상전의 효용성이 점증하고 있는 상황에서 요동 항로를 이용하여 중국 세력이 공격을 해올 경우에는 국내성은 방어에 대단히 불리할 뿐만 아니라, 압록강 이남 해안 지대 등으로 상륙할 경우에는 배후에서 협공을 당할 우려가 다분히 있다. 그래서 국내성으로 들어오는 압록강의 좌우에는 방어 시설들이 구축되어 있다. 집안 서남쪽의 해관,

그림 4-5 | 국내성 서벽

외차구 차단성 외에도 청수·고제령·유곡령 계선에도 서남쪽을 막기 위한 토성들이 지나가고 있다. 옥강(삭주군)이나 가원령(의주군) 산줄기에도 성 유적들이 있는데, 이는 그 대안(對岸)인 대포석하 동쪽의 성 유적들과 함께 압록강 방어 시설을 이룬다. 이러한 방어 시설들의 적지 않은 부분이 4세기 중엽에 이미 축조되었으며,[140] 당시 서북방에 있었던 세력들의 해안 침입을 방비하기 위한 것으로 판단된다.

언제 축조되었는지 알 수는 없지만 후대인 고수(高隋)·고당(高唐) 전쟁 당시의 기록을 보면 압록강 하구에는 박작성·서안평성·대행성 등의 성곽들이 입체적으로 포진하고 있다. 그만큼 국내성 지역은 해상전의 개념이 도입되고, 그 필요성이 있는 전선 개념 속에서는 방어하기에 불리한 장소

---

140) 손영종, 앞의 책, p.85 및 pp.192~193.

다. 국가가 전시 체제나 군사동원 체제를 유지할 경우, 그리고 국가 간의
경쟁이 군사력을 통해서 이루어진다면 군사 도시로서의 성격이 강해진다.
그러나 평화시에는 경제나 문화의 중심지여야 하고, 내부의 안정과 중앙집
권 체제를 확립하기 위해서는 정치 도시로서의 성격을 지녀야 한다.

　수도는 이처럼 시대 상황이나 명확한 목적에 의해서 기능에 따른 선택이
있어야 하고, 어느 것이 주요 기능인지는 당시의 상황 속에서 파악해야 한
다. 그런데 5세기 고구려는 정치·군사적으로 남진을 추구하고 있었으며,
대중국 관계에서는 외교를, 그리고 내부적으로는 정치 및 문화의 발달을
중요시하는 단계에 이르렀다. 따라서 위에서 언급한 여러 가지 요건을 고
려할 때, 내륙 깊숙이 위치한 국내성은 수도로서 제 기능을 수행하는 데
는 부적합하다고 평가된다.

2. 평양성의 새 수도 조건 검토

새롭게 건설된 수도는 변화된 국내외적인 환경 속에서 정치·외교의 중심
이 되면서 중앙적 수도의 기능을 해야 한다.

　고구려의 역사에서 평양은 여러 차례 각각 다른 사건 속에서 등장하고
있으며, 때로는 동일하지 않은 지명을 나타내는 듯한 모습도 보인다. 이는
'평양'이라는 단어 자체가 특별한 의미와 기능을 가진 장소임을 뜻한다.
『삼국사기』 고구려본기 동천왕조에는 즉위 21년인 247년에 환도성이 점령
당하자 평양성을 쌓고, 주민과 종묘사직을 옮겼다고 되어 있다. 물론 이
평양성이 어디인가에 대해서는 논란이 많다. 이 기록의 주에는 "선인왕검
지택(仙人王儉之宅)"이라고 쓰여 있다.

　그리고 다시 100년 가까이 지나서 미천왕이 낙랑(313)과 대방(314)을 멸
망시키고, 그 지역에 대한 정치권을 장악했다. 이어 고국원왕은 정력적으
로 남진 정책을 추진했으며, 즉위한 4년째인 334년에 평양성을 증축했다.

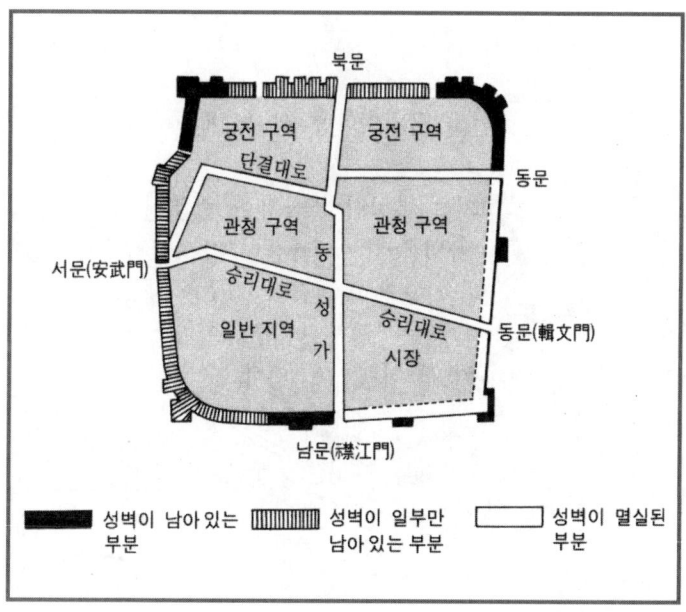

북문
궁전 구역 궁전 구역
단결대로
동문
관청 구역 관청 구역
서문(安武門)
동
승리대로 성
일반 지역 가 승리대로
시장 동문(輯文門)
남문(禓江門)

■ 성벽이 남아 있는 부분   ▦ 성벽이 일부만 남아 있는 부분   ☐ 성벽이 멸실된 부분

지도 4-3 | 원국내성의 평면도

다시 왕 13년인 343년에 환도성이 연의 모용황군에게 점령당하여 무너지
자 평양 동황성(東黃城)으로 옮겨 거처했다.[141] 물론 이때의 평양 역시 정
확한 위치를 알 수는 없다. 다만 당시의 역사적 상황으로 보아 현재의 평
양 주변 지역일 가능성이 많다. 고국원왕은 결국 평양성(현재의 평양시는
아님)에서 371년에 전사를 했다. 평양은 그 후 광개토대왕대에 나오고, 장
수대왕대인 427년에 마침내 수도로 선택되었다.

평양 지역은 여러 가지 면에서 발전을 거듭하던 고구려의 새 수도가 될
만한 조건을 갖추고 있었다. 먼저 교통의 중심지 역할을 수행하기에 적합

---

141) 채희국은 평양이란 수도라는 뜻으로 쓴 말이고, 황성이라고 한 것은 수도 안에 있는 개별적
인 성을 말한 것이고 주장한다. 『고구려 역사 연구—평양 천도와 고구려의 강성』, 김일성종
합대학 출판사, 1982, p.11.

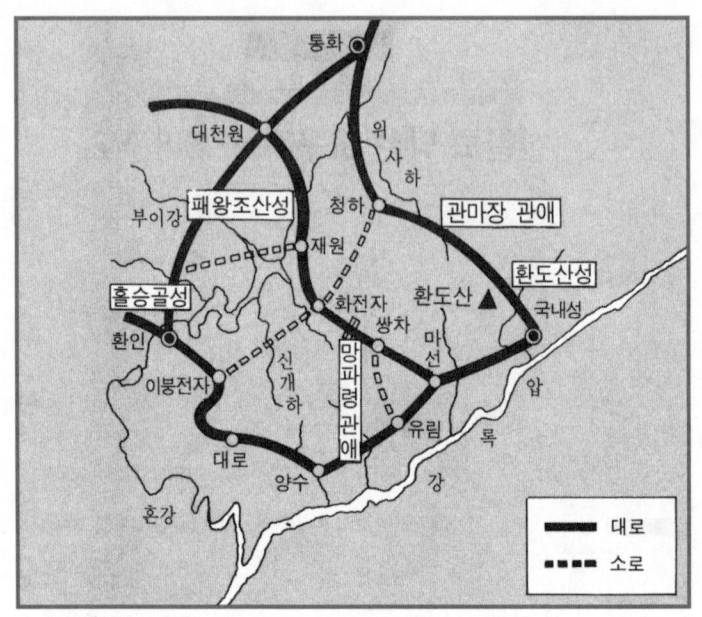

지도 4-4 | 국내성 주변 방어 체계

하다. 평양은 백제의 한성이나 웅진, 그리고 신라의 경주와 교통하는 것이 상대적으로 유리한 곳이다. 내륙 교통이 편리하므로 실질적인 중앙적 수도의 기능을 할 수가 있다. 육로 교통도 그러하지만 내륙 수로 교통에도 적합한 곳이다. 한반도 서쪽은 지형상 낮기 때문에 강들이 서해안으로 흘러들어가는 하계망(河系網)을 구성하고 있다. 평양을 중심으로 위로는 청천강, 남쪽으로는 예성강·임진강·한강이 하계망을 구성하면서 서해 중부로 흘러들어가 경기만을 구성한다. 따라서 서해 중부 이북의 연안 해상권을 장악하면 사람과 물자의 수송 체계를 장악하는 일이 용이하다.

한편 평양 지역이 가진 지리 환경적인 의미는 황해도와 불가분의 관계를 맺고 있다. 황해도는 강화도를 가운데 두고 남양반도와 함께 남과 북에서 경기만을 감싸고 있다. 개성으로 진입하는 수로와 육로를 관장하기도 하고, 동시에 평양 지역 등 대동강 하구로 진입하는 턱의 역할을 하기도 한다. 지리적으로도 황해도는 한반도 중부와 북부를 가르면서 완충 지대에 있다. 또한 해양 질서의 관점에서 본다면 황해 동쪽 해안의 남북을 종단하는 연근해 항로가 반드시 거쳐가고 통제를 받아야 하는 곳이다. 그리고 산둥반도와 가장 가까운 거리에 있으므로 황해 중부 횡단 항로를 이용한 세력들이 늘 이용하는 해양 통로에 있다. 황해도 앞바다에서 남행하면 경기만의 영향권으로 들어가고, 북행하면 바로 대동강 하구로 들어간다.

황해도는 이러한 해양 전략적인 위치에 있으므로 일찍부터 주목을 받았으며, 북진하는 세력과 남진하는 세력 간에 교섭과 충돌이 빚어지곤 했다. 위나라와 한반도 해안 지역, 일본열도의 북부를 이어 주는 중계지의 역할을 했던 대방도 바로 이 황해도 지역에 있었다. 이 지역에 토대를 둔 세력들은 정치 집단이건 상인이건 간에 상당한 이점을 누리면서 오랫동안 번성했다.

따라서 고구려의 남진과 평양 지역의 확보는 남포만·대동만·옹진만·해주만·경기만 등 바로 해안 장악을 통해서 한반도 중서부 지방을 통합하는 계기를 마련하는 정치적인 의미가 있다. 다시 말해서 한강과 대동강으로 구분되어 있는 해안 활동권을 하나로 통합하여 중부 이북을 완전히 활동 영역으로 삼을 수 있게 된 것이다. 고구려는 광개토대왕의 남진으로 이미 이러한 전략적 이점을 확보했고, 장수대왕이 천도한 이후에 남진 정책은 경기만의 남쪽으로 더욱 광범위하게 이루어졌다.

평양 천도는 본격적인 해양 활동의 성장과 깊은 관련을 맺고 있다. 해상 교통은 무역항을 기·종점으로 하여 거리·바람·해류·안개·해빙 등 자연 조건과 연료 보급 등 각종 조건을 고려하여 항로를 결정한다.[142] 그러므로 수도가 항구의 구실을 하고 있다면 이러한 조건을 충족해 주어야 한다. 평

---

142) 金相昊, 앞의 책, p.516.

양은 이러한 조건을 충족시키면서 황해 해상권을 확보하고 해상로를 통제하는 데 가장 적합한 고구려의 도시다.

또한 평양은 변화된 국제 관계와 그에 따른 정책 집행에 유리한 위치를 차지하고 있다. 중국과 다핵다중방사상 외교를 빈번하게 추진하면서 긴박한 국제 환경에 대응하기 위해서는 해안과 가깝고 내륙과 연결하는 데 편리해야 한다. 고구려는 평양을 사신선(使臣船) 등의 발진 기지로 삼아 대중국 교통, 특히 대남조 교통로의 수정을 가능하게 했다.

북위의 통제에서 벗어나기 위해서는 항로를 더욱 남쪽으로 잡는 것이 필요했다. 항해술이 발달하면 대동강구에서 서한만을 지나 요동만, 발해만을 거쳐 산동반도로 가는 것보다는 대동강구나 그 위로 조금 북상했다가 직항하거나, 또는 남진한 후에 장산곶에서 중부 사단 항로(中部斜斷航路)를 타는 것이 항해 조건으로 보아 유리하다. 장수대왕의 천도, 특히 문자왕(文咨王) 이후에 남조와의 교섭 횟수가 눈에 띄게 증가하는 것은 정치적 상황의 변화와 함께 고구려의 항해 환경이 질적으로 우수해지고, 교통 상황이 한층 원활해진 때문이다.

고국원왕 때에는 남조인 송과 교섭이 2회 있었으나, 소수림왕과 광개토대왕 때는 전혀 없었다. 그에 반하여 장수대왕 때는 23회나 교섭했으며, 그 이후에도 역시 교섭이 잦았다. 물론 북위와 비교할 때는 상대적으로 횟수가 적다. 그런데 『삼국사기』에는 2회밖에 없는 송과의 교섭이[143] 『송사』 본기에 따르면 423년(少帝 景平 元年) 3월부터 478년(順帝 昇明 2년) 12월까지 18건이 기록되어 있다.[144] 이것은 당시 외교가 비밀스럽고 활발하게 진행되었던 상황을 반영하는 동시에 교섭이 통제를 받았음을 의미한다. 이처럼 활발한 외교 교섭은 평양으로 수도를 옮긴 것과 함께 황해 북부 직항

---

143) 『삼국사기』 권18 고구려본기 장수왕 43년, 62년조.
144) 『宋書』 卷4 本紀 第4 少帝 景平 元年, 2年；卷5 本紀 第5 文帝 元嘉 13年, 15年, 16年, 18年, 20年, 28年 등.

로 개발이 가장 큰 원인으로 판단된다.

평양이 가진 또 하나의 유리한 환경은 국제 도시로서 성장할 조건을 이미 역사적으로 갖추고 있다는 것이다. 고구려에게 문화의 발달과 외국 문화의 유입이란 아주 중요한 의미를 가지고 있었다. 국제적인 문화를 향유하고 국제 도시의 자격을 갖고 있다는 것은 그 나라가 국제 질서에 진입혹은 중심부에 자리하고 있다는 사실을 대내외적으로 과시하는 일이기 때문이다. 그런 면에서 볼 때, 황해도 북부를 포함한 평양 지역은 중국 문화, 요동 문화, 한강 이남의 문화와 심지어는 일본열도의 왜 문화[145]가 만나던한반도 최대의 국제 문화 교차점이었다. 따라서 고구려가 국제적으로 발전하는 데에는 더없이 적합한 지역이었다.

평양은 군사 도시로서도 비교적 훌륭한 조건을 갖추고 있었다. 실질적으로 군사적인 위협을 가할 수 있는 북방 유목·중국 세력 등의 적대 국가들이 산재한 북방의 국경선으로부터 매우 먼 거리에 있기 때문에 수도의 국방상 안전한 이점이 있다. 일단 압록강을 건넌 다음에도 험준하고 동서로뻗어 있는 산맥과 강을 건너야 하고, 곳곳에 설치해 놓은 방어 체제에 걸려 수도권으로 접근하는 일이 거의 불가능하다. 특히 수도권에는 남북으로대동강·재령강 등의 강들과 사방의 산맥들이 첩첩이 둘러싸고 있어 자연적으로 난공불락의 요새를 이루고 있다.

그런가 하면 반대로 남진 정책을 취할 때는 군사 행동의 거점 도시가 된다. 공격의 거점이 되기도 하고 방어의 최전선이 되기도 했다. 백제나 신라와 비교적 가깝고, 특히 백제의 한성과는 매우 가까운 거리로서 방어에불리한 요소로 작용할 수 있다. 그러나 전력이 압도적으로 우세한 입장에서는 군사력을 신속하게 동원하여 공격할 수 있고, 늘 군사적인 위협을 과시하면서 정치·외교적으로 압박을 가할 수 있다. 남진 정책을 추진하는

---

145) 야마대국과 왜의 교섭은 대방을 매개로 이루어졌다. 특히 『삼국지』 위서 권30 왜인전에는
대방에서 야마대국까지의 航路과 路로이 표시되어 있다.

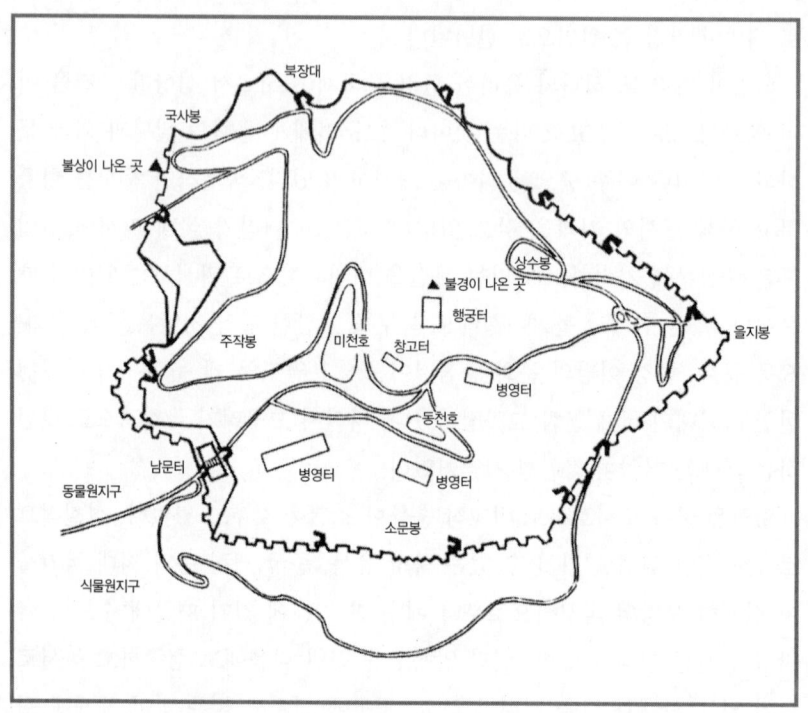

그림 4-6 | 대성산성 평면도[146)]

과정에서 평양 지역이 군사적으로 중요했음은 「릉비문」의 9년조,[147)] 14년 조[148)]의 사건으로 알 수 있다. 물론 평양 천도는 낙랑 등 한군현 세력의 잔존 세력에 대한 지배를 강화하기 위한 목적도 있었다.[149)]

평양은 특히 해양 활동과 관련지어서 평가할 경우, 국방상 그 기능을 충분히 수행할 수 있는 조건을 갖추고 있었다. 광개토대왕 이후 적지 않은

---

146) 『조선 문화사』, p.113.
147) 「광개토대왕릉비문」, "九年己亥, 百殘違誓, 與倭和通, 王巡下平壤, 而新羅遣使白王云一."
148) 「광개토대왕릉비문」, "十四年甲辰, 而倭不軌, 侵入帶方界, (和)通殘兵 □石城, □連船 □□□, 王躬率往討, 從平壤 □□□ 鋒相遇, 王幢要裁盪刺倭寇潰敗, 斬殺無數."
149) 徐永大, 앞 논문, pp.96~97.

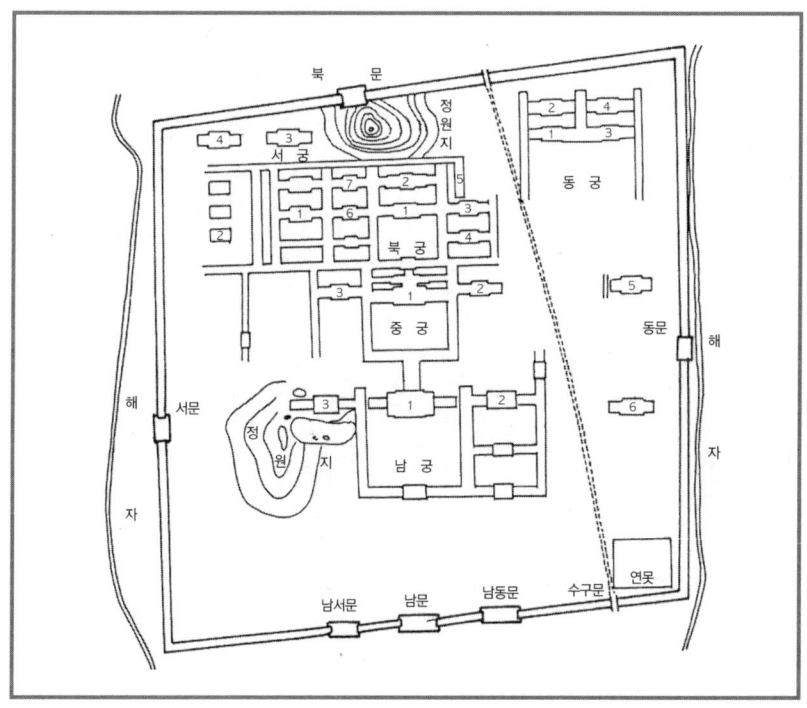

그림 4-7 | 안학궁 평면도[150]

규모의 수군 병력이 대동강 일대에 주둔하고 있었는데, 그곳을 발진 기지로 삼아 수군 활동이 이루어진 것 같다. 해안 도시는 진출할 수 있는 강점이 있는 동시에 수비의 약점이 될 수 있는데, 5세기처럼 국가의 성장기에는 강점으로 작용한다. 해양 활동을 전제로 할 경우, 군사 도시는 두 가지 요건을 동시에 충족시켜야 한다. 첫째는 공격에 유리하고, 둘째는 방어에 적합한 지형을 갖추어야 한다.

수군이 활동하기에 적합한 기지가 되기 위해서는 대선단을 보유하고 정

---

150) 『조선 문화사』, p.113.

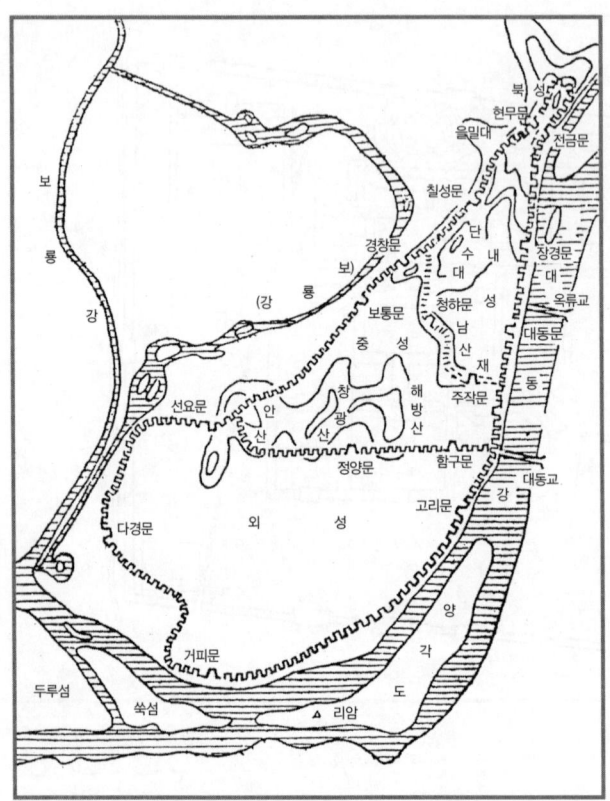

북성
현무문
을밀대
전금문
칠성문
경창문
단
보
수
대
내
장경문
성
대
옥류교
(강
룡
보통문
청하문
대동문
중
성
남
재
선요문
해
방
동
창
산
광
주작문
안
산
산
대
다경문
정양문
함구문
외
성
고리문
강
대동교
두루섬
거피문
양
각
쑥섬
리암
도
보
룡
강

지도 4-5 | 평양성 유적도[151]

박할 수 있는 항만 시설이 갖추어져야 하며, 넓고 안정된 만이 발달되어야
한다. 뿐만 아니라 만 안에는 흐름을 조절할 수 있는 섬들이 있어야 하고,
내륙으로부터 군수물자나 군인들의 이동이 용이하게 이루어져야 한다. 그
런가 하면 방어에도 적합해야 한다.

따라서 만은 복잡하고 길어야 하며, 대규모 선단을 감춰 둘 수 있어야

---

151) 『조선전사』, p.179.

한다. 또한 적의 해상 공격으로 저지선이 돌파되었을 경우에는 적의 선단을 만 안으로 깊숙이 끌어들여 사방에서 협공할 수 있는 지형 조건을 가지고 있어야 한다. 남포만과 대동강으로 구성되어 있는 평양은 이러한 조건을 두루 갖추고 있었다.

남포시 항구 구역은 동전리(東箭里)에 동전성(東箭城), 용강군(龍岡郡) 옥도리(玉桃里)에 황룡산성(黃龍山城)이라는[152] 방어망을 구축하고 있다. 특히 장안성은 삼면이 강으로 둘러싸여 자연조건을 합리적으로 이용한 예라할 수 있다.[153] 평양 지역은 대동강의 이러한 지형 조건을 활용한 전투를 통해서 바다에서 강으로 거슬러 오는 적들을 물리쳤던 장소다. 고구려는 이러한 만과 강의 방어 체제만이 아니라 전반적으로 해양 방어 체제에 비중을 두고 있었던 것으로 보인다. 394년에 쌓은 국남 7성이나 409년에 쌓은 국동 6성은 이러한 면을 염두에 두고 축성한 것이다. 특히 광개토대왕 14년간 있었던 백제와 왜의 대방계 침입은 이러한 방어 체제를 구체적으로 인식하는 계기가 되었을 것이다.

한편 평양은 고구려 수군의 활동 범위, 즉 작전 반경의 확대가 이루어질 수 있는 좋은 조건을 가지고 있었다. 대동강 하구에서 황해 중부 지역으로 내려옴으로써 한강 이남의 제해권을 장악할 가능성이 높아지기 때문이다. 광량만에서 남쪽으로 항진해 오면 황해도 장산곶으로 알려진, 바다 쪽으로 튀어나온 부분이 있다. 이 돌기 부분은 먼 바다에서도 관측이 가능하기 때문에 비교적 해양 활동의 반경이 넓다. 고대 항해에서 산동반도와 장산곶을 연결하는 항로가 일찍부터 개설된 것은 바로 관측의 유리함 때문이다. 그 아래에서 대동만·옹진만·강령만 등 몇 개의 만을 거치면 곧바로 최대의 만인 경기만이 나타난다. 따라서 고구려 수군이 활동한다면 비교적 짧은 거리를 단시간 안에 통과하여 백제 영역으로 접근해 들어갈 수 있다.

---

152) 손영종, 앞의 책, p.332.
153) 『고구려 문화사』, pp.75~82 참조.

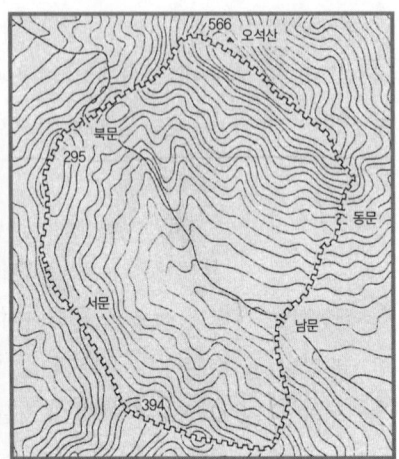

그림 4-8 | 황룡산성 전경(왼쪽)과 황룡산성 평면도(오른쪽)[154]

　이러한 환경은 5세기 고구려에게는 정치적·외교적으로 매우 중대한 의미가 있었지만 군사 작전으로 뒷받침되어야 했다. 그러기 위해서는 고구려 수군이 황해 중부의 전략 해수로를 장악하고 연근해 활동의 제해권을 가져야 한다. 고구려가 백제와 신라의 대중국 교섭 항로를 차단하여 황해 중부 이북의 해상권을 장악했음을 보여주는 기사가 있다.[155] 이는 고구려의 해양 활동 범위가 확대되고 해상권을 장악했음을 알려 준다. 특히 장수대왕의 공격으로 한성을 빼앗기고 개로왕이 죽고 난 후에 백제는 황해 중부 해상 세력이 궤멸된 탓인지 문주왕 연간에는 북조와 교섭이 끊어진다.[156]

　평양이 수도로서 적합하고 국가 발전에 유리한 위치라는 사실은 경제적 측면에서도 나타난다. 평양은 강상수운의 이점을 가지고 있다. 대동강 유역은 강이 가진 어렵 경제로서의 조건 외에도 강을 통한 물자의 수송에도

---

154) 『조선유적유물도감』, 고구려편 1.
155) 『魏書』 卷100 第88 百濟傳 및 『삼국사기』 권25 백제본기 개로왕 18년.
156) 『삼국사기』 권26 백제본기 문주왕 2년.

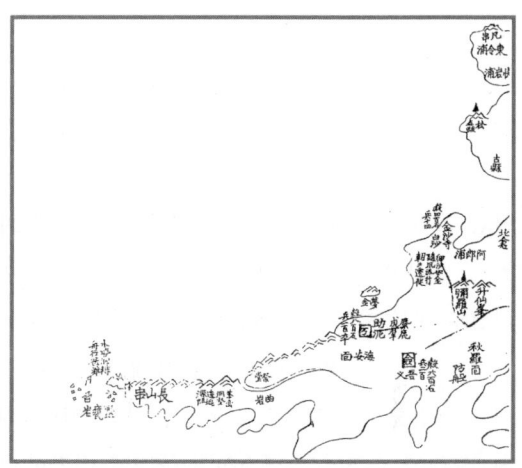

지도 4-6 | 장산곶 주변 지형도(청구도)

큰 이점을 제공했을 것이다. 이 지역은 기원을 전후한 시대의 유물들이 출토되고 있어 상업이 발달했음을 알 수 있다. 그런데 고구려의 경제적 기반 중 하나는 재정 수입으로서, 속민들로부터 다양한 조공품과 공납품을 받는 것이었다. 이러한 조공품들을 운반하려면 교통조건이 좋아야 하는데, 대동강 수운은 강상수운에 결정적인 역할을 하였을 것이다. 또한 대방계로 알려진 황해도 지역도 고대에는 중요한 대외무역 지대였는데, 평양은 이 지역을 직접 관장할 수 있는 지리적인 위치에 있다. 해륙 교통과 수륙 교통의 합류점인 것이다.

한편 대동강·재령강 유역은 농경에도 매우 유리한 조건을 갖추고 있었다. 만조 때 대동강·재령강 및 청천강의 수량이 증가하여 경작지에 대한 자연적인 관개 및 비배(肥培) 작용이 항상 있었던 것이다. 따라서 농업 생산성이 다른 지역에 비해 높았다.[157] 이처럼 대동강 유역은 지경학(geo-

---

157) 박성봉, 앞 논문, p.614 ; 한길언, 앞 논문, p.161 참조.

economics)적으로 매우 의미있는 곳이었다.

한편 평양처럼 해안에 위치해 있고, 교통에 유리한 입지 조건에 있는 도시는 상업적으로 성장 가능성이 있다. 상업을 중시한 도시나 국가의 경우, 수도는 반드시 경제의 중심지여야 한다. 특히 해양 국가의 경우 수도는 해안과 가까운 곳에 있게 된다. 해안 도시는 몇 가지 경제상 이점을 가지고 있다. 대부분 강과 연결되어 강의 수로를 통하여 내륙 지방과 연결이 원활하므로 내륙 지방에서 생산한 물품을 쉽게 운반하여 바다를 이용한 교역에 활용할 수 있다. 반면에 바다를 통해서 들어온 물품들은 강 수로를 통해서 내륙 지방으로 효과적으로 공급할 수가 있다. 다시 말해서 공급지와 수요지, 그리고 집결지를 연결시켜 주기에 적합한 곳이 해안 도시다. 특히 외국과 교역을 전제로 한 경우에는 바다를 통하여 팽창하고 무역상의 이익을 얻을 수 있다.[158]

그런데 청암리성이 있는 평양시 대성 구역의 동문 근처에는 작은 운하가 있어 성안으로 배를 끌어들일 수가 있었다.[159] 또한 이 성에는 다경문 밑으로 해서 중성의 정양문까지 약 3km 구간에 걸쳐 운하를 굴설했다.[160] 이 운하는 조수를 이용했는데, 1930년대까지만 해도 운하의 자취가 일부 남아 있었다고 한다. 다경문에 갑문 시설이 있었다는 사실은 매우 중요하다.[161]

평양은 서해안 중간에 위치하고 있기 때문에 일찍부터 교류 과정에서 거쳐야 하는 길목이었다. 특히 황해를 중심으로 교역권이 형성되면서 대동강 유역은 유력한 중계지로서 떠올랐다. 낙랑과 대방은 바로 그러한 해양과 관련된 교역의 유리함에서 설치된 면이 강했다. 교역을 한 삼한 각국들,

---

158) 위만조선이나 삼한 78개국의 일부는 그러한 성격을 가지고 있었을 것이다. 일본의 奴國·末盧國·伊都國 등 또한 그러한 海港國家였을 것이다. 江上波夫, 「古代日本の對外關係」, 『古代日本の國際化』, 朝日新聞社 1990, p.72 참조. 武光誠, 『大和朝廷は古代の水軍がつくった』, JICC, 1992, pp.32~36 참조. 필자는 '나루 국가'라는 용어를 사용하고 있다.

159) 『조선유적유물도감』 3, 조선유적유물도감 편찬위원회, 1989, p.108.

160) 『고구려 평양성』, 과학백과사전출판사, 1978, pp.106~108.

161) 손영종, 『고구려사』 2, pp.39~40.

주변국과 한(漢)의 교섭을 통제한 위만조선, 그리고 왜 소국의 중국 교역
은 평양 및 황해도 지방을 거점으로 전개되었다. 따라서 평양은 고구려의
수도가 되기 전에도 이미 교역의 중심지로서 제 역할을 했다.[162] 즉 상업
도시로서의 성격을 가지고 있었다.

이 지역은 기본적으로 농경을 바탕으로 성장하는 한편, 지역적 특성이나
문화적 배경을 활용해서 중국과는 물론 한강 이남 지역의 세력과 교류를
가지면서 교역 활동을 했다. 특히 양군이 멸망한 후에도 잔재 세력인 왕
씨·한씨가 동진의 연호인 영화를 사용하고 있었던 상황은 양 지역의 관계
가 매우 밀접했음을 알려 준다. 그것은 당시의 국제 현실로 보아 정치적
성격보다는 경제적 동기가 더욱 강하게 작용한 것으로 판단된다.[163]

평양은 이러한 역사적인 유산 외에도 자연조건이 알맞게 갖추어져 있었
다. 상업 도시는 교통로의 교차점, 평야와 산지의 접합점, 하천, 도로의 교
차점, 하구, 곡구 등에 형성된다.[164] 평양은 이러한 조건을 거의 구비하고
있는데다 무역항을 중심으로 후배지도 있어서 교역 경제 도시로서 성장할
조건을 갖추고 있었다.

위에서 검토한 바와 같이 평양은 질적 변신을 시도하는 고구려의 수도가
될 자격을 갖추고 있었다. 그런 까닭에 끊임없이 관심의 대상이 되었다. 장

---

162) 崔夢龍,「上古史의 西海交涉史 研究」,『國史館論叢』3, 1989, p.23에는 石村洞 3호분에서 출
　　토된 칠기들은 낙랑을 통한 중국과의 교류를 시사한다고 했다.
　　李基東은 마한 사회의 선진적 기반이 한반도의 서해안 항로를 통한 대동강·청천강 지역 문
　　화와의 활발한 접촉과 교류에 연유한다고 하여 이들 지역이 중간 거점 역할을 했음을 말하
　　고 있다(「馬韓史序章」,『馬韓 百濟文化研究의 諸問題』, 마한백제문화국제학술회의, 1989,
　　pp.112~113). 또한 北九州 福岡市 鴻臚館址에서 발견된 大泉 五十을 근거로 삼한 사람들이
　　낙랑군과 활발하게 교역 활동을 벌였다고 하여 역시 낙랑 지역이 교역의 중요한 근거지가
　　되었음을 암시하고 있다.
163) 이들 지역은 權五重, 앞의 책, p.90에서 지적한 바와 같이 이미 313년 이전에 군·현 등 행정
　　단위로서의 성격을 거세당하고 단순한 주거 집단에 불과했다. 따라서 생산 활동이 주를 이
　　루었는데, 교역이 가장 큰 비중을 차지했을 것이다.
164) 金相昊, 앞의 책, p.496 참조.

수대왕이 추진한 평양성 천도는 광개토대왕의 남진 정책을 계승한 것으로
서 정치·외교적인 면만이 아니라 경제·문화적인 면에도 막대한 영향을 미
쳤다. 뿐만 아니라 해양 활동의 발전을 촉진시키는 계기가 되었다. 또한 역
으로 해양 활동의 성장은 고구려의 발전에 긍정적인 영향을 많이 미쳤다.

지금까지 장수대왕 시대의 대외 정책과 수도 남천의 배경 및 수도 조건
을 해양과 관련시켜 가면서 분석해 보았다. 즉 광개토대왕이 주도한 5세기
초의 동아시아 질서 개편 시도는 고구려의 승리로 끝나면서 국제적 지위가
상승했다. 이를 계승한 장수대왕은 동아지중해 전략 및 본격적인 남진 정
책과 수도의 남천을 통해서 내부 질서를 공고히 하고 국제 질서의 재편 과
정에 능동적으로 대응하고자 했다.

5세기 중반에 들어와 동아시아의 외교 구도는 다수의 주변부가 3~4개
의 중심부를 향하여 각각 복합적인 선으로 연결되는 다핵다중방사상 형태
로 변모되었고, 군사 활동 역시 다중 구조로 변화되었다. 이러한 지중해적
성격이 분명히 드러나는 신질서의 재편 과정에서는 역학 관계에 대한 정확
한 이해와 고도의 외교전 및 이를 뒷받침할 내부의 성장이 필요했다.

장수대왕이 추진한 대외 정책의 기조는 주변 세력과의 화친이었다. 즉
군사전에서 외교전으로 전환하면서 대중국 관계를 중요시하고, 남부 전선
은 군사적 압박을 통해서 자신의 세력권 안에 두는 정책이었다. 이는 동아
지중해 질서의 중핵에서 주변국들 간의 역학 관계를 조정하여 자신의 국제
적 위치를 상승시키고자 하는 정책이다. 이를 위해서는 분단된 남북조와
등거리 외교를 차질없이 진행해야 하고, 백제·신라·왜 등 주변 세력의 대
중국 외교를 효율적으로 제어해야 했다. 이러한 조건은 해양 능력의 성장
과 떼려야 뗄 수 없는 관계에 있으므로, 남진 정책 및 수도 남천의 해양적
요인이 발생했다.

한편 장수대왕은 변화된 5세기의 군사적 환경에 적응하기 위하여 몇 가
지 정책을 취했다. 그중 하나가 바로 전선 개념의 변동이다. 즉 3개 전선으

그림 4-9 | ① 안악궁지 토성, ② 평양성 동벽, ③ 대성산성 성벽, ④ 평양성 외성[165]

로 나누어, 북부 전선은 전선을 후퇴시켜 예봉을 무디게 하고, 공격전이 아닌 방어전의 성격으로 변모시켰다. 반면에 서부 전선은 중국과 우호적인 관계가 성립되어 외교 및 방어전의 비중이 높아졌으나 중국 북부 세력이 가진 해양 활동 능력을 감안할 때 해양전 가능성에 대비해야 했다. 한편 남부 전선은 지배력을 확대하기 위해 직접적으로는 백제·신라와 부딪치고, 간접적으로는 왜와 연결되었다. 따라서 원활한 공격전을 위해서는 전선의 남진이 필요했으며, 군사 작전의 효율성을 위해서는 해양 군사 작전의 실시, 혹은 위협도 염두에 두어야 했다. 이러한 전선 개념의 변동과 전

---

165) 신형식 외 공저, 『고구려 산성과 해양 방어 체제 연구』, 백산자료원, 2000.

략의 변화 가능성을 감안할 때 남진 정책과 수도 남천은 필수적으로 요청되었다.

결국 수도 이전은 첫째, 국제 질서 변화에 능동적으로 대처하고 중심부의 역할을 수행하기 위한 국가의 정책 변경이었다. 둘째, 내부적으로 고대 국가로서의 질적 성장을 위한 수도 기능의 확대를 목적으로 한 것이다. 수도는 기본적으로 국제 사회의 중심부로 진입하고, 문화와 경제·상업 도시로서의 기능을 수행해야 한다.

국내성은 북부 전선의 전방에 노출되어 있는데다 남부 전선의 변동에 신속히 대응하거나 중앙 도시(central capital)로서의 기능을 충분히 할 수 없었다. 또한 외교전과 군사전에서 해양 활동 능력을 강하게 요구받고 있었던 당시의 국제 질서 속에서 국내성은 비교적 폐쇄적인 환경이었으며, 군사적으로도 해양 방어에 적합하지 못했다. 반면에 평양성은 해양 활동에 적합했다. 황해 북부 해상권의 장악이 필요한 시기에 평양 지역은 지리적으로 해양 전략적인 위치에 있었다. 또한 해안 및 하항(河港) 도시로서의 성격을 가지고 있어 대외 교역에 적합하고, 강을 끼고 내륙 교통망과 연결되어 배후지를 갖춘 국제 도시로서 성장할 조건을 갖추고 있었다. 또한 전 시대의 문화적 유산과 토양이 있는데다 한류도 내에서는 중앙 도시의 기능과 군사 도시의 조건도 갖추었다. 즉 평양 지역은 다핵다중방사상 외교를 위한 해양 교섭의 추진 기지로서, 그리고 남진 정책의 전진 기지 및 중앙 도시의 조건을 골고루 갖추고 있었다.

결론적으로 장수대왕의 남진 정책은 백제·신라를 겨냥한 영토 팽창전의 성격이 아니라 동아지중해의 세력 재편 구도 속에서 추진된 국가 발전 전략의 일환이었다. 역학 관계의 중핵에서 질서 재편의 주도권을 확보하기 위해서는 대륙은 물론 한류도 중부 이북을 장악하는 것이 필요했다. 또한 해양 활동 능력 강화가 반드시 요구되었다. 따라서 남진 정책과 수도의 남천은 시대적 욕구를 달성시켜 줄 수 있는 필요충분조건이었다.

5 | 고구려 말기의 해양 활동

4장에서는 광개토대왕과 장수대왕 시대의 국력 신장에 해양 활동이 끼친 역할과 백제·신라·왜 등 국제 질서의 변동에 끼친 영향을 살펴보았다. 5장에서는 7세기 한반도를 중심으로 야기되는 국제 간의 질서 변화를 고구려를 축으로 살펴보고자 한다. 이 시기에 동아시아의 국제 질서가 변화하는 과정에서 크게 주목되는 것은 고구려·백제의 멸망과 뒤이어 나타난 이른바 신라의 삼국통일이다. 나당전쟁과 이에 관한 연구 성과는 주제의 비중과 필요성에 따라 비교적 활발하였으므로 많은 업적들이 있다.

본고는 6세기 말부터 7세기 중반까지 일어난 이 사건들을 일관되게 연속성을 가진 사건으로 파악한다. 즉 고구려와 수의 첫 충돌(598)부터 고구려와 당의 전쟁, 나당연합군에 의한 백제의 멸망과 고구려의 멸망, 신라의 당군 축출까지(676)를 전쟁의 한 과정으로 파악하고, 또한 그 전쟁을 영토 획득과 쟁탈을 둘러싼 국가 간의 전쟁이라기보다 국제 질서의 전면적인 개편을 시도하는 신·구 질서의 대결로 인한 동아시아의 국제대전으로 파악한다. 대외 관계사의 경우는 사건의 전개에 국제적 계기가 반드시 작용하는데, 특히 재편의 전환기에는 강력한 질서의 대결이 결국 국제 관계의 모습을 결정하기 때문이다. 물론 질서의 대결이란 정치·군사·경제와 문명 등 각개 단위의 총체적이고 전면적인 변혁을 목적으로 한 것이다. 그리고 이 국제 전쟁을 분석하는 하나의 틀로서 동아지중해라는 개념과 틀을 설정하고 질서의 재편 작업에서 해양 활동이 강한 영향을 미친 것으로 파악한다. 즉 동아지중해 국제대전으로 보는 것이다.

본고는 전쟁이 진행되는 단계에 따라서 각 절을 나누고, 각 절의 1항과 2항에서는 고구려를 축으로 한 동아 질서의 재편 과정과 그것이 해양 활동과 어떠한 관련성이 있는지를 추적한다. 3항에서는 고구려를 중심으로 전쟁에 참여한 당사국들이 지닌 해양 활동 능력의 구체적인 실례를 추적·기술하고, 그것이 전세와 질서의 재편, 그리고 고구려의 흥망에 구체적으로 미친 영향을 군사적인 측면에서 살펴본다.

각 집단 간에 경쟁이나 군사적 충돌이 있을 경우, 그것이 발발한 원인이나 경과 혹은 결과를 정확히 파악하는 방법과 기준은 매우 다양하다. 특히 역사적인 의미와 영향을 평가하기 위해서 사용하는 방법론은 더욱 다양하다. 이 장에서 분석의 대상으로 삼고 있는 소위 삼국통일전쟁의 경우에는 더욱 그러하다. 그러나 본고가 설정한 목적의 한계로 인하여 당시 동아시아 전체의 사회경제적인 배경, 문화권의 대립과 종교 등 이데올로기 간의 갈등, 종족들 간의 갈등 등 몇몇 중요한 요인을 분석하는 일은 차후의 과제로 남겨 둔다. 다만 당시의 동아시아의 여러 민족들의 정치역학 관계를 지정학적 요인과 관련시키되 초점을 해양 활동에 맞추어 이 대전쟁을 분석하는 방법을 취하려 한다.

고수전쟁과 동아시아 국제 질서의 변화

1. 동아시아 국제 질서 변화의 실상

6세기 말 동아시아의 정치 질서에 커다란 변동이 일어났다. 중국 대륙에서는 5호16국 시대를 거친 후 약 150년 동안 지속되어 오던 위진남북조(魏晉南北朝) 시대가 수나라에 의해 통일되었다. 이로 인하여 동아시아의 국제 환경에는 커다란 변화가 오면서 새로운 질서가 점차 형성되어 갔다. 고구려의 해양 활동이 동아시아 정세에, 특히 고구려의 역사 발전에 구체적으로 어떤 영향을 미쳤는지를 알기 위하여 1차적으로 동아시아 전체의 질서가 변동하는 과정을 살펴보는 작업이 필요하다. 즉 수의 대내적이고 대외적인 정책에 대한 분석을 통해서 동아시아 정책의 일단을 감지하고, 그와 함께 고구려를 비롯한 주변 국가들의 대응 움직임이 어떠했는가를 살펴야 한다. 그래야만 동아시아 전반에 나타난 질서 변화의 기본 방향과 고구려가 활동한 상황을 구체적으로 포착할 수 있다.

1) 수의 질서 재편 작업

수나라는 589년 남조 국가인 진(陳)을 쓰러뜨리면서 통일을 이루었다. 수의 대내 정책은 여러 가지 형태로 나타났다. 초기 20년 동안은 우선 '개황(開皇)의 치(治)'라 불리는 내치에 힘을 쓰면서 국력을 신장시켜 나갔다. 정치제도와 통치제도를 새로이 확립하고 정비했으며, 과거제도를 창시했다. 지방제도와 군사제도 또한 과감하게 혁신하는 등 적극적으로 정치개혁을 단행했다.[1] 그러면서 분리되었던 남북조를 정치적·군사적으로뿐만 아니라 문화적·경제적으로 통일시키려 했다. 그러는 한편 주변국과의 역학 관계를 조정하려는 일련의 정책을 취했다.

---

1) 布目潮渢, 「隋唐帝國の成立」, 『世界歷史』 5, 岩波講座, 1978, pp.254~257.

수나라가 분단된 중국을 통일한 사실은 동아시아 전체에 강한 충격을 주었으며, 그 주변의 종족들과 국가들에게 실로 적지 않은 부담이 되었다. 기존에 유지되었던 국제 질서의 기본 구도가 붕괴되면서, 새로운 질서의 틀을 짜기 위한 여러 나라들의 움직임들이 다양한 외교 정책으로 나타났다.

앞장에서 충분히 언급한 바와 같이 남북조의 분열로 인해 황해는 남진해 내려가는 대륙적 질서와 북진해 오는 해양적 질서가 조우하는 장(field)의 역할을 하게 되었다. 중국 대륙에서는 그동안 북조와 남조가 군사적으로 충돌하면서 서로가 중화의 패자임을 확인하는 작업들을 했지만 현실적으로는 회하를 기준으로 경계를 이루었다. 회하를 사이에 둔 남북은 문화적으로나 경제적으로 성격이 다르다. 남방은 내륙 수로와 해양을 활용하는 문화적인 성격이 강한 반면, 그 이북은 평원과 산악·육로를 활용한 문화다.

남북조 시대에 활발하게 이루어졌던 동아시아 외교의 기본 형태는 고구려·유연 등 주변 세력들이 남북조의 분단과 갈등을 이용하여 실리를 추구하는 등거리 외교였다. 즉 진(秦)·한(漢) 제국 이래로 주변 국가들을 대상으로 '이이제이(以夷制夷)'라는 전통적인 분열 정책을 펴왔던 중국이 오히려 등거리 외교의 이용 대상이 된 것이다. 특히 황해를 내해로 삼는 동아지중해의 여러 나라들은 적극적으로 이러한 분단 상황을 이용했다.

고구려는 1단계로 광개토대왕이 전방위 영토 팽창 정책을 펼쳐 광대한 영토를 확보하고, 강력한 군사력과 해양 활동 능력을 바탕으로 국제적인 위상을 높였다. 2단계로 장수대왕은 남북조를 대상으로 절묘한 등거리 외교를 펼치고 군사적인 안정 정책을 추진했다. 백제·신라에 대해서는 정치·군사적으로 적당한 압력을 구사했다. 그럼으로써 국제 질서의 조정자 역할, 동아지중해의 중핵 국가 역할을 잘 했다. 특히 황해에서 전방위로 활동할 수 있는 지정학적 위치를 활용하여 해양 능력을 보유함으로써 양질서의 중간에서 많은 실리를 취할 수 있었다. 북위와는 우호와 긴장 관계를 동시에 유지하고 있었으나, 남조 정권과는 매우 우호적이었다. 고난도의 등거리 외교를 구사한 것이다.

물론 남북조를 대상으로 한 등거리 외교는 유연·거란·고막해 등 북방 종족들은 물론이고 고창국 등 서방의 종족들도 활용했다. 특히 유연은 앞에서 언급한 것처럼 분할된 상태를 적절히 활용하여 남조의 각 나라들에게 사신을 파견하고 우호 관계를 맺음으로써 북위를 배후에서 위협하는 외교 정책을 추진했다. 심지어는 군사 작전까지도 도모했다. 유연의 이러한 태도는 고구려의 이익과도 일치되어 공동의 입장을 취하기도 했다. 한편 서북방에서 일어난 토욕혼의 성장은 이 지방의 역학 관계를 더욱 복잡하게 만들었다. 토욕혼은 북위와 남조의 송에게서 모두 책봉을 받았으나 북위와의 상대적인 역학 관계로 인하여 송과 더 긴밀한 관계를 유지했다.[2] 토욕혼은 북위로부터 침략을 받기도 했으며,[3] 남조 및 유연과 연결하여 북위를 견제하기도 했다.

한편 백제·신라·왜 등 황해의 주변국들은 고구려의 해상력 때문에 황해 북쪽 해역으로 올라갈 수가 없었다. 고구려로서는 갈등 관계에 있는 백제와 신라 등이 북조와 외교 관계를 맺게 할 수는 없었기 때문이다. 지정학적인 위치와 외교 정책을 고려할 때 해양 질서의 성격을 띤 이들 국가가 역학 관계를 질적으로 변동시킬 가능성이 농후했다. 백제·신라 등은 고구려의 방해로 인하여 남조와만 밀접한 외교 관계를 맺으면서, 비자발적으로 대남조 편중 체제 속에 안주할 수밖에 없었다.[4]

북방의 여러 국가들과 유목 종족들 또한 고구려의 견제로 인하여 백제나 왜 등과 원활한 외교 관계를 맺을 수 없었다. 남북조 간의 긴장 상태 속에

---

2) 지배선, 「토욕혼과 남조와의 교섭에 대하여」, 『한성대학 논문집』, 1982, pp.217~218.
3) 『資治通鑑』권125 宋紀 7 文帝 元嘉 27년조.
4) 백제는 송 義熙 12년(416), 전지왕대부터 남조 국가들의 책봉을 받아 왔다. 왜는 송대부터 5명의 왕이 중국으로부터 책봉을 받았다(『宋書』권97 열전 제57 夷蠻 東夷 百濟 ; 『南齊書』권58 열전 제39 蠻東南夷傳 百濟).

서 북방국들은 남조와 고구려를 피해서 백제·신라·왜 등과 능동적인 외교 관계를 맺을 수 없었다. 때문에 북조의 국가들 중에서는 북위가 백제와 잠시 동안 관계를 가졌고, 물길은 수로로 백제와 합하여 고구려를 치려는 모의를 하기도 했다. 그러다가 6세기 중반이 넘어서야 비로소 북제(北齊)가 신라 및 백제와 교섭을 했다. 그동안 고구려의 압력과 방해가 상대적으로 강했기 때문이다.

중국 대륙은 534년 북위가 멸망하고 동위(534)와 서위(535)로 분열한 데이어, 다시 북제(550)와 북주(北周, 557)의 건국으로 이어졌다. 복잡한 상황은 북조 지역은 물론, 나아가 남북조와 동아시아 질서의 전반에 심각한 영향을 미쳤다. 또한 북방에선 알타이 산록에서 발흥한 돌궐이 오랫동안 군림했던 유연의 지배에서 벗어나(552) 강국으로 발돋움하고 있었다. 돌궐은 북제의 유민과 연합하여 북주와 대결하는 등 대격변의 진앙지가 되리라는 상황을 예고했다.

이러한 일련의 사건들은 동아시아 질서 전체에 큰 혼란을 야기시켰다. 동아시아는 이렇게 질서의 재편 작업이 필연적으로 요구되는 상황이었다. 한편 6세기 들어 한류도에서도 내부의 질서에 변동이 생기기 시작했다. 고구려는 돌궐, 말갈의 일부, 거란의 일부 등 북방 종족들과도 대결 상태에 있었다. 고구려의 서부 전선과 북부 전선에서 발생한 갈등 관계는 두 가지 결과를 낳았다. 하나는 북방에 전력을 집중한 탓에 남부 전선의 전력이 현저하게 약화된 것이다. 그 결과 백제의 공격이 계속되었고, 신라가 북변의 영토를 탈취[5]하는 것을 허용함으로써 훗날 재앙의 씨앗을 뿌렸다. 다른 하나는 신라와 백제가 북조의 북제와 관계를 맺을 수 있도록 기회를 마침내 허용하고 만 것이다.[6] 해양 교통로를 계속해서 장악하는 데 실패

---

5) 『삼국사기』 권19 고구려본기 양원왕 7년조.
6) 『삼국사기』 권4 신라본기 진흥왕 25년, 『삼국사기』 권27 백제본기 위덕왕 17년조. 그런데 노태돈은 앞 논문, pp.50~51에서 고구려가 돌궐 등 북방 세력의 압력에 대처하기 위하여 신라와

했기 때문이다.

백제의 성왕은 신라의 진흥왕과 이른바 나제동맹을 맺어 북진한 다음 고구려에게 빼앗긴 땅을 회복했다. 진흥왕은 551년에 고구려의 영토인 죽령 이북과 한강 상류 유역의 10군을 점유했다. 그러나 이들의 동맹은 곧 깨져 신라는 553년, 백제의 동북 지역인 6군을 빼앗고 한산주를 설치하면서 한강 하류 지역을 차지했다. 결국 이는 고구려가 황해 중부 해상권을 장악하던 시대가 종언을 고했음을 의미한다. 또한 백제나 신라뿐만 아니라 황해를 매개로 여러 나라가 교섭을 맺을 수 있도록 정치적 환경이 성숙하고, 해양 문화가 발달했음을 뜻한다. 신라는 564년에 북제와 교섭을 시작한 데 이어, 565년에는 진(陳)과도 수교를 했다. 한편 야마도를 중심으로 한 왜국도 급속히 성장하면서 한류도 내의 국가들과 활발하게 교섭을 했다.

남북조 시대 후기의 국제 정세는 중국의 북조·돌궐·고구려·거란 등의 북방 세력과 남조·백제·신라·왜 등의 남방 세력이 다원적인 세력균형 상태를 유지하고 있었다. 미묘한 균형 상태와 긴장 관계가 감도는 동아시아의 국제 정세와 황해 해상의 비교적 안정된 상태는 6세기 말에 이르러 변화가 발생했다.

수나라가 중국을 통일하면서 세력균형은 여지없이 깨지고, 역학 관계의 기본 구도가 붕괴되었다. 이제는 교섭하는 주체의 성격과 관계없이 주변 국가들이 남북조를 대상으로 펼쳤던 대중(對中) 등거리 외교는 그 가능성이 완전히 봉쇄되었다. 오히려 이젠 통일된 중국이 능동적으로 주변 세력의 갈등을 이용하고 조장하면서 외교상의 이익을 취하는 시대가 도래했다. 즉 수백 년 동안 지속되어 왔던 등거리 외교의 대상과 형태가 변화한 것이다.

동아시아 외교 환경의 변화는 신질서의 중심축이며, 지각 변동의 진앙지

밀약을 하고 한강 유역 등에 대한 신라의 영유권을 인정한 것으로 해석하고 있다. 이러한 해석은 당시 고구려가 해양 질서에 대한 인식이 부족했다는 것을 전제로 할 때 가능한 것이다.

인 수나라로 하여금 능동적인 정책을 취하게 했다. 수나라는 그동안 명분으로만 존속해 오던 중화 질서의 개념을 현실적으로 실현코자 했다.[7] 다시 말해서 이전의 국가들이 추구해 왔던 명분과 관념에서 벗어나 실질적으로 중국 중심의 국제 질서를 구축하고자 했다.[8]

이러한 국제 질서의 재편과 맞물려 자연스럽게 황해 연안의 질서에도 변동이 일어났다. 수는 남북조를 통일하여 대륙과 황해와 동중국해의 해양을 장악함으로써 대륙 질서와 해양 질서를 공유하는 국가가 되었다. 국제적인 상황에 탄력적으로 적응하면서 전방위 외교를 펼칠 수 있는 호조건을 구비한 것이다. 해양적 질서는 나라 간의 국경이 직접 마주치거나, 정치·군사적으로 이익이 날카롭게 부딪치지 않는다. 더구나 당시의 항해 수준으로 보아 해양 영토의 개념이 분명하지 않았고, 인식 또한 그다지 심각하지 않았다. 또한 한류도나 일본열도는 서역의 국가들에 비해서 상대적으로 수에게 경제적인 이익이 적은 곳이었으므로 갈등이 그다지 심하지 않았다.[9]

따라서 수는 백제·신라·왜 및 남쪽의 국가들과는 해양 외교를 바탕으로 형식적인 책봉 관계를 유지해 온 남조 국가들의 정책을 그대로 유지해도 되었다. 반면에 대륙적 질서는 직접적으로 군사 충돌을 일으키는 관계이고, 동북아의 종주권을 확립하는 일과 관련하여 매우 중대한 의미를 지니고 있었다. 현실적으로 북방에서는 기존의 고구려 외에도 신흥 돌궐이 유연을 멸망시킨 후 강력하게 성장하면서 수를 위협하고 있었다. 한편 거란과 특히 영주 일대에 피해 온 속말말갈(粟末靺鞨)의 돌지계(突地稽) 등도 질서를 혼란스럽게 만들고 있었다. 그리하여 이 돌지계 일당을 소탕하려는

---

7) 김호동, 「고대 유목국가의 구조」, 『강좌 중국사』 2, 지식산업사, 1989, pp.291~294.

8) 西嶋定生, 「6~8世紀の東アジア」, 『岩波講座日本歷史』, 1962, 古代 3 등 동아시아적 관점에서 본 일본인들은 이러한 관점에서 보고 있다.

9) 일본은 수와 교섭한 기록이 적다. 성덕태자가 수에게 보낸 다음과 같은 교서 내용은 자주 의식의 발로란 차원 이외에도 수의 눈치를 볼 필요가 없을 정도로 군사적인 위협을 느끼지도 않았고 경제적으로도 혜택을 크게 받지 않았던 탓이다.
『隋書』, "其國書曰 日出處天子 致書曰汲處天子."

과정에서 전쟁이 발발했다는 견해도 있다.[10]

따라서 수나라가 취한 대외 정책과 외교는 남부 해양 질서를 통합하여 경제적 가치를 획득하고, 해양 질서가 균열되는 것에 대한 우려를 희석시킨 다음, 대륙과의 역학 관계를 조정하는 순서를 밟는 것이 바람직했다. 따라서 수는 우선 남방의 국가들을 정복하거나 세력권 안에 편입시켰다. 다음에 돌궐의 힘을 약화시키는 한편, 북방 세력과 결탁할 가능성이 농후했고, 그동안 황해의 해양적 질서를 조정했으며, 실질적으로 한반도의 패자였던 고구려를 제압하는 일이 급선무였다. 특히 수는 이러한 현실적인 목적 외에도 전통적으로 지닌 중화관에 입각하여 동아시아의 종주권을 확립하고자 했다.

한편 수나라의 통일은 동아시아의 경제 질서에도 상당한 영향을 끼쳤다. 수는 대외 관계를 염두에 두면서 정치 · 군사적으로 체제를 정비하고, 힘을 기르는 한편 내치 작업에 힘쓰면서 사회 · 경제의 발전을 위한 여러 가지 정책들을 실시했다. 호구를 정리하고, 조세 정책을 개선했으며, 관창(官倉)과 의창(義倉)을 곳곳에 두었다. 이러한 경제적인 시책들은 본고의 목적과 관련하여 상당한 시사점을 준다. 경제력은 급속하게 신장하고, 인구도 대업(大業) 2년인 606년에는 개황(開皇) 9년인 589년보다 무려 200만 명이 증가하여 전국의 호(戶)가 900만에 달했다. 이로 말미암아 국가의 재정은 크게 증대되었으며, 정부의 통제력은 더욱 강화되었다. 특히 대운하를 건설하고 교역의 발전을 도모하는 정책은 대외 정책과 관련하여 매우 중요한 의미를 가지고 있다.

운하 건설의 목적이 무엇인가에 대해서는 여러 가지 견해가 있다.[11] 운

---

10) 박한제는 「7세기 隋唐兩朝의 한반도 진출 경위에 대한 일고」, 『동양사학연구』 43, 1993, pp.2
~3에서 이러한 菊池英夫의 견해 및 수 · 당 양 왕조의 호족 국가적 성격이 진출의 중요한 요인이 되었다는 宮崎市定의 설을 소개하고 있다. 그러면서 결국 수 양제와 당 태종이 정권의 정통성을 확보하지 못했으므로 대외 전쟁을 도발했다는 견해를 표명했다.
11) 전백찬 편, 이진복 · 김진옥 역, 앞의 책, pp.371~372 ; 윤내현, 『중국사』, 민음사, 1991,

하를 건설하면 오랫동안 정치적으로 경제적으로 단절되어 있었던 남과 북을 연결함으로써 교통의 불편을 해소할 수 있다. 그렇게 되면 남방과 북방 간의 지역적 편차를 극복하고, 특히 문물을 원활하게 유통시켜 하나의 경제권을 이룰 수 있다.[12] 따라서 국가 내부의 경제를 건실하게 하는 것이 운하를 건설한 주요한 목적이라는 주장이다. 다음은 산업의 진흥과 활발한 교역을 추진하기 위하여 추진한 역사라는 주장도 있다. 당시의 교역은 남과 북, 지방과 지방 사이의 교역뿐만 아니라 국제 간에도 추진되었다.

남북조 시대에 적대적인 남북조 간에도 교역이 활발했던 사실은 앞에서 이미 말했다. 그런데 말기에 들어와서도 역시 교역은 중요했다. 특히 변경 지역에서는 장리(將吏)들이 직접 나서서 교역을 하기도 했다. 북부에선 돌궐 등 북방 종족들과 교역이 있었으며[13] 남방에선 남해 무역이 활성화되었다.[14] 『양서(梁書)』[15]와 『남제서(南齊書)』[16]를 보면 각각 당시의 광주(廣州)를 중심으로 상업 교역이 이루어졌음을 알 수 있다.

수의 양제인 양광(楊廣)은 607년과 610년에 상준(常駿)과 왕군정(王君政) 등을 적토국(赤土國, 현 말레이반도 남부)에 파견했다. 이 지역은 한대 이후부터 중국과 교류를 했으며, 동남아시아를 거쳐 서역에 이르는 동서 교역의 중요한 지점이었다. 이때 상준 등 일행은 오늘날 광동성의 광주를 출발하여 월남(越南)을 해로로 거쳐갔다. 수나라 시대에는 이미 대만 등 남양의 10개국과 해양 교통 관계를 완료했다.[17]

    pp.250~251.

12) 『航運史話』, 상해과학기술출판사, 1978, pp.25~35.

13) 『周書』 권50 이역 하 돌궐전 ; 이용범, 「고구려의 요서 진출 기도와 돌궐」, 『한만교류사 연구』, 동화출판공사, 1989 ; 노태돈, 「5~6세기 동아시아의 국제 정세와 고구려의 대외관계」, 『동방학지』 44, 1984.

14) 이영채, 『해양개척쟁패간사』, 해양출판사, 1990, p.100.

15) 『梁書』, 권33 王僧孺傳.

16) 『南齊書』 권58 南蠻傳.

17) 손광기, 『중국 고대 해양사』, pp.255~256 참조.

그림 5-1 | 중국의 남북을 관통하는 대운하와 전당강(錢塘江)이 만나는 지점

그런데 교역의 활성화와 운하의 건설은 상호 연계성을 가지고 있었다. 즉 해상을 이용한 남해 교역을 통해서 남방의 물자들을 옛 남조 지역으로 수입한 다음, 그것을 다시 운하를 이용한 내륙 교통을 통해서 화북 등 북부 지방과 내륙 깊숙한 곳으로 운반했다. 이때 남북을 연결하는 교통의 통로로 해양과 운하를 동시에 사용했다.[18] 이러한 해양 교통의 이용은 결국 동남아시아 등의 남해 무역권[19]과 화북 지방 내지 그 이북 지역과의 교역권을 형성했다. 운하가 중국 경제와 해외 교역에 얼마나 큰 영향을 미쳤으며 깊은 관계에 있는지는 당나라 시대에 와 더욱 본격적으로 나타난다. 광주에는 시박사(市舶司)를 설치하여 세관 사무 등 무역 업무를 관장하게 했다.

수나라가 해양 교통을 이용하여 활발한 남해 교역을 추진한 일은 동아지

---

18) 『航運史話』, 상해기술과학출판사, 1978, 제1장 참조.
19) 羽田明, 『古代帝國の成立』 3부 2장, 京大東洋史 1, 1981 ; 宮崎市定, 앞의 책 2, pp.469~487.

중해의 경제 질서에 적지 않은 영향을 미쳤다. 수와 연접해 있는 나라들로는 북방과 서방을 제외하고는 고구려, 백제, 신라, 그리고 왜가 있다. 이들 나라는 이미 남북조 시대부터 각국 간에, 그리고 중국의 남북조와 각각 경제적으로 교류를 했으며[20] 해양으로 연결되고 있었다. 수는 통일로 인하여 교역권이 확대되자 당연히 대외 교역의 중요성을 깨닫게 되었다. 이에 따라 교역망을 좀더 널리 구축할 수밖에 없는 객관적인 조건이 조성되었다.

앞장에서 살펴본 것처럼 동아지중해를 사이에 둔 하나의 경제적 교역권이 미비한 상태로나마 구축되었고, 그 질서가 있었다면 1차적으로 그 교역권을 확대하고 주도권을 장악하고자 할 것은 필지의 사실이다. 수 양제가 유구(오늘날의 대만)를 정복한 일이나 사신들을 남해 방면으로 파견한 일 등은 정치적인 의도보다는 경제적인 가치를 목적으로 한 행위였다. 즉 통일된 수는 정치적 측면과 함께 경제적 측면에서도 동아지중해의 역학 관계를 재편하고자 했다. 이러한 경제적 측면에서의 내부의 통일 작업은 자연히 해양 문화에 대한 비상한 관심과 발달을 불러일으키게 했다. 이것은 수가 대고구려 전쟁을 일으킨 하나의 원인과 그 전개 양상을 이해할 단서를 제공한다.

위에서 열거한 두 가지 대내적·대외적인 요인은 수나라로 하여금 동아 질서의 전면적인 재편을 요구하게 했다. 이러한 국제 질서의 변동은 중국의 분열 체제로 인하여 상대적으로 이익을 얻어 왔던 고구려와 직접적으로 갈등이 발생함을 의미했다. 따라서 동아시아의 정치·외교는 물론 경제·문화적으로 다중다핵방사상 질서의 한 축을 차지하고 있었던 고구려는 국내 정책은 물론 대외 정책을 전면적으로 바꾸는 것이 불가피해졌다.

---

20) 특히 백제의 경우는 그러한 경제적 교류가 활성화되었음을 알 수 있다. 최몽룡, 「고고학적 자료를 통해 본 황해 교섭사 연구 서설」; 권오영, 「고고 자료를 중심으로 본 백제와 중국의 문물교류 — 강남 지방과의 관계를 중심으로」, 『진단학보』 66 ; 임영진, 「서울 석촌동 출토 백제 칠기와 중국 칠기와의 관계」, 『진단학보』 66 ; 木宮泰彦, 陳捷 譯, 『中日交通史』 7장, pp.513~602 참조.

이 전쟁은 고구려와 수나라로 대표되는 양 질서가 총력을 기울인 전면적 대결이었다. 따라서 국제 질서의 변화라는 측면 외에도 양국 간에 충돌을 야기시킨 보다 구체적 요인, 즉 수의 통일로 인하여 발생한 고구려의 손실을 이해하는 것이 필요하다. 우선 보다 구체적으로 계기적인 측면을 살펴 보자.

남북조의 분열을 이용하여 형식적인 책봉 관계를 유지하면서 실질적으로는 등거리 외교를 해왔던 고구려는 이제 통일 중국인 수와 동아시아 패권의 향방을 놓고 현실적인 외교 관계를 수립해야 했다. 백제·신라·왜 등 남방의 세력들은 오랫동안 고구려의 견제 때문에 북조와 교섭을 하지 못했고, 심지어는 남조와 교섭하는 일도 방해를 받았다. 왜 5왕 중의 한 명인 무왕(武王)이 송에 바친 상표문에는 고구려가 왜의 대송 교섭을 방해한 사실이 나타난다.[21] 그러나 수가 통일하자 백제와 신라, 왜는 독자적인 대수 (對隋) 외교를 벌임으로써[22] 고구려에 정치·외교적인 압력을 간접·직접적으로 구사할 수 있었다. 그리하여 고구려는 대중국 외교의 독점적인 지위가 흔들리면서, 북방과 서방은 물론 남부 전선에서도 긴장을 이용한 군사적인 압력을 받을 가능성이 언제든지 있게 되었다. 따라서 국제적인 위상이 현격하게 저하됨으로써 동아시아 질서의 중심부에서 후퇴하게 되었다.

고구려는 명분이란 측면에서뿐만 아니라 경제적으로도 손실이 적지 않았다. 한류도와 중국의 화북 지방, 북방의 유목 민족과 동북부의 삼림 문화권, 서북부의 종족들은 고구려를 중간으로 삼아 커다란 원을 형성하고 있었다. 고구려는 이러한 지리적인 환경 속에서 문화나 생활권이 다른 동아시아의 각 지역을 연결함으로써 정치·군사상의 전략적 유리함은 물론

---

21) 『宋書』 권97 夷蠻傳 倭國 ; 『梁書』 권54 諸夷傳 百濟에는 고구려 때문에 남조와의 교섭이 19년 간 방해받은 사실이 나타나 있다.
22) 신라는 수와 7번, 백제는 8번의 외교 관계를 가졌다. 신형식, 「한국 고대국가의 대외관계」, 『한국 고대사의 신연구』, 1984, pp.305~306 도표 참고.

문화·경제적 측면에서도 상당한 이익을 취했다.

앞장에서 살펴본 것처럼 남북조 시대에는 남북 간에도 활발하게 교역을 했고, 북위와 고막해·거란·지두우·물길·유연·고구려 등 북방의 각 종족들도 서로 관영무역과 사무역을 활발히 했다.[23] 더구나 남북조 시대 말기에 들어서면 사신들에 의한 공교역은 물론 상인들의 각종 밀무역도 성행했다.[24] 이 시기에 고구려가 영토의 서북 지대에 있는 말갈 등과 중국 북부 혹은 남부 지역을 연결하여 중계교역으로서 이익을 취했을 가능성이 많다.

고구려는 흥안령 지역의 눈강 유역 일대에 거주하던 남실위(南室韋)와 철을 수출하고[25] 말을 수입하는 이른바 마철(馬鐵) 교역을 했다. 그 무렵 중간에는 말갈의 속말부(粟末部) 등 적대적인 집단이 있어서 양 지역이 직접 교통을 하기에 매우 어려웠음에도 불구하고 교역을 전개했으며[26] 돌궐과도 대규모 교역을 했다.[27] 특히 오늘날의 조양(朝陽, 營州)인 요서 지방의 유성(柳城)은 당시 동아시아 교역의 중심지, 교통의 요지였기 때문에 거란과 수의 교역 등 공무역·사무역 등이 이루어졌다.[28]

이처럼 6세기 말에서 7세기 초에 이르는 시기에 고구려는 동북아시아의 여러 종족들과 활발하게 교역을 했다. 특히 실위(室韋)와 교섭한 기록 가운데서 초피(貂皮) 교역을 한 사실은 3세기 무렵 오나라와 교섭할 당시와 동일하게 고구려가 한반도 남부의 세력과 북방 유목 민족들의 중간 거점 역할 내지 중계교역을 담당했을 가능성을 시사한다.

한편 6세기 초의 일이기는 하지만, 문자왕(文咨王)은 북위에 사신 실불

23) 이재성, 「초기 고막해의 성장과 주변 제족」, 『동양사학연구』 28, 1988, p.30.
24) 박한제, 「남북조 시대의 남북 관계」, 『한국학 논총』 4, 국민대, 1981, p.183.
25) 이용범, 『한만 교류사 연구』, 동화출판공사, 1989, pp.166~167 ; 『隋書』 권84 열전 49 室韋傳 ; 『唐書』 권219 室韋傳, "土少金鐵 率質於高麗 器有角弓楛矢."
26) 노태돈, 「고구려의 한수 유역 상실의 원인에 대하여」, 『한국사 연구』 13, 1976, pp.49~50.
27) 『資治通鑑』 권180 隋紀 4 煬帝 上之上 大業 元年條, "…… 雲起旣入其境 使突厥詐云 向柳城與 高麗交易 敢漏泄事實者斬 ……."
28) 이재성, 앞 논문, p.48.

(悉弗)을 보내 조공의 양과 종류가 줄어든 상황에 대하여 해명한 사실이 있다. 즉, 전에는 부여와 신라에서 황금과 구슬[珂]을 공급받아 북위에 주었는데, 이제는 양국을 차지한 물길과 백제의 방해 때문에 못하고 있다고 변명한 것이다.[29] 이 기록에 따르면 탐라[30]가 고구려의 영향권 아래 있었거나, 최소한 옥(珂)이라는 보물이 어떠한 교역 과정을 거쳐 고구려에 들어와 사용되었으며, 일부는 북위에 조공품으로 보냈음을 알 수 있다. 또한 "매년 황금 이백근 백은 사백근을 보냈다"[31]는 기록으로 보아 공물의 품목과 수량이 어느 정도 정해져 있었음을 알 수 있다.[32]

고구려는 북위 등 북방하고만 교역을 한 것이 아니다. 교섭은 기본적으로 교역을 겸하고 있었다. 토욕혼이나 유연 등이 남조와 교역한 사실은[33] 그들보다 많은 교섭을 한 고구려가 당연히 교역을 했을 개연성을 나타낸다. 예컨대 남북조 시대에 남북조와 통교한 나라는 모두 200여 국에 이르지만 그중에서 고구려가 단연 압도적으로 교섭 빈도 1위를 차지하고 있다. 심지어는 남조와 교섭한 횟수도 남방 국가인 임읍(林邑)이나 부남(扶南)보다 오히려 많다.[34]

요컨대 고구려는 그 시대에 남북조 등과 등거리 외교를 동시에 추진한 유일한 국가로서 육로와 해로를 통한 다국 간의 중간 교역과 직접 교역을 통해서 얻는 경제적 이익도 적지 않았다. 더구나 당시 일반적인 형태처럼 조공과 회사(迴賜)를 통한 교류뿐만 아니라 민간 차원의 교역도 행해졌을

---

29) 『魏書』 권100 열전 88 高句麗, "但黃金出自夫餘, 珂卽涉羅所産……涉羅爲百濟所幷……."
30) 『魏書』 권100, "但黃金出自夫餘, 珂則涉羅所産. 今夫餘爲勿吉所逐, 涉羅爲百濟所幷……"; 이홍직, 『한국 고대사의 연구』, 신구문화사, 1987, p.138에서 사라(沙羅)는 탐라라고 보았다.
31) 『魏書』 권100 列傳 88 高句麗. "後貢使相尋 歲致黃金二百斤 白銀四百斤"
32) 김종완, 「남북조 시대의 조공 관계 개관」, 『진단학보』 61, 1986, p.78.
33) 지배선, 「토욕혼과 남조와의 교섭에 대하여」, 『한성대학 논문집』, 1982에는 특히 교역에 관해 상세한 연구가 되어 있다. 예를 들면 『梁書』 武帝紀에는 유연(芮芮)·하남(河南)이 공물을 바쳤다고 되어 있다.
34) 김종완, 앞 논문, p.74 도표 참고.

경우, 규모와 이익은 더욱 증가했을 것이다. 백제도 물론 송·왜 등과 교역을 했다. 『일본서기』에는 부남과 물건을 교역했다는 기록이 있는데, 이는 사실 여부를 떠나서 당시 동아시아 해양에서 교역이 활발했음을 알려 준다.[35]

이상에서 언급한 것처럼 고구려는 수가 통일되었기 때문에 정치·경제적으로 손실을 입게 되었다. 그렇다면 이번엔 상대적으로 고구려가 수의 정복 대상이 되어야 하는 직접적이고 현실적인 요인을 알아보기로 하자.

통일된 수나라의 북방에는 돌궐이 전선을 위협하고 있었다. 돌궐은 520년에 이미 양분된 유연을 공격하여 552년에 유연을 멸망시키고 역사의 무대에 등장했다. 북방의 유목 종족들은 보통 1단계로 내부적인 성장을 완료하고 종족을 통일한 다음, 2단계로 정복욕과 경제적 욕구를 충족시키기 위해 중국 대륙으로 침입해 들어갔다. 이러한 역사적 배경 아래에서 등장한 돌궐 또한 북위와 유연의 대결 구도를 그대로 물려받아 갈등 관계에 있었다. 따라서 수나라가 돌궐을 제압하려는 것은 단순한 영토의 팽창이 아니라 위협 세력의 제거란 측면에서 반드시 필요한 작업이었다. 그러나 돌궐은 군사력과 경제력이 매우 뛰어나 수나라에 종속되지 않은 것은 물론,[36] 오히려 고보녕(高寶寧)과 연합하여 수나라를 수세에 몰아넣기까지 했다.[37] 수나라는 돌궐과 관계를 개선하려고 양제가 직접 변방까지 행행(幸行)하는 외교를 끈질기게 벌였다.

한편 거란은 584년 돌궐이 침입한 이후에는 외교 정책의 하나로 수나라의 보호를 받았으나[38] 7세기 초에 이르면 군사적으로 성장하여 오히려 수나라와 대결하기에 이른다. 한편 말갈은 두 세력의 중간에 있었다. 그러나

---

35) 『日本書紀』 권19 欽明 4년.
36) 김호동, 앞 논문, p.292.
37) 『隋書』 권1 本紀 제1 高祖紀, 권84 열전 49 北狄 突厥傳.
38) 『隋書』 권84 열전 제49 契丹傳.

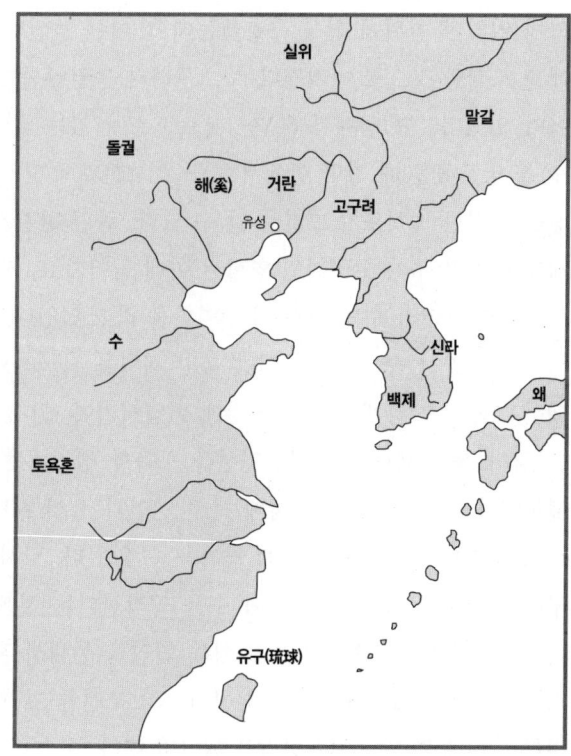

지도 5-1 | 6세기 말~7세기 초 동아시아의 정치 환경

속말말갈의 돌지계가 영주에 머물러 있자, 수나라는 말갈을 자기 세력권으로 끌어들이려고 했다. 이는 결국 고구려 세력권을 분리, 약화시키려는 기도였다.[39] 이렇게 복잡하게 진행되는 역학 관계 속에서 수나라는 주변의 여러 종족들에 대해서 예민한 반응을 보였다. 특히 그 가운데서도 고구려는 위협적인 세력이었다.

　고구려는 수나라가 중국을 통일하자 대외 정책을 바꾸었다. 돌궐의 지배

---

39) 김선욱, 「고구려의 수당관계 연구」, 『백제연구』 16, 1985, p.13.

하에 있었던 실위에 철을 수출했는데,[40] 이는 돌궐과의 상호 우호적인 관계를 모색한 것으로 여겨진다.[41] 고구려와 돌궐이 우호 관계였을 가능성은 이미 있었다. 수 양제가 607년 오르도스에 있는 돌궐의 계민가한(啓民可汗)을 방문했을 때 장막 안에서 고구려 사신과 부딪쳐 양국이 연합할 가능성을 우려한 데서도[42] 그것을 알 수 있다. 한편 말갈은 돌지계의 속말부를 제외한 여러 부가 고구려의 영향권 아래 들어가고, 거란은 요서 지방에 있으면서 고구려와 수의 완충 지대 역할을 하고 있었다.

이러한 질서 속에서 수나라는 북방 세력을 적극적으로 방어한다는 측면에서 고구려를 강제로 세력권 안에 편입시켜야 했다. 만약 고구려와 돌궐, 그 밖의 북방 세력들이 연합전선을 구축할 경우에는 심각한 위협이 되기 때문이다. 특히 고구려는 황해 북부 연안과 요서 지방으로, 즉 수륙 양면으로 배후를 공격하여 진공해 들어올 수 있었다. 당시의 정황으로 보아 고구려가 백제·신라를 동원하여 수를 공격한다는 것은 현실적으로 어려웠다. 하지만 적어도 독자적으로 황해 연안을 통해서 후방으로 수나라를 공격할 가능성은 있었다. 이러한 방어상의 조건을 고려할 때 수나라는 고구려를 강하게 압박하거나 침략을 해야만 했다.

2. 고구려의 외교 전략과 해양 활동의 영향

앞에서는 수나라의 통일로 인하여 동아 질서의 개편이 가져올 파장, 국제 질서의 변동, 그리고 고구려와 수나라의 몇 가지 갈등 요인을 살펴보았다. 이제 고구려의 대수(對隋) 외교 정책과 해양 활동이 어떤 관련성이 있는지를 아래와 같은 논증 방법으로 살펴보고자 한다. 일단 당시의 국제 질서로

---

40) 『隋書』 권84 열전 49 室韋傳, "……其國無鐵, 取給於高麗."
41) 노태돈, 앞 논문, p.51.
42) 『隋書』 권67 열전 32 裴矩傳.

보아 가장 바람직한 외교 정책을 해양 활동과 연관시켜 일정한 틀을 제시해 놓고, 다음 단계로 고구려의 외교 정책은 실제로 어떠했는가를 살펴보는 방법을 택하려 한다. 그렇게 하면 외교와 해양 활동과의 관련성, 나아가서 고구려의 외교가 실패한 요인과 해양과의 관련성 또한 분명해질 것이다.

첫째, 대외 정책의 주체인 고구려가 가장 먼저 해야만 했던 것은 고구려에 대한 수의 불안을 불식시키고 안심시키는 정책을 취하는 일이다. 신흥 국가인 수는 내치에 힘쓰는 한편 북방과의 관계를 재편하기 위해 일련의 정책을 구사했다. 수 문제는 북방 전선을 안정시키기 위해 돌궐을 분열시키는 외교 정책을 폈다. 즉 동돌궐과 서돌궐로 분리시키고(583), 다시 양 세력으로 하여금 전쟁을 벌이게 하여 일부가 귀부하게 한 것이다. 그리하여 돌궐의 국력이 약화된 틈을 타서 598년 돌궐의 오르도스를 통치한 다음, 고구려와 수의 중간에 있었던 거란을 정벌하는 일에 나섰다. 동몽골 지역에서 일정한 세력을 지니고 수를 위협할 가능성이 큰 거란을 약화시키기 위해서였다.

이러한 일련의 조치들에 대해 고구려를 정벌하기 위한 전 단계로 보는 견해도 있다. 그러나 이것은 고구려와 수의 전쟁을 당사국 간의 전쟁으로 파악하는 견해라 할 수 있다. 당시의 국제 질서라는 거대한 틀 속에서 파악할 경우, 그 관계는 반대가 될 수도 있다. 즉 강력한 고구려 세력 등을 먼저 정벌하여 동부와 남부 전선을 안정시키고, 상시적인 북방의 위협에 대처하는 것이다. 결과론으로 보아 고구려가 멸망한 이후에 전개된 동아시아의 역사, 특히 중국 세력과 북방 세력과의 갈등 관계를 보면 그러한 추론은 현실성이 있다.[43]

그 무렵 고구려는 수에게 즉각적이고 심각하게 위협적인 존재가 아니었

---

43) 서돌궐은 고당전쟁 도중에 멸망했으나 7세기 후반(682)에 들어가면 다시 부흥하여 당과 격돌한다.

다. 수와 직접적으로 전선을 마주하지 않았던 것이다. 583년 고보녕을 축출한 이후에야 두 나라의 전선은 마주치게 되었다.[44] 고구려는 단기적이고 파괴적인 군사력 면에서 돌궐 등에 비하여 상대적으로 약했다. 그리고 남북조의 분단 시대에도 중국의 책봉 체제를 형식적이나마 인정하는 정책을 취했으며[45] 정책의 기조는 중국 세력과 공존하는 것이었다. 초기에 연의 풍홍 문제로 인해 잠시 북위와 갈등을 빚은 이후에는 대체로 전선이 안정되어 있었다. 따라서 고구려는 수에게 심각한 위협이 되지 않았을 뿐만 아니라 오히려 돌궐을 견제하는 데 필요한 배후 세력으로 이용될 가능성도 있었다. 그렇다면 고구려는 수와 맺어진 이러한 관계들을 활용하여 보다 적극적으로 화친 정책을 취하는 편이 바람직했다.

그러면 고구려의 대수(對隋) 정책은 어떠했을까? 고구려는 수나라가 건국한 초기에 사신을 보내 내정 탐색을 했다. 문제가 581년에 북주(北周)로부터 선양(禪讓)을 받자 평원왕은 수나라에 사신을 보냈고, 답례로 수나라는 평원왕을 대장군 요동군공으로 봉했다. 평원왕은 그 다음해인 582년 정월과 11월에도 사신을 보낸 것을 비롯해, 왕 25년(583) 정월, 4월, 겨울에도 계속해서 사신을 보냈다.[46] 이렇게 한 해에 사신을 몇 번씩 보낼 정도로 교섭이 빈번했던 것이다. 이것은 책봉 체제 속에 편입되어 시간을 벌면서 수의 통일로 인해 동아시아 정세가 급변할 것에 대비해 정보 수집과 그 대응책을 준비하는 행위라 할 수 있다.

결국 고구려의 정책은 거수지책(拒守之策)으로 결정된다. 진(陳)이 수나라에게 멸망했다는 소식을 듣자 수나라에 한동안 사신을 보내지 않았으며, 그 대신 군사를 정비하고 곡식 등을 비축하는 등 방수(防守) 대책을 강구했다.[47] 뿐만 아니라 수 문제가 평원왕에게 보낸 국서에서 보여지듯 몰래 수

---

44) 초기에는 거란이 중간에 있었다.
45) 물론 돌궐·거란 등도 책봉을 받을 때가 있었다.
46) 『삼국사기』 권19 고구려본기 평원왕 23년, 24년, 25년.

나라의 노수(弩手)를 매수하기까지 했다.[48] 병기를 생산하는 일종의 군수 기술자를 매수한 것이다. 이러한 행동은 수나라의 경계심을 불러일으켰다. 고구려는 심지어 수나라의 사신을 거의 가두다시피 했다. 이에 문제는 분노하여 장문의 글을 보내 "직접 병(兵)을 발하여 공격할 수도 있으니, 마음을 비우고 의혹을 품지 말고 다시 생각을 바꾸라"고 종용했다.[49] 적대적으로 대하지 말라고 협박했던 것이다.

이후 고구려와 수는 사신이 오고 가는 등 형식적으로는 원만한 관계를 맺은 것으로 보인다. 592년 3월 영양왕이 새로 즉위하자 수나라는 고구려 왕으로 봉하고, 고구려는 이에 감사하는 사신을 보내기도 했다.[50] 그러나 두 나라는 결국 적대 관계로 발전하여, 고구려가 598년 요서 지방을 선공하면서 마침내 전쟁이 시작되었다.[51]

둘째, 당시 고구려가 취해야 할 정책 중의 하나는 백제·신라와 화친을 추진하거나, 여의치 못할 경우에는 양국을 완전히 장악해서 대수 교섭을 막는 것이다.

광개토대왕 이래 고구려가 남쪽으로 팽창하면서 백제와 신라는 끊임없이 고구려의 압력을 받아 왔다. 또한 해상권을 장악한 고구려 때문에 북조와는 교섭을 가질 수 없었고, 남조와의 교섭도 때때로 방해를 받았다.[52] 신라는 법흥왕 8년(521)에 양에 사신을 보냈다. 그런데『삼국사기』신라본기에는 백제를 따라 갔다는 기록이 없는 데 반해 백제본기에는 같은 해에 양

---

47)『삼국사기』권19 고구려본기 평원왕 32년, "……王聞陳亡 大懼 理兵積穀 爲拒守之策……";
   『隋書』권81 열전 제46 東夷傳 高麗.
48)『隋書』권81 열전 제46 東夷傳 高麗;『北史』권94 열전 제82 高麗傳, "……昔年 潛行財貨 利動
   小人 私將弩手逃鼠下國."
49)『隋書』권81 열전 제46 東夷傳 高麗, "……王若無罪 朕忽加兵 自餘藩國 謂朕何也 王必虛心納
   朕此意 愼勿疑惑 更懷異圖."
50)『삼국사기』권20 고구려본기 영양왕 2년.
51)『삼국사기』권20 고구려본기 영양왕 9년.
52)『삼국사기』권26 백제본기 문주왕 2년.

에 사신을 보냈다는 기록이 있다. 두 기록 간에는 차이가 있는데, 이때 신라는 백제와 동행해서 왔다는 『남사(南史)』의 기록이 옳은 듯하다.[53]

그 후 몇 년이 지나 법흥왕 15년(528)에는 양에서 사신을 파견하여 의복과 향을 보내왔다.[54] 불교를 매개로 바다를 건너 교섭했음을 알 수 있다. 이러한 일련의 해양 활동은 신라가 동해에서 남해를 거쳐 황해로 그 활동 영역을 점차 확대했음을 보여준다. 법흥왕 9년(522) 3월에는 가야 왕이 사신을 보내와서 혼인을 청했고, 동왕 19년(532)에는 금관가야를 통합하여 금관군을 두었다. 가야와 관계를 맺은 일련의 사실들은 이미 521년경에 신라의 세력이 남해 동부 해안에 영향을 미쳤을 가능성을 시사한다.

이러한 정세는 6세기 중엽에 들어오면서 변화하기 시작한다. 나제동맹군은 551년에 고구려를 공격하여 10군을 공취했다. 곧 진흥왕은 2차 나제 동맹을 깨면서 백제를 공격하여, 한강 유역을 차지한 후에 10주를 설치했다. 이렇게 국력을 신장시킨 신라는 564년에 북제에 조공을 했고, 565년에는 북제로부터 '사지절도독 동이교위 낙랑공 신라왕(使持節都督東夷校尉樂浪公新羅王)'이란 칭호를 받았다.[55] 그 사실은 북위가 고구려의 양원왕(550) · 평원왕(560)을 책봉한[56] 것이 동이교위인 것으로 보아 신라의 국제적 지위가 상승했음을 의미한다. 또한 이것은 요하 이동 지역에 대한 북제의 인식이 변화한 것을 상징한다.[57] 더욱 중요한 것은 이 무렵에 신라가 독자적으로 황해를 통해서 중국 세력과 교섭을 하게 된 사실이다.

백제는 신라와 동맹을 맺고 실지 회복을 꾀했으나 신라의 배신으로 553년 한강 하류 지역을 빼앗기고, 그 다음해에는 관산성 전투에서 성왕이 전

---

53) 『삼국사기』 권4 신라본기 법흥왕 8년, "……遣使於梁貢方物";『南史』 권79 열전 제69 夷貊下 新羅傳.
54) 『삼국사기』 권4 신라본기 법흥왕 15년, "…… 於時梁遣使賜衣著香物……."
55) 『삼국사기』 권4 신라본기 진흥왕 25년, 26년 ;『北齊書』 권7 帝紀 제7 武成帝 河淸 3년.
56) 『北齊書』 권4 文宣帝 天保 원년 9월조 ; 권5 廢帝 원년 정월.
57) 노태돈, 「5~6세기 동아시아의 국제 정세와 고구려의 대외관계」, 『동방학지』 44, 1984, p.53.

사하는 대참패를 했다. 이후 침체기에 들어섰다가 위덕왕 14년(567)부터 남북조와 빈번하게 교섭을 가지며, 왕 17년(570)에는 북제로부터 책봉을 받는다.[58]

이렇게 백제와 신라가 대북조 교섭을 활발하게 시작하자 고구려의 국제적 지위는 상대적으로 약화되었다. 이때 고구려는 중앙에서 정치적 갈등이 심각한 탓에 국력이 약화되었으며, 남부 전선에서도 산발적인 공격을 가할 뿐 적극적인 진출도 방어도 하지 못하는 상태였다. 더구나 북방에서 일어난 돌궐이 고구려를 군사적으로 위협해서 555년부터 580년대 말까지 양국 간에는 군사적인 갈등이 심각했다.[59] 이러한 내우외환으로 인하여 고구려는 결국 신라의 경기만 진출과 해양로 확보를 허용하고 말았다.

신라의 국제무대 진출은 해양 활동 능력의 성장에서 한 요인을 찾을 수 있다. 우산국(于山國)의 정벌에서 보여지듯 신라는 동해를 횡단하여 울릉도를 정벌할 수 있는 해양 능력을 가졌다.[60] 울릉도로 항해하는 일은 황해를 횡단하여 중국에 닿는 것보다 항해 기술상 어려움이 크다. 지형 지물을 중간에 확인할 수 없는 큰 바다를 건너야 하기 때문에 항로를 완벽하게 숙지하고 있거나, 아니면 천문항법을 이용해야만 가능하다. 더구나 군대를 이끌고 정벌했으므로 뛰어난 항해술과 성능 좋은 선박을 보유하지 않고서는 불가능하다.

신라는 자비왕 때인 467년에 전함들을 수리했다는 기사가 나온다.[61] 이때 고성·가야 등 남해안을 확보한 것 같다. 진흥왕이 한강 유역을 점령한 후에는 경기만의 해양 능력마저 흡수하여 더욱 강화되었을 것이다.[62] 진평왕 5년(583)에 선부서(船付署)를 설치한 사실은 신라가 국가 정책으로 해

---

58) 『삼국사기』 권27 백제본기 위덕왕 14년, 17년.
59) 노태돈, 앞 논문, p.54 참조.
60) 『삼국사기』 권4 신라본기 지증왕 13년(512).
61) 『삼국사기』 권3 신라본기 자비마립간 10년.
62) 김병주, 「나제동맹에 관한 연구」, 『한국사 연구』 46, 1984, p.38.

양 활동 능력을 확대했다는 것을 의미한다.

앞에서 보았듯이 6세기로 접어든 후 동아시아 국제 정세는 크게 변화했다. 특히 백제와 신라의 대중국 교섭이 매우 활발해졌다. 이것은 고구려의 해양 활동 능력이 저하되고 해상권 제어에 실패한 반면, 백제와 신라의 해양 활동 능력이 급속도로 신장된 현실을 말해 준다.

국제 관계가 변화하는 상황 속에서 고구려는 백제·신라와 화친 정책을 취하는 것이 전략적으로 필요했다. 남북조 시대와 달리 중국 지역이 통일되고 백제와 신라가 성장한 이상, 고구려는 남부 전선을 안정시키기 위해서 두 나라와 화친하는 것이 이익이었다. 북방과 서부 전선의 긴장이 증폭되면서 국제 질서가 재편되는 시점에서 국지전에 불과한 남진은 오히려 갈등을 심화시키고, 상대국들끼리의 동맹 관계를 조장하기 때문이다. 반대로 백제와 신라의 심각한 갈등을 적절하게 이용한다면 자기 위치를 유리하게 확보할 수 있었다. 더군다나 신라와 백제는 수나라와 동맹을 맺을 가능성도 있었다.

그럼에도 불구하고 고구려는 수나라가 통일한 다음해인 590년에도 신라를 공격했고, 그 과정에서 온달장군이 아차산성에서 전사했다.[63] 그 후 대수전쟁이 진행되는 603년인 영양왕 14년에도 신라의 북한산성을 공격했으며, 607년에는 백제의 송산성(松山城)과 석두성(石頭城)을 공격했다. 이어 608년에는 신라의 우명산성(牛鳴山城)을 함락시켰다. 이렇게 고구려는 무리하게 전선을 확대시킴으로써, 남북으로 동시에 긴장을 증폭시켰다. 외교력이 부재하고 세련되지 못했음을 알 수 있다.

셋째, 고구려가 취해야 할 외교 정책 가운데 중요한 하나는 돌궐과 동맹을 맺는 일이었다. 수나라를 견제하기 위해서는 북방 세력들과 우호 관계 또는 동맹 관계를 추진해야 했다. 그중에서 돌궐은 가장 중요하고 현실적

---

63) 『삼국사기』 권45 열전 온달.

으로 동반자가 될 자격이 있었다. 수나라가 통일되기 전까지 돌궐은 요서 진출을 꾀하는 고구려와 대결 구도에 있었다. 대릉하의 거란족에 대한 지배권을 둘러싼 고구려와 돌궐의 혈투 등이 그것이다.[64] 양원왕 7년(551)에는 돌궐이 신성(新城)을 포위했으나 고구려의 공격으로 물러났다가, 다시 백암성을 공격한 적이 있었다. 이처럼 돌궐은 고구려에 침입하는 입장이지, 고구려의 공격을 받을 우려는 별로 없는 관계에 있었다. 그런데 수나라의 통일과 압박으로 인하여 북방 삼국의 역학 관계에 변화가 왔다. 돌궐은 583년에 수나라를 공격했다가 대패했고, 수나라의 분열 정책으로 인해 동·서돌궐로 나눠지게 되었다. 따라서 돌궐은 기본적으로 고구려와 동맹을 맺고 수나라에 대응하는 정치적인 입장에 있었다.

이러한 기본적인 역학 관계를 전제로 할 경우, 고구려는 외교 역량에 따라서 돌궐과 동맹을 맺을 수도 있었을 것이다. 초기에는 돌궐과의 연락이 원활하게 취해진 것 같지는 않다. 중간에 거란이나 말갈이 있었기 때문이다.[65] 그럼에도 고구려는 동맹을 추진했던 것 같다. 수 양제는 607년에 돌궐(오르도스) 지역을 순행하다가 돌궐의 추장인 계민가한의 장막에서 고구려 사신을 만난 것을 계기로,[66] 고구려 침공을 더욱 적극적으로 추진한다. 고구려와 돌궐이 구축했을 가능성이 있었음을 짐작케 한다.[67]

난세에는 모든 종족이 자국의 실리를 위해서 움직이듯 돌궐도 마찬가지였다. 동돌궐은 수나라 말 혼란기에는 수와 반군이었던 이세민(당 고조)군 사이에서 양면 외교를 벌이기도 한다. 이러한 국제 환경을 고려할 때 수나라를 가운데 두고 북방 종족들 간에 동맹 관계가 이루어졌을 가능성은 언

---

64) 이용범, 앞 논문, pp.196~197 ; 노태돈, 앞 논문, p.53에서 말갈과 거란을 둘러싼 양국 간의 상호 대립 항쟁은 555년 이후부터 580년대 말까지 주로 벌어지지 않았을까 추측하고 있다.
65) 堀敏一, 「隋代 東アジアの國際關係」, 『隋唐帝國と東アジア世界』, 東京 : 澤古書院, 1979, p.118.
66) 『삼국사기』 권20 고구려본기 영양왕 18년.
67) 노중국, 앞 논문, p.87.

제나 있었다. 자국의 이익에 충실하여 외교전을 펴는 돌궐을 고구려의 동맹 관계로 끌어들이느냐 못하느냐는 당시 고구려에게 주어진 외교상의 최대 관건이었다. 한편 중간에 있었던 말갈과 거란의 관계를 설정하는 일도 중요한 문제였다.

고구려가 변화된 국제 환경에 대응하여 이상적인 외교 정책을 수립하고 추진하려면 국제 질서 분석을 토대로 한 전략·전술적인 대응을 해야 했다. 다음은 이 글의 성격상 해양 활동에 초점을 맞추면서 고구려의 바람직한 대응책을 살펴보고자 한다.

고구려는 백제·신라와 화친을 하면서도 자국의 세력권 안에 잡아 두기 위해서는 두 나라가 중국과 관계를 맺지 못하도록 고립책을 써야만 했다. 대중국 교섭의 창구나 해안을 봉쇄하고, 황해의 제해권을 장악하여 대중국 교통로의 연결고리를 확실하게 끊는 일이 필요했다. 고구려가 해양력 등 국력이 약해질 경우에 수나라는 고구려를 군사적으로 압박할 뿐만 아니라, 백제와 신라·왜 등을 자신의 세력권 안에 두는 포위 전략을 구사함으로써 고구려를 외교적으로 압박할 수 있다.

반대로 만약 고구려가 해양 활동 능력을 강화할 경우, 수나라는 항해상의 위험을 무릅쓰면서까지 백제·신라와 교섭을 시도하기는 어렵다. 또한 고구려가 수군으로 상륙 작전을 감행하여 수나라의 배후를 기습할 가능성을[68] 과시할 수 있으므로 수나라의 압력을 완화시킬 수 있다. 뿐만 아니라 돌궐과 외교 관계를 맺을 때도 보다 유리한 위치를 차지할 수 있다. 해양 활동 능력이 전혀 없고, 수나라의 배후를 칠 기회가 적은 돌궐의 입장에서 고구려의 해양 활동 능력은 수나라를 억제할 수 있는 매우 중요한 전략적 가치를 지닌다. 돌궐 이전에 유연·토욕혼 등이 북위를 견제할 능력이 있는 남조와 우호 관계를 맺은 사실은 해양 질서가 양 세력 간의 기본적인

---

68) 고국원왕대에 있었던 후조와의 대북연 연합 작전은 요동이나 요서 지방에서 수나라를 해상으로 공격할 가능성을 보여준다.

역학 관계로서 크게 작용할 수 있음을 반증한다.

이러한 기본 구도 속에서 고구려가 해양 질서의 주도권을 장악하고 있고, 수나라의 배후를 위협할 정도의 군사적 능력을 갖추었다는 인식을 심어 준다면 돌궐과 정치·외교적 동맹을 맺을 확률은 그만큼 커진다. 양국의 동맹은 수나라를 북과 동의 양 방향에서 압박함으로써 수로 하여금 요하 전선 및 해양 방어에 힘을 분산시키게 할 수 있기 때문이다. 이처럼 해양은 고구려의 외교 전략을 수정하는 데 중요한 가치가 있었다. 그런데 주변의 역학 관계가 가진 이러한 객관적인 요구에도 불구하고 고구려의 해양 활동 능력은 전 시대에 비해 상대적으로 위축되었던 것으로 보인다.

이제 다음 단계로 전쟁의 진행 과정을 검토함으로써 해양 능력의 약화가 당시 외교 구도에 어떻게 심각한 영향을 주었는지를 살펴보고, 그 정도를 확인해 보고자 한다.

백제와 신라는 고구려의 간섭과 압력을 피해서 중국 남조 편중 외교를 벌였으나 수나라가 통일을 하자 각각 신속하게 교섭하면서, 오히려 대고구려 공동전선의 형태를 추진한다. 두 나라는 각각 상대방과 갈등 관계를 유지하면서도 대고구려전에 대해서는 동일한 입장, 즉 전략적 동반 관계를 유지하고 있었다. 백제는 중국 대륙이 통일되기 전에는 진 및 수와 등거리 교섭을 하면서 중국의 정세에 민감하게 반응했다.[69] 581년 수나라가 섰을 때 위덕왕은 사신을 파견하여 축하했고 책봉을 받았다.[70]

그런데 위덕왕 36년(589) 수가 진을 멸망시키고 통일을 이룩한 해에 수나라의 전선이 탐모라국(耽牟羅國, 제주도)에 표류하는 사건이 발생했다. 위덕왕은 이 전선이 백제 영역을 통과하여 돌아갈 때 수나라 일행을 후대했으며, 사자를 파견하여 글을 보내면서 진을 평정한 사실을 축하했다.[71]

---

69) 『삼국사기』 권27 백제본기 위덕왕 24년, 28년, 29년, 31년, 33년조.
70) 『삼국사기』 권27 백제본기 위덕왕 28년.
71) 『삼국사기』 권27 백제본기 위덕왕 36년.

이에 답하여 고조인 문제는 조서를 보냈다.[72] 양국은 우연히 발생한 사건을 신속하게 포착하여 긴밀한 외교 관계의 조건으로 활용했던 것이다. 백제와 수나라의 우호 관계는 군사동맹의 제의라는 단계로까지 발전했다.[73] 즉 백제는 고구려와 수나라의 첫 충돌이 일어났던 598년에 장사(長史) 왕변나(王辯那)를 보내 방물을 바치고, 수가 요동 정벌을 할 것임을 알자 사신을 보내 군사의 향도(嚮道)가 되기를 청했던 것이다.[74] 그 후 607년 3월에 좌평(佐平)인 왕효린(王孝隣)을 수나라에 보내 고구려를 토벌할 것을 요청한 데 이어,[75] 608년 3월에 또다시 사신을 보냈다.[76] 물론 고구려는 백제의 이러한 적대 행위를 알고 번번이 군사를 내어 국경을 침략했다.[77] 백제는 그 후 더욱 적극적으로 수나라와 군사적인 관계를 유지하려는 태도를 보였다.

백제가 수에 우호적인 태도를 보이고 실질적으로 군사 협력을 할 가능성은 무왕 12년(611)조의 다음 기사에서 실감할 수 있다.

봄 2월에 수나라에 사신을 보내어 조공했다. 수나라 양제가 고구려를 치려 하므로 왕이 국지년(國智年)을 수에 보내어 행군 기일을 물으니 양제가 기뻐하여 상품을 후하게 주고 상서기부랑(尙書起部郎) 석률(席律)을 보내어 상의하게 했다.[78]

일종의 군사동맹이 맺어진 듯한 모습이다. 하지만 612년에 막상 전쟁이

72)『北史』권94 열전 82 百濟 ;『隋書』권81 열전 46 東夷 百濟.
73)『삼국사기』권27 백제본기 무왕 8년, 9년, 12년.
74)『隋書』권81 열전 제46 東夷 百濟 ;『삼국사기』권27 백제본기 위덕왕 45년.
75)『삼국사기』권27 백제본기 무왕 8년.
76)『삼국사기』권27 백제본기 무왕 9년.
77)『삼국사기』권27 백제본기 위덕왕 45년.
78)『삼국사기』권27 백제본기 무왕 12년 ;『北史』권94 열전 제82 百濟 ;『隋書』권81 열전 제46 東夷 百濟.

일어나고 수나라가 요하를 건넜지만, 백제는 수나라를 위해서 실질적인 일은 하지 않았다.[79]

백제의 적극적인 대수 우호적인 태도는 수나라와 왜의 관계에도 영향을 끼쳤다. 즉 수나라는 608년에 문림랑(文林郎) 비세청(裵世淸)을 왜에 파견했는데, 그는 백제의 남로를 거쳐서 들어갔다.[80] 이러한 일은 항로상 백제의 중개와 호위를 통해서만이 가능했을 것이다. 이 사행(使行)은 당시의 국제 질서로 보아 고구려에 적지 않은 영향을 미쳤다.[81]

한편 신라도 수나라와의 관계에서 백제와 유사한 태도를 가지고 있었다. 수나라가 통일을 이루기 전부터 교섭을 가졌던 신라는 진평왕 18년(596)에는 승려 담육(曇育)이 수나라에 들어갔다가, 같은 왕 27년에 귀국했다.[82] 물론 이때까지는 정치·군사적인 교섭의 수준은 아니었다. 그러다가 고구려가 자주 국토를 침범하는 것을 우려하던 진평왕은 30년(608) 1월에 수나라 군사를 청하여 고구려를 치려고 원광(圓光)을 시켜 「걸사표(乞師表)」를 짓게 했다.[83] 그런데 사실 여부를 떠나서 『삼국사기』의 기록에 따르면 수양제는 이 「걸사표」를 명분으로 삼아 고구려와 전쟁을 일으켰다.[84]

수나라의 통일과 국제 정세의 급격한 변동은 왜국 내부는 물론 대외 관계에도 적지 않은 영향을 미쳤다. 왜국은 이른바 '왜오왕(倭五王)' 이후에 중국과 교섭이 끊어졌으나, 수가 통일한 이후에는 쇼토쿠〔聖德〕 태자의 개혁 정치와 맞물리면서 빈번하게 교섭을 시작했다.[85] 『수서(隋書)』 왜국전

---

79) 『삼국사기』 권27 백제본기 무왕 13년 ; 『北史』 권94 열전 제82 百濟 ; 『隋書』 권81 열전 제46 東夷 百濟 ; 『資治通鑑』 권181 隋紀 煬帝上之下.
80) 『삼국사기』 권27 백제본기 무왕 9년, "春三月 遣使入一南路" ; 『日本書紀』 권22 推古 16년, 夏四月, "……唐使人裵世淸下客十二人 從妹子臣至於筑紫."
81) 井上秀雄, 앞의 책, p.48 참조.
82) 『삼국사기』 권4 신라본기 진평왕 27년.
83) 『삼국사기』 권4 신라본기 진평왕 30년.
84) 『삼국사기』 권4 신라본기 진평왕 33년, "王遣使隋, 奉表請師, 隋煬帝許之行兵 ……."
85) 『日本書紀』 권22 推古條(600·607·608·609·614·615).

그림 5-2 | 아스카사 터

에는 개황 20년(600)에 왜왕이 사신을 파견하여 예궐했다고 기록되어 있
다. 그러나 『일본서기』에는 607년에 오노노이모코〔小野妹子〕를 시발로 사
신 파견이 이루어졌다고 씌어 있다. 그 일행이 다음해에 돌아올 때 수나라
에서는 사신인 비세청이 일행 13인과 함께 답례로 왔다.[86] 그 무렵 왜국 사
신이 수나라에 왕래한 사실은 백제본기에도 기록되어 있다.[87] 그 해에 오
노노이모코는 다른 승려 및 학문생들과 함께 다시 수나라에 파견되었다.
그리고 잠시 뜸하다가 614년에 이르러 이누가미 노미타스야〔犬上御田鍬〕
가 파견되었다가, 이듬해인 615년에 돌아왔다. 그때 수나라로 파견된 유학
생들은 후에 일어난 다이카 개신(大化改新, 645) 등에 적극적으로 참여하는

---

86) 『日本書紀』 권22 推古 16년 夏 4월, "─唐使人 裴世淸 下客十二人 從妹子臣至於 築紫─."
87) 『삼국사기』 권27 백제본기 武王 9년 春三月, "……遣使入隋 朝貢. 隋文林郎 裴淸 奉使倭國 經
我國南路……"

등, 일본 정치에 상당한 영향을 미쳤다.[88]

한편 왜는 고구려 및 백제, 신라와의 관계를 긴밀히 했다. 이 당시의 왜국은 아스카[飛鳥] 시대라고 하는데, 스이코조[推古朝]를 전후한 6세기 말부터 7세기 중엽의 시기로서, 불교가 들어와 정착했다. 친백제계의 소가우지[蘇我氏]가 집권했으므로 백제는 왜와 가까웠다. 백제는 598년(스이코 5년)에 아좌태자(阿佐太子)를 보냈다. 쇼토쿠 태자는 일본 고대사의 기틀을 확립한 인물로서 태자의 섭정과 백제계 세력의 권력 쟁취는 불교를 더욱 적극적으로 수입케 했다. 그 결과 불교를 통해서 백제 문화가 물밀듯이 들어왔다.

아스카에다 법흥사(法興寺, 飛鳥寺. 후에 元興寺로 불림)를 창건하였는데, 건립이 시작된 해에 백제는 사신과 승려, 불사들을 보냈다. 이 절에는 백제에서 온 안작조(鞍作鳥)가 만든 금동석가불상이 안치되었다. 물론 이 시기(605)에 고구려의 영양왕도 황금 300냥을 보내왔다. 아스카사는 고구려 승려인 혜자(慧慈)가 백제 승려와 함께 공동 주지를 맡았다. 이와 같은 흐름 속에서 아스카사는 백제계 양식으로 건축되었다. 쇼토쿠 태자는 나니와에 시텐노사[四天王寺]를, 야마도에 호류사[法隆寺] 등 일곱 개의 절을 세웠다. 사천왕사는 국가 진호의 기원을 위해서 건립한 것으로 백제식 가람 배치로 되어 있으며, 백제에서 온 기술자들에 의해서 건축되었다.

백제는 왜국의 대수 정책에도 일정하게 관여한 것으로 보인다. 608년 수나라의 견일본사인 비세청 일행은 백제의 남로를 거쳐 일본열도에 들어갔다. 이 사실은『삼국사기』의 백제본기에도 기록되어 있는데, 이는 항해 조건을 고려할 때 백제의 용인과 호위가 없이는 불가능한 일이었다. 따라서 전년도에 수나라에 사신을 파견한 것도 백제의 영향이 작용했다고 판단된다. 한편 신라와는 적대 관계를 계속 유지하고 있었다. 601년 신라가 파견

---

88)『日本書紀』卷25 孝德天皇紀 ; 井上光貞, 「大化改新と東アジア」,『日本歷史』2, 岩波書店, 1975 ; 井上秀雄, 앞의 책, pp.52~53 참조.

한 간첩 가마다(迦摩多)가 쓰시마에 도달한 사실이 기록되어 있고,[89] 신라에 대한 공격이 조정에서 자주 논의되었다.

고구려는 당시 동아시아 제국의 외교적 향배에 민감했으므로 왜에게도 영향력을 확대하려는 정책들을 추진했다. 『일본서기』에는 고구려가 오진〔應神〕 7년(276)부터 들어왔다고 기록하고 있다. 그러나 본격적인 내왕은 후대부터다. 흠메이〔欽明〕 26년(565)에는 고려인 두무리야폐(頭霧俐耶陛) 등이 츠쿠시〔筑紫, 현재 북규슈 지방〕에 도래했으므로 산배국(山背國)에 살게 했다.[90] 흠메이 31년(570)에는 고려인들이 왜국에 온 상황을 매우 사실적으로 묘사하고 있다. 사신은 풍랑에 고생을 하면서 헤매다가 항구를 잃어버렸고, 물결에 휩쓸려 표류를 하다가 홀연히 해안에 도착했다. 사신은 가을 7월에 오오미〔近江〕에 도착했다고 기술했다.[91] 573년에도 사신들이 교섭한 기록이 있는데, 이때는 익사자가 많았다.[92] 이렇게 어려운 항해를 지속하면서도 고구려는 왜와 우호적인 관계를 유지해 왔다.

584년에는 환속한 고구려의 승려인 혜편(慧便)을 소가노우마코〔蘇我馬子〕가 스승으로 삼았다. 595년에는 혜자가 쇼토쿠 태자의 스승이 되어 정치개혁과 대외 정책에도 참여했다. 그 밖에 승륭(僧隆, 602), 운총(雲聰, 602), 담징(曇徵, 610), 법정(法定, 610), 혜관(惠灌, 625) 등이 왜국에 왔다. 예술가 집단인 화공들도 대거 건너왔는데, 법륭사의 금당벽화를 그린 것으로 알려진 담징은 법정과 함께 오면서 채색도구, 종이와 먹 등을 전했으며, 이밖에도 맷돌을 만들고 사용하는 방법을 알려 줬다. 고구려 양식의 옥충주자(玉蟲廚子)에 그려져 있는 밀다화나 쇼토쿠 태자가 죽은 후 부인이 자수를 했다는 천수국수장(天壽國繡帳)의 밑그림은 고구려 출신인 가서

---

89) 『日本書紀』 권22 推古 8년.
90) 『日本書紀』 권19 欽明 26년.
91) 『日本書紀』 권19 欽明 31년.
92) 『日本書紀』 권20 敏達 2년.

일(加西溢, 고마노가세이) 등 화공 집단이 그린 것이다. 이 그림에는 가서일 외에도 백제 가야계의 동한말현(東漢末賢)·한노가기리(漢奴加己利) 등의 이름이 있다. 스이코 12년(604)조에는 황서화사(黃書畵師)·산배화사(山背畵師) 등에 대한 기록이 있는데, 황서화사들은 고구려계 사람들이다.

『일본서기』에는 602년 고구려에 갔던 사신이 돌아왔다는 기사가 있다. 이는 수사를 파견한 이후 두 나라 사이에 관계 조절이 있었음을 반영한다. 고구려와 수나라가 한창 전쟁을 하고 있었던 610년에도 담징 등 고구려 일행이 대거 왜국에 온 사실은 의미심장하다. 615년인 스이코 16년조에는 수나라의 사신을 위해서 고려관 옆에 새롭게 관을 지었다는 기록이 있다.[93] 이는 전부터 고려관이 있었고, 고려 사신들이 왔다는 증거다.

특히 고구려는 수나라를 멸망시킨 직후인 618년 8월에 사신과 함께 포로 두 명과 악기·무기·낙타 등 노획물을 보냈다.[94] 이는 고구려가 승리한 사실을 알리면서 동시에 왜에 대한 영향력을 강화하려는 의도적인 행위다. 쇼토쿠 태자가 죽은 직후인 623년에 혜자가 고구려로 귀국하고, 다시 2년 후인 625년에 혜관이 와서 승정이 된 사실은 당시 왜 조정에 대한 고구려의 영향력이 강했음을 말해 준다. 동시에 왜국이 국제 사회에서 중요한 일원이 되었음을 반증한다.

그런데 왜는 이러한 국제 질서의 재편 과정에서 전쟁의 직접 당사자가 아니므로 어느 한쪽에 종속될 필요성은 없었다. 왜의 대수 교섭은 정치·외교적인 목적도 있었지만, 문화에 대한 욕구가 더 강했던 것으로 판단된다. 때문에 수나라와 교환한 국서에는 현실과 국제 환경을 도외시한 왜의 자주적인 대수 태도가 나타나고 있다.[95] 즉, 쇼토쿠 태자는 공용 문서에서 중국 제국의 개념을 채용하여 그 자주성을 과시했다. 태자는 국서에서 "해뜨는

---

93) 『日本書紀』 권22 推古 16년.
94) 『日本書紀』 권22 推古 26년.
95) 王仲殊 저, 桐本東太 역, 『中國からみた古代日本』, 學生社, 1992, pp.132~155.

그림 5-3 | 옥충주자

나라에서 천자가 해지는 나라의 천자에게 글을 보낸다〔……日出處天子, 致書 日沒處天子……〕"[96]라든가 "동천황이 서황제에게 공경하여 아뢴다〔……東天皇 敬白 西皇帝……〕"[97]고 했다. 이는 쇼토쿠 태자가 중국 전제군주의 개념을 받아들여 대외적으로는 자주성을 높이고 안으로는 호족들에 대하여 권위를 확보하려는 의도의 산물이다.

『수서』에 따르면 수 양제는 왜가 보낸 국서가 수 양제와 왜의 천황을(그들은 왜왕으로 불렀다) 대등하게 표현하고 있다고 무례하게 여겼다. 이로 인하여 양국 간에 외교적 갈등이 있었으나, 결과적으로 왜는 자기 위치를 확보한 셈이었다. 이 같은 중국 왕조와의 대등한 관계 주장은 그전의 책봉 관계와는 다른 새로운 외교 자세의 전환을 의미했다. 왜는 이 시대에 이르러 동아지중해 질서에 진입하기 시작해 국제 사회의 일원이 되었다.

이 같은 현상들에서 눈길을 끄는 것은 고구려에 의해 수백 년 동안 압박을 받았고 소외되었던 남부 해양 질서가 수나라와 직접 연결함으로써 기존의 역학 구도를 변화시키려고 시도했다는 점이다. 이는 고구려로 하여금 대수전에서 남부 전선의 불안정을 야기시킴으로써 고구려의 입지를 현저

---

96) 『隋書』 권81 열전 倭國傳.
97) 『日本書紀』 권22 推古 16년.

히 약화시켰다. 이러한 변화를 가능케 한 것은 결국 백제·신라·왜가 황해를 건너 수나라와 통교함으로써 일어난 결과들이었다. 각국이 가진 해양활동 능력의 성장과 고구려의 해양 활동 능력이 가진 한계가 주요 원인이 되었음을 부정할 수 없다.

고구려는 돌궐과 관계를 맺는 과정에서도 수나라에 외교적인 패배를 했다. 만약 고구려가 발달된 해양 능력을 바탕으로 백제·신라 등에 대하여 견제와 화친을 하면서 북부 전선에 주력하는 모습을 보이고, 한편으로는 강력한 해상 세력으로서 수의 배후를 견제했다면 돌궐의 외교적 입장은 달라졌을 수도 있다. 그러나 돌궐은 고구려와 동맹을 맺지 못한 채 결국 수나라의 외교와 군사 작전에 의해 격파되어 고구려를 도와주는 세력이 되지 못했다.

이렇게 해서 형성된 7세기 초의 동아시아의 질서는 시기에 따라 약간의 변동이 있었으나 대략 다음과 같은 형국으로 유지되었다. 즉 신라와 백제는 수와 연결이 되었고, 백제는 왜·수와 연결되었으며, 왜는 백제와 수는 물론 고구려와도 연결되었다. 한편 돌궐은 결코 고구려에 도움을 주지 못한 채, 부분적으로 수에 연결되었다. 이렇게 볼 때 고구려는 결국 주적과 동맹국 그리고 비우호적인 국가들에 의하여 주위가 포위된 지난한 형국이었다.

당시 고구려는 국제적인 역학 관계로 보아, 국력을 신장시키기 위한 정책 대안의 하나로서 해양 활동 능력을 강화시키는 일이 반드시 필요했다. 그럼에도 고구려는 해양 질서에 대한 인식을 신중히 하지 못했고, 이 전쟁이 결국 국제전의 성격을 띠고 있음을 절박하게 인식하지 못했다. 그 결과 황해의 전략적 가치를 경시한 것으로 판단된다. 그래서 수를 배후에서 견제하거나, 혹은 대륙과 황해에서 사면을 포위하는 동아지중해 외교 전략을 수립할 수가 없었으며, 오히려 역으로 포위를 당한 채 대수전을 맞게 되었다.

3. 고수전쟁의 군사적 특성과 해양 활동

고수전쟁은 598년 고구려의 요서 지방 선제 공격으로 시작되어 614년 수나라가 멸망하기 1년 전까지 16년간에 걸쳐 일어난 대전쟁으로서 동아지중해 국제대전 발발의 성격을 갖고 있다. 이 전쟁은 그 이전까지의 전쟁과 다른 양상으로 전개되었다. 전장의 범위, 전쟁의 성격, 전쟁 이후 재편된 전후 질서의 의미, 대당(對唐) 전쟁 내지 삼국통일전쟁과의 계기성 등은 시각에 따라서 그 모습을 달리할 수 있다. 이 글은 고수전쟁을 다루면서 가능한 한 해양 활동이라는 주제와 관련지어서 논급하고, 그 밖의 것은 논지의 전개를 위해서 반드시 필요한 부분만 취하려고 한다.

고수전쟁은 그 이전의 전쟁과 다른 몇 가지 특징을 가지고 있었다.

이전에 발생한 전쟁은 국지전적인 성격, 영토 확장전, 혹은 국가와 국가 간에 벌어지는 단선(單線)적인 성격이 강했으나 이 전쟁은 시작부터 국제전적인 성격을 띠었다. 물론 동아시아 각국 사이에는 필요에 따라 동맹 관계를 맺으며 전쟁을 하는 경우가 있었지만, 그 성격은 일정한 지역을 놓고 직접적인 이해 당사자 간에 벌어진 전쟁이었다.

그러나 고수전쟁은 앞 글에서 살펴본 대로 발발 목적과 동기가 당시 동아시아의 전면적인 질서 개편을 목적으로 싸운 국제전의 성격을 가지고 있었다. 따라서 군사적으로 전쟁의 직접 당사국인 고구려와 수 간에 벌어진 전면전이었고, 주위의 여러 국가와 종족들이 직접·간접으로 참가한 전쟁이었다. 이제 고수전쟁이 갖는 국제전적이고 해양적인 성격을 전쟁 당사국들의 성격, 전쟁 참여 과정과 군사 작전 등을 통해서 살펴보기로 하자. 물론 본고는 해양 활동이 주제이므로 육지전과 관련된 이 전쟁의 구체적이고 자세한 과정 등에 대해서는 본격적으로 언급하지 않았다.

이 전쟁에 참여한 국가는 고구려와 수나라만이 아니었다. 양군은 이미 군사 편제와 군사 동원에서 국제전적인 성격을 띠고 있었다. 수나라는 고구려를 가운데 두고 광범위한 포위망을 구축했다. 전쟁이 발발하기 직전에 수와 돌궐 간의 관계는 직접·간접적으로 돌궐의 참여를 예고했다. 먼저 돌궐의 처라가한(處羅可汗)이 참여했다. 그리고 613년 평양을 공격했던 별동대를 지휘한 우문술은 선비족 출신 장수다. 하남(河南)에서는 곡사정(斛斯政) 등이 참여했다. 그 밖에도 고구려전을 위하여 토목 공사 등에 남방 및 서방의 종족들이 수나라를 지원했다. 한편 고구려도 국제적인 혼성군의 성격을 지니고 있었다. 598년에 선제 공격을 가했던 요서 침공 때에는 말갈병 1만여 명을 거느리고 공격을 가하는 등, 말갈병 상당수가 이 전쟁에 고구려의 병력으로 참여했다.[98] 하지만 속말부는 수나라의 병사가 되어 전쟁에 참여했다.[99]

한편 동아지중해의 주변부인 백제·신라·왜 등은 간접적으로 수나라의 우군이 되어 있었다. 이들 나라는 지정학적인 환경 탓으로 중국 세력의 군사적 위협을 덜 느꼈고, 수나라가 고구려를 공격할 경우에는 고구려의 남진을 약화시킬 수 있는 이점이 있으므로 수나라에 대해서 전략적인 우호감을 갖고 있었다. 그 개연성은 전쟁 기간인 607년에 백제를 공격하고 난 이후, 638년에 신라의 칠중성(七重城)을 공격할 때까지 고구려의 남진이 정지되었던 사실에서 충분히 알 수 있다. 어쨌든 상대적으로 고구려의 전력이 북방으로 집중되자 백제와 신라는 각각 자신의 전력을 강화하는 기회로 삼았다.

이러한 전략적 이점을 충분히 활용하기 위하여 백제는 더욱 적극적으로 군사적인 관계를 유지하는 태도를 보였다. 양제가 고구려를 정벌한다는 소식을 듣자 군기(軍期)를 청하는가 하면, 수나라는 상서기부랑인 석률을 백제로 보내서 공동 작전을 모의했다.[100] 그러나 막상 전쟁이 벌어지자 백제

---

98) 『삼국사기』 권20 고구려본기 영양왕 9년 ; 『隋書』 권81 열전 제46 동이 고려 開皇 18년조.
99) 속말부의 돌지계는 수가 고구려를 침입할 즈음에 요하 지방의 태수로 임명되었다. 노태돈, 「고구려의 한수 유역 상실의 원인에 대하여」, 『한국사 연구』 13, 한국사연구회, 1976, p.52 참조.
100) 『삼국사기』 권27 백제본기 무왕 12년 ; 『北史』 권94 열전 제82 百濟 ; 『隋書』 권81 열전 제46

는 직접 군사를 파견하지는 않았다.[101] 이 같은 갑작스러운 태도 변화는 고구려의 보복을 염두에 두었기 때문일 수도 있지만, 처음부터 고구려의 압박을 약화시키려는 의도로서 수나라를 외교적으로 이용했을 가능성이 크다. 『삼국사기』에 "성언조수 실지양단(聲言助隋 實持兩端)"[102]이라는 기록은 당시의 외교 형태와 백제의 절박한 상황에 대해 많은 시사를 한다.

한편 대수 외교의 탄력적인 태도는 신라 또한 마찬가지였다. 고구려의 공격이 607년에 두 차례 있었고, 608년에는 신라 백성들이 8천 명이나 잡혀가는 수난을 겪었다.[103] 이 과정에서 신라는 수나라에게 고구려의 토멸을 요청하는 「걸사표」를 보냈고,[104] 이를 접한 수는 전쟁을 일으키는 명분으로 「걸사표」를 이용했다.[105] 그러나 신라 역시 백제처럼 수나라를 도와 고구려의 남부 전선을 공격하는 일은 하지 않았다. 그런데 신라의 진평왕이 원광에게 「걸사표」를 짓게 한 것이 진평왕 30년인 608년인 것으로 보아[106] 신라가 3년의 시간을 두고 전쟁 상황을 살폈음을 알 수 있다. 어쨌든 신라가 「걸사표」를 지어 수나라에 보낸 사실은 고구려에 적대적인 반면 수나라에 군사적인 도움을 준 것이므로 고구려로 하여금 신라를 적대국으로 인식하게 했다.

결과적으로 이 전쟁은 고구려를 가운데 두고 수와 북방, 남방, 서방 세력의 일부가 참여하고, 한반도 남부의 백제·신라가 연계성을 갖고 포위한 전쟁이었다. 다만 복합적인 국제 관계 속에서 직접 전쟁을 한 주체는 고구려와 수나라였으며, 주변 국가들은 보조 세력에 지나지 않았다. 특히 수나

　　　東夷 百濟.
101) 『삼국사기』 권27 백제본기 무왕 13년 ; 『北史』 권94 열전 제82 百濟 ; 『隋書』 권81 열전 제46 東夷 百濟.
102) 『삼국사기』 권27 백제본기 무왕 13년조. 『隋書』에는 "聲言助軍 實持兩端"이라 되어 있다.
103) 『삼국사기』 권20 고구려본기 영양왕 19년.
104) 『삼국사기』 권4 신라본기 진평왕 33년(611).
105) 『隋書』 권3 帝紀 제3 煬帝上 大業 7년 2월조.
106) 『삼국사기』 권4 신라본기 진평왕 30년(608).

라는 백제와 신라의 군사적인 도움을 기대했지만 실현되지는 않았다.

한편 고수전쟁은 새로운 전략이 사용되었고, 다양한 전술이 개발·보급 되었다는 특징이 있다.[107] 특히 해양 활동이 전쟁에 적극적으로 활용되었 다. 수나라는 대운하 건설 공사를 벌였는데 그 중요한 목적 가운데 하나는 고구려와 전쟁을 준비하면서 물자와 군량미를 원활하게 보급하려는 것이 었다. 동시에 대규모 조선 공사도 추진했다.[108] 또한 고구려의 수성전(守城 戰)을 돌파하고 요하를 건너기 위한 각종 신무기들을 개발했다.[109]

고수전쟁에서 사용된 해양 활동에서 가장 놀랄 만한 변화는 본격적인 수 륙양면작전과 선박의 이동을 활용한 상륙 작전의 실시다. 이것은 해양 활 동의 본격적인 전략화를 뜻하는 것으로서, 중국 세력이 해양을 이용하는 전략·전술은 주변 민족을 공격할 때 자주 사용했던 전래의 전략이다. 더 구나 수나라는 고구려전에 앞서 이미 남쪽에서 대대적인 해양 원정을 감행 한 경험이 있었다.

남북조 시대에 천축국(天竺國)·대진국(大秦國) 등과 해상 교역을 추진했 던 해양 문화는 수나라에 이르러 더욱 발전하여 양제 때에는 강대한 수군 을 보유하게 되었다. 수 양제는 대업(大業) 초(604~605)에 해상을 통해 임 읍(林邑)[110]에 출병을 했으며, 대업 3년(607)과 4년(608)에는 두 번에 걸쳐 유구(琉球)[111]를 정벌했다.[112] 또 현재의 말레이반도인 적토국에 상준 등을 사신으로 보냈다.[113] 이러한 몇 가지 사실들은 해외 원정을 추진하는 과정

107)『고구려 문화사』, 사회과학출판사, 논장, 1988, pp.27~32 ; 이지린·강인숙,『고구려 역사』, 사회과학출판사, 논장, 1988, 제6장 참조.

108)『隋書』권3 帝紀 제3 煬帝 上 大業 3년, "秋七月 發丁男百餘萬築長城 西距楡林 東至紫河 一旬 而罷 死者十五六 八月壬午 車駕發楡林 ……" ;『隋書』권74 열전 39 元弘嗣傳 ;『資治通鑑』권 181 隋紀 4 煬帝 上之中.

109)『고구려 문화사』, pp.83~115.

110) 현 베트남의 동남부에 해당하는 지역이다.

111) 당시의 유구는 오늘날 대만이다.『隋書』열전 琉球國傳 ; 本位田菊士,「古代環シナ海交通と南 島」,『東アジア古代文化』29, 大和書房, 1981 秋.

112) 汶江, 앞의 책, pp.74~75.

에서 바다로 대규모의 군사를 이동시키고, 상륙 작전이라는 해양전의 형태
를 도입했음을 뜻한다. 당시 동아시아 해양 활동의 일반적인 수준과 군사
적인 역할을 이해할 수 있다.

수군을 활용한 전쟁의 개시는 전선이 육지의 국경이나 요새지로 한정되
어 있었던 종래의 관념을 깨뜨렸다. 그동안 중국의 북조 세력들은 기마전
을 주로 하는 유목 종족들과 전쟁을 치러 왔다. 고구려 역시 주요 공격과
방어의 대상이 북방의 유목 종족들과 화북의 한족이었으므로 육상전의 비
중이 절대적이었다.[114] 그런데 수나라의 통일로 인하여 우수한 수군력만
뒷받침되면 육로 교통의 조건과 상관없이 전방위 공격이 가능해졌다. 이에
따라 방어적 입장에서는 전방위 방어에 주력하지 않으면 안 되게 되었다.
다시 말해서 방어자의 입장에서는 전선이 광범위하게 확대되었으므로 불
안 요인이 가중되었고,[115] 전선 구축의 균형 관계에 균열이 생겼다.

고수전쟁에서는 해양전이 본격적으로 도입되면서, 승패에 결정적인 영
향을 미쳤다. 수륙양면작전이 실시된 상황과 그것이 전세에 미친 영향을
구체적으로 확인할 수 있다. 수 문제 때인 589년에 이미 주라후(周羅睺)가
이끄는 수나라의 수군은 동래를 출발하여 바다를 건너 평양성으로 쳐들어
오려 했으나 중간에 풍랑을 만나 되돌아갔다.[116] 그때 주라후의 수군이 사

---

113) 『隋書』 赤土傳에는 그 항해 일정이 자세히 기록되어 있어 당시의 해양 수준과 활동에 대한
   인식을 보여준다.
114) 고구려의 군사 전술에 대해서는 사회과학원 고고학연구소 편, 여남철·김홍규 역, 『高句麗の
   文化』, 1982, pp.4~5 참조.
115) 해전에서 함정의 양호한 기동성과 다방면으로 이동 가능한 해양의 특성은 군사 활동의 범위
   와 군사 행동의 선택 폭을 증대시키는 동시에 적으로 하여금 방어의 어려움을 가중시키고
   행동의 폭을 제한할 수 있다. 함대의 이동을 어떤 특정 방향에 대한 특정 목적으로 간주할
   수 없는 특성 때문에 함대의 움직임에 따라 적은 매우 다양한 압력을 받게 된다(Aston
   George Sea Land and Air Strategy, London : John Murray Co., 1914 ; 김종민, 『전쟁과 해양
   전략』, 이성과현실사, 1992, p.69에서 재인용).
116) 『삼국사기』 권20 고구려본기 영양왕 9년 ; 『隋書』 권2 帝紀 제2 高祖下 開皇 18년조 ; 『隋書』
   열전 제30 周羅睺傳, "(開皇) 十八年 起遼東之役 徵爲水軍總官 自東萊泛海 趣平壤城 遭風船
   多飄沒 無功而 還"; 『資治通鑑』 卷178 隋紀 2 高祖上之下 周羅睺, "……自東萊泛海 趣平壤

용한 항로는 산동반도를 출발하여 연안 항해를 통해서 발해해협의 묘도군
도를 옆으로 보면서 요동반도의 남단으로 근접했다가 다시 육지에서 멀리
떨어져서 평양성으로 들어오려는 연근해 항로였을 것이다. 그런데 주라후
의 선대가 출발한 것은 6월에서 8월 사이의 일이다. 그리고 주라후의 선대
가 돌아온 것은 9월이다. 그렇다면 늦어도 8월까지는 바람을 만났어야 한
다. 그 당시의 황해 북부 해상 환경을 살펴보면서 전황을 구체적으로 검토
해 보자.

이 지역은 내륙 해안에 가까운 지역인데다 그때는 바람이 많이 부는 시
기도 아니다. 통계상으로 보면 태풍은 9월 이후에 많이 불고, 그 지역은 태
풍의 영향권도 아니다. 더구나 항해 거리가 길지 않고, 중간중간에 묘도군
도와 장산군도 등 섬들이 있으므로 기상이 나빠지면 언제든지 피항할 수
있다. 따라서 특별한 천재지변이 아니라면 주라후의 대선단이 거의 전멸할
정도로 해상 상황이 나쁘지는 않았을 것이다. 여기서 주라후의 선단이 지
형 지물을 활용한 고구려 수군의 공격을 받았을 가능성에 대하여 검토해
볼 필요가 생긴다.

수 양제는 612년 1월에 전쟁을 일으키는 명분을 담은 조서를 발표한다.
여기에는 고구려인이 말갈의 복장을 하고 요서 지방을 침범했다는 기사가
있다.[117] 대업 8년은 영양왕 23년(612)이다. 그런데 수 양제(604~617)가
왕이 된 이후 그때까지 고구려가 말갈병과 함께 요서 지방을 공격한 사실
은 없다. 결국 고구려가 요서 지방을 공격한 전투란 바로 598년에 감행한
선제 공격뿐이다. 그런데 조서의 내용 중에는 "피유해수(疲劉海戍)"란 기사
가 있다. 당시에 고구려가 수나라의 해안 방위 시설을 빼앗고 요서 지방을

城,亦遭風,船多飄沒 九月己丑 師還 死者什八九.'
117) 『隋書』 권4 帝紀 제3 煬帝下 大業 8년, "……8年 春正月 壬午 …… 乃兼契丹之黨 疲劉海戍 習
鞬鞨之服 侵일遼西 ……" ; 『삼국사기』 권20 고구려본기 영양왕 9년, "……王率 鞬鞨之衆萬
餘 侵遼西……"라고 하여 왕이 말갈병을 직접 거느린 것으로 되어 있다.

공격했다는 뜻이다.

여기서 두 가지 추론이 가능해진다. 첫째는 고구려가 수군을 동원해서 해안으로 공격해 들어갔을 가능성과, 둘째는 고구려군이 이때 요서 지방에서 한 부분을 일시적으로 점령하고 있다가 주라후의 수군을 공격했을 가능성이다. 두 전투가 연속성을 가지고 있는 것을 볼 때 그 가능성은 더욱 높아진다. 설사 고구려가 요동 지방만을 점하고 있어도 주라후 군대와 고구려 군대와의 접전 가능성은 너무나 많다. 특히 비사성(卑沙城)은 그 후에도 고구려와 수·당 간의 전투가 치열하게 벌어지던 전략적 요충지다. 비사성의 전략적 가치는 요동반도 남단을 돌아 압록강 유역으로 진공하는 육군을 저지하거나 혹은 바다로 상륙하는 한반도 북부로 항진해 가는 선단을 감시하고 공격하는 데 있다. 따라서 비사성이나 요동반도 서부 해안의 해양 방어 체제, 요동반도와 압록강구 사이에 있는 해양 방어 체제와 장산군도 등 섬들에 주둔한 고구려 군대가 주라후의 수군과 전투를 벌였을 가능성은 매우 높다. 이처럼 수 문제 군대가 이미 1차 침입을 할 때 수륙양면작전을 구사했다는 사실은 전선 개념의 변화가 큰 폭으로 일어났으며, 당시 수군의 역할이 심대했던 상황을 명확하게 보여준다.

이러한 해양전의 활용은 613년 수 양제가 1차로 침입할 때 더욱 본격적으로 시도되었다. 당시에는 대군이 참여한 이 전쟁에, 수 양제는 친정을 했다. 이것을 두고 왕이 직접 전투에 참여하는 북방 종족들의 전쟁 수행 방식으로 보는 견해도 있다.[118] 그런데 남방 및 그 밖의 다른 전쟁들과 비교해 볼 때 수 양제의 대규모 친정은 이 전쟁의 의미와 비중이 매우 컸음을 반증한다.

해양전의 범주와 비중을 알기 위해서는 우선 당시 수나라의 군사 편제, 특히 수로군 편제에 대해서 살펴볼 필요가 있다. 당시 수나라의 고구려 원

---

118) 박한제, 「7세기 수·당 양조의 한반도 진출 경위에 대한 일고」, pp.40~44 참조.

정군 편제는 모두 24군으로서, 좌군 12군과 우군 12군으로 구성되어 있었다. 이중에서 좌군의 3개군과 우군의 8개군이 수군이다.[119] 좌군의 내호아(來護兒)가 이끄는 제3군은 명해도(溟海道)에, 주법상(周法尙)의 제10군은 조선도(朝鮮道)에, 우중문(于仲文)의 제12군은 낙랑도(樂浪道)인데 모두 수군이고, 우군 가운데는 제1군 점선도(黏蟬道), 제2군 함자도(含資道), 제3군 혼미도(渾彌道), 제4군 임둔도(臨屯道), 제6군 제해도(堤奚道), 제9군 갈석도(碣石道), 제10군 동이도(東暆道), 제11군 대방도(帶方道) 등이 수군 편제로 되어 있었다. 그러나 실제로는 7개 군만이 수로군의 임무를 담당하고 있었다.

그런데 편제상에서 보이듯 당시 수로군의 임무와 공격로를 보면 압록강 하구, 평양, 한강 유역 등 한반도 서부 해안 전체가 대상이었다. 이것은 협공이라는 단순한 측면 외에도 대규모 군사의 상륙 작전을 통하여 배후로 직접 공격하고 정복하려는 의도를 나타낸다. 물론 이러한 편제가 다 활용된 것은 아니지만 대규모 해상작전을 통해서 남부 해안 지대를 제외한 한반도의 서쪽 전 지역이 수나라의 작전 범위 안에 들어 있음을 알려 준다. 이 점은 곧 전쟁 개념에 변동이 생긴 것을 뜻한다.

더구나 612년에는 수로군이 육군과 합동작전을 전개하는 전투 부대 역할을 했다.[120] 우익위(右翊衛) 대장군 내호아의 수군은 강(江)·회(淮)의 수군을 거느리고 침공을 했는데, 배의 행렬이 수백 리에 뻗칠 정도로 대규모였다.[121] 수군은 황해를 횡단하는 데 성공한 다음 일단 대동강 하구 유역으로 전진해 들어갔다. 이곳을 중심으로 서해안에는 해양 방어 체제가 구축되어 있었다. 남포만 일대에는 황룡산성·동진성 등의 성들이 포진해 있어

119) 『삼국사기』 권20 고구려본기 영양왕 23년 ; 『隋書』 권3 帝紀 제3 煬帝下 ; 『資治通鑑』 권181 隋紀 5 煬帝 上之下.
120) 서인한, 『고구려 대수·당 전쟁사』, 전사편찬위원회, 1991, p.83.
121) 『삼국사기』 권20 고구려본기 영양왕 23년 ; 『隋書』 권4 帝紀 제4 煬帝 下 ; 『北史』 권12 隋本紀 제12 煬皇帝 ; 『資治通鑑』 권181 隋紀 5 煬帝 上之下.

적의 진입을 저지했다.[122] 내부로 들어오면 겹겹이 쌓은 하안 방어 체제가 있었다. 그 밖에 또 주목해야 할 대동강 방어 체제들은 황해북도 지역에 있는 일부 성들이다. 앞장에서 충분히 언급한 바 있는 이 성들은 해양 방어 체제의 기능과 함께 대동강 하구로 거슬러 올라오는 수군을 제어하는 기능도 겸했다.

필자는 재령강 하류 일대의 성들도 대동강으로 들어오는 적을 상대로 하는 작전 범위를 가졌다고 판단한다. 그 중심 성은 장수산성으로서 황해도 일대의 해양 방어 체제를 총괄하면서 대동강 하구 방어 체제를 겸하여 수도권 방어에 일정한 역할을 했을 것이다. 이러한 대성들 외에도 해안과 하안에는 소규모 보루들이 산재해 있어서 초계·저지·연락 등을 담당했다. 당시의 전황은 구체적으로 기록되어 있지 않다. 하지만 내호아가 이끄는 수군은 이러한 방어 체제들과 긴박하고 치열하게 전투를 벌이면서 수륙 양면으로 진입하여 평양성 60리 밖에서 수도를 위협했다.[123]

대규모 함선이 본격적으로 황해를 건너 원거리 이동 상륙 작전을 성공시킨 것은 동아지중해의 전쟁사에서 일대 획을 그은 것으로서, 그 후 전쟁 개념의 질적인 변화를 가져왔다. 후에 당 태종이 김춘추에게 "백제는 바다의 험함만을 믿고 있으나 건너서 공격할 수 있다"고 한 말은 이러한 전략을 성공시켰던 경험이 있었기 때문이다.

수군이 세운 원래의 계획은 살수를 건너온 별동대인 우중문·우문술(宇文述) 등 육군과의 협공이었다. 수군과 육군의 합동작전으로서 후방 깊숙한 곳에 있는 적국의 수도를 공격하는 작전을 실시한 것이다. 하지만 내호아 수군은 단독으로 평양성을 향해 진군해 들어가다 고구려 군대에게 대패했다. 고건무(高建武, 후에 영류왕이 됨)가 지휘했던 방어군은 수나라의 수

---

122) 서일범, 「북한 경내의 고구려 성 분포와 연구 현황」, 『고구려 산성과 방어 체계』, 제5회 고구려 국제학술회의, 고구려연구회, 1999, p.113 참조.
123) 『삼국사기』 권20 고구려본기 영양왕 23년.

군을 내륙으로 끌어들여 승리했다. 현재 평양시 구역 안에 있는 대성산성 · 고방산성 · 청암리토성 · [124]청호동토성 등이 대동강의 연변에서 수군을 막아냈을 것이다. 이 전투에서 패배한 내호아의 군대는 후퇴하여 해포(海浦)에 진을 쳤다고 했는데,[125] 당시의 전황으로 보아 곧장 동래로 돌아간 것 같지는 않다.

이러한 수군을 이용한 단독 공격이 성공해서 만약 평양이 점령당했다면 전세는 달라졌을 수도 있었다. 평양성이 점령당했거나 수나라 군대가 상륙에 완전하게 성공하여 내륙으로 들어가 북상 작전을 폈다면 을지문덕의 육군은 배후가 불안한 가운데 활동을 하기가 힘들었을 것이다.[126] 따라서 이 전쟁에서 해양 방어가 얼마나 중대한 역할을 했는지를 확인할 수 있다.

해양 방어의 전략적인 중요성과 역할은 요동 지역에서도 마찬가지였다. 고구려의 서부 지역 방어선은 자연 해자의 역할을 했던 요하를 따라서 북의 남소성(南蘇城)에서 안시성(安市城)까지 산성으로 구축되어 있었다. 그리고 해안 지대에는 해양 방어 체제가 구축되어 있었다. 요동반도는 바다와 직접 맞닿은데다, 리아스식 해안으로 이루어져 있어 복잡하다. 특히 동남부에는 항만과 도서가 발달했다. 대장산도(大長山島) · 소장산도(小長山島) · 석성도가 있는 장산군도가 있고, 대련만(大連灣) · 금주만(金州灣) 등이 있다. 여순(旅順)의 서쪽 해상에는 소룡산도(小龍山島, 蛇島)가 있으며, 산동반도 사이에는 크고 작은 섬들로 이루어진 묘도군도가 있다. 또한 대륙에서 요하 · 대릉하 등 만주의 중요한 강들이 거의 대부분 이곳으로 흘러들어온다. 때문에 섬들이 많고, 수륙 교통에 편리하다.

요동반도는 이러한 지형 · 지리적인 조건을 갖추었으므로 이 지역을 차

---

124) 근래에 고조선 시기에 쌓은 것으로 판명되었다. 남일룡 · 김경찬, 「청암동 토성에 대하여」 (1), 『조선고고연구』, 1998. 2호.
125) 『삼국사기』 권20 고구려본기 영양왕 23년 ; 『資治通鑑』 권181 隋紀 5 煬帝 上之下 大業 8년 6월 己未 ; 『隋書』 권64 열전 29 來護兒傳.
126) 신채호는 앞의 책, p.380에서 이러한 견해를 피력하고 있다.

지한 세력들은 국가 경영에 필요한 시스템을 구축했다. 고구려는 전진과 방어의 거점으로서 성을 주축으로 한 일련의 군사 체제를 구축했다. 보통은 평원 한가운데나 높지 않은 곳에 산성을 쌓았다. 그런데 요동은 자연 지형에 걸맞게 해양 질서와 관련하여 동아시아에서는 의미있는 곳이다. 실제적인 무력 충돌과 정치력이 대결하는 장소가 화북과 남만주 일대라면 자연히 해양 질서의 중심은 요동반도와 깊은 관련이 있다.

요동반도와 산동반도가 만나 황해 일부를 막아 생긴 발해는 묘도군도로 막혀 있어(발해해협이라고 부른다) 거의 내해나 다름없다. 해상 세력이 발호할 수 있고, 육지 세력이 비교적 손쉽게 해양 세력에 대하여 영향력을 행사하거나 직접 해양 세력화할 수 있다. 넓은 발해를 가운데 두고 각각 다른 세력이 접해 있다면 분명 연안 지배권을 둘러싸고 갈등을 벌였을 것이다. 또한 요동반도는 화북 세력과 무관하게 만주 세력과 산동 세력, 혹은 남방 세력이 만날 수 있는 통로가 된다. 이 지역은 현재도 주민들 간의 이주가 손쉽게 이루어지지만 고대에도 역시 잦은 교류와 이동이 있었다.

요동반도는 적어도 황해 북부에서는 가장 중요한 해양 질서의 거점이다. 때문에 해양과 관련하여 쌓은 방어 체제가 해안선은 물론 그 내륙으로 이어지는 곳에 광범위하게 구축되어 있었다. 이 지역에 쌓은 해양 방어 체제는 몇 가지 기능을 했다.

먼저 요하 방어선의 배후 공격을 저지하고 차단하는 기능을 했다. 만약 수군을 이용하여 요동반도의 후방으로 상륙한다면 요하 전선은 앞뒤로 포위되어 협공을 받을 위험에 처한다. 또한 화북 지방이나 산동반도에서 출발한 해양 세력이 요동반도로 상륙하는 것을 저지하는 기능을 했다. 요동반도는 동북에서 서남으로 길게 뻗은 지역이므로 발해 전체는 물론 서한만에 이르기까지 상륙 지점이 대단히 넓다. 더구나 산동반도와 요동반도 사이에는 묘도군도라는 크고 작은 섬으로 점점이 이어진 군도가 있다. 1997년 영국에서 발행한 해도에 따르면 10m 미만의 얕은 해역도 넓은데다가

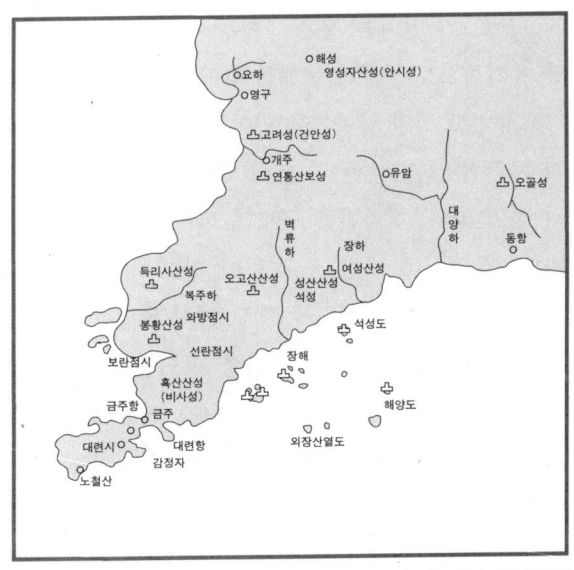

지도 5-2 | 요동반도의 고구려 해양 방어성

섬들이 워낙 많아서, 줄줄이 이어진 오호도(烏呼島)·대사도(大謝島)·구흠도(龜歆島)·유도(游島) 등을 징검다리식으로 이용한다면 큰 무리 없이 요동반도로 상륙할 수 있다.[127]

그 밖에 요동반도 남단에 상륙한 수군이 내륙으로 진군하는 것을 차단해야 했다. 또한 요동반도 동쪽의 광범위한 남단에 상륙하는 적의 수군도 저지해야 했다. 때문에 해안선은 물론 바다 한가운데에도 '섬 방어 체제'가 구축되었으며, 무수한 전투가 해양 방어 체제에서 벌어졌다. 그뿐만 아니라 압록강 하구를 보호하는 기능도 해야 했다. 요동반도의 남쪽 해안선 끝

---

127) 당 태종 연간에는 오호도·대사도·구흠도·유도 등이 있었던 것을 알 수 있다.
    賈耽의 『道里記』에는 入四夷之路가 있는데, 제2인 登州海行入高麗渤海道에는 당시 가장 빈번하게 사용하던 항로와 함께 중간에 있던 이 지역 섬들을 기재하고 있다. 『唐書』 권3 志 제33 下 지리지 7 下.

과 한반도가 만나는 곳은 압록강 하구다. 때문에 고구려는 요동반도 전체를 유기적으로 통제하는 해양 방어망을 구축해야만 했다.

요동반도 서안 남쪽에는 만이 몇 개 있는데, 그 가운데에 복주만(復州灣)과 보란점만(普蘭店灣)이 있다. 보란점만은 좀더 크고 바로 아래에 금주만과 붙어 있다. 복주만은 규모는 작은 편에 속하지만, 만 내부에 장흥도(長興島)·봉명도(鳳鳴島) 등 섬들이 있고 내부로는 내륙에서 복주하(復州河)가 흘러들고 있다. 이 근처에도 역시 해양 방어성이 있었다. 즉 요동반도 서쪽의 해안 방어성으로 건안성·용담산성 등을 비롯해, 개현(蓋縣) 서둔향(西屯鄉)의 연통산보성(煙筒山堡城), 개현 쌍대자향(雙臺子鄉)의 성자구산성(城子溝山城), 와방점시(瓦房店市) 득리사향(得利寺鄉)의 마권자산산성(馬圈子山山城), 와방점시 태양승향(太陽升鄉)의 고려성산산성(高麗城山山城), 와방점시 이점향(李店鄉)의 남고산성(嵐堌山城) 등이 있다.[128] 그러나 해양 전략적으로 가장 중요하고 치열한 공방전이 벌어졌던 성은 요동반도 제일 남단에 위치한 비사성이다.

비사성은 금현(金縣)의 금주(金州) 시내에서 동북으로 20km 떨어져 있는 우의향(友誼鄉) 팔리촌(八里村)의 동쪽인 해발 663m의 대흑산(大黑山) 위에 있다. 요동반도의 남단이고, 금주만·대련만·묘도군도와 만나는 곳에 있으므로 해양 전략적으로 매우 중요한 위치에 있다. 요동반도 남부 해안으로 적의 수군이 상륙하는 것을 저지하는 기능이 있다. 항해상의 물표로도 훌륭한 역할을 했으므로 고구려 수군의 해상작전에 도움을 주었고, 평상시에도 항해 교통에 매우 중요한 역할을 할 수 있다. 그런데 비사성이 해양 방어상으로 가장 유리한 이점은 관측과 제어에 적합한 위치라는 것이다. 금주만과 대련만이라는 동서 두 개의 만을 동시에 관측하고 방어할 수 있는데다 북상하는 적을 저지하기에 적합한 지역이다.

---

128) 서길수, 『고구려 성』, KBS, 1994.

그림 5-4 | 비사성 성벽

　현장을 조사한 바에 따르면 산의 정상에 가까워질수록 금주 시내가 한 눈에 보여 적의 움직임을 쉽게 관찰할 수 있다. 멀리 요동반도 남쪽의 황해를 바라보고, 북쪽으로 금주만도 잘 보이므로 적선의 상륙이나 이동 등을 정확히 관찰할 수 있다. 해양 방어성이며, 요동반도의 뛰어난 전방 방위성인 비사성이 노철산수도(老鐵山水道)가 시작되는 여순 지역에 있지 않고, 이곳에 있는 이유가 바로 이것이다.[129] 614년에 재차 고구려를 공격한 내호아군은 전략을 수정하여 수로군을 이끌고 일단 비사성을 공격했다.[130] 비사성은 그 후 고당전쟁 때에도 당군의 공격을 끊임없이 받았다. 645년에는 장량(張亮)의 수로군이 야간에 서문으로 급습해서 결국은 점령당했다.

　한편 요동반도 동쪽에는 오고성을 비롯하여 석성(石城), 장산군도 내의

---

129) 『新增東國輿地勝覽』에서는 비사성이 한강 하류 유역에도 있었다고 기록되어 있다. 그 명칭이 해안 방어 혹은 물과 관련이 있을 가능성을 보여주고 있다.
130) 『삼국사기』 권20 고구려본기 영양왕 25년 ; 『隋書』 열전 來護兒傳 ; 『資治通鑑』 권182.

여러 섬들에 있는 성, 그리고 압록강 하류에 오골성(봉황성), 대행성, 박작성(泊灼城), 서안평성 등이 있었다. 이러한 방어 체제의 구축은 요하 전선이 공파되었을 경우에 2차 방어선의 역할을 하려는 목적도 있지만, 수나라의 수군이 요동반도로 상륙하여 요하 전선의 배후를 기습하거나 압록강 유역으로 상륙하여 평양으로 직공하는 것을 방어하는 포석의 의미가 더 크다. 즉, 수나라 수군의 해양 활동을 통한 공격을 방어하고, 적의 상륙을 저지하기 위한 해안 관방 시설의 성격을 가지고 있었다.

수 양제의 대규모 원정군은 궤멸되어 돌아갔다. 수 양제는 이듬해인 613년에 조서를 내려 군사를 징집하고, 다시 전쟁 준비를 본격적으로 했다. 그리고 4월에 요수를 건너 요동성을 공격했다. 피아간에 치열한 공방전이 벌어졌으나 결국 수 양제의 친정군은 퇴각하고 말았다. 613년 전투에서는 수로군이 활동을 한 기록이 없다. 그런데 614년 전쟁에서는 다시 수로군이 등장한다.

내호아의 수로군은 비사성으로 상륙하여 고구려군의 항전을 무력화시켰다는 기록이 있으나 점령했는지는 확인할 수 없다. 수로군은 평양성으로 향한다고 고구려를 위협했다. 이때 고구려는 항복을 청하는 글을 보내고, 망명해 온 곡사정을 돌려보내는 등 탄력성 있는 외교 정책을 펴 수군이 철수하도록 했다.[131] 이러한 일련의 사건들은 당시 해양 활동이 전선의 개념을 변모시켰고, 전술의 혁신을 가져와 수륙양면작전이 실시되었으며 수군의 독자적인 행동으로도 대규모 공격이 가능했음을 입증하고 있다.

고수전쟁은 이처럼 수군이 대규모 선단을 조직하여 황해 북부를 직항하면서 전투에 참여함으로써 전장의 양상을 변화시켰다. 이러한 변화는 항해술의 발달과 뛰어난 조선술의 뒷받침 없이는 불가능한 것이다. 수나라는 고수전쟁이 발발하기 직전에 실시한 유구 정벌에서도 바람을 이용하여 장

---

131) 『삼국사기』 권20 고구려본기 영양왕 25년 : 『隋書』 권3 帝紀 제3 煬帝下 大業 10년 : 『資治通鑑』 卷182 隋紀 煬帝 上之下 大業 10년.

거리 항해를 했다.[132] 이처럼 발달된 항해술은 고구려 등 한반도 국가들에게는 방어 전선의 확대를 불러와 결과적으로는 전력 면에서 상당한 손실을 가져왔다.

그런데 이러한 전선 개념의 변동과 상륙 작전의 실시는 원활한 수송 전략과 군대의 신속한 이동이 뒷받침되어야 한다. 당시의 전략과 전술상의 한계, 그리고 무엇보다도 해양 능력의 한계로 인하여 선박은 수송 수단으로 사용되었다. 선박이 효율적인 운송 수단의 구실을 한 것은 전쟁을 준비하는 과정에서 나타났다.

수 문제는 605년에는 통제거(通濟渠)를, 608년에는 영제거(永濟渠)를 완

---

132) 『隋書』 赤土傳 大業 3년, "…… 其年十月 駿等自南海郡乘舟 晝夜二旬 每值便風 ……."

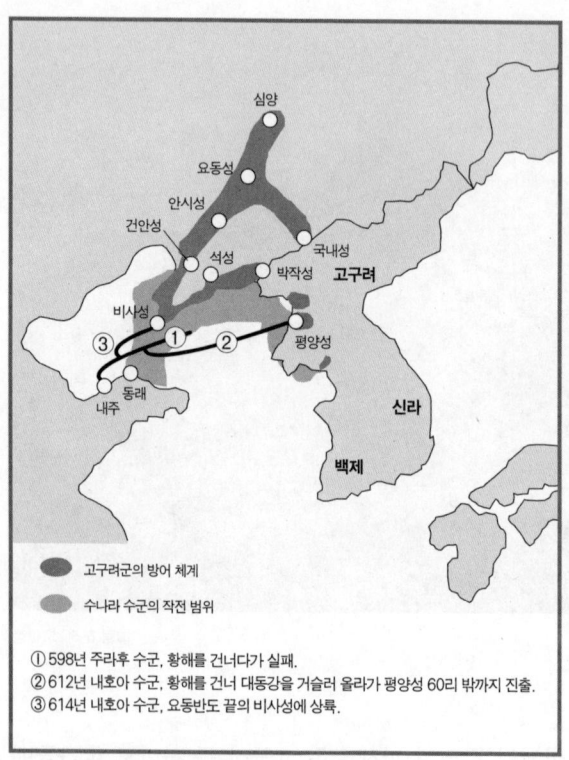

심양

요동성

안시성

건안성

석성

국내성

박작성 **고구려**

비사성

① ② 평양성

동래

내주 **신라**

백제

● 고구려군의 방어 체계

● 수나라 수군의 작전 범위

①598년 주라후 수군, 황해를 건너다가 실패.
②612년 내호아 수군, 황해를 건너 대동강을 거슬러 올라가 평양성 60리 밖까지 진출.
③614년 내호아 수군, 요동반도 끝의 비사성에 상륙.

지도 5-3 | 고수전쟁시 해양 전도

성함으로써 전쟁에 필요한 군수물자를 신속하게 대량으로 운송할 수 있는 체제를 갖추었다. 수 양제는 610년에 전군에 총동원령을 내리면서 7월에 양자강과 회하 이남 지역의 인부와 선박을 동원하여 여양(碘陽, 河南)과 낙구(洛口, 山東)에 보관 중인 군량을 화북의 탁군(琢郡)으로 이동시켰다.[133] 운송 수단의 역할은 전쟁 과정에서 본격적으로 나타났다. 요하를 중심으로 서쪽은 요택(遼澤)이라는 습지대였는데, 이곳을 통과해서 군수물자를 운송

---

133)『삼국사기』 권20 고구려본기 영양왕 22년 ;『資治通鑑』 권181 隋紀 5 煬帝 上之下 大業 7년 (611) 2월 壬午.

하기에는 조건이 좋지 않았다. 따라서 육군만으로는 병참의 보급선이 원활하게 운영되지 않았다. 이러한 지리적 한계를 인식한 수나라는 수군을 이용하여 군수물자를 보급할 것을 꾀했다.

수나라가 1차 침입을 할 때 수로군은 6천 명으로 수군총관인 주라후가 지휘를 맡아 산동반도의 동래에 집결했다. 수로군의 임무는 동래에서 묘도군도를 경유하여 바다를 건넌 다음 요동반도의 남쪽 해안선과 한반도 서해안의 대동강 어구에 이르는 해안선을 따라 요소요소에 정박하면서 육로군에게 군수품을 지원하는 것이다.[134] 역시 수 양제가 친정했을 때에도 군수물자의 이동은 수군의 중요한 역할이었다.

한편 선박은 군대의 신속한 이동에 사용됐다. 육군은 요하 전선에서 고구려의 방어망에 걸려 고전을 하거나, 아니면 요택 등으로 인하여 병력의 이동이 늦었다. 양제는 이러한 경우에 대비하여 역시 군사를 이동시킬 목적으로 대규모 조선 공사를 벌였다.

당시 황문시랑(黃門侍郞) 왕홍(王弘) 등을 강남에 보내 나무를 베어 용주(龍舟)와 봉선(鳳船), 황룡(黃龍), 적함(赤艦), 누선(樓船) 등 수만 척을 건조케 했다는 기록이 있다. 이 해 8월 양제가 용주를 타고 강도(江都)에 순행(巡幸)을 나갔는데 그 배들의 행렬이 무려 2백여 리였으며,[135] 그 크기는 높이 45척, 길이 200척, 누(樓)가 4층이고 최상층에는 정전(正殿)이 있었다. 그런데 수나라는 이미 누가 5층이고 전사 800명을 태울 수 있는 오아(五牙)를 건조하고 있었다.[136] 그 밖에도 양제는 부경(浮景)·양채(漾彩)·주조(朱鳥) 등 수만 소(艄)를 건조했고[137] 대업 초에는 또 동래 해구 즉 산동반도에 유주총관(幽州總管)을 보내 조선 공사를 벌이게 했다.[138] 이렇듯 수나라는

---

134) 서인한,『고구려 대수·당 전쟁사』, 전사편찬위원회, 1991, p.60.
135)『隋書』권3 帝紀 제3 煬帝上 大業 원년 8월 ; 문정창,『한국 고대사』상, 백문당, 1971, p.194.
136) 이영채,『해양개척쟁패간사』, p.100.
137) 문강, 앞의 책, p.75.
138)『隋書』권74 열전 제39 元弘嗣.

거대한 선박을 제조함으로써 몇백 척 단위로 이동하는 대규모 작전[139]을 펴는 등 군대의 신속한 이동에 철저를 기했다.

당시 고구려 군선의 크기나 성능에 대해서는 알 수 없다. 그런데 유사한 시기에 일본이 파견한 견수사에 동원된 배의 구조를 알 수 있는 자료가 있다. 다름 아닌 가즈와라〔桂原〕고분에서 발견된 벽화로, 실물로 재구성해 볼 때 전장이 20m, 폭이 5m, 마스트가 10m이며 노꾼만 40인 정도로 추정된다.[140] 이로 미루어 고구려 선박의 크기를 추정할 수 있다.

앞에서 살펴본 다섯 차례의 고수전쟁은 새로운 전략·전술, 신무기의 등장, 그리고 무엇보다도 해양전이 벌어졌음에도 불구하고 고구려의 완전한 승리로 끝이 났다. 이 전쟁은 여러 가지 의미를 가진다. 동아시아의 재편 과정에서 국제전이 벌어졌고 해양 활동은 정치·외교적 측면에서 가공할 만한 영향을 미쳤다. 그리고 무엇보다도 해양 활동이 본격적으로 전쟁에 도입됨으로써 전선 개념의 대변동이 일어났고, 기존의 고구려 방어 체제에 문제가 있음이 드러났다. 만약 고구려가 제해권을 장악했더라면 수나라의 군량 운송과 군사 이동을 억제할 수 있었고 평양성·비사성 전투에서 보듯이 상륙 작전에 의한 배후 기습을 당하지 않았을 것이다. 고수전쟁에서 고구려에게 주어진 외교·국방상의 과제는 해양 활동의 중요성 인식과 해양 활동 능력의 강화였다.

지금까지 고수전쟁의 여러 가지 측면에 대하여 살펴보았다. 이 전쟁을 종합적으로 정리하면 다음과 같다.

6세기 말이 되면서 동아시아 정치 질서에는 커다란 지각 변동이 일어났다. 수나라에 의한 중국 대륙의 통일은 동아시아 외교 형태의 질적인 변화를 가져왔다. 특히 동아지중해 연안의 질서에 커다란 변동을 야기시켰다.

---

139) 『隋書』 권3 帝紀 제3 煬帝下 大業 8년, "又滄海道軍舟□千里 高帆電逝, 巨艦雲飛 橫斷沮江 逕造平壤."
140) 松枝正根, 『古代日本の軍事航海史』 下, p.19.

그 영향으로 고구려는 동아 질서의 중심부에서 후퇴하여 국제적 위상이 낮아졌을 뿐만 아니라 한반도에서의 견고한 패자 지위가 도전받게 되었다. 오랫동안 해양 활동과 다핵다중방사상 외교를 활용해서 동아 질서의 중심축을 차지하고 있었던 고구려는 국내 정책은 물론 대외 정책에 대한 전면적인 수정이 불가피해졌다.

따라서 고구려와 수의 정치·군사적 충돌을 중심으로 재편을 시작하던 동아 질서는 결국 신라와 백제가 수와 연결되었고, 백제는 왜·수와 연결되었으며, 왜 역시 백제 및 수와 연결되었다. 한편 북방의 돌궐 및 거란 등은 결코 고구려에 도움을 주지 못했다. 오히려 이들은 부분적으로 수나라에 연결되었다. 또한 수나라는 주변 종족들의 도움을 받았다. 이러한 상황 속에서 고구려는 해양 활동의 실패로 인하여 수나라를 배후에서 견제하거나 대륙과 황해에서 사면 포위하는 외교 정책을 수립할 수가 없었고, 역으로 포위당한 채 대수전을 맞이하게 되었다. 그러나 전쟁은 고구려의 승리로 끝이 났고, 수나라는 질서 재편 작업에 실패했을 뿐만 아니라 그 후유증으로 멸망에 이르는 직접적인 요인이 되었다.

이 전쟁은 598년 고구려가 요서 지방을 선공하면서 시작되어 614년 수나라가 멸망하기 1년 전까지 16년간에 걸쳐 일어난 대전쟁이다. 그리고 교전 당사국들만의 전쟁이 아니라 동아지중해의 전면적인 질서 재편을 목적으로 거의 모든 국가와 종족이 직접·간접으로 참여한 국제대전이었다. 질서 재편에는 해양적 성격이 강하게 작용했고, 외교 교섭에서도 해양 활동 능력의 영향을 받았다. 또한 전쟁 과정에서 새로운 전략이 사용되었고, 다양한 전술이 개발·보급되었다. 특히 해양을 활용한 군대와 군수물자의 조직적인 운반이 있었고, 수군 활동을 이용한 수륙 양면 공격과 상륙 작전을 이용한 후방 기습 등 전선 개념의 변화와 함께 대규모 전쟁이 시도되었다. 고구려가 승리한 요인 가운데 중요한 하나는 황해를 건너 평양성으로 직공한 수나라의 해양 상륙 작전을 방어하는 데 성공한 것이다.

이 전쟁을 계기로 동아시아의 역학 관계는 더욱 복잡해졌으며, 각 나라는 동아지중해의 중요성을 절실하게 인식했다. 결국 이 전쟁의 기본 구도는 고당전쟁을 중간 단계로 삼아 삼국통일전쟁으로 이어짐으로써 동아지중해의 질서 재편이라는 결과의 단초를 낳았다.

고당전쟁과 동아시아 국제 질서의 재편

1. 동아시아 국제 질서 재편의 실상

고당전쟁에 대해서는 전쟁의 배경과 목적 등을 고수전쟁과의 계기성, 삼국통일전쟁과의 연관성, 해양 질서의 작용 정도 등을 고려해서 살펴야 한다. 또한 국제대전인 만큼 전쟁이 발발한 요인과 동기, 전쟁의 경과와 그 결과, 역사적 의미 등에 대하여 국제적인 시각에서 다양하고 종합적으로 재평가해 볼 필요가 있다.

먼저 고당전쟁은 고수전쟁과 계기성이 있음을 살펴야 한다. 두 전쟁 간의 계기성은 전쟁이 발발한 배경과 기본 성격에서 드러난다. 계기성 문제는 의외로 중요한 의미를 가지고 있다. 고구려와 당 간에 벌어진 전쟁은 동아시아 질서가 재편되는 결과로 이어지는 국제대전의 성격을 띠게 했다. 그리고 한민족 삼국 간의 대립이 사라지고 당이 중화주의적인 패권 의식을 버리지 않는 한, 전쟁은 지속되리라는 예측을 가능케 했다.

수와 당이 교체되는 과정에서 나타난 시간적인 연속성의 문제, 동일한 영토를 차지하고 있다는 공간적인 계승성의 문제 등은 두 전쟁의 계기적 측면을 이해하는 표면적인 조건이다. 그 밖에도 고수전쟁이 국지전이 아니라 국제 질서의 재편을 놓고 벌어진 동아시아의 대전이었다는 국제 질서의 측면과 미완으로 끝났다는 사실, 고당전쟁이 끝난 후에도 고구려와 당 간의 갈등이 여전히 재현된 전후의 상황 등은 두 전쟁 사이에 계기성이 강했음을 보여준다.

두 전쟁의 계기성을 주장할 수 있는 구체적인 근거들이 많이 있다. 당나라는 전쟁이 발발하기 전에 고구려에게 여러 가지를 요구했다. 먼저 당나라는 영류왕 5년(622)에 고구려와 수가 전쟁을 벌였을 당시에 포로가 된 수나라 병사의 송환을 요구했다.[141] 또한 당나라 사자가 와서 위령제를 지내고 경관(京觀)을 허물어뜨릴 것도 요구했다.[142] 무리해 보이는 이러한 일련의 행위들은 당나라가 고구려를 외교적으로 압박하기 위한 전략인 동시에 수의 계승성을 주장하여 장차 침공할 명분과 예비 단계를 조성하기 위한 것이었다.

당 태종의 조서를 갖고 고구려에 온 이현장은 연개소문에게 "요동의 여러 성은 본래 중국의 군현이었다"고 했다. 또 당 태종은 자국에서 전쟁 직전에 "요동은 과거에 중국 땅이었다〔遼東故中國地〕"고 했다. 당 태종이 첫 전투를 위해 출정하면서 내린 조서를 보면 두 전쟁이 계승성을 가지고 있음이 명확히 드러난다.[143]

전쟁이 발발하기 전에 곳곳에서 나타난 명분상의 계기적 측면들은 전쟁을 준비하는 과정과 경과, 결과 등에서 더욱 분명하게 확인되고 있다. 전쟁을 수행하는 당사자, 이를테면 장군과 전략을 수립하는 인적 구성이 일치하는 경우가 많다. 예를 들면 배구(裴矩)는 수나라에서 황문시랑이라는 벼슬을 했고 대고구려전의 정당성을 양제에게 적극 말했는데,[144] 당나라에서도 역시 고구려의 침략을 적극적으로 주장했던 인물이다.[145] 정원숙(鄭元

141) 『삼국사기』 권20 고구려본기 영류왕 5년 : 『唐書』 권220 열전 제145 東夷傳 高麗 武德初 : 『資治通鑑』 권190 唐紀 5 高祖 中之中.
142) 『삼국사기』 권20 고구려본기 영류왕 14년 : 『唐書』 권3 本紀 제3 太宗下, 권220 열전 제145 동이 고려.
143) 『삼국사기』 권21 고구려본기 보장왕 3년 : 『唐書』 권2 本紀 제2 태종 : 『資治通鑑』 권197 唐紀 13 태종 中之下條.
144) 『隋書』 권67 열전 제32 裴矩傳 : 『舊唐書』 권63 裴矩傳.

璃)·방현령(房玄齡)[146] 등은 물론 그 밖에도 수나라에서 봉사했던 인물들이 많다. 주요 인물들이 이렇게 일치하는 것은 두 전쟁이 목적이나 추진 방식에서 강한 계기성을 가지고 있음을 알려 준다. 또한 이 전쟁이 해당 지역의 질서 재편, 더 정확히는 중국 세력이 종주권을 장악하고자 하는 질서 재편의 한 과정으로 추진되었음을 말해 준다.[147]

두 전쟁의 계기성은 역시 고구려에서도 동일했다. 그것은 전쟁에 대한 인식 태도나 인적 구성 면에서 나타난다. 왕 교체가 없었던 고구려에서는 당연하게 대수 전쟁에 참여한 사람들의 다수가 대당 정책을 수립하고, 대당전에 실제로 참여했다. 영류왕은 대수 전쟁 당시인 613년 내호아가 이끄는 수군의 평양성 공격을 승리로 이끈 고건무(高建武) 장군이다. 그는 대당 정책을 둘러싸고 연개소문 일파와 강한 정치적 차이를 보였다.

영류왕과 연개소문을 중심으로 한 세력 간의 대결이 내부의 권력 쟁탈전적인 성격이 있음을 부인할 수 없다. 그러나 양 세력 간의 갈등은 대외 정세에 대한 인식의 차이와 함께 이 정책을 입안하고 집행하는 데서 심화되었다고 보는 것이 합리적이다.

위에서 언급한 두 전쟁의 계기성을 보더라도 고당전쟁 또한 고수전쟁과 마찬가지로 영토의 확대를 둘러싼 국가 간의 전쟁이 아니라, 심각하게 이루어지는 질서 재편의 한 과정임을 알 수 있다. 다음은 고구려와 당을 두 축으로 삼아 활발하게 전개된 국제 질서의 변동을 통해서 두 전쟁의 계승성과 국제전적인 측면을 살펴보고, 또한 그것이 해양 활동과 어느 정도 깊은 상관성이 있는지 살펴보고자 한다.

---

145) 『舊唐書』 권199 하 열전 제149 東夷 高麗傳 ; 『舊唐書』 권63 裵矩傳, 『新唐書』 권100 裵矩傳.
146) 『舊唐書』 권66 ; 『新唐書』 권96 房玄齡傳.
147) 西嶋定生, 『日本歷史の國際環境』, p.95에서는 전쟁의 직접적인 원인을 책봉되었던 고구려가 藩臣의 예를 벗어났기 때문으로 이해하고 있다.

당과 국제 환경의 변화

수나라가 고구려에게 패배한 사실은 동아시아의 국제 환경에 커다란 충격을 주었다. 즉, 수나라를 중심으로 재편될 것 같았던 동아시아의 질서 구도가 무산된 것이다. 반면에 고구려의 입지는 강화되었고, 국제 사회에서 발언권과 영향력도 강화되었다. 그것은 전쟁의 당사자인 수와 고구려 그리고 주변국들에게서 각각 다른 모습으로 나타났다.

수나라는 전쟁을 능동적으로 일으키고, 대규모 군사와 인력을 총동원하여 상대국의 영토로 이동했던 만큼 명분도 상실했고, 경제적·정치적으로도 심대한 타격을 받았다. 이로 인하여 양현감(楊玄感)의 난, 돌궐의 공격 등 대규모 민란이 발생했으며, 급기야 양제는 우문화급(宇文化及)에게 피살당했다. 수나라의 쇠퇴와 멸망은 곧 당의 건국으로 이어졌다.

당은 수를 이었다는 계승성으로 인하여 출발부터 두 가지 부담을 안게 되었다. 첫째, 당나라의 건국에는 수나라가 멸망하는 데 결정적인 영향을 미친 고구려의 승리가 부차적인 요인이 되었다는 사실이다. 둘째, 수나라가 추진했던, 중화를 중심으로 국제 질서를 재편하려던 상황은 당에 이르러서도 변화하지 않고 오히려 더욱 필요하게 되었다는 것이다.

단명한 수나라를 이은 당나라는 동아시아의 질서를 재편하는 과정에서 조정자로서 주변 국가들에게 강한 영향력을 행사했다. 당나라는 먼저 한류도의 국가들에 영향을 미쳤다. 예를 들어 당나라의 고조(高祖)는 백제의 무왕 27년(626)에 사신인 산기상시(散騎常侍) 주자사(朱子奢)를 파견하여 신라와 사이좋게 지낼 것을 요구하는가 하면, 그 다음해에는 백제와 고구려, 신라가 통하여 화목할 것을 권유했다.[148] 또한 종주권을 행사하려는 의도도 노골적으로 드러내어 624년 정월에는 고구려·백제·신라에게 동시에 책봉을 했다.[149]

---

148) 『삼국사기』 권27 백제본기 무왕 27년, 28년.
149) 『舊唐書』 권1 本紀 제1 高祖 武德 7년조.

고구려를 침략할 때에도 연개소문이 정변을 일으켰다는 것을 구실로 삼았다. 정변이 일어났을 당시에 국상을 기회로 고구려를 치자는 의견들이 있었으나 당 태종은 이를 옳지 않다는 이유로 거절했다.[150] 하지만 당 태종의 이러한 발언은 당시의 상황을 고려할 때 공격 시기가 적합한가 부적합한가에 관한 발언이지, 침략의 명분이 안 된다는 뜻은 아니었다. 또한 고구려와 백제가 신라를 침공하기 때문에 응징한다는 명분을 내세우기도 했다.[151] 이것은 당나라가 동아 질서의 조정자임을 노골적으로 과시하는 행위라 할 수 있다.

이러한 일련의 명분론 외에도 양국 간에 조성된 국제적 환경은 매우 복잡하게 전개되었다. 당이 처한 대외 관계의 1차적인 과제는 주변국과의 끊임없는 긴장 관계와 침략 위협에 대한 방어와 공격이었다. 당 태종은 즉위하자마자 곧 돌궐의 침입을 받았으며, 동돌궐과 싸움하는 일에 상당한 힘을 소모했다.[152] 또한 토욕혼과 전쟁을 벌였으며, 고창국(高昌國)과도 싸움을 했다.[153] 심지어는 645년 1차 고구려전에 패배하고 돌아온 이후인 646년에도 철륵(鐵勒)의 맹주였던 설연타(薛延陀)를 공격하여 자신의 세력권 아래에 넣었다. 당이 계속해서 정복 사업을 벌이는 것은 북방의 위협을 제거한다는 방어적인 목적을 넘어서, 자기 중심의 확고한 질서를 만들기 위한 적극적인 정책으로 전환했음을 의미한다.

이 같은 일련의 시책들을 펼친 저의는 동아시아의 패권을 장악하기 위하여 고구려를 비롯한 주변 국가들을 정복하는 데 있었다. 이러한 국제 환경 속에서 전개된 고구려와 당의 전쟁은 결국 당의 입장에서는 동아시아의 신질서를 구축하는 일련의 과정에서 매우 중요한 것이었다.[154] 그런데 고구

---

150) 『唐書』 권20 열전 제145 東夷 高麗條 ; 『資治通鑑』 권197 唐紀 13 太宗 中之下.
151) 『唐書』 권220 열전 제145 東夷 高麗條 ; 『舊唐書』 권199 上 열전 제149 東夷 新羅條.
152) 『舊唐書』 北狄列傳 제149下 北狄 靺鞨條, "武德初 …… 會高開道引突厥來攻幽州."
153) 『唐書』 권2 本紀 제2 太宗 貞觀 14년조.
154) 신형식 「삼국통일의 역사적 성격」, 『한국사 연구』 61・62합, 1988, p.69에서 고구려 정벌

려와 당 사이에 벌어진 갈등은 정치적인 측면말고 경제·문화적인 면이 있었다. 당은 대외 관계를 단계적으로 추진하면서, 내부 성장을 위하여 각종 사업을 추진했다. 그러한 사업들 가운데는 순수하게 당의 내부적인 성장을 목표로 한 것도 있었고, 당나라의 패권 질서를 추진하는 원동력을 얻기 위한 것들도 있었다. 여기서 고구려와의 전쟁과 관련하여 당 내부의 사회경제적인 배경을 살펴볼 필요가 있다.

당나라는 전기에 농업·산업 등이 매우 발달했다. 특히 수공업이 발달하여 면직업·자기 등 각 지역의 특산물이 생산되었다. 중앙은 물론 지방의 주현(州縣)에도 시장들이 세워졌다. 상당한 부를 축적한 상인들도 나타났고, 행상인·보부상들도 발달하여 하나의 유통 경제권을 이루었다.[155] 그뿐 아니라 상업이 효율적으로 발달할 수 있도록 교통도 발달하여 산업 물품들은 당 내부의 각지로 운반되고 교환되었다. 특히 수 양제가 완성한 대운하는 남북을 관통함으로써 경제발전에 엄청난 역할을 했다. 남방에는 거대한 수도망이 갖추어져 수천에서 수만 척에 이르는 커다란 선박들이 이른 새벽부터 온종일 무역하고, 각각의 성시(城市)들을 연결했다.[156]

이렇게 급변하는 사회경제적인 분위기 속에서 산업과 상업의 발달은 외국과의 교역을 증가시켜서 대외 교역도 활발해졌다. 당나라가 대외 교역에 적극적이었다는 증거는 물품의 종류나 당나라에 들어온 외국인들이 매우 다양한 데서도 나타난다. 당시 장안에는 수많은 서역인들이 상주하고 있었다. 특히 페르시아인들이 부옹거상(富翁巨商)으로서 주보(珠寶)와 향약(香藥) 시장을 독점하고 있었다.[157]

또한 당나라가 정치적으로도 대외 교역을 얼마나 중요시했는가를 알려

은 당의 대말갈·대토번 정책 과정에서 고려되어야 할 것이라는 견해를 표명하고 있다.

155) 김명희, 『중국 수·당사 연구』, pp.183~184.
156) 전백찬, 앞의 책, pp.399~401 ; 編寫組 편, 『航運史話』, 상해과학기술출판사, 1989. pp.25~44.
157) 무함마드 깐수, 『신라 서역 교류사』, 단국대학교 출판부, 1992, p.237.

주는 예가 있다. 당은 정관(貞觀) 14년(640)에 서쪽의 고창국(투르판 지역)을 격멸했다. 이는 고창 왕이 동서 교통의 상도를 마음대로 하고, 서역 여러 나라들의 사신이 당에 들어오는 것을 막았기 때문에, 자국의 서역 상도를 보호할 목적으로 정복했던 것이다. 당나라가 안서도호부(安西都護府)를 설치한 것은 이러한 경제적인 목적을 염두에 두면서 취해진 조치였다. 당은 육로를 통한 서역과의 교역뿐만 아니라 남방과 교역하는 데에도 상당한 비중을 두었다. 남쪽에서는 인도, 페르시아, 아라비아까지 해상 교역로가 뻗어 있었다. 이때 회교도들은 당나라에 와서 포교는 물론 교역까지 했다. 특히 남방 교역은 물동량이 많고, 귀하고 값비싼 물건들이 많았으므로 매우 중요시되었다. 그 때문에 당 태종 때 광주에 시박사라는 전문 관청을 두기까지 했다.

당시에는 중국의 남방과 북방 지역이 교통을 할 때 수운에 많이 의존했다. 대운하와 강을 이용한 내륙 수운 교통도 있었지만, 바다를 통한 교통도 활발하게 이루어졌다. 시박사는 이러한 배경 속에서 설치된 것이다. 당은 점차 동아시아 해양의 유용성을 인식했으며, 경제적인 목적을 위해서도 동아지중해의 해상권을 장악하기 위한 정책을 취하는 것이 시대적 요구라고 생각했다.

이처럼 당이 외국과의 교역을 국가 사업으로 추진하고, 거기서 발생하는 경제적인 이익을 추구하는 일이 당의 정치·외교와 밀접한 관계를 맺고 있다는 사실은 당과 고구려의 관계를 해석하는 데 중대한 시사점을 제공한다. 대외 교역에 관심을 쏟은 당은 경제적 이득을 취하기 위해서라도 동방 지역, 즉 고구려·백제·신라·왜와의 관계를 조정할 필요가 있었다. 동방 세계가 만약 경제적인 이익을 줄 수 있는데, 그러한 이익의 추구가 특정 세력에 의해 방해받을 경우에 그것의 제거는 당연한 일이다. 따라서 당은 정치·외교와 함께 경제적인 관점에서 당을 중심으로 하는 하나의 세력권 내지는 신질서를 구축하고자 했다.

그러면 신질서의 내용은 무엇일까?

전체적으로는 동아시아의 종주권을 장악하고, 군사적으로 패자가 되려는 것이다. 즉 군사적으로는 북방을 제압하면서 방어망을 튼튼하게 구축하고, 그를 위해서 북방의 유목 민족을 포위하는 대응 전선을 구축하는 것이다.[158] 또한 경제적인 이득을 얻기 위해서 서쪽으로 서역 지역·고창국·토번 등의 지배권을 확실히 하는 한편, 남방 교역을 활성화시키고, 동쪽으로는 군사적인 경쟁 상대를 붕괴시키면서 안전하게 교역권을 확보하는 것이다.

이러한 신질서를 구축하는 과정에서 동아시아의 해상권을 확보하는 일은 정치·군사적인 이익 외에 무엇보다도 경제적인 이익을 가져다 주었다. 특히 고구려는 황해 중부 이북에서 활동하면서 당의 신질서 구축에 강력하게 제동을 걸 수 있는 해양력과 군사적 능력을 갖고 있었다. 따라서 고구려와 당 사이에 벌어진 전쟁은 해양력이 작용한 동아지중해의 패권을 놓고 벌어진 국제 질서 재편 과정의 하나라 할 수 있다.

그러면 당의 건국은 고구려에 어떠한 영향을 미쳤으며, 고구려는 이러한 격변의 시기에 어떠한 방식으로 대응했을까? 그리고 이러한 거시적인 측면 외에 양국 간의 격돌을 불러일으킨 구체적인 갈등의 내용은 무엇일까? 이 전쟁의 성격을 보다 구체적으로 이해하기 위하여 또 다른 전쟁의 당사자인 고구려의 변화를 살펴보기로 하자.

고수전쟁에서 고구려가 승리한 사실은 한류도 내부의 역학 관계에 즉각적인 영향을 미쳤다. 수를 토벌하자는 을지문덕의 제안은 바로 이러한 국제 환경의 변화와 고구려의 자발적인 질서 재편 바람의 소산으로 풀이된다. 이처럼 유리하게 전개된 상황 속에서 고구려 내부의 사정은 다른 방향으로 전개되고 있었다. 내부에서 일어난 권력투쟁은 대당 정책의 결정 과

---

158) 동돌궐은 630년에 멸망했고 서돌궐은 658년에 멸망했으나, 돌궐은 다시 682년에 재흥했다 (제2제국).

지도 5-4 | 7세기 중엽 동아시아의 정치 환경

정에서 상이한 점을 노출시키며 표면화되었는데,[159] 적극적인 대응책을 주장하는 연개소문 중심 세력과 온건 대응을 주장하는 영류왕 추종 세력으로 나뉘었다.[160]

---

159) 당시의 정치적 갈등을 호족 세력 간의 권력쟁탈 과정으로 보고, 그에 따라 대당 정책이 두 파로 분화되었다고 보는 시각도 가능하다. 그러나 당시 고구려의 중대 관심사는 국가의 존립과 관련된 대당 정책이었으므로 정책 대결을 주된 요인으로 하고, 그 과정에서 권력의 속성상 호족 간의 대립이 발생했다고 보는 것이 합리적이다.

160) 신채호, 앞의 책, 제10편에서는 대당 온건 노선의 서수남진파와 대당 강경 노선인 남수서진파의 대결로 보았다.

양 계파의 정책 대결은 외교적인 입장뿐만 아니라 대당전을 효과적으로 수행하는 군사 전략을 놓고 일어났을 가능성이 크다. 즉 공격과 수비전을 병행하느냐, 아니면 수비전에 치중하느냐의 문제, 수비전을 펼 경우 전선의 선택과 방어 방식을 놓고 차이가 발생할 수 있다. 이를테면 요하 전선에서 수성전을 축으로 한 육상전에 전력을 투구하느냐, 아니면 해상전을 염두에 두고 후방 해안 방위에 비중을 두느냐 등 각각 다른 전략을 추구하는 문제다. 내부의 권력투쟁은 연개소문의 반란과 정권 장악으로 일단락되었다.[161]

그런데 대수 전쟁의 경험이나 당시 전쟁의 수행 방식에 따라 대당전에 대한 고구려 내부의 인식에는 차이가 있었을 것이다. 고건무 장군(영류왕)은 황해를 직항하여 수륙양면작전을 시도하면서 평양성으로 진공해 온 수나라의 수군을 물리침으로써 살수대첩을 승리로 이끄는 데 결정적인 공헌을 했다. 따라서 이 작전을 직접 경험하고, 승리로 이끈 세력들에게 해양 방어와 내륙 수비전은 중대한 작전으로 평가되었을 것이다. 실제로 해양 이동에 의한 공격 방식은 고당전쟁에서도 현실적 작전으로 인식된 듯 당 태종과 진대덕(眞大德)의 대화에서 나타나고 있다.

"내가 군사 수만을 발하여 요동을 공격하면 그들은 필시 힘을 기울여 나라를 구하고자 할 것이니, 따로 수군을 보내어 동래를 출발하여 바닷길로 해서 평양으로 들어가 수륙군이 합세하면 취하기가 어렵지 않으리라……"[162]

이처럼 당나라가 수륙 양면군의 합동 작전을 구상한 것은 그 작전이 현

---

161) 『삼국사기』 권20 고구려본기 영류왕 25년.
162) 『삼국사기』 권20 고구려본기 영류왕 24년(641), "……遣職方郎中鎭大德答勞……帝曰 高句麗 本四郡之耳 吾發卒數萬 攻遼東 彼必傾國救之 別遣舟師 出東萊 自海道 越平壤 水陸合勢 取之不難……";『唐書』 권220 열전 제145 東夷 高麗;『資治通鑑』 권196 唐紀 12 太宗 中之中.

실성을 가지고 있음을 반증한다. 또한 상대적으로 고구려 내부의 방어전 역시 이러한 현실 인식에 기초하여 대응책을 수립할 의도가 있었음을 시사한다. 정치·군사적인 상황은 물론 전략·전술 등도 역시 해양 질서의 관점에서 비중을 두고, 수립하고자 했을 것이다. 다시 말해서 영류왕 세력은 고당전쟁의 핵심이 동아 질서의 재편 과정이며, 당이 고구려전을 촉발한 것은 동아시아의 해양 패권을 장악하기 위한 의도가 강함을 인식하고, 그 대응책 역시 해양적인 인식을 토대로 해서 수립되어야 함을 주장했을 가능성이 있다. 그들은 최소한 해양 방어의 중요성을 강조했다. 이렇게 볼 때 영류왕 등 소위 온건파가 주장한 서수남진책(西守南進策)은 그 의미가 재검토되어야 할 것으로 보인다.

서수남진책 등은 두 가지 목표를 동시에 추구하고 있었다. 하나는 당에 대하여 부분적으로 양보를 하여[163] 양국 간의 직접 충돌을 가능한 한 피하려는 것이다. 이는 당나라의 동아 질서 재편 구도 속에서 고구려의 위상에 대한 인식을 바탕으로 하고 있다. 다른 하나는 방어적인 측면이다. 직접적으로는 당의 해양을 통한 공격 가능성에 대비하고, 간접적으로는 서방으로 당과 화해를 취하면서 남방으로는 당과 백제, 신라의 연결고리를 끊으면서 외교·군사적인 압력을 가하는 것이다.

고구려는 대수전을 겪으면서 백제와 신라의 대고구려 정책이 지극히 비우호적이고 적대적인 것을 확인했다. 그러한 현실적인 상황은 결국 고구려가 황해 해상권을 장악하지 못했고, 그로 인하여 수와 백제·신라 간의 외교 통로를 허용했기 때문임을 깨달았다. 따라서 고구려의 대당전은 강경책이든 유화책이든 1차적으로는 남방 전선의 안정을 꾀하는 일이 선결 과제이고, 그것을 구체적으로 실천하는 길은 백제와 신라가 해상 진출을 못하도록 입구와 길을 봉쇄하는 것이다. 여기서 우리는 당시 고구려의 남진 정

---

163) 『삼국사기』 권20 고구려본기 영류왕 5년부터 24년조 참조.

책이 가진 본질의 한 부분을 이해할 수 있다.

고구려가 신라·백제를 공격하고, 특히 642년에 백제와 연합군으로 신라를 공격한 것은 당의 수륙군에 의해 배후를 공격당하지 않고, 또한 협공을 견제하려는 의도도 있었을 것이다. 고구려의 남진은 바로 이러한 고구려의 대당 방어전이라는 맥락에서 파악해야 한다.[164] 단순하게 신라의 영토를 일부 빼앗아 복수를 하거나, 영토를 확장한다는 의미에서 파악될 성질의 것이 아니다.

서수남진책의 의미를 보다 정확히 이해하기 위하여 고구려와 백제·신라의 관계 변화를 살펴볼 필요가 있다. 고수전쟁에서 고구려가 승리하자, 백제는 고구려에 대해 적대적이었고 수에 협조적이었던 기존의 태도를 버리고 고구려와의 화해를 강력히 시사했다. 그런 한편 당이 성립된 이후에는 꾸준히 당에 사신을 파견하여 645년 고당 1차 전쟁이 일어나기 전까지 무려 17번이나 보냈다.[165] 그런데 621년에 의미있는 사건이 있었다. 즉 백제는 당에 사신을 보내고 과하마(果下馬)를 바쳤으나[166] 당은 그에 대하여 어떠한 답례도 하지 않았다. 반면에 신라는 계속해서 후한 대접을 받았다. 당이 백제에 대하여 기본적으로 어떠한 인식을 하고 있는가를 알려 주는 사건이었다. 하지만 백제는 이후에도 당에 사신을 몇 차례 더 보냈다.

신라의 대당 관계는 이와는 사뭇 다르다. 당이 건국된 후에 사신을 보내고, 조공을 바친 이후에는 문무왕 8년까지 무려 34번의 사신을 파견했다.[167] 고구려나 백제에 비해 압도적으로 많은 숫자다. 그런 와중에도 신라와 백제의 대립은 점점 더 심각해져 갔다. 백제는 623년부터 659년까지 신

---

164) 고구려와 백제가 신라의 대당 교섭을 막은 사실(『삼국사기』 권4 신라본기 진평왕 47년 (625)), 당항성을 공격한 사실(『삼국사기』 권5 신라본기 선덕왕 11년(642) 8월, 『舊唐書』 東夷傳 新羅條), 연개소문과 김춘추의 대화에서 인용. 『舊唐書』 東夷傳 高麗條에 나오는 이현장과 연개소문의 대화.

165) 신형식, 『한국 고대사의 신연구』, 일조각, 1984, p.315.

166) 『삼국사기』 권27 백제본기 무왕 22년.

167) 신형식, 위의 책, p.315.

라를 공격하는 일을 계속했다. 636년에는 독산성(獨山城)을 공격했고, 642
년에는 의자왕이 가야 지방의 40여 성을 함락했으며,[168] 643년에는 고구려
와 화친을 맺고 함께 남양만의 당항성(黨項城)을 공격했다.[169] 한편 고구려
의 백제 침입은 나타나지 않고, 반면에 신라에 대한 침입은 증가하고 있
다. 백제와 고구려의 신라 공격은 의자왕이 즉위하고 연개소문이 등장하면
서 신속하게 동맹 관계로 발전했다.[170]

신라는 고구려와 백제로부터 공격을 받으면서 점차 위기 의식을 갖게 되
었다. 심지어 625년에는 고구려가 당에 입조(入朝)하는 길을 막는다고 여
러 번 당에 호소하기까지 했다.[171] 이것이 사실인지에 대하여 의문을 제기
하는 견해도 있으나[172] 당시의 대세를 반영한 것만은 틀림없다. 신라는 나
제동맹을 파기함으로써 발생한 힘의 공백을 적극적인 친당 외교로 메우려
했기 때문이다.[173]

한편 신라에 대한 당의 태도를 보면 삼국 가운데서 가장 우호적이었다.
특히 진평왕 43년(621)에 당 고조는 신라의 사자를 특별히 대우했으며, 답
례 사자로 온 통직산기상시(通直散騎常侍)인 유문소(庾文素)가 종5품인 것
으로 보아 당시 신라에 대하여 정치적으로 큰 비중을 두었음을 알 수 있
다. 이때 사신은 당 고조의 새서(璽書)와 그림이 있는 병풍, 비단 3백 단

---

168) 『삼국사기』 권28 백제본기 의자왕 2년.
169) 『삼국사기』 권28 백제본기 의자왕 3년 ; 『삼국사기』 권5 신라본기 선덕왕 11년.
170) 고구려와 백제가 협공으로 신라의 당항성을 공격한 사실을 말한다. 여제연화설에 대한 견해
   는 일반적으로 이해되고 있으며 노중국은 앞 논문, p.96에서 이미 무왕대부터 그 소지가 마
   련된 것으로 본다. 이에 대하여 이호영은 「신라 삼국통일에 관한 재검토」 및 「여제연화설의
   검토」에서 비판적인 견해를 나타내고 있다. 특히 「신라 삼국통일에 관한 재검토」, pp.981∼
   983에서는 신라에 의해 당에 전달된 고구려와 백제에 대한 사실들을 부정적으로 보면서 여
   제연화설은 근거가 희박하다고 주장한다.
171) 『삼국사기』 권4 신라본기 진평왕 47년 ; 『삼국사기』 권5 신라본기 선덕왕 12년 ; 『삼국사기』
   권21 고구려본기 보장왕 2년.
172) 이호영, 앞 논문, pp.981∼983.
173) 변린석, 「7세기 중엽 일본의 白江口戰 파병의 성격에 관한 고찰」, 『인문논총』 2, 아주대,
   1991, p.154.

(段) 등을 주었다.[174] 같은 해에 과하마를 바친 백제에 대해서 아무런 조치를 취하지 않은 것과 비교해 볼 때 파격적인 조치가 아닐 수 없다. 중화 질서에서 황제의 하사품이 뜻하는 의미가 매우 크기 때문에 하사품의 다과나 질의 좋고 나쁨에 따라 조공국의 정치 세력의 강약을 판단할 수가 있다.[175] 참고로 일본에 갔던 비세청은 문림랑(文林郎)으로서 종8품에 불과했다.

신라는 초기 교섭의 단계에서 나타난 결과를 보고 당의 의도를 간파했다. 양국 간의 관계는 이후 급속도로 우호적이 되었으며, 신라는 당의 영향을 받아 외교와 내정에서 적지 않은 변화를 겪었다. 신라는 우선 한민족 내부 질서, 즉 삼국 간의 관계에서 당의 간섭을 요구했다. 진평왕 47년(625)과 48년(626)의 기사를 보면 당나라 사자가 와서 고구려와 화친할 것을 말했고,[176] 선덕왕 13년(644)에는 이현장(里玄奬) 편에 국서를 보내 "신라를 공격하지 말 것이며, …… 다음해에 ……"[177]라고 구체적인 간섭을 하고 있다. 이러한 신라의 접근 태도와 당의 친선책으로 보아 신라·당 두 나라는 동아 질서를 재편하는 것에 대하여 어느 정도는 이해가 일치했을 가능성이 크다.

당 태종이 자임한 '황제천가한(皇帝天可汗)'이란 용어는 동아시아에서 통합된 남북 두 세계의 최고 군주라는 이념에 바탕을 둔 것이었다.[178] 당 태종은 고구려와의 1차 전쟁 후인 정관 21년인 647년에 철륵의 여러 부에 6도독부 7주의 기미주(羈縻州)를 설치하여 기미 정책을 시행했다.[179] 이것은 당시 당과 당 태종의 동아적 세계관이 어떠했는가를 단적으로 보여준다.

당은 첫 단계로 돌궐 등 북방 세력의 일부를 세력권 안에 편입시키고,

174) 『삼국사기』 권4 신라본기 진평왕 43년.
175) 井上秀雄, 앞의 책, p.84.
176) 『삼국사기』 권4 신라본기 진평왕 47년, 48년.
177) 『삼국사기』 권28 백제본기 의자왕 4년, 권5 신라본기 선덕왕 3년.
178) 김호동, 앞의 책, p.294.
179) 布目潮渢, 「隋唐帝國の成立」, 『世界歷史』 5, 岩波講座, 1978, pp.272~273.

다음 단계로 고구려 등 동아지중해 세력의 편입을 시도하면서, 계속 다른 지역 역시 세력권 안에 편입시키고자 노력했다. 이러한 당나라의 입장에서 고구려를 적대국으로 삼은 신라는 전략적 동맹국으로서 이용 가치가 충분했다. 당은 고구려를 견제하기 위한 세력으로서 신라를 내부적인 대항 세력으로 키우고, 고구려를 국제 사회에서 고립시키는 전략을 세운 것이다.

신라는 고구려에 적대적인 태도를 취하면서도 백제에게 40여 성을 빼앗기는 등 국란에 직면하자 김춘추로 하여금 연개소문을 만나 고구려와의 연합을 제의하게 했다. 물론 이 제의는 실패로 돌아갔다.[180] 고구려와 관계를 개선하려는 저의는 결국 당과 동맹을 맺기 위한 하나의 절차에 불과했던 것으로 판단된다. 신라의 입장에서는 고구려와 동맹을 맺기 위해서 이미 점령한 죽령 이북의 땅을 반환하는 일은[181] 현실성이 없었다. 이것은 결국 신라의 이익을 인정하지 않는다는 선언이므로 두 나라 모두 설사 일시적으로 동맹을 맺는다 해도 항구적인 결과는 되지 못했을 것이다. 그리하여 신라는 당과의 관계를 더욱 돈독히 했고, 당나라 또한 신라를 이용하여 고구려를 정복하는 전략을 세운 듯하다.

이렇게 긴박하고 복잡하게 돌아가는 국제적인 상황 속에서 추진되었던 야심찬 당의 1차 침입은 그러나 실패로 돌아갔다. 당 태종의 친정군은 요하 전선도 뚫지 못한 채 심각한 타격을 받았다.[182]

당나라는 군대를 육군과 수로군 편제로 나누었다. 수로군은 장량이 500여 척의 선단과 4만 3천 명의 군대로 내주를 출발하여 묘도군도를 통과하여 요동반도에 상륙했다. 한편 육군은 이세적이 통정진에서 요하를 건너 현도·신성 등을 공격했으나 함락시키지 못했다. 그러나 개모성을 공격하여 함락시켰고, 이어 그 유명한 요동성 공방전을 폈다. 수 양제의 친정군

---

180) 『삼국사기』 권5 신라본기 선덕왕 11년.
181) 『삼국사기』 권5 신라본기 선덕왕 11년, 열전 제1 김유신 상.
182) 『唐書』 권220 열전 제145 東夷傳 高麗條.

을 물리쳤던 요동성은 치열하게 항전했으나 끝내 10일 만에 남풍을 이용한 화공을 받고 점령당하고 말았다. 이어 당군이 백암성을 공격하러 진군하자, 성주인 손대음(孫代音)은 성을 버린 채 항복했다. 그리고 5월에 마침내 그 유명한 안시성 공방전이 벌어졌다. 현재까지 알려진 바로는 안시성은 해성시 근처에 있는 영성자산성(英城子山城)이다. 둘레가 4km에 불과한 토성으로서 당 태종의 10만 친정군을 막아내기는 역부족인 성이었다. 그럼에도 불구하고 3개월간에 걸친 공방전 끝에 결국 당군이 패함으로써 원정군 전체가 철수하는 개가를 올렸다. 당 태종은 철수를 하면서까지도 매우 어려움을 겪었다.

이 전쟁에서 철저하게 패배함으로써 당나라가 추진한 동아시아의 질서 재편 작업은 심각할 정도로 차질이 생겼다. 군사적인 패배는 외교적 우위의 상실로 이어지는 것이 상례다. 당의 패배는 신라의 믿음을 약화시킨 반

그림 5-7 | 백암성 북벽과 치(왼쪽)와 안시성 서문(오른쪽)[183]

면에 백제로 하여금 더욱더 고구려로 향하게 했다. 당의 권위가 상실되는 듯한 정황은 백제에서도 나타나고 있다. 당 태종은 고구려를 침공하기 전에 백제의 의자왕에게 사신을 보내 신라와 싸우지 말라고 권했다. 이에 의자왕은 사신을 보내 사과를 했다.[184] 그러나 645년에 당이 고구려를 침범하자 백제는 그 틈을 타서 신라를 공격, 7개 성을 빼앗았다. 당이 패전한 이후에 백제는 더욱 적극적이 되어 신라가 당과 동맹 관계를 맺고 있음에도 불구하고 계속해서 공격을 가했다.[185] 659년에는 독산(獨山)·동잠(桐岑) 두 성을 침공하는 등 신라에게 엄청난 타격을 주었다.[186]

당나라는 1차 전쟁에서 패한 이후에 잠시 사태를 관망하다가 보장왕 5년(646), 즉 정관 20년부터 준비를 하여 보장왕 6년(647)에 대군을 편성하

---

183) 신형식 외 공저, 『고구려 산성과 해양 방어 체제 연구』, 백산자료원, 2000.
184) 『삼국사기』 권28 백제본기 의자왕 4년.
185) 『삼국사기』 권28 백제본기 의자왕 7년, 8년, 9년.
186) 『삼국사기』 권28 백제본기 의자왕 19년.

여 침입을 해왔다. 신라는 여전히 고구려나 백제 등에게서 받는 군사적인 압박을 당과의 외교적인 교섭을 통해서 벗어날 수 있었다. 『삼국사기』에 실린 문무왕의 「답설인귀서(答薛仁貴書)」를 보면 이 시대의 상황이 기술 되어 있다. 이 내용에 따르면 당과 김춘추 사이에 밀약이 맺어졌음을 짐작할 수 있다.[187]

한편 왜국도 이 거대한 전쟁이 일으킨 구심력에서 빠져 나올 수 없었다. 쇼토쿠 태자가 622년에 죽고 난 후에 야마도 국가는 여러 가지 혼란을 겪는다. 경제적 토대를 둘러싼 혼란이 전국적으로 가중되고 있을 무렵, 정권 내부에서는 더 심각한 권력투쟁이 진행되었다. 결국 645년에는 다이카 개신이 일어났다. 다이카 개신의 발생은 이러한 국내적 요인 외에 국제관계도 강하게 작용했다.

당나라는 동아시아의 종주권을 확립하고, 수나라의 패배를 만회하기 위해 고구려를 공격할 것을 계획했다. 고구려는 당에 비해 전력이 전반적으로 열세였다. 따라서 당을 포위하여 주변 각국으로 하여금 외교적인 압박을 구사하도록 하는 한편, 전선을 확대하여 당의 전력을 분산시키도록 유도해야 했다. 그 정책의 일환으로서 고구려는 왜와 관계를 개선하는 데 노력을 기울였다. 두 나라 간의 교섭은 잠시 소강 상태를 보이다가 630년에 재개되었다.[188] 그 후 고구려는 전쟁의 기운이 무르익어 가는 642년과 643년은 물론이고[189] 645년 다이카 개신 직후에 전쟁이 진행되는 도중에도 사신을 파견했다.[190]

이때 당은 왜국에 대해서도 관심을 가졌으나 적극적이지는 않았다. 한편 왜는 이 전쟁과 직접적인 관계가 없었으므로 당과 우호적인 관계를 유지하

---

187) 『삼국사기』 권7 신라본기 문무왕 11년 ; 『資治通鑑』 권 201 唐紀 17 高宗 咸亨 2년.
188) 『日本書紀』 권23 舒明 2년.
189) 『日本書紀』 권24 皇極 1년, 2년.
190) 『日本書紀』 권25 大化 1년.

고 있었다. 견상어전초(犬上御田鍬)를 당에 파견했는데, 632년에 그가 귀국할 때는 당의 사신인 고표인(高表仁)과 같이 왔다. 또한 유학승들과 유학생들이 당에 거주하면서 이들을 통해 당의 문화와 정치적인 능력을 수용했다. 반면에 전쟁의 당사자인 고구려는 물론 백제·신라와도 빈번한 외교관계를 가졌다. 이러한 국제정치의 진행 과정에서 왜는 현실적이고 명분을 잃지 않는 외교적 입장을 견지해야 했다. 이처럼 대외적으로는 위기관리 능력이 극대화되어야 하는 상황임에도 불구하고, 내부적으로는 왕권이 미약해지고 소가우지(蘇我氏)의 전횡 등으로 혼란이 심각해지자 필연적으로 정계개편의 필요성이 대두되었다. 이 무렵 고구려에서 발생한 연개소문의 정변은 개혁 세력에게 자극을 주었다.[191]

다이카 개신을 추진한 세력들은 정치적으로 다양한 성격을 갖고 있었다. 계획을 주도한 나가노오에노 왕자(中大兄皇子, 후에 天智 천황이 됨)는 친백제계 인물로서 후에 항복한 백제를 위하여 부흥군을 파견하는 데 주도적인 역할을 했다. 직접적으로 개혁에 참여한 사람들 가운데 다카무코 노구로마로(高向玄理), 미나부치 노시요우안(南淵請安) 등은 수와 당의 유학생들이었다. 이들 가운데에는 신라의 도움을 받아서 당과 교섭한 사람도 있다.[192] 다이카 개신 이후에도 신라의 영향은 있었던 듯, 사실 여부를 확인할 수는 없으나 『일본서기』에는 김춘추가 도일한 모습까지 나타난다.[193]

그런데 대화개신에는 고구려의 영향도 컸다. 준비 과정에서부터 새로 등장한 집권층에 이르기까지 고마노무라지(大伴狛連) 등 고구려 사람, 혹은 친고구려계 사람들이 많았다. 개신 원년(645)에 불교의 중흥을 위해 새로 임명된 10명의 승려 가운데 고마노다이호우시(沙門狛大法師)인 복량(福亮),

---

191) 조희승, 앞의 책, p.180.
192) 『日本書紀』 권23 舒明 11년 秋9월, "大唐學問僧 惠隱惠雲從新羅送使 入京"; 『日本書紀』 권23 舒明 12년 冬10월, "大唐學問僧淸安學生 高向漢人玄理 傳新羅而至."
193) 『日本書紀』 권25 大化 2년 9월, "遣小德高向博士黑麻呂於新羅 而使貢質任那之調"; 大化 3년 12월, "新羅遣上臣大阿飡金春秋等 送博士小德高向黑麻呂小山中中臣連押能……."

사주(寺主)인 도등(道登)은 고구려계다. 개신 후의 두 나라 관계도 매우 우호적이었다. 개신이 일어난 직후에 고구려 사신이 왔으며, 계속해서 646년, 647년에도 사신이 왔다.[194] 656년에는 많은 숫자의 사신단이 와서[195] 두 나라 사이에 상당히 적극적인 외교 관계가 이루어졌음을 알 수 있다. 적어도 이 시기까지 왜국의 태도는 친백제적이고 고구려적인 면이 있으나 주변부 국가로서 등거리 외교를 현명하게 추진하고 있었다. 하지만 왜국은 동아시아의 질서가 재편되는 냉엄한 과정의 중심으로 점점 빨려들고 있었다.

그러면 1차 공격에서 참패를 하고 그토록 후회를 했던[196] 당 태종이 왜 죽을 때까지 2회에 걸쳐 바다를 건넌 공격을 감행했을까?[197] 그것은 직접적으로는 영토를 확대하려는 정복욕과[198] 친정군이 실패한 데 대한 수치심을 떨치고 복수전을 펴기 위해서였다. 그러나 거시적인 관점에서 볼 때 이 전쟁은 국제 질서의 재편과 동아지중해의 장악을 둘러싸고 고구려와 통일 중국과의 갈등에서 필연적으로 발생할 수밖에 없었다. 하지만 당나라가 이 전쟁에서 패배함으로써 당 주도의 동아 질서 재편 작업에는 차질이 생기고 말았다.

군사적인 실패는 정치 · 외교적인 우위의 차질 역시 수반하므로 당의 패전은 정치적 권위의 상실로 이어졌다. 실추된 당이 권위를 회복하려는 시도는 이후에 651년 의자왕이 사신을 보냈을 때 백제 사신에게 신라로부터 빼앗은 성들을 돌려주지 않으면 군사를 내어 공격하겠다고 협박한 데서도 나타나고 있다.[199]

---

194) 『日本書紀』 권25 大化 2년, 3년.
195) 『日本書紀』 권26 齊明 2년.
196) 『舊唐書』 권3 本紀 제3 太宗 下 ; 『資治通鑑』 권197 唐紀 13 太宗 中之下.
197) 『삼국사기』 권22 고구려본기 보장왕 하(下) 6년, 7년 ; 『唐書』 권2 本紀 제2 太宗 貞觀 21년조.
198) 『舊唐書』 권220 열전 제145 東夷 高麗.
199) 『삼국사기』 권28 백제본기 의자왕 11년.

2. 해양 활동을 통해 본 고구려의 외교 전략

앞에서는 고당전쟁이 발생한 배경과 원인을 이해하기 위하여 고구려·당을 중심으로 동아시아의 역학 관계를 국제 질서라는 측면에서 살펴보았다. 여기에서는 고구려의 구체적인 당나라 대응책을 한반도 내부인 삼국의 역학 관계 및 외교 전략과 관련시켜 살펴보면서 해양과의 관련성을 찾고자 한다.

고수전쟁은 고구려로 하여금 외교전의 중요성과 그것이 해양 활동과 긴밀한 연관 관계를 맺고 있다는 사실을 새삼 인식하게 만들었다. 즉 백제와 신라가 수에게 고구려의 토멸을 요청하고, 전쟁 과정 중에 남부 전선을 불안하게 만든 사실은 당과 전쟁을 하기에 앞서 남부 전선과 관계를 확립하는 데 역점을 두게 한 커다란 교훈이 되었다.

당나라와의 전쟁이 현실로 되면서 고구려는 새로운 외교 전략을 수립하는 일이 당면 과제로 등장했다. 고구려는 당에 비하여 전력이 열세였다. 때문에 주변의 여러 나라들로 하여금 당을 포위하여 외교적인 압박을 구사하는 한편, 전선을 확대함으로써 당이 전력을 분산시키도록 유도해야 했다. 즉 당이 완전한 패권 장악을 단계적으로 실천해 가는 의도를 깨려면 당의 총체적인 전력을 분산시키는 외교·군사 전략을 추진해야 했다. 이러한 목표를 실현하려면 기존의 것과 다른 새로운 외교망의 구축이 필요했다. 그것은 1차적으로 한반도 내부에서 전선을 안정시키는 일이고, 2차적으로는 북방 전선을 안정시키거나 혹은 공조 관계를 구축하는 일이다.

고구려가 접하고 있는 전선은 물리적인 방향과 종족, 문화 및 정치 질서가 일치되면서 세 개의 전선으로 구분되어 있었다. 먼저 남부 전선은 한반도 내부에 형성된 전선으로서 백제와 신라를 경계로 하고 있었다. 북부 전선은 강력한 군사력을 갖고 있는 북방 유목 종족과 마주하고 있었다. 그리고 서부 전선에는 현실적으로 적대적인 관계에 있는 당이 있었다. 이 세 개의 전선은 기본적으로 모두 고구려에 대해 비우호적이었고, 언제든지 적대적인 관계로 변할 수 있는 상황이었다. 그렇다고 고구려가 세 개 전선 모두에 긴장을 유발시키며 전쟁을 수행할 수는 없었다. 당시에 당면한 주 전선은 서부 전선이므로, 일단은 북부 전선과 남부 전선을 안정시키는 작업이 필요했다.

이때 고구려가 취해야 할 현실적인 전략은 우선 한반도 내부에서 남부 전선의 안정을 꾀한 후에 전선의 단일화를 이루는 것이었다. 다시 말해서 백제와 신라를 고구려의 영향권 안에 편입시키고, 그들과 당의 연결고리를 차단하는 대책을 세우는 것이 급선무였다. 그런데 남부 전선의 경우에는 이중적인 부담을 지니고 있었다. 즉 신라·백제와는 오랜 기간 전쟁으로 인하여 비우호적인 관계였고 상황의 전개에 따라서는 언제든지 전쟁에 돌입할 수 있었다. 심지어는 당의 동맹군으로 변신하여 고구려를 배후에서 압박하는 세력이 될 수도 있었다.

그런데 다행스럽게도 백제와 신라는 2차 나제동맹이 깨진 뒤로는 서로 매우 적대적인 관계가 되어 버렸다. 그리하여 한반도의 질서는 풀기 어려울 정도로 복잡해졌다. 고구려가 처한 상황과 당시의 국력으로는 두 국가를 군사적으로 제압해서 자국의 세력권 안에 비자발적으로 편입시키거나, 또는 두 국가 간의 역학 관계를 조정하면서 중재해야 했지만 고구려는 그러한 능력이 부족했다. 따라서 이러한 난처한 딜레마에 처한 고구려는 백제와 신라 가운데 한 나라를 우군으로 선택해야만 했다. 그 선택은 결국 고구려의 외교 전략 및 군사 전략과 직결되는 문제였다.

고구려가 취할 수 있는 외교 전략에는 여러 가지 가능성이 있었다.

먼저 고구려와 신라가 동맹을 할 경우를 상정해 보자. 이 경우, 백제는 신라와 적대적인 관계에 있으므로 당과 연합할 가능성이 높아진다. 그리고 당과 백제의 연합은 백제와 왜의 친연 관계로 보아 당과 왜의 간접적인 연결로 이어질 가능성이 높다.[200] 수나라가 성립한 후에 쇼토쿠 태자가 수나라에 보낸 국서에서 보이듯[201] 왜는 이미 강한 자주 의식을 가지고 있었으며, 국제 사회에서 자기 위치를 상승시키려고 노력하고 있었다.[202] 따라서 당나라에도 초기부터 사신을 보냈으며[203] 당 또한 왜에 대해 정치·군사적 비중을 둔 듯 사신들을 파견했다.[204] 물론 앞에서 본 것처럼 고구려도 왜를 우군으로 끌어들이기 위해 여러 가지 외교 정책을 취했다. 그래서인지 고구려와 당이 첨예한 긴장 관계를 유지하고 있던 이 시기에는 왜와 당과의 교섭이 중단되었다.

만약 위의 구도가 형성될 경우, 당나라측이 가진 해양 활동 범위는 황해 북부의 당 세력권, 황해 남부의 백제 활동권, 백제 세력권에 속하는 제주도와 일본열도에서 동중국해 북부에 이르는 광범위한 지역이 된다. 즉 황해 북부의 고구려 영역을 제외한 황해의 전 영역이 반(反)고구려 전선을 구축하게 된다. 특히 왜는 백제의 수군과 연합하여 신라의 해안이나 고구려의 동해안으로 상륙할 가능성도 있었다.[205] 고구려 지역으로 몰래 상륙하는 작전은 이미 광개토대왕 14년조에 나타난 대방계 침입 때 실현되었기 때문에 규모와 방식의 차이는 있으나 시도될 가능성이 충분히 있었다. 앞에서 언급한 대로 해류와 바람을 이용할 경우에는 결코 어려운 항해가 아니다.

---

200) 김현구, 「고대 한(신라)·일 관계의 일고찰」, 『대동문화연구』 23, 1989, pp.309~311에서는 다이카 개신 전의 백제와 다이카 정권과의 군사적 관계는 용병 관계였으며, 이후 다면 외교로 전환되었다고 해도 소가우지가 정권을 장악하고 있어서 기본적으로는 백제와 깊은 관계를 가지고 있었다고 한다.

물론 왜가 반드시 백제와 동일한 입장을 취한 것은 아니다. 왜가 다이카 개신 이후에 백제와의 관계를 잠시 유보하고 신라와 교류를 맺은 것은 백제의 영향을 강하게 받고 있지 않았음을 보여준다(신형식, 『신라사』, 이화여대 출판부, 1988, pp.209~210).

한편 김현구, 위 논문, pp.313~315에서는 다이카 개신을 계기로 신라·일본·당 삼국 협력체제가 성립된 것으로 파악하고 있다.

201) 『日本書紀』 권22 推古 22년.
202) 井上秀雄, 앞의 책, p.52.
203) 『日本書紀』 권23 舒明 2년.
204) 『日本書紀』 권23 舒明 4년.
205) 신형식, 앞의 책, p.212.

더욱이 『신당서(新唐書)』에 따르면 당 고종은 왜에게 신라를 위해 출병할 것을 요구한 사실도 있다.[206] 이러한 관계는 이미 632년에 당의 사신인 고표인이 청했으나, 이를 소가우지 정권이 거절했다는 견해도 있다.[207] 이는 그것의 성사 여부를 떠나 왜가 한반도에 출병할 수 있는 해양 능력을 갖추었고, 당도 그것을 인정했다는 객관적 현실을 반증하는 것이다.

이러한 유리한 환경 조건에서 만약 백제와 당 수군의 연합 작전이 개시될 경우, 고구려는 전략적으로 매우 위험에 처하게 된다. 평양성은 해양을 통해서 간접적으로 전선에 노출되어 있다. 남양만 등 경기만의 일부 지역이 신라에게 점령되었다고 하나 백제는 해양적 전통이 강한데다 금강 하구를 중심으로 해양 세력이 건재하리라는 것은 필지의 사실이다. 만약 백제가 당과 해상 연합 작전을 시도한다면 경기만의 근해를 우회하여 북상한 다음 옹진반도에 상륙하여 재령을 거쳐 평양성으로 향하거나, 직접 현재의 남포만으로 진입하여 대동강 하구 깊숙이 들어갈 수가 있다. 백제는 이와 비슷한 해양 작전을 이미 414년에 왜와 함께 고구려 공격에 활용한 바 있다.

당나라 수군도 마찬가지 조건을 갖추고 있었다. 이미 수나라는 황해를 직항해서 상륙한 다음 평양성 가까이까지 진격했고, 당나라 또한 수군으로 요동반도의 해안들을 공격하고 점령했던 전력이 있었다. 따라서 조건만 맞으면 대규모 군선을 동원하여 손쉽게 황해 북부를 횡단하여 상륙 작전을 수행할 능력이 있었다. 결국 이러한 원거리 이동 상륙 작전은 후에 신라와 연합하여 수행되었다. 그런데 해상전이란 해상에서의 작전 능력만으로는 부족하다. 육지에서 지상전과 연관성을 가져야만 공격과 수비에서 그 막강한 위력을 발휘할 수 있다. 그런데 고구려는 육지로부터도 백제와 당의 협

---

206) 『新唐書』 권220 열전 145 日本, "······時新羅爲高麗百濟所暴 高宗賜璽書 令出兵援新羅."
207) 김현구, 「일당 관계의 성립과 나일동맹」, 『김준엽 교수 화갑 기념 중국학 논총』, 1983, p.562.

공을 받을 수가 있다. 이러한 여러 가지 조건을 고려할 때 고구려와 신라의 동맹은 일단 문제점이 노출된다.

이런 점에서 김춘추의 대고구려 외교가 실패한[208] 배경에는 고구려의 이러한 현실 인식이 작용했을 가능성이 크다. 사료에 나타난 바로는 연개소문이 오로지 죽령 이북의 실지를 요구해서 당시의 국제 질서에 대한 고려는 물론 신라와 백제를 외교적으로 대하고 있지 않은 것처럼 보인다. 그러나 그는 국제 질서의 현실을 인식하고 외교적으로 정책을 집행했다. 당과의 결전이 임박했음에도 당으로부터 도교를 수용하고, 도사(道士)를 받아들이는 등 유연한 모습을 보였다.

둘째, 고구려와 백제의 연합이 이루어지는 경우를 상정해 보자.

이 경우에 신라는 당연히 당과 연합하여 고구려와 백제의 협공에 대응하고자 할 것이다. 특히 신라는 진흥왕 이래로 한강 하류 지역을 장악하여 고구려와 백제의 연결고리를 차단하고 있었을 뿐만 아니라 대중국 교통로인 남양만을 활용하여 삼국 간의 역학 관계에 변화를 일으켰다.[209] 신라가 경기만을 장악한 사건은 엄청난 의미를 지닌다. 동아지중해의 역학 관계는 물론 외교 형태에도 상당한 변화를 가져왔다. 남양만은 황해 북부를 장악한 고구려의 견제와 해상 통제를 피하고, 백제의 수군도 피하면서 당과 교섭할 수 있는 매우 유리한 위치에 있다. 고구려는 이 지역을 빼앗겼고, 백제 또한 신라의 배반으로 결국은 회복하지 못했다. 『대동지지(大東地志)』는 남양 연혁조에서 남양을 본래 백제의 당항성으로 기록하고 있다.

신라는 이곳을 대당 교통로로 활용하면서 국제적인 위상을 높였으며, 한류도 내의 역학 관계를 변화시키는 데 이용했다. 때문에 선덕왕 11년에 백제와 고구려는 공모하여 당항성을 취함으로써 당나라에서 돌아오는 길을

---

208) 『삼국사기』 권5 신라본기 선덕왕 11년.
209) 신형식, 앞의 책, p.278 ; 노태돈, 「고구려의 한수 유역 상실의 원인에 대하여」, p.29, 『한국사 연구』 13, 한국사연구회, 1976, p.29.

끊고자 했다. 『삼국사기』를 보면 신라의 문무왕 8년에도 유인궤(劉仁軌)가 당항진에 도착했다. 이렇게 중요했던 당성은 신라가 757년(경덕왕 16년) 12 월에 이르러 전국에 있었던 9주의 군현 명칭을 중국식으로 고치면서 당은 군(唐恩郡)으로 이름을 바꾸었다. 그 후에도 이곳은 대당 교통에 매우 중요 한 지역이었다. 가탐이 쓴 『도리기』에서 "진왕석교·마전도·고사도·득물 도를 지나 천 리를 가면 압록강에 이르는 당은포구에서 동남 육행 700리를 가면 신라 왕도에 이른다"는 기록이 있다. 당시의 항구가 당은포였음을 알 수 있다.[210]

  황해 진출을 통해서 이미 국제 질서 속에 편입한 신라가 국내적인 위기 를 국제 관계 속에서 타개하려는 시도는 극히 자연스러운 일이다. 신라는 한강 하류의 육지와 해상을 동시에 활용하면서 고구려와 백제가 연합할 경 우 두 나라의 연결고리를 끊고, 당과의 연합을 추진할 것이다.[211] 그리고 북으로 공격하거나 수군력을 활용하여 고구려의 서해변 혹은 동해변으로 상륙할 가능성도 있다. 여기서 신라가 645년에 당군에게 원군을 보냈다는 기사[212]는 양국의 행동 반경과 태도 인식에 일정한 시사점을 제공한다.

  그런데 고구려와 백제의 동맹은 황해의 해상권이 고구려의 해역으로 편 입되는 것을 뜻한다. 이 일이 적극적으로 추진될 경우에는 신라의 대당 교 통과 해양 연합 작전을 봉쇄할 수 있다. 또한 왜와 연결이 용이해져 남북 으로 길게 해양 연합전선이 구축되어 대당 포위 전략이 가능하고, 당의 남 부를 교란할 수도 있을 것이다. 물론 이것은 왜와 고구려, 백제의 해상 작 전 능력이 뛰어난 상황을 전제로 한 것이다. 이렇게 백제·신라 양국과의

---

210) 822년인 헌덕왕 14년에 수성군에 합쳤다가, 다시 829년(흥덕왕 4년) 2월 이곳에 진을 두어 군사적 의미를 강조하면서 당성진이라 했다. 고려와 조선 시대에도 중요한 역할을 했다.
211) 신라의 대당 접근을 간파한 고구려의 방해는 다음과 같은 기록에서 나타난다. 『삼국사기』 권4 신라본기 진평왕 47년(625), 권5 선덕왕 11년(642).
212) 『삼국사기』 권5 신라본기 선덕왕 14년 ; 『舊唐書』 권3 本紀 제3 太宗下 貞觀 19년 ; 『唐書』 권 220 열전 145 東夷傳 新羅.

외교 관계에 따른 이해 득실을 고려해 볼 때, 고구려로서는 백제와 동맹하는 일이 유리하다는 판단을 했을 것이다.[213] 그 사실은 642년 8월 백제가 고구려와 공모하여 당항성을 취하여 신라의 대당 교통로를 끊으려고 한 사실에서도 알 수 있다.

두 번째로 고구려는 한반도뿐만 아니라 북방과의 관계에서도 외교 전략을 수립해야 했다. 고당전쟁은 국제전이고, 동아 전체의 질서 개편이 목적이므로 북부 전선에서 북방 국가들과 관계를 설정하는 일은 전쟁의 추이와 성격에 매우 민감한 요소로 작용한다. 돌궐과 당나라 초기에 고구려는 두 나라의 내부 사정에 따라서 각각 유리하게 외교 관계를 맺으면서 전선의 안정을 꾀하고 있었다. 그 당시 돌궐은 동으로 거란, 서로는 토욕혼과 고창국을 신속시키며, "控弦百萬戎狄之盛, 近代未之有也"라 할 정도로 패자가 되었다. 당 고조가 수나라 말의 반란기에 돌궐의 도움을 얻기 위하여 칭신(稱臣)까지 한 것을 비롯해, 당은 적어도 621년까지는 돌궐에게 신사(臣事)를 계속하고 있었다. 이후 625년까지 돌궐을 적국으로 생각했던 당은 심지어 624년에 돌궐의 침입으로 관중(關中)이 위험해지자 천도까지 논의할 정도였다.[214] 그러나 당은 분할 정책을 써서 돌궐을 결국 동돌궐과 서돌궐로 분리시키고 무력으로 대응했으며, 결국은 동돌궐·서돌궐을 차례로 정복했다.

뿐만 아니라 당은 고창국·토번 등을 차례로 정벌하여 고구려의 주변 국가들을 당나라의 세력권 아래로 편입시켰다. 또한 고구려와의 중간에 있었던 거란과 해(奚)를 복속하여 고구려를 포위하게 되었다. 실제로 당 태종은 장손무기(長孫無忌)와의 대화에서 거란과 말갈을 동원해서 고구려를 칠 것을 말하고 있다.[215] 또한 수나라에 속했던 말갈을 이용하여 고구려에 속

---

213) 『삼국사기』 권5 신라본기 선덕왕 11년.
214) 박한제, 앞 논문, pp.25~26.
215) 『삼국사기』 권21 고구려본기 보장왕 2년.

한 말갈을 치도록 하는 이른바 '이당지말갈제고구려지말갈(以唐之靺鞨制高句麗之靺鞨)' 하는 태도를 가졌다.[216]

이러한 당시의 국제 환경을 볼 때 고구려는 돌궐 등 북방 세력과 연합할 가능성이 적었으나 북방 관계에서 특별한 노력을 기울일 필요는 있었다. 연개소문은 당의 후방을 치기 위하여 설연타와 외교 교섭을 진행, 당 태종이 고구려를 치고 있을 때 설연타군이 당의 북방을 공격하기도 했다. 이 때문에 고구려를 공격하는 군 가운데 일부를 빼돌려 견제하기도 했다.[217] 그럼에도 불구하고 고구려의 대북방 외교는 적극적이지 못했고, 효력을 거두지 못했다.

이처럼 당시에 형성된 역학 관계의 기본은 고수전쟁 당시와 유사했으나, 전선은 더욱 확대되기 시작했다. 고구려와 북방 간의 연결이 약해진 반면 백제가 고구려에 접근함으로써 남북을 한 편으로 하는 전선이 구축되었다. 그러면 고구려가 이러한 외교 전략을 구사하면서 반당 전선을 구축했을 경우, 당으로서는 어떠한 외교 전략을 구사하는 것이 바람직했을까?

물론 당나라의 기본적인 목표는 삼국의 분열이었고, 궁극적으로는 고구려의 정벌이었다. 고수전쟁에서 수나라가 패한 원인 중에는 백제·신라 등과 전개한 외교 관계가 실질적으로 도움을 주지 않았던 것도 작용했을 것이다. 백제가 수나라에게 향도를 자청한 것[218] 등은 수가 대고구려전을 추진하는 데 부딪치게 되는 약점을 보완하려는 의미로 판단된다. 하나의 추정은 수나라의 육상 진공로에 대한 조력일 가능성이다. 요하 유역이 험로이고 습지가 많아서 통과하는 데 어려움이 많은 것은 전쟁 과정에서 증명되었으며, 패인을 분석할 때도 나타났다.[219] 또 다른 추정은 수나라가 벌인

---

216) 김선욱, 「고구려의 수당관계 연구」, 『백제연구』 16, 1985, p.16.
217) 손영종, 『고구려사』 하, p.214.
218) 『삼국사기』 권27 백제본기 위덕왕 45년 9월, "…… 入隋朝獻, 王聞隋興遼東之役, 遣使奉表, 請爲軍道……"(『隋書』 권2 帝紀 제2 高祖下 開皇 18년조 ; 『北史』 권11 隋本紀上 제11 高祖文皇帝 開皇18년조).

작전이 수륙 양면군의 활용이었던 만큼 해양상의 조력을 의미한 것일 수도 있다. 이를테면 황해 직항로에 대한 안내라든가, 고구려 서해안에 상륙할 경우에 직면하게 될 해양 방어 체제, 해로, 상륙 지점 등 해양 전략과 관련된 지리에 관한 안내일 수가 있다.

이러한 상황은 당에게도 동일하게 적용되었을 것이다. 따라서 당은 수나라의 전철을 밟지 않고 전선의 열악한 조건을 보완하기 위해서는 한반도에 있는 고구려의 배후 세력을 자기 세력권 안으로 끌어들이는 작업이 매우 필요했다.[220] 특히 해양 전략의 효용성을 인식한 당으로서는 이를 보다 효과적으로 활용하기 위해 백제를 멸망시키거나, 아니면 자기 편으로 끌어들여야 했다. 만약 백제·왜와 연합해서 광범위한 해상 세력을 구축할 경우, 고구려를 수륙 양면으로 공격하는 것이 용이하다. 더구나 전쟁이 끝난 후에 신질서를 구축하는 과정에서 왜와의 관계를 염두에 둔다면 백제와 연합하는 일이 더욱 바람직했을 수도 있다. 다음의 사실들은 당이 그러한 의도를 가졌음을 내보이고 있다.

백제의 무왕이 당나라에 사신을 보내(626) 명광개(明光鎧)를 바치면서, 고구려가 길을 가로막아 상국을 내방할 수 없게 한다고 호소하니, 당나라의 고조는 산기상시 주자사를 파견하여 고구려와 백제가 싸우지 말 것을 요구했다.[221] 이때 당나라는 고구려·백제·신라의 갈등을 조정하는 조정자의 역할을 과시하면서 동시에 백제와의 우호 가능성을 염두에 둔 것 같다. 백제에 대한 우호적 표시는 그 뒤로도 계속된다. 무왕 38년(637) 12월에 왕이 금갑(金甲)과 조부(雕斧)를 바치니 당 태종은 금포(錦袍)와 채백(彩帛)

---

219) 『隋書』 권81 열전 제46 東夷傳 高麗 ; 『唐書』 권220 열전 제145 東夷傳 高麗.
결국 당 태종군의 퇴각시 요택에서 병력의 상당 부분을 잃어버린 사실 등은 요하 전선의 교통 문제가 심각했음을 입증한다.

220) 당은 이러한 이이제이 전략을 잘 구사했다. 설연타의 난이 일어났을 때 설연타의 이 난을 책봉하여 동맹한 뒤, 630년에는 돌궐을 공격하여 카칸을 생포하고 동돌궐을 멸망시켰다.

221) 『삼국사기』 권27 백제본기 무왕 27년.

30단을 주었다.[222] 그러나 당은 백제를 번국(蕃國)으로, 신라는 번신(藩臣)으로 표현하고 있는 것으로 보아 신라에 더 접근한 것이 아닌가 생각된다.[223]

644년에 당나라의 이현장이 백제와 고구려에 온 표면적인 이유는 고구려와 백제가 신라를 공격하지 말 것을 요구하는 조정자로서의 위엄을 과시하기 위해서였다.[224] 하지만 한편으로는 전쟁을 일으키기 직전에 당과 고구려·백제와의 관계를 최종적으로 정리하려는 목적이 있었다. 이밖에도 내정을 정탐하는 한편 백제로 하여금 우호적인 입장을 갖도록 하려는 의도가 있었다. 물론 백제도 이러한 의도를 가지고 당의 의중을 탐색했을 가능성이 있다.

전쟁이 일어나기 직전에 고구려와 당을 둘러싼 백제와 신라의 외교적인 노력이 긴박하게 벌어졌다. 전쟁이 일어나자 백제는 고구려의 대당전에 군사적인 도움을 직접 주지는 않았지만, 당을 도와 군사를 파견한 신라의 허를 공격함으로써 입장을 소극적으로 표명했다.[225] 결국 고구려와 백제는 서로를 선택했고, 신라는 해양 능력을 바탕으로 당과의 연합을 능동적으로 원했으며, 당은 신라와 연합하는 것을 택한 것이다. 621년 신라가 조공한 이후 당이 신라를 극진하게 환대했고, 비중 있는 신하가 신라를 방문한 일은 이미 초기부터 당이 친신라 정책을 취했음을 짐작케 한다. 물론 중간중간에 각국 간의 관계에 변동이 있었던 것은 사실이다. 예를 들면 신라의 대당 외교가 잠시 주춤했던 시기도 있었다. 그러나 당나라로서는 삼국 중에서 가장 열세에 놓여 있고, 지정학적으로도 전략적 동반자가 될 수 있는 신라와 손을 잡는 것이 유리했으며, 신라에게 희생적 부담을 강요하기도

---

222) 『삼국사기』 권27 백제본기 무왕 38년.
223) 김선욱, 「백제의 수당관계 소고」, 『百濟研究』 15, 1984, p.122.
224) 『삼국사기』 권28 백제본기 의자왕 4년.
225) 『삼국사기』 권5 신라본기 선덕왕 14년 ; 『삼국사기』 권28 백제본기 의자왕 5년.

용이했을 것이다.

신라는 당나라에 유학생과 승려들을 보낸 것을 비롯해 642년에 연달아 사신을 보내, 당 태종에게 고구려와 백제가 협공하여 당나라로 통하는 길을 막는다고 말했다. 이어 643년에는 군사를 파견해 줄 것을 요청했다.[226] 바로 이때 당 태종은 해로를 통해 대규모의 군선으로 백제를 정벌할 수 있다고 말함으로써 해양 작전이 현실화될 수 있음을 예고했다. 이렇게 양국 간에 이해가 일치되고 활발하게 외교가 전개된 것은 결국 신라의 해양 활동 능력이 부족했다면 불가능한 것이다. 이렇게 해서 그 과정은 비록 명확하게 드러나지 않았지만 동아시아에는 광범위한 전선이 형성되었다. 그러나 이 전쟁은 아직까지도 고구려와 당 간의 싸움이었고, 주변 국가들이 적극적으로 참여한 것은 아니었다.

고당전쟁의 1차전은 645년에 시작되어 고구려의 승리로 끝났다. 이로 인하여 고구려는 동아시아에서 위상이 높아졌다. 특히 고수전쟁에 이은 연속적인 승리는 단순히 전쟁운이 있었다거나 전략·전술이 우수했기 때문만은 아니다. 이는 대국을 상대로 장기전을 치를 수 있을 만한 국력을 충분히 보유하고 있었음을 반영한다. 또한 고구려의 전시동원 체제가 상당히 체계적이었고 효율적으로 이루어진 현실을 간접적으로 반영한다.[227] 고구려는 빛나는 승리를 거둠으로써 주변국들에 대한 위치가 부상했고 강한 발언권을 갖게 되었다.

한편 당을 도와 고구려의 후방을 공격했던 신라는 전후에 발생하는 불리한 상황들을 타개할 목적으로 절박하고 다양한 외교 접근을 시도했다. 비담(毘曇)의 난 이후에 등극한 진덕왕은 대왜 접근을 시도했다. 『일본서기』에는 647년에 김춘추가 왜에 파견되었다고 기록되어[228] 당시의 긴박했던

---

226) 『삼국사기』 권5 신라본기 선덕왕 12년.
227) 박경수, 앞 논문 참조.
228) 『日本書紀』 권25 孝德天皇 大化 3년조.

상황과 복잡한 질서 재편의 과정을 추측케 한다. 김춘추가 왜국을 방문했다는 기록은『삼국사기』에 없으므로 사실의 신빙성이 의심되기도 하지만,[229] 당시 각국 간에 벌어진 활발한 해양 교류와 신라가 처했던 다급한 현실로 볼 때 신라의 외교는 어떠한 형태로든 있었을 것이다.[230] 648년에 아들과 함께 당으로 간 김춘추는 예복을 당의 제도에 따라 고칠 것을 청했을 뿐만 아니라, 중대한 외교적 행각을 했음이 틀림없다. 이때 당에서 귀국하던 김춘추는 바다에서 고구려의 순라군을 만났으나 무사히 빠져 나왔다. 한편 고구려와 당 사이에서 비교적 애매한 입장을 표명했던 백제는 이제는 분명하고 적극적인 자세로 신라를 공격함으로써 당의 권위에 도전하는 모습을 보였다.[231]

고구려는 자신감을 바탕으로 왜와 적극적으로 교섭했다. 645년은 물론이고, 간헐적으로 전쟁을 하고 있는 도중인 646년과 647년에도 계속해서 사신을 파견했다.[232] 그 후 잠시 뜸했으나 654년부터 재개했다.[233] 특히 사이메이[齊明] 2년조의 기사는 사신의 명칭과 직위, 81명이라는 인원수 등이 명확하게 기록되어 있어 해양 교섭이 본격화되었음을 알려 준다.[234]

645년에 대규모 전쟁을 끝낸 양국은 잠시 소강 상태를 보이다가 당군의 공격이 재개되어 659년까지 지속되었다. 물론 이 기간에 신라와 당의 관계는 더욱 긴밀해졌다. 심지어 진덕여왕은 비단을 짜고 태평송을 지어 무늬

---

229) 이홍직,『한국 고대사의 연구』, 신구문화사, 1987, p.200.
　　　이호영은『신라 삼국 통합과 여제 패망 원인 연구』, 서경문화사, 1997, p.139에서 의문의 여지가 있다고 했다.
230) 신형식,『신라사』, 이화여자대학교 출판부, 1988, pp.209~210.
　　　김현구는「일당 관계의 성립과 나일동맹」, pp.567~569에서 나일동맹이 맺어졌다고 하면서 김춘추의 도일은 이러한 작업을 목적으로 한 것으로서, 648년 다이카 정권이 보낸 표는 김춘추가 전한 것이라고 주장한다.
231)『삼국사기』권28 백제본기 의자왕 7년, 8년, 9년. 계속해서 신라를 공격한다.
232)『日本書紀』권25 孝德天皇 大化 원년, 2년, 3년조 참조.
233)『日本書紀』권25 孝德天皇 白雉 5년조. 권26 齊明 1년, 2년조.
234)『日本書紀』권26 齊明 2년.

를 새겨 바치며 고종의 치세를 극찬했다. 그리고 숙위(宿衛) 외교를 시작했다. 그러한 상황 속에서 660년에 이르러 나당연합군이 백제를 공격함으로써 고당전쟁은 이른바 삼국통일전쟁이라는 고구려·백제·신라·왜 등이 참여한 국제대전으로 확대되었다.

위에서 살펴본 것처럼 동아시아의 국제 관계는 해양과의 관련성 속에서 외교 전략이 설정되고 전쟁 구도가 무르익어 갔다. 전쟁 발발의 원인과 과정에 대해서는 여러 가지 면에서 지적되고 있으나, 위에서 전개한 논지에서 볼 때 해양 활동은 매우 중요했고 의미를 가진 것으로 판단된다. 효과적이며, 신속한 정보를 수집하고, 정책을 집행하기 위해선 교통과 통신을 원활하게 해주는 해양 활동 능력이 중요했다. 1차 고당전쟁에서 고구려가 비록 승리했지만 그 후에도 백제·왜와의 연합이 긴밀하게 이루어지지 못한 것은 해양 활동의 한계로 접촉이 자주 없었고, 그에 따라 전략·전술의 수립과 공동 대응이 비효과적이었기 때문으로 판단된다. 또한 양국 사이에 운명공동체적 의식을 심어 주지 못했다.

3. 고당전쟁의 군사적 특성과 해양 활동

고당전쟁은 동아시아에서 일반적으로 전개되던 양상과 달랐다. 먼저 전쟁에 참여하는 당사국들이 늘어났고, 그 관계도 단순한 형태가 아니라 상호 이익에 따라 변화하고 상황의 전개에 따라 중첩되기도 하는 형태로서 국제전적인 성격이 더욱 강화되었다. 그에 따라 지정학적 위치상 필연적으로 해양 활동의 비중이 높아졌다. 당나라가 건국되면서부터 이미 한반도를 비롯한 동아시아 각 나라 사이에는 치열한 외교전과 국지전이 벌어지고 있었다. 국지전의 양상은 결국 고구려·당의 대결 구도와 맞물리면서 고당전쟁을 복잡하게 만들었다. 일단은 전쟁이 발발하기까지 나타난 군사전의 양상을 보고, 그 다음에 계속되는 군사전의 복잡한 관계를 해양과의 관련 속에서 정리하는 방법을 취하려고 한다.

고구려와 당의 관계는 1차 전쟁이 발발하기 전까지는 주로 외교적인 관계였다. 당과 고구려는 서로 탐색하며 외교전을 벌이면서 한편으로는 군사전을 준비하고 있었다. 그때 한반도 내부에서는 고구려·백제·신라가 전략적 요충지를 중심으로 간헐적인 전투를 벌이고 있었다. 군사적인 충돌은 주로 백제와 신라 사이에서 벌어졌다. 양국은 한강 하류와 경기만을 둘러싼 지역을 놓고 싸움을 벌였는데 백제는 623년부터 신라를 공격한 이후로 거의 몇 년 단위로 공격하고, 신라 역시 백제를 공격했다. 한편 고구려도 신라를 때때로 공격했으며 신라 역시 반격을 가했다. 이렇게 삼국이 혼선을 거듭하는 가운데 고구려와 백제는 대신라전에서 자연스럽게 공동전선을 구축하게 되었다.

642년에 고구려는 백제와 함께 신라의 대당 교통로인 당항성을 협공했다. 이때 양국이 동맹 관계를 맺었는지는 분명하지 않다. 이호영은 백제와 고구려는 국경을 접하지 않았기 때문에 이른바 '여제연화설'은 가능성이 희박하다고 보았다.[235] 그러나 신라가 차지한 당항성을 놓고 고구려와 백제의 이익은 일치되었다. 경기만 지역이 두 나라의 발전은 물론이고, 존립에까지 중대한 의미를 가졌기 때문이다.

앞장에서 언급한 바와 같이 경기만이 가진 경제적 이점은 매우 중요하다. 농경지로서 적합한 한강 유역은 국가의 경제력을 높이는 데 매우 필요했다. 또한 한강 유역을 누가 차지하느냐에 따라 한류도는 물론 동아시아의 질서가 재편되는 방향이 결정될 정도로 조건이 좋았다. 삼국이 수군 세력을 보유하면 한강·남양만 등 경기만 일대와 그 연장선상에 있는 서해

---

235) 이호영, 앞 논문, p.972. 그런데 이호영은 같은 논문 p.979에서 642년 고구려와 백제 양국이 신라를 협공했던 무렵 신라와 당의 결속이 이루어진 것으로 보고 있다. 필자도 그 연화의 결속력 정도에 대해서는 회의적으로 보고 있으나 교섭 창구가 막혀 있었던 것은 아니고 양국 간에 교섭이 있었던 것은 사실로 보고 있다.

중부 해양은 외교·군사적으로 가장 중요한 전략적 거점이다. 이때 당항성은 대당 교통로가 될 뿐 아니라 서해 중부의 해상권 장악에 필수적인 전략적 거점이었다.

신라는 이곳을 차지한 이후에 고구려와 백제의 연결을 저지했고, 양국을 상대로 전략적 외교를 펼칠 수 있게 되었다. 또한 대당 관계가 긴밀해짐에 따라 한강 유역은 고구려와 백제를 직접적으로 위협할 수 있는 전략 지구가 되었다. 반면에 한반도의 질서 재편을 한반도 자체의 역학 관계로서 해결하려는 의도를 가진 고구려와 백제의 입장에서는 신라의 한강 유역 점유는 심각한 문제를 발생시킬 수 있었다. 신라는 한강 유역을 점유함으로써 유리한 국면이 조성됐지만, 반면에 양국을 대상으로 방어선이 길게 확대됨에 따라 국방상의 난점들이 수반되었다.

고구려와 백제가 보유한 전력과 지정학적인 조건으로 보아 양국이 협공하면 신라를 한반도 동남부에 고립시킬 가능성이 있었다. 즉 한강 하류의 서해 중부는 고구려와 백제가 육군과 수군을 동원하여 협공하면 고립시키거나 점령할 가능성이 많다. 이러한 전술적인 의도와 실현 가능성은 643년 백제가 고구려와 화친을 한 후에 신라의 대당 입조(入朝)를 막기 위하여 당항성을 연합 공격하는 데서도 나타났다.[236]

이렇게 삼국의 균형이 붕괴되면서 한류도 내에서 역학 관계가 변화되기 시작하고, 동아 질서가 재편되는 과정에서 변수로 작용할 조짐을 보였다. 이렇게 해서 고당 1차 전쟁 이전에 이미 한류도에서는 국제전의 발발을 잉태하면서 삼국 사이에 전쟁이 간헐적으로 벌어지고 있었다.

고당전쟁이 발발하자, 신라는 즉각 당나라를 도와 구원병 3만을 보내 고구려의 수구성을 공격했다. 자기 입장을 확실히 한 것이다.[237] 이때 백제는

---

236) 『삼국사기』 권5 신라본기 선덕왕 11년.
237) 『삼국사기』 권5 신라본기 선덕왕 14년.
　　『舊唐書』 권199 上 新羅傳에는 "新羅遣大臣領兵五萬人, 入高麗南界, 攻水口城, 降之"라고 하

신라군이 이동한 허를 찔러 신라의 서변을 공격했다. 이러한 사실들은 나당 두 나라가 이미 합동 군사 작전을 했고, 해양 작전을 염두에 둔 것임을 보여준다. 이때 수구(水口)의 위치는 신라와 당이 구사하고 전개할 합동 작전의 기본틀을 추측하는 지표가 된다. 그러면 신라의 3만 혹은 5만의 병력은 어디서 출발하여 어디로 이동한 것일까? 출발지는 국서(國西)이기 때문에 백제와의 접경 지역이면서 동시에 고구려와 가까운 지역일 것이다. 수구는 한강 북부에서 고구려 영내로 들어간 곳이며, 명칭으로 보아 강과 바다와 마주치는 곳일 가능성이 높다.[238] 고구려의 수군 활동과 밀접한 관련이 있었을 것이다.

신라가 당나라에 구원군을 보낸 것은 한반도의 삼국전쟁과 당나라가 일으킨 동아 질서의 재편 전쟁이 결합되는 계기를 마련했다. 즉 고·당을 중심으로 한 동아 질서 재편 전쟁과 삼국이 한강 유역을 차지하기 위해서 벌이는 한반도 질서 재편 전쟁이 상호 관련성을 가지면서 고구려와 당의 전쟁으로 대표되는 국제전이 발생한 것이다. 그러나 나당연합군이 백제를 공격하는 660년까지는 주로 고구려와 당의 전쟁이라는 기본 구도가 지속됨으로써 다국 간의 전쟁인 국제대전의 양상에는 못 미쳤다.

전선 개념의 변화와 해양전의 확대

당시 전쟁의 주전장은 고수전쟁와 마찬가지로 요하 전선이었다. 양국 간에 사활이 걸린 전선이었다. 고구려는 당나라의 칩입에 대비해서 기존의 방어체제 외에 천리장성을 구축했다. 천리장성의 기점과 종점, 그리고 위치와 형태에 대해서도 많은 견해가 있다. 한국학계는 대체로 요동반도 남쪽의 비사성까지로 보고 있는데,[239] 중국인들을 중심으로 영구(營口) 지역, 특히

여 보다 구체적이고, 병력수도 5만으로 기록하고 있다.
238) 수구는 수곡성과 관련이 있고, 平山 또는 新溪 일대로 추정하는 견해도 있다. 『중국 정사 조선전 역주』2(『舊唐書』동이열전 신라), 국사편찬위원회, 1988, p.339.

노변(老邊)설이 강하게 제기되고 있다.[240] 길림 북방에서 영구의 노변까지
는 중간중간에 '변강(邊崗)'이란 지명을 가진 곳이 많이 있다. 이러한 지명
을 이어 보면 천리장성으로 알고 있는 위치 및 거리와 유사하다. 그래서
이 노변을 천리장성의 제일 남쪽인 노변, 즉 종점으로 주장하고 있다.

전쟁이 일어나자 당 태종이 이끄는 친정군은 결국 요하 전선에서 막혔
다. 초기에는 요동성·개모성·신성·백암성·건안성 등을 모조리 함락시켰
으나 안시성에서 저지당했다. 안시성 공방전은 90일간 계속되었으나, 결
국 당군의 패배와 당 태종의 처절한 후퇴로 끝이 났다.

그런데 고당전쟁은 육지에서의 전쟁과는 별도로 해양전이 활발하게 벌
어졌다. 이로 인해 전선 개념이 크게 변화되었고, 해양 활동이 전쟁을 수
행하는 본격적인 수단으로 되었다. 당군은 기존의 전쟁 방식에서 과감히
벗어나 해양 능력을 바탕으로 대규모의 병사와 군수물자를 전선의 후방으
로 신속하게 이동시키고, 배후에서 지속적인 공격을 가했다. 수군력을 활
용함으로써 요동반도 남부 해안과 한반도 서해안 어느 지역에나 상륙 작전
을 통해서 공격이 가능해진 것이다. 따라서 상대적으로 고구려의 방어 범
위가 확대되었다. 645년에 형부상서인 장량이 평양도행군도총관(平壤道行
軍道總管)[241]이 되어 전함 500척을 거느리고 평양을 목표로 직공을 계획한
것은 이러한 전략의 소산이다.

당의 수로군은 4만의 병력과 500여 척의 선박으로 동래항을 발진하여
일단 기존의 수군 항로대로 묘도군도를 따라 북진하여 비사성으로 향했
다.[242] 비사성은 요동반도 남단의 대흑산(大黑山) 산록에 위치한 요새로서,

---

239) 최근에 다시 신형식이 현지 답사를 토대로 이 설을 주장하고 있다. 「고구려 천리장성의 연
   구」, 『백산학보』 49호, 1997, p.70.
240) 李健才, 「唐代高句麗長城和扶餘城」, 『民族研究』, 1991-4 ; 王建群, 「高句麗千里長城」, 『博物館
   研究』, 1987-3, p.35 ; 魏存成, 『高句麗考古』, 吉林大出版社, 1995, p.100.
241) 『舊唐書』 권69 張亮傳에는 滄海道 行軍大摠管이었다고 되어 있다.
242) 『新唐書』 권43下 地理志에 기술한 노철산 항로로서 산동반도를 출발해서 한반도로 접근하기

금현의 금주 시내에서 동북으로 20km 떨어진 우의향 팔리촌 동쪽에 있다. 요동반도의 남단이고, 금주만·대련만·묘도군도와 만나는 곳이므로 해양 전략적으로 매우 중요한 위치에 있다. 요동반도의 남부 해안으로 적의 수군이 상륙하는 것을 저지하는 기능이 있다. 산동반도와 요동반도 사이에 있는 묘도군도는 수심이 매우 얕은데다 섬들이 워낙 많아서, 징검다리식으로 큰 무리 없이 요동반도로 상륙할 수 있다. 비사성은 항해상의 물표로도 훌륭한 역할을 했으므로 고구려 수군의 해상 작전에 도움을 주었고, 평상시에도 항해 교통에 매우 중요한 역할을 했을 것이다.

그런데 비사성이 해양 방어상으로 가장 유리한 이점은 관측과 제어하기에 적합한 위치에 있다는 것이다. 금주만과 대련만이라는 동·서 두 개의 만을 동시에 관측하고 방어할 수 있기 때문이다.

즉 비사성은 묘도군도와 한반도 서해안을 연결하는 연안 항로의 해상 관문이자, 요동반도의 내륙으로 진출하는 통로상에 위치한 해안 요새이기도 하다. 따라서 고구려군은 요동반도 남단으로 적의 수군이 상륙하여 내륙으로 진입하는 것을 차단해야 했다. 이곳을 점령당하면 요동반도 동부와 서부 해안이 적의 수군 앞에 맥없이 노출된다. 뿐만 아니라 득리사산성·건안성 등을 거쳐 안시성까지 진군함으로써 요동 방어의 핵심 지역들을 배후에서 공격할 수가 있다. 안시성 공방전이 벌어졌을 때, 비사성을 점령했던 장량이 수군을 이끌고 구원하려던 시도가 있었다. 비록 장손무기와 태종의 반대로 실시되지는 못했지만, 상륙 작전을 이용한 배후 공격의 전형적인 예라 할 수 있다. 당시의 기록에 따르면 비사성에서 안시성까지는 이틀 거리였다고 한다.[243] 비사성은 난공불락의 해양 방어성으로서 산성의 전체 둘레가 5km이다.[244] 양군은 치열한 공방전을 벌였으나 정명진(程明振) 등

에 가장 용이한 항로다.

243) 『삼국사기』 권21 고구려본기 보장왕 4년.

244) 『삼국사기』 보장왕 4년조에는 "성의 사면은 절벽으로 되어 있고, 오로지 서문만이 가히 오를

이 야간에 서문으로 급습하여 점령했다. 5월 전투에서 고구려군은 8천 명이 죽임을 당했다.[245]

한편 비사성에서는 황해 북부 연안을 따라 항진하여 압록강구나 대동강구 등으로 진입할 수 있다. 때문에 비사성의 상실은 전략상의 위치로 볼 때, 고구려군의 방어 체제에 큰 혼선을 일으키는 것이었다. 장량은 비사성을 함락시킨 후 총관 구효충(丘孝忠)에게 압록강 어귀로 무력 시위를 벌이게 했다.[246] 이 지역에는 박작성·대행성 등 해안 방어 시설들이 있으므로 고구려군의 대응 태세를 탐지하려는 의도에서다. 이러한 것들은 전선이 해양으로 확대되고, 고구려의 후방이 적군에게 언제든지 노출될 수 있음을 보여주는 사건이다.

그런데 645년 1차 고당전쟁이 끝나면서 해양적인 요소가 더욱 명확하게 나타났다. 이 전쟁에서 당이 패배한 원인 가운데 하나는 고구려의 방어 체제와 전선의 자연조건이 커다란 변수로 작용했기 때문이다. 그런데 이후에 전개된 전투에선 두 가지 다른 양상이 나타나기 시작했다. 하나는 전쟁 형태가 전면전에서 소규모 병력을 동원한 국지전으로 전환된 것이며, 다른 하나는 해양전이 본격적으로 도입되고, 그것이 전쟁의 흐름에 큰 영향을 미치게 된 것이다.

안시성 전투에서 패하고 요택 지역에서 위기를 겪은 당 태종은 귀국한 뒤에 이정(李政)에게 패한 원인을 물었다. 이때 이정은 "도종(道宗)은 고구려의 허술한 틈을 타서 평양을 공취하자고 말했습니다"라고 대답하여[247] 중국 세력이 고구려를 치는 유리한 방법을 제시하고 있다. 이정의 말이 뜻

수 있다[城四面懸絶 惟西門可上]"고 기록하고 있다. 그러나 실제로는 남쪽으로도 오를 수가 있다.
245) 『삼국사기』 권21 고구려본기 보장왕 4년에는 "沒"로 되어 있다. 『舊唐書』 高麗傳; 『新唐書』 張亮傳; 『資治通鑑』 권179에는 "獲"; 『冊府元龜』는 虜; 『舊唐書』 권69 張亮傳에는 "俘男女數千口"라고 되어 있다.
246) 『資治通鑑』 卷197 貞觀 19年 4·5月, "分遣摠管丘孝忠等 耀兵於鴨綠水"; 『冊府元龜』 卷117 帝王部 親征 제2, "分遣摠管丘孝忠古神感 耀兵於鴨淥水."

하는 바는 소규모 병력으로 자주 침공함으로써 고구려 군사와 성민(城民)들로 하여금 생업에 종사하지 못하게 하자는 것이다. 국경선에서 공성전을 위주로 하는 지구전을 펴는 것이 아니라 후방 교란을 하는 것이고, 국경 방어선을 대규모 병력으로 직접 뚫는 작전보다는 해양을 이용하여 후방으로 기습해 들어가서 수도를 공략하는 작전이다.

도종과 이정에 의해 제시된 이러한 작전은 이미 한 무제가 위만조선을 침공할 때 사용한 전례가 있었다. 이 전쟁에서도 이미 그 의미와 기능에 대해서 논의가 있었다. 다음 몇 가지 사실들은 그러한 작전의 개연성을 입증하고 있다.

당의 장량은 황해를 건너 평양성 진공 작전을 거의 성공시킬 뻔했는데, 당이 일찍이 해양 작전을 염두에 두고 있었다는 것은 당 태종과 진대덕(眞大德) 간의 대화에서 나타난다.[248] 그런데 당은 이러한 인식을 한반도 남부에도 적용하려 했다. 선덕왕 12년(643)에 당 태종은 신라 사신에게 "백제가 바다의 험함을 믿고……수백 척의 배에 군사를 싣고 몰래 바다를 건너 그 땅을 습격하고 싶으나……"[249]라고 했다. 이 말은 해양을 통해 백제를 공격할 수도 있음을 나타낸 것이다.

해양을 이용한 후방 공격은 645년, 이미 1차 전쟁 때 실현 가능성이 있었던 사건이었다. 당 태종군이 안시성을 공격하면서 곤경에 처했을 때 장량군은 건안성 전투를 벌인다.[250] 비사성에서 건안성까지는 숱한 산성 등 방어 체제들이 있다. 그럼에도 불구하고 중간에 전투를 치른 흔적이 보이지 않는다. 이는 두 가지 가능성을 생각하게 한다. 하나는 전투가 벌어졌음에도 불구하고 기록하지 않았을 경우이고, 또 다른 하나는 수군인 장량

---

247) 『삼국사기』 권21 고구려본기 보장왕 하 5년.
248) 『삼국사기』 권29 고구려본기 영류왕 24년.
249) 『삼국사기』 권5 신라본기 선덕왕 12년, "百濟國悖海之險 …… 我以數十百船 載以甲卒 銜枚泛海 直襲其地."
250) 『舊唐書』 권69 張亮傳, "進兵屯於建安城下."

군이 요하 입구나 건안성 근처의 해안으로 상륙했을 경우다.

이정이 올린 전략은 그 다음해 고구려를 치려고 할 때 조정 공론에 의해 제기가 되고, 이후 대고구려전의 기본 방침이 된다. 이에 따라 당은 647년 침입 때 군의 편제를 수륙 양면군으로 조직했다. 청구도(靑丘道) 행군대총관 좌무위대장군 우진달(牛進達), 청구도 행군부총관 우무위장군 이해안(李海岸)은 군사 1만과 누선을 거느린 수군이었다. 또한 요동 행군대총관 이세적군 역시 수전에 능한 자들을 배속시켰다.[251]

당 태종은 군의 편제는 물론 전략에 대하여 아래처럼 언급함으로써 이 작전이 수륙양면작전임을 보여준다.

"…… 누선을 이용하여 내주(萊州)로부터 해로를 이용해서 요동반도 남단으로 진출한다. …… 수로군과 육로군에 모두 수전에 익숙한 자를 배치하여 지세의 변화에 수시로 대응하도록 한다."[252]

5월에 이세적군이 요하를 건너면서 고구려 성들을 공함할 때 동시에 내주에서 출발한 우진달이 이끈 수로군은 해상 작전을 전개하여, 요동반도 남안에서 고구려와 전투를 했다. 이어 7월에는 우진달과 이해안이 이끈 1만 명의 수군이 고구려의 해안 지방으로 상륙하여 1백여 차례나 싸웠다. 이때 당군은 석성[253]을 공격하여 점령한 것[254]으로 보아 요동반도 남부 해안을 주공격 목표로 삼은 것이었다. 당시 이 지역을 공격한 것은 모두 수

---

251) 『삼국사기』 권22 고구려본기 보장왕 하 6년 ; 『資治通鑑』 권198 唐紀 14 太宗 下之上 貞觀 21 년 2월.

252) 『삼국사기』 권22 고구려본기 보장왕 6년.

253) 石城의 위치를 通鑑地理今石에는 압록강 남쪽에 있는 것으로 여기고 있다. 아마도 서부 해안 지대에 위치해 있는 성이 아닌가 판단된다(內藤雋輔, 『朝鮮史研究』, 東洋史研究會, 1961. p.392). 그러나 일반적으로는 장하현에 있는 城山山城으로 알려져 있다.

254) 『삼국사기』 권22 고구려본기 보장왕 하 6년 ; 『唐書』 권2 本紀 제2 高宗 및 권220 열전 제145 東夷 高麗 ; 『資治通鑑』 권198 唐紀 太宗 下之上.

로군을 활용한 작전이다.

고구려는 이러한 전략에 대비하여 촘촘하게 해양 방어 체제를 구축했다. 요동반도는 고구려의 내륙으로 진입하는 것을 저지하고, 압록강 하구를 보호하는 기능도 해야 하므로 요동반도 남부에는 많은 성을 구축했다. 보란점(普蘭店)·와방점(瓦房店)·장해(長海)·장하(庄河)·수암(岫岩)·봉성(鳳城) 등에 크고 작은 성들이 있다. 공격 수군이 요동반도 동남부 해안에 상륙했을 경우에는 첫째, 곧장 북상하다가 본계(本溪)·신빈(新賓) 등을 거쳐 고구려의 내부, 즉 국내성 외곽의 주변 지역으로 진격할 수 있고, 둘째는 해안을 끼고 동진하다가 압록강 하구에 닿아 역류하여 국내성으로 진공할 수 있으며, 셋째는 그대로 남진하여 후방의 해안 지대로 상륙할 수 있다. 그런가 하면 역으로 서북진하여 요하 전선의 건안성·안시성·백암성·신성 등 전방 방어성들을 후방에서 공격할 수 있다. 따라서 요동반도 동남부 해안을 방어하는 일은 적의 수군이 서한만을 점령하고 압록강 하구 지역으로 직입하는 해로를 차단하는 기능을 한다. 물론 이때는 성에 배치된 수비군만으로는 부족하다. 해상의 수군과 공동 작전을 벌여야 효율적이다.

장하는 동서로 길게 각각 요동반도 끝에서 압록강 하구로 이어지는 해안선의 한중간에 위치해 있어 해양 전략적인 가치가 큰 만큼 서북과 동북으로 중요한 방어성들과 연결되고 있다. 해안선은 비교적 단순한 편이지만 앞에는 황해 북부에서는 유일하게 장산군도가 있다. 장산군도는 장해가 있는 중심 섬인 대장산도와 소장산도, 동쪽의 석성도와 대왕가도(大王家島) 외에 여러 섬들로 이루어져 있다. 그런데 이 섬들을 중간에 두고 육지 쪽에는 이장산(裏長山)해협이 있고, 바깥쪽에는 외장산(外長山)해협이 있으며, 그 외해에는 외장산열도가 있다. 그러므로 민간의 해양 세력은 물론 고구려의 수군 활동이 성장할 수 있으며, 육지와 유기적으로 공동 작전을 실시하기에 매우 적합한 지형이다. 특히 이 지역의 해양도·대장산도·광록도 등에는 고려 성이란 명칭이 현재도 남아 있고, 『장해현지(長海縣誌)』

그림 5-8 | 장도 고려성

에도 고구려 영토로 기술하고 있으므로, 당시 고구려가 축성한 것인가에 대해 면밀한 조사와 검토가 필요하다.

이 요동반도 남부 해안의 해양 방어 체제 가운데 대표적인 성이 장하의 석성(石城, 城山山城)이다.[255] 해발 290m의 산에 있으며 황해의 장산군도 해역으로 흘러드는 벽류하(碧流河) 동쪽에 있다. 『장하현지(庄河縣誌)』에는 "현성의 서쪽 90리에 있다. …… 남북으로 두 산이 마주 보고 있는데, 가운데에 협하(狹河)가 있다. 남을 전성(前城), 북을 후성(後城)이라고 한다"[256]고 되어 있다.

---

255) 莊河縣 城山鎭(城山鄕) 沙河村 万德屯의 서북에 있다.
256) 許明綱, 「大連地區高句麗四座山城略考」, 『博物館研究』, 1996 제1기 ; 孫進己・孫海 主編, 『高句麗渤海研究論文集成(中國古代民族研究集成之一)』 高句麗卷(三), 哈爾濱出版社, 1994, p.98.

그림 5-9 | 석성 북벽에서 후성

석성은 비록 해변과 멀리 떨어져 있다고 하나 성안에서 멀리 바다가 보이고, 평원으로 몰려오는 적의 움직임을 관측할 수 있다. 또한 주변의 오고성(吳姑城, 외패산성)과 장하현의 석성도에 있는 고구려의 성과 연결되어 있다. 결국 석성은 장해현 장산군도와 석성열도 등을 동시에 방어하면서 수암 지역 등 내륙의 성들과 연계를 맺은 해양 방어의 중심 성이었다. 때문에 이 성은『신당서』고려전에 치열한 전투가 벌어지던 성으로 기록되어 있다. 647년에 수군을 이끌고 온 우진달군이 요동반도 남쪽 해안에 상륙한 다음, 이곳에 이르러 100번의 전투가 치러졌다. 물론 장하의 성산산성이 이때의 석성인지에 대해서는 단언할 수 없으나 현재로서는 이 성으로 보고 있다.

그 밖에 매우 중요한 해양 방어성으로는 오고성(외패산성)이 있다. 와방점시에서 대왕(大王) 쪽으로 가다 성대진(星臺鎭) 곽둔(郭屯)의 북에 있다.

근처에 사하(沙河)가 흐르고 있다.[257] 광개토대왕이 거란을 정벌하고 돌아올 때 들른 북풍성(北豊城)으로 추정하는 경우도 있다. 이 성의 해양 전략적인 가치는 석성과 거의 유사하다. 다만 해안에서 더 떨어져 있는 것이 다르다. 그러나 장산군도의 핵심이 되는 섬들은 오히려 석성보다 이 성에 더 가까워 오고성의 또 다른 기능을 추정할 수 있다. 결국 오고성은 동쪽에 있는 석성과 공동 작전을 하면서 해양 방어에 주력했고, 한편으로는 서북쪽의 방어 체제들을 해안에서 보호하는 기능도 했을 것이다. 위에서 언급한 성들 외에도 요동반도의 동남부에는 해양 방어성의 기능을 한 성들이 여럿 있다.

요동반도의 남쪽에는 광록도·대장산도·해양도 등 몇 개의 섬에 고구려 산성이 있다. 고구려는 해양 방어 체제를 육지뿐 아니라 바다 한가운데에도 구축한 것이다. 이 사실은 무엇보다 고구려에 수군이 있었다는 강력한 증거가 된다. 섬에 성이 있으면 군사들이 주둔해야 하고, 그렇다면 필연적으로 선박을 보유해야 하기 때문이다. 그때 선박은 이 지역의 전략적·전술적인 중요성을 고려할 때 단순한 척후선이나 섬의 병력을 이동시키는 소극적인 선박의 수준이 아니다. 요동반도의 남부를 지키고, 적의 대규모 수로군과 해상전을 벌이는 함대일 가능성이 크다. 고구려는 이러한 해양 방어 체제의 요충지에 수군을 배치하여 해상 수송로를 제어하고, 척후 활동 등을 했을 것이다. 해양성 가운데 하나로 추정되는 것이 장하시 바다에 있는 석성도나 해양도, 장해(대장산도)에 있는 속칭 고려 성들이다.

그때 전투 상황은 구체적으로 알 수 없지만 전투가 실패로 끝나자 당 태종은 송주자사 왕파리(王波利)에게 칙령을 내려 큰 배 수백 척을 건조케 했다.[258] 이러한 수륙양면작전은 648년 침입할 때도 역시 동일했다. 설만철(薛萬徹)의 수군은 압록강으로 들어와 박작성을 공격하여 점령했는데, 이

---

257) 『遼東志』에 따르면 외패산성은 복주성의 동쪽 180리에 있다. 許明綱, 「大連地區高句麗四座山城略考」, p.98.

때 고구려의 장수인 소부손(所夫孫)과 치열한 박작성 공방전이 벌어졌다.[259] 일부는 황해를 건너 평양성으로 진공했다.

앞에서 본 대로 당나라는 수군과 전선을 이용하여 상륙 작전을 계속 시도했다. 해양 활동 능력이 강대하고 대규모 인원을 동원하는 당으로서는 후방 기습으로 전쟁의 승기를 잡을 수 있는 전략적 가치가 높은 작전이다. 반면에 상대적으로 해양 능력이 약했고, 방어적이었던 고구려로서는 방어 전선이 넓게 확대되고, 보다 많은 군사 인원이 필요하게 되었다. 따라서 육상전과 수성 방어전을 주축으로 하는 기존의 방어 체제를 전면적으로 개편하는 것이 불가피해졌다.

이외에도 해양 활동이 군사적인 측면에 미친 영향은 다양하게 나타났다. 당나라는 전쟁에서 선박을 이용하여 군수물자를 운송하는 작전을 광범위하게 폈다. 수나라의 준비 과정과 동일하게 군량을 해로로 운반했음은 아래 기록에서 나타난다.

당 태종은 644년 7월 홍주(洪州)·요주(饒州)·강주(江州)에 칙령을 내려 전선 4백 척을 만들어 군량을 실어 오도록 하고 …… 소경(小卿) 소예(蕭銳)에게 하남제주(河南諸州)의 양곡을 옮겨 바다로 들이도록 했다.[260]

전쟁을 준비하는 과정에서 군수물자를 해상으로 운송하는 일은 전쟁이 시작되고도 이루어졌다. 당 태종이 고수전쟁에 참전했던 전 의주자사(宜州刺史) 정천숙(鄭天璹)을 소환하여 물었다. 이때 그는 "요동까지는 길이 멀어 군량 수송이 곤란하므로……"[261]라고 답변했다. 군량 수송이 육지로는 잘 안 되고 있음을 반증하는 말이다. 이러한 사정은 648년에 재차 침공할

258) 『삼국사기』 권22 고구려본기 보장왕 하 6년.
259) 『舊唐書』 권69 열전 제19 薛萬徹, 권220 열전 제145 東夷 高麗傳；『資治通鑑』 권198 唐紀 太宗 下之上.
260) 『삼국사기』 권21 고구려본기 보장왕 3년；『資治通鑑』 권197 貞觀 18년 7월 辛卯 甲午；『고구려 대수당 전쟁사』, p.162.
261) 『삼국사기』 권21 고구려본기 보장왕 상 3년 11월.

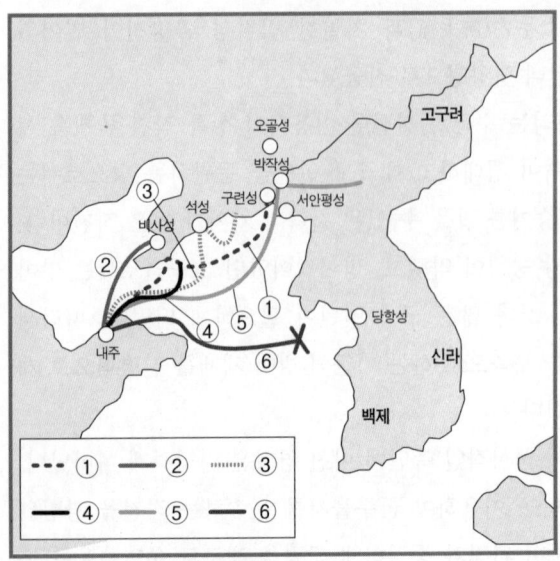

지도 5-5 | 고당전쟁 해양 전도 [262)]
① 645년 장량의 수군이 동래를 출발하여 비사성 점령
② 647년 5월 우진달군이 내주를 출발하여 요동반도 공격
③ 647년 7월 우진달과 이해안의 수군 1만이 석성 등 요동반도 해안을 공격
④ 648년 4월 오호진장 고신감이 고구려군을 공격하다가 고구려군에게 전함을 공격
　　받음.
⑤ 648년 설만철의 수군이 내주를 출발하여 박작성을 공격
⑥ 648년 김춘추가 탄 배가 고구려 수군에게 나포됨

때에도 중신들이 건의한 내용으로 보아 마찬가지였을 것이다. 대군으로 동
정을 하기 위해선 많은 군량이 필요한데 그것을 소나 말의 수레로 수송하
는 것은 불가능하므로, 선박을 이용하여 해로로 수송해야 한다고 건의하고
있는 것이다.[263)]

　당 태종은 이러한 건의를 받아들여 648년 7월 좌령좌우부장사(左領左右
府長史)인 강위(强偉)를 검남도(劍南道)에 파견하여 선함을 건조케 하고,[264)]

262) 당나라 수군의 1·2차 침입 경로 예상도.
263) 『삼국사기』 권22 고구려본기 보장왕 하 7년.

또한 내주자사(萊州刺史)인 이도유(李道裕)에게 묘도군도에 있는 오호도에 군량과 각종 병기를 비축하도록 지시했다.[265] 그리고 8월에는 월주(越州) 도독부 및 무주·홍주 등지의 조선소에서 해선·쌍방(雙舫) 등 거함 1천1백 척을 건조하여 병력 및 물자를 수송할 준비를 갖추게 했다.[266]

전선이 확대됨에 따라서 수군을 이용한 작전은 보다 과감하게 전개되어 선박은 군수물자의 수송뿐만 아니라 군사 이동에도 쓰였다. 이러한 작전은 당군의 군사 편제에서 확인되고 있다. 당군이 1차로 침입했을 때 수군의 편제를 보면, 형부상서 장량은 평양도 행군대총관이 되어 군사 4만여 명과 전함 5백 척을 거느리고 내주로부터 항해하여 평양으로 항진했다. 한편 태자첨사좌위솔(太子詹事左衛率) 이세적은 요동도 행군대총관이 되어 육로로 이동하여 양군이 합세하게 했다.[267] 이때 장량은 주사(舟師)를 거느리고 동래로부터 바다를 건너 비사성을 습격했다.[268]

647년 당이 2차로 침입할 때에도 원정군의 편제는 선박을 이용하여 병사들을 이동시키는 본격적인 해상 운송이었다. 청구도 행군대총관 우진달과 이해안 등은 병력 1만 명을 거느리고 누선을 이용하여 동래로부터 해로를 통하여 요동반도 남단으로 진출했다. 역시 묘도군도를 활용했다. 양군은 모두 수전에 익숙한 자들을 배치하여 지세의 변화에 수시로 대응하도록 했다.[269] 우진달군과 이해안군은 1백여 차례나 싸웠고, 석성을 점령했으며, 적리성(積利城) 등을 공격했다. 적리성이 현재 알려진 적리사(積利寺) 산성일 경우에는 이들이 도착한 해안이 요동반도 남단의 동쪽 해안과 서쪽

---

264) 『삼국사기』 권22 고구려본기 보장왕 하 7년.
  검남은 사천성, 즉 양자강 상류 지역에 있다. 당시 만든 배는 큰 것은 길이가 100척, 넓이가 50척이 되었다.
265) 『삼국사기』 권21 고구려본기 보장왕 7년.
266) 『고구려 대수당 전쟁사』, 국방부전사편찬위원회, 1991, p.211.
267) 『삼국사기』 권21 고구려본기 보장왕 상 3년.
268) 『삼국사기』 권21 고구려본기 보장왕 4년.
269) 『삼국사기』 권22 고구려본기 보장왕 하 6년.

해안 양쪽일 가능성이 있다.

648년의 3차 침입은 주로 수군에 의지한 공격이었다. 즉 군사 3만 명과 누선·전함 등을 거느리고 내주로부터 바다를 건넌 데 이어,[270] 4월에 오호진장(烏胡鎭將) 고신감(古神感)이 병사를 거느리고 바다를 건너와서 공격했다. 역시 수군 공격이 있었음을 알 수 있다. 그런데 이때 고구려와 교전을 한 기록이 연이어 나오고, 고구려군 1만여 명이 당군의 전함을 습격했다는 기록이 나온다. 이때 육지에서 습격했는지, 혹은 바다에서 전함으로 습격을 했는지는 알 수 없다. 그 후 설만철이 거느린 수군이 내주를 출발하여 황해를 건넌 다음 박작성을 공격했다.

당시 전선의 이용은 상륙 작전을 통해 적의 후방을 기습 공격하는 데 유리한 전술이다. 전선으로 군사를 이동시키는 일은 요하 전선의 강력한 방어망을 피하고, 교통로가 악화되었기 때문인 경우도 있다. 그러나 원거리를 이동하여 고구려의 후방 깊숙이 침투하려는 목적도 있었다. 고당전쟁 때 당나라가 썼던 전선을 활용한 원거리 이동 후방 습격 작전은 648년에 시도된 박작성 전투에서 더 구체적으로 나타난다. 압록강 하구에 있는 박작성은 상대적으로 고구려의 후방에 속하지만 매우 중요한 전략 지구다.

요동반도 남쪽 해안선과 한반도가 만나는 곳은 서한만과 압록강 하구로, 이 지역은 해양 방어에서 두 가지 의미가 있다. 첫째는 단동(丹東) 근처의 오골성 지역과 수도이자 중요한 전략 거점인 국내성 지역을 방어하는 것이다. 오골성은 북부 지역에서는 가장 큰 성이자, 중요한 행정 치소였다. 둘째로 압록강 하구 지역은 초기부터 해양 교통의 거점으로, 황해 북부의 연근해 항로를 차단하고 해상권을 제어하는 기능이 있다.

박작성이 있는 단동 지역은 신석기 시대부터 해양 문화가 발달했고, 고구려 시기에 이르러 중요한 전략적 거점 지역으로 떠오른 곳이다. 태조대

---

270) 『삼국사기』 권22 고구려본기 보장왕 하 7년, "春正月 …… 將兵三萬餘人及樓船戰艦, 自萊州浮海來擊."

왕 94년(146)에 서안평 공격이 처음으로 나타나는데, 육로 진출로를 확보하고 중국 세력 간의 연결고리를 끊는다는 목적 외에 황해로 진출하려는 출로를 탈취하려는 전략적 목적 때문이다.[271] 그 후 고구려의 황해 진출 기지로 오나라와 교섭하는 데 활용되었다. 고구려는 미천왕 12년(311)에 서안평을 점령한 후 완전히 서해안에 진출한다.

고구려는 국내성의 출해구이며 만주와 한반도가 만나고 황해 북부 연근해 항로의 중요한 거점이었던 서한만 지역을 장악하고 있어야 했다. 만약 압록강 하구 지역을 빼앗겼을 경우에는, 적의 수군이 하구를 거슬러 올라가 국내성 지역을 위협하거나 서해 북부 해안 지대를 타고 내려와 평양성 등 수도권을 어렵지 않게 공략할 수 있다. 때문에 1차적으로는 강의 하구와 서한만, 그리고 섬들을 중심으로 해양 방어 체제를 구축하고, 점차 내부로 들어가면서 단동 지역을 중심으로 한 하안 방어 체제를 구축했을 것이다. 현재까지 알려진 성들은 그다지 많지 않다. 대행성, 서안평성, 구련성(九連城), 박작성, 그리고 봉성에 있는 대성인 오골성이 있다.

박작성이 무너질 경우 주변의 대행성·서안평성 등 압록강 하구 유역이 전선에 바로 노출된다. 그렇게 되면 당군은 압록강 중류 지역까지 전진해 들어가 국내성에 진입하기 전에 혼강을 거슬러 올라가 환인 지역 및 신빈·통화(通化) 등 국내성의 북방 및 후방 지역으로 공격해 들어갈 수 있다. 그런데 당은 648년 전투에서 설만철 등이 바다를 건너 압록강으로 들어와 박작성을 쳤다.[272] 이때 고구려가 안시성과 오골성에서 군사를 내어 거꾸로 도움을 준 것은 압록강 방어 체제의 중요성을 인식하고, 당의 후방 공격 작전의 의도를 파악했기 때문이다.

---

271) 이만열, 『한국사』 2, 국사편찬위원회, 1977, p.489에서 "서안평 공격은 숙원인 해양 진출을 단행하고……"라고 하여 보다 적극적인 표현을 사용하고 있다.

272) 『삼국사기』 권22 고구려본기 보장왕 하 7년, "……太宗遣將軍薛萬徹等來伐, 渡海入鴨淥, 至泊灼城南四十里止營 ……."

이렇게 해양 활동 능력은 외교전뿐만 아니라 군사 작전에서 실제로 활용되었으며, 전쟁의 승패에 결정적인 영향을 미쳤다. 고당전쟁에선 그 이전의 고수전쟁에 비해 수군을 군사 작전에 활용한 예가 더욱더 많았다. 그리하여 육상전만이 아니라 육상전과·해양전을 동시에 병용하는 전략으로 정착되었다. 이것은 동아지중해에서 해양 활동 능력이 전반적으로 향상되었고, 그것이 질서 재편에 중요한 요소로 등장했다는 것을 시사한다. 고구려의 해양 활동 능력은 『삼국사기』 같은 기록에 남아 있지 않아서 구체적인 것은 알 수 없다. 그러나 상대국인 당나라가 해양 활동 능력을 전쟁에 직접 활용했다면, 고구려 역시 그에 상응하여 일정한 정도의 능력을 갖추고 있어야 하는 것이 기본적인 군사 전략이다.

『일본서기』에는 6세기 중반에 백제가 구원사를 보냈으므로 왜는 군병 1천, 말 100필, 배 40척을 약속한 후 내신이 주사(舟師)를 거느리고 갔다는 기록이 있다.[273] 그 무렵에 사용된 왜 선박의 크기와 인원수 등을 알 수 있는 기준이 된다. 그런데 『일본서기』의 사이메이 2년(656)에는 고구려의 해양 활동 능력을 추측할 수 있는 기사가 있다. 이때 고구려는 왜국에 대사와 부사(副使)를 파견했는데, 일행이 총 81명이었다.[274] 그런가 하면 사이메이 6년(660)에는 고구려인 100여 명이 규슈 지방에 내박(來舶)했다.[275] 이것으로 보아 그때 고구려와 왜 사이에 이루어진 외교 관계의 규모를 짐작할 수 있다. 전년에 온 백제 사신 일행은 150명이었는데, 이들은 배 두척으로 편성되었을 것으로 추측된다.[276] 그렇다면 배 한 척에 75명 안팎, 즉 100명 안팎의 인원이 탑승했을 것이다. 그 정도가 그 무렵의 일반적인 사행선의 규모였을 것으로 추정된다.

---

273) 『日本書紀』 권19 欽明 15년조.
274) 『日本書紀』 권25 齊明 2년조, "秋八月 癸巳 朔庚子高麗遣達沙等進調 大使達沙副使伊利之總八十一人."
275) 『日本書紀』 권25 齊明 6년조.
276) 이홍직, 『한국 고대사 연구』, 신구문화사, 1987, p.201.

한편 사이메이 4년과 5년에는 왜가 각각 견당사를 파견했다는 기사가 나온다. 4년조 기사에는 121명과 120명이 각각 두 척의 배에 탔다고 기술되어 있고, 5년조 기사에는 인원수는 나오지 않지만 두 척의 배에 분승했다고 나와 있다.[277] 따라서 이것이 일반적인 수준이라면 당시 고구려와 백제는 한 척 혹은 두 척의 배에 타고 100여 명의 인원이 일본열도에 도착했던 것으로 보인다. 이상과 같은 기록들을 볼 때 고구려와 백제·신라·왜 등 동아시아 각국의 해양 능력을 유추해 볼 수 있다.

앞에서 살펴본 바와 같이 해양 활동 능력은 군사 작전에서 크게 활용되어 전쟁의 승패에 결정적인 영향을 미쳤다. 고당전쟁에선 고수전쟁에 비해 수군을 군사 작전에 활용한 예가 더욱 많아졌다. 육상전만이 아니라 육상전과 해양전을 동시에 병행하는 전략으로 정착이 되었다. 고당전쟁에서 나타난 이러한 성격은 더욱 강화되어 마지막 완결 단계인 삼국통일전쟁으로 이어졌다. 그 후에 전개된 동아시아의 외교·군사 질서에서 해양 활동 능력을 고려한 대한 전략을 수립하는 데 중요한 변수가 되었다. 고당전쟁은 고수전쟁을 계승하여 동아시아의 국제 질서를 전면적으로 재편하는 과정에서 발생한 국제대전의 한 부분이었다.

동아지중해 대전의 완결, 삼국통일전쟁

1. 동아 질서 변모와 삼국통일전쟁의 성격

삼국통일전쟁은 일반적으로 고구려·백제·신라 삼국 간의 역학 관계에서 빚어지고, 고구려와 백제의 압박을 받게 된 신라가 당의 세력을 유도하여

---

277) 『日本書紀』 권25 齊明 4년조.

통일을 이룩하게 된 사실을 말하고 있다. 그러나 앞에서 언급한 바와 같이, 이 전쟁은 고구려와 통일 중국 사이에 동아시아의 종주권과 교역권을 둘러싸고 벌어진 질서 재편 전쟁이었고, 당시 대부분의 종족과 나라들이 직접·간접으로 참여한 국제대전이었다.

따라서 이 전쟁의 1단계는 598년 고구려가 수나라를 선공하면서 시작되어 수나라의 멸망까지 이어진 고수전쟁이었고, 다시 2단계는 고구려와 당 간의 전쟁으로 계승되어 645년에 전쟁이 일어난 이후부터 659년까지 간헐적으로 계속된 고당전쟁이다. 그리고 3단계는 그 완결로서 660년에 신라가 개입하면서 한반도 전체는 물론 일본열도의 왜국까지 직접 참여하여 격돌을 벌인 국제대전이었다.

이 절에서는 소위 삼국통일전쟁이 동아시아의 모든 종족이 참여한 국제대전의 산물이며, 고수전쟁·고당전쟁과 밀접하게 관련되어 있고, 계기성이 있다는 사실을 전쟁의 배경과 목적 및 경과와 연계시켜 살펴보고자 한다. 특히 본고의 목적에 따라 기존에 언급한 육지 질서와의 관련성은 가능한 한 소략하고, 해양 질서 및 해양 활동과 관련시켜 해석하고자 한다.

당시 동아시아에서 일어난 전쟁들은 국내적인 요인들뿐만 아니라 국제적인 요인들과 깊은 관련성을 맺으며 전개되었다.[278] 특히 북방에서 일어난 전쟁들은 때로는 국제적인 요인이 더욱 강하게 작용했다. 이 전쟁에서 몇 개의 나라들이 동시에 참전한 것은 영토의 팽창이나 인민의 탈취라는 목적 외에도 본질적으로는 질서의 대결 혹은 재편의 움직임이라는 성격을 갖는 것임은 앞에서 언급한 바 있다.

소규모의 전투는 흔히 전술적 혹은 전략적 거점을 중심으로 한 공방전의 성격을 가지고 있다. 하지만 당항성 전투나 칠중성 전투 등은 비록 소

---

278) 노중국은 「高句麗對外關係史 研究의 現況과 課題」, 『동방학지』 49, 연대국학연구원, 1985, p.298에서 "고구려의 멸망은 동아시아 여러 국가 간에 새로운 세력 개편의 결정적 계기가 되었다"고 말하면서 고구려의 대외 관계를 국제 관계 속에서 파악하고 있다.

규모의 전투이기는 하나 각국이 전략적 위치를 확보하여 역학 관계의 근본적인 변화를 목적으로 한 것이다. 특히 총력전을 펼치는 대규모 국제전쟁은 결국은 국제 질서를 변화시키고 자국의 위치를 유리하게 설정하기 위한 것이다.

전쟁들도 후기에 내려오면 상대 국가의 인민들을 포로로 하거나, 주민들을 이주시켰다는 기록이 줄고 있음을 주목할 필요가 있다. 고수전쟁이 끝난 직후에는 포로의 처리 문제가 중요했다. 하지만 이것은 명분 때문인 면이 강했다. 그러나 그 후 전개된 전쟁에서는 포로 문제가 중요하게 거론되지 않아 포로 획득이 중요한 목적이 아니었음을 반증하고 있다. 『일본서기』에는 660년 10월 부여복신이 당군의 포로 100여 명을 바친 기록이 나오지만 이는 백제 부흥군의 존재를 각인시키기 위한 정치적 행위로 판단된다.

앞 절에서 고당전쟁은 고수전쟁을 계승했으며 계기적 측면이 있었음을 언급한 바 있다. 이러한 계기성은 이 단계에 이르면 더욱 정도가 심해져서 삼국통일전쟁은 고당전쟁과 계기성을 가지면서, 그 완결의 의미를 가진다. 이것은 각 전쟁들 간에는 각각 유사한 목적과 배경을 가지고 있으며, 진행 과정에서도 그 연계성이 매우 높은 사실에서도 나타난다.

그것은 첫째, 전쟁의 본질이 국가와 국가 간에 벌어진 전쟁이 아니라 국제 질서를 재편하는 과정의 산물이란 것이다. 고구려는 한민족 내부에서는 삼국의 패자라는 기존의 자리를 유지하고, 동아시아 세계에서는 유리한 입지를 확보하기 위하여 능동적이고 현실적인 태도로서 질서 재편 과정에 참여해야 했다. 수나라는 중국을 통일하자마자 전면적으로 국제 질서를 재편하고자 분주하게 움직였다. 고구려도 신속하게 대응하여 현실적인 판단을 하면서 이 작업에 능동적으로 참여했으며, 그리고 대성공을 거두었다.

당나라는 패망한 수나라를 이어 동일한 작업을 추진했으나 고구려와의 1차 전면전에서 철저하게 패배했다. 그러나 당나라 대고구려전의 패배가 가져온 후유증에도 불구하고 내부적으로나 대외적으로 계속적인 성장을 했다. 일시적으로 수백 년 만에 통일한 수나라와 달리 당은 이미 토대가 안정된 국가로서 성장을 했으며, 명실공히 동아시아의 패자가 되고자 했다. 더구나 해양 질서나 해양 문화 등에 대한 각국의 관심이 높아지고, 해양 활동의 수준이 높아지고 있었다. 황해 연안 국가들의 해양력이 강해지면 해양 문화의 특성과 해양력의 돌발성·기동성 등으로 인하여 통제하기가 점차 어렵게 된다. 이러한 미묘한 상황을 인식했다면 동아시아의 패권을 장악하는 데 실기(失期)해서는 안 된다는 우려가 작용했을 것이다. 따라서 당나라의 목적은 명목상의 책봉 체제가 아니라 동아시아 세계에 대한 실질적인 지배를 원했으며, 고구려의 단순한 정벌이나 수나라의 복수전뿐만 아니라 질서 재편 구도 속에서 고구려의 완전한 멸망을 기도했을 가능성이 크다.

수나라가 실패한 전쟁을 계승한다는 명분을 내세웠던 당나라는, 645년의 1차 전투에서 태종의 친정군이 참패했음에도 불구하고 계속해서 공격을 시도했다. 이러한 사실들은 당나라가 전쟁을 일으킨 목적이 영토를 획득하여 넓히거나, 북방 유목 종족들의 배후 세력으로서 고구려를 견제하는 것[279] 이상이었음을 말해 준다. 이것은 『구당서』권109 상 열전 제149 상 고려전을 통해서도 알 수 있다. 당나라의 고조가 7년에 배구(裴矩)·온언(蘊彦) 등과 나눈 대화 내용을 평가해 보면 당은 대고구려 전쟁을 번국화(藩國化)의 과정으로 인식했음을 알 수 있다.[280] 뿐만 아니라 전후 질서에서 보여진 당의 여러 가지 태도 또한 고구려의 속국화였음을 강하게 암시한다.

당나라의 입장이 기존의 질서를 유지하되 부분적인 변화만을 모색한다

---

279) 신형식, 앞 논문, p.83에서 당의 고구려 정벌은 토번·돌궐 등 邊患에 대한 정치적 목적에서 수행한 것이라고 한다.
280) 노중국, 앞 논문, p.314.

는 수준에서 추진된다면, 고구려는 공존을 모색하되 당의 요구를 수용하는 수준이 되어야 한다. 그러나 당이 고구려의 생존을 위협하거나 존재를 부정하는 전략이라면, 고구려로서는 이에 맞서는 강한 대응전을 구사할 수밖에 없다. 이러한 상황 판단을 목적으로 한 탐색전과 강온 양면의 대응책은 고구려의 입장에서 끊임없이 시도되었다.

고구려는 형식적이지만 당나라의 책봉 체제에 편입되는 태도를 취했고, 실권자인 연개소문은 당나라에서 도교를 받아들였다.[281] 또한 전쟁이 진행 중인 646년에는 유감을 표하면서 당나라에 두 미녀를 보냈다.[282] 이는 당시 고구려의 전쟁을 주도하는 세력들이 능동적이고 자주적으로 질서 재편 작업에 참여하는 의도는 가졌지만 반드시 당과 전면전을 원했던 것은 아니었음을 반영한다. 그럼에도 불구하고 당과 고구려는 계속 치열하게 전쟁을 했다. 이처럼 당과 고구려는 전쟁 질서를 두고 입장과 인식에 적지 않은 차이가 있었다. 두 나라 사이에는 동일한 목적과 유사한 성격의 전투가 단속적으로 벌어졌으며, 다시 한 번 전면전의 재발을 예고하고 있었다.

한편 한반도에서는 신라에 대한 백제와 고구려의 압력이 가중되었고, 신라는 자신에게 불리한 한반도 내의 역학 구도를 깨고 기존 질서를 바꾸기 위해서 당과의 연합이 불가피했다. 그리하여 계속해서 당나라에 사신을 파견하면서 동맹 관계를 모색했다.

결국 지속되는 고구려와 당 간의 전쟁은 이러한 한반도 내의 특수한 상황과 역학 관계가 복합적으로 작용한 것이다. 마침내 신라와 당은 각각 자국의 적대적인 국가를 정벌함으로써, 공동의 이익을 관철하기 위하여 동맹을 맺었다. 두 나라는 목적을 달성하기 위하여 치밀하게 사전 계획을 짰으며, 정치적인 상황과 군사적인 전략·전술을 고려하여 승리에 불리하게 작

---

281) 『삼국사기』 권21 고구려본기 보장왕 상 2년조.
282) 『冊府元龜』 권198, "……帝王部却貢獻 謝罪……"(647) ; 『삼국사기』 권21 고구려본기 보장왕 상 5년 ; 『당서』 권220 열전 제145 동이전 고려조.

용하는 약점을 보완했다. 그리고 나당연합군을 결성하여 660년 여름에 전격적으로 공세를 취한 끝에 백제를 멸망시켰다. 1단계 작전을 성공시킨 다음에는 다시 660년부터 남·북·서로 협공을 하면서 고구려를 끊임없이 압박했다. 그러는 중에 광복 운동을 하는 백제의 원군으로 왜가 개입하면서 전쟁 양상은 더욱 복잡해졌다. 백왜연합군[283]은 공동 군사 작전을 실시하면서 몇 년 동안 치열하게 나당연합군과 군사적 대결을 계속 시도했으나 끝내 실패했다.[284] 그 후에 전력을 집중시킨 나당연합군은 오로지 하나 남은 고구려를 서, 남과 북에서 수륙 양면으로 협공을 하여 마침내 멸망시켰다.

왜는 초기에는 당시에 전개되는 사태를 한반도 내부에서 일어난 국지전 정도로 인식했다. 그러나 백제가 허무하게 항복하고, 다시 부흥군이 도움을 청하면서 인식에 변화가 생겼다. 왜국은 본격적으로 백제 부흥 운동에 나섰고, 결과적으로 자국의 의사와 관계 없이 국제대전에 참여하게 되었다. 왜국이 초기와 달리 점차 이 전쟁을 동아시아의 국제대전으로 인식한 증거는 백왜연합군이 백강 전투에서 패퇴한 이후에 나타났다. 패잔병들은 일본열도로 후퇴하면서 봉수(燧燧)와 산성 등 방어 체제를 곳곳에 구축했다.[285] 예를 들면 쓰시마의 가네다성〔金田城〕을 비롯하여 규슈 북부의 미즈성〔水城〕과 오노성〔大野城〕, 아리아케 해〔有明海〕 서부의 키이성〔椽城〕, 나라의 다카야쓰성〔高安城〕 등이 그것이다.[286] 이러한 일련의 성들은 신라와 당이 대규모로 해상 공격을 했을 때를 대비하여 적절한 대응책을 강구한 것이다.[287] 왜 조정은 비로소 이른바 삼국통일전쟁이 단순한 한반도 내의 3국 간 전쟁이 아니라 동아시아의 질서를 재편하기 위한 국제전이고, 해

---

283) 종래에 사용하던 구원군이라는 용어의 부적합성에 대해서는 변린석이 앞 논문, pp.146~151에서 제기하고 있다. 본고에서는 이 전쟁을 동아시아의 국제대전으로 파악하는 논지에 따라 백제의 사비성이 함락당한 이후에 형성된 군대는 백왜연합군으로 부른다.
284) 『당서』 권220 열전 제145 동이 백제 龍朔 2년조 ; 『일본서기』 권27 天智條.
285) 『일본서기』 권27 天智 3년, 4년.
286) 『일본서기』 권27 天智 3년, 4년, 6년.
287) 井上秀雄, 앞의 책, p.208.

양전적인 성격도 띠고 있음을 두려움 속에서 절실하게 이해한 것이다. 즉 해양에서 신질서가 구축되었음을 확인하고, 그 대비책을 강구하게 된 것이다.

고구려가 멸망한 이후에 신라와 당의 싸움이 계속되었다는 사실은 이 전쟁이 질서 재편의 측면이 강하다는 논거를 더욱 보강해 준다. 백제를 멸망시킨 소정방이 귀국하자, 고종은 왜 신라마저 정벌하지 않았는가를 물었다. 그때 소정방은 임금의 선정과 신하들의 충성 등 명분을 들어 가면서 도모하기가 자못 어렵다고 말했다.[288] 이는 물론 신라나 고구려, 심지어는 망한 백제 등이 가진 군사적인 힘이 크다는 현실 때문이었다. 고종의 반문과 소정방의 답변에서 나타나듯 당나라가 신라와 전쟁을 일으킨 의도는 신라마저 정벌하여 동방을 완전한 당의 세력권 하에 편입시키려는 국제 전략의 일환이었다. 이러한 의도는 고구려를 멸망시킨 직후부터 구체화되기 시작했다.

당은 667년에 고구려의 요동을 공격하면서, 신라에게 병사와 군량을 보내 줄 것을 요구했다. 문무왕은 동맹국의 입장에서 그러한 요구를 수용하려고 했다. 그러나 내부 사정 때문에 시일을 미루었는데, 고구려와 칠중성(七重城) 전투를 치르느라 결국은 기일을 어기게 되었다. 당은 바로 이 사실을 빌미 삼아 신라를 공격하기 시작했다.[289] 공격의 명분을 찾고 있었던 것이다. 적어도 당의 입장에서는 이 전쟁을 국제전으로 인식하고 있었고, 신라마저 복속시켜야 수·당 이래 지속적으로 추진해 온 동아시아의 종주권을 실질적으로 확립할 수 있었던 것이다.

이 전쟁이 국제대전의 성격을 가지고 있다는 또 하나의 근거는 자국의 운명을 걸고 참여한 나라들이 다수였다는 점이다. 앞에서 살펴본 것처럼 고수·고당 전쟁에서 실질적인 주체는 고구려와 수·당이었다. 나머지 국

---

288) 『삼국사기』 권42 열전 2 김유신전 중.
289) 『삼국사기』 권7 신라본기 문무왕 11년조.

가들은 전쟁 질서의 구도에 영향을 주거나 간접적으로 참여하는 정도였다. 그러나 삼국통일전쟁에는 전체 과정 속에서 동아시아의 각국들이 어떠한 형태로든 참여를 했다. 돌궐·거란·말갈 등도 군사적으로 병력을 이끌고 참여했다.[290] 또 하나 중요한 사실은 이 전쟁이 진행되는 과정에서 당은 다른 나라들과 갈등을 빚고 있었다는 것이다. 당은 설연타와 연합하여 동돌궐을 쓰러뜨리고, 고창국을 멸망시켰으며, 641년에는 다시 설연타와 전쟁을 벌이는 단계까지 이르렀다.

특히 고구려·백제·신라·왜 등 동아지중해 국가들은 단순히 군사력을 동원한 것뿐만 아니라 국가의 존망을 걸고 국가적으로 참여했다. 무엇보다도 신라의 역할은 이 전쟁을 국제대전의 성격으로 확대·비화시키는 데 결정적이었다. 신라의 기본 자세는 당이 추진한 대고구려전의 향방을 바꾸어 버렸다. 양측의 사료에서 나타난 대로, 두 나라는 긴밀한 연락을 가지면서 국제전으로 비화시켰다. 신라는 당과 연합하여 백제를 멸망시켰다. 그리고 당의 요구를 받아들여 곧장 고당전에 참여했다. 물론 수동적인 입장이었다. 그 과정에서 전쟁의 양상이 변화되면서 신라는 백제의 부흥군과 계속해서 전투를 벌였으며, 당 또한 여기에 참여했다. 뒤를 이어 661년부터 본격적으로 참전한 왜의 지원군과도 전쟁을 해야 했다. 「답설인귀서(答薛仁貴書)」에 따르면 왜선이 1천여 척 머무르고 있었다고 한다. 신라의 다소 과장된 표현이 있었다고 해도 왜의 참전이 본격적이고, 대규모적이었음을 알 수 있다. 결국 3년간에 걸친 백제 및 왜와의 전쟁이 끝나고 나서, 신라는 다시 고구려전에 연합군으로 참여했다. 그리고 그것마저 668년에 끝난 다음에는 다시 고구려·백제의 유민들과 힘을 합하여 676년까지 당나라와 10년 가까이 전쟁을 벌였다.

한편 백제는 결과적으로는 전쟁의 중요한 당사자로 참여했지만 참여한

---

290) 655년에는 고구려가 말갈과 함께 거란을 공격했다. 『삼국사기』 권22 고구려본기 보장왕 하 14년 ; 『당서』 권220 열전 제145 동이 고려 영휘 6년조.

과정이 주체적이지 못했고, 그 과정에서도 고구려와 동맹, 또는 연합 작전을 벌인 모습이 구체적으로 보이지 않는다. 그러다가 당의 전략상 고구려 공격을 위한 후방 배후지로서, 신라에게는 타도해야 할 숙적으로서 1차적으로 나당연합군의 공격을 받고 순식간에 항복하고 만다.

그런데 660년 백제의 사비성이 함락당하기 전까지 주변 국가들은 국제적인 연대성을 크게 인식하지 못했고, 또 직접 연대하지도 않았다. 그러나 백제가 항복했다는 소식이 주변국에 전달되면서 양상이 달라지기 시작했다. 적어도 알려진 사료로 볼 때, 고구려는 사태가 이렇게까지 급진전되는 것을 미리 알아차린 듯한 징후가 없다. 고구려는 서둘러 군사적인 움직임을 개시했다. 660년 11월에 칠중성(파주)을 공격한 데 이어, 661년 5월에는 뇌음신이 말갈과 함께 술산성(여주)과 북한산성을 공격했다.[291] 하지만 이미 늦은 일이었다.

왜는 소식을 듣자 신속하게 전쟁에 참여하려는 의사를 나타냈다. 660년 10월 백제가 멸망하자 왜는 즉각 대응 조치를 취하고자 했다.[292] 그때 야마도 조정은 아베〔阿部比邏夫〕 등을 보내 동북에 있던 숙신과 전투를 벌이는 중이었다. 복잡한 상황임에도 불구하고 왜는 백제의 부흥 운동과 연계성을 가지면서 준비를 했으며 참전을 결정했다. 일정한 준비 기간을 거쳐, 다음해인 661년 2월에는 바다를 건너 사비성을 공격했다. 뒤이어 8월에는 장군 등을 파견하여 무기와 식량을 보냈으며, 9월에는 의자왕의 아들이었던 풍장(豊璋)을 군병 5천 명과 함께 백제로 보냈다. 그리고 662년에는 화살 10만 척, 포 3백 단 등 군수물자와 함께 군선 170여 척을 보냈다.[293] 이는 왜의 국력이나 정치적인 상황을 고려할 때 대단한 규모임이 틀림없다. 나당

---

291) 이호영은 앞 논문 p.993에서 고구려의 그러한 공격은 여제연화와는 관련이 없다고 회의적인 시각을 보이고 있다.
292) 『일본서기』 권26 齊明 6년.
293) 『일본서기』 권26 齊明 7년조. 『일본서기』 권27 天智 원년조.

그림 5-10 | 백제 지원군을 총지휘한 다자이후의 정청 유적. 규슈 북단에 있으며, 뒤에 보이는 것이 오노성이다.

을 주적으로 삼아 대결 구조로 돌입한 것이다.

이 당시 백제의 부흥군뿐만 아니라 고구려 또한 왜와 일정한 연관을 맺고 있었다. 『일본서기』에 따르면 662년 3월에는 고구려가 구원을 청하므로 장군을 보내 주류성에 거하게 했다.[294] 주류성은 백제 광복 운동의 본거지다. 이는 고구려와 왜, 혹은 고구려와 백제가 군사 작전을 논의하고 전개하는 등 연합 가능성을 강력히 시사하는 대목이다. 그리고 663년 여름 5월에 왜의 견상군(犬上君)이 고구려에 급행하여 출병의 일을 고하고 돌아왔다는 기사가 있다.[295] 견상군은 백제 부흥군에서 활동한 인물이다. 이러한 여러 가지 상황을 고려할 때 백제 연합군과 고구려군의 합동 작전일 가능성이 크다.

---

294) 『일본서기』 권27 天智 원년조.
295) 『일본서기』 권27 天智 2년 5월조.

위에서 살펴본 바와 같이 고구려는 말갈을 거느린 채 당·신라를 적대국으로 했고, 백제와 왜는 직·간접으로 군사적인 연결을 유지한 것으로 보인다. 반면에 당은 신라와 동서로 연합하고, 돌궐·거란·말갈의 일부 세력을 거느리고 전쟁을 주도했다. 이렇게 삼국통일전쟁은 고구려·백제·신라·당 그리고 왜 및 주변 종족까지 참전한 동아시아 최대의 국제대전이었다.

이 전쟁이 국제전의 성격을 띠고 있다는 사실은 고구려의 대수·대당 전쟁과의 계기성과 연속성에서 나타난다. 고수전쟁의 기점을 598년이라고 할 때, 삼국통일전쟁이 완결된 것은 676년이다. 전쟁이 지속된 기간으로는 약 80년에 해당하는 장기전이다. 따라서 그 연계성을 주장하는 데 회의가 생길 수 있다. 그러나 전면적인 질서의 개편을 꾀하는 국제대전이나 고대 전쟁에서 이러한 장기전은 늘 개연성이 있게 마련이다. 다음 몇 가지 특성은 세 전쟁이 연계성을 지니고 있다는 주장에 논리적인 타당성을 부여한다.

첫째는 각 단계의 전쟁에 참여한 인적 구성원의 일치 문제다. 고수전쟁에 참여한 당사자들과 고당전쟁에 참여한 당사자들이 일치한다는 사실은 앞에서 살펴보았다. 그런데 고당전쟁의 참여자들 역시 삼국통일전쟁에 거의 그대로 참여했다.

고구려는 지배계급 일반이 거의 그대로 참여하고 있다. 대표격인 보장왕은 고당전쟁의 처음부터 간여하여 고구려가 멸망한 후까지도 고구려의 부흥 운동과 깊은 관련을 맺었다. 연개소문은 대당전에 적극적으로 대응하기 위하여, 또 대당 강경책을 이용하여 정변을 일으켰다고 볼 수 있다. 그는 666년에 죽을 때까지 이 대전쟁을 총지휘한 실질적인 지배자였다. 645년의 안시성 전투를 승리로 이끈 양만춘이 언제까지 생존했는지는 알 수 없다. 하지만 그의 행적에서 죽음이나 정변 등 큰 변동이 없는 것으로 보아 계속해서 전쟁에 참여했을 가능성이 크다. 668년 평양성이 함락당하고 나서도 안시성이 끝까지 항전을 하다 671년에 항복한 사실은 그의 존재나 영

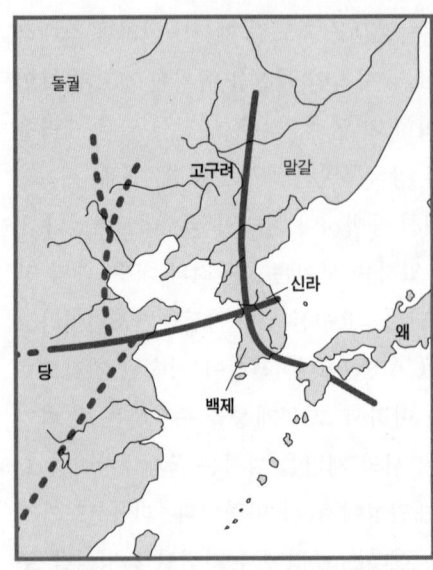

지도 5-6 | 삼국통일전쟁 당시 동아시아의 해양십자형 역학 구도

향력을 인정하지 않을 수 없게 한다. 당시는 막리지와 대막리지가 지배하는 실질적인 군사 지배 체제였던 만큼, 그 밖에 많은 장수들이나 정치인들이 그대로 이어지면서 전쟁을 이끌어 갔을 가능성이 크다.

당측에서는 태종의 뒤를 이어 고종이 전쟁을 계속 지휘했다. 그는 고당 1차 전쟁에서 당태종이 안시성에서 패배하고 철군하다가 요택에서 위기에 처했을 때 군대를 거느리고 당태종을 구원했던 인물이다.

659년까지도 고당전쟁이 계속되었던 만큼 660년의 새로운 단계로 변하는 전쟁에서도 역시 대부분의 인물들이 계속 참여했을 것은 당연한 일이다. 전쟁 주도 세력인 장손무기, 무장들인 이세적·소정방·계필하력(契苾何力) 등이 모두 계속해서 전쟁을 이끌어 갔다. 이러한 현상은 신라·백제·왜의 경우에도 대동소이하다.

물론 인원에서 부분적인 변동은 있었다. 하지만 이는 왕조의 내부 사정에 따른 변동이었고, 또 자연적인 교체이지 지배계급의 질적인 변동을 의미하는 것은 아니다. 또한 참여 당사자들의 연계성과 일치성은 실질적인 전력이 되었던 피지배계급들의 경우는 더욱 일치된다. 당 태종이 고수전쟁에서 잡힌 포로들의 교환을 요구한 것은 그러한 일치성을 표현한 것이다.

또한 이 전쟁은 외부적으로는 국제대전임에도 불구하고 내부적으로는 각 종족들 간의 생존과 대결 의식을 토대로 한 민족전쟁적인 성격이 강하다. 특히 고수·고당전은 더욱 그러하다. 그리고 고구려가 멸망한 뒤 신라가 고구려 유민들과 연합하여 당과 전쟁을 지속한 것 역시 이 전쟁이 본질적으로 민족전쟁의 성격을 띠고 있다는 것을 말해 준다. 이 전쟁을 민족전쟁으로 보는 관점에서는 피지배계급의 경우 계승성이 더욱 강해진다.[296] 그러나 민족 간의 구별이 분명하고, 구별의 궤선을 따라 전쟁이 발생하고 전개된 것은 아니다.

이러한 인적 구성의 연계성과 일치성은 단순한 연관만이 아니라 전쟁의 목적과 결과, 의의 등 역사적 성격의 일치성을 반영한다. 이러한 계기성은 전쟁의 진행 과정과 추이를 볼 때 더욱 구체적으로 나타난다.

645년에 일어난 고당 1차 전쟁 이후에도 전쟁은 전면전·국지전의 양상을 되풀이하면서 659년까지 연속적으로 진행되었다. 당은 647년에 수륙군을 동원하여 공격했다. 648년에도 역시 수륙군을 동원하여 세 차례에 걸친 공격을 했다. 당 태종이 죽고 고종이 즉위하면서 잠시 소강 상태를 보였지만, 655년부터 공격이 다시 시작되었다. 그리고 658년과 659년에도 계속해서 공격을 했다.[297] 그러다가 660년 백제를 먼저 공격하여 항복시킨 다음, 곧이어 660년 12월부터 고구려를 공격하기 시작했다. 신라가 참여한 것이 그 이전의 고당전쟁과 다른 양상이라 할 수 있다. 그 뒤로 668년까지 전쟁은 계속되었다. 이러한 전쟁 과정을 볼 때 1차 고당전쟁 이후에도 전쟁이 계속해서 벌어졌음을 알 수 있다.

결국 전쟁을 일으킨 목적의 일치성, 전쟁 주체들의 일치와 계승성, 전쟁을 끌어가는 기본 전략의 유사성, 시간적 계기성, 그리고 무엇보다도 전후의 결과 등을 종합적으로 고려해 볼 때 이른바 '삼국통일전쟁'은 앞의 두

---

296) 井上秀雄, 『變動期の東アジアと日本』, 日本書籍, 1983, p.154에서는 민족전쟁이라는 표현을 쓰고 있다. 물론 이 전쟁을 민족전쟁이라고 볼 수는 없다. 각 종족들이 참여했지만 국가적 이익에 따라서 이합집산을 했기 때문이다.

297) 『삼국사기』 권22 고구려본기 보장왕 하 6년, 7년, 14년, 17년, 18년.

전쟁과 분리된 별개의 전쟁이 아니었다. 다만 시간이 흐르면서 단계에 따라 성격과 규모, 주체가 달라졌을 뿐 실제로는 하나의 전쟁으로서 유기적인 사이클을 이루고 있었다. 고수전쟁은 동아지중해 국제대전의 발발, 십수 년간 지속된 고당전쟁은 그 과정, 그리고 이른바 삼국통일전쟁은 대단원의 완결인 셈이다.

한민족의 입장에서는 통일 의식이 있었으며,[298] 신라로서는 백제를 정벌하기 위한 복수전[299]의 성격도 있었다. 결과적으로는 신라 자력에 의한 통일[300]이란 측면도 없지는 않았다. 그러나 이 전쟁은 동아시아, 특히 해양을 매개로 한 동아지중해 질서의 개편을 노리는 질서 대결의 측면이 강했다.

이 전쟁에서 주체 세력은 주도권을 행사하고 공격적 입장을 취한 중국 세력과 방어전을 펴면서 질서를 유지, 변화시키고자 했던 고구려였다. 나머지 동·서·북의 여러 국가들과 종족들은 간접적으로 참여하거나 외교적인 관계 조정 역할에 불과했다. 여기에 한륙도의 질서를 재조정하려는 백제와 신라의 힘이 작용했고, 당이 황해를 건너 신라와 협공하여 백제를 쓰러뜨리고 고구려를 남북에서 협공함으로써, 이른바 삼국통일전쟁으로 성격이 변화하고 확대되었다. 결과적으로 이 전쟁은 고구려-백제-왜를 잇는 남북 세력과, 당-신라로 연결되는 동서 세력이 해양을 매개로 이룬 질서이고, 나머지 주변국과 종족들은 국가적 이익을 계산하여 보조적으로 전쟁에 참여한 것이다.

298) 이호영, 「新羅 三國統合過程 硏究 序說」, 『사학지』 22, 단국대 출판부, 1989, p.50.
299) 신형식, 『신라사』, 이화여대 출판부, 1985, p.40.
300) 신형식, 위의 책, p.39, p.44 ; 신형식, 「삼국통일의 역사적 성격」, 『한국사 연구』 61·62, 한국사연구회, 1988, p.67.

2. 동아시아 제국의 외교 질서와 삼국통일전쟁

삼국통일을 둘러싼 전쟁은 국제대전의 성격을 띤 것이므로 각 나라 사이에는 외교 관계가 매우 복잡하고 다양하게 이루어졌다. 따라서 외교 관계의 실상과 전략에 대하여 심층적인 연구가 필요하다. 본절에서는 당시 각국 간의 역학 관계와 그 변화와 과정, 그리고 전략 수립 가운데서 해양과 관련된 부분을 추출하여 그 상관성을 살펴보고자 한다.

당시 각 나라들 사이에서는 외교전이 치열하게 벌어졌다. 국익에 따른 정치적 위상 문제, 동맹국 간에 추진될 작전 전략의 필요성, 특히 전시체제에 필요한 교통로 확보를 목표로 한 것이었다. 그런데 660년 나당연합군이 백제를 침공하기 전에 이미 동아시아 각국 간에는 역학 관계의 기본틀이 형성되어 있었다.

앞 글에서 본 바와 같이, 당과 신라는 황해를 매개로 동서로 연결되었다. 반면에 고구려와 백제는 남북으로 느슨하게 연결되었으며, 백제는 황해 남부와 남해를 통해 왜국과 불확실하게 연결되어 있었다. 지정학적으로 보아 육지가 아닌 해양을 매개로 동서와 남북으로 연결되는 십자형으로 분리·대립되는 상태였다. 시간이 흘러가면서 이 모습은 보다 확실한 형태로 드러났으며, 그 질서가 결국은 전쟁의 승패를 결정지었다.

먼저 이 전쟁에서 시종 주축의 역할을 한 고구려를 중심으로 외교전의 양상과 해양 활동과의 관련성을 살펴보도록 하자.

고구려는 외교전에서 이미 실패를 하고 들어갔다. 고구려는 대수전쟁과 대당전쟁에서 비록 승리는 했지만 길고도 대규모적인 전쟁의 여파로 백성들의 희생이 컸고, 전쟁 비용이 과다하게 지출되는 등 적지 않게 국력을 손실했다. 따라서 안으로는 불안해진 사회를 안정시키고 국력을 계속해서 신장시키는 일이 문제였다. 또한 밖으로는 당나라를 비롯한 주변 세력과 관계를 재조정하면서 외교적으로 안정을 기하는 것이 당면 과제였다.

고구려는 물론 당나라와 화·전 양면책을 추진했다. 645년의 전투에서 승리한 이후 고구려는 646년, 647년, 648년, 652년, 656년에 계속해서 당나라에 사자를 보냈다.[301] 이처럼 관계를 개선하는 일에 노력을 기울이는, 한편, 당나라의 침입에 맞서 전투를 과감하게 벌여 승리를 쟁취했다. 그런데 648년부터 660년까지는 사실상 전투가 비교적 뜸해져서 두 나라 사이에 정책이 변화한 조짐이 보인다.

이러한 국면 조정기에 고구려로서는 남부 전선을 안정시키는 일이 무엇보다 중대한 과제였다. 만약 고구려와 신라, 백제와 신라의 싸움이 당과 연결됨으로써 국제전으로 비화할 경우에는 역학 관계로 보아 대당전에서 불리해지기 때문이다. 따라서 일단 대당 전시체제에 들어간 이상, 그 배후이자 잠재적 적국인 신라를 유화적으로 대하거나 최소한 대당 교섭을 차단하는 데 철저해야 했다.

고구려는 이러한 필요성을 인식했던 것 같다. 고당전쟁이 치열하게 벌어지는 와중인 신라 진덕왕 2년(648)의 일이었다. 김춘추는 당나라로 가서 백제의 토벌을 요청하고 귀국하다가 고구려의 순라군에게 잡히게 되었다. 그러나 김춘추는 기지를 발휘하여 무사히 돌아올 수가 있었다.[302] 이러한 상황은 고구려가 신라의 동향을 주시하고 있었으며, 해상 통제 의지와 해상 능력을 가지고 있었음을 반영하는 것이다.

이 도표는 주목할 만한 사실을 두 가지 말해 준다. 하나는 삼국이 펼친 대외 교섭의 적극성이고, 다른 하나는 그것을 가능하게 한 해양 활동 능력의 성장이다.

고구려는 중간에 거란 등이 있었으나 당과는 육로로도 교통을 할 수가 있었다. 반면에 백제와 신라, 왜는 당과 교섭하고자 할 때 해로를 통할 수밖에 없었다. 이처럼 불리한 자연조건에도 불구하고 신라는 고구려에 비해서 당과의 교섭 빈도가 월등하게 많다. 백제와 신라를 비교해도 마찬가

301) 『삼국사기』 권22 고구려본기 보장왕 연간 ; 『당서』 권220 열전 제145 동이전 고구려.
302) 『삼국사기』 권5 신라본기 진덕왕 2년조.

삼국	고구려				백제					신라					
왕명 중국	평원왕 559~590	영양왕 590~618	영유왕 618~642	보장왕 642~668	위덕왕 554~597	혜왕 598~	법왕 599~	무왕 600~640	의자왕 641~660	진평왕 579~631	선덕여왕 632~646	진덕여왕 647~653	무열왕 654~660	문무왕 661~668	문무왕 669~680
수(隋, 581~618)	8(2)	5(1)			3	1		4(1)		7					
당(唐, 618~668)			15	10				15	7	8	10	9	5	2	

도표 5-1 | 삼국의 대수·당 교섭 관계표[303]

지다. 신라가 진흥왕 이후에 한강 유역, 즉 황해 중부 연안을 장악했으므로 백제는 신라보다 대당 교섭이 어려웠을 수도 있다. 하지만 신라는 북부에 고구려가 있어 대당 교섭을 방해하므로 위험부담이 백제보다 덜한 것은 아니었다. 그럼에도 불구하고 신라의 대당 교섭 빈도수는 백제보다 훨씬 많다.

신라는 대당 교섭에 국가적인 운명을 걸고 한류도에서의 불리한 입지를 당의 힘을 빌려서 확보하려고 했다. 신라는 김춘추·김인문 등 왕실 내의 비중 있는 인물들을 수시로 당에 파견했다.[304] 횟수에 비례하여 당으로부터 언질이나 밀약, 환대 그리고 책봉 등 만족할 만한 성과를 얻어내고 있었다.[305] 당 또한 신라와 백제 및 왜에 사신을 빈번하게 파견했으며, 신라에 매우 우호적이었다. 결국 신라와 당은 대외 교섭과 해양 활동 능력을 확대하는 일에 힘을 기울여, 중간의 견제 세력 없이 교섭을 긴밀하게 했다. 부드럽고 상호 필요에 의하여 계속된 외교상의 교섭은 결국 군사적인 동맹으로 발전하여 원활한 작전을 가능케 했다.

고구려가 신라에게 한강 유역을 내주고, 대당 교섭의 창구로 활용케 하

---

303) 서영수, 「한중 관계의 성립과 전개」, 『고대 한중 관계사의 연구』, 삼지원, p.138 참조.
304) 신형식, 『한국 고대사의 신연구』, 일조각, 1984, p.317.
305) 신형식, 「新羅의 宿衛外交」, 『고대 한중 관계사의 연구』, 한국사연구회, 삼지원, 1987 참조.

여 반고구려 전선을 구축하도록 용인한 것은 실리 외교에서 돌이킬 수 없는 치명적인 타격이 되었다. 그것은 외교에 대한 인식 부족과 서투른 행위도 한 원인이 될 수 있지만, 기본적으로는 고구려의 해양 능력이 신라의 대당 교섭을 제어할 수준이 되지 못한 데도 이유가 있다. 나당연합군이 백제를 침공한다는 계획은 659년 4월에 이미 세워졌다.[306] 당나라는 1년 후인 660년 3월에 본격적인 침공 준비를 시작하고, 드디어 6월에 평온한 여름의 황해를 건넜다. 그 후에 고구려가 해상에서 신라를 견제하여 대당 교섭을 통제하는 일은 사실상 불가능하게 되었다. 백제의 멸망과 함께 이미 바다에는 신라와 당의 군선들이 빈번하게 오가고 있었기 때문이다.

고구려 외교의 난맥상은 대백제 관계에서도 나타나고 있다. 백제는 거의 마지막까지 당과 우호적인 관계를 유지하려고 노력했다. 고구려와 당이 645년 1차 전쟁을 벌일 때도 고구려를 도와주지 않았으며, 심지어는 646년 이후에 고구려가 계속 당의 공격을 받고 있는데도 백제는 실질적인 도움을 주지 않았다. 백제는 대신라 관계에는 비상한 관심을 가지고 있었으나 고구려와 동맹하는 일은 본격적으로 추진하지 못했다. 고구려와 당 사이에 벌어지는 전쟁을 양국 간의 대결로만 인식했을 뿐, 역학 관계의 변화를 목적으로 한 동아 질서의 대결로, 백제도 말려 들어갈 것이라고 인식하지는 못했던 것이다. 더구나 해양 활동 능력이 외교는 물론, 군사전에서 결정적인 역할을 하리라고는 인식하지 못했다.

사실은 수나라의 수군이 평양성에 들어오고, 당군이 황해를 직항하여 고구려를 공격했을 때, 백제는 자신들이 이미 당의 군사 작전권 안에 들어와 있음을 냉정하게 깨달았어야 했다. 그리고 신라와 당의 동맹 구도가 윤곽을 드러냈을 때에는 고구려와 보다 적극적이고 분명한 동맹 관계를 맺고, 신라의 대당 교섭을 철저하게 막았어야 했다. 그러나 양국은 동맹을 위해

---

306) 『삼국사기』 권5 신라본기 태종무열왕 6년.

서 외교적으로 노력을 기울인 흔적이 별로 안 보인다. 고구려는 이 전쟁을 국제대전으로 철저하게 인식하고, 마지막까지 신라와 백제를 끈질기게 설득하고 궁극적으로는 확실하게 어느 한쪽만이라도 동맹군으로 선택했어야 했다.

고구려가 백제에 대해 외교적으로 적극적이지 않았고, 양국이 유기적인 동맹 관계를 맺지 못한 데에는 구체적인 요인이 있다. 신라가 두 나라의 중간을 차단하고 있는 영토 상황을 볼 때 고구려와 백제는 원활하게 교섭하는 일이 힘들었다. 양국은 중간의 신라를 피하여 육로 또는 해양을 통하여 비밀리에 교섭해야만 했다. 그런데 잠행성을 특성으로 하는 해양 능력이 발달했다면, 고구려와 백제 양국은 신라의 해상 통제를 피해서 활발하게 교섭을 맺으면서 보다 효과적인 대응 체제를 구사했을 것이다.

고구려와 백제의 느슨하고 소극적인 동맹 관계는 백제와 왜의 관계에서도 마찬가지로 나타나고 있다. 백제와 왜는 오랫동안 정치·문화적으로 깊은 관계를 맺고 있었다. 양국의 왕실과 지배계급 간에 혈연적 친연성이 있다는 것은 잘 알려진 사실이다. 의자왕의 왕자인 풍장이 왜국의 조정에 있었던 사실은 두 나라의 관계가 매우 긴밀했음을 반영한다. 그럼에도 불구하고 왜와 백제의 동맹 관계는 전쟁의 초기 단계에서 전세나 두 나라의 외교 질서에 영향을 줄 정도는 아니었다. 그러면 양국 간의 친연성에도 불구하고 긴밀한 동맹 관계가 이루어지지 못한 이유는 무엇일까?

1차적으로는 왜 조정 내부의 정치 역학 관계, 즉 국내의 내부 문제에 기인한다. 기본적으로 친백제적인 성격을 유지했던 왜 조정은 불교의 유입과 공인을 계기로 소가우지가 정권을 장악하면서 더욱 친백제적이 되었다. 그러나 당의 등장과 견당 유학생들을 중심으로 당과 교섭할 필요성 등이 대두되면서 내부에서는 친백제 정책이냐, 친신라 정책이냐를 둘러싸고 역학 관계에 변동이 생겼다. 친신라계의 발언권이 강화되면서 갈등이 더욱 심화되자, 이에 위기를 느낀 소가우지는 632년에 대당 단교를 감행하기에 이른다. 그러나 645년에 다이카 개신이 일어남으로써 친신라계가 정권을 장악하게 된다.

다이카 개신을 통해서 신라와 일본, 당 사이에는 이른바 '삼국 협력 체제'가 만들어졌다. 이 기간(645~649)에는 왜와 백제, 왜와 고구려의 관계가 거의 나타나지 않는다.[307] 물론 그 후에는 백제 및 고구려와 교섭을 하게 된다. 이처럼 당시 왜 조정 내부의 정치세력 간 갈등은 국제 관계와 밀접한 관련을 맺고 있었으며, 이에 따라 대백제 정책 또한 일관성을 유지하기 힘들었다.

2차적으로는 당시에 전개된 전쟁 질서의 성격과 관련된다. 왜는 국제 질서의 진앙부에서 떨어진 변방의 국가로, 사신을 파견하는 일도 기술적으로 어려운 상태였다. 국제 환경을 이해하는 감각이 떨어져 수나라에 보낸 국서를 보면 현실과 터무니없이 동떨어진 인식을 하고 있음을 알 수 있다. 그러므로 당시에 벌어진 고구려와 당의 전쟁이 동아시아 전체를 둘러싼 질서 재편의 산물이라는 사실도 인식하지 못했다. 660년이 되면서 동아지중해에서 고구려와 백제를 한편으로 하고, 당과 신라를 한편으로 하는 질서가 구축되었을 때, 왜는 나름대로 외교적 입장을 단호하게 결정해야 했다. 그럼에도 백제의 멸망을 전후한 시기에 벌어진 왜의 대외 관계는 일관성을 결여한 듯한 모습을 보인다. 왜는 백제·신라·고구려, 그리고 당과 골고루 외교 관계를 가졌으나, 다이카 개신을 전후로 해서는 오히려 백제와 외교 관계가 뜸해진다.[308]

그런데 658년 입당승이 신라 배로 당에 들어가고, 659년 견당사가 당의 동경에 들어가는데, 다음해에 추진할 백제 정벌 때문에 서경에서 멈추는 일이 생긴다. 당시 당에 들어간 사신이 백제 정벌에 대한 정보를 입수했을

307) 김현구, 앞 논문, p.314.
308) 신형식, 『신라사』, pp.210~213 ; 김현구, 「日唐關係의 成立과 羅日同盟」, 『중국학논집』, 중국학논집편찬위, 1983, p.561 참조.

가능성은 많다. 이 기록의 신빙성과 함께 왜의 태도에 대해서는 해석의 여지가 많다. 하지만 당나라와의 관계는 정치적인 목적 외에 문화적인 목적이 있었던 것으로 판단된다.

당시 고구려·백제·왜 3국은 상호간에 긴밀한 동맹 관계를 유지하지 못했고, 유기적인 군사 협조 체제도 이루지 못했다. 고구려는 660년 춘정월에 사신 100여 명을 왜국에 파견했는데, 이때 사태의 심각성과 공조 체제에 대해 논의했을 것이다. 그러나 백제와 왜 등은 초기에는 고당전쟁을 고구려와 당 간의 전쟁으로만 인식하고, 국제 질서 재편을 위한 대전쟁임을 인식하지 못했다. 때문에 백제는 공조 체제를 갖추지 못한 채 허를 찔려 갑작스레 항복하게 되었다.

백제의 돌연한 항복은 왜에게 심각한 충격을 주었다. 백제가 항복한 사실은 점차 왜국에게 직접적인 위협으로 다가왔다. 당나라의 13만 대군이 황해를 신속하게 건너 백제를 멸망시켰다는 것은 대한해협 건너편의 일본열도 역시 나당군의 군사 작전권 안에 들어갔음을 뜻한다. 더구나 당과 신라가 동맹을 맺고 전면적인 질서 재편을 시도할 경우 왜국의 운명은 매우 위태로웠다. 왜는 비로소 원군의 파견을 논의하고, 서둘러 원조를 실시한다. 이는 백제와 친연성이 있다는 명분이 작용했기도 했지만 그보다는 당과 신라의 실제적인 위협 앞에 놓인 현실을 인식했기 때문이다.

사이메이 천황은 661년에 직접 규슈로 와서 임시 정청을 설치하고 지원 작전을 지휘했다. 그런데 공교롭게도 그해에 아사쿠라궁(朝倉宮)에서 급작스레 병사하고 만다. 아들인 나가노오오에(中大兄) 왕자는 즉위식을 뒤로 미룬 채 계속해서 전선을 주도했다. 그는 광복전쟁을 하는 백제의 복신에게 화살 10만 척, 옷감 및 가죽, 벼 등을 보내는가 하면, 하카다(博多) 연안에 진지를 구축하고, 3월에는 왜국에 와 있던 의자왕의 아들 부여풍(扶餘豊)에게 170여 척의 배와 구원병을 보냈다. 그러나 본격적으로 군대를 파견한 것은 663년이다.

왜가 적극적으로 지원했음에도 신속하고 효율적이지 못한 데에는 여러 가지 이유가 있었다. 우선 신라·당과 백제와의 관계에서 현실적인 고민을 한 것으로 보인다. 왜는 백제가 멸망하기 전에도 이중적인 태도를 지니고 있었다. 하나는 당이 가진 현실적 힘과 문화 수용의 이점, 그리고 왜 조정 내부의 역학 관계 때문이다. 특히 663년 전투 이후지만 나당군의 대규모 공격을 우려해서 일련의 방어 진지를 구축한 사실,[309] 664년에 당과 교섭을 갖고[310] 친신라 정책을 추진[311]한 사실 등은 왜가 처한 피할 수 없는 현실적 상황이었다.

또 다른 하나는 해양 활동 능력의 차이다. 덴지〔天智〕 원년조인 662년에는 백제를 구원하기 위해 무기를 수선하고 선박을 정비했으며 식량을 비축했다는 기사가 있다.[312] 이는 군사력이 취약하고 운송 수단에 문제가 있었음을 시사하는 것이다. 현실적으로 백제가 멸망한 후 만 2년이 넘는 시점임에도 불구하고 왜는 대규모의 선박을 파송하지 못하고 있었다. 왜는 물론 659년 3월에는 수군을 거느리고 북으로 올라가서 하이를 공격했고, 660년 3월에도 역시 수군을 거느리고 숙신국을 치는[313] 등 내부에서는 활발한 수군 활동이 있었다. 대외적으로는 견수사에 이어 견당사도 보내고 있었다. 그러나 아직도 왜의 해양 활동 능력으로는 대한해협을 건너서 긴밀한 교섭을 하거나, 대규모 군사 작전을 신속하게 치를 수가 없었다.

결국 663년 백왜연합군은 백촌강(白村江·白江)[314] 전투에서 나당연합군에게 패배하여 전선 400여 척의 손실과 2만 7천여 명의 전사자를 내고 퇴각하고 말았다.[315] 이로써 백제의 부흥 운동은 완전히 실패로 돌아갔다. 백

---

309) 『일본서기』 권27 天智 3년, 4년, 6년.
310) 『일본서기』 권27 天智 3년 3월조. 天智 4년 9월, 11월조.
311) 『일본서기』 권27 天智 7년.
312) 『일본서기』 권27 天智 원년.
313) 『일본서기』 권26 齊明 5년, 6년.
314) 백촌강은 중국측의 기록에는 백강으로, 『삼국사기』에는 伎伐浦·熊津江으로 되어 있다. 현재의 금강 하구로 추정된다.

왜연합군의 결정적인 패배는 왜국의 조정에 커다란 파문을 일으켰다. 『일본서기』 등에서 보여지듯, 왜 황실은 백제계와 깊은 관계를 맺었기 때문이다. 백제 광복군의 최후 거점이던 주류성이 함락되었다고 전해지자 비탄에 빠진 모습을 『일본서기』는 다음과 같이 전하고 있다.

이때 나라 사람들은 서로 일컬으며 말하기를 이제 주류성이 항복을 했으니 이 일을 어찌해야 하나. 백제의 이름은 이제 끊어지고 선조의 묘소들을 어찌 능히 다시 올 것인가.[316]

이것은 단순하게 명분이나 이익을 상실한다는 일상적인 차원이 아니었다. 나당연합군이 침공할 위험성이 높아지면서 야마도 조정은 존립에 중대한 위협을 느끼게 되었다. 실제로 그러할 가능성이 많았다. 왜는 외교적인 노력 외에도 군사적으로 대당 및 대신라 방어 체제를 철저하게 구축했다. 이미 대규모 해양전이 벌어지는 가운데, 황해 중부를 횡단하고 금강 상륙작전을 성공시킨 나당군은 대규모 병력으로 일본열도를 침공할 능력이 충분했다. 더구나 이 전쟁이 동아지중해의 전면적인 질서 재편을 목적으로 한 만큼 일본열도는 매우 불안했다.

백제와 왜의 관계가 이러했던 만큼 고구려와 왜의 관계는 더욱 느슨했다. 두 나라는 이미 동해를 통해 교류가 있기는 했으나 지리상의 한계로 공식적인 교섭은 비교적 후기에 나타났다.[317] 특히 긴메이[欽明] 31년에서 민타쓰[敏達] 원년의 5·6·7월에 이르기까지 전후 3회에 걸쳐 고구려의 사신이 도착했다. 이는 역사성이 인정되는 본격적인 교섭으로서, 고구려는

---

315) 『일본서기』 天智 2년 3월, "遣前將軍 上毛野君─率二萬七千人 打新羅……"; 『資治通監』 권 201 당기 17 고종 中之上, "焚其舟 四百艘煙炎灼天 海水皆赤……"
316) "百濟 州柔城 始降於唐 是時 國人相謂之曰 州柔降矣 事无奈何 百濟之名 絶于今日 丘墓之所 豈能復往."『일본서기』 天智 2년 9월 신해 삭(朔) 정사.
317) 『일본서기』 권15 繼體 10년 9월.

왜와 제휴할 외교 방침을 세운 것 같다.[318] 이 시기에는 고구려 상인들이 왜국에서 활동한 예가 보이고 있으며,[319] 사신의 방문은 스이코(推古)·조메이(舒明)·고우교쿠(皇極)에 이르기까지 더욱 빈번해졌다.[320]

그런데 660년 춘정월에 고구려의 사신인 을상(乙相)·하취문(賀取文) 등 100여 명이 츠쿠시에 닿았다.[321] 대규모의 사신들이 동해 항로를 이용해서 위험을 감수한 채 파견된 것이다. 이때 물론 당시 동아시아 질서와 양국의 정치적 입장에 대해서 논의가 있었을 것이다. 그러나 눈에 띄는 후속 행동이 없는 것을 볼 때 긴밀한 관계는 맺지 못한 것으로 판단된다.

하지만 왜국은 백제가 멸망한 후에는 고구려 내부의 사태가 어떻게 전개되는가에 관심을 기울였다. 660년 12월에 당이 평양성을 공격했을 때 두 나라 간에 군사적인 교류가 있었을 가능성을 보여주는 기록이 있다. 즉 『일본서기』 덴지 원년조 별전에 나타나는 "이 해에 일본은 고려를 구하기 위하여……"라는 기록이 그것이다.[322] 물론 이 문장만으로는 왜군이 고구려에 합세했는지 여부가 불분명하나 다급하게 왜군 별대를 고구려 전국까지 투입코자 한 것은 당시의 정세에서 가능한 일이다.

또한 백제가 멸망하고 난 후에 왜가 대책을 취하는 과정에서 다음과 같은 일이 있었다. 661년 1월 6일, 사이메이 여제(女帝)는 "전쟁이 일어나자 출정길에 올라 1월 25일 월주[323]에 당도하여 고구려인들과 전략을 세우고"라는 기록이 있다.[324] 월주는 현재 쓰루가(敦賀)를 중심으로 한 후쿠이(福

---

318) 이홍직, 앞의 책, pp.172~173.
319) 『일본서기』 권26 齊明 5년. 이홍직, 앞의 책, p.202에서는 이 시기 고구려와 왜가 사무역도 했다고 한다.
320) 『일본서기』 권22 推古 9년·26년, 권23 舒明 2년, 권24 皇極 원년·2년.
321) 『일본서기』 권26 齊明 6년.
322) 이홍직, 앞의 책, p.205, "……是歲又日本求高麗軍將等……."
323) 오늘의 후쿠이현 쓰루가 지방이다. 월주는 동해와 연변한 지역으로서 가야·신라의 흔적과 함께 고구려·발해의 유적들이 있는 곳이다. 발해의 사신들 역시 이 지역에 도착한 것은 항해 조건상 고구려 지역과 일본열도를 연결하는 지역이기 때문이다. 윤명철, 「발해의 해양 활동과 동아시아의 질서재편」, 『고구려 연구 6』, 1998, 학연문화사.

井] 지역이다. 그 이전부터 사신이 도착했으며, 국제 교역이 이루어진 지역으로서 친고구려 세력이 거주했을 가능성이 매우 높다. 그렇다면 고구려와 왜국이 협력을 논의할 수 있는 분위기가 조성된 곳이다. 그 밖에도 왜의 구원병인 견상군이 고구려에 급행하여 출병을 고하고 왔다는 기록이 있다.[325] 이러한 여러 가지 사실과 정황을 고려한다면, 왜와 고구려와 백제 사신이 서로 오고 감으로써 어떠한 형태로든 군사 협조가 논의됐을 가능성이 있다.

또 고구려는 덴지 천황 5년(666) 춘정월에 사신 등을 왜국에 파견했는데, 이들은 6월에 본국으로 돌아갔다.[326] 그 무렵 고구려와 당은 치열하게 전쟁을 벌이고 있었다. 그런데 그해는 바로 연개소문이 죽은 해다. 이때 왜와 고구려가 어떤 밀약을 맺었을 것은 거의 틀림없지만, 그 후에 전개된 사태의 추이로 보아 적극적인 관계가 맺어진 것 같지는 않다. 고구려는 바로 그 해 10월에 또다시 왜국에 사신을 보냈다.[327] 당시의 정치적 상황과 해양 조건 등을 고려할 때 1년에 사신을 두 번 파견했다는 사실은 공식적으로 긴박한 논의 사항이 있었음을 반증한다. 그 후 고구려가 멸망하기 직전인 668년 7월에 고구려 관계 기사가 『일본서기』에 한 번 나오고 끝이 난다.[328]

이렇게 살펴본 바와 같이 고구려와 왜의 관계는 긴밀하지 못했다. 두 나라는 나당군에게 적극적인 공동 대응을 하지 못했다. 백제의 부흥 운동이 실패한 후에 왜가 당·신라와 교섭을 가졌다는 사실은[329] 이미 왜로서는 고구려와 동맹 관계를 맺는 것보다는 현실적으로 당과 관계를 회복하는 데 역점을 두었다는 것을 의미한다. 그러나 백제가 멸망한 이후에 고구려가

324) 『일본서기』 권26 齊明 7년조.
325) 『일본서기』 권27 天智 2년 하 5월.
326) 『일본서기』 권27 天智 5년, "春正月 ……高麗遺前部能婁等進調."
327) 『일본서기』 권27 天智 5년조.
328) 『일본서기』 권27 天智 7년조.
329) 663년에는 왜가 당에 조공을 하고 664년인 덴지 3년에는 唐將인 劉仁願이 사신과 상표문과 선물을 보낸다. 이어 665년에 견당사를 파견한다(『일본서기』 권27 덴지조).

신속히 대응하지 못한 것이나, 왜와 공동 전선을 구축하지 못한 데에는 현실적인 국제 관계, 외교적인 미숙함 탓도 있지만, 당시 교섭의 필수 요건인 해양 활동 능력이 부족한 것이 가장 큰 원인이었을 것이다. 비록 고구려 해양 능력이 발달했다고 하나 동해를 한겨울에 원양 항해를 하면서 긴밀하게 교섭하기는 현실적으로 어려웠던 것이다.

당시 형성된 십자형 질서는 육지를 연결하는 선과 함께 해양을 매개로 해서 이루어지는 질서였다. 동서의 신라와 당은 반드시 해양으로만 연결되고, 남북의 고구려·백제·왜 역시 해양으로만 연결되었다. 그런데 동서의 연결은 원활하게 이루어진 반면에 남북의 연결은 각 국가들 간의 이해관계도 일치하지 않았고, 그 연계성의 밀도도 해양 활동 능력의 한계로 인하여 나당동맹에 비하여 현격한 열세에 놓여 있었다. 이러한 양상은 당시 외교 활동을 통해서 역학 관계를 조정하는 일에도 해양의 역할이 매우 중대했음을 반영하며, 동시에 삼국통일전쟁은 그 영향을 받았음을 보여주었다. 즉 각국들이 가진 해양 활동 능력과 해양 교통로 확보라는 변수에 따라 동아시아 질서의 기본 구도가 영향받은 것이 이른바 '삼국통일전쟁'이다.

3. 삼국통일전쟁의 군사적 특성과 그 영향

삼국통일전쟁의 중요한 특성은 국제대전의 양상을 띠었다는 것이다. 전쟁의 승패에 해양전이 중요한 역할을 한 것이다. 특히 해양전은 진행 과정에서 전략·전술로서 본격적으로 사용되었고, 질적으로 심화되었으며, 급격하게 변화했다. 그 가운데 대표적인 변화는 군선을 이용한 원거리 이동 상륙 작전과 수륙 양면 협공 작전을 광범위하게 실시한 일이다. 즉, 국경선 근처에서 공성전을 통한 접전이나 기마병만을 이용한 기동 전략뿐만 아니라, 이제는 전선을 이용해서 대규모의 군대를 신속하게 후방으로 이동한 다음 대규모 상륙 작전을 감행하는 방식을 취했다. 이러한 작전은 고수전과 고당전 때도 활용됐던 방식이지만, 삼국통일전쟁에서는 다국적군이 동시에 참여하고 전선이 확대되어 해양 활동 범주가 확대되었다. 때문에 해양 작전이 보다 활발해졌고 전선 개념도 변화되었다.

전선 개념이 질적으로 변화한 것은 나당군이 백제를 침공하면서 시작된다. 660년 음력 6월에 당이 백제를 공격할 때 소정방은 유백영(劉伯英)·풍사귀(馮士貴)·방효태(龐孝泰) 등의 장군과 13만의 대군을 거느리고 내주를 출발하여 산동반도 성산(城山)에서 황해를 건넜다. 『삼국유사』에는 이때 동원된 배가 1900척이라고 쓰여 있다.[330] 성산은 앞장에서 언급한 바 있지만, 산동반도의 제일 동쪽에 있는 지역으로서 등주부에 속해 있었다. 돌출된 성산두 남쪽으로 해안이 있으나 큰 항구로 사용하기에 아주 적합한 환경은 아니다. 하지만 상징적인 의미가 있을 뿐만 아니라 남북 종단 연근해 항해와 동서 횡단 항해에서 매우 중요한 위치에 있다. 때문에 진시황도 이곳에 왔으며, 한 무제 역시 이곳을 방문했다. 당군은 대규모 함선을 동원해서 황해를 직횡단하여 서해 중부인 현재 남양만의 먼 바다에 있는 덕물도(현재의 덕적도)에 도착했다.

덕물도는 고구려 땅이었던 것을 신라가 차지하여 당항진을 설치한 남양반도에서 아주 가까운 곳에 있다. 덕물도는 해양 교통의 요충지로서 서해쪽 남북 종단 연근해 항로의 경유지이고, 서해 동서 횡단 항로의 경유 지점이기도 하다. 또한 수륙 교통을 이용할 수 있는 연결점이기도 하다. 덕물도를 거쳐 남양반도에 상륙해서 수원·이천으로 연결되며, 다른 길로는 경주까지 이어진다.[331] 또한 바로 당진 등 충남 해안에 상륙할 수 있으며, 금강 하구로 진입할 수도 있다.

교통상의 이점뿐만 아니라 대백제전을 전개하는 데도 매우 유리하다. 즉, 대규모의 상륙 군대는 바다를 건너와서 일시적으로 정박해야 하고, 또

---

330)『삼국유사』紀異 제1 태종 춘추공.
331) 신형식, 『통일신라사 연구』, 삼지원, 1990, pp.262~263.

한 항해 체제에서 상륙과 전투 태세로 전환하기 위하여 군기를 정비해야한다. 또한 연합 작전을 펼칠 신라의 함대와 만나 전략 및 전술을 논의하고 준비를 해야 한다. 이러한 다양한 목적에 걸맞은 섬이 바로 덕물도다. 군사적으로 상륙 및 육지 진출의 교두보 역할을 할 수 있는 적합한 위치와 크기를 가진 곳이다.

그때 신라의 태자인 김법민(金法敏)은 군선 100여 척을 이끌고 덕물도에서 소정방의 군대를 맞았다.[332] 553년 이래 이미 100년 가까이 한강 하류 지역을 장악했던 신라는 경기만 곳곳에 수군 기지를 두고, 수군 함대를 양성했으며, 필요에 따라서는 해양 작전을 실시했을 것이다. 이미 선부(船府)를 설치하고 해양력을 강화시켰던 신라로서는 당연히 그랬을 것이다.

강화·인천·안산·남양 등의 경기만 일대 해안 지역에는 백제·고구려 등에 의해서 해안 방어 체제가 일찍부터 구축되어 있었다. 그리고 유리한 조건을 갖춘 곳에는 항구 시설과 함께 수군 기지가 있었다. 특히 남양반도는 해양 교통을 고려할 때 경기만 중에서도 남쪽에 위치한 가장 중요하고 넓은 지역 가운데 하나다. 내부에 몇 개의 작은 만과 곶들을 포함하고 있으며, 북쪽으로는 안산만, 남쪽으로는 평택만이 있다.

당항성이 있는 남양반도는 곳곳에 수군 기지를 설치하기에 걸맞은 조건을 갖추고 있다. 백제의 당항성이요,[333] 고구려 시대의 당성이었다.[334] 그 후 신라가 차지했고, 668년 신라의 문무왕 8년에는 유인궤(劉仁軌)가 당항진에 도착했다. 660년에 의상과 원효가 당나라로 유학하려고 출발하던 '본국해문당주계(本國海門唐州界)'도 이곳이다.[335] 757년(경덕왕 16년) 12월

---

332) 『당서』 권3 본기 제3 고종 顯慶 5년조 ; 『삼국사기』 권28 백제본기 제6 의자왕 20년, 권5 신라본기 태종무열왕 7년.
333) 『대동지지』 권4, 남양 연혁, "本百濟黨項城, 新羅景德王十六年, 改唐恩郡."
334) 『고려사』에서 고구려의 당성군이라고 언급한 이후 『세종실록지리지』·『신증동국여지승람』에서 당성을 고구려의 영토로 기록하고 있다. 명칭도 당성현, 당성군으로 되어 있다.
335) 『송고승전』 권4 義解篇 제2 唐新羅國義湘傳.

에 당은군(唐恩郡)으로 이름을 바꾸었다가, 829년인 홍덕왕 4년에 당성진 (唐城鎭)으로 고쳤다.[336] 그 후로도 대당 교통에 매우 중요한 지역이었다. 가탐의 『도리기』에는 "진왕석교(秦王石橋)·마전도(麻田島)·고사도(古寺 島)·득물도(得物島)를 지나 천 리를 가면 당은포구(唐恩浦口)에서 동남 육 행 700리를 가면 신라 왕도에 이른다"는 기록이 있다.

이러한 전략적 가치를 활용할 목적으로 김법민은 1차적으로 고구려군의 남하를 제어하기 위해 수군 일부를 강화도 및 김포·인천·안산 지역에 배 치해 두고, 주력 군대와 군선 100여 척만을 이끌고 당군과 연합 작전을 벌 이고자 덕물도에서 합류한 것이다. 이들의 임무는 물론 기본적으로는 자체 전투를 하고, 상륙 작전을 함께 실시하는 것이다. 그 밖에도 수많은 당선 들이 안전하게 항진할 수 있도록 서해안의 복잡한 수로를 안내하고 초계해 야 하는 중요한 임무가 있다. 또한 당군에게 적합한 상륙 지점을 안내해 주 어야 한다.

이렇게 해서 김유신은 육로로 공격을 했고, 소정방군과 김법민군은 금강 하구인 기벌포(伎伐浦)로 상륙했다. 충신인 성충(成忠)은 이 같은 상황을 예측하고 이미 656년에 의자왕에게 백제의 방어 체제를 간하면서, 적의 수 군이 기벌포 연안에 들어오지 못하게 하라고 했다.[337] 이는 성충뿐만 아니 라 군사 전략을 이해한 백제인들이라면 나당군이 상륙 작전을 실시하리라 는 가능성을 예측했음을 알려 준다. 그리고 허술할망정 이러한 해양 방어 체제가 어느 정도는 구축되어 있음을 짐작케 한다. 물론 방어 체제는 육군 에 의한 해안 방위만이 아니라 수군에 의한 해양 방어 역시 포함되었다.

당시 벌어진 전투 상황을 기록한 사서에는 "백제수웅진구(百濟守熊津 口)"라고 되어 있다. 'ㅁ'란 강과 바다가 마주치는 지점이므로 해상에서 전 투가 벌어졌음을 알 수 있다.[338] 그런데 수군 작전은 기동성과 기습성·잠

---

336) 『삼국사기』 권10 신라본기 홍덕왕 4년.
337) 『삼국사기』 권28 백제본기 의자왕 16년.

행성을 구사하며, 상륙 작전은 광범위한 지역에서 동시에 산개하여 공격하는 기본 성격이 있다. 이것으로 보아 나당 연합 수군은 당진·홍성 등 충남 해안과 금강 하구, 만경강 하구 등 전북 해안의 이곳저곳에 상륙하여 백제의 전력을 분산시키고 방어력을 약화시키면서 혼란을 꾀했을 것이다.

주력군은 역시 배를 타고 금강 하구로 진입해 들어갔다. 금강 하구에는 초입부터 섬·곶·포·나루와 본류로 흘러드는 지류의 중요한 지점에 강변 방어 체제가 있었다. 그러나 이러한 체제들은 주로 초계와 신호 및 소규모의 침입을 방어하는 기능에 한정되었다. 대군이 침입할 경우에는 다만 전진 속도를 일시적으로 늦추는 역할을 할 수 있을 뿐이다. 나당 선단은 격렬한 전투 없이 이를 뚫고 도성 가까이까지 갔다.[339] 결국 사비성은 주변에 포진한 도성 방어 체제들의 도움도 얻지 못한 채 급습을 받아 허무하게 항복하고 말았다. 기동성과 잠행성·급습성을 특성으로 한 해군의 원거리 상륙 작전에 백제는 순식간에 무너진 것이다. 사비성 함락 작전에 사용된 대규모의 해상 이동과 전격적인 상륙 작전은 새로운 양상으로서 기존의 전쟁 방식에 새로운 변화를 가져왔다.

백제는 사비성이 항복을 한 이후에 곧 부여복신과 승려 도침 등이 주도하여 부흥 운동을 펼쳤다. 이들은 내륙도 중요하지만 당군의 지원 보급로를 끊고, 왜와 원활한 교통을 하기 위해서는 해안 근처의 성을 점령하고 확보할 필요가 있었다. 부흥 운동이 본격적으로 펼쳐지면서 왜국도 지원을 했다. 그런데 왜국의 참여는 전적으로 해양전의 능력에 달려 있었다. 왜국은 661년(齊明 7年) 8월에 백제 부흥군에게 무기와 식량을 보냈으며,[340] 다

---

338) 『당서』 권3 본기 제3 고종 현경 5년조 참조. 『자치통감』 당기 현경 5년 8월조에는 "百濟據熊津口以拒之"라는 기록이 있고, 『삼국사기』 권28 백제본기 제6 의자왕 20년조에는 "於是 合兵禦熊津口"라고 되어 있어 당시 상황이 웅진구에서 벌어졌음을 보여주고 있다.

339) 『삼국사기』, "王師乘潮 舳艫銜尾進"; 『당서』, "王師乘潮帆以進 趣眞都城—舍止"; 『자치통감』 "定方水陸齊進……."

340) 『일본서기』 권27 齊明 7年 8월, "……救於百濟 仍送兵伏五穀."

음해인 662년(天智 元年) 춘정월과 3월에도 화살 등 무기와 식량 등 군수물자를 보냈고,[341] 병사들을 파견했다. 이렇게 왜가 본격적으로 참전하면서 해양 역학 관계는 변화했다. 전쟁 초기에는 해양 세력이 서에서 동을 향하여 일방적으로 이동했는데, 이제는 이를 막기 위하여 남에서 북을 향하여 해양 이동과 상륙 작전이 전개되는 양상으로 바뀐 것이다.

나당연합군은 백제 부흥군을 공격할 때에도 해양전을 활발하게 이용했다. 당나라 고종은 고전하는 유인궤군을 지원하기 위해 우위위장군(右威衛將軍) 손인사(孫仁師)를 파견했다. 그는 40만의 대규모 군사를 거느리고 황급하게 바다를 건너 덕물도에 도착했다.[342] 또 한 번 해양 작전의 기동성을 발휘한 것이다. 당의 지원군은 신라군과 연합하여 부흥군의 중요한 거점인 두릉윤성(豆陵尹城)·주류성 등을 공격했다. 두릉윤성의 위치에 대해서는 여러 가지 설이 있으나,[343] 나당군은 우선 해안으로 상륙한 다음 육로를 따라서 백제 성들을 공격했을 것으로 판단된다.

주류성을 공격하고자 할 때 먼저 수륙의 요충인 가림성(加林城)을 공함할 것을 주장하는 견해가 있었다.[344] 이것은 백제 부흥 운동군과 주류성에 웅거한 세력들이 해양으로도 병력 등의 지원과 활동 범위를 제공하였기 때문이다. 이에 유인궤는 "가림은 험하고 강하니……먼저 주류성을 공격하자"고 말하면서 주류가 적의 소굴이라고 선(先)주류성 공격을 주장했다. 주류성을 공격할 때, 신라와 당의 연합군은 수륙양면작전을 시도했다.[345]

---

341) 『일본서기』 권27 天智 원년 춘정월·3월.
342) 『삼국사기』 권6 신라본기 문무왕 3년. 『삼국사기』 백제본기 및 『구당서』 백제전에는 7천 명으로 되어 있다.
343) 최근영, 『統一新羅時代의 地方勢力硏究』, 신서원, 1990, pp.33~34에는 백제 부흥 운동 지역에 대한 각설을 바탕으로 해서 작성한 위치 비정표가 있다.
344) 『당서』 권108 열전 제31 유인궤전.
345) 『삼국사기』 권28 백제본기 의자왕 20년조 ; 『구당서』와 『당서』의 백제전 ; 『구당서』와 『당서』의 열전 유인궤 ; 『당서』 권3 본기 제3 고종 ; 『자치통감』 당기 고종 中上 ; 『일본서기』 권 27 천지 2년조.

상대방 수군을 격멸하고, 수륙 양면을 방어하려는 목적이 다분히 있었다. 김법민과 손인사·유인원 등은 육군을 거느린 채 진군하고, 유인궤는 따로 두상(杜爽)을 거느리고, 부여융(扶餘隆)은 수군 및 양선(糧船)을 지휘했다. 웅진강(熊津江)으로부터 백강으로 가서 육군과 만나 함께 주류성으로 향하려는 전략이었다.[346] 이때 나당군이 상륙 작전을 감행했다는 증거는 부흥군이 웅진강구에 양책을 세운 방어 체제에서도 나타나고 있다.

나당연합군과 백왜연합군 사이에 벌어진 마지막 전투인 백강 전투[347]는 선단들이 직접적으로 격돌한 대수전이었다. 이때 당나라의 수군은 전선 170척을 거느리고 진을 쳤다.[348] 백제 부흥군을 지원한 왜군은 1천여 척의 왜선으로 백사에 머무르고 있었고, 백제의 정병들이 안상에서 배를 지키고 있었다는 기록[349]으로 보아 그들 역시 대규모의 선단으로 대결했음을 알 수 있다.

운명을 건 양군의 전투는 백강구에서 개막되었다. 조류의 흐름을 이용했다는 등의 사실을 볼 때, 수비군은 물길이 복잡하고 지역 해역에 익숙한 자가 승리할 수 있는 강과 바다가 만나는 지점으로 유인하는 작전을 구사한 것으로 보인다. 그럼에도 백왜연합군은 이유는 알 수 없지만 오히려 지리적인 이점을 살리지 못한 채 네 번 싸워 다 패했다. 결국 백왜연합군의 400여 척에 달하는 전선이 불타 버리고, 화염이 하늘에 퍼지면서 바닷물은 붉은 빛으로 물들었다.[350] 이때 탐라국사가 같이 있었던 사실로 보아[351] 전

---

346) 『삼국사기』 권28 백제본기 의자왕 30년조 ; 『당서』 권108 열전 제31 유인궤전, "自熊津江往白 江, 會陸軍同趣周留城."
347) 백강의 위치에 대해서는 백제의 부흥 운동 그리고 주류성의 위치와 관련해 설이 분분하다. 백강의 위치에 대한 종합적인 검토를 한 다음 논문들이 있다. 전영래, 「周留城 白江 位置比 定에 關한 新硏究」, 한국문화재보호협회 전라북도지부 부안군, 1976. 노도양, 「百濟周留城 攷」, 『任存城 百濟復興軍戰史』, 예산향토사연구회, 1989. 이외에도 이 책에는 임존성과 주류 성에 대한 역사지리적 고찰 논문들이 실려 있다. 본고에서는 사서에 나타난 백강 전투의 상 황만을 고찰하고 백강의 위치 규명에 대해서는 다음 기회에 논하고자 한다.
348) 『일본서기』 권27 天智 2년.
349) 『삼국사기』 권7 신라본기 문무왕 하 11년조.

투에 탐라 수군이 참여했을 가능성도 있다. 그 이후에도 당 인덕(麟德) 2년에 태산에서 이루어진 봉사에 유인궤가 신라·백제·탐라·왜 4국의 추장을 거느리고 모임에 참여했다는 기록이 있다.[352] 이로 볼 때 탐라가 이 전쟁에 참여했음을 짐작할 수 있다.

백강 해전의 패배로 백제는 완전히 멸망하고, 백제의 일부 유민과 왜는 일본열도로 패주했다.[353] 패주한 백왜군을 추격하여 나당연합군이 침공할지도 모른다는 위기의식은 야마도 조정에게 중대한 위협이 되었다. 앞에서 언급한 것처럼 당나라는 664년 5월에 곽무종(郭務悰)이 병사들과 함께 쓰시마에 왔고, 다음해에는 야마도 지역의 수도에까지 왔다가 돌아갔다. 심지어 669년에는 곽무종이 다시 와서 전후 보상을 요구하고 내정간섭을 하기까지 했다. 671년에도 역시 당인들이 왔다. 이렇듯 국제 관계가 불안하게 전개되자, 왜 조정은 한편으로는 외교적인 노력을 하면서 다른 한편으로는 군사적으로 방어 체제를 구축해야 했다. 이미 대규모 해양전이 여러 차례 벌어진데다 나당군은 대규모의 수군 병력을 동원하여 일본열도를 침공할 개연성과 능력이 충분했다. 더구나 이 전쟁의 궁극적인 목적이 동아지중해의 전면적인 질서 재편인 만큼, 변화된 질서 속에서 왜국의 정치·군사적인 위치는 매우 불안했다. 야마도 조정은 백제 유민들을 중심으로 일본열도 내의 각 지역에 방어 체제를 급속히 구축해 나갔다.

먼저 쓰시마 섬, 이키 섬〔壹岐嶋〕, 북부 규슈인 츠쿠시〔筑紫國〕에 수비병〔防人〕을 두고 봉(봉수대)을 세우는 등 664년부터 방어 체제를 구축했다. 또한 해안에서 대외 교통을 관장하던 정청〔那津官家〕을 20여km 내륙인 다자이후〔太宰府〕로 옮기고, 방어 체제를 치밀하게 구축했다.[354] 이 방어 체

---

350) 정확한 상황 묘사는 『구당서』 권84 열전 유인궤전에 나온다. 『일본서기』 天智紀 2년 8월 무신, 기유조, "日軍船師初之者 大唐船師合戰 日本國不利而退……."
351) 『구당서』 권84 열전 유인궤전, "僞王子扶餘忠勝 忠志等率士女及倭衆幷耽羅國使."
352) 『구당서』 권84 열전 유인궤전.
353) 小林惠子, 『白村江の戰いと壬申の亂』, 現代思潮社, 1989 ; 井上秀雄, 앞의 책, pp.162~166.

그림 5-11 | 664년 다자이후 앞에 쌓고 물을 저장한 수성의 문이 있던 곳(왼쪽)과 수성 내부에 설치한 수공 시설(오른쪽)

제는 부여의 그것과 아주 흡사하다. 664년에는 해안에서 내륙으로 들어오다 갑자기 좁아지는 깔때기목 같은 길목에 자연적 지형을 택하여 차단용 토루인 수이조 다이데이〔水城大堤〕를 쌓았다. 이 토성은 특이한 형태와 기능을 가진 방어 체제다. 동서 길이 1.2km, 높이 13m를 흙으로 쌓고 바깥쪽인 하카다 쪽으로는 급경사로 만들어 적의 침입을 방어하며, 중간에는 나무통을 넣어 유사시에는 수공(水攻)을 할 수 있게 했다. 맨 아래 제방의 폭이 80m, 높이 13m에 3단 판축 기법으로 쌓았다. 둑의 바깥쪽에는 폭이 60m, 깊이 4m의 호가 하카다 만 쪽으로 파여 있다. 대수성 지역에는 이밖에 소수성이 다섯 개 더 있었다.[355]

뿐만 아니라 다자이후 정청의 좌우 양쪽 산 위에는, 즉 북쪽의 해안으로부터 상륙하는 적을 관측하고 방어하는 오노성을, 남쪽에는 아리아케 해로

---

354) 『일본서기』 권27 天智 3년조.
355) 수성은 방어 체제에서 아주 독특한 형식으로 물과 관련이 있다. 『일본서기』에는 "츠쿠시〔筑紫〕에 大堤를 쌓고 물을 가두었다. 이를 수성이라 한다"고 했다.

상륙해 들어오는 적을 방어하는 키이성을 축조했다. 이 방어 체제는 망명한 백제인들에 의하여 짧은 시간에 만들어졌다.[356] 이들은 당시의 전황이 급박했으므로 백제식 산성을 계속 쌓았다. 현재 시모노세키 북쪽인 나가토 노쿠니[長門國]의 나가토성은 665년에 토호순쇼[答体春初]가, 오노성[大野城]과 키이성[椽城, 基肄城]은 백제의 달솔인 오쿠라이 후쿠류[億禮福留]와 시비 후쿠루[四比福夫]의 지휘 아래 쌓았다. 계속해서 667년에는 수도로 들어가는 입구인 나라[奈良]에 다카야쓰성[高安城]을, 규슈에서 수도로 가는 해로의 길목인 시코쿠[四國]에는 야시마성[屋嶋城]을 쌓았다. 쓰시마의 가네다성[金田城]도 토호순쇼 등 백제인들이 주도하여 쌓았다.[357]

그런데 규슈 지역 등에는 '고고이시[神籠石]'라고 불리는 성과 유사한 시설물들이 있다. 그것을 축조한 연대는 물론이고 기능에 관해서도 꽤 오래 전부터 산성이다, 종교 시설이다는 등 여러 설이 있다. 이것을 산성이라고 규정한 것은 세키노 타다시[關野貞]였다.[358] 특히 최근의 연구 성과에 따르면 신룡석들은 약간의 차이가 있지만 백제식 산성의 범주에 들어가며, 축조 시기는 7세기 중엽 이후라고 한다.[359] 역사적인 배경으로 보아, 하한은 백제식 산성이 출현하기 직전에서 상한은 7세기 전반의 늦은 시기로 좁힐 수 있다는 견해로 정리되고 있다.[360] 대체로 당시 동아지중해에서 벌어지던 긴박한 역사적인 상황과 깊은 관련이 있음을 알 수 있다. 백제를 구원하기 위하여 군대를 파견하기 전에 국내 방위 체제를 위해[361] 단기간에 쌓은 것으로 보고 있다.[362] 현재는 일반적으로 『일본서기』에 축조한 사실이 기록되

356) 小田富士雄, 「朝鮮式山城と神籠石」, 『九州古代文化の形成』下卷, 學生社, 1985 ; 成周鐸, 「大野城小攷」, 『古文化論攷』, 鏡山猛先生古稀記念論文集刊行會, 1980은 대체로 이러한 논지를 펴고 있다.
357) 『일본서기』 권27 天智 3년, 4년조.
358) 關野貞, 「所謂 神籠石は山城址なり」, 『考古學雜誌』 4-2, 1913.
359) 鏡山猛, 「城塞 居館跡 —西日本」, 『新版考古學講座 6 有史文化(上)』, 雄山閣出版社, 1970.
360) 연민수, 「西日本地域의 朝鮮式山城과 그 性格」, 『韓國古代史論叢』 8집, 1996. 10, p.347.
361) 연민수, 위 논문, p.349 참조.

① 다자이후 앞에 쌓은 수성(길이 1.2km). 물을 담아 적을 수장시키는 구조다.
② 다자이후를 보호하는 산성인 오노성(大野城).
③ 다자이후를 서남쪽에서 보호하는 키이성(基肄城, 椽城).
④ 아리아케 해 연안으로 접근하는 적을 방어하는 기쿠치성(菊池城).
⑤ 세토 내해로 진입하는 수군을 방어하는 나가도성(長門城).
⑥ 오사카 만으로 진입하는 수군을 방어하는 아시마성(屋嶋城).
⑦ 수도권을 방어하는 나라의 다카야쓰성(高安城).
⑧ 쓰시마에 설치한 가네다성(金田城).

지도 5-7 | 나당연합 수군의 침입에 대비하여 백제 유민들이 쌓은 백제식 산성 분포도

어 있으면 백제식 산성이고, 그렇지 않으면 신롱석이라 부르고 있다.

현재까지 밝혀진 이른바 백제식 산성들은 몇 가지 특성을 지니고 있다. 그 가운데 하나는 모두 해안선 가까이에 있고, 키나이 지방으로 가는 뱃길인 세토 내해의 거점에 있다는 해양과의 밀접한 관련성이다. 즉 가네다성은 쓰시마에서 거제도와 부산을 바라보는 지점에 있다. 맑은 날에는 육지가 보인다고 하는데, 과학적으로 시인 거리를 계산해 보거나 필자가 답사한 바에 따르면 가능하다. 한마디로 전방을 관측하는 초소의 역할과 일본열도로 항진해 들어가는 선단의 배후를 위협하기 위하여 축성했다. 다자이후는 물론 해양 방어 체제로, 규슈 북부 해안에 구축한 모든 방어 체제를 관장하는 중심 성이다.

---

362) 齊藤忠, 『日本古代遺跡の研究 總説』, 吉川弘文館, 1968, p.189.

그림 5-12 | 665년에 쌓은 오노성의 서문 발굴 현장(왼쪽)과 백제 유민이 667년에 쌓은 쓰시마의 가네다성(오른쪽)

오노성 또한 해양 방어 체제의 하나다. 오노성 꼭대기에서 필자는 하카다 만을 관측했다. 키이성은 오노성과 함께 다자이후 방어 체제의 역할도 하지만, 동시에 아라아케 해를 관측하고 서북부 지역으로 상륙하는 적을 방어한다. 기쿠치성은 현재의 구마모토 지역으로 상륙하는 수군을 방어하고, 그들이 규슈의 중부 내륙으로 진입하는 것을 방어한다. 이 지역은 과거부터 백제 세력들이 도착한 지역이다.

시모노세키 위쪽인 마에다〔前田〕 동다구산에 있는 나가토성은 경주나 부산 지역을 출발한 선단들이 혼슈 남부 지역에 상륙하는 것을 저지하고, 아울러 세토 내해로 진입하는 간몬〔神門〕 해협을 방어하는 역할도 했을 것이다. 과거부터 신라인들이 일본열도로 진출했던 루트다. 규슈 북동부인 우사〔宇佐〕 지방의 해안선에는 백제식 산성은 없지만 당시에 축성된 다양한 형태의 방어 체제가 있을 가능성이 크다. 그 밖에 히로시마〔廣島〕현에는 이바라키성〔茨城〕이 있다. 바로 해안가에 있으며, 시코쿠〔四國〕와 만나는 좁은 해협을 바라보고 있어 천혜의 해양 방어 체제임을 알 수 있다. 시코쿠의 야시마성〔屋嶋城〕은 세토 내해를 통과한 세력이 오사카 만으로 진입하기 직전 길목에 해당하는 좁은 해협을 봉쇄하는 역할을 했다. 이렇게 해로길의 중요한 길목마다 방어 체제를 구축하고, 마지막으로 상륙한 적이 수도를 공격하는 것을 막기 위하여 야마토국과 가와치국〔河內國〕 사이에 최후의 방어 거점으로서 다카야스성〔高安城〕을 쌓았다.

이렇게 백제식 산성들은 대부분 해안선 가까이 있고, 또 아스카 지역으로 들어가는 해로의 길목길목에 있어 해양 방어 체제임을 분명하게 알려준다. 신라와 당나라의 해양 공격을 막기 위해 구축한 방어 체제의 실상은 보다 많은 신롱석을 발견하고, 백제식 산성들과 봉수, 신롱석들의 전략적이고 전술적인 연관 관계를 파악해야 정확하게 알 수 있다. 일본열도에 급박하게 그러나 치밀하게 구축된 해양 방어 체제는 당시 해양전이 광범위하게 확대되었고, 일본열도 역시 그 작전권 안에 분명히 들어갔음을 인식했던 결과라 할 수 있다. 즉 이제는 전선 개념이 변화했고, 대규모 병력을 동원하여 대한해협을 건너 상륙 작전이 가능한 본격적인 해양전 시대에 접어든 것이다.

한편 나당연합군이 대백제전에서 승리한 사실은 당이 해양 전략을 활용해서 고구려를 남·북·서로 협공할 수 있는 전략적 우위를 확보했다는 의미를 가지고 있다. 또한 당으로 하여금 해양 활동을 이용한 대규모 원정 공격이 가능하고, 성공할 수 있다는 확신을 심어 주었다. 이러한 후방 기습과 상륙 작전의 실시는 그 후에 전개된 고구려와 당 간의 전쟁에서도 본격적으로 나타났다.

660년 11월에 편성된 당나라 군대는 661년 정월, 고구려에 침입했다. 이때 수로군이 동원됐는지는 알 수 없다. 그러나 평양도군·패강도군·누방도군 등은 전례에 비추어 볼 때, 그리고 661년 4월에 침입한 소정방의 평양도군 역시 수로군이었던 것으로 보아, 수로군 편제였을 가능성이 높다. 육로 공격인 경우, 고구려의 요하 전선이 공파되지 않는 한 평양으로 전진하기는 힘이 든다. 그런데 신성(新城)·남소성(南蘇城)·목저성(木底城)·창암성(倉巖城) 등이 공파된 것은 667년 9월 이세적군에 의해서다.[363] 따라서 661년 1월에 공격한 패강도·평양도는 육로를 거치지 않은 수륙군의 공격로로 보여진다.[364] 661년 8월, 소정방의 군대는 고구려군을 패강에서 깨뜨리고 평양성을 포위했다. 당시 소정방이 거느린 군대가 수로군이었다는 것은 다음 "龍朔二年(662) 三月 蘇定方 破高麗于葦島[365] 又進攻平壤城 不克而還"이라는 기록에서 분명하게 나타난다.[366] 즉 이 전투는 당이 위도에 상륙작전을 실시한 다음, 다시 이곳을 교두보로 삼아 평양으로 진격했음을 알려주고 있다.

662년 정월, 좌효위장군 백주자사 옥저도총관(左驍衛將軍白州刺史沃沮道摠管) 방효태(龐孝泰)군은 연개소문과 사수(蛇水) 전투를 벌이다가 전군이 괴멸되는 대타격을 입었다. 이때 소정방군은 평양성 포위를 풀고 퇴각했는데,[367] 이는 상륙 작전에 의한 수륙 양면 포위 작전 계획에 차질이 생겼기 때문으로 판단된다. 이로 보아 방효태의 군대는 군선으로 상륙 작전을 기도했음을 짐작할 수 있다. 667년에도 당군은 상륙 작전을 이용하여 후방 습격을 시도한 것으로 보인다. 667년 평양을 공격할 때 곽대봉(郭待封)은 수군을 동원했다.[368]

이러한 적의 공격은 대체로 두 방면에서 이루어졌다. 하나는 압록강 전투이고, 다른 하나는 평양성 직공이다. 661년 연개소문은 남생(男生)에게 정병 수만 명을 거느리고 압록을 수비하도록 했다. 이 때문에 당군은 건너

---

363) 『삼국사기』 권22 고구려본기 보장왕 하 26년.
364) 신채호와 이병도는(『韓國史—古代編』, p.518에서) 소정방이 수로군을 거느리고 먼저 대동강 구에 이르러 전투를 벌인 다음 평양성을 포위했다고 말한다.
365) 위도에 위치에 대해서는 손영종이 『고구려사』 2권, p.231에서 지금의 청천강·대령강 하구에 있는 섬인데 현재는 육지로 변해 버려 평안북도 박천군 단산리의 한 지역이 되었다고 했다.
366) 『구당서』 권4 본기 제4 高宗 상.
367) 『삼국사기』 권22 고구려본기 보장왕 하 21년 ; 『자치통감』 권200 당기 16 高宗 上之下.
368) 『삼국사기』 권22 고구려본기 보장왕 하 26년.

올 수가 없었는데, 계필하력(契苾何力) 군대가 얼음을 타고 건너와 고구려 군을 대파했다. 이때 고구려군 수만 명이 죽고 항복했다. 음력 9월이었는데, 강에 얼음이 얼면서 고구려군의 방어 체제가 무너져 내린 탓이었다. 당시의 상황을 당서의 기록에서 보면 압록이 매우 험한 요새지이고, 강력한 방어 체제가 구축되어 있는 지역이었음을 알 수 있다(九月 次于鴨淥水, 其地卽高麗之險阻, 莫離支男生以精兵數萬守之, 衆莫能濟).[369]

당군은 667년 9월부터 총공격에 들어갔다. 이때 곽대봉의 수군은 평양성으로 직공하고, 풍사본(馮師本)은 식량과 군수물자 등을 배로 실어 공급하는 등[370] 수군 작전이 활발하게 이루어졌는데, 이때도 압록강 공방전이 벌어졌다. 당의 원만경(元萬頃)은 압록의 험한 곳을 지킬 줄 모른다고 고구려에 격문을 보냈다.[371] 이 내용은 사실 여부를 떠나서 압록강이 전술적으로 매우 중요한 곳임을 당군도 알고 있었음을 알려 준다. 물론 방어군인 고구려가 압록진에 군사를 보강하여 지키는 바람에 당군은 이 선을 돌파하지 못했다.[372] 진성(津城)이 존재했음을 의미한다.

압록강 공방전이 벌어진 예는 또 있다. 668년 9월 전쟁이 거의 막바지에 접어들었을 무렵이다. 이세적군이 총력전을 펴서 대행성(大行城)을 공격해왔다. 손영종은 압록강 하류의 남북에는 상당한 길이의 장성이 있었을 것이라고 했는데, 대행성은 '大(큰)行城(장성)'을 의미한다고 하면서, 현재 단동시와 봉성현의 경계에 있는 고려문성으로 보고 있다.[373] 물론 해안이나 하안에는 장성의 형태를 띤 방어 체제가 구축되므로 타당성이 있는 견해라고 생각한다. 그러나 필자가 현지조사를 토대로 살펴본 결과 고려문성은 하안 방어 체제는 아니다. 현지에서는 단동시 남쪽의 낭두진(浪頭鎭) 마

369) 『구당서』 권109 열전 계필하력전.
370) 『삼국사기』 권22 고구려본기 보장왕 하 26년 ; 『신당서』 권201 元萬頃傳.
371) 『삼국사기』 권22 고구려본기 보장왕 하 26년 ; 『신당서』 권201 元萬頃傳. "一不知守鴨淥之險."
372) 『삼국사기』 권22 고구려본기 보장왕 하 26년.
373) 손영종, 『고구려사』 2, p.99.

그림 5-13 | 668년 이세적군과 압록강 하구에서 공방전을 펴던 곳인 대행성

을에 있는 평지 토성인 '소랑랑성(小娘娘城)'을 대행성이라고 보고 있다.

이세적군은 이 전투에서 이긴 다음 다른 방면의 군사들과 함께 압록책에 이르렀다. 이 책은 당시의 전황이나 '柵'이었다는 기록으로 보아 물론 하안 방어 체제였을 것이다. 손영종은 이것이 고려 때 쌓은 천리장성의 서쪽 부분에 해당하며, 토성에 목책을 세웠다고 했다.[374] 전술적인 중요성과 함께 치열한 전투가 벌어진 당시의 상황으로 보아 압록책은 견고한 방어력을 가진 요새였음이 틀림없다. 이 주변에는 대산리고성·림천성·백마산성·서린동고성 등이[375] 포진함으로써 유기적인 방어망을 이루고 있었다.

압록강 공방전은 매우 치열하게 벌어졌다. 이세적군은 이를 파하고 결국 2백 리를 더 전진하여 욕이성(辱夷城)을 다시 함락시켰다. 그렇게 해서 6월

---

374) 손영종, 위의 책, p.100.
375) 손영종, 위의 책, p.100.

지도 5-8 | 백마산성 평면도[376)]

말에서 7월 초 사이에 압록강 방어선은 무너져 내렸다.[377)] 이세적군은 먼저 평양성에 다다른 계필하력의 군대와 만나 마지막 평양성 공방전을 벌였다.

앞에서 언급한 바와 같이 압록강 하구는 요동반도의 남쪽 해안선 끝과 한반도가 만나고, 서한만과 마주치는 지역이다. 북만주와 요동반도, 한반도가 바다에서 만나는 예각이 바로 이곳이다. 때문에 군사적으로 매우 중요한 의미가 있다.

압록강 하구는 해양 방어라는 측면에서 두 가지 의미가 있다. 첫 번째는 단동 근처의 봉황성 지역(현재 鳳城)과, 400여 년간 수도였으며 중요한 전략 거점인 국내성 지역을 동시에 방어한다는 점이다. 봉황성은 북부 지역에서는 가장 큰 성이며, 중요한 행정 치소였다. 두 번째는 해양 교통의 거

---

376)『조선유적유물도감』 3, 고구려편 1, 외국문종합출판사, 1989.
377) 손영종, 위의 책, p.245.

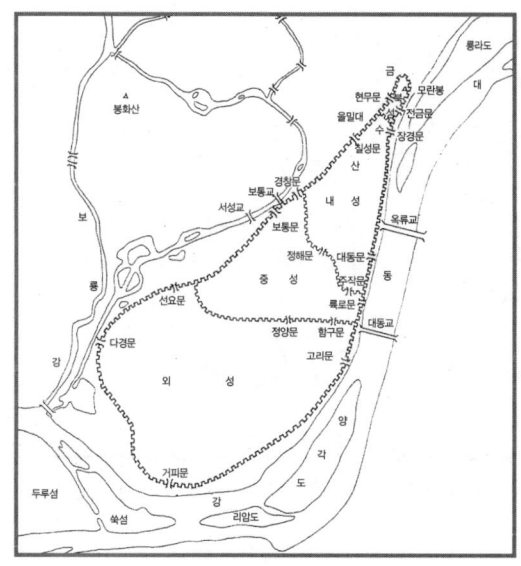

지도 5-9 | 평양성 평면도[378]

점이자, 황해 북부의 연근해 항로를 차단하며 해상권의 제어 기능을 가진 압록강을 수호하는 일이다.

 압록강 하구를 상실하면 군사적으로 고구려 방어 체계에 심각한 허점을 드러내게 된다. 하구를 거슬러 올라가면 국내성을 바로 위협할 수도 있고, 서해 북부 해안 지대를 타고 내려와 평양성 등 수도 공략을 쉽게 할 수 있다. 때문에 1차적으로는 강의 하구와 섬들을 중심으로 해양 방어 체제를 구축했고, 점차 내부로 들어가면서 단동 지역을 중심으로 한 하구 방어 체제를 구축했다. 현재까지 강의 하구와 섬들에서 방어 체제가 발견된 사실은 보고되지 않았으나, 있었을 가능성이 매우 크다. 그런데 내륙으로 약간만 들어오면 방어 체제들이 나타난다. 대행성, 서안평성(西安平城), 박작성

---

378) 최희림, 『고구려 평양성』, 과학백과사전출판사, 1978.

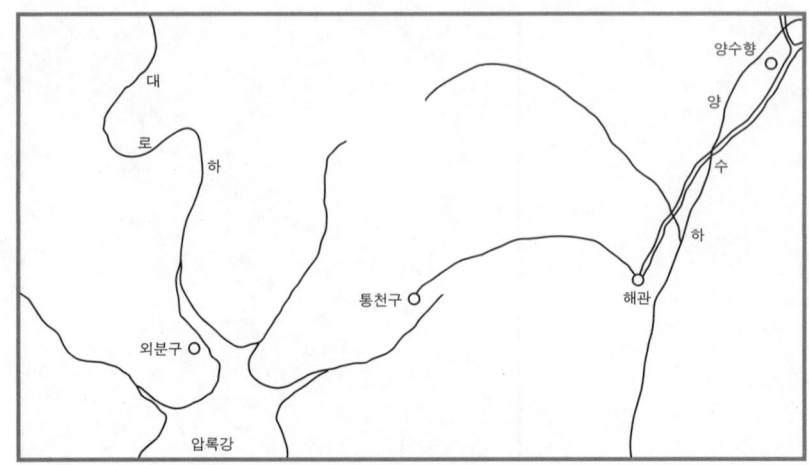

지도 5-10 | 칠개정자 관애[379]

(泊灼城), 그리고 대성인 오골성이 그것이다. 이밖에도 중류 위쪽으로 거슬
러 올라가는 적을 막기 위한 효율적인 하안 방어 체제를 양안에 구축했다.

　박작성·대행성·서안평성 등이 점령당하면, 당군은 압록강 중류 지역까
지 전진해 들어가다 국내성에 진입하기 전에 혼강을 거슬러 올라가 환인
지역 및 신빈(新賓)·통화(通化) 등 국내성의 북방, 즉 전방 지역으로 공격
해 들어갈 수 있다. 때문에 고구려는 집안 서남쪽의 해관(海關), 외차구 차
단성(遮斷城), 청수, 고제령, 유곡령 계선의 토성 등과 함께, 옥강(삭주군)
이나 가원령(의주군) 산줄기의 성 유적들과 맞은편 대포석하 동쪽의 성 유
적 등에[380] 압록강 하안 방어 체제를 구축했다. 그런가 하면 혼강과 압록강
이 만나는 지점에는 노변장 관애, 칠개정자 관애 등이 있다. 그리고 막바
로 강을 거슬러 올라가면 국내성과 만나게 된다.

　648년 전투가 벌어졌을 때 설만철 등은 바다를 건너 압록강으로 들어와

379) 李殿福, 車勇杰, 金仁經 역, 『중국 내의 고구려 유적』, 학연문화사, 1994, p.47.
380) 손영종, 『고구려사』, 과학백과사전종합출판사, 1990, pp.192~193.

박작성을 쳤다.[381] 이때 고구려가 안시성과 오골성에서 군사를 내어 후방에서 도움을 준 것은 압록강 방어 체제의 중요성과 함께 당의 후방 공격 작전의 의도를 파악했기 때문이다. 압록강을 통과한 다음부터는 해안을 이용하여 평양성에 접근하기가 수월하다. 또한 압록강 하구나 서한만에 포진한 고구려 수군의 해상력만 피한다면 해안 지대 어느 곳에라도 상륙할 수 있다. 때문에 압록강 하구에서부터 평양 지역까지는 양방어 체제가 치밀하고 유기적으로 구축되어 있었다. 북방에서 평양성으로 통하는 길은 두 갈래가 있었다. 첫 번째는 해안 방어 체제인데, 압록강의 남안인 의주에서 해안에 가까운 남서쪽 용천이나 내륙이며 남동쪽인 피현을 거쳐 염주에서 만난 다음 동림·곽산·정주·안주·숙천·평양으로 이어지는 길이다. 이 길은 연해 통로라고 했다. 두 번째는 의주·삭주 지역에서 구성·태천·영변·개천·순천·성천·평양으로 이어지는 내륙 통로다.[382]

그런데 평안남북도 지역의 11개 성 가운데 연해 통로에만 7개 성이 배치되어 가장 많이 분포되었고, 나머지 4개 성은 내륙 통로에 배치되었다. 연해 통로상에는 피현군 백마리에 백마산성, 아후리에 걸망성, 염주군과 피현군 사이에 용골산성이 위치하여 가장 조밀하게 분포되어 있다. 적군의 주된 침공로가 연해 통로임을 알 수 있다. 이중에서 용골산성이 기둥 성이고, 남쪽 60여 리 되는 연해 통로상에 또 하나의 기본 성인 동림산성이 있다. 그 아래 남쪽으로 100리 정도 더 내려오면 곽산군 석동리의 능한산성이 있다. 그런데 정주시의 성동산성과 곽산군의 능한산성 사이의 산등성이를 따라 남으로 뻗어 나가서 정주시 서호리 바닷가에 이르는 곳에 장성 시설이 있다. 또한 정주시에서 시작하여 박천군 삼봉리까지 이르는 125리 구간에도 장성 방위 시설이 있는데, 이 장성은 『신안지(정주읍지)』에 의하면

---

381) 『삼국사기』 권22 고구려본기 보장왕 하 7년. "······太宗遣將軍薛萬徹等來伐, 渡海入鴨淥, 至泊灼城南四十里止營 ······."
382) 남일룡, 『중세 우리나라 서북 지방의 성 방어 체계』, 김일성종합대학출판사, 1995.

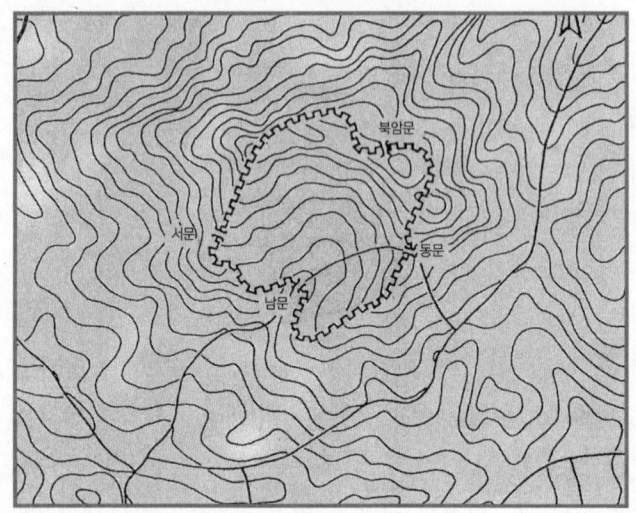

지도 5-11 | 능한산성 평면도[383]

익주고성과 함께 고구려 때 쌓은 것으로 되어 있다. 또한 이 성과 맞붙어 있는 신도성(가리성)도 고구려 성으로 입증되었다.[384] 모두가 일종의 해안 장성인 것이다.

한편 의주로부터 서부 해안 지대를 따라 내려오는 통로는 이 산성의 앞을 지나 정주·운전을 거쳐 청천강 남안의 안주로 이어진다. 그리고 안주에는 청천강 계선 방어의 중추를 이루고 있는 안주성이 있고, 남쪽으로 100여 리 더 내려오면 연해 통로의 마지막 방어성이자 평양 위성 방어 체계의 북쪽 방어성인 청룡산성이 있다. 이 산성은 위치상 해안 통로와 내륙 통로 사이에 있어 양쪽 통로를 동시에 막아 줄 수 있는 성으로 청천강 이남의 마지막 방어성이다.[385]

383) 『조선유적유물도감』 3, 고구려편 1, 외국문종합출판사, 1989.
384) 손영종, 앞의 책, p.100.
385) 서일범, 「북한 경내의 고구려 성 분포와 연구 현황」, 『高句麗山城과 防禦體系』, 고구려연구

그림 5-14 | 동림성 서문터[386]

운전·안주·동림은 각각 북·동·남에서 청천강 하구를 감싸안으며 있으므로, 이 지역의 성들은 해안 겸 하구 방어 체제다. 이렇게 고구려는 해안의 전략적 거점을 중심으로 해방 체제를 치밀하게 구축하고 있었으나, 결과적으로 당의 해양력을 토대로 한 협공 작전과 후방을 통한 수도 직접 공략에 의해 멸망했다. 수비와 해양 방위 능력에 결함이 있는 탓도 있지만, 1차적으로 백제의 멸망으로 나당군의 협공 작전에 수도 방비가 노출된 것이 주요 원인이다.

이처럼 해양 활동으로 인한 전선 개념의 변동과 확대, 원거리 이동 상륙 작전 등 군사 작전의 다양화는 동아시아 군사 질서의 기본틀을 바꿔 버렸다. 이밖에도 해양 활동은 군사 이동이나 군수물자의 운반 등 군사적 측면에 다양한 영향을 미쳤다.

회 5회 학술회의, 1999, pp.105~106.
386) 연변대학 역사계 서일범 교수 제공.

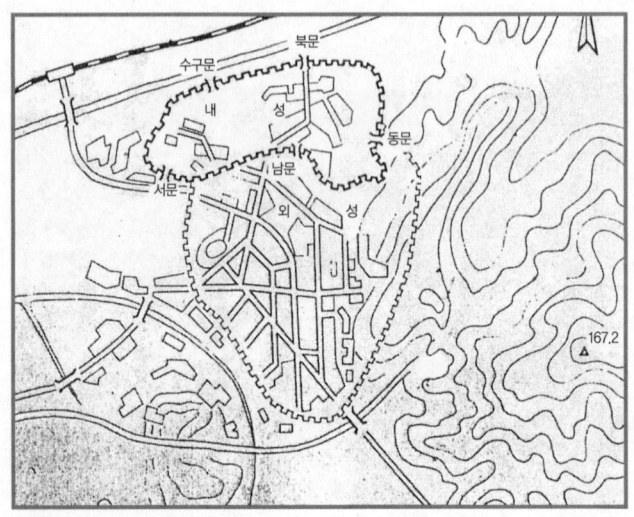

지도 5-12 | 안주성 평면도[387]

　선박을 활용한 수군 작전인 경우, 그것은 반드시 병력의 이동을 전제로
한다. 특히 고대의 해양전에서 해상은 선박끼리 전투를 벌이기보다는 선박
을 이용하여 군사를 이동시키고 물자를 운송하는 일이 주임무로 되었다.
군수물자를 이동시킨 사례가 있다. 왜국의 중대형(中大兄) 왕자는 661년
(齊明 7년) 8월에 백제 부흥군에게 무기와 식량을 보냈다.[388] 662년(天智 원
년) 춘정월에는 화살 10만 척, 명주 500근, 면 1천 근, 포 1천 단, 가죽 1천
장, 볍씨 3천 곡을 내렸으며, 이어 3월에는 백제 왕에게 포 3백 단을 주었
다는 기록이 나온다.[389] 모두 엄청난 선박을 동원, 바다를 건너서 이루어진
일이다. 당시 남해는 그들이 활동하던 바다였다. 또한 그해에 보냈는지 확
인할 수는 없지만 12월에도 역시 백제를 지원하기 위하여 병갑을 수선하

---

387) 『조선유적유물도감』 3, 고구려편 1, 외국문종합출판사, 1989.
388) 『일본서기』 권27 齊明 7년 8월, "……救於百濟 仍送兵仗五穀."
389) 『일본서기』 권27 天智 원년 춘정월, 3월.

고 선박의 장비를 갖추고 군량을 쌓아 두었다.[390] 대규모 이송을 준비한 것이다.

선박을 활용하여 군수물자를 이동한 일은 고구려와 당의 전투에서도 나타난다. 신라군은 당군의 명령으로 군사용 식량을 평양성으로 운반했는데, 이때 수군을 이용했다.[391] 당군이 양선을 따로 거느리고 전투에 참여한 기록도 있다.[392] 특히 마지막인 666년 12월에 이루어진 이세적군의 군사 작전과 편제는 군선에 의한 군수물자의 운반을 명확하게 보여준다. 즉 "…… 수륙제군총관(水陸諸軍摠管) 겸 전량사(轉糧使) 두의적(竇義積)·독고경운(獨孤卿雲)·곽대봉(郭待封) 등은 모두 이세적의 지시를 받게 하고……"[393] 라는 기록에 의하면 수륙제군총관은 전량사를 겸하고 있었다. 이것은 양곡 보급을 담당하는 관리가 수륙군을 동시에 통괄하는 편제에 속해 있기 때문이다. 따라서 수군의 군수물자만이 아니라 육로군의 군수물자를 보급하는 임무도 동시에 맡았다. 그 수륙제군총관 겸 전량사가 이세적의 지령을 받은 것으로 보아 비중 있는 임무였음을 알 수 있다.

당시에 벌어진 전투에서 수군의 역할과 해로를 통한 군수물자의 보급이 얼마나 중요한가를 보여주는 사실이 있다. 667년 "곽대봉이 수군을 이끌고 다른 길로 평양을 향했다. 이때 이세적은 별장 풍사본으로 하여금 양곡과 군기를 싣고 이를 공급케 했는데 배가 파손하여 실기했으니 참형을 하겠다고 화를 냈다"[394]는 기록이 그것이다.

이와 같이 선박은 군수물자의 수송만이 아니라 본격적인 군사 이동에도

---

390) 『일본서기』 권27 天智 원년, "……爲救 百濟 修繕兵甲 備具船舶 儲設軍糧."
391) 이호영, 「新羅 三國統一에 관한 再檢討」, 『사학지』 15, 단국대 출판부, 1981, p.994에서는 662년 신라가 당에게 군량을 전달할 때 신라 수군도 상응하여 고구려 해역 깊숙한 곳까지 침투했을 것이라고 추측하고 있다.
392) 『삼국사기』 권28 백제본기 의자왕 20년, "劉仁軌……扶餘隆水軍及糧船……" ; 『구당서』, 백제전, 열전 유인궤전 : 『자치통감』 당기 高宗 中之上.
393) 『삼국사기』 권22 고구려본기 보장왕 下 25년 12월.
394) 『삼국사기』 권22 고구려본기 보장왕 下 27년.

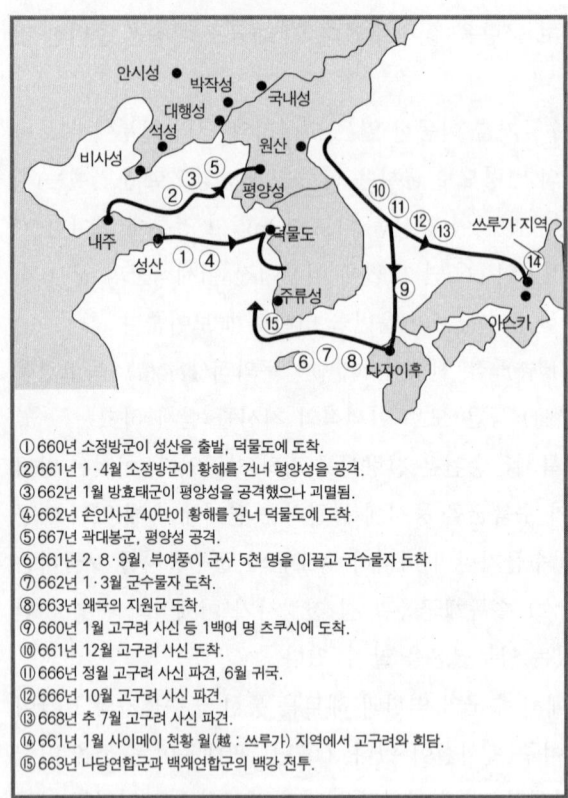

①660년 소정방군이 성산을 출발, 덕물도에 도착.
②661년 1·4월 소정방군이 황해를 건너 평양성을 공격.
③662년 1월 방효태군이 평양성을 공격했으나 괴멸됨.
④662년 손인사군 40만이 황해를 건너 덕물도에 도착.
⑤667년 곽대봉군, 평양성 공격.
⑥661년 2·8·9월, 부여풍이 군사 5천 명을 이끌고 군수물자 도착.
⑦662년 1·3월 군수물자 도착.
⑧663년 왜국의 지원군 도착.
⑨660년 1월 고구려 사신 등 1백여 명 츠쿠시에 도착.
⑩661년 12월 고구려 사신 도착.
⑪666년 정월 고구려 사신 파견, 6월 귀국.
⑫666년 10월 고구려 사신 파견.
⑬668년 추 7월 고구려 사신 파견.
⑭661년 1월 사이메이 천황 월(越 : 쓰루가) 지역에서 고구려와 회담.
⑮663년 나당연합군과 백왜연합군의 백강 전투.

지도 5-13 | 삼국통일전쟁 당시의 해양 전도

쓰였다. 이러한 점은 당군의 군사 편제에서 확인되고 있다. 전선을 이용한 군사 이동의 대표적인 예는 소정방이 백제를 침공하는 작전에서 나타난다. 그가 13만의 대군을 거느리고 내주에서 출발하여 황해를 직항한 다음 덕물도에 도착한 사실은 대규모 군사가 선박을 이용해서 본격적으로 황해를 직항 도해한 첫 실례다.[395] 이 작전이 성공함으로써 황해는 확실하고 중요

---

395)『삼국사기』 권5 신라본기 태종무열왕 7년, "定方發自萊州 舳艫千里 隨流東下."

한 해양전의 무대가 되었다.

백제가 항복한 후에 소정방은 의자왕과 왕족·신료·백성들 1만 2천 명을 데리고 사비성을 출발하여 배를 타고 당으로 돌아갔다. 선박을 이용하여 대규모 군사와 민간인이 함께 이동한 것이다. 백제 부흥 운동이 전개되는 과정에서도 선박을 이용한 예는 더욱 확실하게 나타난다. 662년에 복신은 웅진성을 공격하다가 임존성(任存城)에 있으면서 전쟁을 지휘하고 있었다. 이때 증원군을 요청하는 유인궤를 돕기 위해 당 고종은 우위장군 손인사에게 40만의 병력을 주어 파견했다.[396] 당시 그들이 온 항로는 소정방이 660년에 온 길과 동일하다. 40만(혹은 7천)의 병력이 황해를 건너왔다는 사실은 조선술과 항해술이 대단히 발달해서 군사 이동에 적극적으로 활용되고 있었음을 반증한다. 고구려와 당의 전쟁에서도 수군은 후방의 상륙작전 등 대규모 군사 이동에 활용되었다.[397]

왜는 조선술을 발달시키기 위해 노력했다. 또한 전쟁에 참여하기 직전에 국내에서도 해상 작전을 실시했다. 『일본서기』를 보면 사이메이 여제 때인 660년 3월에 아베〔安倍比羅夫〕가 배 200척을 거느리고 숙신을 토벌했다고 기록되어 있다. 또한 견수사와 견당사를 파견하는 일에서 나타나듯이, 자체적으로 원양용 선박을 운용하고 있었다. 가즈하라 고분에서 발견된 배는 수나라에 파견된 배로 보인다.[398] 왜는 661년(齊明 7년) 9월에 왕자 풍을 호송하기 위해 5천여 명의 군사를 파견하고 663년에는 2만 7천 명의 군사를 파견했다. 한편 『삼국사기』 문무왕조에는 왜선 1천여 척이 백사에 머무르고 있다는 기록도 있다. 적지 않은 군선이 전쟁에 참여한 것이다. 또한 백강 전투에서 참패하고 나자 일본 선사(船師) 및 백제 유민들은 배를 타고

396) 『삼국사기』 권6 신라본기 문무왕 ; 『任存城 百濟復興軍戰史』, 禮山鄕土史硏究會, 1989 참조.
397) 『구당서』 권4 본기 제4 高宗 上, "……龍朔二年(662) 三月 蘇定方 破高麗于葦島 又進攻平壤城 不克而還."
398) 松枝正根, 『古代日本の軍事航海史』下, p.19.

일본으로 향했다.[399] 수만 명의 공식·비공식 유민들을 실어 나르기 위해 엄청난 숫자의 선박이 동원된 것이다. 당시 일반적으로 대규모 선박을 운송 수단으로 사용했음을 알 수 있다.

고구려가 군선을 동원해서 군 병력을 이동시킨 사실은 기록에 남아 있지 않다. 그런데 고구려가 부흥 운동을 펼 때 고안승(高安勝)은 4천여 호를 거느리고 내려오다 서해의 사야도(史冶島)에서 검모잠(劍牟岑)을 만나 왕으로 추대한다.[400] 고구려 유민들은 고조선의 준왕과 마찬가지로 해안을 통하거나 선박을 이용해서 남진한 것이 틀림없다.

앞에서 언급한 당군의 전략과 해양 능력, 그리고 고구려·신라·백제·왜 등 당시 전쟁에서 벌어진 일련의 해양 군사 이동 상황을 볼 때, 그 규모는 중국에 미치지 못하지만 해양 활동의 수준이 높았음을 알 수 있다. 그런데 『삼국사기』에 따르면 고구려에 수단(水壇, 오늘날 水部)이라는 관부가 있었다.[401] 「광개토대왕릉비문」에도 나타나지만 고구려에는 국가적 규모의 수군 활동이 있었던 것이다.

이러한 본격적인 해양전의 양상은 전후에 형성된 동아시아 정치·군사 질서에 적지 않은 영향을 미쳤다. 해양전의 본격적인 도입과 당나라가 가진 우수한 해양 활동 능력, 즉 해양 군사 작전 능력은 동아지중해의 국가들로 하여금 당을 현실적인 세력으로 인정하게끔 만들었다. 백강 전투가 끝난 후에 백제의 유민과 왜 정부가 쓰시마·규슈·세토 내해의 여러 곳에 산성과 방어 체제를 구축한 사실, 백강 전투에서 패배한 후 즉시 당과 교섭한 사실 역시 군사적 환경 변화에 영향을 받은 결과라 할 수 있다. 이러한 현실적인 위협은 신라도 인식한 듯하다. 즉 문무왕이 보낸 「답설인귀서」를 보면 "당은 선박을 수리하여 왜국을 정벌한다 의탁하고 기실은 신라

---

399) 『일본서기』 권27 天智 2년조, "……明日 發船始向日本."
400) 『삼국사기』 권6 신라본기 문무왕 10년.
401) 『삼국사기』 권40 잡지 제9 職官下.

를 치고자 하니 백성들은 이를 듣고 놀라고 두려워하며 불안해했다"는 기록이 나온다.[402] 해양 질서의 파급과 해양전의 확대된 능력으로 인하여 동아시아는 해양 능력과 국력을 겸비한 당의 강력한 영향력 아래 놓이게 되었다.

소 결

5장을 통해서 살펴본 바와 같이 7세기 이후에 고구려는 해양 활동이란 측면에서 큰 역할과 발전을 하기에는 미약했던 것 같다. 5세기에 광개토대왕과 장수대왕은 해양 질서의 성격과 가치에 대한 이해를 토대로 국가 발전과 국제 질서 재편의 중요한 토대를 마련했다. 하지만 그러한 상황은 7세기까지 충분히 계승된 것 같지 않다. 당시는 동아시아의 질서가 전반적으로 재편된 시기로서 각 국가들 사이의 갈등은 질서의 대결이란 측면이 강했으며, 해양 활동 능력이 성장했기 때문에 해양은 정치·외교·군사·경제적으로 중요한 의미를 갖는 것은 물론 중대한 역할을 하게 되었다. 따라서 이른바 삼국통일전쟁, 동아지중해 국제대전의 3차 전쟁의 구도는 십자형 해양 질서의 대결로서 동아시아적인 성격을 가질 수밖에 없었다. 그럼에도 불구하고 고구려는 7세기에 시작된 동아시아의 질서 재편이 해양 질서의 새로운 등장과 영향의 산물임을 인식하지 못했다.

나당연합군이 승리한 요인은 황해라는 지리적인 간격과 연합 작전의 불리한 조건을 오히려 활발한 해양 작전으로 극복해 간 데 있다. 특히 해양을 활용하는 새로운 전술을 과감히 개발하고, 그것을 신속하게 적용함으로

---

402) 『삼국사기』 권7 신라본기 문무왕 11년, "又通消息云 國家修理船艘 外託征伐倭國 其實欲打新羅 百姓聞之 驚懼不安."

써 전쟁의 승기를 잡을 수 있었다. 이에 반해 고구려와 백제는 이러한 해양 전략을 등한시했다. 황해 중부의 제해권을 상실함으로써 나당군이 상호 교통하여 동맹을 맺고 연합 상륙 작전을 하도록 허용함으로써 배후를 공격 당한 것이다.

고구려는 외교전과 군사전에서 실패를 했다. 특히 군사전에서 재래의 육상전과 그에 대비한 수성전에 치중한 결과, 해양을 활용한 상대 국가의 새로운 전략과 전술에 적절히 대응하지 못했다. 고구려가 멸망한 요인 가운데에는 국제 환경의 변화, 중국 세력과의 잦은 전쟁으로 인한 국력의 소모, 지배계급 간의 분열과 내분의 탓도 있다. 그러나 군사적인 측면에서는 해양 활동의 약화가 가장 중요한 요인이었다. 고구려 말기를 둘러싼 국제 질서와 군사 능력에 대한 이해는 해양을 전제로 하지 않고서는 핵심에 도달하기가 힘들다.

결론적으로 동아지중해 국제대전은 동아시아의 정치·외교와 군사상에서 다음과 같은 성격을 가진다.

첫째, 이 전쟁은 동아시아 질서 재편을 위한 국제대전의 산물로서 동아시아 모든 종족과 국가들이 참여했다. 하지만 주축은 고구려와 중국 세력이었다. 상황의 전개에 따라 고구려와 수의 전쟁은 발발, 고구려와 당의 전쟁은 과정, 이른바 신라에 의한 삼국통일은 완결로서 계기성을 갖고 있다. 그리고 동아시아 각국은 전쟁의 진행 과정에 따라서 직·간접으로 참여한다. 다만 국가의 이익과 역학 관계의 변화에 따라서 정치·군사적인 입장은 변화한다.

고구려가 멸망한 이후에도 전쟁은 지속되어 676년까지 신라와 당군, 더 엄밀하게 표현하면 신라를 주축으로 한 한민족연합군과 당군 간에 전쟁이 벌어졌다. 당은 백제에 웅진도독부, 신라에 계림도독부, 그리고 고구려에 안동대도호부를 설치했다. 이는 이 전쟁이 당으로서는 자국이 추진하는 국제 질서의 재편 전략을 목표로 추진된 국제전쟁이었음을 반영한다. 이 전쟁의 결과로 동아시아에는 현재까지 지속되는 민족적 성격을 띤 기본 질서가 수립되었다. 즉 통일 중국인 당, 한민족 국가인 신라 및 발해의 성립, 그리고 신흥 국가인 일본의 탄생과 발전이다.

둘째, 이 국제대전의 과정에서 각국이 지닌 해양 활동 능력은 커다란 역할을 했다. 각국 간의 외교적 입장과 성과는 교통수단인 해양 활동 능력에 따라 영향을 받았다. 또한 전쟁 진행 과정에서 나타난 군사적인 측면과 전후에 신질서가 수립되는 과정에서도 해양 능력은 중요한 역할을 했다. 이 전쟁 이후로 해양력은 군사적인 측면에서 매우 중요해져 신라 및 일본은 당의 체제 속에서 저항을 하지 못했다. 발해만이 732년에 등주 공격을 시도했을 뿐이다. 그에 반하여 신라와 일본 간에는 해양을 통한 소규모의 충돌이 있었으며, 대규모 전쟁이 발발하기 직전 단계에까지 이르렀다.

셋째, 마지막 완결 단계인 이른바 삼국통일전쟁은 동아시아의 신질서가 편성되는 과정에서 해양 활동의 역할을 강화시켰다. 황해를 중심으로 동아지중해 전역이 정치적으로 안정되고, 해양 문화가 비약적으로 발달되면서 신해양 질서가 구축되었다. 그 힘은 북방의 돌궐·말갈 등으로 연결되는 유목 문화 중심의 대륙 질서를 견제하는 역할을 했다. 또한 당과 통일신라, 발해, 일본을 해상으로 연결시키는 환황해 문화가 특히 활발해졌다. 이후에 장보고가 범신라인들을 주축으로 조직화한 황해·남해·동중국해권과 발해인들이 장악한 동해권에서는 교역·문화교류 등 비정치적이고 비군사적인 교섭이 활발하게 진행되었다. 명실공히 동아지중해역은 남북국이 주도하면서 더욱 빈번한 교류의 장이 되었다.

넷째, 이 전쟁은 우리 민족에게 매우 의미있고 심각한 영향을 미쳤다. 많은 문제점이 있으나 본고에서 살펴본 중요한 사실은, 이 전쟁으로 우리 민족은 대륙을 상실하고 해양에 대한 군사적·정치적 주도권을 일부 상실함으로써 동아지중해 중심 국가로서의 역할을 잃게 되었다. 동아지중해에서 해양로의 확보를 발판으로 담당해 오던 정치·군사적인 중핵 조정 역할을 상실하고, 중국의 영향을 받는 주변부 존재로 전락하고 만 것이다.

결국 이 전쟁은 고구려와 수·당을 주축으로 하고 주변의 모든 나라가 어떠한 형태로든 참전한 동아지중해 국제대전이었다. 전쟁의 결과 한류도에서는 고구려와 백제가 멸망하고, 통일신라와 발해가 병립하는 남북국 시대가 되었으며, 동아지중해 전역은 당을 중심으로 한 신질서가 수립되었다. 왜국은 새롭게 편성된 국제 질서 속에서 자국의 위치를 새롭게 설정해야만 했다. 무엇보다도 동아시아 신질서가 구축되어 가는 과정에서 해양 문화의 역할이 심대해지는 계기가 되었다.

한민족은 신라와 발해로 계승되어 역사를 발전시켰으나, 정치·군사력과 해양력을 동반한 동아지중해 중핵 국가의 위상을 잃어버린 채 조정 역할이 약화되었다. 그 후에는 해양력이 더욱 약화되어 도리어 해양에 포위된 채 주변 국가의 압력을 받게 되었다.

6 | 결론

고구려는 우리 민족사에서 다양하고 복합적인 성격을 지니고 있으며, 의미 있는 위치에 있는 나라다. 또한 국가의 성격이 같은 시대의 백제·신라·가야는 물론 후대의 민족 국가들과 달리, 현재 우리의 활동 영역과는 다른 자연환경과 역사적 환경 속에서 발생하고 성장했으므로 고대사에 대한 일반적인 인식이 제대로 미치지 못하는 부분이 많다. 뿐만 아니라 역사 연구에 필수적인 사료나 유물·유적 등을 충분히 이용할 수 없는 한계가 있다.

또한 고구려는 미래적인 의미와 가치 면에서도 위상이 높고 효용성이 크다. 그렇기 때문에 고구려를 연구하는 데는 다양한 인식과 방법론을 동원하여 다양한 각도에서 역사적인 성격과 실체를 규명하는 것은 물론이고, 이해에 도달해야 한다.

본고는 관념적인 접근을 지양하면서, 지리와 풍토 등 자연환경을 중요시하여 보다 구체적으로 접근했다. 또한 내부적인 사건이나 국내의 동향 등 미시적인 시각보다는 보다 거시적으로, 즉 동아시아라는 당시 세계 질서 속에서 고구려의 위상과 역사 활동, 성격 등을 파악했다. 또 기존의 시각과는 달리, 자연환경과 실제 일어난 역사 사실 등을 중요시하여 육지적 시각뿐만 아니라 동시에 해양 질서의 시각을 적용하는 해륙사관의 관점에서 고구려를 파악했다. 이 부분은 특히 중요해서 이 책 전체를 일관하는 특징이기도 하다. 마지막으로 역사학은 미래학이기도 하다는 필자의 사관에 따라 현재의 시각과 정치학·경제학 이론 등을 원용하여 고구려의 현재적인 의미는 물론, 미래적 가치를 추구했다. 그리고 이러한 목적과 연구 방법론을 효과적으로 달성하기 위하여 동아지중해라는 역사 해석의 모델을 설정하고, 이러한 틀에서 고구려사, 특히 고구려 해양 교섭사를 규명하고 해석하여 다음과 같은 결론을 도출했다.

먼저 2장에서는 고구려가 해양 활동을 활발하게 한 배경으로서 실질적인 해양 환경을 살펴보았으며, 고조선과 동아시아의 해양 문화 수준과 함께 역사적 환경을 분석했다.

황해는 해류·조류·계절풍 등 자연환경으로 인하여 선사 시대부터 해양 활동이 활발하게 이루어졌으며, 동해와 남해 또한 해양 활동을 하기에 유리한 자연환경이다. 토기의 전파와 수용 과정을 볼 때 남해를 통해서 한반도와 일본열도는 신석기 초기부터 교섭이 있었다. 황해 북부 지역인 산동반도, 요동반도, 압록강 하구 유역 등에서 약 5천 년 전의 선박 유물 들이 발견되는가 하면, 각 지역 간에는 해운업이 이루어졌다. 절강 지역에서도 7천여 년 전의 선박 유물이 발견되었다. 선사 시대부터 절강 등 강남 지역과 한반도가 교섭했을 가능성도 있다. 청동기 시대에 들어오면 해양 문화는 더욱 발달하고, 지역 간의 해양 교류도 한층 활발해지면서 동아지중해권이 미약하나마 형성되고 있었다. 이러한 상황 속에서 고조선의 해양 활동이 전개되고 발전했다.

고조선과 동일한 시대인 하(夏)·은(殷) 시대에 해양 문화가 매우 발달했다는 증거들은 갑골문자나 그림 등에서 확인된다. 춘추전국 시대에는 나라들 간에 수전이 벌어졌으며, 항해술도 뛰어났다. 진(秦) 시대에는 상업이 성행했고, 바다를 통해서 로마나 동남아시아까지 원거리 교역을 했다. 이미 황해에는 교역권이 형성되었을 것이다. 이때 역할을 담당했던 사람들이 동이족이었다. 고조선이 발전한 요동반도와 압록강 하구 지역은 일찍부터 해양 문화가 발달한 곳이다. 여대시(旅大市)의 강상무덤은 기원전 1천년기 전반기의 무덤으로서 해양 활동을 나타내는 증거다. 고조선은 기원전 7세기경에 산동의 제(齊)와 해상 교류를 했다. 또 말왕인 준왕이 남천하여 나라를 세운 일은 황해 연안 항로, 혹은 근해 항로를 통해서 이전부터 남쪽 지역과 교섭이 활발했음을 반증한다. 『삼국지』와 『후한서』 등의 기록을 볼 때 진·한의 교체기에 많은 주민들이 황해를 건너와 정착했다. 동이인들은 산동 이북, 요동, 한반도에까지 퍼져 해양 문화를 전파하면서 고조선인들을 비롯한 토착 세력과 연합하여 황해 전체와 남해로 해서 일본열도로 이어지는 거대한 활동권, 해양 교역권이 형성되는 단초를 열어 놓았다.

고조선이 멸망하고 위만조선이 건국하면서 동아지중해에는 새로운 양상이 나타났다. 한 무제 시대에는 해양 활동이 발달하여 해외 교역이 활발하게 이루어지고, 동아시아의 문화권이 급격히 확대되었다. 한, 위만조선, 삼한 소국들, 그리고 일본열도의 소국들은 활발하게 교역을 했다. 중국 사서의 기록과 해안 지역에서 발견되는 화폐 등 유물들로 보아 입조(入朝)와 입견(入見)이 이루어지고 해양 상인들이 활동했음을 알 수 있다. 결국 동아지중해의 모든 지역에서는 서로간에 직접·간접 교섭을 통한 원거리 무역이 이루어지고, 위만조선은 물류 체계의 중간 거점으로서의 이점을 활용하여 국부를 축적하고 정치적인 성장을 했다.

그런데 한나라가 본격적으로 동방 진출을 꾀하고 경제권을 확대한 일은 위만조선의 성장과 충돌하면서 양 지역 간의 갈등을 증폭시켰다. 당시에는 동아지중해권에서 교섭을 할 경우, 반드시 서해 근해를 따라서 해로로 북상한 다음 서한만 등 위만조선의 영향권을 통과해야만 했다. 위만조선은 군사적·경제적으로 성장했고, 한나라는 자국을 중심으로 이룩한 질서가 깨지는 것을 우려했다. 결국 조한전쟁(朝漢戰爭)은 황해의 주도권을 둘러싼 질서의 대결이며, 교역권을 서로 차지하기 위한 한민족 세력과 한족 세력 간의 군사적 대결이었다.

이 전쟁은 수륙양면작전으로 전개되었으며, 해양전의 양상을 띠었다. 한나라는 해양 활동에 능숙하고 수전에 뛰어난 군사들로 침략군을 구성했다. 수도인 왕험성(王險城)은 해안 근처에 있었으며, 위만조선은 수군을 보유한 것은 물론, 해양전을 수행할 능력이 있었다. 서해 북부 항로를 장악하고 남쪽 국가들과 한의 교섭을 방해했다면 수군력이 뒷받침되지 않고서는 불가능한 일이다. 당시의 전황과 1년 가까운 전쟁 기간 등을 고려할 때 위만조선의 수군은 한나라의 수군과 비교하여 일방적으로 열세였다고는 판단되지 않는다. 당시 한나라는 숱한 병선들을 동원했는데, 특히 주력선인 누선은 구축함 형태의 대형 선박이다.

조한전쟁이 끝나고 황해는 승리국인 한나라의 내해적인 성격이 강해졌고, 각 나라는 서로 교섭을 활발하게 했다. 하지만 자연스러웠던 황해 문화권은 군사력을 동반한 정치적 성격이 보다 강화되었다.

이 시대에도 동아시아 역사에서 정치·군사적으로, 특히 경제·문화적으로 해양의 역할과 비중은 매우 컸다. 특히 고조선과 위만조선의 영역은 동아시아 해양(동아지중해)의 황해 북부 중핵(core)에서 환황해권의 단절된 부분을 이어 주는 연결고리 역할을 했다. 그 후 일정한 기간 공백을 거친 후에 한민족의 해양 활동 능력은 점차 고구려와 백제 등으로 계승되었다.

3장에서는 고구려 전기의 해양 활동을 자연환경에 대한 구체적인 검토와 함께 역사 활동 속에서 살펴보았다.

1절에서는 주로 해양 활동의 지정학적 조건과 배경을 구체적으로 검토했다. 고구려는 왕성하고 의욕적으로 정복 전쟁을 펼치면서 1세기 중엽에는 동쪽으로 창해[東海], 남쪽으로 살수(薩水), 서쪽으로 고조선 영역이었던 요동 지방 가까이까지 영역을 확장했다. 이러한 활동 범위로 볼 때, 남만주가 갖고 있는 지리적 환경은 고구려가 초기에 성장하는 과정과 발달을 이해하는 데 중요하다.

남만주에는 압록강·두만강과 송화강 같은 큰 강들과 조그만 강들이 분포되어 지역과 지역을 연결하면서 황해와 동해로 흘러 들어간다. 특히 압록강은 중류에서 혼강과 만나는데, 통항 거리가 길고(750km) 큰 규모의 선박들이 동시에 운행할 수 있다. 송화강과 두만강 또한 수운에 매우 유용하다. 만주 지역의 강가에 선사 시대 및 고대의 유적지들이 분포된 사실은 당대인들이 강의 경제적 가치를 충분히 활용했음을 간접적으로 입증한다. 또한 남만주 지역은 해안과 쉽게 연결될 수 있어 소금이나 해산물의 획득, 주변 세력 내지 외국과의 교역 등 경제적 측면에서도 해양 활동이 필요했다. 4대 민중왕 때 동해 사람 고주리(高朱利)가 고래 눈을 바쳤다는 기록은 이미 고구려 전기에 고래를 잡을 정도의 어로 수준을 지녔음을 보여준다.

사실 황해 북부 해상과 접하고 있었던 동쪽의 고구려, 서쪽의 중국 세력, 또 중간 세력들은 자국의 세력을 팽창하거나 방어할 목적으로 육상 활동과 해양 활동을 겸해야 했다. 양쪽에서 특히 후한과 낙랑 등의 포위를 받고 있는 고구려가 역으로 길목을 장악하고자 할 때, 수군이 요동반도 혹은 황해안으로 진출하는 일은 전략적으로 중요한 의미가 있었다. 그 밖에 두만강 하구를 통해 동해로 진출하는 일 역시 수군력을 강화시키고 영토를 확장하는 데 중요한 역할을 했을 것이다.

건국한 초기부터 수군 활동을 했을 개연성과 사실은 단편적인 기록이나 건국신화, 유물, 유적 등을 통해서 부분적으로 입증되었다. 특히 대무신왕이 낙랑을 멸망시키고(37), 7년 후에 후한의 광무제가 바다를 건너 낙랑을 정벌한 사실은, 후한은 물론 고구려가 해양 군사 활동을 전개했을 가능성을 보여준다.

이러한 지정학적인 조건과 전기 국가 팽창에 필요한 수군 활동의 개연성은 국제 환경의 변화로 더욱 의미를 가졌다. 동아지중해는 조한전쟁의 결과 한반도 북부가 이미 중국의 해상 작전 구역이 됨으로써, 교역뿐만 아니라 군사적 활동의 범주로도 확대되었다.

2절에서는 고대 국가의 성장 과정에서 해양 활동의 전기가 어떻게 만들어졌고, 또 영향을 미쳤는가를 살펴보았다.

고구려가 해양 활동을 본격적으로 하게 된 구체적인 계기는 당시 벌어진 긴박한 국제 질서 속에서였다. 고구려는 건국한 직후부터 주변의 소국들을 정복하고, 종족적 통일을 추진하면서 고대 국가로 신속하게 성장을 했다. 한편 주변의 한족과도 대결하여 전쟁을 벌였는데, 대무신왕 27년(44)에는 후한의 광무제가 군사를 보내 바다를 건너 낙랑을 벌하고 그 땅을 취하여 군현으로 삼았다. 그래서 살수 남쪽은 한에 속하게 되었다는 기사가 나온다. 고구려가 황해 북부에서 수군 활동을 했거나, 최소한 압록강 하구 지역에 진출해 있었던 것이다. 계속해서 5대 모본왕 때인 49년에는 북평(北平)·어양(漁陽)·상곡(上谷)·태원(太原) 등 요하 지역을 습격하고, 6대 태조대왕 때인 55년에는 요서 지방에 10성을 쌓아 그 지역을 장악했다. 이어 동옥저 등을 복속시켜 동해안 지방을 완전히 고구려 영토로 삼았고, 146년에는 황해로 진출하는 출해구인 서안평 공격을 단행했다.

3세기에 들어 동아시아의 역학 관계에는 커다란 변화가 나타났다. 후한이 멸망하고 오(吳)와 위(魏), 촉(蜀)이 대립하는 중국의 정세, 공손씨(公孫氏)가 장악한 요동 정세, 그리고 고구려의 정세가 서로 맞물리면서 복잡한 역학 관계를 연출하고 있었다. 이러한 복잡한 국제 질서는 고구려가 해양 활동을 발전시킬 수 있는 계기를 마련해 주었다. 즉 화북의 위나라를 가운데 두고 강남의 오나라와 요동의 공손씨 정권이 정치·경제적인 교섭을 했다. 그러나 위나라의 압박을 못 견딘 공손씨는 결국 오나라 사신을 붙잡아 가두고, 일부는 죽였다. 이러한 미묘한 교섭 과정에서 우연하게 고구려와 오(손권)의 정치·군사적인 교섭(233)이 이루어졌다.

고구려는 오나라와의 관계를 효과적으로 활용함으로써 위와 공손씨 세력을 견제할 수 있었으며, 이를 계기로 국제 질서에 능동적으로 진입할 수 있었다. 또한 군마·초피 등을 수출하고 금은·의복 등을 수입하는 등 교역을 통해서 놀랄 만한 이익을 취득할 수 있었다. 심지어는 80필의 말을 배에 실어 보낸 적도 있었다. 그리고 무엇보다도 해양 활동의 본격적인 계기를 마련했다. 해양 문화가 발달한 오의 수군 활동을 견학하고, 원거리 항해 경험과 기술을 습득했으며, 필연적으로 조선 능력도 배웠을 것이다.

그들의 교섭 항로는 요동반도 이동에서 출발하여 산동반도의 끝 부분에서 먼 바다 쪽으로 항진함으로써 위의 세력권을 벗어난 다음, 회하 이남인 오의 제해권 영역으로 들어가는 것이다. 돌아올 때에는 양자강 하구에서 황해 남부를 사단하여 한반도 서안의 남쪽 근해에 다다른 다음, 다시 북상하여 안평구(安平口)에 도달해야 한다. 황해 사단 항로이며 거의 원양 항해에 가까운 장거리 항해였다.

한편 고구려가 낙랑 및 대방 등 한군현 세력을 축출하고 국가적 성장을 이룩하는 데도 해양 활동이 강한 영향을 미쳤다. 황해 북부의 연근해 지역은 중국과 요동반도, 한반도 그리고 일본열도가 연결되는 연근해 항로의 중요한 길목이었다. 그 때문에 고구려와 공손씨, 위 및 낙랑·대방 간에는 그 해역 및 항구의 확보를 놓고 치열한 쟁탈전이 계속되었다.

건국한 초기부터 동해안에 진출했던 고구려가 황해안으로 진출하는 일은 성장하는 데 반드시 필요했다. 또한 한군현 세력을 구축하기 위해서는 중국 세력과의 연결고리를 차단하고, 지정학적인 유리함을 제거해야 했다. 그러기 위해서는 해양 활동 능력의 강화와 수군 활동, 그리고 서안평의 확보가 필요했다. 서쪽과 남쪽에 위치한 양 세력 간의 연결고리를 끊으려면 압록강 하구에서 육로 연결을 차단하고, 서한만 일대와 황해 북부 항로의 해상권을 장악하여 해로 연결을 차단해야만 했다. 이를 위한 전략적 요충지가 바로 압록강 하구인 서안평이었다. 요동 지방의 공손강(公孫康)은

206년에 낙랑군을 나누어 대방군을 세웠다. 고구려의 해상 봉쇄와 저지를 피해서 요동 지방과 직접 교통하려는 의도에서였다. 서안평을 차지한 고구려는 이곳을 항구로 삼아 남방의 오나라와 정치·군사·경제적인 해양 교섭을 했다. 그 후 위나라는 경초(景初) 연간(237~239)에 바다를 몰래 건너 공손씨의 영향권 하에 있던 낙랑·대방을 평정했다.

이 무렵부터 점차 고구려는 낙랑·대방의 존재를 놓고 위와 대대적인 충돌을 벌이게 되었다. 동천왕이 242년에 서안평을 공격하자, 이어 위의 관구검이 반격을 가해 왔다. 그러나 관구검의 공격은 실패로 돌아갔다. 두 나라는 승리와 패배 등 우여곡절을 겪으며 공방전을 펼쳤다. 그러다가 3세기 말에서 4세기 초에 국제 관계에 변화가 일어나면서 고구려와 낙랑·대방 양군의 갈등은 새로운 국면을 맞게 되었다. 고구려가 서한만으로 진출하여 황해 북부 항로와 요동 항로를 견제하게 되자, 낙랑·대방 양군은 치명적인 타격을 받지 않을 수 없었다. 미천왕은 311년에 드디어 서안평을 점령한 후, 완전히 서해안에 진출했다. 그리고 313년에는 낙랑을, 다음해인 314년에는 대방을 멸망시켰다.

낙랑과 대방을 축출한 이후에 고구려의 해양 활동 능력은 더욱 성장했다. 요동반도 이남의 해상권을 장악하고 낙랑과 대방이 가졌던 해양 능력과 교역상의 이익을 흡수했으며, 배후를 위협하는 해상 세력이 사라졌기 때문이다. 또한 황해 중부 이북의 연근해 항로와 북부의 연근해 항로를 모두 장악하게 되었다. 이렇게 성장해 간 고구려의 남진은 백제의 성장 및 북진과 서로 부딪치면서 일대 격전을 벌이게 된다. 백제 근초고왕의 북진에 의한 대방군 고지 장악, 그리고 그 후의 수군을 이용한 광개토대왕의 대백제 대공격 작전 등이 바로 그것이다.

4장에서는 고구려가 발전기에 어느 정도의 해양 활동 능력을 갖추고 있었으며, 해양 활동이 고구려의 내부 발전에는 물론, 당시 동아시아의 국제 환경에 구체적으로 어떤 영향을 미쳤는가를 살펴보았다. 특히 필자가 모델로 제시한 동아지중해 중핵조정론이 어떻게 형성되고 유효성을 발휘하는가를 구체적인 사례를 통해서 분석했다. 고구려의 발전기에 해당하는 5세기는 동아시아 질서가 격렬하게 재편을 시도했던 시기이고, 그 질서의 재편 과정에는 해양 질서가 강한 요인으로 작용했다. 광개토대왕과 장수대왕은 그러한 국제 환경에 능동적으로 적응하기 위하여 남진 정책과 함께 해양 활동을 활발하게 했다.

먼저 1절에서는 광개토대왕 시대의 대외 정책과 해양 활동을 살펴보았다. 이미 4세기 중반부터 국제 정세는 매우 복잡하게 전개되었다. 중국 지역에서는 이른바 5호16국 시대가 격동적으로 전개되고 있었고, 한족이 세운 진(晉)은 서진이 멸망한 이후 남쪽으로 도망하여 동진을 세웠다. 따라서 황해 북부 해역을 커다란 원으로 삼아 동진, 후조(後趙), 연(燕), 고구려 그리고 백제가 둘러싸고 있었다. 이들 국가들은 지정학적 위치와 역학 관계에 따라 서로 갈등하고 동맹을 맺으며 존속하고 있었다. 그때 바다는 이들 국가들을 연결해 준 유일한 통로이고, 외교 관계가 이루어지는 장이었다. 요동의 연을 가운데 두고 동쪽의 고구려와 서쪽의 후조가 바다를 이용하여 외교는 물론 군수물자를 교환하는 등 군사동맹을 맺었고, 연나라는 황해를 종단 항해하여 동진과 해양 외교를 전개함으로써 외교적인 고립을 타개하고자 했다. 고구려는 이러한 연나라를 이중으로 견제하기 위해 역시 종단 항해를 하면서 동진과 외교 관계를 맺었다. 이렇듯 동아지중해의 국가들은 해양을 이용하여 서로 맞물리면서 치열하게 복합적인 국제 관계를 조정했다.

그런데 5세기에 들어와 고구려를 둘러싼 국제 환경에 다시금 지각 변동이 일어났다. 중국에서는 대분열 시대가 점차 남북조로 통합되는 과정으로 접어들고 있었으며, 백제는 국력이 강해져 고구려의 남진을 저지할 정도의 국력을 보유하게 되었다. 미천왕 시대부터 전개되었던 남진 정책은 고국원왕이 백제의 반격을 받아 전사하면서 중지되었다. 그러나 광개토대왕이 등극하면서 그것을 극복하는 역사적 역할을 하게 된다. 또한 일본열도의 왜는 이제 한반도의 일방적인 주변 세력에서 탈피하여 한반도의 질서 재편에 참여하는 세력이 되었다. 한편 또 하나의 변화는 동아시아 지역에서 전반적으로 해양 활동 능력이 강화됨에 따라 정치·외교·경제 등에 해양 질서가 본격적으로 등장한 것이다.

이러한 변화들은 복합적으로 상승 작용을 하면서 다시 동아지중해 세계의 국제 질서에 또 다른 변화를 가져왔다. 해양 문화의 경험이 축적되고 기술적으로 향상됨에 따라 교통·통신이 발달하면서, 이제는 원거리 교섭과 국가 간의 직접 교섭이 용이해졌다. 황해가 내해로서 지중해적 성격을 띠고, 해양 질서가 실질적인 외교·군사력을 갖춤으로써 국제 질서의 형태 변화와 질적 상승이 이루어졌다. 이러한 일련의 변화로 동아시아는 대륙 위주의 육상 질서뿐만 아니라 해양 질서가 강한 영향을 미치게 되었다. 고구려로 하여금 능동적인 외교 관계와 적극적인 군사 정책을 추진할 수 있도록 한 환경이 조성된 것이다.

광개토대왕은 이러한 격동기를 솜씨 좋게 활용하여 유리한 질서를 구축했다. 대왕의 정책과 활동은 군사력을 바탕으로 단순히 영토를 확장하고, 국가의 힘을 강화시킨다는 차원이 아니었다. 국제 질서가 재편되는 시대적인 상황을 파악하고, 이 과정에서 고구려의 위치와 바람직한 역할을 설정하고 주도적으로 운영해 가는 것이었다. 대왕은 군사적으로 전방위 공격전략을 구사하여 남과 북으로 동시에 영토를 넓힘으로써 정치·외교적으로 질서 재편의 주도권을 확보했다. 북으로는 요동의 완벽한 영토화를 이룩했고, 북방과 동쪽을 안정적으로 구축했으며, 동시에 남부 전선의 안정과 신해양 질서의 편성 구도에 신속하게 적응하기 위하여 해양 능력의 확대를 적극적으로 꾀했다. 즉 외교와 군사전의 주도권을 확보할 목적으로 백제의 서해 중부 해안인 경기만을 공략하고 해상권을 독점적으로 확보한 것이다. 또한 이를 이용하여 교역 범위도 확대했으며, 문화의 교류도 보다 적극적으로 추진했다.

광개토대왕은 백제를 공략하여 승리를 거둠으로써 한민족 내부 질서에서 고구려가 주도권을 잡는 데 결정적인 계기를 마련했다. 전술적으로 남방 공략의 전기를 마련한 관미성 전투(대왕 원년, 혹은 2년)는 백제 해양 활동의 교두보 내지 거점을 파괴할 목적으로 시도한 것이다. 이후 고구려는 다시 백제를 본격적으로 공략했다. 「광개토대왕릉비문」 영락 6년 병신조의 기사에 따르면 대왕은 수군을 동원하여 전투를 하고, 서해 중부 연안 지역을 공파, 다수의 성과 촌을 점령했다. 이때 해전을 벌였는지 확실하지 않으나 수군을 동원한 사실로 보아 다수의 선박을 이용한 대규모의 경기만 상륙 작전이 감행되었음을 알 수 있다. 수군은 한강 수로 직공, 인천 지역, 그리고 남양만 지역으로 상륙했을 것이다.

백제는 치명적인 타격을 입었음에도 불구하고, 바로 반격을 가해 왔다. 그 과정에서 왜를 끌어들이고 가야와 동맹을 맺음으로써 전쟁은 남부 해양 세력의 연합으로 확대되었다. 이렇게 해서 고구려와 신라의 연합전선과 충돌함으로써 한민족 내부에는 거대한 전선이 형성되고, 질서 개편이 전체적으로 일어났다. 「릉비문」 영락 14년 갑진조 기사는 국제적 수전의 모습을 더욱 명확히 밝혀 주었다. 왜의 대방계 침입은 백왜연합군이 해양 능력을 주력으로 하여 시도한 기습 상륙 작전이다. 백왜연합군은 해양을 이용하여 대방계로 진입, 고구려를 배후에서 공격하고 백제 영토를 회복하며, 나아가 고구려 해양 활동 능력에 타격을 줄 목적으로 시도되었다. 물론 이 작전은 고구려의 수륙 양면 방어 작전에 걸려 실패하고 말았다.

결과적으로 고구려의 광개토대왕이 주도한 가운데 5세기 초에 벌어진 질서 개편 과정은 대륙·남부·해양 등 모든 방면에서 고구려의 절대적인 승리로 끝나면서 고구려의 국제적 지위는 크게 상승했다. 한편 이 전쟁은 동아시아의 전체 질서에서 커다란 의미를 지니게 되었다. 또한 동아지중해 전역을 활동 가능 범위로 하는 본격적인 해양전이 벌어졌고, 왜의 해양 세력이 한반도의 역학 구도에 참여하는 선례를 남겼다. 결국 해양 질서가 국제 질서의 재편에 상당한 역할을 했다.

2절에서는 광개토대왕의 뒤를 이은 장수대왕의 남진 정책 과정을 국제 질서 속에서 분석하고, 수도 남천에는 해양 질서를 보다 유리하게 하려는 측면이 있음을 살펴보았다. 장수대왕이 더욱 적극적으로 추진한 남진 정책과 수도를 평양으로 천도한 이른바 남천은 고구려 내부의 정치 변동 등 정세와 국제 질서의 재편 과정에 능동적으로 대응하기 위한 정책이었다. 이미 4세기 초부터 남진 정책을 추진했던 고구려는 점차 그 중요성을 자각하여, 나라의 중심 거점을 옮길 정도로 국가적으로 남진 정책을 수립할 필요성을 느끼게 되었다.

한편 5세기 중반에 들어와 동아시아 각국 사이에 형성된 외교 활동의 구도에 변화가 생겼다. 즉 중심국에서 주변국을 거쳐 변방으로 이어지거나, 반대로 변방에서 지역과 단계를 거쳐 중심부로 연결되는 단선적이고 계열적인 구조에서 벗어난 것이다. 각 국가와 지역의 힘이 강화된 측면도 있었지만, 무엇보다도 각 지역을 연결하는 교통로가 다양해지고 능력이 향상되었기 때문이다. 특히 전제권을 연결하는 해양에서 활동하는 능력이 전반적으로 향상되면서 변방이나 주변국들도 직접 대다수의 나라들과 교섭을 맺을 수 있는 현실적인 능력을 갖게 되었다. 이렇게 해서 동아시아는 다수의 주변부가 고구려 · 남북조 · 유연 등 3~4개의 중심부(핵)를 향하여 각각 복합적인 선으로 연결되는 다핵다중방사상 형태로 변모되었고, 군사 활동의 영역과 교역 범위 역시 다핵다중 구조로 변화되었다. 따라서 생존하고, 신질서 속에서 주도권을 잡기 위해서는 고도의 외교전과 이를 뒷받침할 내부의 군사적 · 경제적 성장이 필요했다.

그런데 장수대왕이 즉위한 후에 추진한 대외 정책의 전반적인 기조는 주변 세력과의 화친으로서, 군사전에서 외교전에 비중을 두는 정책으로 전환하면서 대중(남북조) 관계를 중요시하는 것이었다. 반면에 남부 전선은 군사적으로 압박을 가해서 세력권 안에 두는 정책이었다. 이러한 대외 정책을 효과적으로 수행하고, 외교력을 강화시키려면 선차적으로 남북조와 등거리 외교를 차질 없이 진행시켜야 하고, 백제·신라·왜 등의 비우호적인 남부의 주변 세력들이 대중 등거리 외교를 펼치는 것을 효율적으로 제어해야 했다. 즉 동아지중해의 중핵에서 각 국가 간의 역학 관계를 조정하는 역할을 해야만 했다. 이러한 필요성은 해양 능력의 성장과 불가분의 관계를 맺고 있었고, 따라서 수도 남천의 해양적인 요인이 발생했다.

한편 장수대왕은 변화된 5세기의 군사적 환경에 능동적으로 적응할 목적으로 몇 가지 정책을 취했는데, 그중의 하나가 전선 개념의 변동이다. 장수대왕은 상대국의 위치와 국제 현실을 고려하여 3개 전선으로 분류했다. 유목 종족이 있는 북부 전선은 전선을 후퇴시켜 충돌의 예봉을 무디게 하고, 공격전보다는 제어전의 성격으로 변모시켰다. 후에는 현재 동몽골 지역에 있었던 지두우를 유연과 분할하는 시도를 했다. 한편 서부 전선은 북위 등 중국 세력과 우호 관계가 성립되어 초기에는 군사적인 충돌이 있었으나 점차 외교전의 형태가 더욱 중요해졌다. 그러나 방어전을 염두에 둘 경우에는 중국 북부 세력이 가진 해양 활동 능력을 감안하여 해양전의 가능성과 해양 능력을 확대할 필요성이 커졌다. 한편 남부 전선은 직접적으로는 백제·신라와 부딪치고, 간접적으로는 왜와 연결되었다. 따라서 공격전을 원활하게 수행하기 위해서는 전선을 남진시키는 일이 필요했다. 또한 군사 작전을 효율적으로 추진하기 위해서는 광개토대왕이 추진했던 것과 마찬가지로 해양 군사 작전의 실시 혹은 해상 위협도 염두에 두어야 했다.

이렇게 전선 개념이 변동하고 전략 또한 변화될 가능성을 감안할 때, 남진 정책과 수도 남천은 반드시 요구되는 일이었다. 결국 북부 전선에서의 방어와 서부 전선으로부터의 해양전 방어, 그리고 남부 전선에서의 공격전 등 변화된 당시의 군사적 환경은 수도의 남천을 적극적으로 추진하는 배경이 되었다.

수도는 일반적으로 정치·외교의 중심지, 경제의 중심지, 문화의 집결지와 개화지, 그리고 군사 도시로서의 역할 등이 있다. 이러한 기능 중에서 당시에 전개된 상황과 국가 정책에 따라서 관심과 비중의 우선 순위가 정해진다. 국내성은 400여 년 동안 수도로서 적합한 기능을 수행했으나, 북부 전선의 전방에 노출되는 한계가 있었다. 따라서 수도가 적국에게 점령당하고 유린당한 경우가 몇 번 있었다. 또한 남부 전선에서 발생하는 변동과 군사적인 충돌에 신속히 대응하기에 부적합하여 중앙 도시(central capital)로서의 기능을 충분히 수행할 수 없었다. 외교전과 군사전에서 해양 활동 능력을 강하게 요구받고 있었던 당시의 국제 질서 속에서 국내성은 비교적 폐쇄적인 환경을 가지고 있었다. 해양 교통 조건이 불리한데다, 군사적으로 해양 방어에 적합하지 못했다.

반면에 평양성은 해양 활동에 적합했다. 대남북조 등거리 외교와 백제 등의 대북위 교섭을 막기 위해서는 황해 북부 해상권을 완전히 장악할 필요가 있었다. 이때 대동강 하구 지역은 지리적으로 해양 전략적인 위치에 있었다. 선사 시대부터 남북으로 이어지는 연근해 항로의 중간 거점이고, 중국 지역과 한반도 중부 지역을 연결하는 동서 횡단 항로의 출입항 지역이었다. 또한 평양은 바다와 가까운 하안 도시의 성격을 가지고 있어 대외 교역에 적합하고, 강을 끼고 내륙 교통망과 연결되어 수륙 교통, 해륙 교통이 발달하여 교역과 물류에도 훌륭한 조건을 갖추고 있었다. 또한 전 시대의 문화적 유산과 토양도 있었다. 국제 도시로서 성장할 조건을 골고루 갖추고 있는 셈이다. 또 곡선의 강을 따라 내륙으로 들어온 곳에 위치하여 적국의 해상 공격을 방어하는 데에도 상당히 유리했다. 평양 지역은 그 밖에도 한반도 내에서는 중앙 도시로서의 기능은 물론 조건도 갖추고 있었다.

결국 장수대왕은 즉위 15년인 427년에 수도를 평양으로 옮겼다. 그 후 해양을 활용하여 대외 정책을 본격적으로 추진했으며, 남진 정책을 성공시켰다. 475년에는 한성을 공격하여 고구려 주도 질서에 저항하는 개로왕을 죽이고 점령했다. 그 후 장수대왕은 남진 정책을 더욱더 적극적으로 추진했다. 고구려는 전성기에 서로는 아산만에서 충주 지역을 거쳐 소백산맥 이남의 영주·풍기 등을 차지하고 포항 북부의 흥해(興海, 彌秩夫)까지 점령했다. 황해 중부 이북과 동해 중부 이북의 해상권을 장악하고 해양 능력을 활용하여 정치·외교는 물론 군사·경제·문화적인 측면에서 동아지중해의 중핵조정 역할을 잘 수행할 수 있었다. 고구려는 대륙과 초원, 한반도의 중부 이북에 육지 영토를 획득하고, 동해 중부와 황해 중부 이북의 해상권을 장악하여 해양 영토에도 영향력을 확대했다. 특히 해양력을 바탕 삼아 분단된 남북조를 대상으로 등거리 외교를 추진하여 정치·경제·문화적으로 엄청난 실리를 취했고, 백제·신라·가야·왜·말갈 등 주변 세력들이 중국과 교섭하여 국제 질서에 진입하는 것을 제어했다. 또한 북방의 유연을 송과 연결시켜 화북의 북위를 압박하게 했다. 그리하여 명실상부한 동아지중해 중핵조정 국가가 되었다.

5장에서는 고구려 후기의 해양 활동을 살펴보았다. 7세기는 5세기에 결정되었던 동아시아의 국제 질서가 깨지고 다시 재편되어 가는 극심한 변동의 시대였다. 이 변동은 고구려와 수나라의 전쟁으로 시작되어, 고구려와 당나라의 전쟁, 그리고 마침내 당의 승리와 신라에 의한 삼국통일이라는 사건으로 대미를 장식했다. 이 전쟁은 동아시아의 종주권과 교역권을 둘러싸고 벌어진 질서의 대결이었다. 따라서 전쟁에 참여한 나라는 주축국으로서 고구려와 통일 중국인 수와 당이 있었고, 주변의 동서남북의 모든 종족과 나라들이 직접·간접으로 참여한 국제대전이었다. 각각 개별적인 전쟁으로 인식했던 고수전쟁, 고당전쟁, 이른바 삼국통일전쟁은 전쟁의 목적과 과정, 인적인 계승성 등으로 보아 연속성을 지니고 단계적으로 진행되었음을 알 수 있다. 그리고 전쟁의 기간도 598년 고구려의 선공으로 시작되어 고구려가 멸망한 668년 혹은 676년까지 80년 가까이 진행된 장기 전쟁이었다. 그리고 무엇보다도 특이한 점은 전쟁의 목적에서도 해양 질서의 대결이라는 측면이 나타나지만, 실제로 전쟁을 하는 과정에서 본격적으로 해양전이 벌어진 것이다. 즉 이 전쟁은 동아지중해 국제대전인 것이다. 따라서 5장에서는 고구려 후기에 급박하게 전개되었던 동아시아 국제 질서의 전면적인 변동과 한민족 내부의 역학 관계를 동아시아적 관점에서 살펴보고, 그 과정에서 해양이 어떠한 역할을 했으며, 어떠한 의미를 지니고 있는가를 전쟁 과정을 분석하면서 살펴보았다. 특히 고구려와 백제의 멸망 과정, 이른바 신라의 삼국통일 과정을 동아시아의 국제대전 및 해양 질서와 관련시켜 가면서 새로운 각도에서 살펴보았다. 즉, 동아지중해 국제대전이라는 틀과 개념 속에서 고구려의 후기 역사를 살펴보았다.

1절은 첫 단계라 할 수 있는 고수전쟁의 과정과 동아시아 국제 질서의 변화를 살펴보았다. 6세기 말이 되면서 동아시아의 정치 질서에는 커다란 지각 변동이 일어났다. 589년 수나라가 후한 이후에 분열되었던 중국 지역을 통일하면서, 다원적인 균형을 유지했던 동아시아의 정치 질서와 외교 형태에 질적인 변화가 왔다. 북방의 돌궐이 수나라와 갈등과 대결 관계에 있었고, 남쪽의 임읍, 서쪽의 고창국·토욕혼 등 모든 국가가 혼란을 겪게 되었다. 특히 동아지중해 연안의 고구려·백제·신라·말갈·거란·왜 등을 둘러싼 질서에 폭발적인 변동이 생겼다. 고구려는 강한 국력, 광대한 영토와 경제력, 질적인 문화를 바탕으로 동아시아 질서의 강한 중심축을 차지했는데, 이는 해양 활동을 통해서 분단된 중국과 주변국들을 대상으로 동시 등거리 외교와 다중방사상 외교를 활용해서 국제적 위상을 확립한 결과였다. 그러나 중국의 통일로 국내 정책은 물론 대외 정책을 전면적으로 개편하는 것이 불가피해졌다. 주변국들은 수와 연결되고자 했고, 백제·신라는 각각 고구려에 적대적인 반면, 수에 대해서는 매우 우호적이었다. 이제는 이들 국가도 해양을 통해서 수와 직접 교섭을 할 수 있었으므로 외교

역량이 강화된 것은 물론, 정치·문화적으로도 유리한 위치를 차지하게 되었다. 반면에 고구려는 해양에 대한 제어력이 약화되면서 외교의 배타적 독점권을 상실함으로써 국제적 위상이 저하되었고, 한반도에서의 견고한 패자의 지위에 도전받게 되었다.

새로운 질서가 수립되는 과정에서 수나라는 동아시아의 종주권을 회복하고 경제력을 높일 교역권을 장악하기 위해 고구려와 대결하지 않으면 안 되었다. 고구려는 현상을 유지하는 것이 바람직했으나 이미 국제적인 상황은 양 질서의 대결이 불가피했다. 두 나라는 치열하게 외교전을 펼치는 한편, 전쟁 준비에 들어갔다.

그 과정에서 결국 신라와 백제는 수와 연결되었고, 백제는 왜·수와 연결되었으며, 왜 역시 백제와 수에 연결되었다. 그리고 북방의 돌궐은 결코 고구려에 도움을 주지 못했고, 오히려 부분적으로 수나라에 연결되었다. 결국 고구려는 해양 활동의 실패로 인해 수나라를 배후에서 견제하거나 대륙과 황해에서 사면 포위하는 외교 정책을 수립할 수가 없었고, 역으로 포위를 당한 채 대수전을 맞게 되었다.

이 전쟁은 598년 고구려의 요서 지방 선제공격으로 시작되어 수나라가 멸망하기 1년 전인 614년까지 16년간에 걸쳐 일어난 대전쟁이다. 교전 당사국들 간의 전쟁이 아니라 모든 종족과 국가들이 질서 재편을 둘러싸고 직·간접으로 참여한 국제대전의 성격을 가지고 있었다. 또한 사상 유례가 없는 대병력이 동원되어 612년 수 양제가 1차 침입을 했을 때 전투 병력만 113만 3천여 명이었다. 또한 전쟁 과정에서 새로운 전략이 사용되었고 다양한 전술이 개발·보급되었다. 특히 해양전에 비중을 두었다. 598년 수 문제가 침입했을 때도 수군이 동원되었으나 실패했고, 수 양제는 해양전을 위해 오랫동안 수군을 양성하고 대규모 함선을 건조했다. 전쟁 과정에서도 군사 편제에서 수군의 비중을 높였고, 군대와 군수물자의 조직적인 운반에도 해양을 이용했으며, 수군 활동을 이용한 수륙 양면 공격과 상륙 작전에 의한 후방 기습 등 전선 개념을 변화시켰다. 내호아가 이끄는 수군은 황해를 직항하여 대동강 하구 상륙 작전을 성공시킨 다음에 평양성 가까이 진공했으나 고건무 장군의 군대에게 급습을 당하고 대패했다. 이 작전이 성공했다면 고구려는 수도를 점령당한 채 협공을 받았을 것이고, 을지문덕의 살수대첩도 불가능했을 것이다. 고구려가 승리한 요인 중 하나는 중요한 전략적 거점에 해양 방어 체제를 구축하고, 곳곳에서 적국의 수군들을 통제했기 때문이다.

고수전쟁은 614년까지 16년 동안 지속되었고, 수나라는 결국 전쟁의 대패배와 내부 혼란으로 멸망했다. 반면에 고구려는 국제적으로 위상이 높아졌다. 이 전쟁을 통해 고구려는 해양 활동의 군사적 중요성을 더욱 절감하게 되었다. 그러나 이 전쟁이 양국 간의 전쟁이 아니라 국제 질서의 재편을 놓고 이루어진 국제대전인 만큼 고구려는 수나라의 뒤를 이은 당나라와 다시 전쟁을 치르지 않으면 안 되었다. 고수전쟁은 동아지중해 국제대전의 1단계, 즉 발발이었던 것이다.

2절은 국제대전이 본격화되고, 2단계에 돌입한 고당전쟁을 통해 동아시아의 국제 질서가 격렬하게 재편되는 과정을 역시 해양 질서에 초점을 맞춰 살펴보았다. 고당전쟁은 644년 당 태종의 친정으로 시작된 이후, 660년 본격적인 국제전으로 비화되기 전까지 지속된 전쟁을 말한다. 동아지중해 국제대전의 2차 전쟁이며, 발발·전개·완결의 사이클 가운데 중간인 전개 과정에 해당한다.

고당전쟁은 질서 재편의 산물이며, 전쟁 목적의 유사성, 인적 구성의 일치성 등으로 고수전쟁과 계기성을 가지고 국제전의 성격이 심화되어 한층 복잡하게 전개되었다. 신흥국인 당에게 동아시아의 종주권을 확보하는 일은 수나라의 패배에 대한 복수심과 자존심 회복까지 어우러져 더욱 중요해졌다. 또한 경제 규모가 커지고 발달하여 국내 상업은 물론 동서남북을 대상으로 한 국제 교역까지도 활성화되었다. 그러므로 동아시아에서 교역권

쟁탈전이란 매우 중요한 의미를 지니고 있었다. 고구려 역시 국제 질서의 기본틀을 현상유지하려는 입장이었으나, 당의 공격에 대해 유화적일 수만은 없었다.

당나라는 수나라와 달리 고구려전을 오랫동안 준비하고 외교력을 동원하여 단계적으로 접근했다. 먼저 당나라는 고구려를 외곽에서 포위하는 전선을 구축했다. 돌궐에 대한 지배권을 확실히 하고, 토번 정벌, 고창국 격멸 등 배후의 안정을 꾀하는 한편, 신라와 백제를 이이제이(以夷制夷) 수법으로 이용하여 고구려를 배후에서 압박한 것이다. 고구려는 나름대로 한편으로는 평화를 내세우고, 한편으로는 전쟁 준비를 하면서 외교적으로도 활발하게 우호 세력의 구축에 심혈을 기울였다.

그런데 고구려와 당의 갈등 구조에 백제와 신라가 보다 적극적으로 참여하면서, 특히 한반도 내부의 신역학 관계가 전쟁의 전개에 영향을 미치기 시작했다. 특히 신라와 당 간의 외교 교섭과 군사 협력이 활발했는데, 이는 해양을 통해서 이루어졌다. 그것은 고구려의 해양 활동 능력이 약화되고, 해양 통제에 실패했음을 반증하는 것이다. 고구려가 적극적으로 외교전을 펼치고 해양 활동 능력을 최대한 활용했다면 신라·백제를 견제하고, 북으로는 돌궐·말갈군을 끌어들이고, 남으로는 왜로 하여금 당의 남방 배후를 견제하도록 하는 광범위한 반당 전선을 구축했을 수도 있었다. 고구려는 수나라와 전쟁을 하는 동안은 물론, 승리한 후에도 왜국에 사신을 보내고 승리를 과시했다. 그러나 결국 백제는 소극적 태도를 보였고, 돌궐 등은 개별적으로 격파되었으며, 왜는 당에 대해 우호적인 태도를 취했다. 더 결정적인 것은 신라의 대당 해양 비밀 외교를 허용함으로써 배후가 불안정한 상태에서 당나라와 장기전을 치르게 되었다는 것이다.

당나라는 수나라와 달리 장기간에 걸쳐서 단계적으로, 광범위한 전선에서 공격하는 전략을 취했다. 당은 해양전을 위하여 전선을 제작하는 등 철저한 준비를 했고, 효과적인 수륙 양면군을 편성·활용했다. 또한 군선을 이용하여 대규모의 군수물자를 운반하고 군사를 이동했다. 장량은 500여 척의 군선과 4만 3천여 명의 수로군을 거느리고 출발했다. 이러한 공격 방식에 따라 요동반도는 물론이고 평양 지역까지도 공격 범위 안에 들어오게 되었다.

이렇게 해서 당 태종의 친정군이 고구려를 공격했다. 그러나 고구려는 안시성 공방전을 승리로 이끌고, 비록 요동 해양 방어 체제의 중심성인 비사성을 점령당했으나, 당나라의 대규모 수륙 공격을 방어하는 데 성공했다. 당은 1차 전쟁(645)에서 패한 이후 전면전의 전략을 수정하여 소규모 병력으로 지속적인 공격 방식을 채택했다. 또한 전선 개념의 변동을 과감히 시도하여 수로군을 활용한 후방 공격 방식을 채택하면서 659년까지 전쟁을 벌였다. 당나라는 이때 역시 수군을 최대한 활용했다. 이로 인해 요동반도 남단은 물론이고, 심지어는 압록강 하구도 공격을 받았는데, 고구려는 해양 전략 거점에 해양 방어 체제를 잘 구축했으므로 방어할 수가 있었다.

고당전쟁은 고수전쟁을 계승하여 644년부터 659년까지 지속된 장기 전쟁이었다. 모든 나라들이 참여한 국제대전으로, 수륙양면작전이 본격적으로 실시되었다. 대규모 함선이 여러 지역을 장기간에 걸쳐서 공격했는데, 이는 군사와 군수물자의 이동 수준을 넘어서서 본격적인 해양전을 벌였음을 의미한다. 이 전쟁은 장기간에 걸쳐 지속적으로 이루어진 만큼 승자와 패자가 분명하지 않다. 다만 초기 당 태종의 1차 침입은 고구려의 대승리로 끝이 났다. 고당전쟁을 치르는 동안 고구려도 국력이 손실되어, 남부 전선에서 취약점을 드러내게 되었다. 특히 신라는 고구려에 대해 완전히 적대적인 태도를 취하여 향후 고구려의 운명에 결정적인 타격을 가했다.

3절에서는 동아지중해 국제대전의 완결, 이른바 삼국통일을 둘러싼 동아시아 국제 질서의 변모를 해양 질서의 관점에서 살펴보았다. 이를 위해 이에 영향을 미친 구체적인 해양 활동 상황을 살펴보았다. 삼국통일전쟁은

660년 나당연합군이 백제를 공격한 때부터 671년 고구려의 부흥운동군이 멸망한 때, 혹은 676년 신라의 삼국통일까지를 말한다. 이 전쟁은 고수전 쟁·고당전쟁과 계기성을 가지고 있으며, 고수전쟁에서 변화되고 고당전 쟁에서 심화된 국제 질서의 재편 작업이 완결되는 측면을 지니고 있다. 이 전쟁은 국제대전으로서 종주권과 동아지중해의 교역권을 놓고 벌어진 최 후의 (전면전) 성격이 강했다. 또한 역사 발전의 중요한 동인과 전쟁의 승 패에 영향을 미친 해양전이 본격적으로 벌어졌고, 동아지중해 전체가 해양 전의 범주에 들어간 전쟁이었다. 명실공히 동아지중해 국제대전이었다.

고당전쟁이 진행되는 과정에서 이미 당은 고구려를 협공하려는 정책을 수립했던 것 같다. 특히 고구려와의 전쟁에서 승리를 거두지 못한 채 시간 이 흘러가자 이러한 필요성은 더욱 절실해졌다. 다만 백제와 신라의 위상, 당과의 관련성, 전략적 가치, 전후 질서의 수립 과정 등을 고려한 것으로 판단된다. 고구려는 당과 전쟁을 벌이는 한편 백제와는 동맹 관계가 아니 었고, 신라와는 적대적인 관계에 있었다. 왜는 자국의 정치적인 입장 때문 에 관계가 분명하지 않았으나 대체로 우호적이었다. 신라는 2차 나제동맹 이 깨진 이후 백제·고구려 양국으로부터 군사적인 압박을 받은 적이 있었 다. 이러한 고립을 타개할 목적으로 외부에서 힘을 구할 수밖에 없었던 신 라는 일찍부터 당에 의존적인 태도를 취했다. 결국 고구려 세력과 통일 중 국 사이에 벌어진 질서의 대결은 한민족 내부의 특수한 질서와 맞물리면 서 더욱 복잡한 양상을 띠게 되었다. 이는 결국 삼국통일전쟁으로 비화되 었다.

660년 여름, 당나라는 대동방 정책을 수정하여 고구려 대신 백제를 급습 했다. 13만 명을 태운 대규모 선단이 황해를 직항한 다음, 신라의 도움을 받아 단숨에 사비성을 함락했다. 해상 이동과 상륙 작전을 성공시켜 본격 적인 해상전을 펼친 것이다. 이어 나당연합군은 북서남에서 고구려를 협공 하기 시작했다. 물론 이 전쟁의 주체는 고구려와 당이었다. 북부 전선에서는 해양을 활용한 전투가 치열하게 벌어졌다. 고구려는 백제는 물론 왜와 연결하여 이 위기를 극복하고자 했다. 한편 신라는 대고구려전에는 거의 관계하지 않았으며, 당과 연합하여 백왜연합군을 상대로 힘겨운 싸움을 벌이고 있었다. 왜는 정세 판단의 미숙과 해양 능력의 부족으로 개전한 초기에는 대단히 소극적이었다. 그러나 662년부터 군사와 군선을 파견하는 등 본격적으로 참전하기에 이른다. 하지만 663년 백강(백촌강) 전투의 패배를 계기로 이 전쟁에서 벗어났다. 다만 이미 피아간에 해양전이 본격적으로 이루어진 만큼 나당연합군의 해상 침공을 두려워하여 백제 유민들의 주도 하에 일본열도의 곳곳에 해양 방어 체제를 구축했다. 그 후 고구려는 당나라와 일진일퇴를 거듭했으나 668년 결국 평양성이 함락당하고 말았다. 그 뒤로도 압록강 이북의 40여 성이 전쟁을 지속하다가 671년 안시성이 점령 당하면서 전쟁은 끝이 났다.

삼국통일전쟁은 황해 북부와 황해 남부, 일본열도를 연결하는 고구려·백제·왜 등 남북 종관 세력이 전선의 한 축을 이루고, 황해 중부를 가로질러 연결하는 당·신라의 동서 횡단 세력이 다른 한 축을 이루면서 십자형의 해양 질서가 격돌을 했다. 게다가 주변의 북방 세력들이 종족적으로 국가적으로 참여하면서 더욱 복잡한 양상을 띠었다. 군사적 측면에서 본격적인 해양전이 전개되고 대규모의 수륙양면작전과 상륙 작전이 실시되었는데, 결국 승리는 황해 중부를 동서로 긴밀하게 연결시키면서 전략적으로 활용한 나당 세력에게 돌아갔다.

고구려와 백제 등은 해양 질서의 중요성을 인식하지 못한 것으로 판단된다. 신라의 대당 접근과 공동 군사 작전을 허용했을 뿐만 아니라 상륙 작전에 대비한 해양 방어에도 실패했다. 또한 고구려·백제·왜의 남북 세력은 해양을 활용한 공동 행동의 미숙함과 단계적인 대응으로 인하여 개별적으로 격파되었다. 수·당의 통일로 동아시아의 역학 관계와 해양 환경에 심각한 변동이 일어났지만, 고구려는 해양 질서에 적절한 대응을 하지 못한 채 결국 외교·군사전에서 실패하면서 멸망했다.

발발인 고수전쟁, 전개인 고당전쟁, 완결인 삼국통일전쟁이라는 연속성과 계기적 측면을 지니고 있는 동아지중해 국제대전은 동아시아의 정치·외교·군사상에 다음과 같은 커다란 의미를 남겼다. 첫째, 동아시아에 당 중심의 신질서가 수립되었으며, 그 질서는 향후 동아시아 역학 관계의 기본 패턴이 되었다. 외교 형태가 다국 중심에서 일국 중심으로 변화됐고, 동아시아 전역은 당의 육군 및 수군의 군사 활동 영역에 편입되어 그 종속성이 심화될 수밖에 없었다. 둘째, 황해의 정치적 안정과 해양 문화의 비약적인 발달로 신해양 질서가 구축되고, 그 힘은 북방 유목 종족 중심의 대륙 질서를 견제하는 역할을 했다. 셋째, 당과 통일신라·발해·일본을 하나로 하는 동아시아의 해양 문화가 활발해지고 지중해적 성격을 띠는 거대한 문화권으로 발달했다. 그러나 정치력의 편중으로 문화 또한 교조성이 심화되었다. 결과적으로 이 전쟁은 동아시아에 신질서가 구축되어 가는 과정에서 해양 문화의 역할이 심대해지는 계기가 되었다. 우리 민족사에서도 많은 문제점을 낳았다. 본고와 관련해서는 대륙의 땅과 한반도, 그리고 해양을 유기적으로 연결하여 활용했던 동아지중해의 중핵 위치를 상실하여 민족력이 약화되었고, 주변부로 전락했다는 점을 지적해 두기로 한다.

본문에서 전개한 논리와 같이 동아시아 역사에서 해양 활동이 가진 의미와 역할은 그야말로 심대했다. 동아시아 역사는 국가와 국가의 관계라는 관점과 병행해서 지역과 지역의 관계, 질서의 대결이라는 측면에서도 파악해야 한다. 특히 동아지중해라는 지정학적인 환경상 해양의 역할은 심대했으며 고구려를 위시로 한반도 세력들과 중국 세력들 간의 협력과 대결은 해양 활동의 영향을 강하게 받았다. 정치·외교와 경제·문화적인 요소는 해양에 적지 않게 의존했고, 후기로 가면서 군사적 의미도 강하게 띠게 되었다. 특히 고구려는 육지와 해양 질서를 동시에 공유하면서 동아지중해의 중핵에서 질서를 조종하면서 국가의 성장을 이루어 왔다. 따라서 고구려의 해양 활동 능력은 내부적인 성장과 정책 수행은 물론 대외 정책에도 강한 영향을 미쳤다. 고구려의 전 역사 과정을 볼 때 국제적 위상과 역할은 해양 능력의 발달과 해양 질서의 운영 방식에 따라 적지 않은 영향을 받았다. 그러나 동아시아 세계의 역사 발전과 해양 문화의 발달은 고구려가 가진 지정학적인 유리함에 손상을 입게 했다. 또한 중국 세계의 통일과 한민족 질서의 분열은 고구려의 해양력을 약화시켰고, 결국은 멸망시키는 데까지 이르게 했다.

1300여 년 전에 사라진 고구려가 가진 가장 중요하고 절박한 의미는 21세기에 우리 민족을 어떻게 만들어 가야 하는가에 대한 바람직하고 유용성 있는 모델이 된다는 것이다. 고구려가 진정으로 발전한 이유는 강력한 군사력을 뒷받침할 경제력·문화력은 물론 국제 정치력이 강했기 때문이었다. 그렇게 될 수 있었던 중요한 배경은 바로 해양 활동이 활발했고, 해양을 장악함으로써 주변국들 간의 외교망을 통제할 수 있었기 때문이다. 즉 국제 정치에 해양력(sea-power)을 본격적으로 이용한 것이다. 즉 '동아지중해 중핵조정론'을 현실에 활용한 것이다. 우리는 고구려인들의 역사 의식이나 국제 질서에 대한 인식, 국제 환경에 대응하는 방식 등을 통해서 21세기 남북통일의 의미와 가치, 방법론, 세계화의 추진 전략 등에 대한 다양하고 실질적인 교훈을 얻을 수 있다.

부록|고구려 발전기의 해양 활동 능력

고구려가 발전하는 데에는 국내적 요인 외에 국제 질서의 능동적 적응이 중요한 작용을 했다. 필자는 일련의 논문을 통해서 한반도를 둘러싼 역사 활동 지역에 지중해적인 성격을 부여하고, 고구려는 이 질서의 중핵에서 각국 간의 조정 역할을 수행했음을 논했다. 아울러 이러한 역할은 해양 활동의 성장을 기본 토대로 삼아야 하며, 국가적인 성장과 해양 활동 간에 상관성이 있음을 논했다. 그러나 이러한 해양 활동의 역할을 논하고 효용성을 입증하기 위해서는 해양 활동의 구체적인 실상이 뒷받침되어야 한다. 그럼에도 불구하고 고구려 해양 활동에 대한 구체적인 기록과 유물·유적은 현재까지 거의 없다. 다만 『삼국사기』에 전혀 기록되지 않은 광개토대왕의 수군 활동이 「광개토대왕릉비문」에 음각되어 있을 뿐이다.

따라서 필자는 자료상의 한계를 극복하고자 다음과 같은 방법론으로 고구려 해양 활동의 실상을 구체적으로 복원하고자 한다. 첫째, 해류·조류·항해술·조선술 등 자연과학의 연구 성과를 차용하여 개연성 및 가능성을 제시하고, 둘째 그것을 현존하는 간접적인 기록과 고고학적 유물·유적 및 역사적 상황에 적용함으로써 가능한 한 실상을 파악하고자 한다. 셋째, 해양 문화의 일반적 특성, 즉 동일한 해역 내에서의 기술 모방, 경험의 공유, 활발한 교섭 등을 지중해적 혹은 내해적 성격을 가진 이 지역에 적용한다. 그리하여 동일한 시대에 긴밀한 교섭을 가진 주변국의 해양 관계 기록과 유물들을 토대로 고구려의 해양 활동상을 재구성한다. 그러나 해양 문화는 무정부성·불보존성이라는 특성이 있으므로 기록이나 유물·유적이 보존되지 않은 경우가 많다. 따라서 해양을 통해서 역사상을 복원하는 데는 한계가 있다.

본고는 이러한 한계를 감수하며 1절에서는 해양 활동의 범위를 살펴보고, 2절에서는 항해술과 조선술에 대한 실증적인 접근을, 3절에서는 교섭 항로 등을 항해학의 지식을 동원하여 과학적으로 설정하고자 한다.

해양 활동의 범위

고구려 발전기의 해상 활동 범위와 작전 능력은 광범위하고 뛰어났던 것으로 판단된다. 먼저 고구려의 해양 활동 능력의 성장 과정을 살펴볼 필요가 있다. 고구려는 남만주 지역의 지리적인 특성과 기동성을 보유한 정치·문화적인 특성으로 인하여 초기부터 내륙 수로를 이용해 수군 활동을 했을 가능성이 높았다. 또한 국가적 성장을 하면서 점차 해양으로 진출을 시도했다. 태조대왕은 서안평을 공격했다.[1] 이것은 낙랑군 등을 무력화시키는 목적 외에도 압록강 하구를 장악하여 황해 출해권을 확보하기 위해서였다. 그러나 구체적으로 해양 활동을 한 기록은 오나라와의 교섭에서 처음 나타난다.

---

[1] 『삼국사기』 권13 고구려본기 태조대왕 94년.

3세기 초 동아시아의 복잡한 국제 관계 속에서 정치·경제적으로 시작된 교섭은 233년부터[2] 황해를 종단하여 행해졌다. 그 후 4세기에 들어와 낙랑과 대방을 멸망시킨 고구려는 양군이 가진 해양 활동 능력과 토대를 흡수했으며, 황해 북부 해상권을 장악함으로써 한반도 중부 이남 세력과 중국 지역과의 길목을 차단했다. 이후 고구려는 동진과 연, 후조 등이 복잡한 역학 관계를 연출하는 과정에서 해양 활동을 활용했다.

이러한 과정 속에서 성장한 해양 활동은 광개토대왕 시대에 이르러 구체적으로 나타나고, 질서 재편의 중요한 수단으로 사용되었다. 역학 관계가 역동적으로 재편되는 과정에서 주도권을 확보하려면 정치·군사적인 성장을 토대로 국제 외교의 중심부를 차지해야 한다. 여기서 '외교 통로의 장악과 관리'는 절대적인 의미가 있다. 고구려는 주변국들 간의 교류가 이루어지는 육로 및 해로로 연결되는 접점이라는 지리적인 위치를 충분히 활용하고, 이를 뒷받침하는 정책을 수행해야 한다. 특히 백제·신라·가야·왜 등이 중국 지역과 교섭하는 데 절대적인 해상로를 통제하려면 해양 활동의 현실적인 필요성이 강했다.

한편 백제도 국가적으로 성장을 하기 위해 해양 활동이 필요했다. 경제적으로는 낙랑·대방이 가졌던 대중국 교섭 중개지로서의 역할을 흡수하여 일본열도와 한반도 남부를 연결하는 광범위한 교역망을 구축해야 했다. 정치적으로는 신라 및 가야 등 주변국들의 대중교통로를 관리하며, 고구려의 견제 없이 동진 등과 독자적으로 교섭하기 위해 황해 중부 해상권을 완전히 장악하고, 그 이북까지도 영향권 아래에 두어야 했다.

이러한 동일한 목적을 지닌 두 나라는 근초고왕의 북진과 고국원왕의 남진으로 군사적인 충돌을 시작해서 일진일퇴를 거듭하다가 광개토왕대에 이른 것이다. 결국 광개토대왕은 백제의 해양 활동 능력을 흡수함으로써

---

2) 『삼국지』 권47 吳書 제2 吳主傳.

경기만 일대와 연안의 제해권(制海權)은 물론 황해 중부 이북의 해상권을 완벽하게 장악했다.

장수대왕은 더 적극적으로 남진 정책을 추진했다. 5세기 이후에 한류도 중부 이북의 땅 거의 대부분을 차지한 것을 비롯해 특히 서해 연안을 세력권 안에 두었다. 따라서 해상 활동은 1차적으로 황해의 동안(東岸), 즉 한류도 중부 이북의 서해안 일대를 주작전 반경으로 했을 것이다.

『위서』백제전에는 다음과 같은 기사가 있다.

백제 왕 여경(餘慶)이 처음으로 사신을 보내와 표를 올려 말하기를 "신이 동쪽 끝에 나라를 세워 승냥이와 이리들에게 길이 막히니 …… 등을 보내어 파도에 배를 던져 망망한 바다에 길을 더듬게 하였습니다."[3]

이 기사는 고구려의 수군이 황해상의 어느 곳에서 백제의 대북위(對北魏) 사행(使行)을 방해하거나 억제하고 있었다는 증거다. 이는 백제의 변명일 가능성도 있지만, 단순한 외교적 수사가 아니라 실제로 고구려의 해상권 장악에 따른 결과다. 왜냐하면 당시에 백제는 고구려의 압력을 상쇄시키기 위해서 대북위 교섭이 절대적으로 필요했기 때문이다.

백제는 계속해서 고구려와 북위를 이간시키는 발언을 하며 심지어는 침공을 요청하기도 했다. 즉

"고구려는 남쪽으로 유씨(劉氏)와 통호하기도 하고 …… 지난 경진년(440, 백제 비유왕 14) 이후, 신의 나라 서쪽 국경에 있는 소석산(小石山)의 북쪽 바다에서 10여 구의 시체를 발견함과 아울러 옷과 기물·안장·굴레 등을 얻었사온데, 살펴보니 고(구)려의 물건이 아니었습니다. 뒤에 들으니 이는 폐하의 사신이 신의

---

3) 『삼국사기』 권25 백제본기 개로왕 18년 ; 『위서』 권100 열전 제88 백제국.

나라로 오는 것을 뱀처럼 흉악한 것들이 길을 막고 바다에 침몰시킨 것이었습니다. …… 확실히 그렇게 하였는지는 알 수 없으나……"[4]

하면서 위의 도움을 요청하고 있는 것이다. 이러한 기사들은 당시 고구려의 해양 활동 범위가 확대되고 고구려가 해상권을 장악했음을 보여주는 명확한 자료다. 동시에 사실 여부를 확인할 수는 없으나 고구려가 위의 사신선(使臣船)을 침몰시키고 더욱이 백제로 오는 황해 직항로까지 장악했다고 판단한 백제인의 인식을 보여준다.

이 시대에 백제에서 북위로 향하는 항로는 남양만 이남을 출발하여 황해 중부 해상으로 나아가다 발해만으로 접근하는 것이었다. 북으로는 고구려의 방해를 피하고, 산동반도까지 차지한 송(宋)의 견제를 피하기 위해서였다. 그런데 이 항로 역시 고구려의 방해로 결국 뜻을 이루지 못하고, 북위 또한 동일한 조건에서 백제에 접근하는 데 실패하고 만다. 물론 이때 백제나 북위의 사신이 붙잡혔거나 배들이 공격을 받았다는 구체적인 증거는 위 기록 외에 발견되지 않았다. 그러나 대북위 외교가 절실하게 필요했고, 해상 활동 능력을 갖추었음에도 교섭 항해에 실패한 사실은 황해 중부 해역에서 고구려의 해상 작전 능력이 뛰어났음을 상대적으로 반증한다.

이러한 상황은 백제의 대남조(對南朝) 교섭에서도 나타난다. 백제는 웅진으로 천도하기 전까지는 황해 중부를 경유하는 항로를 이용했다. 한강 이남의 해안 지역에서 황해를 건너 동진과 직교역을 했다는 견해도 있다.[5] 물론 그러한 직항로를 개설하고, 이용했을 가능성도 있다. 그러나 그 후 평양성을 둘러싼 공방전,[6] 광개토대왕의 침공로와 방법, 점령 지역, 그리

---

4) 『삼국사기』 권25 백제본기 개로왕 18년 ; 『위서』 권100 열전 제88 백제.
5) 권오영, 「고고 자료를 중심으로 본 백제와 중국의 문물교류」, 『진단학보』 66, 1988, pp.182~188.
6) 고국원왕 연간의 대백제전을 말하는데, 필자는 평양성을 현재의 평양 지역이 아니라 손영종의

고 장수대왕이 추진한 남진 정책의 내용을 분석하면 한성 백제 시대의 대북위 항로는 황해 중부 이북을 경유했을 가능성이 많다.

그러나 웅진 시대에 들어오면 항해 조건은 전혀 달라진다. 황해 중부 이남의 어느 한 지점에서 직항하여 산동반도를 좌표로 좌현성(左舷性) 항해를 하면서 중국 근해로 진입을 한 다음, 계속 근해 항해로 남진을 하면 양자강 하구까지 도달한다. 따라서 백제가 남조와 교섭을 하기에는 이 항로가 가장 적합하고 현실적이었다. 그럼에도 불구하고 476년(문주왕 2년)에 송으로 파견한 사신은 고구려의 방해로 뜻을 이루지 못했다.[7] 또한 484년(동성왕 6년)에 이르기까지[8] 한동안 남조와 교섭이 끊어졌다. 이것은 내부적 요인 외에 장수대왕의 공격으로 백제의 황해 중부 해상 세력이 일시적으로 궤멸되고, 고구려가 황해 중부의 해상권을 완전히 장악했기 때문이다.

한편 산동반도를 남쪽 한계로 한 황해 북부에서 서안 해역의 일부도 고구려의 활동 범위였다. 서한만, 요동만, 산동반도와 요동반도를 잇는 묘도군도 일대와 그 이동의 바다가 해당된다. 요동반도 남부 일대에는 고구려 산성이 10여 개 이상 축조되었는데, 이는 5세기 이후의 것이다.[9] 북위와 빈번하게 교섭할 수 있었던 것은 북위의 작전 구역까지 사신을 호송할 능력이 있었기 때문이다. 만약 교섭의 교통수단과 방법을 상대 국가에 의존했다면 고구려의 등거리 외교는 처음부터 성립되지 않았을 것이고, 따라서 비주체적인 외교가 되었을 것이다.

330년에 고구려가 중간의 연(燕)을 협공하기 위하여 후조와 해양으로 군

견해를 부분적으로 수용하여 황해도 북부 일대라고 생각한다. 졸고, 「광개토대왕의 대외 정책과 동아지중해 전략」, 『軍史』 30, 1995 참조.

7) 『삼국사기』 권26 백제본기 문주왕 2년.
8) 『삼국사기』 권26 백제본기 동성왕 6년.
9) 요동반도 남단, 長海縣에 속한 장산군도나 庄河市 등의 바다에는 섬들이 많이 있다. 필자의 현지 답사에 의하면, 이곳에 고구려의 성들이 있었을 가능성이 매우 높다.

사 작전을 펼 때도[10] 이 지역에 대한 해상 능력이 없었으면 불가능했을 것이다. 역시 광개토대왕대에 남연과 해로로 교섭했을 때도,[11] 이 해역을 최대한 활용했을 것이다. 더구나 남북조가 성립된 이후에 북위와 전개된 해양 교섭은 이 해역을 통해서만 가능했다. 이러한 교섭 항해의 중요한 실례로 볼 때 황해 서안(西岸)의 북부 지역도 고구려의 활발한 활동 구역이었을 것이다. 특히 압록강 하구 유역의 구련성·박작성·서안평성·대행성 등과 요동반도의 끝인 금주만에 있는 비사성 및 장하시 외곽의 석성 등은 고구려가 황해 북부 해상권을 장악하는 데 유용한 거점 역할을 했다.

한편 고구려는 남북조로 분단된 시대에 황해 중부 이남과 동중국해로 연결된 해역까지도 활동 반경으로 삼았다. 고구려는 남조와 아주 빈번하게 교섭을 했다. 『삼국사기』에는 두 나라 간에 교섭한 빈도수가 적게 기록된 반면, 남조측의 여러 사서들은 고구려가 매년 사신과 공물을 전달한 것을 조서(詔書)에서 기록하고 있다.[12] 장수대왕대에 고구려가 송에 사신을 보낸 사실이 『삼국사기』에는 불과 몇 차례밖에 없다. 반면에 『송서』 본기에는 소제(少帝) 경평(景平) 원년(423) 3월부터 순제(順帝) 승명(昇明) 2년(478) 12월까지 18건이나 기록되어 있다. 남북조와 교섭한 주변국 중에서 고구려의 교섭 횟수가 가장 많다. 특히 북조와의 교섭은 백제가 7회인 데 비하여 고구려는 105회이고, 남조와의 교섭은 백제가 18회인 데 비하여 고구려는 34회나 된다.[13] 고구려가 남조와 활발하게 교섭한 사실은 황해의 서부 연안 혹은 근해를 통과하여 산동을 지나 장강 유역까지 항해했음을 입증한다.

이 지역에서 활동했을 가능성은 백제가 중국으로 항해하는 과정을 방해

---

10) 『晋書』 권106 載紀 제6 石季龍 上 ; 『資治通鑑』 권96 晋紀 18 顯宗 中之下.
11) 『太平御覽』 권359 兵部 90 障泥 ; 李殿福·孫玉良, 앞의 책, p.111 참조.
12) 『송서』 권97 열전 제57 동이전 백제 元嘉 2년조.
13) 김종완, 「남북조 시대의 조공 관계 개관」, 『진단학보』 61, 1986, p.74 도표 참조.

하는 데서도 나타난다. 백제는 개로왕 이후에 북위가 멸망할 때까지 교섭이 전혀 없었던 반면에 동일한 기간에 남조와 교섭한 것은 8회에 달했다. 이것은 백제의 항해술이 고구려의 통제를 벗어날 정도로 성장했거나 아니면 새로운 항로를 개척했기 때문이다. 그런데 백제가 남조와 교섭하는 일역시 고구려의 견제를 받았다.[14] 이러한 사정은 왜도 마찬가지여서 독자적으로 남조와 교섭을 맺었으나 고구려의 방해를 받은 듯한 기록이 있다.[15]

그런데 당시에 백제와 왜가 한반도 서해안을 타고 중부나 그 이북까지 올라가서 산동반도를 보면서 횡단으로 항해하다가 송을 비롯한 남조 국가들의 영토로 들어갔을 확률은 국제적인 상황으로 보아 희박하다. 항해 기술상으로는 유리하나 정치적인 조건은 매우 불리하다. 따라서 백제·왜의 남조 교섭 항로는 황해 남부 사단(斜斷) 항로일 수밖에 없다. 그래야 교섭이 가능하기 때문이다.[16] 그럼에도 불구하고 두 나라 모두 고구려의 견제를 받은 사실은 남부 항로 역시 때로는 고구려의 방해가 있었음을 뜻한다. 이 사실로 미루어 보아 상시성(常時性) 여부를 판단하기에는 한계가 있으나 상대적으로 고구려의 해상 활동이 때때로 서해 중부 이남까지 뻗쳤음을 알 수 있다.[17] 한편 탐라국과 교역을 한 사실은[18] 제해권 확보 여부와는 관계없이 교류의 수준에서 황해의 상당한 지역으로 확대되었을 가능성을 보여준다.

한편 고구려는 왜와도 교섭을 했다. 『일본서기』에는 오진[應神] 28년, 닌

---

14) 『삼국사기』 권26 백제본기 동성왕 6년 7월조.
15) 『송서』 권97 열전 제57 동이 왜국.
16) 남조 교섭, 특히 남제 이후에는 중부 횡단 직항로가 아니라 기술적으로 난이도가 훨씬 높은 남부 사단 항로를 이용했을 가능성이 높다. 당시의 역사적 상황을 이해하기 위해서는 중부 횡단 항로와 남부 사단 항로를 반드시 구분해야 한다.
17) 김석형은 『고대 한일 관계사』(원서명 『초기 조일 관계사』, 1966년판), 한마당, 1988, p.416에서 왜왕 武가 송에 보낸 上表文의 내용을 근거로 "고구려가 당시 서남해안을 제압하고 있었음을 알 수 있다"고 주장했다.
18) 이홍식, 『한국 고대사의 연구』, 신구문화사, 1987, p.138.

토쿠〔仁德〕 12년(324), 58년(369)
계속해서 고구려와 왜가 교섭한 기
록이 있다. 물론 이때의 항로는 정
확하게 알 수 없다. 그러나 시마네
〔島根〕현 지역의 이즈모〔出雲〕 등에
고구려 문화의 흔적이 있는 사
실,[19] 해류의 흐름 등을 감안하면
동해 남부 또한 고구려의 해양 활
동 범위였을 가능성이 있다.

그림 7-1 | 호우총에서 발견된 명문 호우

　경주의 호우총(壺杅塚)에서 '국
강상토지호태왕(國岡上土地好太
王)'의 명문(銘文)이 있는 청동호(靑銅壺)가 발견된 사실과 동래 복천동(福
泉洞) 고분에서 고구려계의 마구(馬具)·무구(武具) 등이 발굴된 사실 등은
광개토대왕이 남진한 이후에 고구려의 영향력이 신라는 물론 가야 지역까
지 뻗쳤음을 알려 준다. 이때 남진한 고구려는 동해 남부나 남해 동부 해
안을 통해서 일본열도로 갔을 가능성이 크다. 특히「릉비문」14년조에 나
타난 왜의 대방계 침입과 대왕이 왕당을 보내 격퇴한 사실은 동아지중해의
역학 관계상 고구려군의 도왜 가능성을 높여 준다. 더구나 장수대왕 69년
인 481년에는 고구려가 포항 근처인 흥해(興海)까지 진출했다. 또한 최근
에 제기되고 있는 전방후원분(前方後圓墳)의 고구려 기원설[20]이나 장식고
분(裝飾古墳)의 분포가 규슈 일대에 한정되어 있다는 사실들은 고구려의

---

19) 조희승,『초기 조일 관계사』하, 사회과학출판사, 1989, pp.303~304.
20) 全浩天,『前方後圓墳の源流』, 未來社, 1991, pp.87~90 ; 森浩一 · NHK 취재반,『騎馬民族の道
　　はるか』, 日本放送出版協會, 1994, p.120.
　　이 설에 대해서는 많은 논란이 있을 수 있고, 비교적 최신의 설이라 검증 단계가 필요하다.그
　　러나 필자는 동아시아의 역학 관계와 문화 전파의 一進性, 그리고 고구려의 해양 활동상을
　　추적하는 본고의 논지에 따라 그 가능성에 대해 진지하게 생각하고 있으며, 일단 수용하고자
　　한다.

해양 활동 범위에 대해 일정한 시사를 하고 있다.

　게이타이[繼體] 천황 10년과 긴메이[欽明] 천황 원년에도 고구려는 사신을 파견했다. 이때는 물론 사신들이 월국(越國)에 도착하므로 동해 항로를 이용한 것이 틀림없다. 특히 긴메이 천황 때에는 고구려 사신과 도군(道君)이라는 지방 호족이 밀무역을 했다는 것을 다른 호족이 조정에 밀고하는 사건이 벌어졌다.[21] 이는 고구려와 왜가 동해를 통해서 교섭했고, 그것도 교역의 성격을 공유했음을 반증하는 것이다.

항해술과 조선술

고구려는 중국의 남북조와 활발하게 교섭을 했다. 특히 남조의 해양 문화 전반을 견학하고, 우수한 기술과 경험을 습득할 기회를 갖게 되었다. 항해술과 조선술은 이러한 정치·외교적인 상황과 내적인 필요성에 의해 필연적으로 발달했다.

　4~5세기에는 항해술이 전 시대에 비해 더욱 발달했다. 항해에는 연안 항해, 근해 항해, 원양 항해가 있다. 가장 먼저, 또 보편적으로 사용되었던 항해는 연안 항해다. 연안 항해는 연안의 특수한 지형 조건에 밝고, 해양을 관측할 수 있는 능력도 있어야 한다. 특히 연안 항해의 성패를 가름하는 중요한 요소인 해·조류의 움직임을 정확하게 파악해야 한다.[22] 고구려가 황해 내에서 연근해 항해를 할 경우, 〈지도 1-2〉에서처럼 황해 북부 동

---

21) 森浩一,『古代史 津津浦浦』, 小學館, 1993, p.65.

22) 潮汐의 현상과 成因에 관한 해석은 이미 후한 때 王充의『論衡』에서 그 소박한 형태를 보이고 있다. 그리고 秦代에 이르면 葛洪이 왕충을 계승하여 조석이 달의 성쇠와 관련 있음을 밝혀냈다. 그리고 그것이 대양과 강에 영향을 끼친다는 것을 알았다. 孫光圻,『中國古代航海史』, 海洋出版社, 1989, pp.243~244.

그림 7-2 | 노산

안을 타고 올라가 한 바퀴 돌면서 황해 북부 서안을 타고 내려오는 해류 및 지역 조류에 편승했을 것이다. 물론 중국 해역에서 연안 항해를 했을 경우에는 현지 해양 환경에 밝은 전문가들을 고용했을 것이다.

근해 항해는 육지와 떨어져 일정한 거리로 항해하는 방법을 말한다. 고구려 영토에서 중국까지 황해에서 가장 짧은 직선 거리는 황해도 장연군 (長淵郡)과 산동반도의 끝 부분이다. 그런데 산동반도의 산군(山群)들은 높이가 200~500m이고 남쪽의 노산(嶗山)은 1133m이다. 반면에 장연군의 장산곶에 있는 국사봉은 284m이다. 바로 뒤에 있는 태산봉은 380m, 불타산은 608m이다. 그러면 날씨가 좋은 날 장산곶을 바라보는 곳에서 출발하면 거의 중간에 가깝게 이를 때까지 황해도 산군들을 눈으로 확인할 수 있다. 그리고 중간 지대에 있는 약간의 거리를 지표가 없이 추측 항해를 하다 보면 다시 전방에 산동반도의 산군들이 나타나 방향을 잡을 수가 있다.[23]

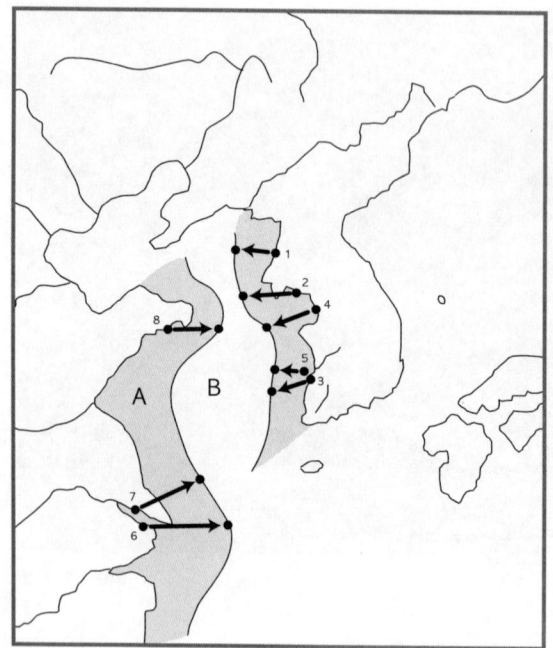

지도 7-1 | 근해 항로 가능 범위도[24)]

이렇게 계산과 도표, 그리고 예를 든 것을 종합해서 결론을 내리면 다음과 같다.

황해 어느 지역에서든 육지를 보면서 자기 위치를 확인하고 항해를 할수 있는 지역은 A 부분이다. 반면에 자기 위치를 정확히 알지 못한 채 망망대해를 항해하는 지역은 B 부분이다. 그런데 B 부분이 차지하는 범위는 그다지 넓지 않다. 이처럼 황해는 거리가 짧은 내해, 지중해의 성격이 있으므로 대부분의 경우 지문항법을 활용한 근해 항해를 하는 데 큰 난관이

---

23) 圓仁의 『入唐求法巡禮行記』에는 바로 이러한 항해 모습이 구체적으로 표현되어 있다.
24) 1 등의 숫자는 물표가 되는 지점. 각 ●은 목표 확인 최대 지점. A 부분 안에서는 일기가 좋을 때 목표를 관측하며 항해할 수 있다.

없었을 것이다.

고구려는 이러한 근해 항해 능력을 갖추었다. 고구려와 남조의 선박이 교섭을 하다가 광주 해상에서 북위군에게 각각 체포된 것은[25] 이들이 근해 항해를 시도하거나, 혹은 해상 악화로 인하여 연안으로 근접하다가 광주 근해상에 있는 수군에게 발각되었기 때문이다. 원양 항해는 빈번하게 이루어지지는 않았으나 점차 세월이 흐르고 각 국가 간의 교섭이 상대국가에 의해 방해를 받으면서 자주 시도되었다. 황해를 직항 횡단해서 교섭이 이루어지는 경우는 거의 원양 항해에 해당한다.

일본은 8~9세기경에 견당사를 파견했는데 신라와 비우호적 또는 적대적인 관계였기 때문에 백제를 흡수한 신라의 해역을 통과하기가 힘들었다. 때문에 원양 항해를 할 수밖에 없는 이른바 남로 혹은 남도를 자주 활용했다. 그러나 결과는 매우 부정적으로 나타났다. 전체 15회를 통틀어 이른바 남로를 활용하여 왕복 항해에 성공한 것은 제13차 사절단 한 차례밖에 없었다. 그만큼 원양 항해는 매우 위험하고 성공할 확률이 적었다.

고구려는 동해에서도 연안 항해 및 근해 항해를 했으나 일본열도와의 교섭은 자연조건상 원양 항해를 하지 않으면 불가능했다. 원양 항해는 육지나 물표 등이 없이 대양 한가운데를 항해하는 것을 말한다. 이때는 지문항법이 아닌 천체나 태양의 움직임을 관찰하고, 기구를 이용해서 위치와 항로를 측정하는 천문항법을 해야만 한다. 해양민들은 경험이나 자연현상에 대한 소박한 관측을 통해서 이러한 한계를 극복하거나, 부분적으로 해결할 능력이 있었다. 그런데 동아시아 지역에서는 경험을 활용한 대응 외에도 이미 과학을 이용한 항해, 즉 천문항법을 이용한 대양 항해가 이루어지고 있었다.

『회남자(淮南子)』에는 기원전 120년에 항해를 하다가 방향을 모를 때에

---

25) 『위서』 권100 열전 제88 고구려 ; 『삼국사기』 권18 고구려본기 장수왕 68년 및 권19 안장왕 2년 ; 『北史』 권94 열전 82 고려.

는 북극성을 보고 판단했다는 기록이 있고, 천체 진행과 해상 항해에 대한 기록이 실려 있다.[26] 『한서예문지(漢書藝文志)』에는 이름만 실린 『해중성점험(海中星占驗)』 12권, 『해중오성경(海中五星經) 잡사(雜事)』 22권, 『해중일월혜홍잡점(海中日月彗虹雜占)』 18권 등의 책들이 있다.[27] 이것들은 한대(漢代)에 서역의 사막을 여행하는 일은 물론 항해에도 사용되었을 것이다. 결국 끝이 없는 사막을 여행하는 것이나 망망대해를 항해하는 일은 기술적으로 동일하기 때문이다.

후한이나 삼국 시대에는 방향 판정술이 이용되었다. 또한 5세기경에 법현(法顯)이 쓴 『불국기』에는 천문 항해를 한 기록이 나온다.[28] 양진(兩晋)과 남북조 시대에 이르면 천문 관측이 활발하게 이루어지는데, 이러한 지식은 천문 항해 기술의 발전에 지대한 영향을 주었다.

그러면 고구려의 경우는 어떠했을까? 근래에 평양에서 발견된 2000년 전경으로 추정되는 나무곽무덤에서 나온 방위관측기는 천체의 별자리를 통해서 방위를 관측하도록 만든 것이다.[29] 고구려의 천문도, 고분벽화들을 비롯한 각종 유물들은 천문학의 발달이 대단한 수준이었음을 알려 준다.[30] 5세기 이전의 벽화로 알려진 무용총·각저총 등의 천장 벽화에는 많은 별자리들이 그려져 있다.[31] 특히 고구려의 천문도 석본은 북극성을 중심으로

---

26) 孫光圻, 『中國古代航海史』, 海洋出版社, 1989, pp.77~81 ; 彭德清, 『中國航海史』 古代編, pp.19~21.
27) 孫光圻, 앞의 책, p.242.
28) 李永采, 『海洋開拓爭霸簡史』, 海洋出版社, 1990, p.242.
　　連云山은 『誰先途達美洲』, 中國社會科學出版社, 1992에서 법현이 원양 항해를 통해 미주 대륙에 도달했다고 주장하면서, 동아시아에서 미주 대륙으로 항해하는 길에 대해서 논하고 있다.
29) 「세계일보」 1993년 5월 19일자에 따르면 이 방위관측기는 가운데 북두칠성이 그려져 있고 둘레에 12개월과 28개의 별자리를 표기한 원형판을 방형판 위에 올려 이를 회전시키도록 구성되어 있다.
30) 사회과학원 역사연구소, 『조선문화사』, 미래사, 1980, p.124.
31) 벽화를 통해서 본 고구려 천문학의 수준은 김일권의 「고구려 고분벽화의 천문 관념 체계 연구」, 『진단학보』 82호, 1996 등 김일권의 논문들이 있다.

282개의 별자리에 1464개의 별이 그려져 있고 은하계도 그려져 있는데, 적어도 4세기 후반에는 천문도가 있었을 것으로 여겨진다.[32] 고구려는 자연스럽게 천문학의 발전을 실생활이나 군사 · 외교 · 항해 등 해양 활동에도 활용했을 것이다.[33]

한편 천문항법을 가능하게 해주는 것은 천체 관측 외에도 항로를 결정하는 데 필요한 방향표시기와 해도(海圖)다. 지남(指南)의 사용은 이미 한무제 때 사신들의 항정(航艇)에서 나타나기 시작하여 삼국을 거쳐 남북조시대에 이르면 사적 · 문헌 중에 기록이 많이 나타난다. 『한비자 · 유도편(有度篇)』에서는 사남(司南)으로 방향을 측정했음을 알려 준다(立司南以端朝夕).[34] 『삼국사기』에는 문무왕 9년에 당나라의 승려인 법안(法安)이 신라에서 자석을 구했고, 그해 5월에는 신라가 급찬(級飡)인 기진산(祇珍山) 등을 당나라에 보내어 자석 두 상자를 바쳤다는 기사가 나온다.[35] 이러한 기사는 자석의 용도로 보아 나침반으로 사용됐고, 신라 역시 항해에 나침판을 사용했을 가능성을 보여준다. 왜도 나침판을 사용한 듯한 기록이 나온다.[36] 이런 사실들로 보아 고구려는 일찍부터 지남차를 사용했을 것으로 판단된다. 한편 일본의 고대 고분에서 발견되고 일본 신화에 등장하는 삼종신기(三鍾神器) 가운데 하나인 동경(銅鏡)이 방향을 판정하며 항해하는 데 이용했다는 견해도 있다.[37] 해도(海圖)는 처음으로 사용된 시기 · 내용 등에 대해 정확하게 알 수 없으나 중국의 경우에는 양진(兩晉) 시대부터 사용했다.[38]

---

32) 전상운, 「고구려의 과학과 기술—그 연구 현황과 과제」, 『동방학지』 49, 1985, p.272.
33) 신형식, 「삼국 시대 전쟁의 정치적 의미」, 『한국사 연구』 43, 1983, pp.837~840에서 천재지변과 전쟁과의 관계를 논하고 있는데, 이는 상대적으로 천문 관측 등이 실생활을 위해서 깊은 관심의 대상이 되었다는 것을 반증하고 있다.
34) 孫光圻, 앞의 책, p.124.
35) 『삼국사기』 권6 신라본기 문무왕 9년.
36) 『일본서기』 권26 齊明 4년 ; 권27 天智 5년.
37) 茂在寅男, 『古代日本の航海術』, 小學館, 1979, pp.169~173 참조.

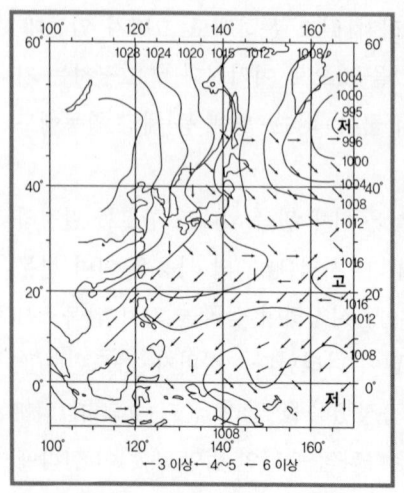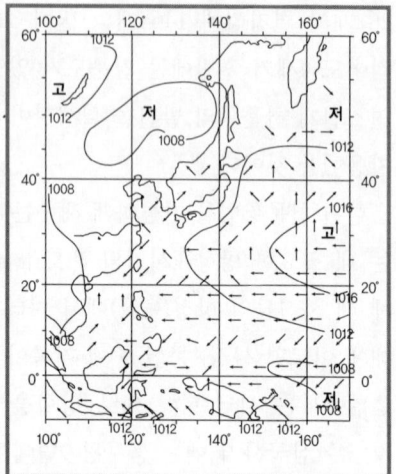

지도 7-2 | 동아시아 계절풍도(왼쪽 1월, 오른쪽 5월)

1. 계절풍

항해에 큰 영향을 주는 것은 바람, 특히 계절풍이다. 돛을 효과적으로 이용하는 단계에 이르면 바람의 이용은 매우 중요하다. 연안 항해는 물론이지만 근해 항해, 원양 항해에서 바람의 이용은 거의 필수적이다. 늦어도 기원전 2세기 이전에는 중국인들이 계절풍을 항해에 이용한 것으로 보인다. 한 무제는 남월(南越)·동월(東越)을 정벌할 때 계절풍을 이용했다.[39] 연과 동진이 교섭할 때에도 계절풍을 이용한 사례가 나타나고 있다.[40]

고구려·백제·왜 등 동아지중해의 국가들이 계절풍을 항해에 이용한 사례는 대외 교섭에서 나타났으며, 후대에 당과 일본 사이, 신라와 일본 사이, 특히 발해와 일본 사이에서 극명하게 나타나고 있다.

---

38) 孫光圻, 앞의 책, p.241.
39) 汶江, 『古代中國與亞非地區的 海上交通』, 四川省 社會科學院出版社, 1989, p.27.
40) 孫光圻, 앞의 책, p.195, "然而 因冬季渤海盛行偏北季風, 船舶頂風航行 頗費周折 曠日持久."

내용＼월별	1	2	3	4	5	6	7	8	9	10	11	12	불명	계
침범		1	2	11	5	4	3	1					7	34
교빙	1	3	7	3	3		2			1		1		21
계	1	4	9	14	8	4	5	1		1		1	7	54

도표 7-1 | 일본(왜)의 대신라 관계 월별 통계[41]

먼저 신라와 왜의 관계를 살펴보자.

『삼국사기』에 나타난 신라의 대왜 교섭을 월별로 분석하면 다음과 같은 결과가 나온다.

위와 같이 신라와 왜의 관계에서 왜의 침입이 일정한 시기, 일정한 지역에 집중되었음을 확인할 수 있다. 봄에 집중되어 있는 것은 남풍 계열, 즉 남동풍을 활용하였기 때문이다. 실성왕 때부터는 3월에도 침입하는 모습을 보인다. 이는 항해술이 발달하고 출발지가 더 남쪽으로 변동된 탓으로 판단된다. 한편 늦가을에서 겨울까지 침입이 없는 것은 바다의 기상 상태가 나쁜 탓도 있지만 바람의 방향이 북풍 계열, 즉 북풍이 주류를 이루고 있으므로 쓰시마나 일본열도에서 한반도 남부로 항진하기가 매우 힘들기 때문이다.

한편 아래의 도표에서 보이는 것처럼 백제가 중국 지역에 사신들을 파견한 월별 통계를 내보면 황해에서의 항해 역시 월별에 따라 영향받고 있음을 알 수 있다.

월별(음력)	1	2	3	4	5	6	7	8	9	10	11	12	계
사신 파견	7	6	6	1			4	2	4	3	4	3	40

도표 7-2 | 백제의 대중국 사신 파견 월별 통계

위 도표[42]에 따르면 백제의 대중국 교섭은 월별에 따라 차이가 있고 북

---

41) 신형식, 『신라사』, 이화여대 출판부, 1988, p.212 도표 인용.

동 계열의 바람을 이용했음을 알 수 있다. 정치·외교적인 특수한 목적 외에 월별에 따라 항해 빈도의 차이가 있다면 그것은 항해 조건의 차이라는 이유 외에는 달리 설명할 도리가 없다. 더 구체적으로 말하면 항해 조건의 차이, 그것도 월별에 따른 차이라면 계절풍밖에 없다. 따라서 이 통계는 백제의 항해가 계절풍의 영향을 받으며 이루어졌음을 증명한다. 특히 백제는 고구려와 달리 연안 항해나 근해 항해를 쉽게 할 수 없는 한계가 있기 때문에 항로의 개발과 계절풍을 이용한 항해에 대한 의존도가 높을 수밖에 없다.

계절풍을 항해에 활용한 현상은 고구려의 대북조 교섭에서도 나타난다.

파견국　　월별	1	2	3	4	5	6	7	8	9	10	11	12	불명	계
위	3	14	4	6	8	4	3	4	6	4	3	5	1	65

도표 7-3 | 고구려의 대북위 사신 파견 월별 통계(『삼국사기』 고구려본기 장수왕 13년(425)부터 안원왕 3년(533)까지의 통계. 중국 기록에는 월별의 구분이 거의 없다)

위 도표에 따르면 사신단의 파견은 2월에 14회 출발하는 등 겨울철에 많이 이루어졌다. 물론 이 시절의 사행(使行)에는 하정사(賀正使)들이 있었을 것이다. 그런데 2월이 11월이나 12월보다 빈도수가 월등히 많은 것은 하정사 파견 외에도 겨울 사행에 다른 요인이 있었음을 생각케 한다. 만약 이 사행의 다수가 해로를 이용했다면, 일반적으로 겨울 항해란 하지 않는 것이 원칙이다. 북반구의 겨울 바다는 풍력이 3~5에 이르는 등 바람이 거칠고 강하며 빠르다.[43] 날씨가 추워서 황해 북부, 발해 등의 수온은 섭씨 4~5도밖에 안 된다.[44] 따라서 인간이 활동하기에 매우 불편하다. 그런데도

42) 정진술, 「한국 선사 시대 해상 이동에 관한 연구」, 『충무공 이순신 연구논총』, 해사박물관, 1991, p.454.
43) 김광식, 『알기 쉬운 기상 지식』, 일지사, 1990, pp.52~53에 풍력 계급표가 나와 있다.
44) 수로국 편, 『한국 해양 환경도』, 1982, pp.22~23 참조.

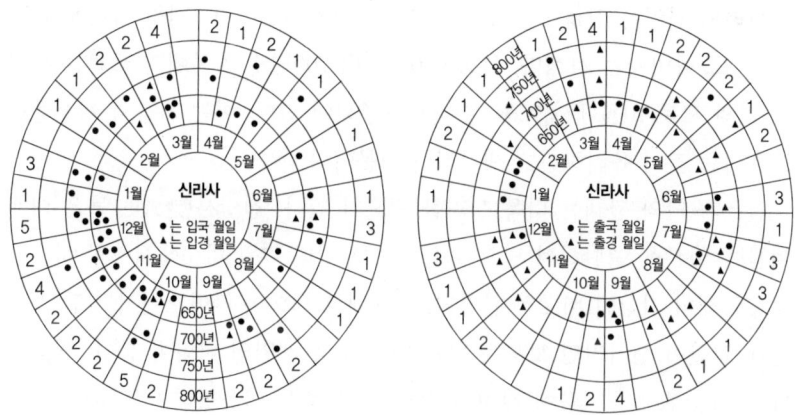

도표 7-4 | 신라 · 일본 간 사신 왕래의 계절 분포도[45]

이처럼 항해의 악조건인 겨울에 외교 항해를 한다는 것은 반드시 항해상의 이점이 있기 때문이다. 그것은 바로 바람의 이용이다.

〈지도 7-2〉의 동아시아 월별 계절풍도와 〈도표 7-1 · 2 · 3〉에서 나타난 대외 교섭 사신들의 월별 통계 사이에는 일치되는 점이 있다. 그것은 계절풍으로 인하여 해류의 방향이 영향을 받고, 삼국 시대의 대외 사행 역시 계절풍과 해류의 영향을 받고 있다는 것이다. 그리고 범선을 이용했음을 알려 준다.

앞에서 언급한 대로 이 시기에 불어오는 바람은 주로 북서풍이지만 편북풍(偏北風)이 되기도 한다. 그러므로 고구려인들은 겨울철에 황해 연안을 타고 내려오는 남류에 편승하여 연안수의 영향, 지역 조류의 도움을 받아서 북동 계열의 바람을 활용하면서 항해를 한 것이다.

위 도표에서는 신라에서 일본으로 가는 경우에도 계절풍을 이용한 증거가 나타나고 있다.

---

45) 吉野正敏, 「季節風と航海」, *Museum Kyusu* 14, 1984.

신라의 견일본사(遣日本使)를 보면 10월에서 3월까지 6개월 사이에 40회이고, 그 나머지는 21회다. 특히 650년부터 700년경 일본에 입국하는 시기는 거의 모두 10월에서 12월 사이에 집중되어 있다. 이는 겨울의 계절풍을 이용하는 것이 유리하다고 생각했기 때문이다.[46]

일본과 당의 관계는 더욱 살펴볼 필요가 있다. 견당사(遣唐史)들은 대개 여름에 일본을 출발하여 당으로 항해하고 있다. 7월 하순에서 8월 하순은 동중국해의 기상이 비교적 안정되고, 때때로 태풍이 불어오면서 바람의 방향에 교란이 생기지만 보통은 남동 내지 남풍 계열의 바람이 분다. 귀국할 때는 가을부터 초겨울에 걸쳐서 9월에 북동풍을 이용했다.[47] 당나라 상인들도 6월이나 7월에 강소성(江蘇省)·안휘성(安徽省)·절강성(浙江省) 등을 출발하여 일본열도에 왔다.

9세기 중반경에 엔닌(圓仁)은 신라 배를 이용하여 일본으로 귀국하면서 황해 중부를 횡단했다. 그는 자기가 쓴 책에서 당(唐) 개성(開成) 4년 839년조 4월 2일에 "신라 관내로 들어갈 수 없다. 서풍·서북풍이 불면 큰일이다"라고 하면서 적지로 들어가는 데 대하여 심각한 우려를 하고 있다. 그런가 하면 4월 17일에는 "등주 근처에서 동쪽으로 가면 신라가 있다. 바람만 좋으면 2~3일 만에 도착할 수 있다"고 기록했다.[48] 모두 항해에 바람의 이용이 절대적이었음을 표현한 것이다.

비록 시기가 그보다는 나중이지만 발해인들의 대일본 항해,[49] 당인(唐

---

46) 吉野正敏, 앞 논문, p.14.
47) 吉野正敏, 앞 논문, p.15 도표에는 650년부터 850년까지 당과 일본 간의 교섭 과정이 월별로 도표화되어 있다.
48) 圓仁, 『入唐求法巡禮行記』 권1.
    황해나 동중국해의 항해에서 바람이 중요한 사실은 윤명철, 「황해의 지중해적 성격 연구(1)」 (조영록 편, 『한중 문화교류와 남방 해로』, 국학자료원, 1997) 참조.
49) 吉野正敏, 「季節風と航海」, *Museum Kyusu* 14, 博物館等 建設推進九州會議, 1984, p.16. 비슷한 통계는 森浩一 외, 『古代日本海文化の源流と發達』, 大和書房, 1985, 부록 도표 ; 門脇禎二, 『日本海域の古代史』, 東京大學 出版會, 1986, pp.369~373 도표 참조.

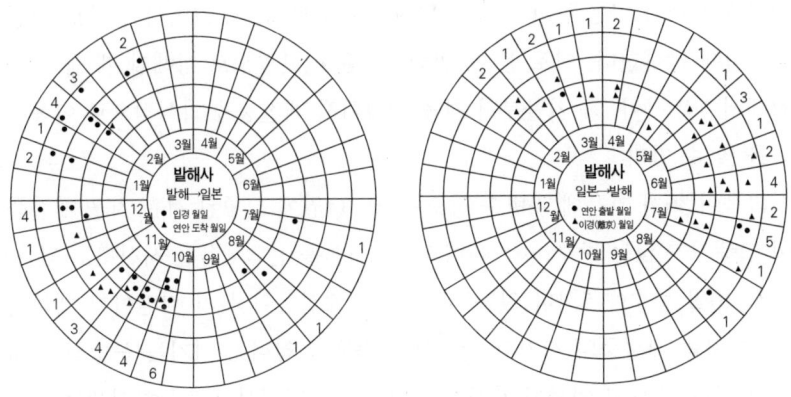

人)들의 일본 항해에서도 이러한 현상은 분명하게 나타난다.

고구려를 계승한 발해인들은 계절풍을 절대적으로 이용했다. 주로 겨울철에 동해 연안을 내려오는 남류(南流)에 편승하여 연안수의 영향, 지역 조류의 도움을 받아서 북동 계열의 바람을 활용하면서 항해를 했다. 그러나 돌아올 때는 그 반대가 된다. 발해 항로는 특히 바람의 영향을 많이 받았다. 출발지도 한계가 있었고, 항해 구역도 고구려보다 더 제한적이어서 바람의 영향이 거의 절대적이었다. 그들은 남향하는 한류를 타기도 하지만 무엇보다도 북풍 내지 북서풍 계열의 바람을 이용해야 했기 때문이다.

즉, 〈도표 7-5 발해사 항해 시기 도표〉[50]를 보면 발해인들은 일본에 갈 때는 늦가을부터 초봄에 걸쳐 부는 북풍 계열의 바람을 이용했다. 이 시기 동해의 계절풍은 북서-북-북동으로서 발해사가 방일하는 데는 거의 순풍이다. 초기 교섭은 8월이었으나, 700년대에서 800년대에는 10월에 10회, 11월에 8회, 11월 하순에 1회, 음력 12월에 4회 등이다. 7월에 1회와 8월

---

50) 吉野正敏, 「季節風と航海」, *Museum Kyushu* 14, 1984, pp.16~17에는 발해의 견일사들의 월별 분석을 통해서 항해가 계절풍의 영향을 절대적으로 받았음을 보여준다.

에 2회의 예가 있을 뿐 4·5·6·9월에는 하나도 없다. 그러나 점차로 12월과 1월에 많아진다. 이로 볼 때 발해인들은 일본열도로 항해할 때 음력 10월에서 1월 사이, 즉 가을부터 겨울에 걸쳐서 계절풍을 의식적으로 이용했음을 알 수 있다.

더욱이 36회 가운데 과반수 정도가 10·11월에 집중된 것은 겨울 계절풍이 강해지지 않는 중추(中秋)에서 만추(晩秋)를 선택했음을 시사하고 있다. 특히 10월 중순에 5회나 있는 것은 겨울 계절풍이 불기 직전이기 때문이다. 이처럼 계절풍의 시기와 발해사가 동해를 건너는 시기는 분명히 일치하고 있다. 반대로 여름의 계절풍은 남서로서 발해사가 귀항하기에는 순풍이다. 때문에 발해사가 귀국할 때 출경(出京)과 출국은 전부 3월에서 8월에 집중되어 있고, 5월이 주류를 이루고 있다. 9월에서 1월에는 한 차례도 없다. 즉 봄부터 여름의 남 또는 남서의 계절풍을 이용했던 것이다.

실제로 발해인들은 스스로도 바람을 활용하고 있다고 말했다. 예를 들면 842년 발해 대사인 하복연(賀福延) 편에 발해의 중대성(中臺省)에서 보낸 첩문(牒文)에는 바람을 점치고 때를 기다려 출항한다는 내용이 있다.[51] 결국은 고구려도 이와 거의 유사한 형태로 동해를 항해하여 일본으로 갔다.

이러한 계절풍의 이용은 바람의 방향에 따른 해류 등 표면수의 영향을 고려했다.

2. 조선술

계절풍이 항해에 직접적으로 영향을 미친 사실은 배에 돛을 장착한 범선을 사용했음을 의미한다. 동아시아권에서 일찍부터 범선을 사용한 기록은 갑골문자에서 나타나고 있고, 솥〔鼎〕에는 돛〔帆〕이 그려져 있다.[52] 상대(商

---

51) 『續日本後紀』 권11 承和 9년.
52) 허진웅, 앞의 책, p.336, 354에 체계적으로 정리되어 있다.

代)에도 돛배는 있었으나 충분치는 않았다. 돛을 만드는 삼베가 충분하지 않았기 때문이다. 그러나 전국 초기에 이르면 이미 돛을 사용한 것으로 보인다.

'한전상범외화(漢磚上帆桅畵)'라고 명명된 한대의 벽돌에는 고기를 잡는 작은 배가 있는데 가운데에는 돛대가 표시되어 있다.[53] 고도로 발달된 돛을 사용한 것은 삼국 시대에 남해로 항해한 배의 기록에서 나타난다. 삼국 시기 동오(東吳)의 단양태수(丹陽太守)인 만진(万震)의 『남주도물지(南州導物志)』에는 "…… 배의 크기에 따라서 네 개의 돛을 달기도 했다. 앞뒤로 겹쳐서 돛을 실었으며 …… 길이는 장여(丈餘)가 되게 베를 짜 돛을 만들었다"[54]고 하여 고도로 발달된 돛을 가지고 있음을 보여준다. 그리고 이어 돛을 가지고 방향을 조정하는 방법, 즉 항해술에 대해서 기록하고 있다.[55] 법현(法顯)의 『불국기(佛國記)』에는 바람을 항해에 활용했다는 기록이 자주 나타나고 있다.[56]

이러한 동아시아의 일반적인 해양 문화 수준을 고려할 때, 그들과 활발히 교류를 한 고구려 역시 돛을 사용했을 것은 필연적이다. 백제와 남조 사이의 교섭, 왜와 남조의 교섭은 바람을 적절히 이용할 수 있는 돛의 사용이 본격화되어야 가능하다. 고구려와 남북조의 교섭은 공식적인 사신들 외에 민간인들에 의해서도 이루어졌다. 특히 "사통환위(私通還魏)"[57]란 문구에서 보여지듯 당시 승려들은 개인적으로 활발한 교류를 가졌다. 즉 공적인 교섭 외에 승려들을 비롯한 민간인들의 교류가 활발했으며, 그들 모두 범선을 사용했다. 평원왕 시대의 승려인 의연(義淵)은 범선을 타고 위나

---

53) 彭德淸 主編, 『中國船譜』, 人民交通出版社, 1988, p.34.
54) 허진웅, 앞의 책, p.340.
55) 『太平御覽』 舟部인 南州導物志 ; 孫光圻, 『中國古代航海史』, p.236.
  당시 돛을 활용한 항해술에 대해서는 孫光圻, 위의 책, pp.237~239 참조.
56) 孫光圻, 위의 책, pp.244~245.
57) 『해동고승전』 권1 流通 1.

라의 수도인 업(鄴)으로 향했다.[58] 이러한 기록은 민간 교류의 과정에서 고구려 선박이 돛을 갖추고 있었음을 알려 준다.

그러면 이러한 항해 조건과 항해술을 활용하여 항해를 하는 선박의 발달 수준은 어느 정도였을까? 갑골문에서 보여지듯 중국에서 선박은 꽤 오래 전부터 사용되었다. 춘추전국 시대에는 6개월 정도 장기 항해를 할 수 있을 정도의 선박을 제조했다. 『월절서(越絶書)』에 따르면 대익(大翼)이란 군선은 길이가 120척(1척은 약 23cm), 폭이 1장(丈) 6척, 총 승무원은 91인으로서 그 가운데 전사 26인, 도졸(櫂卒, 노꾼)이 50인, 축로(舳艫)에 3인이 있었다. 그 밖에도 중익(中翼)·소익(小翼)·누선(樓船) 등이 있었다. 1964년에 성도(盛都)의 백화담(百花潭)에서 전국 초기의 감착동호(嵌錯銅壺)가 출토되었다. 그곳에는 수전도(水戰圖)가 그려져 있는데 이층 누선이 있고, 물속에서도 단검을 가지고 격투를 벌이는 장면이 있다.[59]

기원전 240년으로 추정되는 진한 시대의 조선(造船) 유적지에서 발견된 배를 보면 길이 20m에 25~30톤의 물량을 실을 수가 있었다.[60] 그리고 『한서』 식화지(食貨志)에는 그전에 한 무제가 남월을 공격할 때 누선을 사용하여 병사 20만을 동원했다는 기록이 있다. 이처럼 당시 만들어진 배들은 용도에 따라서 다양했다. 『진서(晉書)』 왕준전(王浚傳)에 따르면 진나라가 동오를 공격했을 때 배 한 척에 전사 2천 명을 태울 수 있었다고 한다. 서진을 대신하여 위가 나라를 세운 후 왕준에게 명하여 큰 배를 운반하게 했는데, 길이가 120보, 수송 인원은 2천여 명에 달했다. 배 위에 나무로 성을 만들고 누각을 일으켜 세웠다.[61]

한민족이 일본열도에 진출하는 과정은 조선술의 발달을 빼놓고는 성립

---

58) 『해동고승전』 권1 流通 1, "…… 遣淵乘帆向鄴 ……."
59) 허진웅, 앞의 책, p.337. 이 책 p.359에는 그림이 소개되어 있다.
60) 1974년 廣州市 珠江 북안에서 진대의 조선 공장이 발견되었다.
   이영채, 앞의 책, p.52 ; 허진웅, 앞의 책, p.339.
61) 이영채, 앞의 책, p.56 ; 최광남, 「중국의 조선술 발달」, 『한국 상고사 학보』 2집, 1989.

될 수 없다. 일본의 『동정회전회권(東征繪傳繪卷)』에 그려진 조선 풍경을 보면 고대의 백제·신라인들이 조선을 지도하는 것이 보인다.[62] 특히 6세기 중반 이후에 오면 일본은 조선에 비상한 관심을 기울인다. 일본은 이후에도 백제선을 만드는 등 우리의 조선술의 영향을 받았다.[63]

고구려인들은 백제나 신라보다 해양 활동이 활발했으므로 조선술 역시 발달했을 것이다. 두우(杜佑)가 편찬한 『통전』에는 마자수(馬訾水)를 설명하면서 고구려에 대선(大船)이 있었다고 기록하고 있다.[64] 한편 『해동고승전』에는 고구려의 승려인 의연이 배를 타고 북위에 간 기록이 나온다. 여기서 배("乘舶汎海")라고 표현을 했는데, 어느 정도의 규모였는지 알 수가 없다.[65] 그런데 고국원왕 8년(338) 후조가 연을 협공하려는 기도의 일환으로 배 300척을 동원하여 고구려에 양곡 30만 곡(斛)을 보내왔다. 물론 고구려의 선박이 아닐 가능성은 있다. 30만 곡을 300척에 나누었을 경우 한 척당 1000곡, 즉 100가마의 곡식을 실은 것이 된다. 한 가마당 40kg일 경우 4톤의 무게가 된다. 그런데 곡식만 실었을 리 없다. 기타 부대 화물이 있었을 것이고 수송 요원, 전사, 그리고 선원들이 동승했을 것이다. 그렇다면 적재량의 부피와 무게는 더욱 늘어난다. 매우 큰 선박임에 틀림없다.

그런데 송의 태조가 북위를 토벌하고자 장수대왕에게 말을 보내라고 한 일이 있었다. 이때 장수대왕은 말 800필을 보냈는데, 이것은 대규모 선단이 이동했을 것이므로 조선사에서 대단히 획기적인 일이 아닐 수 없다. 이때 송나라 영토는 북으로는 산동반도까지 점하고 있으므로 항해 거리가 짧았을 가능성이 크다. 따라서 고구려의 군마 운송은 비교적 수월했을 것이다. 그러나 말을 운송할 능력을 갖춘 선박은 조선 공학적으로 대단히 발달

---

62) 松枝正根, 앞의 책, 下, p.26.
63) 『일본서기』권25 孝德 白雉 원년, "······ 於安藝國 使造百濟船二隻."
64) 杜佑, 『통전』권186, 변방이 동이 고구려.
65) 『해동고승전』권1 유통 ; 章輝玉, 『해동고승전 연구』, 민족사, 1991 참조.

된 것이다.[66] 당시의 역사적인 상황과 자연환경을 고려할 때 고구려의 배는 선박 공학적으로 뛰어나야 하고, 또 장거리 항해를 해야 하는 만큼 내구력이 강하고 필요에 따라서는 기동성도 갖추어야 했다. 또한 선박에는 기능이 뛰어난 항해 도구가 내장되어 있었다.

고구려인들의 조선 능력은『일본서기』에 나타난 선박 및 사신들의 규모를 통해서 알 수 있다. 656년인 사이메이 2년에 도착한 고구려 사신은 총 81명이었다. 660년인 사이메이 6년에는 사신인 을상하취문(乙相賀取文) 등 100여 명이 츠쿠시에 도착했다. 그러니까 1회에 2척씩 왔을 경우에는 한 배에 약 50명 이상씩 타고 왔을 것이다.

한편 거의 유사한 시대의 일본열도에는 당시 선박의 형태와 규모 그리고 조선술을 알려 주는 자료들이 있다.[67] 사이도바루〔西都原〕고분에서 나온 선형식륜(船型埴輪)이 비교적 유사한 시기의 것이고, 그 외 진부총(珍敷塚), 일의 강총(日の岡塚) 등 6세기경의 것으로 추정되는 장식고분에서는 배 그림들이 나타나고 있다.[68] 왜는 백제와 신라에서 조선술을 배웠으며,[69] 특히 6세기 중반 이후에 오면 조선에 비상한 관심을 기울인다. 선박에서 사용된 항해 도구도 다양했다.『고사기(古事記)』에 나오는 천일모(天日矛)의 신화를 항해와 관련시킨 무재인남(茂在寅南)의 해석이[70] 고대인의 항해를

---

66) 군마의 운송 능력에 대한 어려움과 이에 대한 선박 공학적 연구는 나가사키 국립대학 柴田惠司 교수의 개인 연구 자료와 그것을 활용한 필자의 졸고,「기마민족의 군마 운송은 뗏목이었다」,『월간 廣場』, 1989, 11월호 참조.
67) 일본열도의 조선술에 대한 연구는 國分直一,「古代東海の海上交通と船」,『東アジアの古代文化』29號, 大和書房, 1981, p.38 ; 清水潤二,「日本古代の船」,『船』(大林太良 編), 社會思想社, 1975, pp.64~66 ; 須藤利一 編,『船』, 法正大, 1983 참조.
또한 최근에는 항해술과 조선술 등을 군사 작전의 입장에서 연구한 松枝正根,『古代日本の軍事航海史』上・中・下, かや書房, 1994가 있다.
68) 松枝正根,『古代日本の軍事航海史』中, かや書房, 1994에는 장식고분의 船壁畵와 항해의 관계에 대한 연구가 있다.
69) 松枝正根, 위의 책, 下, p.26.
70) 茂在寅南, 앞의 책, pp.169~173.

이해하는 데 상당한 시사점을 준다.

고구려·발해인들이 도착한 지역인 일본열도 중부의 후쿠이현에는 선박과 관련된 유물이 있다. 오이시[大石] 유적에서 출토된 구리방울[銅鐸]에는 배 그림 선각화(線刻畵)가 있는데, 중간에는 마스트가 있고, 노(櫂)는 양현(兩舷) 합해서 18∼20정으로 보여진다. 전장(全長)이 거의 15m에 달하는 대형선이다. 역시 후쿠이현의 사카이[坂井]군 하루에[春江]정(町)의 정향(井向) 유적에도 구리방울의 배 그림 선각화가 있는데, 한쪽 현에 아홉 개의 노가 묘사되어 있어 최소한 18명이 조정하는 배임을 알 수 있다. 전장은 14m로 추정된다. 그 북쪽인 이시카와[石川]현의 구로우지[黑氏] 유적에서도 배 모양의 목기가 나왔다.

후대의 일이지만 신라인들은 조선술이 매우 뛰어났다. 752년에 나라의 도다이사[東大寺]에서 대불(大佛)을 개안할 때 신라에서는 김효겸이 이끄는 축하 사신과 상인들이 대거 일본에 갔다. 그때 700명의 사절단은 7척의 배를 타고 갔다. 한 척당 평균 100명이 승선했음을 알 수 있다. 신라 배의 우수성은 조정에서도 분명하게 인식했고, 국가적으로 건조했다. 839년에는 다이자후에 명하여, 신라선(新羅船)을 만들어 능히 풍파를 감당할 수 있게 하라는 기록이 나온다.[71] 역시 같은 무렵인 840년에 쓰시마의 관리가 신라 배의 우수성을 말하면서 다이자후가 가진 신라 배 6척 중에서 한 척을 나누어 달라고 요청했다.[72] 조정이 신라 배를 소유하고 있었음을 알 수 있다.

일본은 국내뿐만 아니라 대외 교섭에도 신라 배를 활용했다. 중국 연안에서 활동하고 있던 재당(在唐) 신라인들의 조선술은 이미 중국에서도 알려져 있다. 839년 일본의 견당사선이 귀국할 때에는 초주(楚州)의 신라 배 9척을 얻어 타고 왔다.[73] 승려·상인 등 민간인은 말할 것도 없었다.[74] 엔닌

---

71) 『續日本後紀』 권8 承和 6년 839년 가을 7월 丙申, "令大宰府 造新羅船 以能堪風波也."
72) 『續日本後紀』 권9 承和 7년 9월.

이 타고 귀국한 신라 배를 그린 것이 현재 히에이산의 명덕원(明德院)에 남아 있다. 쌍돛대를 설치했고, 사각돛에는 활대가 아홉 개 있고, 배 안에는 누각이 있으며, 돛은 물레를 이용하여 조정했다. 이를 뒷받침하듯 당시 엔닌은 자신이 타고 온 배에 대하여 책에서 기술하고 있다. 예를 들면 6월 6일은 돌을 매단 닻을 올리고, 돛폭을 가지런히 했다고 했다. 또 6월 23일에는 닻돌[碇]·돛대[桅] 등 선박의 항해 도구에 대한 표현이 있다.

발해와 동시대에 사용된 일본의 견당사선들은 대체로 4척 정도가 1개 선단을 이루었는데, 한 척당 100명에서 150명 남짓 타고 있었다. 그 크기는 전장이 20여m, 폭은 7m 전후이고, 크기는 백수십 톤 정도로 추정된다.[75] 항해 환경을 고려할 때 고구려의 배들은 그보다는 비교적 작았을 것이다. 발해는 후기인 9세기에 들어오면 100명이 넘는 사절을 승선시킨 큰 선박을 정기적으로 파견한다. 고구려선들은 초기 발해선의 크기를 넘지 않았을 것으로 판단된다.

황해의 배와 동해의 배는 구조상에서 약간의 차이가 있다고 생각한다. 자연환경을 고려하면서 동해에서 사용된 고구려 선박의 특징을 살펴보기로 하자.

동해는 황해와는 달라 겨울철에는 바람이 심하게 불고 파도가 높아 황천(荒天) 항해를 할 가능성이 높다. 그런데 고구려에서 일본으로 가려면 북서풍을 이용하기 위해서 겨울에 항해해야 한다. 따라서 무거워서 기동성이 떨어지는 대형 선박보다는 작고 빠른 배가 효용성이 클 수 있다. 또한 조선 재료인 목재의 한계 때문에도 선박은 작았다.

고구려 배의 구조와 성격을 자연조건에 비추어 보면 몇 가지 특성을 알 수 있다.

---

73) 『續日本後紀』 권8 承和 6년 8월.
74) 『日本書紀』 권26 齊明 4년(658). 승려들이 신라 배를 타고 당나라에 간 기록이 있다.
75) 茂在寅男, 「遣唐史槪觀」, 『遣唐史と史料』, 東海大學 出版部, 1989, p.26 참고.

첫째, 능파성이 좋아서 험하고 높은 파도를 가르면서 항진할 수 있어야한다. 겨울의 편계절풍을 활용해야 하므로 선체의 내구력이 좋고, 튼튼한돛이 있어야 한다. 지중해의 배들은 보통 삼각돛을 사용했으나 북해의 배들은 사각돛을 사용했다. 이는 바람의 상태와 돛의 이용 방법이 달랐기 때문이다. 동해에서 운행한 고구려 배는 주로 사각에 가깝고 황해나 동중국해의 범선보다는 상대적으로 단순한 형태의 돛을 사용해야 한다.

둘째, 동해는 수심이 깊고, 출발항이나 도착항의 해안선이 비교적 단순하여 조류의 영향도 작고 암초도 적다. 따라서 배는 황해의 평저선(平底船)보다는 흘수가 깊은 첨저선(尖底船)에 가까워야 한다. 강한 바람을 견디면서 중심을 잡고 운행하기 위하여 용골과 키도 발달해야 한다. 또한 늘 거센 파도와 강한 바람을 맞아야 하므로 선체는 내구력이 강하고 튼튼해야한다. 따라서 단단한 목재를 사용해서 건조해야 한다.

이러한 여러 가지 점을 고려할 때 고구려는 항해술이 발달한 만큼 조선술이 발달했다. 하지만 동해와 황해의 배는 다를 수밖에 없었다. 수백 필의 말을 실은 대선단이 항해를 종단하여 양자강 유역까지 항해한다는 사실은 그러한 능력이 없으면 불가능하다.

대외 교섭 항로

고구려의 해상 활동 반경이 황해 전역과 동해의 많은 부분으로 확대되어있었다면 해상 활동의 길, 즉 항로는 어떤 것이었으며 그것을 뒷받침해 준항해술은 어느 정도였을까? 이제 이러한 기술적인 측면을 통해서 고구려해양 활동의 실상을 입증해 보기로 하자. 고구려는 5세기 이후에 중국의남북조와 동시 등거리 외교를 추진해야 했고, 백제와 신라를 해상에서 압

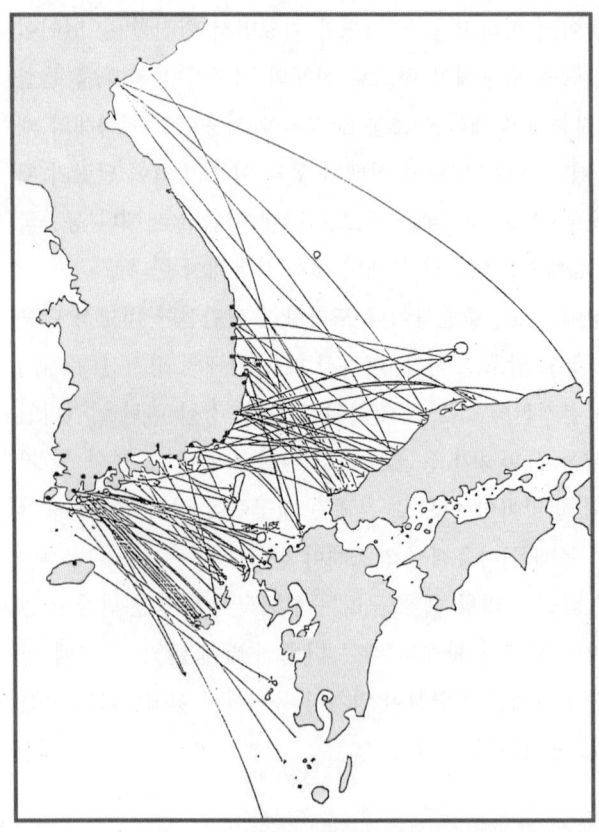

지도 7-3 | 1629∼1840년 조선에서 일본에 표류해 간 선박들의 길(시바다 게이시, 손태준 작성). 울산·포항 등에서 출발한 배들은 야마구치현과 시마네현에 집중적으로 닿는다.

박하는 한편 왜와의 통교가 필요했다. 더구나 국제 관계에서 해양의 중요성이 더욱 강조되었다. 이러한 필요성 때문에 다양한 항로를 사용하면서 이를 적절히 운영하는 것이 필요했다. 아래 글에서는 당시의 국제 역학 관계와 자연적 조건, 항해 수준 등을 고려하여 고구려의 대외 교섭 항로를 재구성하고자 한다.

항로는 매우 중요하다. 항구의 선택과 입지 조건에 따라 국가의 흥망성

쇠가 결정되는 경우가 세계사에서는 매우 많다. 항로가 중요하다는 것은 삼국 시대 각국의 일본열도 진출 과정과 일본의 고대 국가 형성 과정에서도 분명한 모습으로 나타난다.

가야·백제·신라·고구려는 나라의 위치가 다른 만큼 각각 다른 항구에서 출발했다. 출발 항구가 다르므로 항로도 다를 수밖에 없었고, 항로가 다르니 도착 항구가 다를 것은 필연적인 결과다. 도착 항구가 다르니 당연히 거주한 집단의 정치적·문화적 성격도 다르다. 예를 들면 가야계는 남해 동부 해안을 출발하여 가장 손쉬운 항로를 선택하여 쓰시마를 경유한 다음 규슈 북부 지역에 도착했다. 백제계는 전라도 해안에서 출발하여 규슈 북서부 혹은 서북부 지역에 도착하여 거점을 확보했다. 신라계는 동해 남부를 출발하여 혼슈 남단에 도착했다. 고구려는 일본열도 진출하기에는 비교적 불리한 조건이었으나 동해 중부 혹은 동해 북부 해안을 출발하여 주로 일본열도의 중부인 월 지방(현재의 후쿠이현 주변)에 도착했다. 이처럼 항로를 정확히 파악해야 교섭의 성격 또한 깊이 이해할 수 있다.

이렇게 항로에 따라서 지역의 성격이 결정되는 것이다. 고구려 또한 정치적 상황이나 자연조건에 따라서 여러 개의 항로를 사용했다.[76]

그러면 고구려인들이 사용한 항로는 과연 어떠했을까? 항로를 살펴보기에 앞서 몇 가지 전제해야 할 사실이 있다.

먼저 출발 항구, 특히 항구 조건에 관하여 살펴보아야 한다.

항구는 적절한 조건이 갖추어져야 한다. 예를 들면 만 안에 암초가 없고, 조류의 흐름이 비교적 규칙적이며 안전해야 한다. 리아스식 해안이 발달한 황해는 특히 이 부분이 중요하다. 바람의 영향을 크게 받지 않아야 하고, 계절에 맞는 환경을 갖추어야 한다. 예를 들면 동해안은 겨울철에 북서풍이 많이 불기 때문에 가능한 한 북서쪽으로 산 등이 있어서 맞바람

---

76) 항로의 선택과 정치세력 간의 관계, 삼국의 일본열도 진출 과정에 대해서는 윤명철, 『동아지중해와 고대 일본』, 청노루, 1996, pp.159~165 참조.

을 막아 주어야 한다. 또한 주로 출발하는 계절에 맞춰서 바람을 적절하게 이용할 수 있는 곳을 항구로 택해야 한다.

고대에는 출발 항구와 가까운 곳에서 배를 건조하거나 수리해야 하므로 항구 주변에는 나무가 풍부한 산림이 있어야 한다. 반면에 고대 항구는 배의 크기가 비교적 작으므로 넓고 커다란 만보다는 적합한 항구가 좋다. 또한 강과 연결되어 수로 교통을 최대한 활용해야 하므로 강과 직접 연결된 항구, 즉 나루를 겸하는 곳이 좋다.

양항(良港)은 이러한 자연조건 외에도 몇 가지 인문조건을 갖추어야 한다. 특히 항해의 목적이 단순한 어업 활동이나 민간인들의 교역을 뛰어넘어 정치·경제·군사·문화 등 특별한 경우에는 배후지의 존재와 성격 등 그에 걸맞은 항구를 선택해야 한다. 이러한 몇 가지 조건을 갖추면서 고구려인들이 출발했을 항구는 그리 많지 않다. 출발 항구가 가진 이러한 조건들은 도착 항구를 설정하고 이해하는 데도 거의 유사하게 적용된다.

몇 가지 문제점을 덧붙인다면 다음과 같다.

첫째, 이 항해는 일종의 '표류성(漂流性)'이 덧붙여진 항해라는 사실이다. 기본 목표는 설정하지만 정확히 그 지역이나 항구에 도착하는 것은 아니다. 동일한 노선으로 항해를 반복하다 보면 항로에 대한 정보가 축적되고, 경험이 풍부해지므로 후대에 보이는 것처럼 똑같은 지역에 도착할 수도 있다. 그러나 그것은 매우 어려운 일이다. 한편 도착 목표로 정한 해역에 접근한 다음 근해 항해나 연안 항해를 통해서 목적지를 다시 찾아가므로 사료에 기록된 지역 및 항구가 반드시 항로의 종착점은 아니다. 그러나 정치·외교적 항해인 경우에는 최종적으로 반드시 지정된 항구에 도착했다.

둘째, 항로를 설정할 때 출발 항구로 불리는 곳이 반드시 하나만이 아니라는 사실을 염두에 두어야 한다. 대체로 수도나 큰 도시에서 출발할 경우에는 그 도시를 직접 출항한다. 그러나 항로는 대부분 강을 통해서 일단 바다로 나간 다음에 출발하기 때문에 출발지인 하안 도시(하항·河港)와 실제로 바다로 항해를 시작하는 항구(해항 · 海港)는 다르다. 더구나 바람을 절대적으로 이용해야 하는 고대 항해는 일단 바다, 혹은 원양으로 나가기 직전에 항해에 적합한 바람과 좋은 날씨를 기다리면서 피항(避港)할 수 있는 외항(外港)에 대기했다. 중국의 절강성에서 한반도나 일본열도로 출발하는 선박들은 영파의 바깥쪽 바다인 보타도의 불긍거관음전에서 항해에 적합한 바람을 기다렸다가 출발하곤 했다. 이러한 외항은 주항(主港) 가까이에 있거나 그 연결선상에 있는 경우도 있지만, 때로는 먼 곳에 있는 경우도 적지 않다.

셋째, 출발항으로 언급한 곳을 중심으로 항로를 이해하기 위해서는 신중한 판단이 필요하다. 출발 항구에서 도착 항구까지 항로가 직선으로 이어지는 것은 절대 아니다. 항해는 연안 항해, 근해 항해, 원양 항해를 상황에 맞게 골고루 사용해야 한다. 따라서 외항을 출발했다 해도 원양으로 나가는 해역이 그곳과 전혀 다른 곳일 경우가 많다. 특히 고구려 선박들은 원양 항해를 해야 하는 해역이 상당히 광범위하다는 현실적인 한계가 있다. 그러므로 실제 항로를 찾기가 매우 힘들다. 이러한 몇 가지 점과 현실적인 어려움을 전제로 하면서 고구려인들의 항로를 살펴보고자 한다. 아울러 항해 전반을 이해하는 자료가 될 수 있도록 유형화해 보고자 한다.

1. 황해 항로

1) 황해 북부 연근해 항로

고구려에서 가장 양호한 항구 조건을 갖춘 곳은 압록강 하구인 서안평과 대동강 하구인 남포를 비롯하여 강령만, 해주만 등이 있다. 특히 대동강구는 정치 · 외교 · 문화의 중심지였고 오래전부터 대중국 교통로의 출발점이었다는 장점이 있다. 주변에는 남북으로 만들이 발달해 있고, 강 하구에는 섬들이 있어 방어하기에 용이하고 지형이 복잡한 탓으로 조류의 흐름도 빠

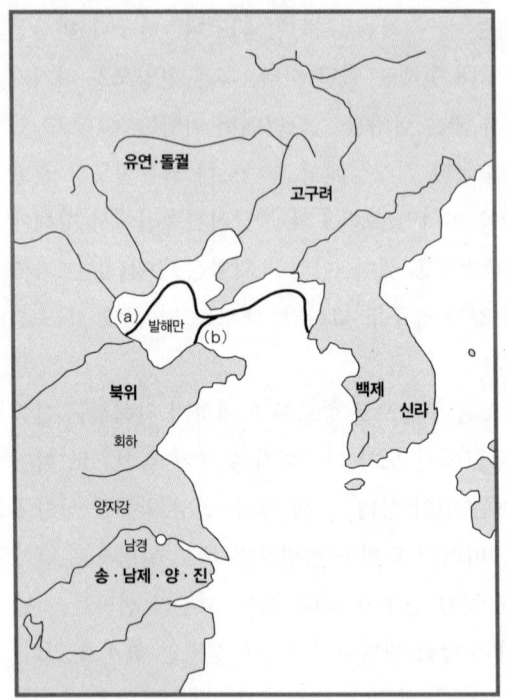

지도 7-4 | 황해 북부 연근해 항로

르고(약 3노트) 조류의 방향은 창조(漲潮)시 북 내지 북동쪽으로 흐르며, 낙조(落潮)시는 남 내지 남서쪽으로 흐른다.[77]

황해 북부 연근해를 이용하는 항로는 두 가지로 나눌 수 있다.

a항로: 대동강을 출발한 후 서해 북부 근해안을 타고 북상하여 요동반도 남쪽 해역을 항해한다. 그리고 다시 남단을 돌아 발해만 깊숙이 들어가서 연안을 타고 내려가다가 산동반도 북부 해안, 아니면 막바로 천진이나 황하 입구 등의 항구로 접안(接岸)하는 항로다.

---

77) 대한민국 수로국, 『한국 해양 환경도』, 1982, p.33.

b항로 : 대동강에서 출발하여 압록강 하구 유역을 거쳐 요동반도 끝까지
는 점으로 연결된 묘도군도를 따라 산동반도의 북부인 봉래, 혹은 끝으로
접안하는 항로로서 이른바 노철산(老鐵山) 항로다.[78]

　그런데 선사 시대 고대 항해에서 연근해 항해와 함께 우리가 또 하나 주
목할 것은 중간의 섬들이나 육지 등 중간 거점을 활용하는 항해 방법이다.
이른바 징검다리식으로 항해를 계속하는 것인데, 안전하고 강력한 방해
집단과 부딪힐 확률이 비교적 적다. 요동반도와 산동반도를 연결하는 묘
도군도를 이용하는 노철산 수도는 징검다리식 항해의 전형적인 예라 할
수 있다.

　황해 북부의 연근해 항로를 이용할 경우에는 주로 자기 영토의 한계를
벗어나지 않고 연근해 항해를 하기 때문에 고대 항해에서 가장 난점이라
할 수 있는 자기 위치 확인과 유사시의 피항 확보에 매우 유리한 조건을
가지고 있다. 따라서 역사 이래로 양 지역을 연결시켜 주었던 손쉬운 항로
며 가장 많이 사용된 항로다. 더구나 날씨가 좋거나 바람의 방향이 순풍이
면 힘들여 압록강이 있는 서한만까지 북상할 필요가 없이 바로 먼 바다로
나가 항로를 잡을 수 있다. 이 항로는 고구려가 북조와 교섭하는 데에도
활용했으며,[79] 정치 · 외교 교섭의 경우에는 물론 민간인들의 교역에 많이
활용되었을 것으로 추정된다. 또한 한 무제의 침입, 후한 광무제의 낙랑
침입 및 위 명제(明帝)의 낙랑 · 대방 침입시 군사적으로도 활용되었다.

　그런데 이 항로의 사용은 통과 해역의 육지에 우호적인 집단이 있음을
전제로 한다. 고구려는 북위와 교섭을 할 때, 양국의 국경 사이에서 북방

---

78) 노철산 항로에 대해서는 『唐書』 권43 하 지리지의 가탐이 쓴 『도리기』 '登州海行入 高麗渤海
　　道'에 노정과 지명, 거리수 등이 상세하게 기록되어 있다.
79) 고구려와 북위와의 교섭은 육로를 통한 경우도 있지만 해로를 이용한 경우도 많이 있었다.
　　『해동고승전』에 나타난 승려들의 통교는 해로를 사용한 예를 보여준다. 또한 위가 북연을 멸
　　하기(436) 전에 있었던 양국의 교섭은 해로를 사용할 수밖에 없다. 고구려와 북위의 첫 교섭
　　은 장수대왕 13년(425)인데 북위가 북연을 멸망한 것은 장수대왕 24년(436)이기 때문이다.

종족들 간의 혼란이 없다면 거의 연근해 항해가 가능하다. 반면에 고구려와 후조 사이에 적대적 관계를 맺고 있는 연이 화북 해안 지방을 차지하고 있는 경우처럼 정치적 변동이 있을 때에는 이 항로를 택하기가 어렵다. 그렇지만 필요에 따라서는 황해 북부 연안 항로의 일부를 사용하면서 위험 지역에선 근해 항해를 할 수 있는 강점이 있다. 5호16국 시대에 후조와 고구려는 중간에 연을 둔 채 군사적인 동맹을 맺고 선박으로 군수물자를 교환했으며,[80] 또한 광개토대왕 때는 남연과 해로로 교섭을 했다. 이때는 근해 항로를 부분적으로 이용했을 것이다.

2) 황해 북부 사단 항로

황해 북부 사단 항로는 대동강 유역에서 출발하여 노철산 항로의 근해를 부분적으로 이용하면서 산동반도의 해역권에 들어온 다음 황해 서안의 연안 내지 근해권을 이용하여 양자강 유역까지 남진해 가는 항로다. 항해 현실과 국제 관계로 보아 남조로 가는 항해에는 이 항로가 가장 손쉽게 이용되었을 것이다.

근해 항해의 이점을 최대한 살린다면 항해의 안전성을 기할 수가 있고, 적으로부터 공격을 받아도 비교적 안전한 것이 바로 근해 항로다. 고대에는 근해 항로를 많이 이용했다. 조류의 영향을 적게 받으므로 조류 등에 익숙한 현지인을 고용할 필요성이 상대적으로 줄어들고, 육지로부터는 관측이 불가능하기 때문에 적선의 해양 정찰 활동만 피한다면 무사히 통과할 수 있다. 따라서 소규모 선박들이나 상업을 목적으로 한 무역선들은 안전한 이 항로를 많이 이용한 것으로 생각된다.

황해 북부 사단 항로를 공식적으로 사용했다는 것은 매우 중대한 의미를 지닌다. 고구려가 중국의 남조 지방과 교섭했음을 의미하고, 양 지역이 활

---

80)『삼국사기』권17 고구려본기 미천왕 31년.

지도 7-5 | 황해 북부 사단 항로

발한 연결을 가지면서 유기적인 활동권을 이루게 되었기 때문이다. 앞장에서 언급한 대로 233년 고구려와 오나라의 첫 교섭 때 이 항로를 사용했다.[81] 또한 고구려와 화북의 후조가 중간에 연을 두고 교섭했을 때, 상대적으로 연은 건강(建康)에 도읍을 둔 동진과 교섭을 했는데 이는 중간에 있는 후조를 피해야 가능한 것으로서 모두 바다를 통해서 이루어졌다.[82] 그러면

---

81) 본고 2장 2절 참조. 그런데 손태현·이영택은 「遣使航運時代에 관한 연구」, 『논문집』 16, 한국해양대학, 1981. p.25에서, 이때 양국이 사용한 항로를 동지나해 사단 항로라고 하고 있다. 그런데 양국의 첫 교섭 항로와 다음 항로는 다르므로 구분할 필요가 있다. 또한 모든 교섭이 황해 내부에서 이루어졌기 때문에 동지나해라는 명칭은 재고를 요한다.

82) 『資治通鑑』 卷95 晋紀 17 ; 內藤雋輔, 앞의 책, pp.422~423 ; 孫光圻, 앞의 책, pp.194~195.

연은 어떠한 항로를 사용해서 남조의 동진과 교섭을 했을까? 연나라 사신
은 동진에서 돌아올 때 다음과 같은 항로를 사용했다. 먼저 건강(현 南京)
으로부터 양자강을 나와 바다에 들어선 다음, 은밀하게 강소(江蘇) 산동 해
안을 북상하여 요각(料角)을 돌아 등주대양(登州大洋, 현재 渤海 萊州灣)에
도달한다. 그 다음에 다시 봉래각(蓬萊角)에서 북으로 발해해협을 건너 묘
도군도를 따라 항해를 하다가 마석진(馬石津) 해안에 오른다. 마석진은 현
재 요녕성 대련시의 여순구(旅順口)다.[83] 이러한 사실에 비추어 볼 때 연나
라 역시 이 항로를 이용했음을 알 수 있다.

그런데 고구려도 남북조 시기에 남조와 교섭할 때 이 항로를 사용했다.
『위서』고구려전에 의하면

고조 때(북위 효문제, 471~499) "……광주의 관사(官司)가 연(璉)이 파견하여
소도성(蕭道成 : 南齊의 太祖, 479~482)에게 가던 사신 여노(餘奴) 등을 해상에
서 체포하여 대궐로 압송하여 왔다. 고조(高祖)가 조서(詔書)로 연을 꾸짖기
를……"

라는 기사가 나온다.[84] 또 정광(正光, 북위 효명제의 연호, 520~526) 초에

"광주 해상에서 소연(蕭衍)이 안(安 : 안장왕)에게 영동장군(寧東將軍)의 의관
과 검 및 패물 그리고 사신으로 가던 강법성(江法盛) 등을 잡아 경사(京師)로 보
냈다"[85]

---

83) 孫光圻,『中國古代航海史』, p.195.
84)『삼국사기』권18 고구려본기 장수왕 68년 ;『위서』권100 열전 88 고구려 ;『북사』권94 열전
  82 고려.
85) 위와 같음.

는 기사가 나온다.

고구려와 남조의 교섭이 방해받고 체포된 기록은 이 두 번만 나타나고 있다. 당시의 광주는 산동반도 북부에 있던 지역이다. 따라서 그곳 수군의 작전 반경 속에서 나포된 것은, 이 두 번의 항해에서 두 나라가 위의 항로를 이용했음을 입증해 준다. 그러나 일반적으로는 위험을 감수할 이유가 없기 때문에 항해술이 가능했다면 북위의 위협으로부터 좀 더 안전한 항로를 택했을 것으로 보인다.

3) 황해 중부 사단 항로

황해 중부 사단 항로[86]는 대동강 하구 유역에서 출발하여 아래로 내려와 황해도 서쪽 끝단인 장산곶 부근에서 바다로 나가 백령도를 활용하면서 최단거리인 산동반도를 목표로 직항한 다음 그 근해에서 남진을 계속하거나, 아니면 회하 유역의 이남 지역에서 근해안으로 붙어 양자강 유역의 항구로 들어가는 항로다.

산동반도의 끝 부분과 제일 가까운 거리에 있는 지역은 한성과 평양 중간에 있는 황해도 장연군의 장산곶이다. 장산곶에 있는 국사봉의 높이는 284m이다. 바로 뒤 태산봉은 380m이고, 불타산은 608m이다.[87] 한편 산동반도는 평균 200~500m인데 동쪽 끝단에는 성산(成山)과 372m의 아산(鵝山)이 있고 반도 남쪽 해안 근처에는 높이 1133m의 노산(嶗山)이 있다. 따

---

86) 항로의 명칭에 대해서는 각각 통일되게 사용하지 않고 있다. 황해를 건너 중국 연안에 도착하는 것에 일률적으로 횡단이란 용어를 부여하고 있으나 약간의 문제가 있다. 예를 들면 한반도 중부 이북에서는 물론이고 남부에서조차 중국의 양자강 유역으로 항해할 때는 위도상의 큰 차이로 인하여 횡단이라기엔 무리가 있다. 또한 실질적인 횡단 항로와 구분이 안 된다. 횡단과 사단 사이에는 항로는 물론 항해술에도 큰 차이가 있고, 더구나 해상 세력의 활동 및 역학관계를 이해하는 데 혼란을 초래할 수 있다. 사단 항로란 표현은 이미 손태현·김재근 등 해양 및 조선 관련 학자들에 의해 사용된 바 있다. 필자는 자연조건의 분석과 함께 역사적 내용을 담은 개념으로서 사단 항로란 용어를 수용하는 것이 바람직하다고 판단한다.

87) 이 지역의 지형과 해양과의 관련성은 『신증동국여지승람』 제43권 長淵縣 참조.

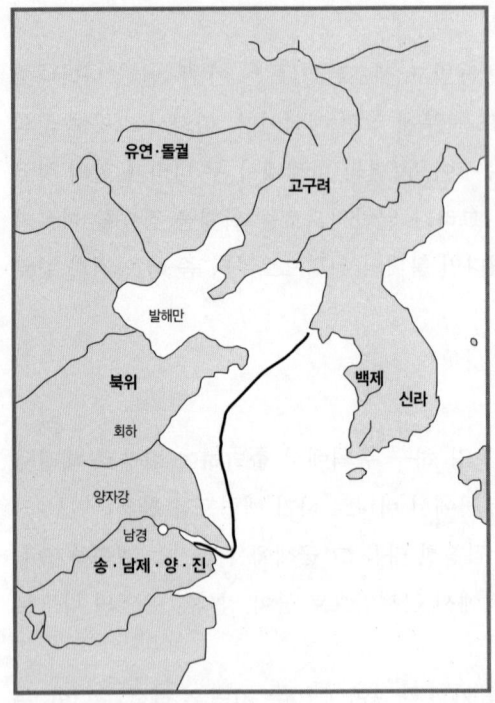

지도 7-6 | 황해 중부 사단 항로(대남조 교섭)

라서 근해로 일단 빠져 나간 다음에는 불타산 등을 보면서 근해 항해를 하며 북상하다가 다시 산동반도의 산군(山群) 등을 지표로 삼아 남서진을 하면 중국 황해안 영역에 진입하는 것이 가능하다. 양 지역 사이에 관측의 지형 지물이 없는 구간이 있으므로 일시적으로는 대양 항해의 조건과 유사한 지역이 있다. 또한 남진을 시작하는 해역의 정확한 선택이 매우 중요하다. 황해의 한반도 연안을 타고 올라가는 해류가 중국 근해로 붙어 남진하는 물길을 찾아 그 길에 편승해야 하기 때문이다. 그리고 이 항로를 사용할 때에는 가능하면 북에서 남으로 부는 바람, 특히 북동 계열의 바람을 활용하면 훨씬 용이하게 갈 수 있다.

지도 7-7 | 고구려의 대오 교섭 항로

　이 항로는 비교적 발달된 항해 기술을 필요로 하기 때문에 황해를 직항
하는 일이 기술적으로 쉽지는 않다. 당시 동아시아의 항해술·조선술 등 해
양 능력 수준과 항해 환경으로 보아 일찍부터 이용됐을 것이다. 고구려와
오나라의 첫 교섭은 양자강구에서 곧바로 요동반도나 압록강구에 다다르
는 항로를 이용했다. 그런데 오나라와 공손씨와의 관계가 악화되면서 요동
반도를 통과하는 항로가 위험해졌다. 그리하여 다시 황해 중부를 사단하여
한반도 서안에 다다른 다음, 다시 북상하여 압록강구인 서안평에 도달하는
항로를 사용했다. 이때 황해 중부 사단 항로가 개발되어, 고구려 역시 오와
재차 교섭할 때는 이 항로를 사용했다.

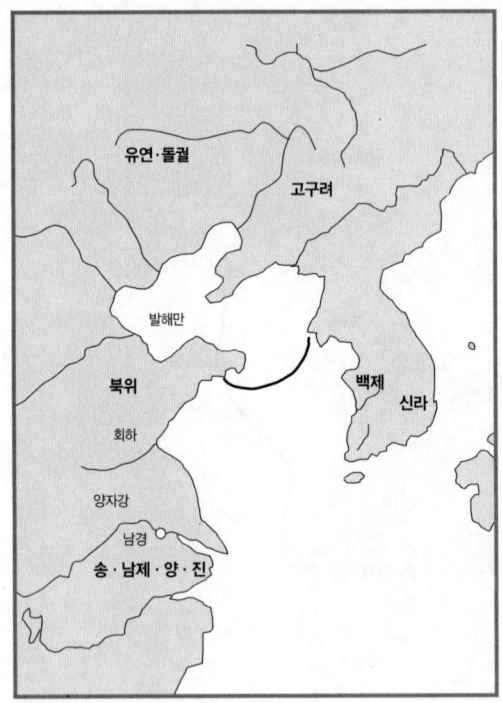

그런데 이 대남조 교섭 항로는 다른 항로에 비해서 비교적 위험한 편이다. 하지만 북조의 간섭이 심하거나, 해양 활동이 활발하게 요구될 경우에는 남조 교섭에 반드시 사용할 수밖에 없는 항로다. 백제도 남조와 교섭할 때에는 이 항로를 사용하지 않으면 안 되었다.

그 밖에 황해에는 백제·신라와 교섭할 때 사용하던 항로로서 연근해 항로가 있었다. 또 한반도 서해와 남부 해안에서 황해를 사단 직항하여 중국 남조 해역에 접근한 다음, 양자강으로 들어가는 황해 남부 사단 항로가 있다. 선박이 어느 정도 발달하고, 특히 돛을 본격적으로 사용하게 되면 항해 기술은 급진전한다. 그런데 그것은 질의 문제이지 항로 자체가 크게 변하는 것은 아니다.

2. 동해의 항로

황해와 동해의 항해 환경은 차이가 적지 않다. 황해는 내해 혹은 지중해적 성격을 갖고 있다. 양 육지 간의 거리가 짧아 대부분이 근해 항해 지역에 해당한다. 파도가 약하고 리아스식 해안이 많아 유사시 대피할 천연 항구가 많다. 또한 항해에 이용되는 계절풍의 편중성이 덜하다. 특히 일본열도에서 중국 지역으로 갈 때 유라한데, 남동풍을 이용하여 봄에서 여름철에 항해를 한다. 정치적으로도 중국은 안정되어 견당사들이 변방에 도착하거나 풍랑을 만나 표류를 해도 불의의 사고를 당할 위험성이 적다. 황해 해역은 파도가 높고, 리아스식 해안이 없으며, 계절풍을 무리없이 이용할 수 있다.

반면에 동해는 항해 환경에 많은 차이가 있다. 특히 중요한 사실은 양 지역 간에는 반드시 원양 항해를 할 수밖에 없다는 것이다. 동해의 항해 환경이 얼마나 불리한가를 알기 위하여 시인(視認) 거리를 계산하여 원양 항해의 범위를 찾아내고자 한다. 즉 근해 항해의 가능성과 범위를 자연조건과 구체적인 항해 기술에 대한 검토를 통해서 추적해 보는 것이다. 먼저 양 지역 간의 거리를 계산하여 항해자들이 지문항법을 사용해서 항해할 수 있는 범위를 설정한다.

이를 위하여 1차적으로 한반도와 일본, 중국, 러시아, 즉 동해 및 타타르 해협 일대에서 양 지역 간에 항해의 기점이 될 수 있는 몇 개의 지점을 선정했다. 물론 이 지점들은 과거에 항구나 항로의 기점으로 이용됐던 곳이며, 기록에 남아 있고, 현재도 사용되고 있는 곳이다. 그런 다음에 각 지점들을 서로 연결하여 떨어진 거리를 계산한다. 그 다음에는 선택한 지점을 바다에서 인지할 수 있는 최장거리를 계산한다. 그러면 육지에서 가장 멀

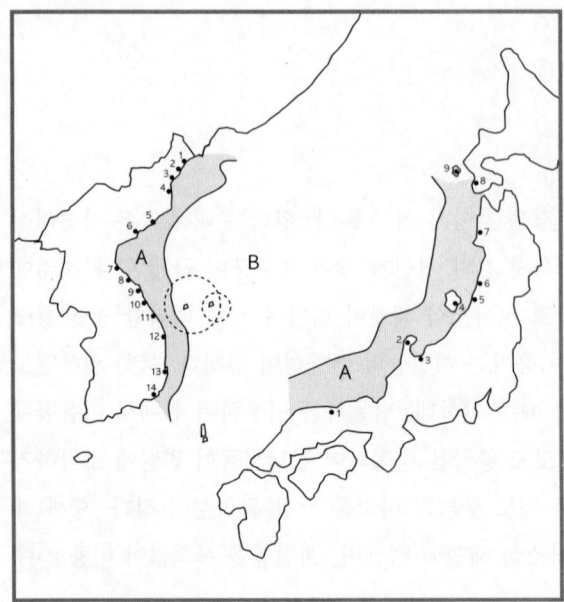

지도 7-9 | 동해 시인 거리

리 떨어져서 항해할 수 있는 지점이 나온다. 이런 방법으로 모든 각개의 지점을 연결하면 아래 그림에서처럼 동해 내부를 둘러싼 하나의 타원형 선이 나타난다. 이 선의 안쪽은 이른바 육지를 보지 못하면서 항해할 수밖에 없는 구역이다. 이렇게 되면 결국 항해술이 발달하지 못해도 길을 잃어버리지 않고 항해할 수 있는 구역(A)과 그렇지 못한 구역(B)의 분명한 구분이 생긴다.

시인 거리

$$K(해리) = 2078(\sqrt{H} + \sqrt{h})$$

$$H = 목표물의 최고 높이$$

$$h = 관측자의 눈높이(10m)[88]$$

동해 연안 각 지점의 시인 거리(위 계산 방식으로 산출).

위 지도는 해당 지역 근처에서 가장 높고 가능한 한 해안에서 가까운 산으로 선택했다. 그러나 정확하지는 않다. 다만 근해 항해 및 원양 항해를 하는 범위의 윤곽을 드러내기 위한 것이다.

원양 항해를 하기 위해서는 천문항법을 숙지하여야 한다. 후대의 발해선에 천문생(天文生)이 타고 있었던 사실로[89] 보아 천문항법을 활용했음을 알 수 있다. 거기다가 발해사들이 일본열도로 항해하는 계절은 늦가을에서 겨울, 즉 북서풍이 부는 계절이다. 11월부터 2월까지는 북부 지방 어디에서 출발한다 해도 일본열도 내의 어느 지역에건 도착할 수 있다. 설사 예정 지역과 멀리 떨어진 곳에 표착(漂着)한다 해도 일단 근해권에 진입하면 근해 항해 혹은 연안 항해를 해서 목적지까지 항해할 수 있다. 하지만 그 시기에는 얼음이 얼 정도의 낮은 수온과 거센 겨울의 북서풍, 그것이 일으키는 높은 파도를 맞으며 항해해야 한다.

고구려인들도 동해 중부와 북부 항로를 이용할 경우에는 발해선들과 똑같은 조건 하에서 항해했을 것이다. 고구려와 왜 간의 공식적인 교섭은 오진 28년, 닌토쿠 12년(324)과 58년(369)에 계속해서 나타난다.[90] 물론 이때의 항로는 정확히 알 수 없다. 따라서 일부의 기록과 정치적 상황, 해양 환경 및 지역적 특성을 고려하여 항로를 설정하고 유형화하고자 한다.

---

88) 이 방법은 시인거리를 계산하는 방법이다. Bart J. Bok · Frances W. Wright 지음, 정인태 역, 앞의 책, p.26 및 茂在寅南, 『古代日本の航海術』, 小學館, 1981, p.22 참조.
89) 『일본삼대실록』 권21, 淸和 천황 14년 5월.
90) 이홍직, 앞의 책, pp.238~241에 麗日 관계 연표가 작성되어 있다.

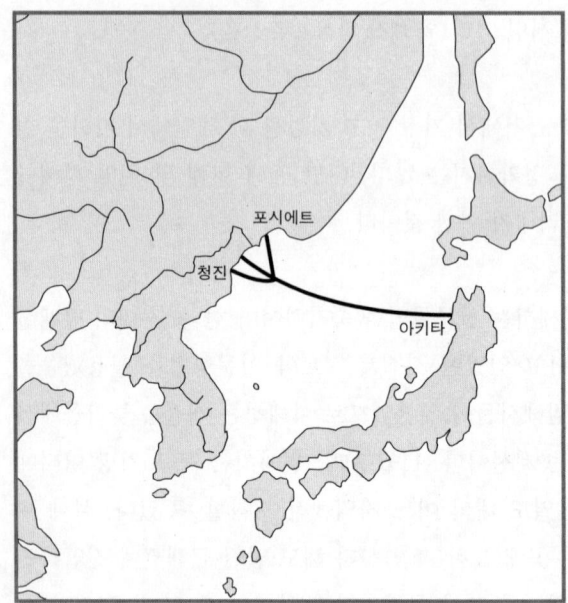

지도 7-10 | 동해 북부 횡단 항로

1) 동해 북부 횡단 항로

이 항로는 청진·나진 등 두만강 하구와 그 위인 연해주 남부의 포시에트만 사이의 항구에서 출발하여 동해 북부를 횡단한.다음, 일본의 동북 지방인 에치고[越後] 이북의 출우국[出羽國]인 아키타[秋田]·노시로[能代] 등지역에 도착하는 항로다.

　동해 항로의 출발지는 동해와 연변하고 항구 조건이 좋은 곳은 다 해당된다. 그런데 현대의 해양 기상 자료에 의하면 함경북도 선봉군과 그 이북의 연해는 겨울철에 바닷물이 얼기 때문에 배가 다닐 수 없다고 한다.[91] 현재의 해상 상태로 보아서 블라디보스토크는 1월부터 3월까지는 배가 다닐

---

91) 『근해 항로지』, 대한민국 수로국, 1973, p.31 ; 채태형, 「발해 동경 용원부—훈춘 팔련성설에
　　대한 재검토」, 『력사과학』, 1990년 3호, p.50.

수 없다.[92] 그러나 해양 환경으로 보아 고구려 배들은 북풍 계열의 바람을 이용해야 하므로 늦가을에서 겨울에 항해할 수밖에 없다. 일본으로 가는 항행 기간은 보통 1~2주일 정도 걸렸다.

그러면 이 항로를 이용해서 도착하는 지역과 항구는 어디일까?

주로 현재의 아키타 지역을 중심으로 한 동북 지방에 있다. 고구려인들이 이 지역에 도착한 사실은 현재까지 확인되지 않는다. 8세기 후대의 발해인들은 거의 이 지역에 도착했다. 첫 사신인 고제덕 일행이 727년에 이 지역에 도착한 이후, 13차 항해까지 도합 6회 이상에 걸쳐 이 출우 지역에 도착했다. 746년에는 발해와 철리인(鐵利人) 1100여 명이 도착했으며, 779년에도 발해인과 철리인 등 359명이 이 지역에 도착했다. 이는 민간인들의 일종의 망명 내지 집단 진출로서, 정식 항구를 출발하지 않았을 가능성이 크다. 이로 보아 고구려인들도 도착하기 용이한 지역이었으며, 비공식적인 교섭의 개연성이 큼을 알 수 있다.

동해 북서부에서 한반도 동안에 연해서 리만한류·북한한류가 남하하면서 동해를 반시계 방향으로 순환하는가 하면, 중앙부인 39~40도 부근에는 극전선(極前線)이라고 불리는 현저한 조경(潮境)이 동서 방향에서 형성되고 있다.[93] 이러한 자연조건과 돛을 활용하여 바람을 사선으로 받고 동으로 항진한다면 동북 지역에 자연스럽게 도착할 수 있다. 그러나 쉬운 항해는 아니어서 많은 사신선들이 침몰했다.

2) 동해 북부 사단 항로

이 항로는 원산 지역을 남으로 하는 이북의 여러 지역을 출발하여 동해 북부를 사단한 다음 혼슈(本州)의 중부인 월(越) 지역인 쓰루가(敦賀), 호쿠리쿠(北陸)인 이시카와현의 카가(加賀), 노토반도, 니가타현 등에 도착하

---

92) 『근해 항로지』, 대한민국 수로국, 1973, p.31.
93) 『속일본전국연안해양지』, p.810 참조.

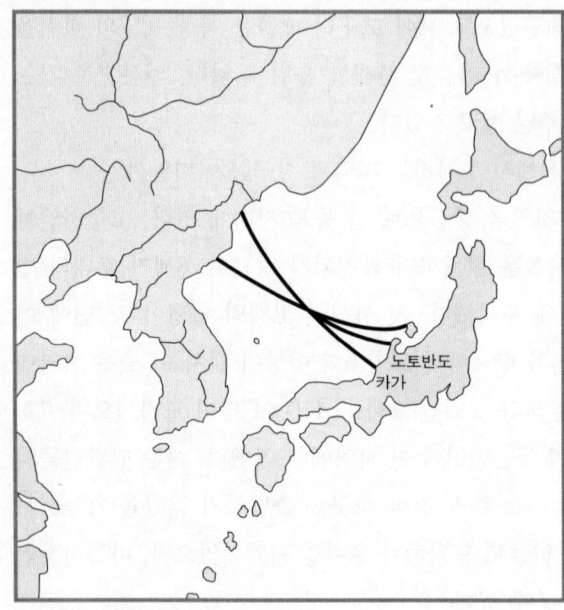

지도 7-11 | 동해 북부 사단 항로

는 항로다. 후대에 발해인들도 무려 35회 가운데에서 12회나 도착했다.

먼저 출발 항구를 살펴보자.

고구려의 동쪽 해안에서 항구의 조건을 갖추고 있는 곳으로는 두만강 하구의 나진항, 청진항, 그리고 원산이 있는 금야만(金野灣), 흥남이 있는 함흥만이 있다. 특히 원산은 최대의 만인 동한만 안에 있고 호도반도(虎島 半島)로 막혀 만이 깊을 뿐 아니라 수로를 통한 내륙 교통의 발달로 평양 까지도 연결될 수 있는 이점이 있다. 이 지역은 조류는 불규칙적이지만 조 석의 차이가 별로 없어 안정된 환경인데다 동해안의 난류와 한류가 만난 지점으로서[94] 어항의 조건이 좋을 뿐 아니라 항해에도 물길을 탈 수 있어

---

94) 대한민국 수로국, 『한국 해양 환경도』, 1982, p.61 참조.

항구로서 매우 유용하다. 고구려는 이러한 항구들에서 일단 연안 항해 내지 근해 항해를 해서 내려온 다음, 삼척 혹은 그 아래에서 먼 바다로 나가 사단으로 일본열도 혼슈 중부의 이북 지방으로 항진했을 것이다.

동해 남부까지 진출했던 전 시대처럼 남쪽으로 내려와서 출발하여 동해 중부를 사단해서 비교적 안전하고 효율적으로 야마게[山陰] 지방 등에 도착하기는 어려웠다. 6세기 중엽에 이르러 공식적인 교섭이 이루어졌을 때 월 지역 등에 도착하는 이유는 신라와의 관계가 영향을 미쳤을 것이다. 그때는 신라가 북진을 하여 강원도 북부는 물론 함경남도 이남 지역에까지 영향력을 확대했기 때문이다.

그러면 고구려인들이 이 항로를 이용하여 도착했던 지역과 항구는 어느 곳일까?

발해선들의 예에 비추어 볼 때 호쿠리쿠 지방의 에치젠[越前]·카가·노토·와카사[若狹] 등이었을 것이다.[95] 현재의 이시카와현은 한반도와 일본열도 간의 교류에서 매우 중요했다. 가나자와[金澤]시 및 주변의 고마쓰[小松]·카가·노토반도 등을 포함하고 있다. 『일본서기』에는 "고구려인들이 게이타이 천황 10년조, 긴메이 천황 원년·31년조, 민타쓰 천황 2년·3년조에 월국(越國) 혹은 월의 해안에 도착했다"고 되어 있다.[96] 이 지역에 고구려 외에 백제·신라 등 한류도계 사람들이 진출했다. 고마쓰 지역은 지금도 발굴이 진행되고 있는데, 특히 액견(額見) 유지(遺址)는 엄청난 범위다.[97] 에치나카[越中] 이북의 지방은 고구려인들과의 교역을 둘러싼 도군

---

95) 森浩一, 『古代日本海文化の原流と發達』, 大和書房, 1985, pp.185~186 ;「越の世界と豪族」, 『古代史 津津浦浦』, 1979, pp.66~67 ; 上垣外憲一, 「高句麗使と惠便法師」, 中西進 外, 『エジっとは 何が』, 角川書店, 1993, p.102.

96) 齊藤忠, 「高句麗と日本との關係」, 金達壽 外, 『古代の高句麗と日本』, 學生社, 1988, pp.22~23 의 도표 참조.
越 지역과 고구려와의 관련성은 高瀨重雄, 「越の海岸に着いた高句麗使」, 森浩一 編, 『東アジアと日本海文化』, 小學館, 1985, p.217 ; 小嶋芳孝, 「潮の道·風の道」, 『松原客館の謎にせまる』, 氣比史學會, 1994 참조.

(道君)과 강소(江沼)의 갈등에서 보여지듯 정치와 교역에서 중요한 의미가 있는 지역이다.[98]

노토반도 역시 매우 중요한 지역이다.

도야마〔富山〕 만은 노토반도의 동쪽으로 형성된 일본 최대의 외양성(外洋性) 내만(內灣)이다. 고온의 쓰시마 해류가 유입되어 따뜻하다.[99] 뒤로는 약 3천m의 일본 알프스가 있는 등 삼면이 산으로 둘러싸여 비교적 조용한 날이 많고, 북서 계절풍이 강해져도 만 안에 들어오면 바람이 약해지고 파도도 약해진다.[100] 뿐만 아니라 고구려·발해 등과 관련된 동해 중부 이북의 해상에서 출발할 경우, 노토반도를 가운데 둔 호쿠리쿠 지방에 도착할 확률이 제일 많다. 참고로 언급하면 동해·삼척 등과 노토반도는 북위 37도로서 비슷한 위도에 있다.

이 지역은 대륙으로 이어지는 바다를 바라보는 언덕에 고구려 고분의 말각조정 양식을 가진 하이혈(蝦夷穴) 고분이 있어 고구려와 깊은 관계가 있었음을 알 수 있다.[101] 노토반도에는 항해의 안전을 비는 게타〔氣多〕 신사 및 지카〔寺家〕 유적지가 있었다. 전향년(淺香年)에 의하면 게타 신사에서는 7·8·9세기에 커다란 제사가 행해졌다고 하는데, 사가 유적과 관련이 있으며 발해와의 교류에 상당한 역할을 했다고 한다.[102] 발해선들은 귀국할 때도 쓰루가의 마쓰바라〔松原〕 등을 출발하여 연안 항해를 하면서 북상하

---

97) 『額見町遺跡』, 石川縣 小松市 敎育委員會, 1998 등.
　　지금도 발굴이 진행되고 있는 이 유적지에서는 백제 혹은 신라계로 보이는 거주지의 구들·화덕 등이 발굴되고 있다.
98) 小嶋芳孝, 「潮の道·風の道」, 『松原客館の謎にせまる』, 氣比史學會, 1994, pp.70~73 참조.
99) 『일본 전국 연안 해양지』, pp.981~991.
100) 앞의 책, p.993, 998 참조.
101) 두 고분의 공통점 등 성격 규명에 대해서는 王俠, 「集安 高句麗 封土石墓與日本須曾蝦夷穴古墓」, 『博物館硏究』42期, 1993, 2期. 그리고 『古代能登と東アジア』, 蝦夷穴古墳 國際シムポジウム實行委員會, 1992 참조.
102) 小嶋芳孝, 「潮の道·風の道」, p.67. 鈴木靖民, 「古代敦賀をめぐる對外關係」, 『松原客館の謎にせまる』, 氣比史學會, 1994. p.55에서 역시 동일한 견해를 표명하고 있다. 현재의 게타 신사는 해안 가까이에 있는데 당시의 신사가 아니다.

다가[103] 후쿠라[福良]에서 이른바 신풍(神風)인 봄의 남동풍을 기다렸다. 이러한 조건은 고구려에게도 마찬가지였을 것이다.

또 하나 주목해야 할 지역은 와카사 만의 쓰루가[角鹿]다.

와카사 만은 동해 쪽에 면한 몇 개 안 되는 큰 만의 하나로서 전형적인 리아스식 해안으로서 복잡하고 작은 만들이 많이 있다.[104] 고구려인들의 도착 지점은 기상 상태의 변화가 없다면 현재의 쓰루가를 중심으로 한 지방이었을 것이다. 당시의 항해는 매우 곤란했던 듯 풍랑을 맞고 익사자가 많이 생긴 일도 있었다.[105] 후대의 발해 사신들 역시 이 지역을 도착 지점으로 했다. 심지어는 발해의 사무역선[106]과 신라의 사무역선들도 이곳에 도착했다.[107]

이 지역은 가야·신라계와도 매우 밀접한 관련이 있는 곳이다. 가라국(加羅國)의 왕자인 도노아아라사등(都怒我阿羅斯等)이 혈문(穴門 : 현재의 시모노세키)에 도착했다가 이즈모를 지나 월국(越國 : 후쿠이현 쓰루가)에 닿은 기록이 있다.[108] 특히 신라계와 관련이 깊어 와카사 만을 중심으로 구로이시로[白城]·시로키[白木]·시로이시[白石] 신사 등 시라기 신사와 신라계 지명이 남아 있다.[109]

해양 교통의 조건도 좋았지만 육로 교통의 조건도 매우 좋았다. 이곳에

---

103) 바람의 방향도 이용하지만 長門과 石見을 거친 해류가 북상하면서 쓰루가를 거쳐 노토반도로 흘러가기 때문에 그런 것이다.

104) 『일본 전국 연안 해양지』, pp.947~959에는 이 지역의 해양 환경에 대하여 설명하고 있다. 필자의 논문 참조.

105) 『日本書紀』 권26 欽明 31년.

106) 門脇禎二, 『日本海域の古代史』, 東京大學出版會, 1986, p.17.

107) 위의 책, p.90, p.93.
   신라는 일본과 국교를 맺고 있지 않았으나 현실적 필요에 의해 정부는 묵인해 주고 있었고, 그런 비공식성 때문에 사무역선들은 표착을 많이 했던 것으로 판단된다.

108) 『日本書紀』 권6 垂仁 천황 2년.

109) 武藤正典, 「若狹灣とその周邊の新羅系遺跡」, 『東アジアの古代文化』, 大和書房, 1974, pp.88~94 참조.

서 교토[京都]나 나라까지는 비와호[琵琶湖]를 거쳐 일직선으로 이어진다. 이곳의 중요성은 홋카이도에 도착한 발해 사신들도 아키타·야마가타[山形]를 경유하여 니가타·도야마·이시카와현을 통과하여 이곳 후쿠이의 쓰루가에 들어왔을 것이라고 주장할 정도다.[110] 긴메이 왕 때 고구려 사신과 도군(道君)이라는 지방 호족이 밀무역을 했다고 다른 호족이 조정에 밀고한 사건은[111] 당시 고구려와 왜의 교섭이 교역의 성격을 공유하였음을 반증하고 있다.

니가타현과 사도[佐渡] 섬도 중요한 지역이었다.

사도 섬은 니가타시 바로 앞에 있는 매우 큰 섬이다. 이 지역에는 이미 말갈인들이 왔었다. 『일본서기』 660년(齊明 6년)에 아부수군(阿部水軍)이 사도 섬에서 숙신(肅愼)과 이른바 '침묵 교역'에 실패해서 전쟁을 했던 기사가 있다. 이 싸움에서 능등신마신룡(能登臣馬身龍)이 전사하고, 숙신 역시 폐격판도(幣賂辨島)에 틀어박혀 결국은 전원이 죽었다.

그런데 사실은 이들보다 먼저 왔을 가능성이 높은 사람들이 있다. 『삼국지』 위지 동이전에 기록된 풍속 등을 근거로 동옥저·북옥저인이 먼 바다로 항해했는데, 그들이 말하는 동방의 큰 섬이란 사도 섬이라는 견해도 있다.[112] 그럴 경우에는 이미 오래전부터 동해안에서 후쿠리쿠나 그 이북 지역으로 진출했을 가능성도 있다.

니가타현 卷町 아카사카[赤坂] 유적에서는 5세기 초의 흙구덩이에서 토기들이 발견되었는데, 러시아 남부의 연해주 지방과 관련이 있다. 이 유물은 『일본서기』 긴메이 5년조(544)에 기록된 숙신인이 사도에 머물면서 봄·여름에 고기를 잡는다고 하는 이야기와 관련이 있다는 견해도 있다.[113]

---

110) 鈴木靖民, 앞 논문, p.32.
111) 森浩一, 『古代史 津津浦浦』, 小學館, 1993, p.65.
112) 王俠, 「集安 高句麗 封土石墓與日本須蝦夷穴 古墓」, 博物館研究 42期, 1993, 2期, p.43.
113) 小嶋芳孝, 『古代日本と渤海』, 『考古學 ジャナル』411, 1996, p20.

참고로 청진에서 이곳까지는 487해리다. 지금도 북한으로 가는 만경봉호가 이곳을 출발하는 것은 이러한 역사적·자연적인 배경을 이해하는 데 중요한 시사를 한다.

고구려인들에게 가장 중요했고, 정치적으로도 의미가 있었던 이 항로는 어떻게 연결될까?

두만강 하구(북위 42도 30분 전후)나 그 아래에서 이곳(쓰루가 만은 북위 35도 30분, 사도 섬은 북위 38도)으로 선을 그으면 거의 사선에 가깝다. 결국 동해 북부를 사단(斜斷)으로 길게 횡단하거나 남으로 내려온다. 북풍 내지 북서풍을 이용할 경우에는 북청 이북선이 최종 라인이다. 그 이하로 내려가면 노토에는 도착하기가 힘들다. 물론 중간에 지형 지물이 없으므로 울릉도와 독도를 오른쪽으로 보면서 방향을 측정했을 것이다.[114] 그 다음에 다시 일본 쪽으로 붙어 강한 북서풍을 이용하여 직항하거나 아니면 아래로 내려갔다가 북상하는 흐름을 택해 혼슈 중부의 여러 지역에 도착했던 것이다.

3) 동해 종단 항로

이 항로는 동해에 면한 고구려의 여러 항구를 출발해서 남으로 종단해서 내려오다가 혼슈의 남단인 야마게〔山陰〕 지방과 나가도〔長門〕 등 여러 지역에 도착하는 항로다. 출발 항구는 동해 사단 항로에서 언급한 것과 거의 유사하여 동해 북부 해안의 항구가 다 해당된다. 『속일본기(續日本紀)』에는 "……發弊邑南海府 吐号浦 西指對馬嶋 竹室之津……"라는 기록대로[115] 발해 시대에는 북청 근처의 토호포가 야마게로 도착하는 일본도 항로의 기점이 된 것은 확실하다.

---

114) 필자의 계산에 따르면 측정하는 눈높이를 10m로 했을 때 울릉도의 시인 거리는 133km이고, 독도는 63km이다.
115) 『續日本紀』寶龜 8년(776).

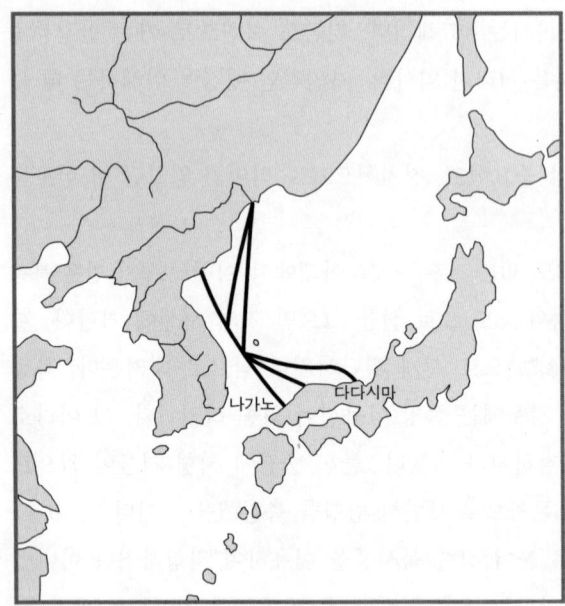

지도 7-12 | 동해 종단 항로

　전기에는 신라의 해상 능력이 약하므로 토호포 이남에서 동해시 정도까지 가능하며 더욱 아래까지 근해 항해가 가능하다. 고구려는 장수대왕대에 홍해 지역까지 남진했으므로 그 당시에는 아예 신라의 접경 해역에서 출발하는 동해 남부 항로를 사용했을 것이다. 후대의 일이지만 이 항로를 부분적으로 사용한 예가 있었다. 814년에는 나가도국에 신라 상인 31명이 표착했고[116] 발해사 역시 그해 9월 하순에 나가도국의 바로 위인 이즈모에 도착했다.

　후대에는 신라의 북진으로 인하여 출발지도 북상했을 것이다. 원산 지역을 출발하여 야마게 지방 내지 그 이하를 목표로 항해하다가 근해권에 접

---

116)『日本後紀』권24 弘仁 5년 10월.

근한 다음에는 연안에 바짝 붙어서 남으로 항진해야 한다. 그러나 겨울철에는 매우 어려운 항해다. 야마게에 도착하려 한다면 적어도 동해안을 연안 항해 내지 근해 항해로 타고 가능한 한 남쪽으로 내려오다가 먼 바다로 떠서 동진해야 한다.

이 동해 종단 항로에서 주로 도착하는 지역은 야마게 지방인 돗도리[鳥取]현의 다다시마[但馬]·하쿠키[伯耆], 시마네[島根]현의 이즈모·오키(隱岐), 그리고 그 아래인 야마구치[山口]현의 나가도 등이다. 야마게 지방의 항구는 다소간의 차이는 있어도 대개 북향으로 되었으므로 북서풍·북풍인 때에는 높은 파고에 의한 피해가 매우 크다. 때때로 돌풍이 일어나 해난 사고가 일어나기도 한다.[117]

이 지역은 해양 조건상 신라계와 관계가 깊었으며, 가야는 물론 고구려도 진출했다. 5세기에는 일시적으로 경주에 고구려인이 상주해 있었으며,[118] 또한 동래의 복천동 고분에서 발굴된 고구려계의 마구·무구 등은[119] 광개토대왕 이후에 고구려의 영향력이 신라는 물론 가야 지역에까지 뻗쳤던 사실을 입증한다. 고구려는 동해 남부나 남해 동부 해안을 통해서 일본 열도로 진출했을 것이다. 특히 동아지중해의 역학 관계로 보아 고구려군이 도왜했을 가능성은 충분하다. 이즈모 등에 고구려 문화의 흔적이 있고,[120] 해류의 흐름 등을 감안하면 동해 남부를 출발한 고구려인들은 이곳으로 진출했을 것이다.

하쿠키에는 고구려와 관련된 지명과 신사 등이 있다.[121] 최근에 제기되

---

117) 『續·日本全國沿岸海洋誌』, pp.755~757.
　　　발해호도 이 항로를 취했다가 결국은 오키제도에 도착한 다음 해변에서 좌초당했다.
118) 이종항, 앞 논문, p.11에서 『삼국유사』의 실성왕조, 『삼국사기』의 눌지 마립간 원년조 및 『日本書紀』의 雄略紀 8년조 등을 근거로 하고 있다.
119) 『동래 복천동 고분군』 1, 부산대학교 유적조사보고 제5집, 1983, pp.146~172 ; 「동래 복천동 고분군의 조사 내용과 그 성격」, 『한국문화연구』 4, 부산대학교 한국문화연구소, 1991, pp.25~27.
120) 조희승, 『초기 조일 관계사』 하, 사회과학출판사, 1989, pp.303~304.

고 있는 전방후원분의 고구려 기원설[122]이나 장식고분의 분포가 규슈 일대에 한정되어 있는 사실들은 고구려의 해양 활동 범위에 대해 일정한 시사를 하고 있다. 발해인들도 오키제도에 한 번 도착했고, 이즈모에도 네 번 도착했다.

이 지역에 도착한 고구려인들의 동해 종단 항로는 신라의 예를 통해서 추정할 수 있다. 물론 이것은 그중의 한 갈래다. 이즈모 지역은 경상남도 울산이나 포항 지방과 위도상(북위 35.5도)으로 보아 거의 비슷한 위치에 있다. 두 지역 사이에는 항로가 두 개 있었다. 하나는 동해 남부 또는 남해로부터 리만한류를 타서 북위 30도 부근에서 대한난류 서파(西派)를 횡단하여 본류에 올라타서 이즈모 서안에 도달하는 직접 항로다. 다른 또 하나의 항로는 한반도 동안에서 출발하여 오키에 도착하고, 다시 시마네〔島根〕만두(灣頭) 혹은 이나바〔因幡〕해안에 도착하는 것이다.[123] 즉 쿠로시오에서 분파된 해류는 동해 남부나 중부에서 출발한 선박을 일본 해안으로 자연스럽게 밀어붙이므로 물길과 계절풍을 활용한다면 항해에 성공할 수 있다.

4) 연해주 항로

연해주와 홋카이도 일대 간의 교섭에서 사용한 항로는 어떤 것이었을까? 두만강 하구, 포시에트 혹은 블라디보스토크, 그 위 지방에서 타타르 해협을 건너 사할린 또는 홋카이도의 오타루까지는 항해가 가능하다. 블라디보스토크와 오타루는 동일한 위도상에 있어 지리적으로 매우 조건이 좋다.

121) 三上鎭博,「山陰沿岸の漂着文化」,『東アジアの古代文化』, 大和書房, 1974, pp.82~83.
122) 全浩天『前方後圓墳の源流』, 未來社, 1991, pp.87~90 ; 森浩一・NHK 取材班,『騎馬民族の道 はるか』, 日本放送出版協會, 1994. p.120.
이 설에 대해서는 많은 논란이 있을 수 있고, 비교적 최신의 설이라 검증 단계가 필요하다. 그러나 필자는 동아시아의 역학 관계와 문화 전파의 一進性, 그리고 고구려의 해양 활동상을 추적하는 본고의 논지에 따라 그 가능성에 대해 진지하게 생각하고 있으며, 일단 수용하고자 한다.
123) 中田 勳,『古代韓日航路考』, 倉文社, 1956, pp.123~127.

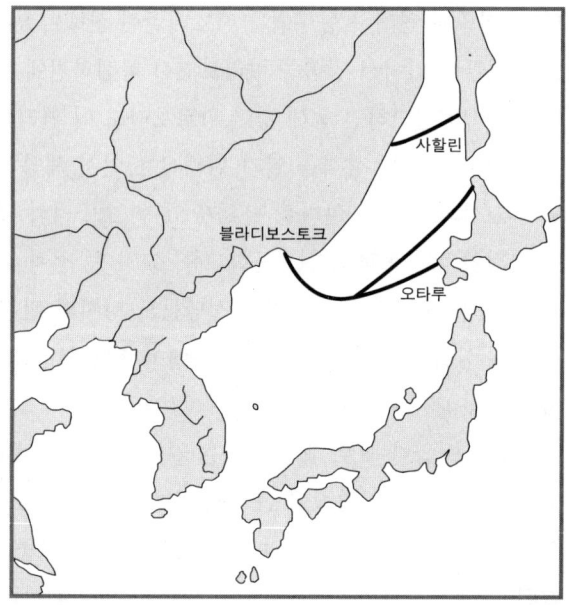

사할린

블라디보스토크

오타루

지도 7-13 | 연해주 항로

또한 이 항로는 겨울이 아니라 봄·여름에 사용하는 항로라는 데 주목할
필요가 있다. 봄·여름에는 남풍 계열의 바람을 이용하면 쉽게 북상할 수
있다. 6·7·8월에는 편남풍이 부는데다 천기도 매우 좋아 항해하기에 유
리하다.[124] 더구나 날씨도 따뜻하고 바람도 세지 않아 해상 상태가 상대적
으로 안정되어 있다. 그 지역의 해류는 북에서 남류하고 있는데, 홋카이도
남부나 동북 지방의 경우 이것을 활용하면 거의 직선 거리로 접근할 수가
있다.

이렇게 연해주 항로는 바다를 바로 건너서 홋카이도에 상륙하거나, 가까
이 다가온 다음 연안 항해를 통해서 출우 등 혼슈 북부 지역에 도착할 수

---

124) 대한민국 수로국, 『근해 항로지』, 1973, p.22.

있다. 더구나 연해주 동부에는 시호테알린 산맥이 있고 반대편인 사할린에도 산맥들이 있어서 양쪽을 바라보면서 항해하기에 매우 유리하다. 항해란 측면에서만 판단하면 동해 횡단 항로보다도 더 편리하고 안전한 항로다.

이 항로의 기본 성격을 알기 위해서는 먼저 해양 문화의 특성과 항해와 민간 교섭의 관계를 살펴볼 필요가 있다. 고구려와 일본 간의 교섭은 처음부터 정치적인 목적보다는 문화교류·교역 등 정치 외적인 목적이 더 강했을 것이다. 후기에 공식적인 사절단들도 당시의 관례상 교역을 중요한 목적으로 삼았다. 이러한 분위기 속에서 민간인들에 의한 교역도 활발해졌다.

앞에서 언급한 대로 해양 문화는 일종의 무정부성 내지는 지방성을 가지고 있다. 해양의 영향력이 큰 문화권에서는 해양 호족들이 중앙정부의 간섭을 비교적 덜 받고, 국가와 국가 간의 교섭에 일종의 영향력을 행사한다. 그런가 하면 독자적으로 교섭을 시도하기도 하는데, 특히 교역은 그들의 경제력은 물론 정치·군사력을 신장시키는 데 큰 몫을 한다. 중앙정부와는 별도로 독자적인 교역, 즉 대외 교섭에 깊은 관심을 갖고 있었을 것이다.

말갈의 여러 부족들은 바다에서 어렵 활동을 해왔으며, 일본열도로도 진출하거나 교역을 했다. 고구려의 압박을 받은 흑수말갈은 수나라에 조공사를 보내면서 사할린에 살고 있는 유귀(流鬼)[125] 등 오호츠크 해 연안의 여러 민족과 연대를 강화했다. 이러한 움직임에 대항해서 570년 왜에 파견된 것이 제1차 고구려 사절이었다는 해석도 있다.[126]

물론 이들은 공식적인 교섭이 아니므로 국가의 교섭 항구를 사용했을 가능성은 별로 없다. 또한 소규모인데다 비조직적으로, 그리고 비밀리에 행해졌으므로 항해 조건만 적합하면 어느 곳을 항구로 사용해도 상관없다.

---

125) 流鬼에 대해서는 여러 설이 있으나 사할린이라고 보는 견해도 있다. 酒寄雅志,「日本と渤海鞨鞨との交流」,『先史와 古代』, 한국고대학회, 1997, pp.88~89.
126) 小嶋芳孝,『古代日本と渤海』, p.20.

심지어는 바다 한가운데나 섬에서 비밀리에 만나 교섭을 하는 경우도 있다 (사도 섬에서 이루어진 현지인과 숙식인의 교역 등). 그러므로 기본적으로는 고구려의 전 영역의 해안가에서 출발했을 가능성이 크다. 특히 중앙에서 통제하기가 어렵고, 해상 제어가 매우 어려운 지역일 확률이 크다. 전성기의 고구려 영토는 현재의 동해 및 그 이북 등과 맞닿은 전 지역까지 뻗어 있었다. 때문에 연해주 지역에 대해 관심을 기울일 필요가 있다.

그러면 이들이 도착한 지역 혹은 항구는 어디일까? 이미 선사 시대부터 대륙과 일본열도의 북부 사이에는 교섭이 있어 왔다. 일본의 조오몽 도기(陶器)와 대륙의 조오몽 도기는 문화의 연원이 유사하며, 대륙과 사할린은 교섭이 있었다고 한다.[127] 7~8세기에 한해서 말한다면 대륙에서 도래한 유물이 오늘의 일본열도에서 가장 많은 곳은 홋카이도다. 북쪽에서는 도코로〔常呂〕 유적 등 이른바 오호츠크 해 문화의 유적이 많이 발견되고 있다.[128]

7세기대의 오타루〔小樽〕나 오가와〔大川, 요이치〕 주변에서는 주석 제품 등 연해주로부터 반입된 것으로 생각되는 유물이 출토되고 있다. 특히 오가와 유적에서 발견된 구리방울〔銅鈴〕은 고구려에서는 마구의 장식으로 이용되었는데, 집안시 만보정(万寶汀) M242호묘 등에서 출토되었다.[129] 이로 보아 고구려가 직접 왔거나 말갈이 중간 교역을 하여 이 지역에 왔을 가능성이 높다. 그러나 당시에 말갈이 고구려의 소속 내지 영향권 아래 있었음을 생각해야 한다. 고구려와 발해가 멸망한 후에도 오가와 유적에서는 발해 말에서 여진 초기라고 생각되는 흑색 호형(壺形) 토기가 출토되었다. 이 사실은 연해주와 홋카이도 사이에 교류가 있었을 개연성을 확인시켜 준

---

127) 王健群, 「古代日本北方海路的形成和發展」, 『博物館研究』 55期, 1996, 3期, pp.51~52 ; 江上波夫道, 『古代日本の對外關係』, 『古代日本の國際化』, 朝日新聞社, 1990, pp.52~53.

128) 小嶋芳孝, 「潮の道·風の道」, pp.77~79.

129) 小嶋芳孝, 「古代日本と渤海」, p.21.

다.[130] 그 밖에도 난도(蘭島) D유적(오타루시) 유물 등도 관련성이 검토되고 있다. 삿포로의 외항이 될 수 있는 이시카리〔石狩〕만, 루모이〔留萌〕, 와카나이〔稚內〕, 사할린도 가능성이 있는 지역이다.

소결

고구려의 해양 활동은 사료를 통해서나 당시의 국제적인 역학 관계, 그리고 교섭상의 기록으로 보아 그 범위가 넓었으며 사용했던 항로 역시 다양했던 것으로 판단된다. 당시 동아시아 해양 문화의 발달 수준이 높았고, 그 능력에 따라 각국 간의 외교 역량이 영향받는 상황에서 고구려 외교의 능동성과 자주성은 우수한 해양 활동 능력이라는 배경이 없었다면 어려웠을 것이다.

그럼에도 불구하고 해양 활동의 기록과 유물 등의 구체적인 증거는 충분하지 못하다. 때문에 해양 및 항해와 관련된 자연과학적 지식을 활용하고 그것을 일부 역사적 사실에 원용함으로써 항로와 활동 범위 등을 설정했다. 또한 주변국의 유물과 유적 및 기록을 차용하여 빠른 모방성과 연결된 연안 문화의 동일성 등 해양 문화의 특성, 그리고 내해 및 지중해의 일반적 성격을 적용하여 항해술·조선술 등을 부분적으로 복원했다.

연구 결과 고구려는 한류도를 중심으로 황해, 동해는 물론이고 남해 일부와 동중국해 초입 등 광범위한 지역에서 해양 활동을 했다. 항로 또한 정치적 및 자연 조건, 그리고 해양 문화 수준에 맞춰 역시 다양하게 사용했다. 또한 해양 능력을 토대로 주변국과의 교섭은 물론 동아 질서의 역학

---

130) 小嶋芳孝, 「日本海の島々と鞨鞨·渤海の交流」, p.36.

관계에서 중핵 역할을 했다. 특히 광개토대왕의 전방위 정책과 장수대왕의 남진 정책 등은 내부적으로는 경제적 이익의 확보와 정치·군사적인 성장을 위한다는 측면이 있고, 대외적으로는 신속하고 능동적인 외교 활동을 하고 동아지중해에서의 패권을 장악하기 위한 해양 활동 능력의 확대를 목적으로 한 것으로 판단된다. 고구려의 발전기는 대륙과 한반도와 해양을 공유하고 동시에 활용함으로써 동아지중해적 질서에 충실했던 결과의 산물이다.

목록 : 그림 · 지도 · 도표

찾아보기

고구려 해양사 연구

2003년 8월 30일 1판 1쇄

지은이 : 윤명철

기획·편집 : 류형식·강현주
마케팅 : 정한성
제작 : 박찬수·차동현

출력 : 한국커뮤니케이션
인쇄 : 대원인쇄
제책 : 명지문화

펴낸이 : 강맑실
펴낸곳 : (주)사계절출판사
등록 : 제8-48호
주소 : (110-062) 서울시 종로구 신문로 2가 1-181
전화 : (02)736-9380(대표) | 전송 : (02)737-8595
홈페이지 : www.sakyejul.co.kr | 전자우편 : skj@sakyejul.co.kr

ISBN 89-7196-975-X 93900